# 형태와 정보 개념에 비추어 본 개체화

L'Individuation à la lumière des notions de forme et d'information
by Gilbert Simondon

© Nathalie Simondon, 2005.
Korean Translation Copyright © Greenbee Publishing Co., 2017.
All rights reserved.
This edition published by arrangement with Nathalie Simondon
through Milkwood Agency.

## 형태와 정보 개념에 비추어 본 개체화

**발행일** 초판 1쇄 2017년 8월 20일 | **지은이** 질베르 시몽동 | **옮긴이** 황수영
**펴낸이** 유재건 | **펴낸곳** (주)그린비출판사 | **신고번호** 제2017-000094호
**주소** 서울시 마포구 와우산로 180, 4층 | **전화** 02-702-2717 | **이메일** editor@greenbee.co.kr

ISBN 978-89-7682-266-6 93100
이 도서의 국립중앙도서관 출판시도서목록(CIP)은 서지정보유통지원시스템 홈페이지(http://seoji.nl.go.kr)와
국가자료 공동목록시스템(http://www.nl.go.kr/kolisnet)에서 이용하실 수 있습니다.(CIP제어번호: CIP2017020208)

# 형태와 정보 개념에 비추어 본 개체화

질베르 시몽동 지음 | 황수영 옮김

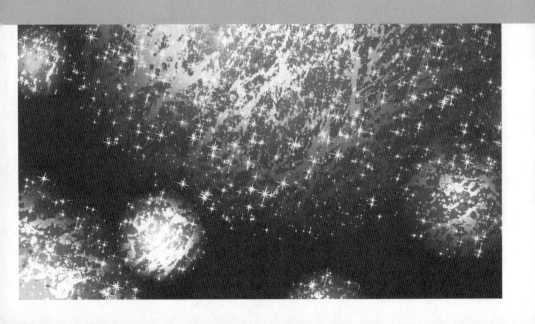

**일러두기**

1 이 책은 1958년 제출한 시몽동의 박사학위 주논문에 해당하는 내용을 완역한 것이다. 이 논문의 1부 및 2부의 1장은 『개체와 그 물리생물학적 발생』(*L'individu et sa genèse physico-biologique*, Paris, PUF., 1964)이라는 제목으로, 2부의 2장과 3장은 『심리적, 집단적 개체화』(*L'individuation psychologique et collective*, Paris, Aubier, 1989)라는 제목으로 나뉘어 이미 출간되었으나 2005년에 밀롱(Millon)출판사에서 본래의 내용 전체를 한 권으로 출간하였다. 이 새로운 판본에는 주논문과 관련된 시몽동의 미출간 원고도 함께 실렸으며 자크 가렐리가 서문을 썼다. 우리는 처음에 이 판본을 번역본으로 사용하였는데 방대한 분량으로 인해 미출간 원고를 제외하고 주논문만 번역하였다. 2013년도에 같은 출판사에서 목차와 각주 그리고 본문에서 몇 가지 오류를 보완하여 새로운 판이 나왔다. 우리는 번역본의 원본을 2013년도 판본으로 다시 계약하여 보완된 부분을 모두 반영하였다. 따라서 이 책의 원본 쪽수 표시는 2013년도 판본이다.

2 2013년도 판본에 첨가된 밀롱출판사의 편집자주는 하단의 각주 시작 부분에서 [편집자]로 명시하였다. 또한 옮긴이는 뜻이 모호한 번역 용어에 대한 설명을 위해 약간의 옮긴이주를 첨가하였으며 각주 시작 부분에서 [옮긴이]로 명시하였다. 그 외에 내용 이해를 위한 심도 있는 주석은 이 책에는 첨가하지 않았다. 이 책에서 시몽동이 자주 참조하는 과학이나 철학의 전문 용어들에 대한 설명은 옮긴이가 쓴 『시몽동, '개체화 이론'의 이해』(그린비, 2017)의 '용어설명' 부분을 참고할 것을 권하며 그러한 용어가 나올 시에 각주에서 고지하고 해설서에서는 원문쪽수를 표기하여 알아볼 수 있게 했다.

3 본문에서 인물의 생몰연도는 옮긴이가 넣은 것이다. 문장의 구조를 매끄럽게 하기 위해 옮긴이가 연결어를 넣거나 이해를 위해 간략한 설명을 넣은 경우에는 [ ] 표시를 사용하였다. 드물지만 지은이가 사용한 괄호, 즉 ( ) 또는 [ ] 표시가 옮긴이가 사용한 괄호와 같은 문장에서 사용되어 혼동을 초래하는 경우에는 지은이의 괄호를 { }로 한 경우가 있다. 그밖에 내용을 명확히 하기 위해 불가피하게 문법에 맞지 않는 쉼표를 사용한 경우가 있다.

4 외국어 표기는 최소화하였으나 번역되지 않은 전문용어(특히 자연과학이나 기술공학의 용어들)의 경우 그대로 표기한 경우가 있고 그 외의 이유로 불가피한 경우에는 옮긴이 주에 이유를 설명하였다.

5 책의 여백에 프랑스어 원본의 쪽수를 표시했다. 각주에서 참조를 권하는 원문의 쪽수는 이를 가리킨다.

6 단행본·전집·정기간행물 등은 겹낫표(『 』)로, 논문 등은 낫표(「 」)로 표시했다.

7 외국 인명이나 지명, 작품명 등은 2002년에 국립국어원에서 펴낸 외래어 표기법을 따랐다.

# 2013년 판본에 대한 간단한 설명

N. S.

이 2013년도 판본은 1958년에 통과된 박사논문의 구도 자체와 부합한다. 이 구도는 단지 두 부분으로 제시되어 있다. 1부는 '물리적 개체화'이고 2부는 '생명체들의 개체화'이다. 정신적이고 집단적인 개체화는 이 2부의 마지막 장들을 구성하고 있다.

그간의 출판 상황을 보면, 1964년 퓌프puf의 판본은 일부가 잘려나간 채로 출판되었고 1989년 이를 보완한 오비에aubier 판본은 무엇보다도 '정신적, 집단적 개체화'가 하나의 분리된 부분을 구성하는 것으로, 심지어 자율적인 부분으로 생각하게끔 유도할 수 있게 편집되었는데 이는 전혀 실제와 다르다.

지난(1995년과 2005년) 판본에서 덧붙여진 괄호 속 본문들은 1964년 판본에는 [본래 논문에서] 정신적, 집단적 개체화에 관한 마지막 부분이 통째로 빠진 것처럼 빠져 있었다. 이 빠진 내용은 단지 짤막한 구절들이 아니고 특히 '형상과 실체'라는 장의 본질적인 부분을 포함한다.[1]

---

1) 본래 원고를 토대로 일부의 수정이 가해졌다. (예를 들면 지난 [2005년] 판본에서 267쪽 21줄에는 개체화와 개별화 사이의 전도가 있었다. 310쪽 19줄에서는 '개체화된'이라는 말 대신 '비개체화된'으로 바꾸어야 한다. 556쪽 8줄에서는 sans 대신에 dans을 넣어야 한다 등등). [옮긴이—이

책에는 긴 문단 하나가 통째로 괄호쳐져 있는 부분들이 더러 있는데, 그런 부분들은 1964년 판본
에는 빠져 있었다는 것을 가리킨다.]

# 2005년판 편집자 일러두기

J. G.

『개체와 그 물리–생물학적 생성』[1]이라는 제목이 붙여진 질베르 시몽동의 박사학위논문 1부의 재판을 출간한 이래로 이 철학자의 작품은 프랑스와 외국에서 상당한 반향을 갖게 되고 이는 콜로키움과 세미나, 강연, 잡지의 논문들, 그리고 이에 바쳐진 다양한 작업들 속에서 나타났다.

이 연구들은 대중의 주목을 끈 것이 단지 이 작품의 인식론적 측면만이 아니라 '변환역학적'allagmatique [2] 문제상황과 '유비적 행위의 이론'이라는 방법론적 틀 안에서 우리 시대의 사유의 문제제기를 심층적으로 갱신한 철학적 차원이라는 것을 보여 주었다.

이번에 나온 판본은 오늘날까지 분리된 판본들로 출간되었던[3] 질베르 시몽동의 박사학위논문 전체를 본래의 제목 아래 재취합한 것이

---

1) 첫번째 판본, 프랑스대학출판사, '에피메테' 총서, 1964. 1995년의 '크리시스' 총서에서는 두 개의 보완을 첨가함. 즉 I) **개체성의 기준들에 대한 분석**, II) **변환역학, 유비적 행위의 이론**.
2) 구조들의 이론과 대칭적인 작용들의 이론. [옮긴이] 변환역학(allagmatique)이라는 용어는 생성의 과정을 묘사하는 시몽동 고유의 용어이며 본문에서 설명되어 있다. 원문 48쪽 옮긴이 주 17 참조.
3) 『개체와 그 물리생물학적 발생』 그리고 『정신적, 집단적 개체화』, 파리, 오비에, 1989, '레스, 철학적 발명' 총서.

다. 여기에 박사논문과 동시에 작성된 미출간 원고인 「개체 개념의 역사」를 함께 실었다.[4]

---

4) [옮긴이] 이 책에서는 이 부분의 번역을 생략했다.

# 질베르 시몽동의 문제의식에 대한 소개말

자크 가렐리[1]

## I. 방법에 대한 철학적, 과학적 지평

사람들은 이 저작이 퓌지스φυσις 개념에 대한 이오니아 생리학자들의 영감으로 이루어진 어떤 사유의 합류점에 역설적인 방식으로 위치한다는 사실을 지적한 바 있다.[2] 무한정자l'illimité[3] 즉 아페이론ἄπειρον에 대한 아낙시만드로스의 사유, 특히 아리스토텔레스의 『형이상학』 M, N편의 논의에 등장하는 바와 같은, 일자ˉἕν에 대한 그리고 큰 것과 작은 것의 무규정적 이원성dyade에 대한 플라톤의 사유, 아리스토텔레스의 형상질료설에 대한 비판, 레우키포스와 데모크리토스의 실체론적 원자론에 대한 비판, 다른 한편 열역학과 양자역학, 정보에 대한 최근의 이론들이 그것들이다.[4] 반면 『개체와 그 물리생물학적 발생』이 '모리스 메를로퐁티

---

1) [옮긴이] 자크 가렐리(Jacques Garelli, 1931~2014)는 프랑스의 시인이자 철학자.
2) [옮긴이] 퓌지스는 자연을 의미하는 그리스어이며, 이오니아 생리학자라는 표현은 이오니아 철학자들이 종종 인간에 대한 생리학적 탐구를 시도한 데서 비롯한다.
3) [옮긴이] 여기서 무한정자(l'illimité)로 새긴 아낙시만드로스의 용어를 시몽동은 주로 무규정자(l'indéterminé)라고 부르는데 이 둘은 같은 용어이다.
4) 이 주제에 대해 다음의 글들을 참조할 것. 마르케(J. F Marquet)의 「질베르 시몽동, 개체화와

M. Merleau-Ponty의 기억'에 헌정되었다는 사실은 거의 강조되지 않았다. 이 사실은 '기억'mémoire이 재인reconnaissance을, 즉 충실성과 추억souvenir을 함축하는 한에서 본질적인 길잡이이다. ──무엇의 길잡이인가? ──그것은 개체화하는 구성들과의 관계에 있어서 전개체적인 것le préindividuel에 대한 메를로퐁티의 사유, '요소'élément에 대한 소크라테스 이전의 사유를 숙고하라는 그의 권유, **형상** 이론[게슈탈트 심리학 이론]과 형상질료적 이원론에 대한 그의 비판, 그리고 이와 대칭적으로 현대심리학의 여러 흐름들로 전개된 유물론적 원자론에 대한 비판, 마지막으로 무의 개념과 변증법의 작업이 **세계**의 전개체적 차원의 철학을 왜곡하는, 부정에 대한 일종의 역전된 실증주의를 보여 준다는 점에서 이들에 대한 급진적 비판, 이 모든 것들의 길잡이이다. 다른 한편 방법론적인 구도에서 메를로퐁티의 현상학 그리고 닐스 보어Niels Bohr, 1885~1962와 베르너 하이젠베르크Werner Heisenberg, 1901~1976가 진술하는 바와 같은 미시물리학의 인식론에 공통적인 태도가 있다. 미시물리학적 인식론에 따르면 탐구의 말미에서 발견된 과학적 '대상'은 그것을 드러내고 구성하도록 인도한 사유의 모색과 조작적 과정들로부터 완전히 분리될 수 없다. 이 태도는 변환transduction에 대한 시몽동의 견해 그리고 나중에 새롭게 이해될 정보에 대한 시몽동의 견해에서 개인적 굴곡에 따르는 극도의 독창성과 더불어 전개되고 있다. 특히 다른 여러 가지들 중에서도 『기술적 대상들의 존재 양식에 대하여』[5]라는 문제를 제기하는 시몽동의 문제의식을 물

---

기술에 대한 사유」("Gilbert Simondon. Une pensée de l'individuation et de la technique", *Bibliothèque du Collège international de philosophie*, Albin Michel, Paris, 1994). 그리고 라뤼엘(F. Laruelle)의 『심리적, 집단적 개체화』(Paris, Aubier, 1989) 서문의 주석.
5) Paris, 1958. 이 저작은 1989년 오비에(Aubier)에서 재출간되었다.

리주의의 갱신된 형태로 간주하기는 어려워 보인다. 메를로퐁티에 대한 헌정은 이런 방식의 실증주의적 태도를 의외의 것으로 보이게 만든다.

반대로 질베르 시몽동이 사유하도록 권고하는 것 그리고 완전히 10 새로운 관점에 따라 개조하도록 권고하는 것은, 한편으로 '무한정자'와 '요소'에 대한 소크라테스 이전의 사유와 전개체적 존재에 대한 메를로 퐁티적인 방식의 사유 사이의 기묘한 관계이다. 전개체적 존재는 그 개체화 과정에 있어서 ——이것이 바로 시몽동에서 잘 이해되지 못한 역설이자 독창성인데—— 동일성, 단일성, 타자성의 질서로 환원불가능한 준안정적 체계의 열역학적 견해에 관련된다. 이 저작의 쟁점은 바로 위와 같다. 이 저작은 그 창의력으로 인해 학파를 형성하는 사유의 흐름 속에 자신을 가두려 하는 모든 시도를 금하고 있다.

현상학 쪽에서 볼 때 시몽동의 사유에서 흥미를 발견할 수 있는 것은 현상학 자신이 그것에 대해 제기하는 문제들에 의해서, 즉 현상학이 자신의 관심사의 중심에 있는 문제들의 지평에서 전개시키는 행보와 여정, 분기들bifurcations 그리고 문제제기의 양태들에 의해서이다. 또한 우리는 개체화 과정 속에 있는 전개체적인 것이라는 핵심적 문제로부터 시작하여 존재자의 전개체성에 대한 사유 속에서 준안정적 체계, 퍼텐셜, 에너지적 긴장들, 변환성transductivité과 정보와 같은 개념들의 타당성을 파악하려고 시도할 것이다.

## II. 고전적 사유의 개념들과 양태들을 다시 문제삼기 : 개체화 원리의 비판

1960년 2월 저작의 한 주석에서 메를로퐁티는 다음과 같이 쓰고 있다.

그러나 아름다운 것은 사유의 **성취**_Erwirken_를 문자 그대로 포착한다는 생각이다. 그것은 정말로 '공백'이며 '보이지 않는 것'이다. ──'개념들'과 '판단들', '관계들'에 대한 실증주의적 잡담은 모두 제거되었다. 그리고 **존재**_l'Être_의 균열 속에 있는 물처럼 정신은 벙어리가 된다. ──정신적인 것들을 찾을 필요가 없다. 공백의 구조들이 있을 뿐이다. 단지 나는 이 공백을 보이는 **존재** 속에 심고 싶을 뿐이다. 그리고 그것의 이면, 특히 언어의 이면을 보여 주고 싶을 뿐이다.[6]

질베르 시몽동의 개체화 원리에 대한 비판은 메를로퐁티가 권고한 것과 동일한 비판적 방식으로 전개된다.[7] 그것은 세계의 구조를 형성하는 실재들 자체로서 제시된 형상과 질료, 실체 그리고 고정되고 안정된 자율적 항들에 대한 비판, 또 관계들과 귀납적 판단 그리고 연역적 판단에 대한 비판을 필연적 귀결로서 포함한다.

사실상 메를로퐁티와 시몽동이 둘 다 철학적 개념들의 근본적 개조를 호소하는 것은 존재와 사유의 서로 밀접하게 결합된 운동을 자각한 데서 비롯하는데, 이 운동은 존재자의 개체초월적_transindividuelle_ 차원으로부터 유래하는 개체화의 복잡한 과정들을 야기하는 것이다.

시몽동의 박사학위 논문의 첫 줄에서부터 나타나는 논증의 경이적

---

6) 『보이는 것과 보이지 않는 것』(_Le visible et l'invisible_, Paris, Gallimard, 1964), p. 289.
7) 『보이는 것과 보이지 않는 것』의 출간일자를 보면 시몽동은 이 작품에 나온 주석을 읽지 않은 것으로 보인다. 하지만 우리는 메를로퐁티가 발전시킨, 철학적 원리들의 근본적 개조의 정신을 강의나 대담을 통해 시몽동은 알고 있었다는 것, 그리고 시몽동은 **세계**의 전개체적 질서에 대해 유사한 생각으로부터 나온 메를로퐁티의 개인적 기획을 공고히 한 것에 지나지 않는다는 것은 인정할 수 있다. 그가 이 책을 메를로퐁티에게 헌정한 것은 그와 같이 설명할 수 있을지도 모른다.

인 단순성이 플라톤과 아리스토텔레스의 사유와 같은 이오니아의 생리
학자들[8]의 심화된 사유에서 유래하는 예비작업 전체를 망각하게 해서
는 안 된다. 또한 [우리를] 이 작품의 서론으로 인도하는 것은 오랜 기간
의 숙고와 강의 위에서 계속된 긴 역사적 사유의 결론이다. 그의 논증의
신경에 해당하는 것은 무엇인가?

## III. 개체화 원리의 질문되지 않은 전제들

첫번째 전제는 존재론적인 특징에 속하는데, 이는 개체가 설명되어야
할 본질적인 실재라는 사실을 자명한 것으로 제시한다는 의미에서 그러
하다.[9] 이러한 확신은 아리스토텔레스가 존재자로서의 존재자의 문제
와 관련하여 개체적인 것과 쉬놀론σύνολον[형상질료의 복합체]에 부여한 우선
성으로부터 나온다. 시몽동은 묻는다. 왜 존재자 전체가 결국 인식해야
할 다수의 개체성들로 나타나야만 한다는 말인가? 존재자로서의 존재
자가 왜 전개체적 차원에 속하지 않는다는 말인가? 동시에 [우리에게]
나타나는 것과 같은 개체가 어째서 그 존재의 차원에서 일종의 연합된
전개체성을, '개체'라는 용어로 사유될 수 있는 것으로 환원될 수 없는

---

8) 이러한 소크라테스 이전의 사상가들에 대해 행해진 오랜 동안의 숙고는 『개체 개념의 역사』
라는 제목의 텍스트에 기록되어 있다. 이 텍스트는 지금까지 미출간 상태로 있었으나 우리
는 여기서 부록으로 포함한다(우리의 번역본에서는 이 부분을 생략한다─옮긴이). 극도의 독
창성을 가진 이 작품은 그 비판적 차원과 문제제기의 양식이 우리의 현대성과 관련되어 있
어 저자의 말에 상응하지 않는, 문헌학적이고 역사적인 주해의 이상적 표본에 따라 평가되
어서는 안 된다. 여기서 문제는 서구적 사유의 기원에서부터 우리의 사유 범주들과 태도들
을 빚어낸 사상가들, 우리의 동시대성에 언제나 현전하는 대화상대자들로 남아 있는 사상가
들과 시몽동이 여러 방식으로 시도하고 있는 열린 대화이다.
9) 23쪽[이후 모두 원문의 쪽수임─옮긴이]을 참조할 것.

전개체성을 보존하고 있지 않다는 말인가? 이 차원은 개체의 형성과 전개 속에 계속해서 개입하고 있지 않을까, 따라서 상대적으로 이중적인 가치를 갖지 않을까. 그 하나는 개체가 그것으로부터 유래하고 제거하지 못하는 전개체적 존재와 관련되며, 다른 하나는 자신의 차후적 개체화들을 계속해서 빚어내는 연합된 전개체적 차원을 보존하는 한에서 자기 자신과 관련될지도 모른다. 사정이 이러하다면 개체화 원리의 탐구 전체와 이 원리의 이념 자체가 개조되어야 할지도 모른다.

사실상 둔스 스코투스John Duns Scotus, 1265~1308가 그의 『개체화의 원리』에 관한 저작을 쓴 것이 "천사들을 개별적으로en personne 구별하기"라는 신학적 문제와 관련되어 있다는 사실에 주목하는 것이 중요하다. 이 문제는 아리스토텔레스 논리학에 종속된 형이상학적 논의의 틀에서 전개된다. 아리스토텔레스 논리학 그 자체는 형상질료적 이원론과 4원인설에 의해 지배되고 있다. 그래서 둔스 스코투스는 "물질적 실체는 그 자체로부터 즉 그 본성에 의해 개체적인가, 즉 독특한 것인가?"라는 소제목을 가진 1부, 3장, 정리Ordinatio II의 '문제 ①'에서 자신의 생각을 아래와 같이 표현한다.

① 3장에서 우리는 천사들을 개별적으로 구분하는 방식을 조사해야 한다. 그런데 천사들에서 이 구분이 어떠한지를 알기 위해서는 물질적 실체들을 개체들로 구분하는 방식을 조사해야 한다. 왜냐하면 한 천사의 종 안에서 다수의 개체들을 생각하는 방식은 바로 거기에 달려 있기 때문이다.[10]

---

10) 『개체화의 원리』(*Le principe d'Individuation*, p. 87). 프랑스어 번역, 송다그(G. Sondag,

그런데 문제 ②는 아리스토텔레스가 플라톤에게 가하는 비판에서 논의의 실체론적 기원을 보여 준다. 그것은 이런 용어들로 진술된다.

② 긍정에 대해서 :
『형이상학』의 VII권에서 철학자[아리스토텔레스]는 플라톤에 반대해서 '각 사물의 실체는 그것에 고유하다. 왜냐하면 이 실체는 바로 그 사물의 실체일 뿐 다른 어떤 사물에도 속하지 않기 때문이다'라는 사실을 확립한다.[11]

개체화의 문제가 제기되자마자 비판이 필요한 것은, 논의의 논리적이고 형이상학적인 과정으로서 질문되지 않는 이러한 실체에 대한 사유이다.

질문되지 않은 두번째 전제는 개체화가 자신에 앞서는 하나의 원리를 가지고 있으며 이것이 독특한 개체의 형성을 설명해 줄지도 모른다는 것이다. 개체, 개체화, 개체화의 원리라는 세 단계의 위계적 구조가, 개체에 부여된 질문되지 않은 존재론적 특권이자 탐구의 최종 목적을 구성하는 것에 의해 [한 쪽에] 치우쳐 있다는 사실은 개체화 원리의 추구 자체가, 하나의 오류추리에 속해 있다는 사실로부터 더 악화된다. 이 오류추리는 개체화 원리에 부여된 이중의 본성 속에서 명확해진다. 이 점에 관하여 두 가지 역사적 태도가 이 잘못된 여정을 완성한다. 하나는 실체론적이고 원자론적인 일원론인데, 이는 레우키포스와 데모크

---

Paris, Vrin, 1992)
11) 아리스토텔레스, 『형이상학』, Z, c 13, 1038b 10~11.

리토스의 원자 속에서 개체의 형성과 개체화된 우주의 형성을 설명하게 해주는 절대적인 기본 원리를 발견한다. 에피쿠로스에게서 클리나멘clinamen의 이론은 더 복잡하게 개체화된 구조들의 우연적 형성을 단일한 원자로부터 설명한다. 하이젠베르크와 보어의 경계심을 거슬러 가면서 계속해서 양자적 입자를, 물질의 형성으로서 자율적 실재성을 갖는 최초의 무한소적 실체들로 상정하고 있는 현대의 원자론적 유물론은 이러한 환상의 길을 좇고 있다.[12] 오류추리는 이미 개체화된 원자에 개체 그 자체의 형성을 설명한다고 간주되는 원리의 지위를 부여하는 것으로 이루어진다. 다시 말해서, 그리고 모순적인 방식으로, 개체는 탐구의 대상으로 세워지는 동시에 자기 자신의 고유한 설명 원리로 간주된다. 그러나 아리스토텔레스적인 방식의 형상질료적 이원론의 태도 역시 동일한 모순을 피할 수 없다. 왜냐하면 쉬놀론의 형성 조건이자 원리인 한에서 형상과 질료는 사실상 단일한 항들로, 이미 개체화된 '원인들'로 취급되기 때문이다. 그런데 이 원리들이 오로지 추상에 의해서 그리고 후험적으로만a posteriori 쉬놀론에 해당하는 유일한 구체적 실재로부터 분리될 수 있다고 설명하는 것은 충분하지 않다. 왜냐하면 한편으로 그것들은 최고의 형이상학적 원인들로, 즉 원리적이고 최초인 원인들로 확립되어 있기 때문이다. 그러나 다른 한편으로 시몽동의 새로움은 자연적 개체성들의 형성으로부터 빌려온 구체적 사례들 위에서 논증하는 데 있다. 예를 들어 강 속의 섬들, 바람의 압력을 받는 모래언덕, 흐르는 물

---

12) 베르너 하이젠베르크, 『현대물리학에서의 자연』(*La Nature dans la physique contemporaine*, Paris, Gallimard, Collection "Idées", 1962). 『부분과 전체』(*La partie et le tout*, Albin Michel, 1972). 이 주제에 대해서 가렐리의 『리듬들과 세계들』을 참고할 것(*Rythmes et mondes*, Grenoble, J. Millon, Collection "Krisis", 1991).

로 움푹 패인 길에서 나온 작은 협곡들, 결정結晶들의 형성과 같은 자연적 사례들이 있고, 또 벽돌의 제조나 나무기둥의 절단과 같은 기술적 사례들이 있다. 그러나 자연적 개체든, 기술적 개체든, 그것들의 형성은 결코 **하나의** 형상을 **하나의** 질료에 적용하는 것으로 이루어지지 않는다.

형상질료적 도식은 형태갖추기prise de forme의 에너지적 조건들을 필연적으로 포착할 수 없게 만든다. 그러나 이 조건들은 물질의 구조 안에 이미 축적된 에너지퍼텐셜들 속에 존재한다. 우연에 의한 자연적 조건들이나 인간의 일은 그것들을 개체의 형성 속에서 해방시키고 방향을 잡아 집중시킬canaliser 수 있다. 다른 한편 구조화하는 형상은, 형태갖추기의 절반의 연쇄의 다른 끝에서는 언제나 그 형상의 일정한 물질적 구조 위에 세워져 있다. 이 형상은 형상 속에 포함된 퍼텐셜에너지로 하여금 물질을 구조화시킨다.[13] 이 문제는 형상질료적 개체화 원리를 무효로 만드는 아주 복잡한 문제이다. 그런데 예술적 창조의 구상에서 즉 구조의 배치에 의해 사유를 불러일으키는 물질적 개체성들이 어떻게 형성되는가를 구상할 때, 하나의 시를 제작하는 것은, 그림이나 조각도 그렇지만, 다른 시로는 환원불가능한 자신의 개체성 속에서 결코 일원론적 개체화 원리나 형상질료적 개체화 원리에 속하지 않는다는 것을 보여줄 수 있다. 그것은 작품 세계의 준안정적 지평을 구성하는 전개체적 긴장들의 장으로부터 전개된 분화 과정에 속한다. 따라서 개체화 원리의 추구는 그것이 원자론이든, 실체론이든, 이원론이든, 형상질료설이든 간에 모순에 이르게 된다. 왜냐하면 그것은 원자로 이미 형성된 개체 또

13
---

13) [옮긴이] 여기서는 현대적 의미에서 물질이 형태를 갖추는 과정을 아리스토텔레스의 형상질료설에 의해 설명하고 있기 때문에 forme이 때에 따라 형상, 형태로 matière가 질료, 물질이라는 용어들로 동시에 번역되어 있음을 양해바란다.

는 원인들로 확립된 형상과 질료의 고정된 항들에 따라 특수화된 개체 속에서 개체인 한에서의 개체의 형성을 설명해야 할지도 모르는 원리를 찾기 때문이다. 이 상황은 시몽동에게 다음과 같은 질문들을 제기하도록 유도한다.

개체화를 원리가 없는 것으로 생각해서는 안 될까? 왜냐하면 개체화는 그 자체가 개체들의 형성에 내재적인 과정이어서 결코 완성되지 않으며 결코 고정적이지도, 안정적이지도 않으며 언제나 전개됨과 동시에 개체들을 구조화하는 개체화를 수행하니 말이다. 그렇다고 해서 개체들이 자신들이 그로부터 떨어져 나오는 개체초월적 **존재**의 지평을 구성하는 연합된 전개체성의 하중charge을 제거하는 것도 아니다.

## IV. 이러한 의문제기의 방법론적 결과들

시몽동의 문제의식의 급진적 새로움은 그와 같다. 그것은 분화의 과정들을 변환의 용어로 상상할 수 있게 해준다. 분화 과정은 긴장들로 이루어진 준안정적인 전개체적 체계로부터 전개되며 개체는 그 체계의 전개 단계들 중 하나이다. 바로 이 맥락에서 열역학에서 빌려온 퍼텐셜의 하중, 방향이 정해진 긴장들, 과포화, 상전이 같은 개념들, 그리고 또한 체계의 내적 공명이라는 개념이 개입한다. 이 관점에 따르면 개체발생을 개체의 발생이라는 한정되고 파생된 차원으로 환원하는 대신에 거기에 "존재자의 생성, 즉 바로 그것에 의해 존재자가 그러한 모습인 한에서 그러한 존재자로 되는 어떤 것"[14]이라는 더 넓은 특징을 부여하는 것이

---

14) 이 책 25쪽 참조할 것.

중요하다. 문제의 존재론적 차원은 시몽동이 전개체적 존재자라는 문제의식에 접근하기 위해 동일률과 배중률의 무능함을 강조하고자 하는 데서 더 강화되는데 이 원리들은 개체화된 존재자의 실체론적이고 자기동일적 특징을 가진 논리적 관점에서 강요된 것이다. 그래서 시몽동은 다음과 같이 선언할 수 있게 된다.

> 개체화된 존재자의 특성인 단일성, 그리고 배중률의 사용을 허용하는 자기동일성은 전개체적 존재에는 적용되지 않는다. 이것은 우리가 모나드들을 가지고 단번에 세계를 재구성할 수는 없다는 사실을 설명해 준다. 비록 그것들을 우주 안에서 정돈하기 위해 충족이유율 같은 다른 원리들을 첨가한다고 해도 그러하다.[15]

소크라테스 이전 철학자들과 플라톤, 아리스토텔레스에 대한 참조와 마찬가지로 라이프니츠에 대한 이러한 참조는 엄밀히 물리주의적인 태도로 환원되지 않는 폭넓은 철학적 논쟁의 범위를 보여 주고 있다. 시몽동은 열역학에서 빌려온 개념들의 철학적 용법을 범례paradigme의 자격으로 정당화할 뿐 아니라 고대인들을 존재와 생성, 운동과 정지, 실체적 안정성과 카오스적인 불안정성 사이에서 확립된 뚜렷한 선택지들 속에 가두어 놓은 역사적이고 방법론적인 이유들을 정확히 이해하고 있다.[16]

14

---

15) 같은 곳.
16) "고대[그리스]인들은 불안정과 안정, 정지와 운동만을 알았고 준안정성은 명확히 객관적으로 알지 못했다. (…) 그래서 안정적인 평형, 정지와는 매우 다른, 이러한 존재의 준안정적 상태를 정의하는 것이 가능하다. 고대인들은 준안정상태의 용도를 밝힐 수 있는 어떤 명백

열역학 덕분에 우리에게 친숙해진 준안정적 평형에 대한 이해를 시몽동은 자신의 문제틀 속에서 독창적인 방식으로 소개하고 있는데 여기에는 세 가지 소여가 개입한다.

첫째로 문제가 되는 것은 체계의 퍼텐셜에너지이다.

둘째로 문제되는 것은 체계의 중심에서 크기의 등급의 개념 그리고 서로 다른 규모의 등급이라는 개념이다.

셋째로 문제가 되는 것은 체계의 에너지의 하락에 상응하며 최초의 퍼텐셜들의 용해를 함축하는 엔트로피의 증가이다. 개체화하는 형태갖추기는 퍼텐셜에너지의 점진적 하락과 상관적이다. 완성된 형태라는 것은 안정화된 에너지여서 음엔트로피의 가장 높은 정도에 상응한다.

고전철학의 개념들과 특히 연장실체의 관념이 증명하듯 에너지의 문제를 알지 못하는 고정된 실체의 물리학이 아니라, 열역학에서 빌려온 이 범례에 의해 인도되어 시몽동은 존재자의 전개체성의 질서를, 준안정적 체계의 중심에서 과포화된 퍼텐셜의 하중이라는 용어로 사유할 것을 시도한다. 이 준안정적 체계로부터 체계의 과도한 긴장surtension 상태에 뒤이은 에너지의 하락이 분화와 개체화의 과정들을 산출하게 된다. 그로부터 과포화된 에너지퍼텐셜로 가득한 준안정적 체계는 상전이하면서se déphasant 개체화되는 동시에 아직 개체화되지 않은 내적 긴장들로부터 다량의 개체화하는 형태들을 솟아나오게 만든다. 이어서 이 형태들은 사후에 체계들로 구조화될 수 있고, 또 갱신된 준안정적 평형들로 다시 형성될 수 있다. 그래서 시몽동의 표현에 따르면,

---

한 물리적 범례도 없었으므로 이를 개체화의 원리의 탐구에 개입시킬 수 없었던 것이다"(이 책 26쪽).

…… 모든 작용은, 그리고 한 작용의 내부에서 모든 관계는, 본래 매개 없는 크기의 등급들, 극단의 가치들을 상호연결시키면서 전개체적 존재를 분리하고 상전이시키는 개체화이기 때문이다.[17)]

이는 관계들에다 인식의 질서와 엄밀하게 논리적인 의미들의 질서를 초과하고 넘치는 존재의 하중을 부여하는 상황이다. 이것은 지적이고 추상적인 인식 행위 그리고 인식 행위가 기반을 두고 있는 타성적 inerte 대상들 사이의 이원론을 피할 수 있게 해준다.

어떻게 이 암초écueil를 피할 수 있는가?

첫째로 연역과 귀납의 고전적 이론들이 그러했던 것처럼 전통적으로 엄밀한 논리적 용어들로 취급하던 관계들에 존재의 차원을 부여하는 것이다. 15

두번째로 변환 작용을 취급할 때 개체화하는 형태갖추기의 작용을 동시에 취급하는 것이다. 이 작용은 전개체적인 준안정적 장으로부터 형성 도중의 개체화 과정으로 이행하는 과정을 보여 준다. 첫번째 요점을 검토해 보자.

퍼텐셜로 가득한 준안정적 체계의 극도로 긴장된 장champ들 사이에서 관계들은 존재의 등급을 갖는다. 이는 더 이상 기존의préexistant 항들로 특징지을 수 없는 것들 사이의 미분적 값들이 아직 개체화되지 않고 체계를 용해시키는 에너지를 야기하는 '차원들'이자 '긴장들의 단계들'에 상응한다는 의미에서 그러하다. 이 관점에 따르면,

---

17) 같은 곳.

관계는 이미 개체들이라 할 수 있을 두 항들 사이에서 나오는 것이 아니다. 그것은 **개체화의 체계의 내적 공명**의 한 국면이다. 그것은 체계의 상태의 일부를 이룬다. 단일성 이상인 동시에 이하이기도 한 이 생명체는 **내적 문제상황**_problématique_**을 내포하며 요소로서 자신의 고유한 존재보다 더 광대한 문제상황 속으로 들어올 수 있다.** 개체에 있어 참여란 것은 **개체가 내포하는 전개체적** 실재의 하중을 매개로 하여, 즉 개체가 내포하고 있는 퍼텐셜들의 덕택으로 **더 광대한 개체화 속의 요소가 된다**는 사실이다.[18)]

두번째 요점에 따르면, 변환은 준안정적 체계의 과포화된 퍼텐셜에너지의 방출_décharge_과 밀접하게 연계되어 형태갖추기로서 나타나게 된다. 이로서 변환은 in-formation의 위상학적이고 인식기능적인_noétique_ 이중적 의미를 실현한다. 왜냐하면 준안정체계의 전개체적 퍼텐셜에너지의 방출과 관련된 변환의 과정은 스스로를 볼 수 있게 하고 사유할 수 있게 하는 하나의 구조를 위상학적으로 '형태부여하는'_in-former_ 운동인 바, 이 동일한 운동으로부터 우리는 그것이 현시하는 것을 인식기능적으로 '알린다'_informer_는 것 그리고 그 연합된 전개체적 하중에 따라 그것이 [그로부터] 분리되어 나오는 전개체적 존재의 지평을 알린다는 것을 인지할 수 있기 때문이다. 그렇기 때문에 존재의 등급을 갖지 않고, 단지 이미 존재하는 항들을 이어 주고 그 항들에 외적인 엄밀한 논리적 관계들에 속할 뿐인 귀납 그리고 연역과는 반대로, 변환은 존재와 사유의 이중적 차원에 따라 드러나며 결코 그것이 나타나게 하는 항들에 외적인

---

18) 29쪽 참조(강조는 지은이).

것이 아니다. 변환은 인식을 개체화하는 운동인 것만이 아니라 존재의 운동이기도 하여, 단일성과도 다르고 동일성과도 다른 것으로 드러나는 준안정체계의 에너지 방출과 연계된 형태갖추기이다. 이런 이유로,

변환은 단지 정신의 절차만이 아니다. 그것은 또한 직관이다. 왜냐하면 그것은 하나의 구조가 문제의 영역 속에서 제기된 문제를 해결하는 것으로 나타나게끔 해주는 어떤 것이기 때문이다. 그러나 **연역**과는 반대로 변환은 문제해결의 원리를 다른 곳에서 찾지 않을 것이다. 그것은 이 영역의 긴장들 자체로부터 해결의 구조를 이끌어낸다. 마치 과포화 용액이 외부의 어떤 형태를 받아들임으로써가 아니라 자신의 고유한 퍼텐셜 덕분에, 자신이 함축하고 있는 화학적 성분에 따라 결정화하는 것과 같다.

바로 이런 의미에서 변환은,

자신의 체계가 항들 각각의 차원들을 소통하게 해주는 그러한 차원들의 발견이며 이 차원들은 그 영역의 항들 각각의 완전한 실재성이 새롭게 발견된 구조들 안에서 손실도 감소도 없이 정돈될 수 있는 그러한 것들이다.[19)]

또한 좋은bonne 형태는 게슈탈트 이론이 찾아냈다고 믿었던 안정화 16 되고 고정된 형태가 아니라 다가올 변환들로 충전되어 있는 에너지퍼텐

---

19) 34쪽.

셜로 풍부한 형태이다. 좋은 형태는 끊임없이 사유를 촉진하고, 이런 의미에서 그것이 다가올 개체화들을 기대하게 해주는 방향으로 차후의 개체화들을 끊임없이 발생시킨다. 그러므로 변환적 운동들에 의해 실려온 정보는 더 이상 발신자에서 출발하여 수신자에게 전달된, 이미 확립된 코드화된 내용의 전달로서 생각되어서는 안 되고 형태갖추기로 생각되어야 한다. 즉 그것은 전개체적 긴장들로 이루어진 장으로부터, 하나의 형상이 개체화되는 동일한 운동으로부터, 위상학적으로 나타나는 바로 그것, 그리고 형상을 자신으로부터 분리시키는 바로 그것을 인식기능적 의미에서 알려주는 (위상학적 정보)이다. 그것은, 존재자의 전개체성을 가리키는, 그리고 존재자의 근원이자 기원인, "시간의 광명rayon", "세계의 광명"이다. 이런 의미에서 정보는 "개체화들의 무대"이다. 문제가 되는 상황은 준안정상태의 에너지적 문제상황problématique으로부터 안정화되고 있는 상태로 가는 이행의 틀 속에서만 이해될 수 있다. 그래서 그 상황은 해결résolution되는 상황에 있을 뿐 아니라, 또한 에너지가 쇠락하는 상황에 있기도 하다. 마치 화산암의 장엄한 개별적 형태들에서 우리는 과거의 용암 분출로 인한 에너지 소멸을 볼 수 있는 것처럼 말이다. 또한 게슈탈트주의자들의 순수형상, 좋은 형태는 모든 개체화 과정과 변형 과정의 말미에 생겨난 안정화된 에너지이다. 순수한 회화적 형상의 완성에 대해서도 마찬가지로 말할 수 있다. 이것은 앞서는 소묘들로부터는 거의 판독하기 어려운 착종錯綜 enchevêtrement의 지평에서 윤곽을 드러낸다. 데생 화가의 멋진 초벌적 소묘들이 미래의 [회화의] 탄생을 위해 전개체적 실타래를 형성하는 펜끝의 놀림을 보여 줄 때 그러하다. 이런 의미에서 데생은 긴장들로 다듬어진 준안정적 장이며, 거기서 선들이 점차로 출현함으로써 개체화하는 형태들은 안정화된다. 그러나 이 형태들을 다른 형태들과 짝짓게 하고 더 복잡한 구조에 결합시킨다면 그것들은 다시 에너지적 역량puissance으로 될 수 있을 것이다. 이 구조 안에서 형태들은 해결을 추구하면서 긴장의 단계에 있는 에너지퍼텐셜의 자격으로 구성되어 있을 것이다. 선과 색의 준안정성의 장에 직접 접속된 화가의 동작은 개체화의 무대이다.

예를 들면 하나의 '콜라주'collage에서 상반신 조상彫像의 단편을 찍은 사진이 그런 상황이다. 이 단편은 그 자체로는 색인 속에 기록되어 이름이 붙여진, 안정된 실재의 단편이라는 고정된 형태를 가지고 있지만, 일단 새로운 '체계' 속에 통합되면 퍼텐셜의 하중의 가치를 지니는데, 이것의 수수께끼적 차원은 구성의 준안정적 군ensemble과 관련된다. 그런데 내적 공명의 단계에 있는 이 준안정체계 속에서, 외적 요소에 의해 도입된 형태갖추기의 수수께끼적 특징은 문제들을 출현시키면서 이 군을 재구성하게 한다. 이것은 문제제기가 고갈되지 않는 형태들과 의미들의 퍼텐셜로 가득찬, 구성의 준-단일성 구조 위의 교착chiasme[20] 속에서 교차된다croisé는 것을 가리킨다.[21] 그러므로 말의 위상학적 의미에서 형태갖추기는 그 해결되지 않은 긴장들로 가득한 구조적 준안정성에 의해, 서로 간에 밀접하게 얽혀 있는 위상학적이고 인식기능적인 '정보[형태부여]'로 나타난다.[22]

---

20) [옮긴이] 교착(chiasme)은 본래 씨실과 날실처럼 대조되는 것들로 직조된 구조를 말하는데 그리스어 키아스마에서 나온 말이다. 세계의 살과 나의 살 사이의 관계를 지칭하기 위해 차용된 메를로퐁티 철학의 주요 개념이기도 하다.

21) 이미지들 그리고 선과 무게와 색의 유희에 의해 창조된 체계 내적인 공명 현상들이 어떻게 펼쳐지는지를 우리는 다른 곳에서 시와 회화의 많은 사례들 위에서 보여 준 적이 있다. 다음을 참조할 것. 『리듬들과 세계들』 4장, 「기상천외함의 시작」, 『기상천외함』(Revue Epokhè n° 5, J. Millon, 1995).

22) 브뢰헬 1세(Pieter Breughel, 1525~1569)의 그림 '둘 그리트'에 대한 우리의 현상학적 기술

17 또한 시몽동의 사유는 비동일적인 세계를 고갈되지 않는 사유의 불가사의로서 참조하고 있으며 거기서는 형성 도중의 개체화 작용들은 언제나 기저에 있는, 종종 불명확하고 망각된 전개체성의 장에 의지하고 있다.

## V. 물리과학에서 이해의 위기와 그것이 존재자에 대한 철학적 견해에 미친 영향들

그럼에도 불구하고 전개체성에 대한 철학적 문제제기와 존재자의 현대적 개념규정에서 열역학과 양자물리학에서 빌려온 이론들의 사용과 관련된 하나의 의문이 남아 있다. 문제의 엄밀히 기술적인 측면을 논하지 않는다 해도 논쟁의 복잡성을 상기할 필요는 있으며, 닐스 보어와 베르너 하이젠베르크가 철학적 위상의 문제에 접근할 때마다 보여 준 모범적인 신중함을 생각해 보는 것이 중요하다. 그러나 사람들은 양자 입자의 '존재 양태'mode d'être에 대해서도 말할 수 있을지 모른다. 이 문제는 존재론적 파급효과에서 이 물리학자들의 숙고의 중심에 있었다. 또한 『현대물리학에서 이해comprendre의 개념』과 관련한 두 학자 사이의 대화의 말미를 상기하는 것도 무용한 일은 아닐 것이다.[23] 이 문제는 우리의 문제이기도 하다. 단지 존재자의 문제가 제기될 때만이 아니라, 자연을 지배하는 상태가 물질이 아니라 에너지라는 것을 철학자가 정식으로 인정하면서 이 현상의 구성소들을 '이해할 수 있는' 우리 정신의 능력에

을 참조할 것. 「둘 그리트」(Dulle Greet), 『기상천외함의 시작』, 위의 잡지.
23) 각주 12번에서 인용한 저작.

대해 질문을 제기하자마자 그렇게 된다.

그래서 하이젠베르크가 공식화한 다음의 긴급한 문제에 대해,

원자의 내적 구조가 당신이 말하는 것처럼 그렇게 시각적 묘사를 불허하는 것이라면 그리고 사실상 우리가 이 구조에 대해 논의할 수 있는 언어조차 소유하고 있지 않다면, 우리가 원자들에 대해 무언가를 이해할 희망은 전혀 없는 것인가?

보어는 한 순간 망설이다가 다음과 같이 말했다고 하이젠베르크는 보고한다.

그럼에도 불구하고 대답은 긍정적이다. 그러나 그것은 우리가 '이해한다'는 말이 무엇을 의미하는지를 이해하게 될 때 비로소 가능하다.[24]

이들의 신중한 태도를 기억해야만 시몽동이 전개체적 문제상황을 해명하기 위해 양자이론과 파동역학의 용법을 참조할 때 보여 준, 마찬가지로 신중한 그의 태도를 평가하려는 시도를 할 수 있다. 20세기의 과학적이고 철학적인 문제상황을 뒤흔든 의미의 위기도 이 문제들을 피해 갈 수는 없다.

그래서 시몽동은, 동일성의 이론들로 남아 있는 탓에 완전한 방식으로 실재를 이해하는 것이 불가능한 기계론과 에너지론에 의문을 제기

---

24) 『부분과 전체』, 66쪽.

한 후에[25] 장과 입자들의 상호작용이라는 견해와 마찬가지로 입자론에 덧붙여진 장이론도 그 태도가 부분적으로 이원론으로 남아 있다는 사실로부터 그것들의 불충분한 특징을 지적한다. 그럼에도 불구하고 시몽동에 의하면 그것들은 개정된 전개체성의 이론의 방향으로 나아갈 수 있게 해준다.[26]

바로 그때 시몽동은 보어가 양자론과 파동역학의 상보성에 관해 확립한 주장들을 새로운 형태로 취하여 다른 길을 시도한다. 그는 "이제까지 상호불가침으로 남아 있는 두 새로운 이론들을 수렴시키는" 일을 시도하는 것이다.[27]

사실상 문제는 이 두 이론들을 "다양한 현시들을 통해 **전개체적 상태를 표현하는 두 가지 방식으로**" 고찰하는 것이다. "전개체적인 것은 이 현시들에 전개체적인 것으로서 개입한다."[28]

이러한 방법론적 접근에 따라 시몽동은 다음과 같이 지적한다.

…… 다른 길을 통해서 양자이론도 단일성을 넘어서는 **전개체적인 것의 이러한 체제**를 파악하고 있다. 마치 어떤 의미에서 물리적 개체들로 간주할 수 있는 입자들 간의 관계 속에 에너지의 개체화가 있기라도 한 것처럼 요소량들마다 에너지의 교환이 이루어진다.[29]

---

25) 이 책 26쪽을 참조할 것.
26) 이 책 26~27쪽.
27) 27쪽.
28) 27쪽.
29) 27쪽.

시몽동은 자신이 "'마치 그러한 것처럼'comme si의 유비적analogique 철학"이라고 명명하는 것에 통합된 이러한 가설의 틀에서 "진정으로 전개체적인 것에 해당하는 양자적인 것과 준안정적 상보성(단일성 이상의 것)"[30]을 연속과 불연속의 질서 아래서 생각해 보자고 제안한다.

기초 개념들을 교정하고 짝짓는 물리학이 존재할 필요성에 대해 숙고하면서 시몽동은 그러한 필요성은 "아마도 **개념들이 단지 개체화된 실재에만 적합하고** 전개체적 실재에는 그렇지 않다는 사실을 보여 주는 것"일지도 모른다고 암시한다.[31] 사정이 그렇다면, 어떤 실증과학의 확실성도 철학적 문제에 객관적 해답을 줄 수 없다. 말하자면 원본적 '있음'il y a의 전개체적 차원에 의해 제기된 문제가 그러하다. 이 원본적 있음으로부터 개체화되는 단계의 존재자가 만들어 내는 문제가 곧이어 도출된다. 그 이유는 바로 '이해'라는 행위가 물리적 장 위의 교착 속에서 교차되기 때문이고, 존재와 인식이 결합된 이 구조가 그 교착으로 얽힌 구조에 의해, 고려된 과학이론이 어떠한 현재성을 갖고 있던 간에, 실증적 방식의 단순한 문제를 넘어서는 철학적 문제를 제기하기 때문이다.

바로 이러한 사유의 틀 속에서 닐스 보어가 진술한 상보성 원리의 재평가와 루이 드 브로이L. de Brogli, 1892~1987가 생의 말기에 다시 공식화한, 입자물리학과 파동역학의 이중적 접근에 부여해야 할 의미가 새로운 빛을 보게 된다. 드 브로이는 1927년 **솔베이**Solvay **회의**에서 [이에 대해] 간략한 발표를 한 후에 양자역학의 창시자들에게 비판을 받았었다. 이런 이유로 시몽동은 닐스 보어의 상보성 원리를 재평가하는 것뿐만

---

30) 27쪽.
31) 27쪽.

질베르 시몽동의 문제의식에 대한 소개말 · 29

아니라 하이젠베르크의 불확정성 원리에 대한 독창적인 해석 및 이 원리의 수학적 공식화 속에 통계적 계산을 도입하는 것을 재평가할 것을 제안하고 있다.[32] 바로 이러한 개혁의 틀에서 시몽동은 자신의 변환 개념을, 탐구의 '대상'과 거기에 이르는 인식의 운동을 동일한 단일성 안에서 사유하려는 노력으로 제시한다.[33]

그때부터 제기되는 문제는, 이러한 방법의 개선을 고려할 때 하이젠베르크가 양자 입자라는 구체적 실재와 물리학자가 그것에 대해 가지는 인식 사이에서 제시한 구분이 어떤 이원론에 물든 것으로 나타나지 않는가 하는 것이다. 이 이원론은 처음부터 설명해야 할 '실재'로 간주된 양자 입자의 개체적 단일성에 부여된 방법론적 특권에 의해 요구될지도 모르는 반면, 양자 입자는 아마도 전개체성으로부터 유래하는 개체화의 한 가능한 과정으로서만 나타날 것이고, 전개체성은 자신이 현시하는 장과 관련하여 불연속의 관계 속에 있을지도 모른다.

이와 같은 것이 시몽동의 문제제기에서 단순히 인식론적 쟁점일 뿐만 아니라 철학적 쟁점이기도 하다. 사실상 존재자에 대한 이러한 비동일적 견해는 원본적인 준안정성의 장 속에서 복구될 필요가 있으며, 그것은 아원자적 물리학의 틀을 넘어서고, 기술적 대상의 문제상황 및 생명적 개체화의 문제상황의 틀을 넘어선다.[34] 이 견해는 서로 다른 탐구의 세 축에 따라 다음과 같은 문제들에 부과된다. ① 세계 속에서 사물의

---

32) 새로운 판[2013년도 판]에 나오는 장과 절, 그리고 문단들의 제목들을 볼 것. 이 제목들은 단번에 이 논의의 방법론적 쟁점을 설정하는데 그 인식론적이고 철학적인 파급효과는 지대하다.

33) 이미 인용한 저작『심리적, 집단적 개체화』를 볼 것.

34)『리듬들과 세계들』,「환원불가능성과 이종성(異種性, Hétérologie)」in『환원불가능한 것』(Revue *Epokhè* n° 3. 1993),『기상천외함의 시작』, 앞의 책.

지각, ② 전체로서의 예술적 창조의 문제, ③ 하이데거가 말하는 것처럼 존재의 문제가 존재와 존재자의 문제로 남아 있는 한, 존재론적 차이라는 언제나 현재적인 문제들이 그것들이다.[35]

그런데 자신과 관련하여 존재론적 차이를 나타내는 존재자의 비동일적 차원으로 인해 이 문제는 하이데거가 그의 각 저작에서 사용한 용어들로 제기될 수가 없다.[36] 왜냐하면 이 철학자가 '세계내존재'라는 단일한 특징을 가진 고정되고 안정된 개체적 실재로 고려한 것은 단번에 비존재자, '아무것도 아닌 것'no-thing으로 나타나기 때문이다. 이는 존재자의 구조 한가운데서 예상치 못한 방식으로 무의 문제를 도입한다. 존재자는 이제 더 이상 하나의 존재자가 아니다! 이는 하이데거가 생각한 바와 같은 존재론적 차이의 문제를 넘어설 것을 요구하는 역설이다.[37]

그때부터 현대의 철학적 탐구의 한 영역 전체가 사물에 대한 문제제기의 양태를 세계의 전개체성과의 관계 속에서 근본적으로 갱신할 것을 요구하게 된다. 시몽동이 자신의 작업의 엄밀하게 인식론적인 특징을 넘어서서 이러한 커다란 격동에 철학적 관심을 환기한 것은 결코 작은 공적이라 할 수 없다.

---

35) 「시간과 존재. 차링겐 세미나」, 『물음』 IV, Paris, Gallimard, 1976.
36) 『존재와 시간』, 『현상학의 근본문제들』, 『사물이란 무엇인가』, 『시간과 존재』. 우리는 이 텍스트들을 『리듬들과 세계들』 3장에서 길게 분석한 바 있다.
37) 우리는 이러한 증명을 앞서 인용한 텍스트들, 즉 『리듬들과 세계들』, 『기상천외함의 시작』 그리고 『환원불가능성과 이종성』에서 길게 전개한 바 있다.

# 차례

형태와 정보
개념에
비추어 본
개체화

모리스 메를로퐁티를 기억하며

# 서론

개체l'individu로서의 존재자l'être의 실재성을 고찰할 수 있는 두 가지 방법이 있다. 하나는 실체주의적substantialiste 방법인데 이는 존재자를 자신의 단위로 구성된 것, 자신에게 주어지고 자신 위에 기초하며 [타자에의해] 발생된 것이 아닌 것, 자기 자신이 아닌 것에 저항하는 것으로 본다. 실체주의적 사유로부터 자기 자신에 집중된 일원론은 형상질료적hylémorphique [1] 도식의 양극성bipolarité에 대립한다. 그러나 개체의 실재성에 접근하는 이 두 가지 방식에는 무언가 공통적인 점이 있는데, 둘 다개체화 이전에 그것을 설명하고 산출하고 인도할 수 있는 개체화의 원리가 먼저 존재한다고 보는 것이다. 사람들은 구성된 개체, 주어진 개체로부터 그것의 실존existence의 조건들로 거슬러 올라가고자 한다.[2] 개체들의 실존을 확신함으로써 개체화의 문제를 제기하는 이런 방식은 제시된 해답들 중 중요한 국면을 끌어와서는 개체화의 원리의 탐구 속으

---

1) [옮긴이] 존재자를 형상과 질료의 결합으로 보는 아리스토텔레스 철학의 용어.
2) [옮긴이] existence는 맥락에 따라 실존, 존재, 생존으로 다르게 번역하고 있음을 알려 둔다. 보통 존재라고 할 경우 l'être와 혼동될 수 있기 때문에 실존이라고 번역한 것이 대부분이다. 그러나 이 경우에는 실존주의에서 말하는 의미와는 무관하게 이해해야 한다.

로 슬쩍 스며들어가기 때문에, 분명히 밝혀야 하는 전제를 은폐하고 있다. 이 전제는 [여기서] 관련된 실재, 설명해야 할 실재는 구성된 개체인 한에서의 개체라는 것이다. [그 경우] 개체화의 원리는 개체화된 실재의 출현과 상관적일 수 있을지도 모르는, 존재자의 다른 국면들과 필연적 관계없이 [단지] 개체의 특징들을 이해할 수 있는 원리로 탐구될 것이다. **그러한 탐구의 관점은 구성된 개체에 존재론적 우월성을 부여한다.** 그러므로 이런 태도는 진정한 개체발생ontogenèse을 작동시킬 수 없고 개체화가 일어나는 실재의 체계 안에 개체를 재위치시킬 수도 없는 위험을 안고 있다. **개체화의 원리를 탐구할 때 전제에 해당하는 것은 개체화가 하나의 원리를 갖는다는 것이다.** 이러한 원리의 개념 안에는 구성된 개체성을 예시하는 어떤 특징이 있고 또한 이 개체성이 구성될 때 그것이 갖게 될 속성들도 더불어 있다. **개체화의 원리라는** 통념은 일종의 반대로 가는 발생genèse, **거꾸로 된**renversée 개체발생에서 나온다. 개체의 발생을 그 결정적인 특징들과 더불어 이해하기 위해서는 자신 안에 개체를 개체이게 하는 것을 설명하고 그것의 현존재성eccéité을 파악할 무언가를 포함하고 있는 최초의 항terme의 존재, 즉 원리를 가정해야 한다.[3] 그러나 [그 경우] 정확히 말해서 개체발생이 최초의 항을 최초의 조건으로 가질 수 있다는 것을 보여 주어야 할 것이다. 즉 하나의 항은 이미 개체이며, 또는 적어도 개별화될 수 있는 어떤 것이고, 수많은 현존재성들로 주조될 수 있는 현존재성의 근원과 같은 것이다. 분할불가능하고 영

---

3) [옮긴이] 현존재성(eccéité)은 스콜라철학의 개별화 원리인데 본질에 대립하며 어떤 존재자가 여기 또는 저기라는 특정 위치에서 현재 존재하고 있음을 가리킨다. 하이데거의 현존재(Dasein)와 거의 같은 의미라고 할 수 있지만 하이데거에서는 인간만을 지시한다는 점이 다르다.

원한 입자인 원자이든, 최초의 질료이든, 아니면 형상이든, 관계의 지반
이 될 수 있는 모든 것은 이미 개체와 동일한 존재 양태에 속한다. 원자
는 다른 원자들과 **클리나멘**_clinamen_에 의해 관계를 맺고[4], 그렇게 해서 무
한한 허공과 끝없는 생성을 통해, 살아 있는 것이든 아니든, 개체를 구
성한다. 질료는 형상을 받아들일 수 있고 개체발생은 이러한 질료-형
상의 관계 속에 존재한다. 원자와 질료 또는 형상에 어떤 종류의 현존재
성이 내속inhérence하지 않는다면 이러한 실재들 속에서 개체화의 원리
를 발견할 가능성은 없을 것이다. **개체화의 원리를 개체화 자체를 앞서는
실재 속에서 찾는 것은 개체화를 개체발생**ontogenèse**으로서만 고려하는 것
이다.** 그때 개체화의 원리는 현존재성의 근원이 된다. 사실 형상질료설
과 마찬가지로 원자론적 실체론도 개체발생 자체에 대한 직접적인 기
술description을 피해간다. **원자론**은 생명체와 같은 복합체le composé의 발생
을 기술한다. 생명체는 일시적이고 소멸할 수밖에 없는 통일성을 소유
하며, [생명체를 구성하는] 원자들의 응집력보다 더 큰 힘이 그 복합체
의 통일성을 공격하면 우연의 만남으로부터 나와서 다시금 그 요소들로
용해될 것이다. 복합적 개체의 개체화 원리로 간주할 수 있는 응집력들
자체는, 영원으로부터 존재하며 진정한 개체들에 해당하는 요소 입자들
의 구조 속으로 되던져진다. 원자론에서 개체화의 원리는 무한한 원자
들의 실존 자체이다. 그것은 사유가 자신의 본성을 의식하고자 할 때 언
제나 이미 거기에 있다. 개체화는 하나의 사실이다. 그것은 각각의 원자
에 있어서는 자신의 주어진 고유한 실존이고 복합체에 있어서는 그것이

24

---

4) [옮긴이] '클리나멘'(clinamen) → 황수영, 『시몽동, '개체화 이론'의 이해』의 '용어설명' 참조
(이하 '용어설명*'으로 표기).

우연의 만남 덕분에 현재의 모습이 되었다는 사실[자체]이다. 반대로 **형상질료적 도식**에 따르면 개체화된 존재자는 쉬놀론συνολον[형상과 질료의 결합물]이 될 질료와 형상을 고찰할 때 이미 주어져 있는 것이 아니다. 사람들이 개체발생을 목격하지 못하는 것은 개체발생을 나타내는 이러한 형태 갖추기 이전에 항상 자리를 잡기 때문이다.[5] 그러므로 개체화의 원리는 작용으로서의 개체화 안에서 파악되는 것이 아니라 이러한 작용이 존재할 수 있기 위해 필요로 하는 것 즉 질료와 형상 안에서 파악된다. 원리는 질료나 형상 안에 포함된 것으로 가정된다. 왜냐하면 개체화 작용은 원리 자체를 **가져올 수** 있는 것이 아니라 단지 그것을 **작동시킬 수 있는** 것으로 가정되기 때문이다. 개체화 원리의 탐구는 개체의 모범modèle이 물리적인 것(실체론적 원자론)이냐, 기술공학적 또는 생명적인 것(형상질료적 도식)이냐에 따라 개체화 이전 아니면 이후에 이루어진다. 그러나 양자 모두에 개체화 작용을 포괄하는 **모호한 지대**가 존재한다. 이러한 개체화 작용은 설명해야 할 사물chose로서 간주되며 설명이 그 안에서 발견됨에 틀림없는 그러한 것으로 간주되지는 않는다. 거기서부터 개체화의 원리라는 통념이 유래한다. 그리고 [개체화] 작용이 설명해야 할 사물로 간주되는 것은 사유가 완성된 존재자, 개체화된 존재자를 향해 있기 때문이다. 이 개체화된 존재자는 개체화의 단계를 거치면서 설명해야 하는 대상이며 이 [개체화] 작용 이후에야 개체에 도달한다. 그러므로 시간적 잇따름succession이 실존한다는 가정이 있다. 우선 개체화의 원리가 있다. 다음에 이 원리는 개체화 작용 안에서 작용한다. 마지막

---

5) [옮긴이] 형태갖추기(prise de forme)는 생성의 과정 작용을 설명하는 시몽동의 중요한 개념 중 하나로 나중에 정보(information) 개념에 대한 새로운 이해에 반영된다.

으로 구성된 개체가 나타난다. 반대로 개체화는 단지 개체만을 산출하는 것이 아니라고 가정한다면 우리는 개체라는 이 마지막 실재에 도달하기 위해 개체화의 단계를 급하게 관통하려고 하지는 않을 것이다. [차라리] 우리는 개체발생을 그 실재성의 전개과정 전체 속에서 파악하려고 할 것이며, **개체로부터 개체화를 알려고 하기보다는 개체화를 통해서 개체를 알려고** 할 것이다.

개체화 원리의 탐구로 돌아오는 것은 개체화 작용을 원초적인 것으로 간주함으로써 가능하다는 것을 우리는 보여 주려고 한다. 개체는 개체화 작용으로부터 존재하게 되는 것이며 그 특징들에 있어서 개체화 작용의 전개와 체제régime 그리고 마지막으로 그것의 양상들modalités을 반영한다. 그때 개체는 상대적인 실재이자 존재의 어떤 상相, phase으로 파악될지도 모른다.[6] 이 상 이전에 존재는 전개체적 실재성을 가정하고 개체화 이후에도 단독으로 존재하지는 않는다. 왜냐하면 개체화는 전개체적인 실재성의 퍼텐셜들potentiels을 단번에 고갈시키지 않기 때문이다.[7] 다른 한편 개체화가 보여 주는 것은 단지 개체만이 아니라 개체-환경의 쌍이기도 하다.[8] 그래서 개체는 두 가지 의미에서 상대적이다. [우

25

---

6) [옮긴이] 상(phase)이라는 말은 '단계'로 옮길 수도 있지만 나중에 물리학의 상전이 개념과 긴밀하게 연결되기 때문에 상으로 옮긴다. 이 맥락에서는 상태, 단계 정도로 이해할 수 있다.

7) [옮긴이] 퍼텐셜(potentiel)은 시몽동의 많은 다른 용어들과 마찬가지로 물리학에서 차용한 것이다. 물리학에서는 더러 잠재에너지로 새기는 경우도 있지만 원어 그대로 사용하는 것이 보통이다. 시몽동은 퍼텐셜을 종종 퍼텐셜에너지 또는 에너지퍼텐셜로 표현하기도 한다. 다만 이것은 운동에너지와 대립하는 의미에서의 잠재에너지(원문 68쪽의 그림 1 참조)가 아니라 그보다 넓은 의미로 새로운 변화를 창출하는 힘에 가깝다. 또 시몽동은 이 단어를 철학에서 일반적으로 사용하는 잠재태(virtualité)와 구별하여 어느 정도 구체적 내용이 있는 것으로 사용하기 때문에 우리는 퍼텐셜이라는 말을 그대로 옮기기로 한다. 원문 304쪽 중반을 참조하면 잠재성과 퍼텐셜의 차이를 알 수 있다.

8) 게다가 환경은 단순하거나 동질적이거나 균일하지 않을 수도 있으며, 크기의 양극단의 등급들 사이의 긴장이 이를 근원적으로 관통할 수 있다. 막 생겨난 개체는 이 양극단을 매개한다.

선] 개체는 존재l'être 전체가 아니기 때문이다. 그리고 개체는, 자신이 그 안에서 개체로서 존재하는 것도, 개체화의 원리로서 존재하는 것도 아닌, 존재의 한 상태로부터 나오기 때문이다.

**그렇게 해서 개체화는, 완전한 존재의 작용인 한에서, 오로지 그것만이 개체발생적인 것으로 간주된다.** 그 경우 개체화는 퍼텐셜들을 내포하고 일종의 양립불가능성incompatibilité을 내포하는 체계 속에서 나타나는 부분적이고 상대적인 해결로 간주되어야 한다. 양립불가능성은 차원들의 극단적인 항들 사이의 상호작용의 불가능성 못지않게 긴장의 힘들로 이루어진다.

개체발생이라는 말은 개체의 발생(예를 들면 종의 발생과 같은 더 광대한 발생과 대립되는)이라는 협소하고 파생된 의미를 부여하는 대신 존재자의 생성devenir이라는 특징을 지칭할 경우 의미가 명확해진다. 이 생성이라는 특징은, 존재자의 생성, 즉 바로 그것에 의해 존재자가 그러한 모습인 한에서 그러한 존재자로 되는 어떤 것이다. 존재와 생성의 대립은 존재자의 모범이 실체라고 가정하는 어떤 학설의 내부에서만 타당할 수 있다.[9] 그러나 생성도 존재의 차원이며 존재가 자신과 관련하여 스스로 상전이相轉移하는[10] 능력, 상전이하면서 스스로 해소되는se résoudre 능력에 상응한다고 가정하는 것도 가능하다. **전개체적 존재는 상이 없는 존**

---

9) [옮긴이] 이 맥락에서 존재와 존재자는 모두 l'être를 옮긴 것이다. 이 불어 단어는 구체적으로 존재자들을 지칭하기도 하고 추상적인 의미로 존재 자체를 지시하기도 한다. 맥락에 따라 한 문장에서도 다르게 옮기고 있음을 알려 둔다. 예를 들어 전개체적 상태는 존재로 표현하고 개체화 과정을 겪은 후에는 존재자라고 표현했다.

10) [옮긴이] 상전이하다(se déphaser)라는 말은 물리학에서 차용된 시몽동의 중요한 개념이다. 전통적 존재론을 비판하고 생성의 철학을 기초하려는 시몽동에서 이 용어는 물이 고체, 액체, 기체로 상전이하듯 존재자의 현상태가 존재의 전부가 아니라 생성의 단면일 뿐이라는 점을 보여 주기 위해 유용한 개념이다.

재이다. 개체화가 그 안에서 수행되는 존재는, 존재가 상들로 분배됨에 의해 그 안에서 해소가 나타나는 그러한 존재이다. 이것이 바로 생성이다. 생성은 존재자가 그 안에서 존재하는 틀이 아니다. 그것은 존재의 차원이며, 퍼텐셜들로 가득한 초기의 양립불가능성의 해소 양태이다.[11] **개체화는 존재 속에서 상들의 출현에 상응하는데, 상들은 존재의 상들이다.** 그것은 생성의 주변에 놓여 있는 고립된 결과가 아니라 완수되는 도상에 있는 이 작용 자체이다. 그것은 생성이 없는 존재의 최초의 과포화 sursaturation[12]로부터만 이해될 수 있다. 이 과포화상태는 곧이어 구조화되고 생성되면서 개체와 환경을 출현시킨다. 이 생성은 최초의 긴장들을 해소하고 이 긴장들을 구조의 형태 아래 보존하는 것이다. 어떤 의미에서는 유일하게 따를 수 있는 원리는 **생성을 통한 존재의 보존이라는 원리**라고 말할 수 있을지도 모른다. 이 보존은 순차적인 평형들을 통한 양자적quantique 도약에 의해 진행하는, 구조와 작용 사이의 교환을 통해 존재한다. 개체화를 사유하기 위해서는 존재를 실체나 질료, 형상이 아니라 단일성unité의 수준 위에서 긴장된 체계, 과포화된 체계로 고려해야 한다. 이 체계는 자기 자신으로만 구성되는 것이 아니고 배중률의 수단으로도 적합하게 사유될 수 없다. 구체적 존재, 혹은 완전한 존재, 즉 전개체적 존재는 단일성unité 이상의 존재이다. 개체화된 존재자의 특성인 단일성, 그리고 배중률의 사용을 허용하는 자기동일성은 전개체적 존재에는 적용되지 않는다. 이것은 우리가 모나드들을 가지고 단번에 세계를 재구성할 수는 없다는 사실을 설명해 준다. 비록 그것들을 우주 안에서

---

11) 그리고 양극단의 항들 사이에서 중간적 크기의 등급을 구성하는 것이다. 개체발생적 생성 자체가 어떤 의미에서는 매개로 간주될 수 있다.
12) [옮긴이] 용액이 용해도 이상으로 용질을 포함하는 상태.

정돈하기 위해 충족이유율 같은 다른 원리들을 첨가한다고 해도 그러하다. 단일성과 동일성은 개체화 작용에 뒤이은 존재의 상들에만 적용된다. 그것들은 개체화의 원리를 발견하는 데 아무 도움도 주지 못하며, 용어의 충만한 의미에서의 개체발생, 즉 개체화되면서 분열되고 상전이하는 한에서의 존재자의 생성에는 적용되지 않는다.

사람들은 평형의 유일한 형태 즉 안정적 평형 외에는 알지 못했기 때문에 개체화를 적합하게 사유하고 표현할 수 없었다. 사람들은 준안정적métastable 평형을 알지 못했다. 존재는 안정적 평형상태에 있다고 암묵적으로 가정되어 왔다. 그런데 안정적 평형은 생성을 배제한다. 그것은 가장 낮은 수준의 가능적 퍼텐셜에너지에 상응하기 때문이다. 그것은 가능한 모든 변형들이 실현되어 어떤 힘도 존재하지 않는 체계가 도달한 평형이다. 모든 퍼텐셜들이 실현되었고 에너지의 가장 낮은 수준에 도달한 계는 새롭게 변형될 수 없다. 고대[그리스]인들은 불안정과 안정, 정지와 운동만을 알았고 준안정성은 명확히 객관적으로 알지 못했다. 준안정성을 정의하려면 체계의 퍼텐셜에너지의 개념, 질서의 개념, 엔트로피 증가의 개념을 개입시켜야 한다.[13] 그래서 안정적인 평형, 정지와는 매우 다른, 이러한 존재의 준안정적 상태를 정의하는 것이 가능하다. 고대인들은 준안정상태의 용도를 밝힐 수 있는 어떤 명백한 물리적 범례paradigme[14]도 없었으므로 이를 개체화의 원리의 탐구에 개입

---

13) [편집자] 박사논문 발표시에 제출된 이전의 판본에는 이렇게 나와 있다. "준안정성을 정의하기 위해서는 체계의 정보 개념을 개입시켜야 한다. 이러한 개념들로부터, 그리고 특히 물리학과 현대의 순수기술공학이 우리에게 제시하는 정보의 개념(음엔트로피로 이해된 정보의 개념) 및 음엔트로피 개념과 관련시킬 때 더 정확한 의미를 띠게 되는 퍼텐셜에너지 개념으로부터 출발해야 한다." [음엔트로피→용어설명* 참조]
14) [옮긴이] 여기서 시몽동이 사용하는 패러다임이라는 말은 토머스 쿤이 유행시킨 인식론적

시킬 수 없었던 것이다.[15] 그러므로 우리는 우선 결정cristal의 발생을 주도하는 과융해surfusion[16]나 과포화와 같은 **체계의 상태로부터 물리적 개체화를 준안정계의 해소**_résolution_**의 한 예로** 제시하겠다. 결정화 작용은 제대로 연구된 개념들로 풍부하며 이 개념들은 다른 영역에서 범례로서 이용될 수 있다. 그러나 결정화 작용이 물리적 개체화의 실재성을 모두 설명하는 것은 아니다. 그래서 우리는 다음과 같이 자문해야 할 것이다. 이러한 준안정적 상태의 존재자의 생성이라는 개념으로 미시물리학의 어떤 국면들, 특히 사람들이 짝의 형태로 사용하는 개념들(파동-입자, 물질-에너지)의 상보성의 특징을 설명할 수 없을까. 이러한 이원성은 아마도 과학적 개념론이 어떤 항들로 만들어진 실재의 존재, 즉 이 항들 사이에는 어떤 관계들이 있지만 이 관계들에 의해 항들이 그 내적 구조에서 변형되지 않는 그러한 실재를 가정하는 데서 유래할지도 모른다.[17]

그런데 다음과 같이 가정할 수도 있다. 실재성은 본래 그 자체로 과포화용액 같은 것 아닐까, 훨씬 더 나아가서 그것은 파동이나 입자, 물질이나 에너지로 나타날 수 있는, 전개체적 체제 속에서 단일성과 동일성을 넘어서는 것이 아닐까. 왜냐하면 모든 작용은, 그리고 한 작용의 내부에서 모든 관계는, 본래 매개 없는 크기의 등급들ordre de grandeurs[18], 극단

---

의미와는 다른 고전적 의미로 이해해야 한다. 그것은 다른 현상을 설명하기 위한 모범사례의 성격을 갖는다. 플라톤에서 중요한 유비 개념과도 연관이 있다. 앞으로 자주 등장하는 중요한 개념이다.

15) 고대인들에게도 준안정성 개념의 직관적이고 규범적인 등가물들이 존재하기는 했다. 그러나 준안정성이 일반적으로 두 종류의 크기들의 현존과 그것들 사이의 상호소통의 부재를 가정하기 때문에 이 개념은 과학의 발전에 많은 것을 빚지고 있다.

16) [옮긴이] 액체가 응고점 이하의 온도에서도 액체로 남아 있는 상태.

17) [편집자] 이 문장은 1964년도 판본에는 빠져 있었다.

18) [옮긴이] 크기의 등급은 시몽동 철학의 중요한 용어 중 하나이다. 본래는 수학과 물리학에서 크기의 값을 정확히 제시하기 어려운 경우 어림잡아 표상하는 방식을 가리키지만 시몽

의 가치들을 상호연결시키면서 전개체적 존재를 분리하고 상전이시키는 개체화이기 때문이다. 그러면 상보성이란 실재의 원초적이고 원본적인 준안정성의 인식론적 반향일지도 모른다. 동일성의 이론들인 **기계론**도 **에너지론**도 실재를 완벽한 방식으로 설명할 수 없다. 입자론에 덧붙여진 장이론, 그리고 장과 입자의 상호작용론도 여전히 부분적으로 이원론적이지만 **전개체적 이론을 향한다.** 이와는 다른 길을 통해서 양자론도 단일성을 넘어서는 **전개체적인 것의 이러한 체제**를 파악하고 있다. 마치 어떤 의미에서 물리적 개체들로 간주할 수 있는 입자들 간의 관계 속에 에너지의 개체화가 있기라도 한 것처럼 요소량들마다 에너지의 교환이 이루어진다. 이런 의미에서 오늘날까지 상호불가침으로 남아 있는 두 새로운 이론들 즉 양자론과 파동역학이 상호수렴하는 것을 아마 볼수도 있을지 모른다. 그것들은 **다양한 현시들을 통해 전개체적 상태를 표현하는 두 가지 방식**으로 생각될 수 있지 않을까. 전개체적인 것은 이 현시들에 전개체적인 것으로서 개입한다. 연속과 불연속 아래 양자적인 것과 준안정적 상보성(단일성을 넘어서는 것)이 있다. 이것은 진정으로 전개체적인 것이다. 물리학에서 기초 개념들을 수정하고 짝지을 필요성은 아마도 **개념들이 단지 개체화된 실재에만 적합하며** 전개체적 실재에는 그렇지 않다는 것을 나타내는 것이 아닐까.

그렇게 해서 개체화 과정으로서의 결정의 발생에 대한 연구가 모범적 가치를 갖는다는 것을 이해할 수 있지 않을까. 그것은 몰적$_{\text{molaire}}$[19]이

---

동은 크기 차이로 인해 서로 매개와 소통이 어려운 세계들을(미시계와 거시계 등) 표현할 때 사용한다. 용어설명* 참조.
19) [옮긴이] 1몰(mole)은 물질의 분자량을 그램(g) 단위로 나타낸 질량. 여기서는 분자적 크기 이상의 지각가능한 상태를 말한다.

지 않고 분자적인mol éculaire 미시 영역에 속하는 체계의 상태들에 기초하는 현상을 거시 단계에서 파악하게 해준다. 그것은 형성 도중에 있는 결정의 **경계에 있는** 활동을 파악할지도 모른다. 그러한 개체화는 선행적으로 구성된 분리된 항들로서 미리 존재하는 형상과 질료의 결합이 아니라 퍼텐셜들로 가득한 준안정적 체계 한가운데서 일어나는 해소이다. **형상, 질료, 에너지는 체계 안에 선재한다.** 형상도 질료도 충분하지 않다. 진정한 개체화의 원리는 중개이며, 이는 일반적으로 크기의 등급들의 원본적 이원성과 그것들 간의 최초의 상호소통의 부재를 가정한다.

퍼텐셜에너지가 현실화되는(**더 커다란** 크기의 등급의 조건) 동시에 질료는 **중간** 크기의 등급에서 구조화된 개체들로 정돈되고 배분되면서 (**더 작은** 크기의 등급의 조건) 증폭amplification이라는 매개과정에 의해 전개된다.

결정화 과정을 인도하고 지탱하는 것은 준안정적 체계의 에너지 체제이다. 그러나 결정들의 형태는 화학적 구성물의 일정한 분자적, 원자적 특징들을 표현한다.

생명의 영역에서도 개체화를 특징짓기 위해 준안정성이라는 개념이 통용될 수 있다. 여기서 개체화는 물리적 영역에서처럼 **순간적이고** 양자적이며 급작스럽고 결정적인 방식으로 일어나지 않는다. 개체화는 자신의 뒤에 환경과 개체라는 이원성을 남긴다. 환경에는 더 이상 개체가 없고 개체는 환경의 차원을 더 이상 갖지 못한다. 그러한 개체화는 아마 생명체에 있어서도 절대적 기원으로서 존재할 것이다. 하지만 그것은 영속화된perp étuée 개체화로 배가se doubler되는데, 생성의 근본 양태에 따르면 이 영속적 개체화는 생명 자체이다. **생명체는 자신 안에 영속적 개체화의 활동을 보존한다.** 그것은 결정이나 분자처럼 단지 개체화의 결과가 아니라 그것의 무대이다. 또한 생명체의 모든 활동이 물리적 개체의 활동처럼 단지 자신의 경계에 집중되는 것은 아니다. 그 안에는 항구적 소통을 요구하는, 그리고 생명의 조건인 준안정성을 유지하는 **내적 공명**_résonance_이라는 더 완벽한 체제가 있다.[20] 그러나 그것은 생명체의 유일한 특징이 아니다. 생명체는 일정수의 평형을 유지하는 자동기계, 또는 더 단순한 평형들로 구성된 복합적 평형의 공식에 따라 여러 가지 요구들 사이에서 양립가능성을 찾아 헤맬지도 모르는 자동기계와 동일시할 수 없다. 생명체는 또한 최초의 개체화에서 유래하여 이를 증폭하는 존재이기도 하다. 사이버네틱스 기제는 이러한 개체화를 기술적 대상에 동일시하려고 하지만 이는 불가능하다. 생명체 속에는 **개체에 의한 개체화**가 있으며 이는 제작_fabrication_에 비교할 수 있는 기능, 일단 완성된 개체화로부터 나오는 기능이 아니다. 생명체는 문제를 해결하지만[21], 단지 적응함으로써 즉 환경과의 관계를 변형함으로써(기계가 하는 것처럼) 그렇게 하는 것이 아니라, <u>스스로</u>를 변형하면서, 새로운 내적인 구조들을 발명하고 생명적 문제들의 공리계_axiomatique_ 속에 완벽하게 <u>스스로</u> 삽입되면서 그렇게 한다.[22] **살아 있는 개체는 개체화의 체계이며 개체화하고 개체화되는 체계이다.** 내적 공명 그리고 자기_soi_와의 연관을 정보로 나타내는 것은 이러한 생명체의 체계 속에서 이루어진다. 물리적 영역

---

20) [옮긴이] 내적 공명 → 용어설명* 참조.
21) [옮긴이] 여기서 '해결(résolution)'이란 물질에서 긴장들의 '해소'라는 말과 동일한 단어에 해당한다. 생명체의 개체화를 다루는 곳에서는 긴장의 해소 대신에 문제의 해결이란 표현이 등장한다.
22) 바로 이러한 삽입에 의해 생명체는 정보작업을 한다. 즉 그 스스로가 자신의 차원보다 더 우위의 실재의 등급 그리고 자신이 조직하는 더 하위의 등급 사이에서 상호작용하는 소통의 끈이 된다.

에서 내적 공명은 **개체화 도중에 있는** 개체의 경계를 특징짓는다. 생명의 영역에서 그것은 개체로서의 개체 전체의 기준이 된다. 그것은 개체의 체계 안에 존재하며 단지 개체가 환경과 함께 형성하는 체계에만 존재하는 것이 아니다. 유기체의 내적 구조는 (결정에서처럼) 단지 수행되는 활동으로부터만, 그리고 내부 영역과 외부 영역의 경계에서 작동하는 변조modulation로부터만 나오는 것이 아니다. 물리적 개체는 항구적으로 편심excentré[중심축에서 벗어난]적이고 자신과 관련하여 언제나 주변적이며 자신의 영역의 경계에서 활동하므로 진정한 내재성을 갖고 있지 않다. 반대로 생명적 개체는 진정한 내재성을 갖는다. 왜냐하면 개체화 과정이 내부에서 일어나기 때문이다. 생명적 개체에서 내부라는 것은 또한 구성적인 것이다. 반면 물리적 개체에서는 경계만이 구성적이며 위상학적으로 내부적인 것이 발생학적으로 선행한다. 생명적 개체는 모든 요소들에서 자기 자신과 동시대적인데 물리적 개체는 그렇지 않다. 물리적 개체는 비록 아직 성장 중에 있다 하더라도 완전히 지나가 버린 과거를 포함한다. 생명체는 자기 자신의 내부에서 정보 소통의 끈이다. 그것은 체계 안의 체계이며 **자신 안에** 크기의 두 등급들 사이의 중개를 포함한다.[23]

마지막으로 우리는 물리학의 양자가설과 유사하고 퍼텐셜에너지 준위들의 상대성의 가설과도 유사한 가설을 세울 수 있다. 개체화는 전개체적 실재를 모두 소진시키지는 않으며, 준안정성의 체제는 개체에 의해서 유지되는 것뿐만 아니라 개체에 의해 운반된다고 가정할 수 있

---

23) 이러한 내적 중개는 생명적 개체가 실현하는 외적 중개와 관련하여 교대로 개입한다. 이로 인해 생명체는 우주적 크기의 등급(예를 들면 태양빛의 에너지)과 분자 아래 크기의 등급 사이에서 소통할 수 있다.

다. 그래서 구성된 개체는 자신과 더불어 전개체적인 실재성과 연합한 일종의 하중charge을 실어 나른다. 전개체적 실재는 자신을 특징짓는 모든 퍼텐셜들에 의해 자극된다. 개체화는 물리계 안의 구조 변화처럼 상대적이다. 일정한 퍼텐셜의 수준은 남아 있으며 여러 개체화들이 여전히 가능하다. 개체에 연합하여 남아 있는 이러한 전개체적 본성이야말로 새로운 개체화들이 나올 수도 있는 미래의 준안정적 상태의 근원이다. 이 가설에 의하면 **모든 진정한 관계**relation**를 존재의 지위**rang**을 갖는 것으로**[24], **새로운 개체화의 내부에서 전개되는 것으로 고려하는 것이 가능할 지도 모른다.** 관계는 이미 개체들이라 할 수 있을 두 항들 사이에서 나오는 것이 아니다. 그것은 **개체화의 체계의 내적 공명**의 한 국면이다. 그것은 체계의 상태의 일부를 이룬다. 단일성 이상인 동시에 이하이기도 한 이 생명체는 **내적 문제상황**problématique**을 내포하며**[25] **요소로서 자신의 고유한 존재보다 더 광대한 문제상황 속으로 들어올 수 있다.** 개체에 있어 참여란 것은 **개체가 내포하는 전개체적** 실재의 하중을 매개로 하여, 즉 개체가 내포하고 있는 퍼텐셜들의 덕택으로 **더 광대한 개체화 속의 요소가 된다는 사실**이다.

그러므로 새로운 실체들에 호소하지 않고도 참여로서의 개체에 내적이고 외적인 관계를 생각하는 것이 가능하게 된다. 정신현상psychisme과 집단적인 것le collectif은 생명적 개체화 이후에 오는 개체화들에 의해

---

24) [옮긴이] relation과 rapport는 대개 '관계'라는 동일한 의미로 사용되지만 시몽동에서 전자는 상당히 능동적이며 강한 의미이고 후자는 보다 약한 의미를 표현한다. 또 후자는 비율, 비례 등을 나타내는 데 쓰이기도 하기 때문에 우리는 두 단어를 구분해서 전자를 관계, 후자를 연관으로 새기기로 한다.

25) [옮긴이] 문제상황(problématique)이란 의심스러운 것, 문제삼아야 하는 것, 문제제기, 문제성, 문제틀 등 문제를 다루는 총체적 의미로 보면 된다. 맥락에 따라 다양하게 새긴다.

구성된다. 정신현상은 존재자에 있어서 생명적 개체화를 잇따른다. 존재자는 자신의 고유한 문제상황을 해결하기 위해 주체로서 행동에 의해 스스로 문제의 요소로서 개입하도록 요구된다. 주체는 개체화된 생명체인 한에서, 그리고 자신의 행동을 세계를 통해 세계의 요소이자 차원으로 표상하는 존재자인 한에서, 존재자의 통일성unité으로 생각될 수 있다. 생명적 문제들은 스스로의 위에서 닫혀 있지 않다. 그것들의 열린 공리계는 일련의 한정되지 않은 연속적 개체화들에 의해서만 포화될 수 있다. 이 개체화들은 언제나 더 많은 전개체적 실재들을 참여시키고 그것을 환경과의 관계 속에 삽입시킨다. 정념성affectivité[26])과 지각이 새로운 차원들의 호소를 가정하는 감동émotion과 과학에 결합한다. 그러나 정신적 존재자는 자신 안에서 자신의 고유한 문제상황을 해결할 수 없다. 그 전개체적 실재의 하중은, 개체화된 생명체의 한계를 넘어서고 생명체를 세계와 주체의 체계 안에 삽입시키는 정신적 존재자로서 개체화되는 동시에, 집단적인 것의 개체화의 조건이라는 형태로 참여를 허용한다. 집단적인 것의 형태로 나타난 개체화는 개체로부터 집단groupe에 속하는 개체를 만들어 낸다. 이 집단에 속하는 개체는 개체가 자기 안에 품고 있는 전개체적 실재에 의해 집단에 연합하는데, 이 전개체적 실재는 다른 개체들의 실재에 합류하여 집단적 단위로 개체화된다. 정신적이고 집단적인 두 개체화는 상호적이며 개체초월적인 것le transindividuel[27])의 범주를 정의하게 해준다. 이 범주는 내적(정신적) 개체화와 외적(집단적) 개체화의 완전한 통일성을 이해하게 해준다. 개체초월적인 것의 정신

---

26) [옮긴이] 쾌와 불쾌에 바탕을 둔 감정적 특징. 원문 241쪽 각주(2부 2장 각주 16) 참조.
27) [옮긴이] 개체초월성 → 용어설명* 참조.

적-사회적 세계는 순수하게 사회적인 것도 아니고 개체상호적인 것도 아니다. 그것은 개체들에 연합하여 자신의 고유한 준안정성을 갖는 새로운 문제상황을 구성할 수 있는 전개체적 실재성으로부터 진정한 개체화의 작용을 전제한다. 그것은 다수의 크기의 등급들의 상호관련된 양자적 조건을 표현한다. 생명체는 단일성 이상인 동시에 이하인, **문제적** *problématique* **존재자로** 제시된다. 생명체가 문제적이라고 하는 것은 생성을 생명체의 차원으로 고려하는 것이다. 생명체는 생성을 따라 존재하며 매개를 작동시킨다. 생명체는 개체화의 행위자인 동시에 무대이다. 그 생성은 항구적 개체화, 또는 차라리 준안정성에서 준안정성으로 나아가는 **일련의 개체화의 관문**이다. 개체는 그러므로 실체도 아니고 단순히 집단적인 것의 일부도 아니다. 집단적인 것은 개체적 문제상황의 해결로 개입한다. 이것은 집단적 실재의 기초가 개체화된 실재에 연합된 채 남아 있는 전개체적 실재의 형태로 이미 개체 안에 부분적으로 포함되어 있다는 것을 의미한다. 개체적 실재의 실체화로 인해 일반적으로 관계로서 고려되는 것은 사실은 개체화의 차원이며 개체는 이를 통해 30 생성된다. 세계와 집단적인 것에서 관계란 **개체화의 차원**이며 개체는 단계적으로 개체화되는 **전개체적 실재**로부터 거기에 참여한다.

또한 심리학과 집단적인 것에 관한 이론은 연결되어 있다. 집단적인 것에의 참여가 무엇인지를, 그리고 문제상황의 해결로 간주된 정신적 작용이 무엇인지를 지시해 주는 것이 개체발생이다. 생명에 해당하는 개체화는 갈등 상황에서 이 상황의 모든 요소들을 개체를 포함하는 체계 안에 삽입시키고 통일하는 새로운 공리계의 발견으로 생각된다. 한 준안정적 상태의 갈등적 특징의 해결로서의 개체화 이론에 내재적인 정신적 활동이 무엇인가를 이해하기 위해서는 생명 속에서 준안정적 체계들을 설립할 수 있는 진정한 방법들을 발견해야 한다. 이런 의미에서 **환경에 대한 개체의 적응 관계**[28]라는 개념과 마찬가지로 **인식하는 주체와 인식된 대상의 관계**라는 비판적 개념도 변형되어야 한다. 인식은 감각으로부터 추상적인 방식으로 세워지는 것이 아니라 **최초의 굴성적** *tropistique*, **단일성, 감각과 굴성***tropisme*[29]**의 짝, 극성화된***polarisé* **세계 속에서 생명체의 방향설정**으로부터 문제제기적 방식으로 세워진다.[30] 여기서도 역시 형상질료적 도식에서 벗어나야 한다. 감성의 **선험적***a priori* 형식에 대해 **후험적인***a posteriori* 소여를 구성하는 질료에 해당하는 감각이란 없을지도 모른다. 선험적 형식들은 **원초적인 굴성적 단일성**들을 대면할 때 나오는 긴장들을 공리계의 발견에 의해 [이루어낸] 최초의 해결책이다. 감성의 선험적 형식들은 추상에 의해 얻어진 선험성과 후험성이 아니다. 그것들은 개체화 과정에서 나타나는 공리계의 구조들이다. 굴성적 단일성 안에는 이미 세계와 생명체가 있지만, 세계는 거기서 단지 **방향**으로서, 개체화된 존재자를 **한정되지 않은 이원성** 속에 위치시키는 구배句配, gradient[일정한 물리량에서의 단계적 변화]의 극성으로서만 나타난다. 이 이원성 속에서 개체화된 존재자는 중간 지점을 차지하며 그 지점으로부터 배열된다. 지각 그리고 과학은 이러한 문제상황을 이어서 해결하는데, 그것은 시공적 틀의 발명이 아니라 대상의 개념을 구성함으로써 그렇게 한다. 대상 개념의 구성은 바로 원초적 구배들의 **근원**이 되어, 이것

---

28) 특히 환경과의 관계는 개체화 이전에 그리고 개체화하는 동안에는 유일하고도 동질적인 환경과의 관계로 간주될 수 없을지도 모른다. 환경은 그 자체가 **체계**이며 실재의 둘이나 여럿의 단계들의 종합적 집결이다. 그것은 개체화 이전에는 상호소통을 하지 않는다.
29) [옮긴이] 빛 등 외부 요인에 의해 식물이 어떤 방향으로 향하는 것.
30) [옮긴이] 극성(polarité)은 방향성을 갖는 작용. 극성 → 용어설명* 참조.

들을 하나의 **세계**에 따라서 서로 간에 정렬시킨다. 선험성과 후험성의 구분은 형상질료적 도식이 인식 이론 안에 반영된 것이며, 중심에 있는 자신의 어두운 구역으로부터 인식의 중심에 해당하는 진정한 개체화 작용을 드러내 준다. 질적이고 강도적인 계열의 개념 자체는 존재의 상들 phases의 이론에 의해 생각될 필요가 있다. 그 개념은 **관계적인 것이 아니고** 양극단의 항들이 선재함préexistence으로 인해 지탱되는 것도 아니며, 생명체를 굴성적 단일성에 방향을 주는 구배 속에 위치시키고 삽입시키는 원초적 중간 상태로부터 전개된다. 계열은 굴성적 단일성이 지향하는 방향의 추상적 관점이다. 출발점은 개체화여야 한다. 즉 공간성과 생성에 따라 그 중심에서 파악된 존재자로부터 출발해야 하며, 이 존재자에 외적인 **세계** 앞에서 실체화된 **개체**로부터 출발해서는 안 된다.[31]

31    동일한 방법이 정념성과 감동성émotivité을 연구할 때도 이용될 수 있다. 정념성과 감동성은 존재자의 자신과의 공명을 구성하고, 개체화된 존재자를 그것에 연합된 전개체적 실재에 연결시킨다. 마치 굴성적 단일성과 지각이 그것을 환경에 연결시키는 것과 같다. 정신성은 연속적인 개체화들로 이루어진다. 이 개체화들은 존재자에게 자신보다 큰 것 및 자신보다 작은 것과의 항구적 소통에 상응하는 문제제기적 상태들을

---

31) 이로부터 우리는 선험성과 후험성이 인식 안에 있는 것이 아니라고 말하고자 한다. 그것들은 인식의 형식도 질료도 아니다. 왜냐하면 그것들은 인식이 아니라 전개체적 이원성의 극단적 항들이고 따라서 인식활동 이전의 것(prénoétique)이기 때문이다. 선험적 형식이라는 환상은 전개체적 체계 속에 개체발생 도중에 있는 개체의 차원보다 상위에 있는 총체성의 조건들이 선재함[선재한다는 생각]으로부터 유래한다. 거꾸로 후험성의 환상은 시공적 변양태들과 관련하여 크기의 등급에서 개체의 등급보다 하위에 있는 실재가 존재함[존재한다는 생각]으로부터 유래한다. 개념은 선험적인 것도 후험적인 것도 아니고 현재적(a praesenti)인 것이다. 왜냐하면 그것은 개체보다 더 큰 것과 개체보다 더 작은 것 사이의 정보적이고 상호작용하는 소통이기 때문이다.

해결하게 해준다.

그러나 정신성은 개체화된 존재자의 수준에서만 해결될 수는 없다. 그것은 더 넓은 개체화, 즉 집단적인 것의 개체화로 참여하게 하는 기초이기도 하다. 자기 자신을 의문시하는 개체 존재자만으로는 불안angoisse의 경계들을 넘어갈 수 없다. 불안은 행동없는 작용opération, 정념성을 해결할 수 없는 항구적 감정, 개체화된 존재자가 자신의 존재의 차원들을 넘어설 수 없는 상태로 그것들을 탐험하는 시련이다. **정신적 문제상황을 해결하는 공리계로서 간주된 집단적인 것에 개체초월적 존재의 개념이 상응한다.**

그러한 개념의 재편 전체는 정보가 결코 유일하고 동질적인 실재에 달려 있는 것이 아니라 **불균등화**_disparation_[32] 상태에 있는 두 질서에 상대적이라는 가설에 의해 지지된다.[33] 정보는 굴성적 단일성의 수준에서든, 개체초월자의 수준에서든, 결코 주어질 수 있는 형태로 놓여 있지 않다. 그것은 불균등한 두 실재 사이의 긴장이며, **불균등한 두 실재들이 체계가 되도록 하는 차원을 개체화 작용이 발견할 때 생겨나게 될 의미작용**이다. 그러므로 정보는 개체화의 도화선amorce이자 **개체화의 요구**이며 결코 주어진 것이 아니다. 정보의 단일성이나 동일성은 없다. 그것은 **항**_terme_이 아니기 때문이다. 그것은 존재 체계의 긴장을 가정하며 한 문

---

32) [옮긴이] disparation은 형용사 disparate(불균등한, 부조화된)에서 만들어진 명사이지만 생리학을 제외하고는 거의 사용되지 않는다. 명사는 '불균등성'으로 옮길 수도 있는데 종종 '불균등하게 하는'이라는 동사적 의미가 포함되어 있어 불균등화로 옮긴다. 단순한 부조화가 아니라 양립이 불가능한 상태를 말한다. 용어설명* 참조.

33) [옮긴이] 앞서 가렐리가 서문에서 지적한 것처럼 여기서 정보는 단순한 전언내용이 아니라 생성의 과정을 매개하는 형태갖추기라는 역동적 작용을 말한다. 따라서 우리는 정보가 이런 이중적 의미로 쓰일 경우 '정보(형태부여)'와 같이 옮긴다.

제상황에 내속할inhérent 수밖에 없다. **정보는 바로 해결되지 않은 체계의 양립불가능성을 해결 속에서 조직적인 차원이 되게 하는 그러한 것이다. 정보는 한 체계의 상의 변화를 가정한다.** 왜냐하면 그것은 발견된 조직 organisation에 따라 개체화되는 최초의 전개체적 상태를 가정하기 때문이다. 정보는 개체화의 공식이며, 이 개체화에 선행하여 존재할 수 없는 공식이다. 정보는 언제나 현재적이고 현행적actuel이다. 그것은 한 체계가 개체화되는 방향이기 때문이다.[34)]

　　이 연구가 기초하는 존재l'être의 개념정의는 다음과 같다. 존재는 어떤 변형도 불가능한 정적인 상태의 단일성과 동일성을 소유하지 않는다. 존재는 **변환적 단일성**unité transductive을 갖는다.[35)] 즉 그것은 자신과 관련하여 상전이할se déphaser 수 있고, **자신의 중심**의 양쪽에서 자신을 넘어설 수 있다. 우리가 **관계 또는 원리들의 이원성**으로 생각하는 것이 사실은 단일성과 동일성을 넘어서는 존재의 배열이다. 생성은 존재의 차원이며, 원초적으로 주어진 실체적 존재가 겪게 될 순차적 계기succession를 따라 도래하는 것이 아니다. 개체화는 존재자의 생성으로 이해되어야 하며 자신의 의미작용을 고갈시키는 존재의 모범modèle으로 이해되어서는 안 된다. 개체화된 존재자는 결코 존재 전체가 아니고 최초의 존재도

---

34) 이 주장은 정보에 대한 양적 이론들의 가치와 복잡성의 측정들의 가치를 의문시하는 것이 아니라 송신자와 수신자의 모든 이원성을 선행하는, 따라서 전달된 모든 전언내용 (message)을 선행하는 근본적인 상태 ──전개체적 존재의 상태── 를 가정하는 것이다. 전언내용으로 전달된 정보라는 고전적인 경우에서 이 근본적 상태로부터 남아 있는 것은 정보의 근원이 아니라 원초적인 조건이다. 이 조건이 없으면 정보의 효과도 없으며, 따라서 정보도 없다. 그것[조건]은 기술적 존재자이든, 생명적 개체이든 간에, 수신자의 준안정성이다. 이러한 정보를 "최초의 정보"라고 명명할 수 있다.

35) [옮긴이] 변환(transduction), 변환적(transductif)이라는 말은 생물학이나 물리학에서도 사용되는 용어지만 시몽동에서는 존재의 발생이나 변화를 의미하는 작용이라는 최대의 광의의 의미로 사용된다. 조금 후에 상세한 설명이 제시된다. 용어설명* 참조.

아니다. 개체화를 개체화된 존재자로부터 이해하는 대신 개체화된 존재자를 개체화로부터 이해해야 하고 개체화는 여러 크기의 등급들에 따라 분배된 전개체적 존재로부터 이해되어야 한다. 32

이 연구의 의도는 형상들, 양태들, 개체화의 정도들을 연구하고 개체를 물리적, 생명적, 정신-사회적인 세 수준에 따라 다시 존재자의 자리에 놓는 것이다. 우리는 개체화를 이해하기 위해 실체들을 가정하는 대신 개체화의 여러 체제들을 물질, 생명, 정신, 사회와 같은 영역의 기초로 고려한다. 이 영역들의 분리, 배열, 관계들은 다양한 양상들modalités에 따른 개체화의 국면들aspects이다. 실체, 형상, 질료의 개념들을 최초의 정보, 내적 공명, 에너지퍼텐셜, 크기의 등급들과 같은 더 근본적인 개념들이 대치한다.

그러나 이러한 개념들의 변형이 가능하기 위해서는 새로운 방법들과 개념들을 개입시켜야 한다. 그 방법은 두 근본적인 항들 사이의 **개념적** 관계를 수단으로 실재의 본질을 구성하려는 것이 아니고, 모든 진정한 관계를 존재의 지위를 갖는 것으로 고려하려는 것이다. 관계relation는 존재의 한 양상이다. 관계는 자신이 그 실존을 보장하는 항들과 관련하여 동시적이다. 관계는 존재자 속의 관계이자 존재의 관계, 존재방식으로 파악되어야 한다. 그것은, 실제적으로 분리된 실존을 갖고 있음으로 해서 개념을 수단으로 충분히 인식할 수 있을지도 모르는 두 항들 간의 단순한 관계가 아니다. 관계가 항들의 연관rapport[비례관계]인 것은 항들이 실체로 간주되기 때문이다. 그리고 존재가 항들로 분리된 것은 존재가 처음에, 그리고 모든 개체화의 연구에 앞서서, 실체로 간주되었기 때문이다. 이와 반대로 실체가 존재의 모범이 아니게 되면, 존재의 자기 자신과의 비동일성 관계, 즉 자기 자신과 단지 동일한 것이 아닌 실재도 존재 안에 포함시키는 것이 가능하다. 그러면 모든 개체화에 선행하는 존재로서의 존재가 단일성과 동일성을 넘어서는 것으로 파악될 수 있다.[36] 이런 방법은 존재론적 본성의 한 전제를 가정한다. 즉 모든 개체화 이전에 파악된 존재의 수준에는 배중률과 동일률은 적용되지 않는다. 이 원리들은 이미 개체화된 존재자에만 적용된다. 그것들은 환경과 개체로 분리된 빈약한 존재자를 정의한다. 그것들은 존재자 전체, 즉 개체와 환경에 의해 차후에 형성된 [존재자] 전체에 적용되지 않고, 단지 전개체적 존재로부터 개체가 된 것에만 적용된다. 이런 의미에서 고전 논리학은 개체화를 사유하기 위해 이용될 수 없다. 왜냐하면 그것은 개체화 작용을 개념들과 더불어 그리고 개념들 간의 연관과 더불어 사유하도록 강제하기 때문이다. 개념들은 부분적인 방식으로 고려된 개체화 작용의 결과들에만 적용된다.

　　동일률과 배중률을 지나치게 협소한 것으로 간주하는 이 방법을 활용하면 다양한 적용 국면과 적용 영역을 소유하는 개념이 나온다. 그것은 **변환**_transduction_이라는 방법이다. 우리는 변환이라는 말을 다음과 같이 이해한다. 그것은 [우선] 물리적, 생물학적, 정신적, 사회적 작용이다. 이 작용에 의해 한 활동이 한 영역의 내부로 점점 접근하여 퍼져나가는데 이러한 전파를 기초로 하여 그 영역의 구조화가 점점 위치를 넓히면서 이루어진다. 각 구조가 형성된 영역은 다음 영역에 구성원리로 작용한다. 그래서 이 구조화하는 작용과 동시에 하나의 변형이 점진적으로 확대된다. 아주 작은 싹으로부터 성장하여 모액母液, eau-mère[37] 속에서 모

---

36) 특히 크기의 등급들의 복수성, 이 등급들 사이에서 상호작용하는 소통의 원초적 부재는 그러한 존재 파악의 일부를 이룬다.
37) [옮긴이] 결정 형성의 원천이 되는 무정형의 과포화용액.

든 방향으로 확대되는 결정은 변환 작용의 가장 단순한 이미지를 제공
한다. 이미 구성된 각각의 분자층은 형성되고 있는 층에 구조적 지반의
역할을 한다. 그 결과는 증폭하는 그물망 구조이다. 변환 작용은 과정 중
에 있는 개체화이다. 그것은 물리적 영역에서는 가장 단순한 방식으로
점진적인 반복의 형태로 일어난다. 더 복잡한 영역들에서는, 즉 생명적
준안정성의 영역이나 정신적 문제상황의 영역에서는 항구적으로 변화
가능한 행보로 나아가며 이질성의 영역으로 확대될 수 있다. 구조적이
고 기능적인 존재의 중심에서 출발하여 다양한 방향들로 확대되는 활
동이 있는 곳에는 변환이 있다. 마치 존재의 복수적multiple 차원들이 중
심에서 나타나기라도 하는 것처럼 말이다. 변환은 전개체적 긴장상태
에 있는 한 존재 안에서, 즉 단일성과 동일성 이상의 존재이며 아직 자기
자신과 관련하여 복수적 차원들로 상전이하지 않은 존재 안에서, 차원
들과 구조들이 상관적으로 출현하는 것이다. 변환 작용에 의해 완성된
극단적 항들은 이 작용에 선행하는 것이 아니다. 그것의 역동성은 상전
이하면서 자신을 구조화하는 다양한 차원들을 전개시키는 이질적 존재
의 체계의 원초적 긴장으로부터 나온다. 그것은 변환이 완성되어 그것
의 양극단에 놓이게 될 항들 사이의 긴장으로부터 유래하는 것이 아니
다[38]. 변환은 생명적 과정일 수 있다. 그것은 특히 유기적 개체화의 방향
을 나타낸다. 그것은 정신적 작용일 수 있으며 실제적인 논리적 과정일

---

[38] 반대로 변환 작용의 역동성은 실재의 두 단계의 원초적 이질성을 나타낸다. 하나는 개체보
다 더 큰 단계——준안정적 총체성의 체계——, 다른 하나는 그것보다 더 작은 단계로서 물
질과 같은 것이 그런 것이다. 이 두 개의 원초적 크기의 등급들 사이에서 개체가 증폭되는
소통의 과정에 의해 전개된다. 이 소통과정의 변환은 물리적 개체화 안에 이미 존재하는 가
장 원초적인 양태이다.

수 있다. 물론 결코 논리적 사유에 한정되는 것은 아니지만 말이다. 인식의 영역에서 그것은 귀납적이지도 않고 연역적이지도 않은 진정한 발명의 행보를 정의한다. 즉 하나의 문제상황을 정의할 수 있는 여러 차원들의 발견에 상응하는 변환적 행보이다. 그것이 타당한 것으로서 가지고 있는 것은 유비적analogique[39] 작용이다. 이 개념은 개체화의 다양한 영역을 정의하는 데 사용될 수 있다. 그것은 개체화가 존재자에 기초한 연관들rapports의 조직tissus의 발생을 드러내면서 실현되는 모든 경우에 적용된다. 실재의 영역을 사유하기 위해 유비적 변환을 이용할 가능성은 이 영역이 실제로 변환적 구조화의 자리라는 것을 암시한다. 변환은 전개체적 존재가 개체화될 때 생겨나는 연관들의 실존existence에 상응한다. 그것은 개체화를 표현하며 그것을 사유할 수 있게 해준다. 그러므로 그것은 형이상학적인 동시에 논리적인 개념이다. **그것은 개체발생에 적용되며 개체발생 그 자체이다.** 객관적으로 그것은 개체화의 내적 조건들과 내적 공명[40], 정신적 문제상황을 이해할 수 있게 해준다. 논리적으로 그것은, 물리적 개체화에서 유기적 개체화로, 유기적 개체화에서 정신적 개체화로, 그리고 정신적 개체화에서 주관적이며 객관적인 개체초월자로 이행하기 위한 새로운 종류의 유비적 범례화paradigmatisme[41]의 기초로 이용될 수 있다. 이것이 우리 탐구의 계획을 규정한다.

분명히 변환은 증거의 가치를 갖는 논리적 절차로 제시될 수는 없

---

39) [옮긴이] 비례관계 또는 두 개념 사이, 두 영역 사이의 상동적 구조를 나타내기도 함.
40) 내적 공명은 서로 다른 등급에 속하는 실재들 사이의 소통의 가장 원초적인 양태이다. 그것은 증폭(amplification)과 응축(condensation)이라는 이중의 과정을 포함한다.
41) [옮긴이] 그리스어의 paradeigmatismos는 '범례를 주다'라는 동사적 의미이다. 따라서 여기서 만들어진 paradigmatisme은 '범례화'라고 옮긴다.

을 것이라고 주장할 수 있을지도 모른다. 그와 마찬가지로 우리는 변환이 용어의 일상적 의미에서 논리적 절차라고 말하려고 하는 것은 아니다. 그것은 정신적 절차이고, 또 절차 이상으로, 발견하는 정신의 행보이기도 하다. 이 행보는 **존재자를 그 발생 속에서 좇는 것**으로 이루어지며 사유의 발생을 대상의 발생이 완성되는 것과 동시에 완성하는 것으로 이루어진다. 이러한 탐구 속에서 그것은 변증법이 할 수 없을지도 모르는 역할을 하도록 요구된다. 왜냐하면 개체화 작용의 탐구는 두번째 단계로서의 부정성의 출현에 상응하는 것이 아니라, 긴장 **그리고** 양립불가능성의 양가적 형태로 최초의 조건 속에 부정성이 내재한다는 생각에 상응하기 때문이다. 그것은 전개체적인 존재의 상태 안에 있는 가장 적극적인 국면이다. 즉 이 상태의 양립불가능성과 비-안정성non-stabilité의 원인이기도 한 퍼텐셜들의 실존이 그것이다. 부정성은 개체발생적 양립불가능성으로서는 최초의 것이다. 그러나 그것은 퍼텐셜의 풍부함의 또다른 측면이다. 그러므로 그것은 실체적 부정성이 아니다. 그것은 결코 단계나 상이 아니다. 그리고 개체화는 종합이 아니고 단일성으로의 회귀도 아니며, 강화된 양립불가능성의 전개체적 중심으로부터 시작하는 존재의 상전이이다.[42] 시간 그 자체도 이 개체발생적 관점에서는 **개체화하는 존재의 차원성**의 표현으로 간주된다.

변환은 단지 정신의 절차만이 아니다. 그것은 또한 직관이다. 왜냐

---

42) [옮긴이] 여기서 상전이로 옮긴 명사 le déphasage는 본래 '위상차'를 의미하는 물리학 용어이다. 하지만 시몽동은 앞에서 se déphaser라는 동사를 '자신의 상을 변화시키다' 즉 '상전이하다'라는 물리적 의미로 사용하고 있으며 여기서는 그것을 명사화하는 맥락이라 상전이로 옮긴다. 앞으로도 시몽동이 이 단어 le déphasage를 동사의 명사형으로 사용하는 경우는 상전이로 옮긴다.

하면 그것은 하나의 구조가 문제의 영역 속에서 제기된 문제를 해결하는 것으로 나타나게끔 해주는 어떤 것이기 때문이다. 그러나 **연역**과는 반대로 변환은 문제해결의 원리를 다른 곳에서 찾지 않을 것이다. 그것은 이 영역의 긴장들 자체로부터 해결의 구조를 이끌어낸다. 마치 과포화용액이 외부의 어떤 형태를 받아들임으로써가 아니라 자신의 고유한 퍼텐셜 덕분에, 자신이 함축하고 있는 화학적 성분에 따라 결정화하는 것과 같다. 그것은 **귀납**에도 비교되지 않는다. 왜냐하면 귀납은 연구된 영역에 포함된 실재의 항들의 특성들을 보존하고 있고, 이 항들 자체에서 분석의 구조들을 이끌어내기 때문이다. 그러나 그것은 실증적인 것le positif, 즉 모든 항들에 **공통적인 것**만을 보존하고 특이한 것le singulier은 제거한다. 반대로 변환은 자신의 체계가 항들 각각의 차원들을 소통하게 해주는 그러한 차원들의 발견이며 이 차원들은 그 영역의 항들 각각의 완전한 실재성이 새롭게 발견된 구조들 안에서 손실도 감소도 없이 정돈될 수 있는 그러한 것들이다. [문제를] 해결하는 변환은 부정성을 긍정성으로 **역전시킨다**. 항들을 서로 동일하지 않게 하고 (시각 이론에서 사용되는 의미로) 불균등disparate하게끔 하는 이것은 해결의 체계에 결합되어 의미의 조건이 된다. 항들 안에 포함된 정보에서 빈약함이란 없다. 변환은 이 작용의 결과가 최초의 항들 전체를 포함하는 구체적 조직tissu이라는 사실로 특징지어진다. 그로부터 나오는 체계는 구체적인 것으로 이루어지며 구체적인 모든 것을 포함한다. 변환적 질서는 구체적인 모든 것을 보존하며, **정보의 보존**으로 특징지어진다. 반면 귀납은 정보의 손실을 필요로 한다. 변증법적 행보와 마찬가지로 변환은 대립된 국면들을 보존하고 결합한다. 그러나 변증법과는 달리 변환은 발생이 전개되는 틀로서의 선행적 시간의 실존을 가정하지 않는다. 시간 자체가 해결이자 발견된 체계의 차원이다. **시간은 개체화가 그것들에 따라 수행되는 다른 차원들과 마찬가지로 전개체적인 것으로부터 나온다.**[43]

그런데 다양한 수준의 개체화의 기초인 변환의 과정을 사유하기 위해서는 형태[형상]의 개념으로는 불충분하다. 형태의 개념은 실체의 사유와 동일한 사유체계에 속한다. 또 항들의 실존에 후행하는 관계로서의 비례연관rapport의 사유와 동일한 사유체계에 속한다. 이 개념들은 개체화의 결과들로부터 만들어진 것이어서 퍼텐셜 없는 빈약한 실재만을 파악할 수 있고, 따라서 개체화될 역량이 없다.

형태의 개념은 정보[형태부여]의 개념으로 대체되어야 한다. 정보는 개체화될 수 있는 준안정적 평형상태의 체계가 존재함을 가정한다. 정보[형태부여]는 형태와 달리 유일한 항이 아니라 불균등화에서 솟아나는 의미작용이다. 형상질료적 도식이 제시하는 형상이라는 오래된 개념은 준안정성의 체계의 개념 전체와 아무런 관련이 없다. **형태이론**[44]이 제시한 것[형태 개념]은 체계의 개념을 포함하며 체계가 평형을 발견할 때 향하는 상태로 규정된다. 즉 그것은 긴장의 해소이다. 불행히도 너무 단순한 물리적 모형화로 인해 형태이론은 긴장들을 해소할 수 있는 체계의 평형상태로서 안정적 평형상태만을 고려하기에 이르렀다. 즉 형태이론은 준안정성을 알지 못한다. 우리는 형태이론을 다시 취하여 양자적 조건을 도입함으로써 형태이론이 제기한 문제들이 안정적 평형 개념으로는 해결되지 않고 준안정적 평형 개념에 의해서만 해결된다는 것을

---

43) 이 작용은 생명적 개체화의 작용과 병행한다. 식물은 우주적 등급과 분자 내의 등급 사이의 중개이다. 그것은 흙과 대기에 포함된 화학적 원소들을 광합성작용에서 얻은 빛 에너지를 수단으로 하여 분류하고 배분한다.

44) [옮긴이] 형태이론은 형태심리학의 이론. 3부 1장 참조.

보여 주고자 한다. **좋은 형태**Bonne Forme [45)]는 더 이상 단순한 기하학적 형태가 아니라 **의미있는 형태***forme significative*, 즉 퍼텐셜을 포함하는 실재의 체계 내부에서 변환적 질서를 세우는 형태이다. 이 좋은 형태는 체계의 에너지 수준을 유지하고 퍼텐셜들을 양립가능하게 하여 보존하는 형태이다. 그것은 양립가능성과 생존가능성viabilité의 구조이다. 그것은 발명된 차원성에 속하고, 이에 따라 [에너지] 하락이 없는 양립가능성이 가능하게 된다.[46) ] 그때 **형태**의 개념은 정보[형태부여]의 개념으로 대체되어야 한다. 이렇게 대체할 때 정보의 개념은 **기술공학적 정보이론이 그렇게 하듯이** 정보의 신호들이나 그것의 지반, 혹은 운반체로 환원되어서는 안 된다. 기술공학적 정보이론은 처음에 **정보 전달의 기술공학으로부터 추상에 의해 도출된 것이다.** 그러므로 형태의 순수한 개념은 너무 단순한 기술공학적 범례화로부터 두 번 구제되어야 한다. 첫째로는 고대 문화와 관련하여 **형상질료적 도식** 안에서 이 개념으로부터 만들어진 환원적 용법 때문에 그러하고, 두번째는 현대 문화에서 **기술공학적 정보이론**의 의미로서 정보를 구제하기 위한 정보 개념의 상태와 관련하여 그러하다. 왜냐하면 형상질료설, 좋은 형태의 이론, 그리고 정보의 이론 속에서 차례로 발견되는 것은 동일한 목적이기 때문이다. 그것은 의미들이 존재자에 **내속함**inhérence[실체와 속성의 관계를 말함]을 발견하는 것이다. 이 내속성을 우리는 개체화 과정에서 발견하고자 한다.

그래서 개체화의 연구는 철학의 근본적 개념들의 개선을 향해 나아

---

45) [옮긴이] 좋은 형태(bonne forme)는 형태심리학의 용어. 원문 229쪽 옮긴이 주를 참조.
46) 그렇게 해서 형태는 개체화를 작동시키는 능동적 소통, 내적 공명으로 나타난다. 즉 그것은 개체와 더불어 나타난다[이 문장에서 하락(dégradation)이라는 말은 에너지 하락 즉 엔트로피 법칙의 의미로 이해되고 앞으로도 그렇게 보면 된다—옮긴이].

갈 수 있다. 왜냐하면 개체화를 존재로부터 가장 최초로 알려짐에 틀림없는 것으로 간주하는 것이 가능하기 때문이다. 존재자들에 대한 판단을 하는 것이 어떻게 해서 정당하거나 그렇지 않은가를 묻기 전에 존재는 두 가지 의미로 말해진다는 것을 고려할 수 있다. 첫번째이자 근본적 의미로서 존재는 그것이 존재하는 한에서의 존재이다. 두번째는 존재자는 개체화된 한에서의 존재자라는 것인데 이는 논리적 의미에서는 언제나 첫번째 의미에 겹쳐 있다. 논리가 개체화 이후에만 존재자와 관련된 언술들에 기초하는 것이 사실이라면 모든 논리이론에 선행하는 존재의 이론이 세워져야 하지 않을까. 이 이론은 논리학에 기초로서 소용될 수 있을지도 모른다. 왜냐하면 존재가 가능한 유일한 방식으로만 개체화된다는 것은 사전에 전혀 증명되어 있지 않기 때문이다. 여러 유형의 개체화가 존재한다면 개체화의 일정한 유형에 상응하는 여러 개의 논리학도 역시 존재해야 할 것이다. 개체발생들의 분류는 복수성pluralité의 타당한 기초를 가지고 논리학의 복수화를 가능하게 할지도 모른다. 한편 전개체적 존재에 대한 인식의 공리화는 미리 존재하는 논리 속에 포함될 수 없다. 왜냐하면 [거기서는] 어떤 규범도, 내용에서 분리된 어떤 체계도 결정될 수 없기 때문이다. 사유의 개체화만이 스스로 시행되면서 사유가 아닌 다른 존재자들의 개체화에 동행할 수 있다. 우리가 개체화에 대해서 가질 수 있는 것은 직접적 인식도 아니고 간접적 인식도 아니며, 기지의 작용과 평행한 작용으로서의 인식이다. 우리는 말의 일상적인 의미에서 **개체화를 인식할 수 없다**. 우리는 단지 개체화하고 개체화될 수 있을 뿐이다. 그리고 우리 안에서 개체화할 수 있을 뿐이다. 그러므로 이러한 파악은 고유한 의미의 인식과는 별도로 두 작용 사이의 유비이며, 이는 일종의 소통의 양태이다. 주체에 외적인 실재의 개체화가 주체에 의해 파악되는 것은 주체 안의 인식의 유비적 개체화 덕분이다. 그러나 주체가 아닌 존재자들의 개체화가 파악되는 것은 단지 인식에 의해서가 아니라 **인식의 개체화**에 의해서이다. 존재자들은 주체의 인식에 의해 알려지지만 존재자들의 개체화는 주체의 인식의 개체화에 의해서만 파악될 수 있다.

1부
_
물리적
개체화

1장 _ 형상과 질료

## I. 형상질료적 도식의 기초들. 형태갖추기의 기술[1]

### 1. 개체화의 조건들

형상과 질료라는 개념들은 그것들이 개체화의 문제설정과 관련하여 최초의 것일 때에만 이 문제를 해결하는 데 도움을 줄 수 있다. 반대로 형상질료적 체계가 개체화의 문제를 표현하고 포함한다는 것을 드러낼 경우에는 선결문제요구에 갇히게 될 위험을 무릅쓰고 개체화 원리의 탐구를 질료와 형상의 정의에 논리적으로 선행하는 것으로 간주해야 할지도 모른다.

형상과 질료의 개념들을 본유관념들로 간주하기는 어렵다. 그러나 그것들에 기술적 기원을 할당하고자 하는 유혹이 드는 순간에 사람들은 이 개념들이 소유하는 놀라운 일반화의 능력에 의해 저지당한다. 형상

---

1) [옮긴이] technologie는 공학, 기술공학, 또는 집합적으로 기술을 나타내는 용어인데 여기서는 현대의 첨단기술이 아니라 아리스토텔레스의 이론을 검토하기 위해 가장 기본적인 의미로 쓰이고 있기 때문에 단순히 기술로 옮긴다. 또한 시몽동은 technologie와 technique을 병행해서 사용하기 때문에 이와 같이 해도 무리가 없다.

질료적 도식에 따라 사유할 수 있는 것은 단지 점토와 벽돌, 청동과 조각상이 아니다. 그것은 또한 생명계와 정신적 영역에서 [나타나는] 무수한 형성formation과 발생genèse, 구성composition이라는 사실들이다. 이 도식의 논리적 힘은 아리스토텔레스가 분류의 보편적 체계를 지탱하기 위해 이용할 수 있었던 것과 같은 힘이다. 분류 체계는 논리적 질서와 자연적 질서의 일치를 확보해 주고 귀납적 인식을 가능하게 해줌으로써 자연학의 방법과 마찬가지로 논리학적 방법에 따른다 해도 실재에 적용되는 것이었다. 심신의 관계조차 형상질료적 도식에 따라 사유될 수 있다.

기술적 작용과 같이 협소한 기반이 그와 같은 보편성의 힘을 갖는 범례를 지지할 수 있다고 하기는 어려워 보인다. 그러므로 형상질료적 도식의 기초를 검토하기 위해서는 기술적 경험이 그 도식의 발생에서 하는 역할의 의미와 범위를 음미하는 것이 좋겠다.

한 도식의 기원의 기술적 특징이 이 도식을 타당한 것으로 만들지는 않는다. 그럼에도 불구하고 그것은 사용된 개념들의 형성에 기초가 되는 작용이 추상적 도식 안에서 변질없이 완벽하게 통용되고 표현된다는 조건에서는 유효하다. 반대로 추상이 기술적 작용의 근본적 역동성들 중 하나를 은폐함으로써 불충실하고 단순한 방식으로 이루어지면 도식은 거짓이다. 그것은 진정한 범례의 가치를 갖는 대신, 경우에 따라 다소간 엄밀한 비교나 단순한 접근 이상의 것이 못 된다.

그런데 점토로 된 벽돌과 같이 형상과 질료를 갖는 대상을 산출하는 기술적technique 작용에서 작용의 진정한 역동성은 형상-질료 쌍으로는 거의 표현되지 않는다. 형상질료적 도식에서 형상과 질료는 추상적인 것으로 남아 있다. 사람들이 보여 줄 수 있는 존재자, 즉 판자 위에서 마르는sécher 도중에 있는 벽돌은 임의의 형상과 임의의 질료의 결합에

40

서 나오는 것이 아니다. 가는 모래를 가지고 반죽해서 벽돌의 주형에 넣어 보자. 주형에서 꺼내면 벽돌이 아니라 모래반죽을 얻는다. [이번엔] 점토를 취하여 압착기나 철사 제조판에 넣어 보자. 거기서 판대기도, 실도 얻을 수 없고 깨진 얇은 판자 더미와 실린더 모양의 짧은 조각 더미를 얻을 뿐이다. 무한한 유연성을 가진 소재로 간주된 점토는 추상적인 질료이다. 벽돌의 형상으로 간주된 직육면체는 추상적 형상이다. 구체적 벽돌은 점토의 유연성과 직육면체의 결합으로부터 나오는 것이 아니다. **하나의** 직육면체의 벽돌이 있기 위해서는 즉 실존하는 하나의 개체가 있기 위해서는, 실제적인 기술적 **작용**이 점토의 일정한 양과 이 직육면체의 개념 사이에서 중개를 해야 한다. 그런데 주형에 넣는 기술적 작용은 그 자체로는 불충분하다. 게다가 그것은 일정량의 점토와 직육면체의 추상적 형태 사이에서[2] 직접적 중개를 세우지 않는다. 중개는 질료와 형상을 공통의 작용으로 수렴시키는, 예비적인 두 작용의 연쇄에 의해 준비된다. 점토에 형태를 부여하는 것은 순수한brute 점토에 직육면체의 형태를 부과하는 것이 아니다. 그것은 준비된 점토를 제조된 주형 안에서 압축하는 것이다. 직육면체와 채석장의 점토라는 기술적 연쇄의 양극단에서 출발하면, 기술적 작용 속에서 이질적 영역의 두 실재 사이의 만남을 실현하는 인상을 느낄 수 있다. 즉 거시적이며 개체보다 큰, 요소들 사이의interélémentaire 질서와 미시적이며 개체보다 작은, 요소 내부의intra-élémentaire 질서 사이에서 소통에 의해 중개를 세우는 인상을 가질 수 있다.

---

2) 즉 주형에 넣는 에너지적 조건을 내포하는, 미래의 개체보다 상위의 크기의 등급의 실재 그리고 요소 하나하나가 그 가용성에 있어서, 미래의 개체보다 하위의 크기의 등급에 속하는, 질료적 실재 사이에서.

기술적 작용에서 고려해야 하는 것은 바로 중개 자체이다. 우리가 선택한 사례에서 그것은 준비된 점토덩어리가 주형을 빈 공간 없이 채우는 것 그리고 주형에서 꺼낸 뒤 균열 없이 분말로 덮이지도 않은 채 정해진 윤곽을 보존하고 말리는 것으로 이루어진다. 그런데 점토의 준비나 주형을 만드는 것도 이미 순수한 점토와 기하학적 형상 사이의 적극적 중개이다. 주형은 내용을 파손하지 않은 채 열리고 닫힐 수 있게끔 만들어져 있다. 기하학적으로 상상할 수 있는 어떤 고체의 형상들은 매우 복잡미묘한 공정을 거쳐야 만들 수 있다. 주형을 만드는 기술은 오늘날에도 여전히 제련소의 가장 섬세한 국면들 중 하나이다. 게다가 주형은 단지 만들어지는 것이 아니라 또한 준비되는 것이다. 일정한 내장재, 즉 마른 가루 뿌리기는 주형에서 꺼내는 순간에 습한 점토가 분해되거나 균열을 만들며 내벽에 붙는 것을 피하게 해 준다. 형상을 제공하기 위해서는 **일정한** 주형을 만들어야 하고 주형은 **어떤 종류의** 질료를 가지고 **이러저러한** 방식으로 만들어진다. 그러므로 기하학적 형상에서 물질적인 구체적 주형으로 나아가는 최초의 과정이 존재한다. 점토와 평행을 이루는 구체적 주형도, 조종가능한 것의 크기의 등급 안에서 점토 옆에 위치하여 점토와 마찬가지로 존재한다. 한편 점토도 역시 어떤 준비과정에 종속되어 있다. 순수한 질료인 한에서 그것은 늪지 주위의 땅에서 삽이 등나무 뿌리와 자갈들과 함께 퍼올린 것이다. 그것은 마르고 으 41 깨지고 체로 쳐지고 물에 적셔지고 오랫동안 반죽되어 이러한 균일하고 단단한 반죽이 된다. 그 반죽은 상당한 유연성을 가지고 사람들이 누르는 주형의 윤곽과 맞게 되며 또 상당히 견고하여 유연성이 사라지는 데 충분한 시간 동안 이 윤곽을 보존하고 있다. 점토의 준비과정은 불순물의 제거 외에도 균질성을 얻으려는 목적, 유연성과 단단함을 조화시키기 위해 가장 잘 선택된 습도를 얻으려는 목적을 갖는다. 순수한 점토에는 알루미나 수화규산염의 콜로이드 성질로 인해 미래의 벽돌의 차원에 알맞은 유연한 덩어리가 되기에 적합한 본성이 있다. 바로 이 콜로이드 성질이 준비된 점토에 이르는, 절반의 기술적 연쇄의 동작들을 효과적으로 만들어 주는 것이다. 점토와 그것이 흡수하는 물의 분자적 실재성은 준비 과정에 의해 정돈되어 개체화 과정 동안 마치 형체를 드러내고 있는 벽돌의 단계에서 균일한 총체성인 것처럼 작용할 수 있게 된다. 준비된 점토는 각각의 분자가 그 안에서 실제로 소통하게 될 그러한 것이다. 각 분자가 미래의 개체의 수준에 개입하고 그렇게 해서 개체보다 상위 크기의 등급과 상호 소통을 하게 된다. 한편 다른 절반의 기술적 연쇄가 미래의 개체를 향해 내려온다. 직육면체의 형상은 임의의 형상이 아니다. 그것은 주형의 제조를 이끌 수 있는 도식을 이미 내포한다. 이 도식은 내재적 상태로 포함된 일군의 정합적 작용들이다. 점토는 수동적으로 변형될 수 있을 뿐만이 아니라 콜로이드 성질이 있어서 능동적 유연성을 갖는다. 형상을 수용하는 능력은 그것을 보존하는 능력과 구분되지 않는다. 왜냐하면 수용하는 것과 보존하는 것은 하나이기 때문이다. 그것은 변형을 받아들이되 균열없이 그리고 분자적 연쇄의 일관성을 유지하는 것이다. 점토의 준비과정은 분자들의 균등한 분배 상태를 구성하는 것이다. 형태부여mise en forme는 주형에 반죽을 넣기 전에 장인이 반죽을 할 때 이미 시작된다. 왜냐하면 형상은 단지 직육면체가 된다는 사실만이 아니다. 그것은 또한 직육면체 속에서 균열없이 공기방울도 없이 존재한다는 사실 자체이다. 섬세한 응집은 형태부여의 결과이다. 이러한 형태부여는 점토의 콜로이드 성질을 이용하는 것에 지나지 않는다. 모든 공정 이전에 점토는 늪지대에서 이미 형상을 갖추고 있는

데 그것은 이미 콜로이드 성질을 갖고 있기 때문이다. 장인의 작업은 이러한 요소적 형상을 이용한다. 이 요소적 형상 없이는 아무것도 가능하지 않을 것이며 그것은 주형의 형상과 관련해서 균일하다. 두 절반의 기술적 연쇄들에는 단지 단계échelle의 변화만이 있을 뿐이다. 늪지대에서 점토는 물론 자신의 콜로이드적 성질을 갖는다. 그렇지만 이 성질은 거기서 분자 하나하나, 입자 하나하나에 관련된다. 이것은 이미 형상에 속한다. 그리고 그것이 나중에 균일하고 잘 반죽된 벽돌을 지탱해 주는 것이다. 질료의 성질은 형상의 원천이다. 그것은 형상의 요소이다. 기술적 작용은 그 요소로 하여금 단계를 변화시킬 뿐이다. 다른 절반의 기술적 연쇄에서 기하학적 형상은 구체화되어 주형의 차원이 된다. 즉 조립된 목판, 가루가 뿌려진 목판, 또는 젖은 목판이 그것들이다.[3] 기술적 작용은 이 두 절반의 연쇄들을 준비한다. 그것들은 제작된 두 대상이 양립가능한 특성을 가지며 동일한 단계에 있을 때 어떤 지점에서 서로 만난다. 이러한 관계맺기가 유일하고도 무조건적인 것은 아니다. 그것은 단계별로 진행될 수 있다. 우리가 유일한 형태부여라고 생각하는 것은 종종 일련의 변형들의 마지막 에피소드에 지나지 않는다. 반죽덩어리가 최종적 변형을 수용하여 주형을 채울 때 분자들이 완전히 단번에 재조직되는 것이 아니다. 분자들의 위상학topologie은 유지되며 단지 마지막으로 전체적 변형이 일어나는 것이다. 그런데 이러한 전체적 변형은 단지 점토가 그 윤곽에 의해 형태부여되는 것만을 말하는 것이 아니다. 점토

42

---

3) 그래서 주형은 단지 주형이 아니라 요소 상호 간의 기술적 연쇄의 끝점이다. 이는 미래의 개체(장인, 작업실, 압착기, 점토)와 퍼텐셜에너지를 내포하는 광대한 군을 포함한다. 주형은 이러한 요소-상호 간의 관계들을 총체화하고 병합한다. 마치 준비된 점토가 알루미나 산화규산염의 요소 내적 분자들의 상호작용을 총체화하고 병합하는 것과 같다.

가 벽돌을 만드는 것은 분자들이 이미 콜로이드 평형을 유지하며 공기도 없이 모래알도 없이 서로와 관련하여 정돈되어 있는 점토덩어리 위에서 이러한 변형이 일어나고 있기 때문이다. 주형이 이미 구성된 이전의 이 모든 정돈을 마지막 변형 속에서 제어하지 않았더라면 그것은 어떤 형태도 산출하지 못했을 것이다. 주형의 형상은 점토의 형상 위에서만 작용하며 점토의 질료 위에서 작용하는 것이 아니라고 말할 수 있다. 주형은 형상을 부과하기보다는 단지 제한하고 안정화하는 것이다. 그것은 변형의 목적을 주고 결정된 윤곽에 따라 변형을 중단함으로써 완성한다. 주형은 이미 형성된 망들filets 전체를 **변조한다**moduler.[4] 주형을 채우고 흙을 다지는 장인의 동작은 반죽하고 펴고 이기는 이전의 동작을 연장하고 있다. 주형은 빚어내는 한 쌍의 고정된 손들의 역할을 하면서 마치 반죽하는 손이 멈춘 것처럼 작용한다. 사람들은 주형이 없이도 반죽을 연장하여 손으로 벽돌을 만들 수 있을 것이다. 반죽을 단절 없이 계속시키는 제작에 의해서 말이다. 질료가 질료인 것은 반죽되는 것을 가능하게 하는 적극적 속성을 지니고 있기 때문이다. 반죽된다는 것은 임의적 움직임을 따르는 것이 아니라 변형을 안정화시키는 결정된 힘에 따라 자신의 유연성을 정돈하는 것이다. 기술적 작용은 요소들 사이의 집합체ensemble[5]와 요소 내적인 집합체 사이의 **중개**médiation이다. 순수한 형상은 이미 동작을 내포하며 최초의 질료는 생성의 능력이다. 형상 속

---

4) [옮긴이] moduler는 정보이론에서 사용하는 '변조'라는 말을 시몽동이 차용한 것으로서 일상적으로는 '조율한다'는 의미이다. 이 장의 각주 13 참조.

5) [옮긴이] ensemble은 전체라는 의미로 쓰이기도 하지만 구성소들이 비교적 독립성을 유지하면서 하나의 일시적 통일체를 이루는 단위를 지시한다. 집합체나 군(群) 정도로 옮기면 될 것 같다.

에 포함된 동작은 질료라는 생성을 만나 그것을 반죽한다. 질료가 그것의 생성 속에서 반죽될 수 있기 위해서는, 점토처럼 장인이 그것을 주형 속에 밀어넣는 순간에 변형이 가능한 실재여야 한다. 즉 일정한 형상은 없으나 모든 형상들을 무한히 역동적으로 가지는 실재여야 한다. 왜냐하면 이러한 실재는 관성과 일관성을 소유하는 동시에 적어도 한 순간은 힘을 축적하고 이 힘과 모든 점에서 동일화되기 때문이다. 점토가 주형을 채우려면 조형성plasticité만으로 부족하다. 그것은 장인이 자신에 새겨넣는 압력을 전달해야 하고 그 덩어리의 각 점이 힘들의 중심이 되어야 한다. 점토는 자신이 채우는 주형 안으로 밀고들어가 그 덩어리 속에 장인의 에너지를 전파한다. 이렇게 주형을 채우는 동안 한 퍼텐셜에너지가 현실화된다.[6] 점토를 밀어붙이는 에너지는 주형-손-점토라는 체계 속에서 퍼텐셜의 형태로 존재한다. 이는 점토가 비어 있는 모든 공간을 채우고 어떤 방향으로도 전개되며 단지 주형의 경계들에서만 멈추게 되도록 하기 위해서이다. 그때 주형의 내벽들은 구체화된 기하학적 구조로서가 아니라 점토를 팽창하지 못하게 하는 고정된 장소로서 각 지점마다 개입하며, 점토가 전개시키는 압력에 동일한 힘을 반대방향으로(반작용의 원리) 대립시킨다. 이 장소[내벽들]는 움직이지 않기 때문에 어떤 일도 실현하지는 않는다. 주형의 내벽들은 점토의 한 요소와 관련하여 이 요소가 이웃 요소들과 관련해서 하는 역할과 동일한 역할을 한다. 점토덩어리 속에서 다른 요소에 대한 한 요소의 압력은 내벽의 요소가 점토덩어리의 한 요소에 대해 가진 압력만큼 강하다. 유일한 차이

43

6) 이 에너지는 미래의 개체를 포함하는 체계의 거시 상태를 표현한다. 그것의 기원은 요소 상호 간에 존재한다. 그런데 그것은 질료의 각 분자와 상호 소통을 시작한다. 그리고 개체와 동시대적인 형상이 나오는 것은 바로 이 소통으로부터이다.

는 내벽은 움직이지 않는 반면 점토의 요소들은 서로와 관련하여 그리고 내벽들과 관련하여 움직일 수 있다는 사실이다.[7] 퍼텐셜에너지는 점토 한가운데서 압력이라는 힘들로 표현되고 점토가 채워지는 동안 현실화된다. 질료는 현실화되는 퍼텐셜에너지를 자신과 더불어 실어나른다. 여기서 주형으로 표현된 형상은 일없는 힘들을 행사함으로써 형태를 부여하는informant 역할을 한다. 이 힘들은 질료가 순간적으로 담지하는 퍼텐셜에너지의 현실화를 제한한다. 이 에너지는 사실상 이러저러한 방향에 따라 이러저러한 속도로 현실화된다. 형상은 제한한다. 그러므로 질료와 형상 사이의 관계는 타성적inerte 물질과 밖에서 오는 형상 사이에서 이루어지는 것이 아니다. 질료와 형상 사이에는 실존existence의 공통적이고도 동일한 수준의 작용이 있다. 이 공통적 수준은, 순간적으로 질료가 실어나르지만, 더 고차원적인 총체적 요소 상호 간의 체계의 상태에서 도출되는 에너지로부터 유래하는 **힘**의 수준이다. 이 힘은 개체화의 한계를 표현한다. 기술적 작용은 순수질료와 순수형상으로부터 서로를 향해가며 서로 결합하는 두 개의 절반의 연쇄를 구성한다. 이 결합은 연쇄의 두 끝의 차원이 완전히 일치함에 의해 가능해진다. 제작의 순차적 고리들은 특징들을 새로이 생산하지는 않고 전달만 한다. 그것들은 단지 크기의 등급의 변화, 수준의 변화와 상태의 변화를 확립한다(예를 들면, 분자적 상태에서 몰적 상태로, 마른 상태에서 젖은 상태로의 이행). 질료적 절반의 연쇄의 극단에 있는 것은 미결정적 방향으로 운동을 야기할 수 있는 퍼텐셜에너지를 하나하나 실어나르는 질료의 성향aptitude

---

7) 그래서 개체는 분자들 전체와 주형의 작용 사이에서 상호작용하는 입자들의 집단 한가운데서 이러한 소통의 행위에 의해 구성된다.

이다. 형상적 절반의 연쇄의 극단에 있는 것은 적용지점을 변화시키지 않는 힘의 작동에 의해, 일을 수행하지 않고 운동을 조건짓는 구조의 성향이다. 그러나 이 주장은 엄밀히 볼 때 사실이 아니다. 주형이 조형적 흙의 팽창을 제한하기 위해서는 주형의 내벽들이 흙의 추진력과 동등한 반발력을 전개시켜야 한다. 주형의 내벽들의 반발이 흙덩어리의 내부에서 다른 방향으로 행사되는 힘들보다 조금이라도 더 강할 경우 흙은 빈 틈을 메우면서 역류하고 내리눌린다. 반대로 주형이 완전히 메워지면 내적 압력은 내벽들의 반발력과 도처에서 같게 되어 어떤 운동도 더 이상 일어날 수 없다. 그러므로 벽들의 반발력은 점토가 채워지는 동안 그것이 특정한 방향들을 따라 확장하지 못하게 주도하는 정태적인 힘이다. 그러나 반발력은 단지 내벽들이 약간 탄력 있게 굽어진 이후에만 존재할 수 있다. 질료의 관점에서 보면 형상적[형상에 해당하는] 내벽들은 일정한 방향으로의 이동이 커다란 증가분의 일을 희생하고서만 가능하도록 하는 한계를 표현한다. 그러나 이러한 일의 증가분의 조건이 유효하기 위해서는 평형이 깨지기 전에 그리고 질료가 다른 방향을 취하기 전에 그것이 실현되어야 한다. 이 다른 방향에서 질료가 그것이 스스로와 더불어 실어나르는 에너지, 전진하면서 현실화하는 에너지에 의해 한정되지도 밀려가지도 않는다면 말이다. 따라서 주형의 내벽들의 가벼운 일이 있어야 한다. 그것은 반발력이 적용되는 지점의 약한 이동에 상응하는 일이다. 그러나 이 일[약한 이동]은 점토가 실어나른 에너지의 현실화를 야기하는 일에는 **덧붙여지지 않는다**. 그 일들은 서로 분리되는 것도 아니다. 그것들은 서로 충돌하지 않는다. 그 일[이동]은 또한 원하는 만큼 감소할 수도 있다. 얇은 나무로 된 주형은 점토의 갑작스러운 압력에 의해 현저히 변형되며 이어서 점차로 제자리로 돌아온다. 두터

44

운 나무 주형은 이동이 적다. 규석이나 철로 된 주형은 거의 이동하지 않는다. 게다가 제자리를 찾는 적극적인 일은 변형이라는 소극적인 일을 상당 부분 보충한다. 주형은 탄성élasticité을 가질 수 있다. 그것은 단지 유연한 것만이 아니다. 질료와 형상이 현전하게 되는 것은 바로 **힘들**로서이다. 질료와 형상에 대한 이러한 힘들의 체제 사이의 유일한 차이는 다음과 같은 데 있다. 즉 질료의 힘은 그것이 실어나른 가용적disponible 에너지로부터 나오는 반면 형상의 힘은 아주 약한 일만을 유발하는 힘이며, 질료 에너지의 현실화의 한계로서 개입한다. 형상과 질료가 구별되는 것은 짧은 순간 속에서가 아니라 생성 속에서이다. 형상은 퍼텐셜에너지의 운반체가 아니다. 질료가 정보를 주는informable 질료인 것은 그것이 현실화하는 에너지를 모든 점에서 실어나르는 것이기 때문이다.[8] 순수질료를 미리 손질하는 것은 그것으로 하여금 결정된 퍼텐셜에너지의 동질적 기체support가 되게 하는 기능을 갖는다. 질료는 이 퍼텐셜에너지에 의해 생성된다. 형상은 생성되지 않는다. 순간의 작용에서는 질료의 힘들에 해당하는 힘들과 형상으로부터 나오는 힘들은 구별되지 않는다. 그것들은 서로와 관련하여 동질적이며, 순간적인 동일한 물리적 체계의 일부이다. 그러나 그것들은 동일한 시간적 통일체를 구성하지는 않는다. 주형의 탄성적 변형의 힘들이 행사한 일은 [흙이] 주형에서 나온 다음에는 아무 쓸모도 없다. 그것들은 무화되거나 열이 하락하고 주형의

---

8) 비록 이 에너지가 상태 에너지, 요소 상호 간의 체계의 에너지라 할지라도 그러하다. 개체의 수준에서 힘들의 만남으로서 두 크기의 등급들의 상호작용 안에 크기의 등급들 사이의 소통이 존재한다. 이 소통은 형상의 원리이자 개체화의 발단인 특이성(singularité)의 보호 아래 이루어진다. 여기서 중개하는 특이성은 주형이다. 다른 경우들에서, **자연** 속에서 그것은 둑을 만들게 하는 돌일 수 있고 충적토를 실어나르는 강물 속의 섬의 씨앗인 조약돌일 수 있다. 그것은 요소들 상호 간의 차원과 요소 내부의 차원 사이를 중개하는 단계에 속한다.

크기의 등급에서는 아무것도 생산하지 않는다. 반대로 질료의 퍼텐셜에
너지는 점토 덩어리의 크기의 등급에서 요소 무더기를 재분배하면서 현
실화된다. 이런 이유로 점토를 미리 손질하면 이러한 현실화가 준비된
다. 그것은 분자들을 서로 연대적이 되게 하며 전체를 변형가능한 것으
로 만든다. 그 결과 각 조각들은 퍼텐셜에너지에 동등하게 참여하게 되
고 이의 현실화가 바로 주형화moulage[주형에 넣어 모양을 갖춘 것]이다. 모든 조
각들은 불연속도 없고 특권도 없이 어떤 방향으로든 변형될 수 있는 기
회를 가지고 있다는 사실이 중요하다. 한 흙찌꺼기, 하나의 돌은, 자신의
기체를 국지화하면서localiser 현실화되는 이 퍼텐셜에 참여하지 않는 영
역들에 속한다. 그것은 기생적 특이성singularité들이다.[9]

주형이 있다는 사실, 즉 현실화의 한계가 있다는 사실이 질료 안에
서 평형에 이르는 힘들의 상호적 상태를 창조해 낸다. 주형은 밖으로부
터 형상을 부과하면서 활동하는 것이 아니다. 그 활동은 분자에서 분자
로, 조각에서 조각으로 이어지는 작용에 의해 [점토] 덩어리 전체에 반
영된다. 주형에서 나올 때가 된 점토는 변형을 유도하는 모든 힘들이, 동
등하면서도 방향이 반대여서 평형을 이루는 힘들을 모든 방향에서 만
나는 그러한 반죽덩어리이다. **주형은 질료 한가운데서 그것을 평형의 조**
**건으로 향하게 하면서 자신의 존재를 드러낸다.** 이 평형이 존재하기 위해
서는 모든 계에 포함된 아직 현실화되지 않은 일정량의 퍼텐셜에너지가

45

---

9) [옮긴이] 특이성(singularité)은 극적 변화를 생기게 하는 임계 지점의 특징을 말한다. 역시 물
리학에서 차용한 것이지만 일상 용어에서는 보편성에 대립하는 개별적 독특성이나 현존재
성이라는 말에 가깝다. 이상하다는 의미의 특이하다는 의미로 이해해서는 안 될 것이다. 맥
락에 따라 특이성이나 독특성으로 옮기지만 형용사로 사용되는 경우에는 '특이한'이 아니
라 '독특한'으로 옮긴다.

작용의 말미에 존재해야만 한다. 형상이 정적인 역할을 하는 반면 질료는 동적인 역할을 한다는 것은 정확한 말이 아닐지도 모른다. 사실상 힘들의 단일한 체계가 있기 위해서는 질료와 형상은 둘 다 동적인 역할을 해야만 한다. 그러나 이런 역동적 동등성은 순간 속에서만 진실이다. 형상은 진화하지 않고 변형되지도 않는다. 그것은 어떤 퍼텐셜도 내포하지 않기 때문이다. 반면 질료는 진화한다[10]. 질료는 자신 안에 균일하게 퍼지고 배분된 퍼텐셜들의 담지자이다. 질료의 동질성은 그것의 가능적 생성의 동질성이다. 각 지점은 다른 지점들과 동일한 기회를 갖는다. 형태를 취하는 도중의 질료는 완전한 **내적 공명***résonance interne*의 상태에 있다. 한 지점에서 일어나는 일은 다른 모든 지점들에 반향된다. 각 분자의 생성은 모든 지점에서 그리고 모든 방향으로 다른 모든 분자의 생성에 반향된다. 질료는 그 요소들이 서로 고립되지 않은, 서로 이질적이지도 않은, 어떤 것이다. 모든 이질성은 힘들의 비-전달의 조건, 그러므로 내적 비-공명의 조건이다. 점토의 유연성은 그것이 한 구역에서 압력에 종속되자마자 내적 공명 상태로 되는 능력이다. 한계로서의 주형은 내적 공명 상태를 야기하는 어떤 것이다. 그러나 주형은 내적 공명을 실현하는 어떤 것은 아니다. 주형은 유연한 흙의 한가운데서 모든 방향으로 균일하게 압력과 이동을 전달하는 그런 것은 아니다. 주형이 형태를 부여하는 것이라고 말할 수는 없다. 흙이 주형에 따라 형태를 취하는 것이다. 왜냐하면 흙이 장인과 접촉하기 때문이다. 이 형태갖추기prise de forme의 **적극성**은 흙과 장인에게 속한다. 그것은 바로 이 내적 공명이며 이 내적 공명의 작업이다.[11] 주형은 폐쇄의 조건으로서, 한계로서, 팽창의 정

---

10) [옮긴이] 여기서 진화는 단순히 전개되면서 변형된다는 의미이다.

지로서, 중개의 방향으로서 개입한다. 기술적 작용은 형태를 갖추는 질료 속에서 에너지 조건과 위상학적 조건을 수단으로 내적 공명을 확립한다. 위상학적 조건들은 형상으로 명명될 수 있고 에너지 조건은 체계전체를 표현한다. 내적 공명은 에너지 조건들과 위상학적 조건들, 질료적 조건들의 실현을 요구하는 **체계의 상태**이다. 공명은 일정한 울타리 내의 에너지와 운동의 교환이다. 그것은 위상학적으로 결정된, 중간적 차원의 특이성에서 출발하는, 미시물리적 물질과 거시물리적 에너지의 소통이다.

## 2. 형상질료적 도식의 가치 ; 형상질료적 도식의 모호한 지대 ; 형태갖추기 개념의 일반화 ; 형태만들기(modelage), 주형에 넣기(moulage), 변조하기(modulation)[12)]

형태갖추기의 기술적 작용은 범례paradigme의 구실을 할 수 있다. 이 작용이 그것이 확립하는 진정한 관계들을 지시할 것을 사람들이 요구하는 한에서 말이다. 그런데 이 관계들은 순수질료와 순수형상 사이에서 세워지는 것이 아니라 준비된 질료와 구체화된 형상 사이에서 세워진다. 형태갖추기의 작용은 순수질료와 순수형상만이 아니라 에너지도 가정

---

11) 이 순간에 질료는 더 이상 전개체적 질료, 분자적 질료가 아니라 이미 개체이다. 현실화되는 퍼텐셜에너지는 질료보다 더 광대한, 요소들 상호 간의 상태를 표현한다.

12) [옮긴이] modulation은 정보를 전송하기 위해 주파수(진동수)가 다른 여러 파형을 정보에 따라 변화시키는 조작을 가리키는 기술 용어로서 보통 '변조'라고 번역된다. 시몽동이 정보 이론에서 차용한 이 용어는 여기서는 정보적 의미보다는 단순히 조정, 조율한다는 일상적 의미로 사용되고 있지만 그 본래적 의미를 살리기 위해 변조라고 옮긴다. 변조 → 용어설명* 참조.

## 46

한다. 구체화된 형상은 한계로서, 체계의 위상학적 경계로서 작용할 수 있는 형상이다. 준비된 질료는 에너지퍼텐셜을 실어나를 수 있는 질료이다. 순수형상은 기술적 작용 속에서 뭔가 역할을 하기 위해서는, 순수 질료가 퍼텐셜에너지의 동질적 운반체가 되는 동안, 반발력의 적용점들의 체계가 되어야 한다. 형태갖추기는 한 체계 내에서 질료와 형상의 공통 작업이다. 에너지 조건이 본질적이고 이는 형상만으로는 얻을 수 없다. 퍼텐셜에너지의 자리는 체계 전체이다. 왜냐하면 형태갖추기는, [주어진] 질료 더미 전체 속에서 일어나는 심층적 작용이기 때문이고, 이 작용은 질료의 에너지 상호성[운동에너지와 잠재에너지의 교환]의 상태에 잇따라 일어난다.[13] 형태갖추기에서 결정적인 것은 에너지의 분배이다. 질료와 형상의 상호적합성은 이 에너지계의 존재조건과 특성에 상대적이다. 질료는 이 에너지를 나르는 어떤 것이고 형상은 이 동일한 에너지의 분배를 변조하는moduler 것이다. 형태갖추기의 순간에 질료-형상의 단일성은 에너지 체제 안에 있다.

형상질료적 도식은 기술적 작용이 만들어 내는 두 절반의 연쇄들의 양극단만을 포함한다. 작용 자체의 도식은 가려져 무시되고 있다. 형상질료적 표상에는 진정한 중개를, 즉 에너지계를 확립하여 두 연쇄를 서로 잇는 조작 자체를 무화시키는 구멍이 있다. 이 조작이란 대상이 자신의 현존재성과 더불어 나타나기 위해 실제로 전개되면서 존재해야 하는 상태이다. 형상질료적 도식은 장인의 작업실 밖에 있는 사람, 거기에 들어가는 것과 나가는 것만을 목격하는 사람의 지식에 상응한다. 진정한

---

13) 이러한 상호성이 에너지의 항구적 가용성을 야기한다. 아주 제한된 공간에서는 한 특이성이 거기서 변형을 야기할 경우 놀라운 양의 일이 실행될 수 있다.

형상질료적 관계를 알기 위해서는 작업실에 들어가는 것으로는 부족하고 장인과 일을 해야만 한다. 주형 자체에 들어가 물리적 실재의 크기의 다양한 단계에서 이루어지는 형태갖추기의 작업을 따라가 보아야 한다.

그 자체로 파악되면 이 형태갖추기의 작업은 여러 방식으로, 외적으로는 서로 아주 다른 다양한 양상들에 따라 시행될 수 있다. 진정한 형태갖추기 작업의 기술은 직업들 그리고 일의 영역들을 분리하는 협약적 경계들을 넘어선다. 형태갖추기의 에너지 체제의 연구에 의해 벽돌주형을 전자 계전기relais électronique[14]의 작동에 접근시킬 수 있다. 3극 진공관triode 유형의 전자관에서 질료(현실되는 퍼텐셜에너지의 운반체)는, 음극-양극-작동기effecteur-발전기générateur의 회로 안에서 [볼 때] 음극에서 나오는 전자구름이다.[15] 형상은 발전기 속에 저장된 퍼텐셜에너지의 현실화를 제한하는 어떤 것이다. 이는 음극과 조종commande 격자 사이의 퍼텐셜 차이에 의해 생성된 전기장이며 이 퍼텐셜 차이는 발전기 자체가 생성한 음극-양극의 장에 대립한다. 이 대립장은 퍼텐셜에너지의 현실화의 한계이다. 마치 주형의 내벽들이 점토-주형 체계의 퍼텐셜에너지 실현의 제한인 것과 같다. 두 체계의 차이는 점토에 있어서는 형태갖추기의 작업이 시간 속에서 유한하다는 사실에 있다. 그것은 상당히 늦게(몇 초 안에) 평형상태로 향한다. 그리고 나서 벽돌은 주형에서 나온다. 사람들은 평형상태가 되면 이를 이용하여 벽돌을 주형에서 빼낸다. 전자관에서는 아주 약한 관성에너지(장 속의 전자구름)의 매체support    47

---

14) [옮긴이] 계전기와 전자계전기 → 용어설명* 참조.
15) [옮긴이] 진공관(triode) → 용어설명* 참조. 양극과 음극은 특정한 경우에는 반대로 되기 때문에 애노드(anode)와 캐소드(cathode)로 표기하는 경우도 있지만 우리는 일반적으로 통용되는 용어를 사용하기로 한다.

를 이용한다. 그래서 평형상태(전자들의 분배와 전기장의 전위구배 사이의 적합성)는 벽돌-주형의 체계와 비교할 때 아주 짧은 시간 내에(큰 차원의 관에서는 몇 십억분의 1초, 작은 차원의 관에서는 몇 백억분의 1초) 얻어진다. 이 조건들에서 조종 격자의 퍼텐셜은 **변화가능한 주형**으로 사용된다. 이 주형에 따른 에너지 매체의 분배는 매우 빠르기 때문에 그것은 대부분의 적용에 있어서 거의 지체 없이 시행된다. 그때 변화가능한 주형은 시간 속에서 어떤 원천의 퍼텐셜에너지의 현실화를 변화시키는 데 이용된다. 사람들은 평형에 도달해도 멈추지 않고 계속 주형을, 즉 격자의 긴장을 변형한다. 현실화는 거의 순간적이며 주형에서 빼내는 데는 정지가 없다. 에너지 매체의 순환은 항구적으로 **주형에서 빼내는 것** *démoulage*과 동등하기 때문이다. **변조기**_modulateur_는 **연속적인 시간적 주형**이다. '질료'는 거기서 거의 유일하게 퍼텐셜에너지의 매체이다. 그러나 그것은 변조기가 무한히 빨라지는 것을 방지하는 일정한 관성을 언제나 보존하고 있다. 반대로 점토 주형의 경우 기술적으로 이용되는 것은 주형에서 뺄 때 보존할 수 있는 평형상태이다. 그러므로 사람들은 주형에서 빼낼 때 형상이 보존될 수 있기 위해 점토의 커다란 점착성_viscosité_을 용인한다. 비록 이 점착성이 형태갖추기를 늦추기는 하지만 말이다. 반대로 사람들은 변조기에서는 에너지 담지자의 점착성을 가능한 한 감소시킨다. 왜냐하면 평형 조건이 멈춘 다음에는 평형상태를 보존하고자 하지 않기 때문이다. 수압에 의한 것보다는 압축공기가 포함하는 에너지를 변조하는 것이 더 쉽다. 그리고 압축공기보다는 수송중의 전자들이 포함하는 에너지를 변조하는 것이 더 쉽다. 주형과 변조기는 두 극단적 사례들이며 형태갖추기의 중요한 작용은 거기서 동일한 방식으로 이루어진다. 그것은, 지속가능한 것이든 아니든 간에, 에너지 체제를 세우는 것으로 구성된다. 주형만들기는 결정적인 방식으로 변조하기이다. 변조하기는 연속적인 방식으로 그리고 항구적으로 변화하는 방식으로 주형 속에 넣는 것이다.

다수의 기술적 조작은 변조하기와 주형에 넣기 사이의 중간적 특징을 갖는 형태갖추기를 이용한다. 다이스철판filière과 압연기[금속을 압축하여 강판 따위를 만드는 롤러]는 연속된 체제의 주형들로서 순차적 단계들(압연 공정)에 의해 결정적인 윤곽을 만든다. 거기서 주형에서 빼내는 과정은 변조기에서처럼 연속적이다. 사람들은 실제로 재료를 변조하여, 예를 들면 톱니바퀴 모양의 막대기를 제조하는 압연기를 상상할 수도 있을지 모른다. 홈 패인striée 금속판을 생산하는 압연기는 재료를 **변조하는** 반면 매끈한lisse 압연기는 단지 그것의 **형태를 만들** 뿐이다. **주형에 넣기**와 **변조하기**는 양극단이며 **형태만들기**는 그 중간의 경우이다.

우리는 기술적 범례가 가치가 없는 것이 아니라는 사실, 그것은 어느 정도까지는 개체화된 존재자의 생성을 사유하게 해준다는 사실을 보여 주고자 한다. 단 질료와 형상의 관계를 형태갖추기의 **에너지계를 통해** 본질적 도식으로서 기억해 둔다는 명백한 조건에서 그러하다. 질료와 형상은, 에너지계의 생성의 단일성이 질료와 형상 사이의 힘들의 동질성의 수준에서 이 관계[질료와 형상의 관계]를 구성하는 순간에, 즉 **형태갖추기를 하는 동안에** 파악되어야 한다. 중요하고 핵심적인 것은 에너지퍼텐셜과 현실화의 한계를 전제하는 에너지의 작용이다. 실체의 발생의 주도권은 수동적인 것인 한에서의 순수한 질료에도 순수한 한에서의 형상에도 주어지지 않는다. 발생하는 것은 체계 전체이고 이는 그것이 능동적인 매개 속에서 두 실재를, 중간적인 등급 안에서 서로 다른 크기의 등급을 통일하는 퍼텐셜에너지의 현실화 체계이기 때문에 가능하다.

48

용어의 고전적 의미에서 개체화는 질료나 형상에서 그 원리를 갖는 것이 아니다. 형상도 질료도 형태갖추기에 충분하지 않다. 개체화의 진정한 원리는 작용하고 있는 발생 그 자체이다. 즉 에너지가 현실화되는 동안 생성되고 있는 체계이다. 개체화의 진정한 원리는 개체화가 생겨나기 전에 존재하는 것 속에서도, 개체화가 이루어진 이후에 남아 있는 것 안에서도 찾아서는 안 된다. 개체화하는 것은 에너지계 전체이다. 이 에너지계가 자신 안에서, 질료가 형상을 취하는 동안, 질료의 내적 공명을 실현하고 크기의 등급들의 매개를 실현하는 한에서 그러하다. 개체화의 원리는 이 질료가 이 형상을 취하는 동안 질료의 내적 공명이 세워지는 유일한 방식이다. 개체화의 원리는 작용_opération_이다. 한 존재자를 다른 모든 것과 다른, 바로 그 자신이게 하는 것은 질료도 형상도 아니고 그것의 질료가 어떤 내적 공명의 체계 안에서 형상을 취했던 작용이다. 벽돌의 개체화 원리는 점토도 주형도 아니다. 이 다량의 점토와 이 주형으로부터 각각이 자신들의 현존재성을 소유하는, 저 벽돌과 다른 벽돌들이 나올 것이기 때문이다. 벽돌의 개체화 원리는 주어진 순간에 점토로 하여금, 이 습한 흙의 가장 작은 압축과 마찬가지로 주형의 가장 작은 세부사항들까지 포함한 에너지계 속에서, 그렇게 배분되고 그렇게 퍼져 있으며 그렇게 현실화된 이러저러한 압력 아래서 형태를 취하게 한 작용이다. 압력의 에너지가 모든 방향에서 각 분자로부터 다른 분자들로, 점토로부터 내벽들로 그리고 내벽들로부터 점토로 전달된 한 순간이 있었다. 개체화의 원리는 질료와 형상 사이에서 그 전체가 평형에 도달할 때까지 에너지 교환을 실현하는 작용이다. **개체화의 원리는 퍼텐셜에너지의 현실화를 경유하는, 질료와 형상의 공통적인 변환역학적 작용**_opération allagmatique_**이라고 말할 수 있을지도 모른다.**[16] 이 에너지는 체계의 에너지이며 계의 모든 지점에 동등한 방식으로 효과를 산출할 수 있다. 그것은 가용적disponible이며 소통이 가능하다. 이 작용은 구체적인 지금, 여기의 특이성 혹은 특이성들 위에 기초하며 그것들을 포함하고envelopper 증폭시킨다amplifier.[17]

## 3. 형상질료설의 한계들

그럼에도 불구하고 기술적 범례는 순수하게 유비적인 방식으로 모든 존재자들의 발생으로 확장할 수 없다. 기술적 작용은 제한된 시간에서는 완전하지만 [그것의] 현실화 이후에는 존재자를 부분적으로 개체화되고 다소간 안정적인 것으로 남겨 놓는다. 이 존재자는 자신의 현존재성을 아주 짧은 시간에 자신의 발생을 구성한 개체화 작용으로부터 이끌어낸다. 벽돌은 몇 년 또는 오랜 시간 이후에는 다시 먼지가 된다. 그래서 개체화 작용과 그 결과 사이에는 어떤 외재성이 있다. 반면에 생명체에서 개체화는 시간 속에서 제한된 단 하나의 작용에 의해서만 일어나지는 않는다. 생명체는 부분적으로는 자신에 대해 자신의 고유한 개체화의 원리이다. 그것은 개체화를 계속하며, 최초의 개체화 작용의 결과는 단지 점차 퇴락하는 결과이기보다는 차후의 개체화 작용의 원리가 된다. 개체화 작용과 개체화된 존재자는 기술적 노력의 산물의 내부에

49

---

16) [옮긴이] allagmatique이라는 말은 '변화'를 의미하는 그리스어 allagma로부터 시몽동이 조어한 용어. '변환'으로 옮긴 transduction과 거의 같은 의미이고 역동적 특징이 강조되어 '변환역학'으로 옮긴다. 명사와 형용사로 모두 쓰인다.
17) 이 실제적 특이성들은 공통작용의 기회이며 **정보**라고 명명될 수 있다. 형태는 그것들을 산출하기 위한 장치이다.

서와 동일한 관계에 있지 않다. 생명체의 생성은 개체화 이후의 생성이기보다는 언제나 두 **개체화 작용 사이의 생성**이다. 개체화하는 것과 개체화된 것은 생명체 안에서 연장된prolongé 변환역학의 관계에 있다. 기술적 대상에서 이 변환역학적 관계는 한 순간만 존재한다. 즉 두 연쇄가 서로 접합되어 있을 때, 곧 질료가 형상을 취할 때이다. 이 순간 개체화하는 것과 개체화된 것은 일치한다. 이 작용이 끝나면 그것들은 분리된다. 벽돌은 자기의 주형을 탈취해 가지 않는다.[18] 그것은 장인이나 자신을 압착한 기계로부터 분리된다. 생명체는 일단 [개체화가] 시작된amorcé 다음에는 계속해서 개체화된다. 그것은 개체화하는 체계인 동시에 개체화의 부분적 결과이다. 내적 공명의 새로운 체제가 생명체 안에 확립된다. 기술은 그러한 범례를 제공할 수 없다. 그것은 시간을 경유하는 공명, 원리로 거슬러 올라가는 결과의 회귀récurrence에 의해 창조된, 그리고 그 자체가 원리가 되는 공명이다. 기술적 개체화에서처럼 항구적인 내적 공명이 유기체적 단일성을 구성한다. 그러나 덧붙여 동시적인 것의 이러한 공명에 순차적인 것의 공명, 즉 시간적 변환역학이 겹친다. 생명체의 개체화 원리는 언제나 기술적 **형태갖추기**와 마찬가지로 작용이다. 그러나 이 작용은 기억과 본능이 뒷받침하는 개체발생을 통해, 동시성과 순차성succession이라는 두 차원을 가진다.

진정한 개체화 원리는 기술적 작용보다는 생명체가 더 잘 지시하고 있지 않을까? 그리고 기술적 작용은, 습관과 기억 같은 신체적 도식과 더불어 기술적 작용을 알고 시행하는 우리 안에 존재하는 생명의 내

---

18) 그것은 단지 주형의 마모 상태, 자갈들, 비규칙성들처럼 자신의 특수한 주형화[주형에 넣기]의 정보 조건들을 구성하는, **여기 지금**이라는 특이성들을 나타낸다.

재적 범례가 없이는 개체화하는 것으로 알려질 수 없는 것이 아닐까? 이 질문은 상당한 철학적 함축을 가진 질문이다. 왜냐하면 그것은 생명 밖에서 진정한 개체화가 있을 수 있는지를 묻는 것으로 귀결되기 때문이다. 이를 알기 위해서는 인간중심적인anthropomorphique, 즉 동물중심적인 zoomorphique 기술적 작용이 아니라 자연이 생명체로 정의된 계의 밖에서 제시하는 요소적 단위들의 자연적 형성과정을 연구해야 한다.

그래서 기술에서 나온 형상질료설은 그 일상적인 형태 아래서는 불충분하다. 그것은 형태갖추기의 기술적 작용의 핵심 자체를 무시하고 있으며, 이런 의미에서 형태갖추기 속에서 에너지적인 조건들이 하는 역할을 무시하기 때문이다. 게다가 질료형상적 도식은 질료-형상-에너지라는 삼중의 형태로 회복되고 보완되어도 기술적 작용에서 생명체의 자산을 함부로 객관화하는 오류를 저지를 위험이 있다. 형태갖추기 속에서 질료와 에너지 사이에 에너지 교환이 이루어지도록 해주는 체계를 구성하는 것은 제작적 의도이다. 이 체계는 개체화된 대상의 일부가 아니다. 그런데 일반적으로 개체화된 대상은 제작된 대상인 한에서의 개체성, 즉 제작을 참조하는 개체성을 갖는 것으로 생각된다. 벽돌로서의 이 벽돌의 현존재성은 절대적인 것이 아니다. 그것은 그것이 벽돌이라는 사실에 선행하는 이 대상의 현존재성이 아니다. 그것은 벽돌로서의 대상의 현존재성이다. 그것은 사용이라는 의도에 조회référence하고 이를 통해 제작적 의도, 즉 형태갖추기 작업을 위해 체계 안에서 통합된 두 절 반의 연쇄[형상-질료]를 구성한 인간적 동작에 조회한다.[19] 이런 의미에

50

---

19) 벽돌의 개체성은 이 여기 지금의 특이성들을 포괄하고 그것들을 연장하며 증폭시킨다. 이 개체성에 의해 이 벽돌은 여기 지금 존재했던 이러저러한 작용을 표현한다. 그런데 기술적 생산은 변이가능성과 예측불가능성의 여백을 감소시키려 애쓴다. 한 개체를 변조하는 실

서 형상질료의 도식은 아마도 겉으로만 기술적인 듯하다. 그것은 생명적 과정을 추상적으로만 알려진 과정[기술모델]에 반영한 결과이다. 이 추상적 과정은 한 생명체가 생명체들[일반]을 위해 그 과정을 만들었다는 사실에서 자신의 일관성을 도출하고 있다. 거기서 형상질료적 도식의 매우 강력한 범례적 힘이 설명된다. 그것은 생명에서 나와 거기로 돌아가 그에 적용된다. 그러나 여기에는 그것을 설명한 의식의 자각이 기술적 형태갖추기라는 부당하게 단순화된 특별한 경우를 가지고 그것을 파악하였다는 결함이 있다. 형상질료적 도식은 개체들보다는 유형들을 파악하고 실재들보다는 모범 사례들을 파악한다. 질료-형상의 이원론은 개체의 양극단에 해당하는 더 큰 것과 더 작은 것만을 파악하고 산출된 개체와 동일한 크기의 등급에 속하는 실재는 어둠 속에 놓아 둔다. [그러나] 이러한 실재가 없다면 양극단들은 분리된 채로 남아 있을지도 모른다. 이러한 실재는 특이성으로부터 전개되는 변환역학적 작용이다.

그러나 진정한 개체화의 원리를 발견하기 위해 형상질료적 도식을 비판하고 기술적 형태갖추기의 전개 속에서 더 정확한 관계를 회복하는 것으로는 충분치 않다. 기술적 작용으로부터 사람들이 가지는 인식 속에서 우선 생물학적 범례를 가정하는 것도 역시 충분치 않다. 질료-형상의 관계가 우리가 생명체라는 사실 덕분에 손쉽게(이것이 적합하든 또는 부적합하든 간에) 알려진다고 해도, 기술적 영역에 대한 조회는 주체가 자신과 더불어 운반하는 이 암묵적 개념을 밝히고 명시하며 객관화하기 위해 마찬가지로 필요하다는 것도 여전히 사실이다. 느껴진 생명

---

제적 정보는 기생적인 것으로 나타난다. 그것은 기술적 대상이 어느 정도는 불가피하게 자연적으로 남아 있게끔 하는 어떤 것이다.

성이 표상된 기술성의 조건이라면 표상된 기술성은 이번에는 생명성의 인식의 조건이 된다. 그렇게 해서 사람들은 한 질서에서 다른 질서로 가게 된다. 그리하여 형상질료적 도식은 자신의 보편성을 그것이 생명의 영역과 기술적 영역 사이에서 일종의 상호성을 세운다는 사실에 원칙적으로 빚지고 있는 듯하다. 게다가 이 도식은 그러한 상호관계의 유일한 사례가 아니다. 자동주의automatisme는 다양한 형태로 데카르트에서 현대의 사이버네틱스에 이르기까지 기술에서 나온 표상들에 의해 생명체의 기능을 설명하는 데 다소간 성공적으로 이용되었다. 그러나 형상질료설의 활용에는 중대한 어려움이 있다. 그것은 두 항들에다 그것들을 통일하는 관계에 선행하는 존재를 부여한다. 또는 적어도 이러한 관계를 명백하게 사유하게 해줄 수가 없다. 바로 이런 이유로 그것은 생명체의 개체화 원리가 무엇인지를 지시해 주지 않는다. 그것은 부분들의 혼합 또는 연관만을 나타낼 수 있다. **형상이 질료에 부과되는 방식은 형상질료적 도식에 의해 충분히 밝혀지지 않았다.** 형상질료적 도식을 사용하는 것은 개체화 원리가 형상이나 질료에 있으며 그들 둘의 관계 속에 있지 않다고 가정하는 것이다. 실체들——영혼과 신체——의 이원론은 형상질료적 도식에 싹으로서 있다. 이러한 이원론은 바로 기술로부터 나온 것이 아닌가 자문할 수 있다.

이 연구를 심화시키기 위해서는 개념적인 의식적 자각의 주위에 있는 모든 조건들을 고려할 필요가 있다. 생명적 개체와 기술적 작용만 있다면 형상질료설은 아마 구성될 수 없을지도 모른다. 사실 형상질료적 도식의 기원에는 생명적 영역과 기술적 영역 사이의 중간항이 있었는데 그것은 바로 사회적 삶이다. 형상질료설이 우선 반영하는 것은 노동의 사회화된 표상과 개별 생명체의 사회화된 표상이다. 두 표상들 간

51

의 일치가 이 도식을 한 영역에서 다른 영역으로 확장하게 한 공통의 근거이며 그[확장의] 타당성은 일정한 문화 속에서 보증된다. **형상을 수동적이고 무규정적 질료에 부과하는** 기술적 작용은 고유한 의미의 제작과정은 알지 못하고 단지 작업실에 들어오는 것과 거기서 나가는 것을 보는 관찰자에 의해 추상적으로 고려된 작용이지만 그것만이 아니다. 그것은 본질적으로 자유인이 명령하고 노예가 수행하는 작업이다. 자유인은 무규정적indéterminée 질료를 선택한다. 왜냐하면 그는 그것을 보지도 않고 조작하지도 않으며 초보적인 마름질도 하지 않고 단지 실체의 이름에 의해 유적으로génériquement 지시만 하면 되기 때문이다. 대상은 나무로 되건, 철로 되건, 흙으로 되건 상관이 없다. 질료의 진정한 수동성은 바로 주어진 명령 뒤에 있는 추상적 처분가능성disponibilité이다. 다른 이들[노예들]은 명령을 시행할 따름이다. [또] 수동성은 자신에게 질료를 제공하는 인간적 중개의 수동성이다. 형상은 명령하는 인간이 자신 안에서 생각한 것에 상응하고, 그가 명령을 할 때 적극적인 방식으로 표현해야 하는 것에 상응한다. 그러므로 형상은 **표현될 수 있는 것의 질서**에 속한다. 그것은 본질적으로 능동적이다. 왜냐하면 그것은 질료를 조작할 사람들에게 부과하는 어떤 것이기 때문이다. 그것은 명령의 내용 자체, 명령으로 하여금 지배하게 하는 바로 그것이다. 형상의 능동적 특징과 질료의 수동적 특징은 사회적 위계를 가정하는 명령의 전달 조건들에 상응한다. 명령의 내용 안에서 질료는 무규정자인 반면 형상은 규정이고 표현가능하며 논리적이다. 영혼이 신체에 대립하는 것도 사회적 조건을 통해서이다. 개인이 시민이 되고, 집단적 판단에 참여하고 공통의 믿음을 가지며 동료시민들의 기억 속에 살아남는 것은 신체에 의해서가 아니다. 영혼이 신체와 구별되는 것은 시민이 생명체로서의 인간과 구분되는 것과 같다. 형상과 질료, 혼과 신체 간의 구분은 노예와 대립하는 시민들의 도시를 반영한다. 그러나 기술적 도식과 시민적인 도식은 두 항들을 구분하는 데는 일치하지만 두 쌍에 동일한 역할을 부여하지는 않는다. 신체는 수동성이고 무규정성일지도 모르지만 정신은 순수한 능동성, 충만한 규정이 아니다. 시민은 신체로서 개체화되지만 영혼으로서 개체화되기도 한다.

형상질료적 도식의 변화무쌍함은 그것이 직접적으로 기술적인 것도 아니고 직접적으로 생명적인 것도 아니라는 사실에서 유래한다. 그것은 기술적 작용과 생명적 실재가 사회적인 것에 의해 중개된 데서 유래한다. 즉 정보의 효율적 수용, 특히 이 경우에는 제작의 질서라는 이미주어진 조건 ——개인 상호 간의 소통 속에서—— 에 의해 중개된 데서 유래한다. 두 사회적 실재들 사이의 이러한 소통, 기술적 작용의 조건에 해당하는 이러한 수용의 작용은 기술적 작용의 한가운데서 양극단의 항들——형상과 질료——에게 상호소통을 가능하게끔 해주는 어떤 것을 감추고 있다. 이는[감추어진 것은] 정보이고, 작용의 "지금, 여기"의 특이성이며 출현 도상에 있는 개체 차원에서의 순수 사건이다.

## II. 기술적 형태갖추기의 물리적 의미작용

## 52

### 1. 기술적 형태갖추기의 물리적 조건들

그러나 사유의 심리사회적 조건에 대한 연구가 형상질료적 도식의 변화무쌍함을 설명할 수 있다고 해도 이 도식이 반성 행위에서 보여 주는 항구성이나 보편성을 설명할 수는 없다. 순차적 국면들을 경유하는 이

러한 항구성, 무한히 다양한 영역들을 포괄하는 이러한 보편성은 사회
적 삶보다 더 쉽게 변경할 수 없는 기초를 요구하는 것처럼 보인다. 이러
한 무조건적 기초의 발견은 형태갖추기의 가능성의 조건들의 물리적 분
석에 요구해야 한다. 형태갖추기 그 자체는 질료, 에너지, 형상, 특이성
을 요구한다. 순수질료와 순수형상은 두 절반의 기술적 연쇄를 분리하
고 [나중에] 특이한 정보를 취하는 작용이 이를 결합시킨다. 그러나 이
렇게 하기 위해서는 순수질료는 모든 공정 이전에 이미 순수형상을 기
원으로 하는 절반의 연쇄의 도달점에 적합한 체계를 형성할 수 있는 무
언가를 포함하고 있어야 한다. 이런 조건은 모든 인간적 공정 이전에 **자
연계에서** 찾아져야 한다. 질료는 어떤 방식으로 구조화되어 있어야 하
고 형태갖추기의 조건에 해당하는 여러 속성들을 이미 가지고 있어야
한다. 어떤 의미에서 질료는 형태를 갖추기 이전에 이미 형태의 정합성
을 감추고 있다고 말할 수 있다. 그런데 이 정합성은 이미 형상의 기능
을 갖는 배치이다.[20] 기술적 형태갖추기는 순수질료의 현존재성eccéité이
라 부를 만한 것을 만들어 낸, 선행하는 자연적 형태갖추기를 이용한다.
작업대 위의 나무토막은 이용하고자 하는 나무의 용적으로 고려하는 한
에서는 추상적 질료에 속한다. 그것이 속해 있는 본질만이, 형태갖추기
의 순간에 질료의 이러저러한 행태를 있음직한 방식으로 마주하게 된다
는 것을 암시함으로써 구체성에 접근할 수 있다. 소나무 토막은 전나무
토막이 아니다. 그러나 이 나무, 이 토막은 그 전체와 각 부분 속에서 그
작은 수준의 일정한 단계에 이르기까지 하나의 현존재성을 가진다. 그

---

20) [옮긴이] forme은 현대적 의미를 논하는 이 맥락에서는 '형태'로 옮기지만 고전철학적 뉘앙
스를 살리려는 대목에서는 형상으로 옮긴다.

것은 [예를 들어] 곧은가, 굽어 있는가, 거의 원기둥인가, 규칙적인 원뿔 모양인가, 다소간 둥근 단면을 가졌는가 아니면 납작한 단면을 가졌는가에 따라 그 전체totalité 속에서 하나의 현존재성을 갖는다. 이러한 전체 ensemble의 현존재성이 이 토막을 다른 것들과 구별하게 해주는 것이다. 그것은 단지 지각적으로 식별할 수 있게 해주는 것만이 아니라, 예를 들면 목재가 그 전체로서 들보를 만들기 위해 이용될 때 기술적으로 선택의 원리가 되는 것이다. 이러저러한 토막은 자신의 특별한 성질 덕분에 어떤 위치에 다른 것보다 더 적합할 수 있다. 이 특별한 성질은 이미 형상의 성질이며 그것도 목공 기술에 유리한 형상의 성질인 것이다. 비록이 형상이 자연적 순수질료에 의해 제시되었다고 해도 그러하다. 숲 속의 나무는 이러저러한 특정한 용도에 더 적합한 토막을 찾는 숙련된 시선에 의해서 드러날 수도 있다. [과거에] 목수는 숲으로 가곤 했다. 두 번째로 내재적 형상들의 존재는 장인이 순수질료를 가공하는 순간에 나타난다. 두번째 수준의 현존재성도 거기서 나타난다. 둥근 톱이나 띠로 자른 토막은 쐐기를 박아 쪼갠 것보다 더 규칙적이기는 하지만 덜 단단한 두 개의 대들보를 준다. 그러나 이렇게 얻어진 네 덩이의 목재는 그것들을 자르는 데 이용된 절차와 상관없이 상당히 비슷하다. 그러나 차이는 다음에 있다. 기계톱은 섬유의 느릿한 결이나 상당히 늘어진 나선형의 뒤틀림 따위는 고려하지 않고 나무들을 기하학적 구도에 따라 **추상적으로** 자르는 반면 쐐기는 그것들을 단지 반쪽으로 나눌 뿐이다. 거기서 균열은 섬유들의 연속성을 따라가면서 일어나고 나무의 중심을 따라 마디 주위에서 안으로 휘어지며 그것[쐐기]의 일이 드러내는 내재 형상 forme implicite을 통해 인도된다.[21] 마찬가지로 선반에 걸고 돌려 가공한 나무 조각은 이 작업에서 회전하는 기하학적 형태를 얻는다. 그러나 선반

53

에 의한 가공은 일정수의 섬유를 절개하므로 회전에 의해 얻어진 형태의 기하학적 외양은 섬유의 윤곽과는 일치하지 않을 수 있다. 진정한 내재 형상들은 기하학적이 아니라 위상학적이다. 가능적 정보는 어떤 점에서도 부족하지 않으므로 기술적 동작은 이 단편적인 현존재성eccéité을 구성하는 위상학적 형상을 존중해야 한다. 합판으로 켠 목재는 너무 약해서 이어붙이지 않은 채 한 층으로만 사용할 수는 없는데 그것은 이[그것을 만든] 절차가 단선적 톱질과 선반에 의한 가공을 결합하여 목재 한 장을 만들어 내기는 하지만 충분한 길이를 가진 섬유의 방향을 존중하지 않는 데서 유래한다. 이 경우에 기술적 작용이 낳은 외적 형상은 내재적 형상을 존중하지 않는다. 한 연장을 사용할 줄 안다는 것은 단지 필요한 동작의 경험을 획득했다는 것만이 아니라, 또한 연장에 의해 인간에 도달하는 신호들을 통해, 제작되는 질료의 내적 형상을 연장이 공략하는 정확한 지점에서 식별할 수 있다는 것이다. 대패는 단지 다소간 두터운 대패밥copeau[대패로 나무를 깎을 때 구불구불 따라나오는 나무 부스러기]을 일어나게 하는 어떤 것이 아니다. 그것은 또한 대패밥이 파열 없이 섬세하게 일어나는지 아니면 우툴두툴하게 되는지를 느끼게 해준다. 그것이 우툴두툴하다는 것은 목재의 선들의 방향이 손의 운동과 대립된다는 것을 의미한다. 대패와 같은 단순한 연장들로 하여금 뛰어난 일을 하게 하는 것은 그것이 자동적이 아니고 기하학적 특징을 갖는 운동을 하는 것도 아니고, 손으로 완벽하게 지탱됨으로 해서, 가공할 수 있는 질료의 내재적 형상을 따르도록 권유하는, 연속적이고 정확한 신호들을 잡아낼 수 있게

---

21) 이 내재 형상(forme implicite)은 나무의 성장의 과거의 특이성들을 표현하는 것이며 ——그리고 이 특이성들을 통해 바람의 작용이나 동물들의 작용과 같은 모든 등급의 특이성들을 표현한다——그것이 새로운 작용을 인도할 때 정보가 된다.

해주기 때문이다.[22] 기계톱과 회전가공은 나무에 폭력을 가하고 그 성질을 왜곡하는데 기술의 이런 특징은(이를 형상의 수준들의 갈등이라 명명할 수 있을지도 모르겠다) 대상을 산출하기 위해 사용할 수 있는 순수 질료의 가능한 수를 감소시킨다. 모든 나무는 대패로 작업을 할 수 있다. [그러나] 어떤 나무들은 이미 대패로 가공하기 어렵다. 회전가공에 적합한 나무들은 소수에 지나지 않는다. 회전가공은 나무의 내재적 형상을, 각 부분의 특수한 현존재성을 고려하지 않는 방향을 따라서 대팻밥을 미리 일어나게 하는 기계이다. 작업 도중에 단면의 방향을 정하고 이를 변형할 수 있는 연장에 잘 맞는 나무들은, 불규칙하게 때리고 섬유 더미를 탈취하여 울퉁불퉁하고 물렁물렁한 표면을 제공하는 회전가공에 대해서는 무용하게 된다. 단지 섬세한 알갱이를 가진 거의 균일한 목재들만이 회전가공에 적합하다. 이런 목재들 안에서는 섬유들의 체계는 그 더미들 간에 수평적이거나 비스듬한 연결 체계로 중복되어 있다. 그런데 방향 없는 구조를 가진 이 목재들은 그것들을 구부리고자 할 때 반드시 가장 커다란 저항과 가장 커다란 탄성을 제공하는 것들은 아니다. 회전가공을 한 목재는 그 내적 정보의 특권을 잃어버린다. 그것은 반죽된 유연한 질료 같은 균일한 질료에 비해 어떤 이점도 제시하지 않는다. 그와 반대로 그 내적 형상은 사람들이 거기에 주고자 하는 외적 형태와 갈등을 야기할 수 있다. 이는 기술적 작용의 행위자에게 불편함을 야기한다. 마지막으로는 세번째 단계로서, 넘어설 수 없는 한계에 해당하는 내재적 형상을 부과하면서 절대적인 방식으로 공정에 개입하는 가공가능

54

---

22) 내재적 형상들은 형태갖추기 작업에서 정보이다. 여기서 동작을 변조하는 것은, 그리고 대체로 인간이 사용하는 연장을 부분적으로 인도하는 것은 바로 그것[형상]들이다.

한 질료의 요소적 현존재성이 존재한다. 그것은 관성적 실재인 한에서의 질료가 아니라 기술적 작용에 예비적 한계들을 부과하는 내재적 형상들을 담지하는 질료이다. 나무에서 이러한 요소적 한계는 세포이지만, 때로 구분을 충분히 밀고 나가면 그것은 세포로부터 분화된 무더기amas이다. 그렇게 해서 세포의 분화로부터 나오는 결과인 관管, vaisseau은 위반할 수 없는 형상적 한계이다. 세부사항들이 세포 크기보다, 혹은 세포의 분화된 군ensemble들이 존재할 경우 그것들보다 더 하위 크기의 등급에 속할지도 모르는 나무로 된 물건은 만들 수 없다. 예를 들어 구멍 뚫린 얇은 나무판으로 이루어진 여과기를 만들고자 한다면 나무 속에 이미 자연적으로 형성되어 있는 홈들보다 더 작은 구멍들을 만들 수는 없을 것이다. 기술적 작용에 의해 부과할 수 있는 유일한 형상들은 이용된 질료의 요소적인 내재 형상들보다 더 상위의 크기의 등급에 속하는 형상들이다.[23] 질료의 불연속성은 형상으로 개입한다. 그리고 군들의 현존재성의 수준에서 일어나는 일이 요소의 수준에서 일어난다. 목수는 숲 속에서 원하는 형상을 가진 나무를 찾는다. 왜냐하면 그는 한 그루의 나무를 스스로 다시 세우거나 구부리거나 할 수는 없고 자연발생적 형상들 쪽으로 가야만 하기 때문이다. 마찬가지로 나무나 흙으로 된 여과기를 원하는 화학자나 박테리아학자들은 나무판이나 점토판을 뚫을 수가 없고 그들이 원하는 차원에 속하는 자연적 구멍들을 가진 나무판이

---

23) 가장 완벽한 기술적 작용——가장 안정적인 개체를 산출하는——은 형태갖추기의 정보로서 특이성들을 이용하는 작용이다. 쪼개진 나무를 끈으로 이용하는 것이 그런 것이다. 이는 기술적 동작으로 하여금 이러저러한 특이성의 거의 미시물리적인 수준에 남아 있도록 강제하지 않는다. 왜냐하면 특이성들은 정보로 이용될 때 기술적 작용에 의해 제공된 에너지를 변조함으로써 가장 상위의 단계에서 작용할 수 있기 때문이다.

나 점토판의 조각을 선택해야 할 것이다. 요소적 현존재성이 이러한 선택에 개입한다. 정확히 똑같은 구멍들을 가진 두 개의 나무판은 없다. 왜냐하면 각 구멍은 그 자체로 존재하기 때문이다. 여과기의 구멍의 직경이 어느 정도인지는 시도해 본 후에야 알 수 있다. 왜냐하면 구멍들은 기술적 작용 이전에 이루어진 형태갖추기의 결과이기 때문이다. 반죽하기와 회전숫돌로 갈기 그리고 톱질하기 등의 기술적 작용은 요소적인 내재 형상들의 매개체를 기능적으로 적응시킬 수는 있지만 요소적 내재 형상들을 만들어 내지는 못한다. 구멍이 있는 나무를 갖기 위해서는 섬유들에 직각이 되도록 나무를 절단해야 한다. 반면 탄성적이고 내구력 있는 나무를 갖기 위해서는 종단으로(섬유들에 평행하게) 절단해야 한다. 섬유들에 해당하는 이러한 내재 형상들은 (가로로 절단하여) 구멍들로 이용될 수도 있고 (세로로 절단하여) 탄성적이고 내구력 있는 구조들로 이용될 수도 있다.

내재적 형상들이 단지 사람들의 사용과 관련해서만 구분될 때, 기술적 사례들은 일종의 동물형태적zoomorphique 상대주의로 물들어 있다고 말할 수 있을지도 모른다. 그러나 과학적 문서작성은 위와 아주 유사한 방식으로 내재적 형상들에 호소한다는 것을 주목해야 한다. 결정cristal들에 의한 X선과 감마선 회절의 발견은 감각적 직관이 동질적 연속체만을 파악하는 곳에서 순수질료의 내재적 형상들의 존재를 객관적인 방식으로 증명했다. 분자적 고리들은 금속판 위에서 손으로 추적한 망처럼 작용한다. 그러나 이 자연적 망은 심지어 미시적 도구들을 가지고 제작할 수 있는 가장 섬세한 망들의 고리보다도 더 작은 고리를 가진다. 이때 물리학자는 크기의 단계의 다른 쪽 극단에서 활동한다. 마치 목수가 숲에서 적당한 나무를 찾는 것과 같다. 물리학자는 이러저런 파동onde을 가진 X선을 분석하기 위해 결정을 선택할 때, 결정망의 고리가 연구해야 할 복사 파동의 크기의 등급에 속하도록 선택을 한다. 그리고 결정이 이러저러한 축에 따라 절단되는 것은 그것이 형성하는 자연적 망을 가장 잘 활용할 수 있도록 혹은 그것이 가장 좋은 방향을 따라 방사선 다발을 맞을 수 있도록 이루어진다. 내재적 형상들을 활용하는 수준에서는 과학과 기술은 더 이상 구분되지 않는다. 이 형상들은 객관적이며, 기술에 의해 이용될 수 있는 것처럼 과학에 의해 연구될 수 있다. 게다가 과학이 그것들을 귀납적으로 연구하기 위해 소유하는 유일한 수단은 그것들을 드러내는 작동기능 속에 그것들을 연관시키는 것이다. 한 미지의 결정이 주어지면 회절의 형태들을 관찰할 수 있기 위해 우리는 기지의 파장을 가진 X선이나 감마선의 다발을 그것 위에 보냄으로써 그 고리를 발견할 수 있다. 기술적 작용과 과학적 작용은 그것들이 야기하는 작동기능의 양태 속에서 합류하게 된다.

## 2. 내재적 물리적 형상들과 성질들

형상질료적 도식은 내재적 형상들을 고려하지 않는 한 불충분하다.[24] 그것은 ([이른바] 형상이라 명명된) 순수형상과 내재 형상forme implicite을 구분하는데 후자는 성질qualité이라는 이름 아래서 질료의 다른 특징들과 혼동된다. 사실상 질료에 부여된 상당수의 성질들은 내재적 형상들formes implicites이다. 이 혼동은 단지 부정확성을 함축할 뿐 아니라 하나의 오류를 감추고 있다. 진정한 성질들은[아리스토텔레스의 내재 형상] 현존재성을 내포

---

24) [옮긴이] 내재적 형상들 → 용어설명* 참조.

하지 않는다. 반면 내재적 형상들은 현존재성을 고도로 함축한다.[25] 다공성은 하나의 나무조각이나 흙조각이 그것들을 구성하는 질료에 내속하는 관계 없이 얻거나 잃을 수 있는 그러한 일반적 성질이 아니다. 그것은 실제로 존재하는 것과 같은 나무의 구멍들에 해당하는 요소적이고 내재적인 이 형상들 전체의 작동기능이 인간적 조작의 질서 아래 나타나는 국면이다. 다공성의 변이들은 성질의 변화가 아니라 이 내재적 형상들의 변형이다. 구멍들은 조여지거나 확장되고, 막히거나 뚫린다. 내재적 형상들은 실재적이며, 객관적으로 존재하는 것이다. 성질은 종종 기술적 공정이 내재적 형상들로부터 만들어 내는 선택으로부터 나온다. 동일한 나무가 섬유에 수직이거나 평행적으로 재단된 방식에 따라 침윤성이거나 비침윤성이 될 것이다.

성질은 질료의 종류와 특징을 묘사하기 위해 사용될 때 점진적이고 통계적인 인식에 도달할 뿐이라고 말할 수 있다. 나무의 한 본질인 다공성은 입방센티미터당 막혀 있지 않은 일정수의 도관들 그리고 일정한 지름을 가진 일정수의 도관들을 만날 기회에 해당한다. 많은 수의 성질들은, 특히 매끈하거나 오톨도톨하거나 광택이 나거나 꺼칠하거나 부드러운 것과 같은 표면의 상태들에 관계된 성질들은 통계적으로 예측가능한 내재적 형상들을 지시한다. 이러한 성질들에는 어떤 질료에 의해 일반적으로 제시된 어떤 내재적 형상들의 크기의 등급에 대한 일반적 평가 이외에는 없다. 데카르트는 성질들을 요소적 구조들로 환원시키려고 지대한 노력을 했다. 그는 질료와 형상을 구분하지 않았기 때문이다. 그는 질료가 크기의 모든 수준에서, 즉 항성계를 배출한 최초의 소용돌이

56

---

25) 그것들은 정보들이다. 정보는 서로 다른 작용들을 일정한 방식으로 변조하는 힘이다.

의 수준에서만큼이나 미세한 물질 입자들의 극미한 수준에서도, 본질적으로 형상을 담지할 수 있는 것으로 보았다. 빛을 구성하거나 자기적 힘들을 전달하는 미세한 물질의 소용돌이들은, 극미한 수준에서, 우주적 소용돌이가 거대한 수준에서 하는 것에 해당한다. 형상은 일정한 크기의 등급에 부착되어 있지 않다. 질료를 구성하는 형상들을 모든 공정 이전에 이미 구조화된 것으로, 질료의 성질들이라는 형태로 자의적으로 축약하는 기술적 공정에 의하면 그렇게 믿을지도 모르겠지만 말이다.

그러므로 기술적 작용은 기존의 자연적 형상들을 드러내고 이용하며, 게다가 내재적 자연적 형상들을 이용하는 다른 형상들을 더 상위의 단계에서 구성한다고 말할 수 있다. 기술적 작용은 형상 앞에서 수동적으로 남아 있는 질료에 완전히 낯설고 새로운 형상을 부과하기보다는 [기존의] 내재적 형상들을 통합한다. 기술적 형태갖추기는 현존재성의 절대적 발생이 아니다. 형태갖추기 작용을 함께 변조하는 자연적 현존재성이 자신을 체계화하고 드러내고 명확히 하는 기술적 대상의 현존재성을 여러 수준에서 선행하고 지탱한다. 그 때문에 인간이 최초로 가공한 질료들은 절대적으로 순수한 질료들이 아니라 이미 인간의 연장과 손의 수준과 유사한 수준에서 구조화된 질료들이다. 식물과 동물의 산물들(피부, 뼈, 껍질, 부드러운 가지의 나무, 유연한 짚들)은 이미 생명의 기능에 의해 구조화되고 전문화되어 절대적으로 순수한 질료보다 더 많이 이용되었을 것이다. 겉보기에 최초인 이 질료들은 살아 있는 현존재성의 잔해이다. 바로 그렇기에 질료들은 기술적 조작에서 이미 가공된 것으로 나타나고 기술적 조작은 그것들을 적응시키는 것에 지나지 않는다. 로마의 가죽 푸대는 다리들과 목의 끝을 꿰매고 몸통의 측면은 보존한 염소의 가죽이다. 리라의 거북이 등껍질이나, 꼭대기에 여전히 뿔들이 놓여 있는 채로, 초보적인 악기의 줄들이 고정되어 있는 막대기를 지탱하는 황소의 두개골도 그러하다. 나무는 그것이 살아 있는 동안, 사람들이 제공한 방향을 따라 발달하면서 성장하는 동안 가공되기도 했다. 올리브나무로 만들어진 율리시즈의 침대가 그러하다. 이것이 아직 어린 나무였을 때 율리시즈는 땅 가까이로 그 가지들을 구부렸다. 커진 나무는 죽고 율리시즈는 나무가 자란 장소 주위에 방을 만든 다음 나무의 뿌리를 뽑지 않고 침대의 지주를 만들었다. 여기서 기술적 작용은 살아 있는 형상을 받아들이고 그것을 부분적으로 자신에 유리하게 바꾼다. 성장의 적극적인 작품을 수행하는 수고를 생명적 자연발생성에 맡긴 채로 말이다. 또한 형상과 질료의 구분은 아마 목동이나 농부의 기술보다는 차라리 도자기와 점토 벽돌 제작 같은 제한된 수공업 활동에서 나올 것이다. 야금술은 형상질료적 도식의 수단으로는 전혀 상상할 수 없다. 왜냐하면 순수한 천연의 상태로는 거의 보기 어려운 최초의 질료는 고유한 의미의 형상을 받아들이기 전에 일련의 중간적 상태들을 거쳐야 하기 때문이다. 그것이 결정된 윤곽을 받아들인 다음에도 여전히 그것은 거기에 성질들을 덧붙이는 일련의 변형들(예를 들면 담금질)에 종속되어 있다. 이 경우 형태갖추기는 한 순간에 가시적인 방식으로 이루어지지 않고 순차적인 여러 작용들을 거친다. 형태갖추기는 질적인 변형으로부터 엄밀하게 구분할 수 없다. 강철의 단련과 담금질은 하나는 고유한 의미의 형태갖추기라고 명명될 수 있을지도 모르는 것에 선행하고 다른 하나는 그 뒤에 온다. 그러나 단련과 담금질은 고유한 의미에서 형태갖추기라고 명명될 수 있을지도 모른다. 단지 예비과정에 의해 조형적plastique이 된 질료에 적용된 기술들의 지배만이 형상질료적 도식에 설명적 보편성의 외양을 확보해 줄 수 있다. 왜냐하면 이러한 조형성은 질

57

료가 제공한 역사적 특이성들의 작용을 중단시키기 때문이다. 그러나
이러한 기술의 지배는 개체의 생성에서 독특한singulière 정보의 작용을
감추는 극단적인 경우이다.


## 3. 형상질료설의 애매성

이런 조건들에서 개체화 원리를 어디에 할당해야 할까. 형상보다는 차
라리 질료에 기초해야 할까. 이런 의문이 생길 수 있다. 형상질료적 도식
에서 질료에 의한 개체화는 장애물과 한계라는 특징에 해당하는데, 이
특징은 바로 기술적 조작 속의 질료인 것이다. 한 대상을 다른 대상과 다
르게 하는 특징은 이 대상으로 하여금 자신의 현존재성을 소유하게 해
주는 특수한 한계들 전체이며, 이 한계는 경우마다 달라진다. 한 대상을
다른 대상과 개별적으로 다르게 해주는 차이들이 질료 탓이라는 생각을
제공하는 것은 기술적 조작으로부터 나오는 대상들의 구성을 재시작하
는 경험이다. 한 대상 속에서 보존되는 것은 질료이다. 그 대상을 그 자
신이게 하는 것은 질료가 기거하는 상태가 이 대상이 겪은 모든 사건들
을 축약한다는 것이다. 제작적fabricatrice 의도이자 배치disposition의 의지에
불과한 형상은 낡아질 수도 없고 생성되지도 않는다. 형상은 한 제작에
서 다른 제작으로 [가면서] 언제나 같은 것으로 있다. [그러나] 그것은
기껏해야 의도인 한에서만 언제나 동일하게 남아 있다. 즉 생각하는 자,
제작의 명령을 내리는 자의 의식 속에서 그러하다. 형상은 수천의 벽돌
들의 제조를 명령하는 자에게 추상적으로 동일한 것으로 남아 있다. 이
사람은 벽돌들이 모두 같은 것이기를, 같은 크기이기를, 같은 기하학적
형태에 따르기를 바란다. 이로부터 다음과 같은 사실이 나온다. 그것은

생각하는 이 사람이 일하는 자가 아닐 때 그의 사유 속에는 한 집단의 모든 대상들에 대해 유일한 형상이 있을 뿐이라는 사실이다. 형상은 유적이지만 논리적이거나 물리적이 아니라 사회적으로 그러하다. 동일한 유형의 모든 벽돌에는 유일한 명령이 내려져 있다. 그러므로 구분되는 개체들인 한에서 실제로 제작되어 주형화된[주형에 넣어 형태를 갖춘] 모든 벽돌들을 구별하는 것은 이 명령이 아니다. 그러나 이 일을 그것을 하는 사람의 입장에서 생각해 보면 사태는 전혀 달라진다. 한 벽돌이 다른 벽돌과 다른 것은 단지 그것을 만들기 위해 사람들이 택하는 질료의 차원에서만이 아니라(질료가 적절히 준비되면 그것은 충분히 동질적이어서 순차적인 주형화들 사이에서 자연발생적으로 현저한 차이를 나타낼 수 없다) 또한 특히 주형화 작업의 전개라는 유일한 특징에 의해 그러하다. 노동자의 동작들은 결코 정확하게 같지가 않다. 도식은 일을 하는 처음부터 끝까지 하나일 수 있지만 각각의 주형화는 정신적·지각적·신체적인 특수한 사건들 전체에 의해 지배된다. 진정한 형상, 즉 주형과 반죽의 배치와 순차적인 동작들의 체제를 주도하는 형상은 각각의 벽돌마다 다르다. 마치 동일한 주제에 가능한 그만큼의 변주들이 있는 것과 같다. 피로, 그리고 지각과 표상의 전체적 상태가 이 특수한 작업에 개입하며 대상의 실재성 안에서 표현되는 각 제작행위의 특수한 형태의 유일한 실존과 동등한 가치를 갖는다. 그때 특이성, 개체화의 원리는 정보 속에 있을지도 모른다.[26] 인간을 명령하는 자들과 실행하는 자들의 두 집단으로 나누는 문명에서는 개체화의 원리는 기술적 모범에 따라 반드시 질료나 형상의 둘 중 하나로 할당되지만 결코 동시에 둘 다에 할당되지는

58

---

26) 주형은 각각의 주형화에서 언제나 같은 정보를 산출하는 기구이다.

않는다고 말할 수 있을지도 모른다. 일을 명령하기만 하고 수행하지 않는 자, 단지 결과만 관리하는 자는 개체화의 원리를 양과 다수성의 원천인 질료에서 찾는 경향이 있다. 이 사람은 각 제작에 특수한 새로운 형상의 탄생을 경험하지 못하기 때문이다. 그래서 플라톤은 직조공이 베틀을 망가뜨렸을 때 망가진 베틀의 조각들에 고정된 육체의 눈이 아니라 자신 안에서 발견하는 이상적 베틀의 형상을 마음의 눈으로 관조하면서 새 것을 만들어 낸다고 말했다. 원형archétype들은 존재자들의 각 유형에 대해 유일하다. 과거와 현재와 미래의 모든 감각적 베틀들에 대해 이상적 베틀은 단 하나가 존재할 뿐이다. 이와는 아주 반대로 일을 수행하는 자는 질료 속에서 개체화에 충분한 원리를 보지 않는다. 왜냐하면 그에게 질료는 이미 준비된 질료이기 때문이다(반면 일하지 않고 명령하는 자는 질료를 준비하지 않기 때문에 그에게 그것은 순수질료이다). 그런데 준비된 질료란 정의상 균질적 질료이다. 그것은 형상을 취할 수 있음에 틀림없기 때문이다. 그러므로 일하는 자에게 순차적으로 준비된 대상들 간의 차이는 각각의 새로운 단위마다 노력을 들여 일을 재생해야 할 필요가 있다는 것이다. 하루 동안의 노력의 시간적 연속 속에서 각 단위는 고유한 순간으로 기입된다. 벽돌은 이러한 노력, 이러한 취약하거나 굳건한, 분주하거나 피로로 가득한 동작의 산물이다. 그것은 자신과 더불어 인간 실존의 한 순간의 각인을 실어나른다. 그것은 균일한, 수동적 질료 위에 행사된 활동을 구체화하면서 사용되기만을 기다린다. 그것은 이러한 독특성에서 빠져나온다.

그런데 장인의 관점과 마찬가지로 주인의 관점에도 대단한 주관성이 있다. 위와 같이 한정된 대상의 현존재성은 [한 대상의] 부분적 국면들에 관계될 뿐이다. [반면] 주인이 지각하는 현존재성은 대상들이 복수라는 사실과 관련된다. 그 수는 사용된 재료의 양에 비례한다. 그것은 이 재료의 덩어리가 이 대상이 되고 저 재료 덩어리는 저 대상이 된다는 사실에서 유래한다. 주인은 대상 속에서 재료를 재발견한다. 마치 열병식의 의자를 만들기 위해 맡겨 놓은 금에 은을 일부 섞은 세공사의 사기를 아르키메데스의 도움으로 알아챈 참주와 같다.[27] 참주에게 있어 의자는 이 금, 바로 이 금으로 만들어진 의자다. 그것의 현존재성은 제작이라는 동작 이전에 이미 예상되고 기대되었던 것이다. 왜냐하면 일하지 않고 명령하는 사람에게 장인은 재료를 변형시키지 않고, 그 실체를 변화시키지 않고 조작하는 기술을 소유한 사람이기 때문이다. 참주에게 의자를 개별적인 것으로 만드는 것은 세공사가 그에게 제시하는 형태가 아니라 형태가 만들어지기 이전에 이미 그 본질을 갖고 있는 재료이다. 즉 임의의 금속이 아닌, 심지어 임의의 금도 아닌 바로 이 금인 것이다. 오늘날에도 여전히 재료 속에서 현존재성을 찾는 것은 거의 장인에게 명령하는 사람에게만 존재한다. 숲의 소유자에게 있어 [자기] 나무를 자르라고 제재소에 준다는 사실은 그 나무가 다른 소유자의 나무와는 교환되지 않을 것이라는 사실, 톱질은 제공된 나무로 이루어질 것이라는 사실을 전제한다. 물론 이렇게 재료를 대체하는 것은 일정량의 순금을 보유하기 위해 금에 은을 섞은 세공사의 경우와 같은 사기는 아닐지도 모른다. 그러나 자신의 재료를 보존하고자 하는 소유자의 애착은 비합리적인 동기들에 기초한다. 현존재성이 단지 주체로부터 분리된 객관적 특징만을 포괄하는 것이 아니라 소속성과 원본의 가치를 가진다는 사실은 아마도 거기에 있을 것이다. 오로지 상업 원리에 따르는 추상적 사

---

27) [옮긴이] 아르키메데스 → 용어설명* 참조.

유만이 재료의 현존재성에 가격을 매기지 않고, 거기서 어떤 개체화의 원리도 찾지 않는 일이 가능하지 않을까. 가공할 재료를 제공하는 자는 자기가 아는 것, 자기가 애착을 가진 것, 자기가 돌본 것, 자기가 [그것이] 성장하는 것을 지켜본 것에 가격을 매긴다. 그에게 원초적인 구체성은 자신의 것, 자신에게 속한 것인 한에서의 재료이며 대상들로 연장됨에 틀림없는 것은 이 재료인 것이다. 이 재료는 그 양에 의해 형태갖추기로부터 나오는 대상들의 수의 원리가 된다. 이 나무는 이러저러한 판자가 될 것이다. 이만큼 다량의 판자가 되는 것은 개별적으로 하나하나 고려된 이 나무들 전부이다. 나무들의 현존재성이 판자들의 현존재성으로 이행한다. 이러한 이행은 주체가 대상들 속에서 계속 자신의 일부를 보는 데서 설명된다. 자아의 표현은 여기서 소유의 구체적 관계, 소속성의 끈이다. 현존재성을 정보[형태부여] 안에 위치시킬 때 장인도 이와 다르게 행동하지는 않는다. 그러나 그는 자신이 일하는 재료의 소유자가 아니므로 이 재료를 독특한 것으로 인지하지 못한다. 질료는 질료인 한에서 그에게 낯선 것이고 그의 개인적 역사, 그의 노력과 무관하다. 그것은 단지 일의 재료일 뿐이다. 그는 재료의 기원을 무시하고 초벌 방식으로 그것을 가공한다. 그것이 형태를 갖출 준비가 되도록, 그 기원이 더 이상 반영되지 않을 때까지, 그것이 균질적이 될 때까지, 어떤 질료라도 동일한 일에 적용될 수 있을 것처럼 일한다. 장인의 작업은 질료가 가진 인간적이고 주관적인 점에 있어서, 말하자면 그것의 역사성을 부정한다. 반대로 이 역사성은 재료를 제공한 자에게는 주관적인 어떤 것을 축적하고 있으며 인간적 실존을 표현하고 있기 때문에 이미 알려져 있고 가치 있는 것이다. 재료 안에서 추구된 현존재성은 인간적 노력에 결합되어 있던, 그래서 이 노력이 반영된 어떤 재료에 대한 체험된 애착에 의거한다. 재료의 현존재성은 순수히 물질적인 것이 아니다. 그것은 또한 주체와 관련한 현존재성이기도 하다. 반대로 장인은 자신의 노력 속에서 스스로를 표현하며 가공할 재료는 이 노력의 담지체이자 기회일 뿐이다. 장인의 관점에서 대상의 현존재성은 형태를 부여하는 노력과 더불어서만 존재한다. 이러한 형태 부여의 노력이 시간적으로는 현존재성의 시초와 일치하기 때문에 장인이 현존재성의 기초를 정보[형태부여]에 할당하는 것은 자연스런 일이다. 비록 진정한 [개체화] 원리는 완전한 작용의 **지금, 여기**라는 특이성이고 아마도 형태갖추기는 대상의 현존재성의 도래를 수반하는 사건에 불과한 것이기는 하지만 말이다. 마찬가지로 재료의 소유자에게 현존재성은 구매 행위나 나무를 심는 사실과 더불어서만 존재하기 시작한다. 기술적 조작에서는 이 나무가 나중에 재료가 될 것이라는 사실은 아직 존재하지 않는다. 이 나무가 현존재성을 갖는 것은 미래의 질료로서가 아니라 조작의 목적 혹은 목표로서이다. 나중에 그것은 소유자를 위해 현존재성을 보존하겠지만 그 나무를 심지도 않고 목재로서 구매하지도 않은 장인에게는 그렇지 않다. 자신의 작품의 저자이고 거기에 날짜를 새긴 장인은 이 작품의 현존재성에다 자신의 한정된 노력의 의미를 부착시킨다. 그에게는 이 노력의 역사성이야말로 이 현존재성의 원천이다. 그것은 이 대상의 최초의 기원이며 그것의 개체화의 원리이다. 형상은 정보[형태부여]의 원천이었다. 노동에 의해서.

그런데 개체화의 기초의 문제가 정당하게 제기될 수 있다면 그리고 이 원리가 지성성의 모범으로 고려된 개체화의 유형에 따라 한편으로는 형상에서 다른 한편으로는 질료에서 찾아진다면, 형상과 질료가 의미를 갖는 개체화의 기술적인 사례들은 여전히 아주 특수한 경우들인 듯하고, 형상과 질료의 개념들이 일반화될 수 있다는 것은 증명되지 않는다. 반대로 형상질료적 도식에 대한 비판이 드러내 주는 것들, 즉 형상과 질료 사이에서 중간적이고 매개적인 차원의 영역 —개체화 작용 안에서 개체의 실마리amorce에 해당하는 특이성들의 영역—이 존재한다는 사실이 아마도 개체화 작용의 본질적인 특징으로 고려되어야 할 것이다. 기술적 개체화에서 질료와 형상이 만나는 것은 이러한 특이성들의 수준에서이다. 개체화 원리가 개체화 작용의 실마리의 형태로 나타나는 것도 실재의 이러한 수준에서이다. 그러므로 개체화 일반은 형상과 질료 사이에서 특이성에 중심적 위치를 주고 적극적인 정보[형태부여]의 역할을 하는 형상질료적 도식의 개조에 의해 얻어진 기술적 범례로부터 이해될 수 있지 않을까.

## III. 개체화의 두 국면들

### 1. 개체화의 기초의 실재성와 상대성

{대상들의 개체화는 인간의 실존과 완전히 분리되지는 않는다 ; 개체화된 대상은 인간을 위해 개체화된 대상이다. 즉 인간 안에는 대상들을 개체화하려는 욕구가 있다. 이 욕구는 사물들 속에서 자신을 재인식하고 재발견하려는 욕구, 그리고 거기서 역할과 활동에 의해 안정화된 일정한 자기동일성을 갖는 존재자로서 나타나려는 욕구의 국면들 중 하나이다. 대상들의 개체화는 절대적이지 않다. 그것은 인간의 심리-사회적 실존의 표현이다. 그러나 그것은 자의적일 수는 없다. 대상들의 개체화를 정당화하고 수용할 기체가 필요하다. 위에서 말한 개체화 원리의 상대

성에도 불구하고 [대상들의] 개체화는 자의적인 것은 아니다. 개체화는 대상들의 한 국면에 관련된다. 개체화는 이 국면만이 유일하게 의미를 갖는다고 보지만 이는 아마 잘못된 생각일 것이다. 그러나 이 국면은 실제로 인정되고 있다. 실재에 적합하지 않은 것은 개체화의 다른 국면들을 발견하기 위해, 우리가 위치할 수 있는 다른 관점들을 배제하는 것이다. 그것은 개체화 원리를 주관적인 실재의 이러저러한 유형에 배타적으로 할당하는 것이다. 그러나 개체화의 개념 자체와 개체화의 추구는 그 자체로서 볼 때는 의미가 없는 것이 아니다. 인간에 있어서 개체화의 주관성, 대상들을 개체화하려는 경향이, 개체화가 존재하지 않고 아무것도 아닌 것에 상응한다는 결론을 유도해서는 안 된다. 개체화에 대한 비판이 필연적으로 개체화의 개념을 소멸시키는 것으로 유도해서는 안 된다. 그것[비판]은 개체화에 대한 진정한 이해로 이르게 하는 인식론적 분석을 수행하는 것이다.]<sup>28)</sup>

인식론적이고 비판적인 분석은 개체화 원리의 탐구의 가능한 상대성과 그 주관적, 사회-심리학적 의미를 지시하는 데 그쳐서는 안 된다. 개체화 개념의 내용이 무언가 주관적인 것을 의미하는지, 그리고 개체화의 원리를 형상이나 질료에 부여하는 조건들 사이에 이원성이 그 [개체화] 개념의 내용 자체 안에 존재하는 것인지를 알기 위해 이 개념의 내용을 연구해야 한다. 개체화 원리를 탐구하지 않고도 사람들은 개체화란 무엇인가 하는 질문을 제기할 수 있다. 그런데 여기서 두 개념군 사이에서 중대한 분기가 나타난다. 사람들은 한 개체가 왜 현재의 모습을 하고 있는지를 물을 수 있다. 또한 한 개체가 왜 다른 것들과 다르며 그

---

28) [편집자] 1964년도 판에서는 빠져 있던 부분.

것들과 혼동되어서는 안 되는지를 물을 수 있다. 이 두 국면이 동일하다는 것을 입증해 주는 증거는 전혀 없다. 그것들을 혼동하는 것은, 한 개체가 그 자체의 내부에서, 그 안에서, 자기 자신과 관련하여 현재의 모습인 이유가 그것이 다른 개체들과, 이러저러한 다른 것이 아니라 다른 모든 것들과 일정한 관계를 유지하고 있기 때문이라고 가정하는 것이다. 첫번째 의미에서 개체화는 내재적 특징들 전체이다. 두번째 의미에서 개체화는 외재적 특징들과 관계들의 전체이다. 그러나 이 두 계열의 특징들은 어떻게 연결될 수 있는가? 어떤 의미에서 내재적인 것과 외재적인 것이 통일성을 이루는가? 외재적 국면들과 내재적 국면들은 실제로 분리되어 있고 현실적으로 틀림없이 외재적이고 내재적인 것으로 간주되는가? 아니면 그것들은 개체화의 두 국면들 속에서 표현되는 더 심오하고 더 본질적인 존재 양태를 지시하는 것으로 간주되는가? 그러나 그때 기본적 원리는 자신의 일상적 내용을 가진 개체화의 원리라고 말할 수 있는가? 즉 한 존재가 자신의 현재 모습을 갖고 있다는 사실과 그것이 다른 존재자들과 다르다는 사실 사이에 상호관계가 있다고 가정할 수 있는가? 진정한 원리는 개체화 개념의 긍정적 측면과 부정적 측면 사이의 양립가능성의 수준에서 발견됨에 틀림없을 것 같다. 그렇다면 아마도 정보[형태부여]를 통합하는 질료형상적 도식과 같은 개체의 표상은 변화되어야 할 것이다.

개체의 고유성은, 그것이 고유하게 소유하고 있는 것을 소유하지 않았더라면 어떻게 되었을까 하는 사실에 어떻게 연결될 수 있을까? 개체의 특이성 혹은 특이성들이 개체화에서 실제적 역할을 하는지 또는 그것들이 단지 적극적인 역할은 갖지 않으면서 개체화에 덧붙여진 부차적 국면인지를 물어야 한다.

개체화 원리를 형상이나 질료 안에 놓는 것은 개체가 자신의 발생에 앞서 존재하고 있으며 개체화를 싹으로 감추고 있는 어떤 것에 의해 개체화될 수 있다고 말하는 것이다. [거기서] 개체화의 원리는 개체의 발생을 선행한다. 개체 이전에 존재하는 개체화의 원리를 찾을 때는 그것을 형상이나 질료 안에 놓을 수밖에 없게 된다. 그것들만이 개체에 앞서 존재하기 때문이다. 그것들은 서로 분리되어 있고 그 결합은 우발적이기 때문에 개체화의 원리는, 체계인 한에서, 형상과 질료의 체계에 위치시킬 수밖에 없다. 이러한 체계는 질료가 형상을 취하는 순간에만 구성되기 때문이다. 개체화 원리를 개체화에 선행하게 하는 모든 이론은 필연적으로 형상이나 질료에 그것을 할당할 수밖에 없다. 그것도 배타적으로 그렇게 할 수밖에 없다. 이 경우 개체는 형상과 질료의 결합 이상의 아무것도 아니며 개체는 완전한 실재이다. 그런데 기술적 작용이 실현하는 것과 같이 불완전한 형태갖추기 작용의 연구가 보여 주는 바에 의하면 내재적 형상들이 이미 존재한다고 해도 형태갖추기는 질료와 형상이 유일한 체계 안에서 준안정성의 에너지 조건에 의해서 결합되는 경우에만 이루어진다. 이 조건을 우리는 체계의 내적 공명이라고 명명한 바 있다. 이는 퍼텐셜에너지가 현실화되는 동안 변환역학적allagmatique 관계를 세운다. 개체화 원리는 이 경우에 개체화하는 체계의 상태이자, 모든 특이성들을 포함하는 에너지 복합체 내부의 이러한 변환역학적 관계의 상태이다. 진정한 개체는 기술적 작용이 이루어지는 순간 동안에만 존재한다. 즉 그것은 형태갖추기가 지속되는 한에서 존재한다.[29] 이

---

29) 개체가 특이성들에 의해 변조될 수 있는 것은, 그리고 그것이 증폭과 총합과 소통 과정의 무대인 것은 체계가 준안정적 평형상태에 있을 때이다.

작용 후에도 존속하는 것은 진정한 개체가 아니라 하락하는se dégrader 결과이다. 그것은 실재적 존재라기보다 개체화된 존재자, 즉 개체화하고 개체화되는 존재자이다. 진정한 개체는 자신과 더불어 특이성들을 증폭시키는 개체화의 체계를 보존하는 개체이다. 개체화의 원리는 이 내적 공명의 에너지계 속에 있다. 형상은 그것이 개체를 위한 형상일 때만, 즉 그것이 이 구성하는 체계의 특이성에 적합할 때만 개체의 형상이다. 질료는 그것이 개체를 위한 질료일 때만, 즉 그것이 이 체계 안에 함축되고 거기에 에너지의 운반체로서 들어와 에너지의 분배에 따라 스스로 분배될 때만 개체의 질료이다. 그런데 에너지계라는 이러한 실재의 출현은 개체화의 내재적이고 외재적인 국면들이 있다고 말하는 것을 더 이상 허용하지 않는다. 에너지계가 현재의 모습으로 있는 것 그리고 다른 것들과 구별되는 것은 동시적이고 동일한 특징들에 의해서이다. 형상과 질료는 개체에 선행하는 실재들이고 서로 분리되어 세계의 나머지와 그것들이 맺는 관계를 고려하지 않고도 정의될 수 있다. 왜냐하면 그것들은 에너지에 조회하는 실재들이 아니기 때문이다. 그러나 개체를 구성하는 에너지계는 그것이 개체에 외재적이지 않은 것과 마찬가지로 개체에 내재적이지도 않다. 그것은 개체에 결합되어 있고 개체의 연합된 환경이다. 개체는 그 실존의 에너지 조건들에 의해 단지 자신의 고유한 경계의 내부에만 있는 것이 아니다. 그것은 자신의 경계에서 구성되며 자신의 경계에서 존재한다. 그것은 특이성에서 빠져나온다. 개체에 있어 관계는 존재 가치를 갖는다. 사람들은 외재적인 것과 내재적인 것을 구분할 수 없다. 진정으로 그리고 본질적으로 개체인 것은 내재적인 것과 외재적인 것 사이의 능동적 관계이자 교환이다. 내재적인 것과 외재적인 것은 최초의 것과 관련해서 있다. 최초의 것은 이 내적이며 독특한 공명의 체계이자 두 크기의 등급들 사이에서 변환역학적인 관계의 체계이다.[30] 이 관계와 관련해서 내재적인 것과 외재적인 것이 있지만, 진정으로 개체인 것은 이 관계이며 내재적인 것이 아니다. 내재적인 것은 관계가 수반하는 항들 중 하나이다. 내재적인 것, 개체의 내재성은 항구적인 개체화에 해당하는 항구적 관계맺는 작용이 없이는 존재하지 않을지도 모른다. 개체는 구성하는 관계의 실재이며 구성된 항의 내재성이 아니다. 개체를 내재성을 소유하는 존재자로, 그리고 그와 관련하여 외재성이 존재하는 그러한 존재자로 정의할 수 있는 것은 단지 완성된(또는 완성되었다고 가정된) 개체화의 결과를 고려할 때뿐이다. 개체는 내재성과 외재성의 모든 가능한 구분 이전에 개체화되며 개체화되어 있다. 우리가 환경이나 구성적 에너지계라고 부르는 제3의 실재는 형상과 질료에 덧붙을지도 모르는 새로운 항으로 생각되어서는 안 된다. 그것은 특이성을 통해 소통하는 두 질서 사이의 관계의 활동 자체이자 관계의 실재이다.

형상질료적 도식은 개체화 원리의 인식에 대해서만 부적합한 것이 아니다. 그것은 또한 부정확한 개체적 실재의 표상에 이른다. 그것은 개체를 관계의 가능한 항으로 설정하지만, 이와 반대로 개체는 관계의 무대이자 행위자이다. 그것은 본질적으로 상호소통의 무대이자 행위자이기 때문에 단지 부차적으로만 항이 된다. 개체를 그 자체로 혹은 다른 실재들과 관련하여 특징짓고자 하는 것은 그것을 관계의 항으로, 자기 자신과의 관계항이나 다른 실재와의 관계항으로 만드는 것이다. 우선 개

---

30) 형상도 질료도 엄밀히 내재적인 것은 아니다. 그러나 준안정적 평형 상태에서 변환역학적 관계의 특이성, 개체에 연합된 환경은 즉각 개체의 탄생에 연결된다.

체를 관계의 항으로서가 아니라 관계의 활동으로 파악할 수 있는 관점을 발견해야 한다. 개체는 엄밀히 말해 자기 자신과의 관계 속에 있지도 않으며 다른 것들과의 관계 속에 있는 것도 아니다. 그것은 관계 속에 있는 것이 아니라 **관계의 존재**이다. 왜냐하면 관계는 강도적intense 작용이자 능동적 중심이기 때문이다.

이런 이유로 개체화 원리가 개체를 능동적으로 자기 자신이게 하는 것인지, 또는 그것이 다른 것이 아니게 하는 것인지를 탐구하는 사실은 개체적 실재에 상응하지 않는다. 개체의 원리는 활동 속의 개체 자체이다. 이것은 중심이자 독특한 매개로서 그 자체로 관계적이다.

## 2. 개체화의 에너지적 기반 : 개체와 환경

개체화의 원리는 고립된 실재가 아니다. 이 실재는 그 자체로 국지화되어 개체의 이미 개별화된 싹처럼 개체에 앞서 존재하는 것이 아니다. 그리고 개체화의 원리는 말의 엄밀한 의미에서 개체의 발생이 그 안에서 이루어지는 완벽한 체계이다. 또한 이 체계는 생명적 개체 안에서 개체에 연합된 환경의 형태로 스스로에 살아남는다. 이 환경 안에서 개체화는 지속적으로 이루어지고 있다. 그러므로 생명은 항구적인 개체화이며 특이성을 연장하면서 시간을 통해 연속되어 있는 개체화이다. 우리는 이러한 사실들을 보여 주고자 한다. 형상질료적 도식은 소통의 조건과 준안정적 평형이라는 조건을 알려주지 않은 점에서 부족하다. 이 조건들은 체계의 물리적 용어로 지시할 수 있는 일정한 환경 내의 내적 공명의 조건이다. 체계의 개념은 에너지 조건을 정의하기 위해 필요하다. 왜냐하면 일정한 체계 안에서 가능한 변화들과 관련해서만 퍼텐셜에너지가 있기 때문이다. 이 체계의 경계들은 주체가 그것으로부터 취하는 인식에 의해 자의적으로 재단될 수 없다. 그것들은 체계 자체와 관련하여 존재한다.

　이러한 탐구 방법을 따르면 구성된 개체는 순수한 쉬놀론ούνολον처럼 실체의 모델에 적합한 절대적 존재자로, 완벽하게 분리된 존재자로 나타날 수 없다. 개체화는 여러 수준에서 다소간 완벽한 방식으로 존재할 수 있는 어떤 체계의 가능한 생성들 중 하나일지도 모른다. 고립되고 한정된 견고한 존재자로서의 개체는 완벽한 실재의 두 부분 중 하나에 지나지 않을지도 모른다. 쉬놀론이 아니라 쉬놀론의 한가운데서 출현하여 그것을 두 개의 상보적 실재성들로 나누는 형성적organisateur 사건의 결과일지도 모른다. 즉 개체와, 개체화 이후에 연합된 환경이 그것이다. 연합된 환경은 원본적 전체와 관련하여 개체를 보완한다. 그러므로 **개체만 있는 것은 존재자의 유형 자체가 아니다. 이런 이유로 개체는 다른 대칭적 항과 항으로서의 관계를 유지할 수 없다.** 분리된 개체는 부분적이고 불완전한 존재자이다. 그것은 자신이 그 기원을 이끌어 낸 쉬놀론 안에 다시 위치할 때만 적합하게 인지될 수 있다. 존재자의 모범은 개체 발생 이전에는 쉬놀론 또는 개체 발생 이후에는 연합된 개체-환경의 쌍이다. 우리는 개체화를 형상과 질료의 종합 또는 신체와 영혼의 종합으로 보기보다는 전체 속에서 특이성으로부터 출현한 비대칭적 분열, 분해, 분리로 나타낼 것이다. 이런 이유로 개체는 분해하는 개체화 이후에 [출현한] 존재의 일부분에 지나지 않는 한에서 구체적인 것이 아니고 완전한 존재자도 아니다. 개체는 자신을 자기 자신으로부터 알 수 없다. 그것은 분해의 표현인 한에서 존재자의 전체가 아니기 때문이다. 그것은 단지 다른 실재, 즉 연합된 환경의 보충적 상징에 불과하다(여기서 상징이 64

란 말은 플라톤에서 그러한 것처럼 적대성의 관계라는 용도에 관련되는 근원적인 의미로 사용되었다. 두 개의 절반으로 부서진 돌은 상징들의 쌍을 준다. 환대hospitalité의 관계를 맺어온 사람들의 자손들이 보존한 각 조각은 쪼개진 돌의 원초적 단일성을 재구성하기 위해 자신의 보충물에 접근할 수 있다. 각각의 절반은 다른 것과 관련한 상징이다. 그것은 원초적 전체와 관련하여 다른 것의 보충이다. 상징에 해당하는 것은 이를 쪼개 만들어 낸 인간들과 관련한 절반이 아니라 다른 절반과 관련한 각각의 절반이다. 각각의 절반은 다른 절반과 관련하여 전체를 만들어 낸다. 전체의 재구성의 가능성은 환대의 일부분이 아니라 환대의 표현이다. 그것은 신호이다).

그래서 개체화는 일정한 조건들에 부응하는 존재자의 생성의 가능성들 중 하나로 나타날 것이다. 이용된 방법은 우선 설명할 것이 문제되는 실현된 개체를 제시하는 것으로 구성되는 것이 아니라 개체화 이전의 실재를 고려하는 것으로 구성된다. 왜냐하면 개체를 개체화 이후에 고려할 경우에는 개체화된 개체 안에 형상과 질료의 가시적인 두 국면들 이외에는 더 이상 남아 있지 않으므로 사람들은 형상질료적 도식에 이르게 된다. 그러나 개체화된 개체는 완전한 존재자가 아니다. 그리고 개체화는 개체화 이후의 개체의 분석이 발견할 수 있는 요소들만으로는 설명될 수 없다. 에너지 조건(구성하는 체계의 상태의 조건)의 역할은 구성된 개체 안에서는 파악될 수 없다. 이런 이유로 오늘날까지 그것은 무시되어 왔다. 왜냐하면 개체화의 다양한 연구들은 구성된 개체 안에서 이 개체의 개체화를 설명할 수 있는 요소를 파악하고자 했기 때문이다. 이것은 개체가 그 자신만으로 완벽한 체계이고 언제나 그래왔다고 가정할 경우에만 가능할 것이다. 그러나 개체화를 개체화된 것으로부터 도출할 수는 없다. 우리는 한 체계 안에서 개체의 발생을 한 단계씩

좇을 수밖에 없다. 개체화를 개체화된 실재들로부터 거슬러 올라가려는 모든 역행적 행보는 어떤 지점에서 또다른 실재를 발견하는데, 그것은 탐구가 이루어지는 사유체계의 전제들을 따라 다양하게 해석될 수 있는 보충적 실재이다(예를 들면 질료와 형상을 관계시키기 위해 창조의 도식으로 되돌아감으로써 또는 원자들의 클리나멘[일탈] 및 어떤 내재적 노력에 의해 그것들을 만나도록 밀어붙이는 자연의 힘에 의해서. 즉 자연에 대해 루크레티우스는 **노력은 헛되다**_conata est nequiquam_라고 말한다).

개체화에 대한 고전적 연구와 우리가 여기서 제시하는 것 사이의 차이는 다음과 같다. [우리의 연구는] 개체화는 개체화된 개체에 대한 설명의 관점에서만 고찰되지 않을 것이다. 그것은 분리된 개체의 발생 이전에 그리고 도중에 파악될 것이라고 또는 적어도 파악되어야 할 것이라고 말해질 것이다. 개체화는 그로부터 유래하는 개체보다 더 풍부한 실재 한가운데서 일어나는 사건이자 작용이다.[31] 게다가 개체화에 의해 시동된, 체계 내의 분리는 개체의 고립에 이르지 않을 수 있다. 그때 개체화는 개체와 그 보충물이 분리되지 않는 체계의 구조화이다. 그래서 개체화는 체계의 새로운 체제를 도입하지만 체계를 파괴하지는 않는다. 이 경우 개체는 추상적으로가 아니라 개체화를 거슬러 올라감으로써 알 수 있다. 즉 개체와 그 존재의 보충물을 포함하는 실재 전체를 발생적으로 파악하는 것이 가능한 상태로 거슬러 올라감으로써 알 수 있다. 우리가 제안하는 방법의 원리는 존재의 보존이 있다는 것과 오로지 완전한 실재로부터 사유해야 한다는 전제로 구성된다. 그래서 개체화를 선행하

65

---

31) 다른 한편 이러한 실재는 개체의 등급과 그것을 시동하는(amorcer) 특이성의 등급이라는 서로 다른 크기의 등급들을 포함한다. 그리하여 개체는 실재의 서로 다른 등급들과 관련하여 중개자의 역할을 한다.

는 상태로부터 그것을 잇따르거나 연장하는 상태로까지 존재의 완전한 영역의 변형을 고려해야 한다.

이 방법은 개별적 존재자의 일관성을 소멸시킬 것을 목적으로 하는 것이 아니라 단지 그것을 그 발생이 이루어지는 구체적 존재자의 체계에서 파악하려는 목적을 갖는다. 개체가 존재의 이 완전한 체계적 전체 속에서 파악되지 않는다면 그것은 동일하게 부당한 두 분기된 길을 따라 취급되게 된다. 한편으로 그것은 하나의 절대성이 되고 쉬놀론과 혼동된다. 다른 한편으로 그것은 너무 과도하게 존재자의 전체성에 연관되어 자신의 일관성을 잃고 환상으로 취급된다. 사실상 개체는 완전한 실재가 아니다. 그러나 그것은 자연 전체를 보충으로서 갖게 됨으로써 자연 앞에서 미천한 실재성이 되어 버리는 것도 아니다. 개체는 보충으로서 자신과 동일한 등급의 실재를 갖는다. 마치 한 쌍으로 된 존재에서 한 존재자가 그 쌍을 형성하는 다른 존재자와 맺는 관계와 같다. 적어도 그가 자신보다 더 큰 것과 더 작은 것에 연관되는 것은 이 연합된 환경의 중개에 의해서이다.

{라이프니츠의 모나드와 스피노자의 개체 사이에는 어떤 의미에서 완벽한 대립이 있다. 라이프니츠의 세계는 개체들로 되어 있는 반면 스피노자의 세계는 엄밀히 말해 유일한 개체 즉 자연만을 포함하기 때문이다. 그러나 이러한 대립은 개체가 자신과 동일한 등급의 상보적 실재와의 연관성을 결핍하고 있다는 사실로부터 유래한다. 라이프니츠는 개체화를 가장 작은 것의 극단적 한계까지 쪼개고 개체성을 심지어 생명체의 가장 작은 요소들과 일치시켰다. 스피노자는 반대로 개체화를 전체의 한계에까지 확장시킨다. 이는 신이 개체화 그 자체인 능산적 자연이 되는 지점이다. 전자에서도 후자에서도 개체와 연합된 환경은 없다.

즉 개체가 그 가운데에서 발생을 수용할 수 있는 동일한 크기의 등급의 체계 말이다. [위 철학자들에서] 개체는 존재자로 고려되어 존재와 동외연적인coextensif 것으로 간주된다. 존재와 동외연적인 것으로 고려된 개체는 이런 조건들[시몽동의 가정] 속에 위치할 수 없다. 즉 모든 실재는 개체의 위상을 얻기에는 너무 작은 동시에 너무 크다. 모든 것이 개체일 수 있고 아무것도 완전히 그렇게 될 수는 없다.)[32] 반대로 개체가 관계의 항으로서가 아니라 작용의 결과로서 파악되면, 자신 안에서 영속하는 관계적 활동의 무대로서 파악되면, 그것은 자신의 보충물과 함께 구성하는 전체, 개체화 이후의 자신과 동일한 등급의 크기에 속하고 동일한 수준에 있는 전체와 관련하여 정의된다. 자연은 그 전체로서 개체들로 이루어진 것이 아니며 그 자신이 하나의 개체도 아니다. 그것은 개체화를 포함할 수 있거나 포함할 수 없는 존재의 영역들로 되어 있다. 자연 속에는 개체에 속하지 않는 두 가지 양태의 실재가 있다. 즉 개체화의 무대가 아니었던 영역들과 개체화 이후에 개체를 제거한 뒤 구체적 영역으로부터 남아 있는 것이 그것이다. 이 두 유형의 실재들은 혼동되어서는 안 된다. 전자는 완전한 실재를 의미하는 반면, 후자는 불완전한 실재를 의미한다. 후자는 발생에 의해서만, 그것이 나온 체계로부터만 설명될 수 있다.

개체를 그 발생이 이루어지는 체계적 전체와 관련하여 인식할 수 있다는 것을 받아들인다면 그 생성에 따라 고찰된 구체적 체계와 관련한 개체의 기능이 존재한다는 것을 알게 된다. 개체화는, 자신의 하락을 피하면서 구조의 형태로 이 체계의 에너지퍼텐셜들을 삽입하는, 그리 66

---

32) [편집자] 1964년도 판에서는 빠져 있던 부분.

고 대립자들을 양립시키고 체계의 내적 갈등을 해결하는, 이 체계의 존재자의 상phase의 변화를 표현한다. 개체화는 위상학적이고 에너지적인 énergétique 변화를 통해 체계를 영구화시킨다. 진정한 자기동일성은 개체의 자기 자신에 대한 동일성이 아니라 상들을 관통하는 체계의 구체적 항구성의 자기동일성이다. 진정한 현존재성은 기능적 현존재성이다. 그리고 목적성은, 자신이 방향을 갖는 기능으로 표현하는, 본래는 소통이 없던 크기의 등급들 사이에서 증폭시키는 중개로 표현하는 이 현존재성의 기반 속에서 자신의 기원을 발견한다.

그리하여 물리적 개체화의 조건들과 과정에 대한 적절한 인식을 제공하기 위해서 우리는 형상-질료 관계의 불충분성으로 인해 개체화 작용 속에서 퍼텐셜에너지가 하는 역할을 분석해야만 하게 되었다. 이 에너지가 준안정성의 조건이다.

# 2장 _ 형태와 에너지

## I. 퍼텐셜에너지와 구조들

### 1. 퍼텐셜에너지와 체계의 실재성, 퍼텐셜에너지들의 등가성, 에너지적 비대칭성과 교환들

물리학에서 퍼텐셜에너지의 개념은 절대적으로 명백한 것은 아니며 엄밀히 정의된 외연에 상응하지도 않는다. 그래서 데워진 물체 안에 축적된 열에너지가 퍼텐셜에너지로 간주되어야 하는지를 정확히 말하기는 어려울지도 모른다. 그 퍼텐셜의 본성은 에너지의 상태를 변형함으로써 계système의 변형이 가능한가 하는 것과 관련되어 있다. 자신의 모든 분자들이 열적 동요의 형태로 [각각] 동일한 에너지의 양을 소유하고 있을지도 모르는 물체는 어떤 열적 퍼텐셜에너지의 양도 소유하지 않을지 모른다. 왜냐하면 그렇게 해서 물체는 **가장 안정적인 상태**에 도달할지도 모르기 때문이다. 반대로 한 물체가 가진 열의 총량은 동일할지도 모르지만 [그 물체의] 어떤 구역에서는 더 높은 온도의 분자들이 있고 다른 구역에서는 더 낮은 온도의 분자들이 있는 경우 그 물체는 일정한 양의 열적 퍼텐셜에너지를 소유할지도 모른다. 게다가 이 퍼텐셜에너지의 양은 물체 안에 포함된 비-퍼텐셜에너지에 와서 덧붙여지는 것으로 생각할 수는 없다. 그것은 **가역적이든, 비가역적이든, 변형을 가능하게 하는 물체의 총에너지의 일부분**이다. 에너지퍼텐셜의 이러한 상대적 성격은 다음과 같은 경우 명확히 드러난다. 예를 들어 균일하게 데워진 한 물체가——그러므로 그것이 체계를 구성하는 유일한 것이라면, 어떤 열적 퍼텐셜에너지도 소유하지 못하는——다른 온도의 다른 물체 앞에 놓인다고 가정하면 일정한 퍼텐셜에너지를 드러나게 하는 데 소용될 수 있다. 에너지가 퍼텐셜이 될 수 있는 역량은 다른 에너지적 기체support와 상관적인 이질성과 비대칭 관계의 현존에 밀접하게 관련되어 있다. 우리는 실제로 앞의 사례를 통해 특별히 설득력 있는 극한의 경우를 고찰할 수 있다. 한 물체를 데울 때 그것이 더 높은 온도의 분자들과 더 낮은 온도의 분자들을 포함하면서도 이들이 분리된 두 구역으로 나누어지지 않고 아무렇게나 뒤섞여 있다면, 미시적 관찰자에게 있어 물체는 여전히 분자들이 뜨거운 구역과 차가운 구역으로 분류될 때와 동일한 퍼텐셜에너지의 양을 포함하게 될지도 모른다. 왜냐하면 더운 분자 하나와 찬 분자 하나로 형성된 모든 짝couple들에 의해 제시된 퍼텐셜에너지의 총합은 모든 더운 분자들의 군과 모든 찬 분자들의 군으로 만들어진 계에 의해 제시된 퍼텐셜에너지와 동등하기 때문이다. 그러나 분자짝들의 이러한 퍼텐셜에너지의 양은 어떤 물리적 실재에도, 전체 계의 어떤 퍼텐셜에너지에도 상응하지 않는다. 그러기 위해서는 찬 분자들로부터 더운 분자들을 분리하여 무질서를 정돈할 수 있어야 한다. 맥스웰J. Clerk Maxwell, 1831~1879의 악마의 아주 흥미로운 가설이 보여 주는 것이 바로 그것이다.[1] 노버트 위너는 『사이버네틱스』에서 이를 다시 논한다. 퍼텐셜에너지가 나타내는 실재의 유형을 주의깊게 고찰하면 개체화의 발견에 적절한 방법을 규정할 수 있는 상당한 교훈을 얻을 수 있다. 실제로 퍼텐셜에너지에 대해 숙고해 보면 양에 대한 고려에 의해서도 단순한 형식주의에 의뢰해서도 파악할 수 없는 실재의 질서가 있다는 것을 알 수 있다. 퍼텐셜에너지는 단순히 보는 방식, 정신의 자의적 고찰이 아니다. 그것은 한 체계 속에 있는 **실재적** 변형transformation 능력에 상응하며, 체계의 본성 자체가 사유에 의해 조작된 존재자들의 자의적 군형성groupement을 뛰어넘는 것이다. 왜냐하면 한 대상이 한 체계의 일부가 된다는 사실이 이 대상이 그 체계를 구성하는 다른 대상들과 상호작용할 가능성을 결정하기 때문이다. 그러므로 한 체계에 속한다는 것은 그 계의 항들 사이의 잠재적 상호작용으로 규정된다. 그러나 퍼텐셜에너지의 실재성은 그 자체로 구성되는, 그래서 "존재하기 위해 다른 어떤 것도 필요로 하지 않는" 대상이나 실체의 실재성은 아니다. 그것은 사실상 하나의 계를, 즉 적어도 다른 항을 필요로 한다. 물론 최상의 존재자를 절대적 실재로 상정된, 즉 관계 속에 있지 않은 실체와 일치시키려는 습관과 반대로 가야 한다는 것을 수용해야 한다. 관계는 부대현상épiphénomène이 아니다. 그것은 **실체적 용어들로 전환가능**하며 이 전환은 가역적이다. 마치 퍼텐셜에너지가 현실적 에너지로 바뀔 수 있는 것과 같다.[2]

항들의 구별이 의미들의 분석 결과들을 고정하는 데 유용하다면, 정신의 단순한 자의적 관점을 넘어서는 범위를 가진 체계의 요소들의 배열을 관계relation라고 부를 수 있으며, 연관rapport이라는 말은 실체적 용어들로 전환할 수 없는 자의적, 우연적 관계에 유보할 수 있다. 관계는

---

1) [옮긴이] 맥스웰의 악마 → 용어설명* 참조.
2) 게다가 그렇게 해서 퍼텐셜에너지는 분류되고 분리되고 위계화된 자신의 커다란 군들 속에서 고려된 계의 상위 크기의 등급에 가장 일반적으로 연결되어 있다.

그림 1

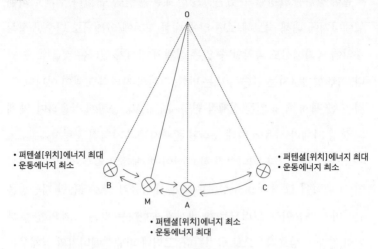

- 퍼텐셜[위치]에너지 최대
- 운동에너지 최소

- 퍼텐셜[위치]에너지 최대
- 운동에너지 최소

- 퍼텐셜[위치]에너지 최소
- 운동에너지 최대

항들 자체만큼이나 실재적이고 중요한 연관일지도 모른다. 따라서 두 항들 간의 진정한 관계는 사실 세 항들 사이의 연관과 동등하다고 말할 수 있을지도 모른다.

우리는 다음과 같은 전제에서 출발하겠다. **개체화는 한 퍼텐셜을 내포하는 계의 상태 속에만 주어질 수 있는 진정한 관계를 필요로 한다.** 퍼텐셜에너지에 대한 고려는 단지 그것이 관계의 실재를 사유하게 해주는 점에서만 유용한 것이 아니다. 그것은 우리에게 상호 전환가능성의 방법에 의해 측정가능성을 제공한다. 예를 들어 점점 복잡해지는 일련의 진자pendule들을 가지고 그것들이 진동oscillation하는 기간 중에 에너지의 중심이 될 때 이 에너지의 변형들에 주목하려 해보자. 우리는 퍼텐셜에너지가 운동에너지로 전환된 다음 다시 퍼텐셜에너지가 되고 이것이 또다시 운동에너지가 되는 가능성만이 아니라, 운동에너지의 일정한 양을 통해 하나가 다른 것으로 전환되는 퍼텐셜에너지의 서로 다

른 두 형태들의 동등함을 주장할
수 있게 된다. 예를 들어 지구중력
장에서 진동하는 진자 OM이 있
다고 해 보자(그림 1). 만약 A가 땅
의 중심에서 가장 가까운 궤도의
점이라면, 그리고 B와 C는 OA 축
과 관련하여 대칭이 되는 양끝의
지점들이라면 A에서 퍼텐셜에너
지는 최소가 되고 운동에너지는

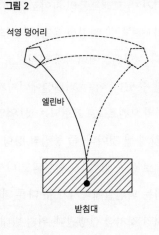

**그림 2**

석영 덩어리

엘린바

받침대

최대가 된다. 반대로 B와 C에서 퍼텐셜에너지는 최대가 되고 운동에너
지는 최소가 된다. 만약 A점을 지나는 수평면을 좌표의 등전위면surface
équipotentielle[위치에너지가 같은 점들로 이루어진 면]이라 하고, O점과 관련하여 부
동적인 좌표축들을 이동측정 좌표계라 한다면, A에서 퍼텐셜에너지는
제로이며 B와 C에서는 운동에너지가 제로라고 할 수 있다. 이 두 형태
의 에너지는 마찰에 의한 에너지 하락만 무시한다면 완전히 상호교환적
이다. 이제 프랑스에 중력측정 회로를 세울 목적으로 올벡Fernand Holweck,
1890~1941과 르제Pierre Lejay, 1898~1958가 고안해 낸 진자의 사례를 들어 보자
(그림 2). 그것은 아랫부분은 [밑에] 박혀 있고 윗부분은 석영덩어리를
달고 있는 엘린바Elinvar[탄성률이 변하지 않는 합금]의 탄성막대기로 구성되어
있다. 이 전체는 감쇠amortissement[시간이 지나 진동의 진폭이 점차 줄어드는 현상]를 줄
이기 위해 진공상태의 관tube 속에 위치한다. 그 기능의 원리는 다음과
같다. 추가 그 평형의 위치에서 벗어나면 탄성력들과 중력들의 모멘트
monent[물체를 회전시키는 힘의 크기]들은 [서로] 반대 방향으로 작용한다. 그리
고 적절한 조종에 의해 이 두 모멘트를 거의 다르지 않게 만들 수 있다.

주기가 이 모멘트들의 차이로 결정되므로 두 퍼텐셜에너지 사이의 양적 차이와 동등한 일정한 운동에너지의 양을 통해 한 퍼텐셜에너지의 형식을 다른 퍼텐셜에너지의 형식으로 전환가능하게 하는 계를 실현했다고 말할 수 있다. 이 두 퍼텐셜에너지가(탄성력의 모멘트들로 표현되는 것과 중력의 모멘트들로 표현되는 것) 엄밀히 같다면 추는 무한한 진동의 주기를 갖게 될 것이다. 즉 중립적 평형 상태에 있게 될 것이다. 사태는 마치 실제로 운동에너지로 전환되고 나서 진동 중에 퍼텐셜에너지로 다시 전환되는 퍼텐셜에너지가 두 다른 퍼텐셜에너지의 차이로부터 나오는 에너지인 것처럼 진행된다. 위와 반대로 180도로 돌아온 추는 석영덩어리가 지나온 궤적의 가장 낮은 지점에서 운동에너지의 형태로 두 퍼텐셜에너지의 총합을 실현할지도 모른다.

마지막으로 감쇠 없이 짝지워진 진자들(중력 진자이건, 비틀림 진자이건)이라는 더 복잡한 계를 구성할 수도 있다(그림 3과 4). 이 경우 각 진자 위에서 짝짓기가 더 약할수록 그만큼 더 거리가 멀어지는 맥놀이 battement[진동수가 약간 다른 두 진동의 간섭현상]들을 관찰할 수 있다.[3] 이 맥놀이들은 그 자체로 4중적이다. 즉 각 진자는 다른 진자가 최대의 진폭을 가질 때 멈추는 듯하다. 진동의 에너지는 한 진자에서 다른 진자로 교대로 전이된다. 이와 같은 실험에서 (에너지의 전이에서 나온) 진동의 주기가 여전히 일정한 퍼텐셜에너지에 상응한다고 평가할 수 있을까? 그렇다. 만약 K가 두 진자들에 해당하는 진동자oscillateur들 사이의 짝짓기 계수coefficient를 지시한다면, 그리고 ω를 두 경우에 대해 동일하다고 가정된 이 진자들의 파동pulsation이라고 한다면, 두 진자 위의 맥놀이 주기는

---

3) [옮긴이] 맥놀이 → 용어설명* 참조.

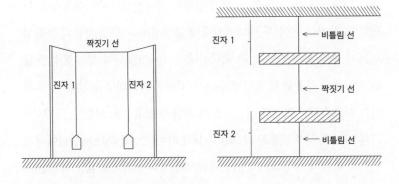

그림 3                          그림 4

$T = \frac{2\pi}{K\omega}$ 라는 표현으로 주어진다. 여기서 퍼텐셜에너지는 두 진자들 중 하나가 부동적일 때, 다른 것은 운동하게 된다는 사실로 이루어진다. 이 불균형이 한 진자의 에너지를 다른 진자로 이동하게 하는 원인이다. 만약 동일한 고유진동수를 가진 진자들이 짝지어져 동시에 동일한 단계에서 진동하게 되면, 그 결과로 나오는 고유한 주기는 분리된 진자들 각각의 진동주기와 같지는 않고 어떤 에너지 교환도 이루어지지 않을지 모른다. 자극기excitateur와 공명기résonateur의 초기 조건들의 불균형이 무화되고 반대로 변형되었다가 초기 상태로 되돌아오는 경우에만 맥놀이가 있다.

에너지 교환의 사례들을 점점 더 복잡한 것으로 배가시킬 수 있다. 그러면 퍼텐셜에너지는 언제나 **계의 불균형 상태와 연결된** 것으로 나타난다는 것을 알 수 있을 것이다. 이런 의미에서 한 계는 그것이 최대로 안정한 상태에 있지 않을 때 퍼텐셜에너지를 포함한다. 이 초기의 불균형이 계의 내부에서 에너지 교환을 산출할 때 일어난 변형은 다른 형태의 에너지로 변형될 수 있다. 이 경우 계는 곧장 초기 상태로 되돌아오 71

지는 않는다. 그러기 위해서는 이전의 변형이 가역적이어야 한다. 그때 계는 진동한다. 이 진동은 두 가지 형태의 퍼텐셜에너지의 동등성을 확립한다. 우리는 이미 두 에너지상태의 동일성identité을 그것들의 동등성 égalité과 구별할 수 있었다. 두 퍼텐셜에너지는 그것들이 계의 동일한 물리적 상태에 상응할 때 측정법mesure의 차이만 제외하면 동일하다. 이 차이는 좌표축들의 적절한 이동으로 제거될 수 있을지도 모른다. 그래서 〈그림 1〉의 진자가 진동할 때 그것은 B의 위치에 상응하는 퍼텐셜에너지와 C의 위치에 상응하는 퍼텐셜에너지의 상호 전환가능성을 확립한다. 진자와 땅이라는 계의 퍼텐셜에너지의 측정이 이 경우에는 수평면에 해당하는 등전위면과 관련한 질량 M의 위치에 의존할 뿐이기 때문에 위치 B와 C의 결정은 단지 진폭elongation의 측정을 위해 선택된 방향에 의존할 뿐이다. 이 방향의 전도는 퍼텐셜에너지의 측정을 위해 B와 C의 상태들에 상응하는 물리적 상태들을 동일한 것이 되게 해준다.

반대로 올벡과 르제의 진자의 사례를 보자. [여기에서는] 측정 규약들을 단순히 이동시킴으로써 중력의 힘들의 짝들에 해당하는 퍼텐셜에너지의 상태들과 엘린바 막대기의 굴곡에서 나오는 탄성력에 상응하는 퍼텐셜에너지들을 동일화하는 것은 더 이상 가능하지 않다. 그러나 진동은 두 형태의 에너지의 상호 전환가능성을 확립한다. 이는 진자의 중립적 평형상태가 실현되었을 때 그것들을 동등한 것으로 간주할 수 있게 해준다. 퍼텐셜에너지는 계의 상태의 실제적인 형식적 조건들을 규정한다.[4]

---

4) 이 조건들은 그것들만으로도 변형을 시작하는 데 충분하다. 자신의 평형상태에서 벗어난 채로 묶여 있는 진자는 그것을 자유롭게 놓아두기 전에는 움직이지 않는다.

## 2. 퍼텐셜에너지의 서로 다른 등급들 ; 상변화의 개념, 상태의 안정적 평형과 준안정적 평형의 개념, 타만의 이론

우리가 방금 고찰한 세 가지 물리적 체계들의 퍼텐셜에너지들은 그것들이 단지 계의 한 진동 주기 동안 서로 전환가능하기 때문만이 아니라 이 전환이 연속적인 방식으로 이루어지기 때문에 동일한 등급에 속한다고 말할 수 있다. 심지어 이러한 전환의 연속성이 계의 진동을 고유한 의미에서의 진동이게끔 해준다. 즉 그것을 정현곡선sinuosoidal[포물선이 위아래로 규칙적으로 연결된 형태]의 법칙에 따라 시간의 함수로 시행되게 해준다. 사실상 한 형태의 에너지에서 다른 형태의 에너지로 가는 전환이 존재하는 진정한 진동(이는 작동을 시작한 퍼텐셜들과 계의 관성에 의존하는 주기를 정의한다)을 단순한 회귀현상과 주의깊게 구분하는 것은 중요하다. 이 단순 회귀현상이 나타나는 동안에는 저항을 통한 콘덴서의 방전처럼 그 자체로는 회귀하지 않는 현상이 단순히 자신의 임무를 수행함으로써, 체계를 원래 상태로 되돌리는 다른 현상을 촉발한다. 이 마지막의 경우가, 좀 무리이긴 하지만, 이완relaxation의 진동이라 명명할 수 있는 이완 현상이다. 이의 가장 흔한 사례들은 전기학에서 사이러트론thyratron [전류의 정류계에 사용하는 열음극방사관]을 사용하는 '진동자' 배선들이나 다조파발진기multivibrateur[5] 안에서 나타나고, 또는 자연 속에서는 간헐천fontaine intermittente[6]들의 형태로 나타난다.

그런데 물리적 계들 안에서 진정한 진동의 존재가 등가적인 퍼텐셜

72

---

5) [옮긴이] 다조파발진기 → 용어설명* 참조.
6) [옮긴이] 뜨거운 암석층의 영향으로 증기의 압력에 의해 지하수가 일정한 시간 간격을 두고 솟아오르는 온천.

에너지 같은 것을 가역적인 변화들에 종속될 수 있고 그렇게 해서 그 양이 동등할 수 있는 에너지의 형태로 정의하게 해줄 수 있다면, 변화들의 비가역성으로 인해 퍼텐셜에너지들 사이에서 등급의 차이가 나타나는 그런 계들도 역시 존재한다. 가장 유명한 비가역성의 형태는 열역학 연구가 제시하는 것, 그리고 열역학 제2법칙(카르노-클라우지우스 원리)이 닫힌 계의 순차적인 변화들에 대해 보여 주는 것이다.[7] 이 원리에 따르면 한 닫힌 계의 엔트로피는 순차적 변화들이 이루어지는 동안 증가한다. 한 이론이 그로부터 도출되는 결과의 풍부함에 의해 타당하게 될 수 있는 한에서 열발동기[열을 일로 바꾸는 열기관]의 이론적인 최대 효율은 이 원리에 부합하며, 그것을 증명한다. 그러나 역학적[일] 에너지가 비가역적인 방식으로 열에너지로 변형될 때 이는 [비가역성의 형태로서] 존재하는 유일의 것은 아닐 것이다. 게다가 에너지가 높은 형태에서 낮은 형태로 가는 이런 관계 속에 함축된 위계적 측면은 이 비가역성의 본성 자체를 감출 우려가 있다. 우리는 여기서 이 에너지가 존재하는 계들의 크기의 등급과 수에 있어서의 변화와 관계하고 있다. 사실상 에너지는 본성을 변화시키지 않을 수 있지만 그럼에도 불구하고 [크기의] 등급을 변화시킬 수 있다. 그것이 바로 운동중인 한 물체의 운동에너지가 열로 바뀔 때 일어나는 일이다. 물리학에서 자주 사용되는 사례로 납으로 된 공이 균등한 평면을 만나 그 모든 에너지를 열로 변형시키는 현상이 이와 같다. 운동에너지의 양은 그대로 있지만, 균등한 평면이 좌표축들에 대해 부동적일 경우 이 좌표축들과 관련해서 고려된 공의 전체 에너지였던 것이, 공의 내부에서 다른 분자들과 관련하여 이동하는 각각의 분자의

---

7) [옮긴이] 일과 열 / 열역학 제 2법칙 → 용어설명* 참조.

에너지가 된다. 그것이 변화된 물리계의 구조이다. 이 구조가 반대 방향으로 변형될 수 있다면 에너지의 변화도 역시 가역적이 될지도 모른다. 여기서 비가역성은 통일된 거시적 구조가 파편화되고 무질서한 미시구조로 이행하는 데 기인한다.[8] 게다가 무질서의 개념은 미시물리적인 파편화 그 자체를 표현한다. 왜냐하면 분자적 이동이 정돈되어 있다면 그 계는 사실상 통일되어 있을지도 모르기 때문이다. 우리는 균등한 평면과 관련하여 그리고 이 평면에 의해 이동하는 공이 형성한 거시계를 [이 이동에] 병행하는 운동들로 자극된 분자들의 정돈된 전체로 고려할 수 있다. 정돈된 미시계는 사실 거시적 구조에 속해 있다.

그런데 만약 우리가 융해fusion[고체가 녹아 액체로 되는 것]나 기화vaporisation [액체가 기체로 되는 것], 결정화cristallisation와 같은 상태 변화들 속에 함축된 에너지의 교환을 고려한다면, 우리는 거기서 체계의 구조 변화들에 관련된 비가역성의 특수한 사례들이 나타나는 것을 보게 될 것이다. 예를 들어 결정 구조의 영역에서 우리는 **요소들**이라는 과거의 개념이 어떻게 구조적인 동시에 에너지적인 이론에 반드시 양보하게 되는지를 알게 된다. 액체 상태와 기체 상태의 연속성은 동질적 상태의 유체라는 공통의 영역 속에서 두 상태들을 결합하게 해준다. 반대로 이 동질적 상태의 영역은 포화 곡선에 해당하는 경계에 의해 비동질적 상태들로부터 명백히 분리되어 있다.

결정상태와 무정형의 상태[결정이 되기 전의 과포화 상태] 사이에는 불연속

---

8) 에너지는 매체(support)라는 **형상적 체계**(공에 해당하는, 변형의 무대의 등급보다 상위 차원의 등급)로부터 변형의 무대의 등급보다 하위 차원의 등급, 즉 공을 이루는 여러 분자들에 해당하는 **질료적 체계**로 이행하였다고 말할 수 있을지도 모른다.

성이 나타난다. 이는 거시 질서의 에너지 그리고 절대치에서는 동등하지만 미시 질서에 속하는 에너지 사이에서 나타나는 불연속성에 접근시킬 수 있다. 마치 열에너지에서 이전의 에너지가 비가역적 변형 속에서 하락하는 것과 같다. 실제로 타만Gustav Heinrich Johann Apollon Tammann, 1861~1938의 가설에 의하면 결정상태는 특권적 방향으로 결정화된 실체들 속의 존재로 특징지어진다. 이 실체들의 속성들은 고려된 방향에 따라 서로 다른 가치를 나타낸다. 결정의 기하학적 형태에 대한 연구가 밝혀낸 속성들과 결정의 이방성異方性, anisotropie[방향이 다른 성질]의 다양한 현상들이 그러하다. 반대로 기체와 유체 상태 또는 무정형의 고체상태(유리상태état vitreux)를 포함하는 무정형의 상태는 특권적 방향의 부재로 특징지어진다. 무정형의 실체들의 속성들은 고려된 방향에 의존하지 않는 가치들을 보여 준다. 무정형상태의 물체는 일정한 기하학적 형태를 소유하지 않으며 등방성isotrope[방향이 같은 성질]이다. 균일하지 않은 압력, 인장력traction[잡아늘이는 힘], 회복력torsion[탄성에 의한 원형회복력], 전기장이나 자기장의 존재 등과 같은 외적 작용만이 무정형의 물체를, 특히 유리상태의 물체를 일시적으로 이방성으로 만들 수 있다. 무정형의 물체를 구성 입자들이 무질서한 방식으로 배열되어 있는 물체로 생각한다면, 그와 반대로 결정은 원자들이든, 원자들의 군groupe이든 간에, 요소 입자들이 결정의 망이라고 불리는 질서정연한 배열에 따라 구성되어 있다고 가정할 수 있을 것이다. 브라베Auguste Bravais, 1811~1863[9]는 결정의 다양한 요소들의 배분이나 그것의 화학적 군들의 배분이 규칙적인 점들의 체계를 따

---

9) [옮긴이] 브라베 → 용어설명* 참조.

른다고 보는데 이 점들 각각은 이 다양한 화학적 요소들이나 군들의 무게중심을 나타낸다. (이 단순화된 표현은 부동의 화학적 요소나 군을 가정한다. 이 요소가 파동으로 활동한다면 규칙적인 점은 이 요소가 그것을 중심으로 하여 진동하는 중간적 위치를 나타낸다. 이는 바로 그것의 평형의 위치이다). 이 모든 규칙적인 점들의 체계들은, 동일 본성의 화학적 요소들이나 군들만을 포함하는 평행육면체의 망들의 병렬에 의해 얻어질 수 있는데, 이 망들 각각은 결정들의 고전적인 32개의 군 속에서 대칭에 따라 정돈된다. 그러면 결정의 이방성은 이해될 수 있다. 왜냐하면 이 망들은 문제된 한 개 망의 규칙적인 여러 점들을 통과하는 여러 평면들의 체계들로 나누어질 수 있으며 각 체계는 서로 간에 평행하고 서로로부터 등거리에 있는 평면들 전체로 구성되기 때문이다. 이 평면들의 체계들은 특권적인 방향들에 대응하는데, 결정들의 제한된 표면들은 이 방향들을 따라 배열될 수 있다. 브라베의 이론을 받아들이면서 타만은 무정형의 고체를 아주 커다란 점성viscosité과 강성rigidité을 가진 액체와 동일시하면서 물질의 상태들 간의 차이들에 대한 이러한 표상을 완성한다. 그는 유리체corps vitreux의 고체상태와 액체상태 사이에 진정한 연속성이 존재한다는 것을 보여 준다. 예를 들면 유리잔은 일상적으로 사용하는 온도에서는 매우 커다란 강성을 보여 준다. 유리 제작자가 온도를 올리면 유리잔의 강성과 점성은 점차 줄어들어 고온에서는 진정한 액체로 된다. 무정형의 고체의 특징인 걸죽한 융해는 구별되는 두 단계를 보여 주지 않는다. 타만은 그래서 무정형의 고체를 온도의 충분한 감소에 이어 강성과 점성이 매우 큰 수치에 도달한 액체로 본다. 타만의 가설의 이론적 결과는 중요하다. 결정상태로 이행하지 않고 온도가 낮아진 액체는 연속적인 방식으로 유리체로 변형된다. 따라서 그것은 과융

74

해상태에 있게 된다. 피페린$C^{17}H^9O^3N$[10]과 베톨$C^{10}H^7CO^2C^6H^4OH$은 각각 $128°$와 $95°$에서 녹는 물질들인데 쉽게 과융해상태로 남아 있으므로 이 가설을 입증하였다. 그러나 다양한 상태들에 상응하는 구조들을 고려하는 것만으로는 불완전하며 미결정성을 남겨 놓는다. 그것은 각 상태에 연결된 **서로 다른 에너지의 수준들**에 대한 연구와 상태 변화 동안에 일어나는 에너지 교환에 대한 연구에 의해 보완되어야 한다. 타만의 이론이 모범적 가치를 갖는 것은, 그것이 구조적 변화와 에너지 교환 사이의 상관관계의 연구로 귀착되기 때문이다. 그것은 실제로 결정상태들과 무정형상태들의 안정성의 조건들과 경계들을 결정하게 해준다. 결정상태나 무정형상태에서 나타날 수 있는 다수의 물체들이 존재한다. 그런데 온도와 압력 조건들에 따르면 한편으로는 결정상태가 안정적이고 무정형상태가 준안정적이며, 다른 한편으로는 결정상태가 준안정적이고 무정형상태가 안정적이다. 준안정상태에서 안정상태로의 이행은 열적 효과와 일정한 용적측정의 효과를 낳는다. 타만 이론의 이 중요한 결과는 〈그림 5〉로 생각해 볼 수 있다. 우리가 압력 P 아래서 안정적 평형상태의 액체 물질로부터 출발하여 이 압력은 유지하면서 온도를 점차 내리면, 온도축에 평행한 선인 F₁P 위에 나타난 점들은 오른쪽에서 왼쪽으로 이동한다. 이 점들이 결정상태의 안정성의 영역으로 침투하면 고려된 액체는 준안정적 상태로 된다. 이 상태에서 과융해된surfondu 액체는 결정상태로 이행할 수 있다. 이 이행은 두 요소에 의존한다. 하나는 이 액체가 보여 주는 자연발생적 결정화의 힘, 즉 일정한 시간에 액체의 주어진 용적 한가운데서 저절로 나타나는 결정들의 싹germe들의 수로 정의되

---

10) [옮긴이] 원전에 오류가 있는 듯하다. 피페린의 화학식은 $C^{17}H^{19}O^3N$이다.

그림 5. 여러 상태들의 안정성의 지대

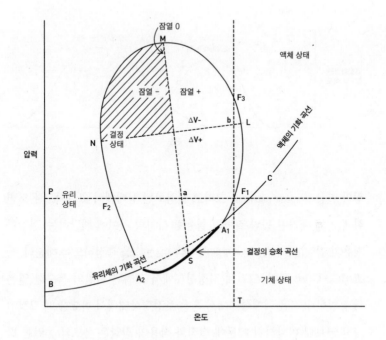

는 힘이고, 다른 하나는 결정화의 속도, 즉 결정의 싹이 전개되는 속도이다. 과용해상태는 이 두 요소들의 최대값들이 (온도의 함수로) 서로 상당히 멀어질 경우에 실현되기 쉽다. 즉 두 요소들 중 하나의 최대값이 다른 요소의 거의 제로값에 상응할 정도로 멀어질 때 그러하다. 그때 온도가 계속 감소하면, 이 두 요소들은 서로 제로를 향해 가기 때문에, 결정화를 향한 약한 확률에 상응하지만 제로는 아닌 지역 II를 신속히 넘어서서, 결정화의 기회가 거의 제로인 지역 III에 도달하는 것이 가능하다 (그림 6). 액체가 준안정상태에 있는 한 열의 방출과 함께 수행되는 결정화 작용을 시작할 수 있다. 이 결정화 작용은 무정형상태에서 고려된 질

그림 6

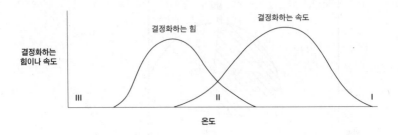

량의 열용량capacité calorifique 그리고 결정화된 상태에서 고려되고 온도변화에 의해 배가된 동일 질량의 열용량 사이의 차이에 해당하는, 결정화 작용의 잠열[물질이 상전이할 때 방출하거나 흡수하는 열][11]을 측정하도록 해준다. 즉 $dL=(C_a-C_c)dt$ 이다. 그런데 결정상태에서 고려된 물질의 특수한 열은 이 동일한 물질을 액체상태에서 혹은 무정형상태에서 취했을 때 그것이 가진 열보다 미약하기 때문에 결정화 작용의 잠열은 온도와 동일한 방향으로 변화한다. 즉 온도가 낮아지면 그것은 감소한다. 그러므로 온도가 충분히 낮아지면 결정화 작용의 잠열은 무화되어 신호를 바꾸는 일이 일어날 수 있다. 〈그림 5〉의 직선 MS는, 한 동일한 실험에 대해서는 항상적인 압력이 [다른 실험에서] 취할 수 있는 다양한 값들에 따라 결정화 작용의 잠열이 제로인 대표점들의 장소를 나타낸다.[12] 이제 온도 T의

---

11) [옮긴이] 잠열 → 용어설명* 참조.
12) [옮긴이] 〈그림 5〉에서 그래프를 점선으로 사분하는 영역을 보면, 오른쪽 위가 액체상태, 오른쪽 아래가 기체상태, 달걀 모양의 닫힌 곡선의 내부가 결정화가 진행되는 영역이고, 점선의 왼쪽에서 달걀 모양의 곡선을 제외한 곳이 유리상태이다. 빗금친 부분이 결정이 형성된 영역이다. 점 L에서 출발하여 왼쪽으로 가면서 직선 MS에 도달하기까지는 잠열이 플러스이고(즉 열을 방출하고) 이 선을 넘어서면 잠열은 마이너스가 된다(즉 열을 흡수한다). 온도 T

안정된 상태에 있는 동일한 액체물질을 결정상태의 안정성의 영역에서 고려해 보자. 압력이 증가하면 결정상태의 안정성의 영역으로 들어간다. 그때 액체는 준안정적 상태에 있고, 가능한 결정화 작용은 문제된 각 압력에서 이[압력의] 변형을 수반하는 부피의 변화인 $\Delta V$에 상응할 것이다. 만약 $V_c$와 $V_a$가 결정상태이든, 무정형상태이든, 물질의 고려된 질

량의 각각의 부피들이라면 다음과 같은 식을 얻는다 : $d\Delta V=dV_a-dV_c$. 만약 압축contraction의 방향으로 가는 부피의 변화에 +부호를 붙인다면, 융해의 잠열의 경우처럼, 압력이 증가할 때 $\Delta V$가 줄어든다는 것을 알게 될 것이다. 왜냐하면 무정형상태에서 취한 물질이 결정화된 상태에서보다 더 압축가능하기compressible 때문이다. 압력이 충분히 증가하면 $\Delta V$는 소멸되고 부호signe를 바꿀 수 있다. 〈그림 5〉의 곡선 LN은 부피의 변화가 제로인 대표점들의 장소이다.[13] 이 곡선 아래서 $\Delta V$는 플러스(압축)이며 이 곡선 위에서 그것은 마이너스(확장dilatation)이다. 결정화의 잠열과 부피, 이것들의 변화의 한계들로부터 융해-결정화 곡선의 형태를 도출할 수 있다. 이 곡선에 의하면 결정, 무정형의 물체 그리고 기체가 상호적 평형 속에서 공존할 수 있는 삼중적인triple 두 점 $A_1$, $A_2$가 존재한다. A에서 융해-결정화의 곡선은 결정의 승화sublimation[고체가 액체를 거치지 않고 바로 기체로 되는 현상]곡선 $A_2SA_1$과 동시에 유리체의 기화vaporisation곡선 $A_1B$를 만난다. 이 기화곡선은 액체의 기화곡선 $A_1C$를 연장한 것이다. 게다

의 지점에서 위로 가면서 직선 LN에 도달하기까지는 무정형용액상태여서 압력을 가하면 부피가 줄어들지만 그 위에서는 결정이 되기 때문에 압력이 증가하면 부피가 확장된다. 결정 내부의 원자들이 질서 있게 정돈되기 때문이다.

13) [옮긴이] 여기에 오류가 있는데 곡선 LN은 사실 직선 LN을 말한다. 〈그림 5〉를 보면 이 선을 두고 위아래로 $\Delta V$의 부호가 달라지기 때문이다.

2장_형태와 에너지 · **139**

가 각각의 압력에 융해-결정화의 두 점이 대응할지도 모른다. 그 점들에서 결정은 액체와도, 유리체와도 공존할 수 있다(예를 들면 압력 P에서 이 두 점들은 $F_1$과 $F_2$일지도 모른다). 결정화의 이 두번째 점보다 아래 온도에서는 물질의 대표점은 다시 한 번 무정형상태의 안정성의 영역으로 들어갈지 모른다. 그때 유리상태는 안정상태가 되고 결정상태는 유리체와 비교하여 준안정상태가 될지 모른다. 아마도 이 낮은 온도들에서는 변화의 속도가 너무 약해서 거의 제로가 될지 모른다. 그러나 이 안정상태와 준안정상태의 이론적 가역성은 매우 중요하다. 융해 온도의 최대점 L이나 융해 압력의 최대점 M을 실험으로 명확히 하는 것도 역시 가능하지 않았다. 그러나 실험은 모든 융해 곡선들이 감소하는 온도를 향해 갈 때 오목한 성질concavité을 가진다는 것을 보여 주었다. 그리고 물이나 몇몇 다른 물질들에 있어서는 우리는 삼중의 점 $A_1$에서부터 감소하는 온도의 방향으로 갈 때 [그림과는 달리] 곧장 증가하는 융해 곡선의 일부분에 위치한다는 것도 역시 보여 주었다.

개체화 과정의 연구에서 타만의 가설의 흥미로운 점은 하나는 무정형이고 다른 하나는 결정상태인 물리적 상태들 사이에서 중립적인 평형 조건들의 존재를 확립하는 것이다. 이 두 상태는 그 구조가 상반되며 전자에서는 정돈되어 있지 않고 후자에서는 정돈되어 있다. 그러므로 두 구조화된 상태들 간의 관계는 에너지적인 의미를 띤다. 사실상 삼중의 점들의 존재와 위치는 결정화의 잠열을 고려함으로써, 그리고 부피변화를 압력의 함수로 고려함으로써, 즉 일을 고려함으로써 결정된다. 구조적 유형의 안정성의 영역의 경계들은 에너지를 고려함으로써 결정된다. 이런 이유로 우리는 고유한 의미에서의 물리적 개체화 연구에 접근하기 위해 두 가지 물리적 구조들 간의 관계의 에너지적인 측면을 정의하고

자 했던 것이다. 모든 구조에 에너지적인 특징이 관련된다. 그러나 반대로 물리계의 에너지 조건들의 모든 변화에 이 계의 구조적 특징의 변화가 관련된다.

한 물리계에서 이러저러한 구조를 갖게 되면 에너지적 규정을 소유하게 된다. 이 에너지적 규정은 퍼텐셜에너지와 동일시될 수 있다. 왜냐하면 그것은 계의 변화 속에서만 나타나기 때문이다. 그러나 앞에서 연구된 퍼텐셜에너지들이 연속적 과정에 따라 점진적이고 부분적인 변화를 하는 것과는 달리 한 구조에 연결된 퍼텐셜에너지들은 그것들을 내포하고 있는 계의 안정성의 조건들을 변화시킴으로써만 변화되고 해방될 수 있다. 그러므로 그것들은 계의 구조의 존재 자체에 관련되어 있다. 이런 이유로 우리는 두 다른 구조에 상응하는 퍼텐셜에너지들은 서로 다른 등급에 속한다고 말하겠다. 그것들이 서로와 관련하여 연속되어 있는 유일한 지점은 그것들이 소멸되는 지점이다. 그림 5에서 $A_1$과 $A_2$, $F_1$과 $F_2$의 점들이 그러하다. 반대로 홀벡-르제의 진자처럼(그림 2) 두 퍼텐셜에너지가 연속적 상호전환을 실현하는 진자의 경우에는 이 두 에너지들과 운동에너지의 총합은 변화 속에서도 항상적인 것으로 남아 있다. 〈그림 3〉이 보여 주는 더 복잡한 경우에도 마찬가지이다. 반대로 계가 받은 변화들은 구조에 연결된 일정한 에너지를 고려하지 않을 수 없게 만든다. 이 에너지는 퍼텐셜에너지이지만 연속적 변형은 불가능하다. 이런 이유로 그것은 앞에서 정의한 동일성이나 동등성의 경우에 해당되는 것으로 간주될 수 없다. 그것은 계의 변화 속에서만 측정될 수 있다. 이런 이유로 우리는 구조적 퍼텐셜에너지들을 구조적 상태의 안정성의 한계를 표현하는 에너지들이라고 명명할 것이다. 후자는 가능적 발생들의 형식적 조건들의 실제적 근원을 이룬다.

## 77

## II. 개체화와 계의 상태들

### 1. 개체화 그리고 결정의 동소체적 형태들 ; 존재와 관계

우리는 구조적 퍼텐셜에너지의 개념을 물리적 개체화를 연구하기 위한 도구로 사용하면서 이 개념의 타당성을 보여 주고자 노력할 것이다. 물리적 개체화라는 개념은 아주 미묘한 용도에 속하면서도 매우 주목할 만한 최초의 사례를 구성한다. 동일한 성분으로 이루어진 결정의 동소체allotropie[동일한 성분이지만 원자의 배열이나 결합방식이 다른 것들]적 형태들이 그러하다. 그와 같은 사례에서 실제로 가장 초보적 수준의 개체화이면서도, 비본질적인 논리적 추론으로부터 가장 벗어난 수준의 개체화를 파악하는 것이 가능할 것이다. 이 수준에서 개체화의 특징들을 규정하는 것이 가능하다면 이 특징들은 모든 실체의 관념(왜냐하면 동일한 물체가 문제되고 있으므로), 질과 본질의 관념에 선행할 것이다. 그런데 예를 들어 황soufre의 결정화 작용의 연구를 보면 우리는 황이 고체 상태에서 여러 형태의 동소체적 상태로 존재할 수 있다는 것을 알게 된다. 그 중에서 중요한 것 두 가지는 사방정계système orthorhombique로 결정화된 황(8면체의 황), 그리고 단사정계système monoclinique로 결정화된 황(프리즘 모양[14]의 황)이다. 상온에서 8면체의 황은 안정상태에 있다. 어떤 제3기층에는 자연황의 8면체 결정들이 있다. 우리가 발굴하는 것들은 미결정적인 방식으로 투명하게 남아 있다. 반대로 프리즘 모양은 8면체 모양과 관련해서 준안정적이다. 이런 형태의 결정은 방금 발굴된 경우는 투명하고 내

---

14) '프리즘모양'은 보통 삼각기둥 모양인데 시몽동은 여기서 삼각기둥 두 개가 붙어 있는 비스듬한 단사정계를 지시하고 있다.

버려두면 불투명해진다. 결정은 그 외적 형태를 보존하지만 미시연구를
통해 보면 결정은 병렬된 8면체들의 모자이크로 나누어지는 것을 알 수
있다.[15] 이로부터 불투명성이 유래한다. 프리즘 모양의 황의 준안정적
상태는 결정의 과융해상태로 불린다. 프리즘 모양과 8면체의 결정의 상
태들 사이의 [위와 같은] 관계는 95.4° 아래에서 존재한다. 그러나 융해
온도인 95.4°에서 115°까지는 역전된다. 왜냐하면 이 간격에서는 프리
즘 모양의 황이 안정적 균형상태에 있고 8면체의 황이 준안정적 상태에
있기 때문이다. 대기압에서 95.4°는 이 두 결정의 형태들 사이에서 균형
온도이다.

## 78

그러므로 이 두 형태 각각의 개체성은 무엇으로 구성되는가를 물을
수 있다. 이 형태들을 일정한 온도에서 존재하게 만들어 주는 그것들의
안정성은 어디서 기인하는가? 이 두 형태들 중 하나가 준안정상태에 있
게 되면 그것은 다른 안정된 형태로 변형되기 위해 싹germe을 필요로 한
다. 즉 안정된 형태로 결정화되기 위한 출발점을 요구한다. 모든 일은 마
치 준안정적 평형이 결정의 싹 속에 포함된 특이성의 국부적 도움에 의
해서만 깨어지는 것처럼 일어난다. 특이성은 준안정적 평형을 깨뜨릴 수
있다. 변형은 일단 시작되면 전파된다. 처음에 결정의 싹과 준안정적 물
체 사이에서 수행된 작용은 다음에는 점차로 이미 변형된 부분들과 아
직 변형되지 않은 부분들 사이에서 일어나게 된다.[16] 물리학자들은 보통

---

15) 프리즘 모양의 결정의 내부에서 새로운 결정들의 형성이 이루어지는 것에 주목해야 한다.
이는 프리즘 모양의 결정의 단계보다 더 작은 단계에서 이루어지는데, 이 단계는 원초적인
장소, 골조를 이루는 체계의 역할을 하고 그것의 구조적인 상태에서 생성의 형태적 조건들
을 감추고 있다. 여기서 형태는 그것이 차후의 변형들을 에너지적으로 조건짓는 한에서 계
의 미시적 구조이다.
16) 이러한 전파는 점점 더 가까워지면서 증폭의 가장 원초적이고 가장 근본적인 양태를 구성

싹을 가져오는 작용을 지칭하기 위해 생물학 어휘에서 빌려온 용어를 사용한다. 그들은 결정의 싹을 수단으로 하여 물질substance을[17] 심는다고 말한다. 특별히 설득력 있는 실험은 다음과 같다. U자 관에 과융해된 황을 넣은 다음 이 관의 한 쪽에는 8면체 결정의 싹을, 다른 쪽에는 프리즘 모양의 결정 싹을 심어 본다. 그때 양쪽 관의 각각에 들어 있는 황은 심은 싹에 의해 규정된 결정의 체계에 따라 결정화된다. 관의 중간 부분에서 결정화된 황의 동소체적 형태들은 완벽하게 접촉하고 있다. 그래서 온도에 따라 두 가지 경우가 가능하다. 온도가 95.4° 이하일 경우에는 8면체 모양을 포함하는 쪽의 황은 투명하고 프리즘 모양의 황을 포함하는 쪽은 불투명하다. 불투명성은 이 두 동소체 형태들이 서로 접촉하면 나타나기 시작하여 점점 전파되면서 프리즘 모양의 황을 포함하는 쪽까지 침입한다. 온도가 95.4°에서 115° 사이에서 유지되면 변형의 방향은 반대가 된다. 결정의 두 형태들이 접촉하는 선에서 시작하여 프리즘 모양의 황을 포함하는 관은 투명해지고 8면체 황을 포함하는 관은 불투명해진다. 마지막으로 95.4°에서는 이 변화의 전파 속도는 제로이다. 그러므로 이 결정의 형태들 사이에 평형 온도가 존재한다. 이 실험은 제한된 물질의 양에 대해 일정한 방식으로 두 계의 결정화 사이에서 경쟁을 유발하는 것으로 이루어진다. 평형 온도와는 다른 모든 온도에서(그리고 8면체 황의 융해 온도보다 아래인 온도에서) 하나의 형태가 결정화할 수 있는 모든 물질을 지배하고 다른 형태는 완전히 사라진다.[18]

여기서 우리는 물리적 개체화의 일차적이고 근본적인 국면에 접하

79

---

한다. 즉 자신의 에너지를 이 전파가 일어나는 장소에 빌려주는, 증폭하는 변환을 구성한다.
17) [옮긴이] 이 맥락에서 substance는 단순히 물질을 의미한다. matière가 일반적 의미라면 substance는 좀더 구체적 의미를 내포한다.

고 있다. 작용으로서의 개체화는 물질의 자기동일성에 관련된 것이 아니라 상태 변형에 관련된다. 황은 특이성이 나타나서 덜 안정적인 형태를 사라지게 하지 않는 한은 자신의 결정 체계를 유지한다. 하나의 물질 substance은 자신의 것에 해당하는 에너지 조건의 함수로 가장 안정적인 상태에 있을 때 그 개체성을 보존한다. 상태의 이러한 안정성은, 에너지 조건들이 같은 것으로 남아 있으면 이 상태가 다른 구조의 시작을 나타내는 싹의 도입에 의해 더 이상 변형될 수 없다는 사실에 의해 명백해진다. 이 [안정적] 물질은 다른 상태에 있는 물질들과 관련하여 위와는 반대로 이 [다른 상태의] 물질들의 상태 변형을 초래할 수 있는 싹들을 제공할 수 있다. 그러므로 안정적 개체성은 두 조건들의 만남으로 이루어진다. 즉 계의 일정한 에너지적 상태에 일정한 구조가 상응해야 한다. 그러나 이 구조는 에너지적 상태만으로 직접 산출되지는 않는다. 에너지 상태는 구조와 다르다. 구조화의 시작은 임계적critique이다. 결정화 작용에서는 종종 싹들은 외부에서 들어온다. 고로 어떤 물질 속에서 구조가 생겨나는 데는 역사적 국면이 있다. 구조의 싹이 나타나야 한다. 순수한 에너지적 결정론은 하나의 물질이 그 안정상태에 도달하는 데 충분하지 않다. 구조적 개체화의 시작은 준안정상태의 체계에서 하나의 사건이다. 일반적으로 그렇게 해서, 고려된 물체와 그것에 외적인 존재자들의 시간적 현존의 관계가 가장 단순한 개체화 안에서 생겨난다. 이 외적 존재자들은 그 구조화의 사건적 조건들로서 개입한다. 구성된 개체는 자신 안에 에너지적 조건과 물질적 조건, 그리고 일반적으로 내재적이지

---

18) 부과된 온도는 계의 각각의 하위군 안에서 퍼텐셜에너지의 현존이나 부재 그리고 정도를 결정하면서 이 하위군의 형태적 조건들의 일부를 이룬다.

않은 정보적 조건의 종합을 내포한다. 이 세 조건들의 만남이 없으면 물질은 안정상태에 도달하지 않는다. 그때 그것은 준안정상태로 남아 있게 된다. 그러나 이러한 세 가지 필연적 조건들의 만남에 의한 개체화의 발생적 정의는 개체화의 상태들의 위계적 관계의 개념에 이른다는 데 주목하자. 왜냐하면 하나의 물질[19]의 에너지적 상태와 구조적 상태(예를 들면 과융해상태의 황) 사이에 아주 커다란 간격hiatus이 존재할 때 구조의 싹이 나타나면 절대적 안정상태에 이르지 않고도 물질 구조의 상태 변화가 초래될 수 있다. 과융해된 황이 90° 아래에서 프리즘 모양의 결정의 싹을 얻으면 그것은 구조적 상태를 변화하여 프리즘 모양의 체계 안에서 결정화된 황이 된다. 그것은 첫번째 준안정상태에서 두번째 준안정상태로 이행하였다. 두번째가 첫번째보다 더 안정적이다. 그러나 두번째 구조의 싹, 즉 8면체 황의 결정[의 싹]이 생겨나면 구조적 상태는 다시 변화하여 이 물질 전체가 8면체 황이 된다. 그래서 왜 결정의 과융해가 액체의 과융해보다 덜 불안정한précaire 상태를 구성하는지를 이해할 수 있다. 구조적 싹은 이미 나타났지만 그것은 과융해상태로 나타난 모든 퍼텐셜에너지를 [이미] 작동된 구조화 안에 흡수할 수 없는 구조를 가져왔다. 완벽한 개체화는 구조화되기 이전의 체계 안에 포함된 에너지 전체의 사용에 상응하는 개체화이다. 그것은 안정상태에 도달한다. 반대로 불완전한 개체화는 구조화되지 않은 초기 상태의 퍼텐셜에너지를 모두 흡수하지는 않은 구조화에 상응한다. 그것은 여전히 준안정상태에 도달한다. 동일한 물질에 대해 가능한 구조들의 유형이 많을수록

---

19) 질료적 조건들을 포함하는 것은 물질(substance)의 본성이다. 이는 특히 거기서 전개될 수 있을 개체화의 서로 다른 체계들의 수와 종류를 결정한다. 하나의 물질의 에너지적 상태는 이런 의미에서 형태적이고 질료적인 조건들의 짝이다.

준안정성의 위계적 수준들도 많아진다. 예를 들면 인phosphore에서 이 수준들은 세 가지이다. 게다가 개체화의 수준들은 서로 간에 완전히 불연속적이라는 것을 지적하는 것이 중요하다. 위계적 단계 속에서 직접 서로를 잇따르는 두 수준들 사이에서 평형을 이루게 하는 에너지 조건들이 있다고 해서 이 두 수준의 구조적일 뿐만 아니라 에너지적이기도 한 불연속성이 감추어질 수는 없다. 황의 예를 다시 들면 8면체 황이 대기압에서 95.4°에 이르렀을 때 그것이 프리즘 모양의 황으로 변형되기 위해서는 그램당 2.5칼로리가 있어야 한다. 따라서 8면체의 황이 프리즘 모양의 황으로 변형되는 데 특유한 잠열이 존재한다. 이 에너지적 불연속성은 모든 화학적 원소들에서 준안정적 형태의 융해점이 안정적인 형태의 융해점보다 언제나 아래라는 사실에서 나타난다.

그래서 한 요소의 동소체적 형태들의 변화에서 개체화는 여러 수준들을 가질 수 있는 것으로 나타난다. 그것들 중 하나만이 완전한 개체화에 상응한다. 이 상태들은 유한한 수에 속하며, 그것들의 에너지 조건에 의해서든, 구조적 조건에 의해서든 서로 간에 불연속적이다. 개체화된 상태가 실제로 존재한다는 것은 서로 독립적인 두 조건들이 동시에 충족되었다는 사실로부터 유래한다. 에너지적이고 물질적인 조건은 계의 현재 상태로부터 나오며 사건적 조건은 종종 다른 계들로부터 유래하는 일련의 사건들에 관계를 개입시킨다. 이런 의미에서 동소체적 형태의 개체화는 역사적 본성을 갖는 한 특이성으로부터 출발한다. 동일한 화학적 조성의 화산암lave[용암]의 두 흐름에서 하나는 결정화 작용의 한 지점에 다른 하나는 다른 지점에 있을 수 있다. 서로 마주친 동소체적 형상의 개체화 속에서 이 결정화 작용의 특수한 발생을 통해 나타나는 것이 바로 화산 분출의 국부적 특이성들이다. 바로 이런 이유로, 한 물질에 대해 이 역사적이고 에너지적인 이중의 조건으로부터 유래하는 모든 특징들은 그것의 개체성의 일부를 이룬다. 물리화학적 연구 덕택에 지리학자는 바위를 구성하는 결정들의 상대적 크기를 그 바위의 역사의 함수로서 해석할 수 있다. 겉보기에는 무정형이지만 섬세하게 결정화된 반죽pâte은 그 물질의 급속한 냉각을 보여 준다. 외적 형태만 남고 자신의 모든 재료가 다른 계의 미시적 결정들로 나누어진 큰 결정들은, 두 가지 순차적인 결정화 작용이 있었다는 것, 첫번째 결정화는 다른 것에 비해 준안정적이 되었다는 것을 알려준다. 동소체 형태들을 잠깐 보기만 해도 변성작용으로 형성된 바위에 대한 연구는, 그 지질학적 현상의 역사적이고 에너지적인 조건들에 대한 지식에 있어서 화산분출에서 유래하는 마그마의 연구만큼이나 풍부하다. 석회편암, 석영암, 혈암, 편마암, 운모편암 등은 그 조각조각이 일정한 압력과 온도, 습도에 대해 내외적 변모를 겪은 특수한 양상들에 상응한다. 그리하여 우리는 물리적 개체의 발생에서 에너지 조건들과 특이성들을 고찰하는 것이 결코 개체가 아니라 종들만을 인정하는 데로 이르지는 않는다는 것을 알게 된다. 반대로 그것은 어떻게 해서 한 영역의 경계들 내부에서 이 조건들을 표현하는 크기들이 띨 수 있는 무수히 많은 특수한 값들이 동일한 구조적 유형에 대해 서로 다른 무수한 결과들(예를 들면 결정들의 차원)에 이르는지를 설명해 준다. 생물학의 영역에서 어떤 것도 빌려 오지 않고, 여기서는 너무나 비유적인 것이 될지도 모르는 공통의 유genre개념과 종적spécifique 차이의 개념을 받아들이지 않고도, 조건들의 불연속성들 덕분에 안정성과 준안정성의 영역들에 상응하는 유형type들을 정의하는 것이 가능하다. 그 다음에 이 유형들의 내부에서 특수존재자들을 정의하는 것이 가능하다. 이 특수존재자들은, 유형의 경계들 내부에서, 어떤 연속적인 경우들에서는 냉각속도와 같이 더 섬세하게 변화할 수 있는 것[특징]에 의해 서로서로 다르게 된다. 이런 의미에서 특수존재자의 개체성도 [나름의] 유형을 내포하고 있는데, 이는 유형의 내부에서 변화할 수 있는 특징들만큼이나 엄밀한 방식으로 그러하다. 우리는 결코 어떤 특수존재자를 한 유형에 속하는 것으로 고려해서는 안 된다. 특수존재자에 속하는 것이 유형이다. 이는 특수존재자를 가장 독특하게 만드는singulariser 세부사항들과 같은 자격으로 그러하다. 왜냐하면 이 특수존재자 안에 있는 유형의 존재는 존재자를 독특하게 만드는 세부사항들의 기원에 있는 것과 동일한 조건들로부터 나오기 때문이다. 이 조건들이 안정성의 영역들을 한정하면서 불연속적인 방식으로 변화하기 때문에 유형들이 존재하는 것이다. 하지만 이 안정성의 영역들의 내부에서 그 조건들의 일부가 되는 특정한 크기들이 더 섬세한 방식으로 변화하기 때문에 각 특수존재자들은 일정수의 다른 존재자들과 다르게 된다. 한 존재자의 원본적인 특수성은 본성에 있어서 유형학적typologique 실재성과 다르지 않다. 특수존재자는 그 유형학적 특징들과 마찬가지로 가장 독특한 특징들 역시 **소유하지** 않는다. 전자나 후자나 모두 에너지 조건과 특이성singularité 조건들의 만남으로부터 나오기 때문에 **개체적**이다. 특이성 조건들은 역사적이며 국부적locale이다. 만약 동일한 안정성의 영역 내부에서 여전히 변화가능한 조건들이 무한수의 값들을 내포하지 않고 단지 유한수의 값들만을 내포한다면 나타날 수apparaître 있는, 실제적으로 서로 다른 특수존재자들의 수는 유한하리라는 사실을 인정해야 할 것이다. 물질의 어떤 양 속에서는 식별불가능한indiscernable 것으로 나타나는 여러 개의 동일한 존재자가 있을 수 있을 것이다.[20] 물론

---

20) [옮긴이] 식별불가능성 → 용어설명* 참조.

거시적 수준에서는 결정학cristallographie에서조차 식별불가능한 여러 개체를 만나는 것은 거의 불가능하다. 과융해 결정의 물질은 결국 안정적 형태로 변형된다. 전자는 후자와 관련하여 준안정적이다. 그러나 우리가 막대한 양의 요소들 앞에 있을 경우에는 동소체적 형상의 절대적 순수성은 전혀 보장되지 않는다는 것을 잊어서는 안 된다. 유일한 형태로 나타나는 물질의 한가운데는 일정수의 안정적 동소체 형태의 싹들이 존재할 수 있다. 특수한 국부적 조건들은 이 구조적 싹과 동등할 수 있다 (예를 들면 화학적 불순함의 자취). 그러므로 단순한 물질들을 고려하려면 미시계에 위치해야 한다. 이 수준에서는 진정한 식별불가능성이 존재할 수 있을 듯하다.

개체성이 가장 덜 두드러진 것으로 나타나는 수준에서, 즉 동일 요소의 동소체적 형태들에서 개체성은 단지 성분의 동일성이나 형태의 특이성이나 힘의 작용에만 관련되지는 않는다. 물리화학적 개체화 과정을 설명할 필요성 앞에서 순수한 실체주의, 순수한 형태이론[게슈탈트심리학] 또는 순수한 역동론은 똑같이 무력할지도 모른다. 개체화의 원리를 질료나 형태 또는 힘 속에서 찾는 것은 개체화를 예를 들어 분자나 원자처럼 단순하게 나타나는 특수한 경우 속에서만 설명할 운명에 스스로를 몰아넣는 것이다. 그것은 개체의 발생을 추적하기보다는 이 발생을 형태적이고 질료적이거나 에너지적인 요소들 안에서 이미 일어났다고 가정하는 것이다. 그리고 개체화의 담지자들인 이 요소들 덕택에 사실상 가장 단순한 개체화를 합성에 의해 야기하는 것이다. 이런 이유로 우리는 요소적 입자에서 시작하는 것으로 개체의 연구를 시도하기를 원하지 않았다. 이는 복잡한 것을 단순한 것으로 간주하는 위험를 피하기 위해서이다. 우리는 연구의 최초의 목표로서 개체화의 가장 불안정한 국면을 선택하였다. 처음부터 우리에게 이 개체화는 에너지적이고 물질적인 조건들과 특이성의 양립가능성 그리고 그것들의 만남으로부터 나오는 작용으로 보였다. 개체화된 존재자들을 특이성의 전개로 파악할 것을 목표로 하는 발생학적 방법에 변환역학allagmatique이라는 명칭을 붙여도 좋을 것이다. 특이성은 에너지적인 전체적 조건과 물질적 조건들을 크기의 중간적 등급에서 통합한다. 실제로 이 방법은 개체의 발생을 그것의 과거 속에서 설명함으로써 존재자를 설명하는 순수한 인과적 결정론을 개입시키는 것이 아니라는 것을 우리는 지적해야 한다. 사실상 존재자는 시간 속에서 그것이 표현하는 두 집단의 조건들의 만남을 연장한다. 존재자는 단지 결과가 아니라 행위자agent이기도 하며 이 만남의 장소인 동시에 이 실현된 양립가능성의 연장이기도 하다. 시간의 용어로 말하자면 개체는 과거에 있는 것이 아니라 현재에 있다. 왜냐하면 개체가 자신의 개체성을 계속 보존하는 것은 단지 이 조건들을 구성하는 결합이 개체 자신에 의해 연장되고 또 연장되어 있는 한에서이기 때문이다. 개체는 자신을 구성하는 물질과 에너지의 혼합이 현재에 있는 한에서만 존재한다.[21] 바로 거기에 개체의 능동적 일관성이라 부를 만한 것이 있다. 이런 이유로 모든 개체는 생성의 조건이 될 수 있다. 안정적 결정cristal은 결정이나 액체의 과융해상태의 준안정적인 물질에 대해 싹에 될 수 있다. 역동성만이 개체화를 설명할 수 있다. 왜냐하면 역동성은 개체를 단 하나의 근본적인 역동성에 의해 설명하고자 하기 때문이다. 그런데 개체는 단지 형상질료적 만남만을 감추고 있는 것이 아니다. 그것

---

21) 바로 이에 의해 개체는 자신이 증폭하는 구조화를 시작함으로써 준안정적 평형상태의 체계 속에 들어올 때 특이성의 역할을 할 수 있다.

은 형상질료적 위치 안에서 특이성에 의해 촉발된 증폭의 과정으로부터 유래하며 이 특이성을 연장한다. 사실상 우리는 한 체계의 서로 독립된 아군sous-ensemble들로 이루어진 일정량의 물질이 존재하는 위치를 형상질료적 위치라고 부를 수 있다. 아니면 이 일정량의 물질의 에너지 조건들과 공간적 분배는 계로 하여금 준안정상태에 있게 하는 그러한 것일 수도 있다. 긴장력과 퍼텐셜에너지를 포함하는 상태는 계의 형태라고 불릴 수 있다. 왜냐하면 이 긴장력을 유지하는 것은 그것의 차원들, 그것의 위상학, 그것의 내적 고립들이기 때문이다. 형태는 거시물리적인 한에서의 체계이며, 가능한 개체화 과정의 틀을 만드는 실재인 한에서의 체계이다. 질료는 미시적이고 분자적인 수준에서 고려된 체계이다.

형상질료적 위치는 그 안에서 형상과 질료만이 존재하는 위치, 즉 실재의 두 수준이 소통하지 않고 있는 그런 위치이다. 이 수준들 간의 소통을 확립하는 것 ——에너지적 변형과 더불어—— 이 개체화의 시작이다. 그것은 밖에서 오든, 내재적인 것이든 정보라고 부를 수 있는 특이성의 출현을 가정한다.

{그런데[22] 개체는 두 가지 근본적 역동성을 내포한다. 하나는 에너지적인 것이고 다른 하나는 구조적인 것이다. 개체의 안정성은 그것들의 결합의 안정성이다. 이제부터 이와 같은 탐구가 주장할 수 있는 실재의 등급의 문제가 제기될 수 있다. 즉 그것[개체의 안정성]을 실재에 도달할 수 있는 것으로 고찰해야 하는가? 반대로 그것은 실험과학을 특징짓는 것으로 보이는 지식의 상대성에 종속되는가? [하는 것이다.] 이

83

---

22) [편집자] { }로 연결된 이 텍스트는 1964년도 판본에는 빠져 있었고 이전의 15줄로 대체되어 있었다.

러한 비판적 관심사에 대답하기 위해서는 현상들에 대한 인식과 상태들 사이의 관계들에 대한 인식을 구분해야 한다. 상대주의적 현상론 phénoménisme은 발생을 재추적하지 않고는, 또 우리가 자기의식의 고립 속에서 주체를 인식하는 혹은 인식한다고 믿는 방식으로는 물리적 존재자를 절대적으로 알 수 없다는 것을 지시하는 한에서는 완전히 타당하다. 그러나 인식비판의 근본에는 존재자가 근본적으로 실체라는 가정, 즉 자신 안에서 그리고 자신에 의해 존재한다는 가정이 남아 있다. 순수이성비판은 본질적으로 라이프니츠와 볼프의 실체주의를 겨냥한다. 그들을 통해 칸트는 모든 실체주의, 특히 데카르트와 스피노자의 그것들에 도달한다. 칸트의 본체noumène는 합리론과 실재론의 실체와 무관하지 않다. 그러나 존재자가 근본적으로 실체라는 것을 거부한다면 현상의 분석은 더 이상 그러한 상대주의에 이르지 않는다. 왜냐하면 감성적 경험의 조건들은 물리적 실재를 직관만으로 인식하는 것을 금하기 때문이다. 그러나 감성의 선험적 형식들의 존재로부터 칸트가 하는 것처럼 그렇게 결정적으로 상대주의를 도출할 수는 없다. 실제로 본체들이 순수 실체가 아니라 또한 **관계들**로 구성된다면(에너지 교환이나 실재의 한 영역에서 다른 영역으로 구조들이 이행하는 것처럼), 그리고 우리가 앞에서 보여 주고자 했던 것처럼 관계는 실체와 관련하여 **우연**이 아니라, **구성된 존재자의 실존 속으로 연장되는 에너지적이고 구조적인 구성적 조건이므로 관계가 항들 자체와 동일한 실재의 등급을 갖는다면**, 그때 순차성이나 동시성에 의해 정돈하는 능력이라는 이유로 관계들을 파악하게 해주는 감성의 선험적 형식들은 인식의 교정불가능한 상대성을 낳지는 않을 것이다. 실제로 관계가 진리 가치를 갖는다면 **주체** 내부의 관계 그리고 **주체**와 대상 간의 관계도 진리 가치를 가질 수 있다. 진정한 인식은 관계relation이며, 두 형태들 간의 비교에서 보이는 단순한 형식적 연관rapport이 아니다. 진정한 인식은 **주체─대상의 관계**라는 주어진 조건들 안에서 가능한 가장 커다란 안정성에 상응하는 인식이다. 한 관계는 여러 등급의 안정성을 가질 수 있는 것처럼 인식에도 여러 수준들이 있을 수 있다. 이러저러한 주관적 조건과 객관적 조건에 대해 가능한 가장 안정된 인식의 유형이 있을 수 있다. 주관적 조건들이나 객관적 조건들이 차후에 변형되는 일이 일어나면(예를 들어 새로운 수학적 관계들의 발견) 과거의 인식 유형은 새로운 것과 관련하여 준안정적이 된다. 적합한 것과 부적합한 것l'inadéquat의 관계는 사실상 안정적인 것에 대한 준안정적인 것의 관계이다. 진리와 오류는 두 개의 실체처럼 대립하는 것이 아니라, **안정적** 상태 속에 내포된 관계와 **준안정적** 상태 속에 내포된 관계와 같다. 인식은 대상적 실체와 주관적 실체 사이의 연관이 아니라 하나는 대상의 영역에 있고 다른 하나는 주관의 영역 안에 있는 **두 관계들 사이의 관계**이다.

　　**우리 연구의 인식론적 가정은 두 관계들 사이의 관계가 그 자체로 관계라는 것이다.** 여기서 우리는 관계라는 말을 위에서 정의한 의미로 사용한다. 즉 관계를 단순한 연관과 대립시켜 거기에 **존재**의 가치를 주는 것이다. 왜냐하면 관계는 안정성의 조건의 형태로 존재자들 속에 연장되어 그들의 개체성을 개체화 과정의 결과로 정의하기 때문이다. 이 구성하는 관계들의 연구 방법의 전제를 받아들이면 근사적 인식의 존재와 효력을 이해하는 것이 가능해진다. 근사적 인식은 정확한 인식과 다른 본성의 것이 아니다. 그것은 단지 덜 안정적일 뿐이다. 모든 과학적 교설들은 인식 조건들의 변화에 의해 가능하게 된 교설과 관련하여 어느 순간에 준안정적이 될 수 있다. 그 때문에 과거의 교설이 거짓으로 간주되는 것은 아니다. 그것은 새로운 교설에 의해 **논리적으로 부정되는** 것이 아니다. 그 영역이 단지 그것을 안정성으로 인도하는 새로운 구조화에 종속되는 것뿐이다. 이 교설은 **실용주의**의 한 형태도 아니고 새로운 **논리적 경험주의**의 한 형태도 아니다. 왜냐하면 그것은 인식이라는 이 관계의 외부에 있는 어떤 기준, 지적 유용성이나 생명적 동기 같은 다른 어떤 기준의 사용도 가정하지 않기 때문이다. 인식을 타당한 것으로 만들기 위해 어떤 유용성도 요구되지 않는다. 그것은 **유명론**도 **실재론**도 아니다. 유명론이나 실재론은 절대적인 것l'absolu이 존재자의 가장 고차적 형태라고 가정하는 교설들 그리고 모든 인식을 실체적 절대성의 인식에 맞추고자 하는 교설들 속에서만 이해될 수 있다. 존재자가 절대적인 것이라는 이 가정은 인식비판으로 생각된 보편자 논쟁의 기저에 있다. 그런데 아벨라르Pierre Abelard, 1079~1142는 항들의 인식을 관계의 인식으로부터 분리할 수 있는 가능성을 아주 잘 파악하고 있었다. 그는 비록 어리석은 조롱의 대상이 되었지만 이 구분에 의해 극도로 풍부한 원리를 가져왔고 이 원리는 실험과학의 발달과 더불어 충만한 의미를 지니게 된다. 항들의 인식에 대해서는 **유명론**을, 관계의 인식에 대해서는 **실재론**을 주장한 것이 우리가 아벨라르의 교설로부터 도출하여 보편적으로 적용할 수 있는 방법이다. 그러므로 이 관계의 실재론을 탐구의 전제로 취할 수 있다. 이 전제가 타당하다면 실험과학의 특수한 지점의 분석에서 물리적 개체화가 무엇인지를 우리에게 보여 줄 것을 요구하는 것은 정당하다. 이 과학이 우리에게 주는 인식은 실제로 관계의 인식으로서 타당하며, 철학적 분석에는 관계로 구성된 존재자만을 제공할 수 있다. 그러나 바로 개체가 그러한 존재라면 이 분석은 우리에게 그것을 드러내 줄 수 있다. 사람들은 우리가 특수한 경우를 선택했다고 비판할 수도 있을지 모른다. 그리고 **인식론적 전제와 인식된 대상** 사이의 상호성으로 인해 이 자의적 선택을 외부로부터 정당화할 수 없다고 비판할 수 있을지도 모른다. 그러나 우리는 무엇보다도 모든 사유는 정확히 그것이 실재적인 한에서 **관계**라고, 즉 그 발생 속에서 역사적 국면을 내포한다고 믿는다. 실재적 사유는 **자기정당화**적이며 구조화되기 전에는 정당화되지 않는다. 그것은 개체화를 내포하며, 자신의 고유한 안정성의 정도를 소유하면서 개체화된다. 사유가 존재하기 위해서는 단지 논리적 조건만이 아니라 사유로 하여금 그 발생을 완수하게 해주는 관계적 전제가 있어야 한다. 물리적 개체화의 개념이 구성하는 범례와 더불어 우리가 다른 영역의 다른 문제들을 해결할 수 있다면, 우리는 이 개념을 안정적인 것으로 간주할 수 있을 것이다. 그렇지 않다면 그것은 단지 준안정적일 뿐이며 우리는 이 준안정성을 우리가 발견할 수도 있을 더 안정적인 형태들과 관련하여 정의할 것이다. 그때 그것은 **기본적 범례**의 탁월한 가치를 보존하게 될 것이다.}

## 2. 무정형상태로부터 나오는 결정 형태들의 발생으로서의 개체화

이런 방식으로 개체성을 고찰하는 것이 무정형상태와 관련하여 그것과 결정 형태들의 차이를 정의하는 데도 여전히 타당할 것인가? 에너지 조건들만을 고려해야 한다면 그 답은 즉각 긍정적이 될지도 모른다. 왜냐하면 무정형상태에서 결정상태로의 이행은 언제나 에너지 교환을 동반하기 때문이다. 온도와 압력이 일정할 경우 결정상태에서 액체상태로의 이행은 언제나 열의 흡수를 동반한다. 사람들은 결정 물질에서 언제나 플러스적인positif 잠재 융해열[잠열]이 존재한다고 말한다. 다른 한편 구조적 조건들만이 요구될 경우에는 어떤 새로운 어려움도 나타나지 않을지 모른다. 사람들은 무정형상태와 가장 가까운 결정 형태의 발생을 결정의 동소체의 한 형태에서 다른 형태로 이행하는 어떠한 방식n'importe quel passage과도 동일시할 수 있을지 모른다. 그러나 물질substance [성분]에서는 동일함에도 불구하고 무정형상태와 결정상태 간에는 차이가 있는 것을 고려할 때 물리적 개체화에 대한 앞의 정의는 일정수의 변형들이나 세부사항들과 더불어서만 적용될 수 있을 듯하다. 이 변형들이나 세부사항들은, 우리가 무정형상태를 개체로 취급할 수 없다는 사실, 그리고 개체화된 상태의 절대적 발생은 하나의 준안정적 형태에서 안정적 형태로 이행함에 의한 상대적 발생보다 더 정의하기 어렵다는 사실에서 유래한다. 그래서 앞에서 연구된 사례는 이러한 더 일반적 사례 앞의 특수 사례가 된다.

무정형상태에서 결정상태로의 이행은 여러 방식으로 일어날 수 있다. 포화saturation가 될 때까지 증발s'évapore하는 용액, 찬 벽 위에서 응집하는 수증기들(승화), 용해된 물질의 느린 냉각 등은 결정의 형성을 야기할 수 있다. 무정형상태와 결정상태 사이의 불연속성은 이[후자] 상태의 개체화된 특징을 규정하는 데 충분하다고 할 수 있는가? 그것은 두 상태 사이에 일정한 대칭성과 동등성이 있다고 가정하는 것일지도 모르는데, 이는 증명되지 않았다. 사실상 결정이 형성되는 동안 물리적 조건들의 변화 안에서(예, 온도) 에너지 교환이 일어난다는 것을 보여 주는 안정기palier가 관찰된다. 그러나 이 불연속성은 파편화될 수 있으며 어떤 경우들에서는 한꺼번에 주어지지 않는다. 아족시아니솔azoxyanisol [C14H14N2O3의 화학식을 갖는 유기화합물]과 같은 유형의 복합분자 상태의 유기물의 경우가 그러하다. 물리학자 레만Otto Lehmann, 1855~1922이 액체결정이

라고 부른 이 물체들은 프리델George Friedel, 1865~1933에 의하면 무정형상
태와 순수결정상태의 중간형태mésomorphe를 보여 준다. 이 중간상태들
에서 물질은 액체이지만 이방성의 특징들을 보여 준다. 예를 들면 모갱
Charles Victor Mauguin, 1878~1958이 보여 준 시각적 이방성이 그러하다. 다른
한편, 밀집되는 용액, 또는 냉각되는 액체나 승화로부터 결정들의 동일
한 유형을 얻을 수 있다. 고로 결정은 무정형물질과 관련해서 개체화되
는 것이 아니다. 개체로서 결정의 진정한 발생은 형상질료적 위치와 특
이성 사이의 관계들의 역동성 안에서 찾아야 한다. 그러면 결정상태의
특징으로 주어진 속성, 즉 이방성을 고찰해 보자. 결정은 아주 다른 두
유형의 이방성을 갖는다. 그 첫째는 연속적 이방성이다. 결정의 어떤 벡
86  터적vectorielle 속성들은 방향과 더불어 연속적인 방식으로 변화한다. 전
기, 자기, 탄성, 열적 확장, 칼로리전도, 빛의 전파속도라는 속성들이 그
러하다. 그러나 그 옆에서 방향과 더불어 불연속적 방식으로 변화하는
속성들을 볼 수 있다. 그것들은 직선적 방향들의 존재로 나타나거나 특
수한 속성들을 소유하는 평면의 존재로 나타난다. 반면 그것들과 인접
한 방향들은 어떤 정도에서도 위와 같은 것들을 소유하지 않는다. 그래
서 1783년의 로메 드 릴Jean-Baptiste Louis Romé de l'Isle, 1736~1790이 진술한 법
칙에 따르면, 결정은 일정한 평면이나 직선의 방향들에 의해서만 외적
으로 한정될 수 있다. 결정의 자연적 면들이 서로 간에 만들어 내는 이
면각angle dièdre[두 평면 사이의 각]들은 동일한 종류에서는 일정하다. 마찬가
지로 벽개clivage[결을 따라 쪼개짐]의 면들이나 충격을 받은 형태들에 의해 드
러나는 바와 같은 응집은 불연속적 이방성을 나타낸다. 마지막으로 불
연속적 이방성의 가장 좋은 예는 X선의 회절diffraction이다. 결정을 때리
는 X선의 다발은 일정수의 잘 결정된 방향들의 면들 위에 반사된다. 그

런데 이러한 불연속적 이방성의 특성들은, 종류espèce의 대표로서가 아니라 개체로서의 결정의 발생에서 나온다. 이런 방식으로 구조화된 것이 각각의 개체이다. 무질서하게 모여있는 결정들의 역암conglomérat[자갈이 진흙, 모래와 섞여 굳어진 퇴적암] 속에서 각 결정은 자신의 면들과 이면각들, 그 모서리들을 전체의 **방향**에 따라 결정하였다. 전체의 방향은 역학적이거나 화학적인 **외적** 상황에 의해 설명되지만 독특한 발생으로부터 엄밀하게 고정된 내적 연관들로부터 설명되기도 한다. 결정에 있어서 개체가 된다는 사실은 그것이 **자기 자신**과 관련하여 스스로 **전개되었다**는 사실 속에 존재한다. 발생의 마지막에 결정의 개체가 존재하는 것은, 한 결정의 싹 주변에서 정돈된 군ensemble이, 본래 무정형이었지만 퍼텐셜로 가득한 물질을 통합하면서, 그리고 서로 연관된 모든 부분들을 고유한 성향에 따라 구조화하면서 전개되었기 때문이다. 여기에는 결정의 진정한 내재성intériorité이 존재한다. 그것은 요소 입자들의 순서가 일정한 결정의 내부에서 보편적이라는 사실로 구성된다. 이 구조가 같은 개체의 모든 요소들에 대해 단일한 것은, 상태변화로서의 결정화 작용을 시작했을 뿐만 아니라, 결정의 특수한 구조화의 유일한 원리이기도 했던 싹이 초기에 존재한 데서 유래한다. 이 구조적 싹은 결정이 성장함에 따라 그 안에 점차 포함된 모든 요소들에 부과된 적극적인 방향설정의 기원이 되었다. 내적 역사성은 미시적 싹으로부터 거시적 구조물의 마지막 경계들에까지 발생의 전과정을 따라 확장되면서 아주 특수한 동질성을 만들어 낸다. 싹의 초기 구조는 무정형 물체가 준안정적 평형상태에 있지 않은 경우에는 그것의 결정화 작용을 적극적으로 유발할 수 없다. 결정의 싹을 받아들이는 무정형물질 안에는 일정한 에너지가 있어야 한다. 그러나 싹이 나타나자마자 그것은 원리의 가치를 소유하게 된다. 그 구조와 방향설정은 준안정적 상태의 이 에너지를 마음대로 이용한다. 결정의 싹은 아주 약한 에너지만을 가져오지만 자기 것보다 어마어마하게 커다란 물질덩어리의 구조화를 유도할 수 있다. 아마도 이러한 변조는 전개되는 결정의 순차적 단계들이 구조화하는 원초적 특이성에 중계 relais 역할을 하기 때문에 가능할 것이다. 그러나 초기의 싹이 그 주변 분자들의 단 하나의 층의 구조화에서 유래하는 결정으로 이행하는 것은 싹과 무정형의 환경으로 구성된 군의 증폭 능력을 나타낸 것이다. 그 다음부터 성장 현상은 자동적이고 무한하다. 결정의 모든 층들은 자신을 둘러싸는 무정형의 환경이 준안정적인 한에서 그것을 구조화할 능력을 지닌다. 이런 의미에서 결정은 무한한 성장의 힘을 지니고 있다. 결정은 성장을 멈출 수는 있지만 결코 완성할 수는 없다. 그것은 자신이 구조화할 수 있는 준안정상태에 놓이기만 하면 언제나 성장을 계속할 수 있다. 특히 조건들의 외재성이나 내재성의 특징이 발생 자체에 의해 변화된다는 것을 주목하는 것이 중요하다. 결정이 아직 구성되지 않은 순간에는 에너지 조건을 결정의 싹에 외부적인 것으로 간주할 수 있다. 반면 구조적 조건들은 이 싹 자체에 의해 운반된다. 반대로 결정이 성장하면 그것은, 적어도 부분적으로는, 그것이 무정형이었을 때 준안정적 상태의 퍼텐셜에너지의 기체support를 구성했던 물질의 덩어리를 통합한다. 그러므로 결정에 외부적인 에너지를 말할 수 없다. 이 에너지는 결정이 자신의 고유한 성장시에 병합된 물질에 의해 운반되기 때문이다. 이 에너지는 단지 잠정적으로만 외부적이다.[23] 게다가 결정 싹의 구조의 내재성은 절대적이지 않으며 자동적인 방식으로 무정형의 덩어리의 구조화를 지배하는 것은 아니다. 이러한 변조 작용이 일어나기 위해서는 구조적 싹이 무정형의 물질을 결정화할 수 있는 결정 체계에 상응하는 구조를 가져와야 한다. 결정이 결정화될 수 있는 무정형물질과 동일한 화학적 본성을 가질 필요는 없지만, 무정형물질 안에 포함된 퍼텐셜에너지의 통제가 가능하기 위해서는 결정화되는 두 체계 사이에 동일성이 있어야 한다. 그러므로 싹과 결정화될 수 있는 무정형의 환경 사이의 차이는 구조의 절대적 현존이나 부재에 의해 구성되는 것이 아니라 이 구조의 현실성이나 잠재성virtualité의 상태에 의해 구성되는 것이다. 한 계의 개체화 작용은 본래 구조적인 조건과 본래 에너지적인 조건의 만남으로부터 유래한다. 그러나 이 만남은 반드시 풍성한 결과를 낳는 것은 아니다. 그것이 구성적 가치를 갖기 위해서는 또한 에너지가 국부적 물질적 조건들의 함수로, 구조에 의해 현실화될 수 있어야 한다. 이 가능성은 구조적 조건이나 에너지 조건에만 의존하는 것이 아니라, 이 싹의 환경을 구성하는 물질과 싹의 결정 체계의 양립가능성에도 역시 의존한다. 그러므로 제3의 조건이 나타나는데, 이것은 앞의 사례에서는, 구조적 싹과 준안정적 물질이 화학적으로 같은 본성에 속한 관계로 필연적으로 충족되었기 때문에 알 수가 없었다. 여기서는 퍼텐셜에너지의 스칼라 양이 문제되는 것이 아니고 싹이 운반한 구조의 순수 벡터적인 속성들이 문제되는 것도 아니며, 여전히 무정형인 물질의 숨은 구조들과 싹의 현재적 구조 사이에서 유비적이라고 명명할 수 있는 제3의 유형의 연관이 문제된다. 이 조건은 이 싹의 구조와 무정형물질에 의해 운반된 퍼텐셜에너지 사이에서 진정한 증폭관계가 존재하기 위해 필수적이다. 이 관계

---

23) 모든 변조(modulation) 현상에서처럼 세 가지 에너지들이 현존한다. 준안정상태의 무정형물질의 강력한 퍼텐셜에너지, 결정의 싹이 가져온 약한 에너지(변조에너지, 정보), 마지막으로 무정형물질과 결정의 싹의 짝짓기 에너지가 그것들인데, 이 마지막의 경우는 무정형물질과 싹이 하나의 물리계를 형성한다는 사실과 뒤섞인다.

는 순전히 양적인 것도 순전히 질적인 것도 아니다. 그것은 질들의 연관이나 양들의 연관과는 다른 것이다. 그것은 특이성의 내부에서 한 구조와 한 퍼텐셜에너지의 상호적인 **내재성**을 정의한다. 이 내재성은 공간적인 것이 아니다. 왜냐하면 여기서 우리는 구조적 싹이 자신의 환경 위에 가하는 작용을 보기 때문이다. 그것은 항들의 등가성équivalence도 아니다. 왜냐하면 항들은 정적이든, 동적이든, 비대칭적이기 때문이다. 우리는 이러한 관계를 지칭하기 위해 유비analogie라는 말을 사용한다. 왜냐하면 그 존재론적 기초에 있어 범례 상관적인 플라톤적 사유의 내용이야말로 에너지적 양과 구조적 질을 포괄하는 관계의 도입을 공고히 하기 위해 가장 풍부한 의미를 지닌 것으로 보이기 때문이다. 이 관계는 정보이다. 싹의 특이성은 그것이 긴장된 형상질료적 위치 안에 도달할 때 유효하다. 구조적 싹과 그것이 구조화하는 환경milieu의 관계에 대한 섬세한 분석으로부터 이 관계가 무정형물질을 결정의 싹에 의해 극성화될 polariser[중심을 둘러싸고 응집하는 작용] 가능성을 요구한다는 것을 알 수 있다.[24] 이 극성화 작용polarisation의 반경은 매우 약할 수 있다. 무정형물질의 첫째 층이 싹 주위에서 결정이 되자마자 그것은 다른 층에도 싹의 역할을 하며, 그렇게 해서 결정은 점차 근접하며 전개된다. 구조적 싹과 준안정상태의 퍼텐셜에너지의 관계는 무정형물질의 이러한 극성화 작용 속에서 이루어진다. 그러므로 바로 여기서 개체를 구성하는 발생의 기초를

---

24) [옮긴이] 극성화(polarisation)는 가장 일반적으로 방향성을 띠는 과정을 말한다. 방향성을 띠면서 때로는 주변을 응집, 집중시키는 현상이 나타나기도 하고 때로는 두 개의 극으로 갈라지는 현상이 나타나기도 한다. 물리학에서는 편극, 빛의 편광, 전기의 분극 등의 현상들이 이 용어로 표현된다. 심리학이나 사회학에서는 활동이나 시선의 집중, 양극화 등의 의미로 사용되기도 한다. 맥락에 따라 다양하게 옮긴다.

찾아야 한다. 우선 거시적 관점에서 개체는 언제나 극성화 작용의 **담지자**로 나타난다. 사실상 극성화 작용은 변천하는transitive 속성이라는 것은 주목할 만하다. 그것은 결과인 동시에 원인이다. 극성화의 과정에 의해 구성된 물체는 일련의 극성화하는 기능들을 행사하는데, 결정이 소유하는 성장 능력은 그것의 현시들 중 하나에 지나지 않는다.[25] 아마도 1894년에 알려진 피에르 퀴리Pierre Curie, 1859~1906의 대칭에 관한 연구의 물리적 결과를 일반화하는 것도 가능한 일이 아닐까 한다. 퀴리의 법칙들은 두 가지 형태로 진술될 수 있다. 첫째는 통상적 개념들을 사용한다. 즉 한 현상은 그것을 낳는 원인들의 대칭의 모든 요소들을 소유하며, 한 현상의 비대칭은 그 원인들 안에 있다. 다른 한편, 산출된 결과들은 원인보다 더 대칭적일 수 있는데, 이것은 첫번째 법칙의 역은 성립하지 않는다는 것을 의미한다. 다시 말하면 한 현상이 하나의 비대칭을 나타낸다면, 이 비대칭은 원인들 안에 있어야 한다는 것이다. 이 비대칭이 현상을 산출하는 것이다. 그러나 퀴리 법칙의 특별히 흥미로운 점은 무엇보다 바로 다음과 같은 진술들 속에서 나타난다. 한 현상은 그것의 특징적인 대칭을 또는 이 대칭의 아군들sous-groupes 중 하나의 대칭을 소유하는 환경 안에서 존재할 수 있다. 그것은 더 대칭적인 환경 속에서는 나타나지 않을 것이다. 한 현상의 특징적인 대칭은 이 현상의 존재와 양립가능한 최대의 대칭이다. 이 특징적인 대칭은 전기장, 자기장, 그리고 빛의 파동을 전파하는 특징적인 전자기장과 같은 현상들 각각에 대해 정의됨에 틀림없다. 그런데 하나 또는 여러 개의 이방성의 축들을 제시하는 대칭군들

---

25) 이러한 극성화 기능 덕분에 각각의 새로운 층은 다시금 인접한 무정형물질에 대해 정보의 역할을 하는 특이성이 되는데, 이 극성화 기능은 변환적 전도에 의해 증폭을 설명한다.

의 수는 제한되어 있다는 것이 알려져 있으며, 결정학자들은 단지 일곱 개 군들의 가능성만을 규정하고 있다.

① 구체sphère 대칭, ② 구체의 직접 대칭(회전 능력을 가진 액체로 가득찬 구체의 대칭), ③ 회전하는 원기둥 대칭(이것은 한 방향으로 압축된 등방성 물체의 대칭, 즉 원기둥축의 대칭이다), ④ 원기둥의 직접 대칭, 즉 회전능력을 지닌 액체로 가득찬 원기둥의 대칭, ⑤ 원뿔대tronc du cône의 대칭, ⑥ 자신의 축을 중심으로 회전하는 원기둥 대칭, ⑦ 회전하는 원뿔대의 대칭. [이 중에서] 첫번째 두 개의 대칭들은 하나 이상의 등방성의 축을 나타내며 나머지 다섯 개는 단 하나의 축만을 나타낸다. 이 체계들 덕분에 우리는 전기장에 특유한 대칭이 원뿔대 대칭이라는 것을 알게 되었다. 반면 자기장의 특유한 대칭은 회전하는 원기둥 대칭이다. 따라서 우리는 이러저러한 대칭으로 특징지어진 구조에 상응하는 극성화 작용에 의해 그 발생이 결정된 물리적 개체가 어떤 조건에서 일정한 극성화 작용을 나타내는 현상을 산출할 수 있는지를 이해할 수 있다.

그래서 노발리스Novalis, 1772~1801가 주목한 현상, 그리고 '전기석' tourmaline 결정에 대한 시적 환기 속에서 찬미된 현상은 원뿔대 대칭의 체계로부터 이해될 수 있다. 전기석의 대칭은 삼각형 피라미드 대칭이다. 뜨거워진 전기석 결정은 삼원적ternaire 축의 방향으로 전기적 극성을 나타낸다. 전기석은 이미 보통의 온도에서 분극되어 있지만, 전하의 느린 이동은 이 분극을 보상한다. 가열은 단지 이 보상이 일정 시간 동안 더 이상 일어나지 않는 방식으로 분극된 상태를 변형할 뿐이다. 그러나 결정의 구조는 변형되지 않았다. 마찬가지로 회전하는 자기적 분극작용은 자기장의 특유한 대칭 즉 회전하는 원기둥 대칭과 관련된다. 마지막으로 자크Jaques Curie, 1856~1941와 피에르 퀴리가 발견한 압전기

piézoélectrique[결정에 외부압력을 가할 때 그 결정판에 양음의 전하가 생기면서 전기적으로 분극되는 성질] 현상의 사례에서 해석은 특별히 더 흥미로워진다. 그것은 어떤 결정들의 역학적 압축이나 확장에 의해 전하가 나타나는 현상이다. 이 현상은 전기장의 출현으로 구성되므로 이 장(결정과 압력들)을 산출하는 계의 대칭은 기껏해야 원뿔대 대칭임에 틀림없다. 이로부터 파이로전기 pyro-éléctricité[결정을 가열할 때 나타나는 전기적 분극작용]적 결정들은 압전기 성질을 띤다는 결과가 나온다. 전기석 결정을 삼원적 파이로 전기축을 따라 압축하면 실제로 반대 신호를 가진 전하의 출현을 볼 수 있다. 반대로 수정 quartz과 같은 결정들은 삼원적 대칭만을 갖기 때문에(이원적 축들의 종단들은 동등하지 않다) 파이로-전기적이지 않고 압전기적이다. 왜냐하면 이원축을 따라 압력을 가할 경우 결정과 압력에 공통적인 대칭의 유일한 요소는 이 이원축이기 때문이다. 원뿔대 대칭의 아군sous-groupe인 이 대칭은 이 축을 따르는 전기장의 출현과 양립가능하다. 그러한 결정에서 전기적 분극은 프리즘prisme 면들에 정상적인 압력을 가함으로써도 역시 나타날 수 있다. 결정의 대칭과 압축 원기둥 대칭에 공통적인 대칭의 유일한 요소는 압력의 방향으로 수직인 이원축이다. 이로부터 대칭의 중심을 갖지 않는 결정들은 압전기적일 수 있다는 결과가 나온다. 좌우대칭의 이면상hémiédrie[일반적인 결정의 대칭면들 중 절반만을 가진 예]을 가진 사방정계의 세네트염sel de Seignette[포타슘-소듐으로 된 주석산염]의 경우가 바로 그러하다. 그 화학적 구성은 $CO_2K-CHOH-CHOH-CO_2Na$와 같은 공식으로 지시된다.

공통의 유들, 종차들, 고유한 특성들에 따라 사유하는 습관은 너무 강해서 우리는 자연적이고 내재적인 분류를 암시하는 항들을 사용하는 것을 피할 수가 없다. 이러한 것을 유보하더라도 속성이라는 말에서 자연적 분류라는 의미를 제거하는 데 동의할 경우, 우리는 이전의 분석에 따라 결정 개체의 속성들은 결정의 발생을 주도한 극성polarité이나 극성들의 다발을 연장하면서 이것들을 표현하고 현실화한다고 말하겠다. 구조화된 물질인 결정은 구조화하는 존재자가 될 수도 있다. 그것은 물질의 이러한 극성화 작용의 결과인 동시에 원인이기도 하다. 극성화 작용 없이는 결정은 존재할 수 없을지도 모른다. 그것의 구조는 획득된 구조이다. 왜냐하면 싹이 있어야 했기 때문이다. 그러나 싹은 결정과 실체적으로 구분되는 것은 아니다. 그것은 결정 안에 내포되어 있다. 결정은 더 커다란 싹 같은 것이 된다. 여기서 몸soma은 생식질germen로 연장될 수 있고 생식질은 몸으로 연장될 수 있다. 생식질은 몸이 된다. 그것의 기능은 전개되는 결정의 **경계**와 공외연적이다. 무정형의 환경을 구조화하는 이 힘은 어떤 방식으로 보면 결정의 경계의 속성이다.[26] 그것은 결정의 내부 상태와 그 환경의 상태 사이에 비대칭을 요구한다. 한 결정의 발생적 속성들은 그 표면에서 탁월하게 나타난다. 그것들은 경계의 속성들이다. 그러므로 엄밀하게 말하고자 하면 그것들을 '결정의 속성들'이라고 명명할 수 없다. 그것들은 차라리 결정과 무정형 물체 사이의 관계의 양상들이다. 결정이 우리가 특이하게도 '속성들'이라고 명명하는 것을 소유하는 이유는 그것이 영원히 미완성이며, 미결정상태로 유지되는 생성상태에 있기 때문이다. 이 속성들은 사실상 극성화된 장들과 맺는 관계에 의해 나타나는 항구적 비평형상태이며 이 상태는 결정의 경계나 그 주변에서 결정 구조에 의해 한정된 극성을 갖는 장을 창조한다. 퀴리의 법칙을 일반화하면 우리는, 일정한 방향으로의 압축이나 자기장

---

26) 싹과 무정형물질 사이의 관계는 체계의 정보의 과정이다.

과 같은 특수한 극성화 조건들에 의해 이방성이 되지 않으면, 순수 무정형인 물질은 극성화된 장을 만들 수 없다는 것을 알게 될 것이다.[27] 하나의 특이성은 극성화된다. 개체의 진정한 속성들은 그 발생의 수준에 있다. 그리고 이런 이유로 그것은 다른 존재자들과의 관계의 수준에서 존재한다. 왜냐하면 개체가 언제나 자기의 발생을 계속할 수 있는 존재자라면 이 발생적 역동성이 존재하는 곳은 바로 다른 존재자들과 그것의 관계 속에서이기 때문이다. 결정의 개체발생 작용은 그 표면에서 이루어진다. 내부의 층들은 과거의 활동을 나타낸다. 그러나 구조화할 수 있는 물질과의 관계 속에 있는 한에서, 성장하게 하는 힘을 축적하고 있는 것은 표면의 층들이다. 현재에 있는 것은 개체의 경계이다. 바로 이 경계가 개체의 역동성을 나타내며 구조와 형상질료적 위치 사이의 이러한 관계를 존재하게 한다. 자기 자신 속에서 그리고 자신을 한정하는 존재자들과 관련하여 완전히 대칭적인 존재자는 중성적이거나 속성들이 없는 존재일지도 모른다. **속성들은 실체적인 것이 아니라 관계적인 것이다.** 그것은 생성의 중단에 의해서만 존재한다. 비대칭의 가장 완벽한 모범을 표현하거나 구성하는 한에서의 시간성(현재는 과거의 대칭이 아니다. 흐름의 방향이 비가역적이기 때문이다)은 개체의 존재에 필연적이다. 게다가 아마도 개체화와 시간성 사이에는 완벽한 가역성이 있을 것이다. 시간은 언제나 관계의 시간이며, 이는 개체의 경계에서만 존재할 수 있다. 이 교설에 따르면 시간은 관계이며, 진정한 관계는 비대칭적일 뿐이라고 말할 수 있을지 모른다. 물리적 시간은 무정형의 항과 구조화된 항

---

27) 한 용액의 포화는 아마도 미시적 수준에서는 무정형물질을 결정의 싹의 작용에 민감하게 만드는 극성을 창조할 것이다. 과포화는 실제로 준안정성을 창출하는 물리화학적 강제이다.

사이의 관계로서 존재한다. 전자는 퍼텐셜에너지의 담지자이고 후자는 비대칭 구조의 담지자이다. 이런 관점으로부터 또한 모든 구조는 구조화하는 동시에 구조화된 것이라는 사실이 나온다. 그것이 관계의 현재 속에서 나타날 때, 퍼텐셜이 된 무정형상태와 과거에 구조화된 실체 속에서 나타날 때, 우리는 그것을 두 측면에서 파악할 수 있다. 그러면 미래와 과거의 관계는 우리가 무정형의 환경과 결정의 사이에서 파악하는 것과 동일할지도 모른다. 미래와 과거의 관계인 현재는 결정과 무정형의 환경 사이의 비대칭적이고 극성화된 경계와 같다. 이 경계는 퍼텐셜로도, 구조로도 파악될 수 없다. 그것은 결정에 내적인 것이 아니며, 무정형의 환경의 일부가 되는 것도 아니다. 그러나 다른 의미에서 그것은 두 항의 양자를 통합하는 부분이다. 왜냐하면 그것은 양자의 모든 속성들을 부여받고 있기 때문이다. 위의 두 측면은, 다시 말해서 변증법적 삼분법의 정과 반처럼 대립하는, 제한된 항들에 대한 경계의 귀속성과 비귀속성은 그 구성적 원리의 특징이 없다면 인위적으로 구분되고 대립된 채로 남게 될지 모른다. 이 비대칭적 관계는 사실상 결정의 발생의 원리이며, 비대칭은 발생의 기간 내내 영속된다. 그로부터 결정의 성장의 무한정성이라는 특징이 나온다. **생성은 존재에 대립하지 않는다. 그것은 개체인 한에서의 존재자를 구성하는 관계이다.** 따라서 결정에 의해 구성된 물리화학적 개체는 개체인 한에서 생성 중에 있다고 말할 수 있다. 바로이 중간 단계에 ─군ensemble과 분자 사이의─진정한 물리적 개체가 존재한다. 물론 이차적인 의미에서는 이러저러한 황의 덩어리가 그것이 일정한 동소체적 형태로 나타난다는 사실에 의해 개체화되었다고 말할 수도 있다. 그러나 그 군의 일정한 상태는, 공통의 기원을 소유하는 현실적 개체들이 덩어리를 이루는 존재 밑에 있는 더욱 근본적인 실재를 거

91

시적 차원에서 표현하는 것일 뿐이다. 군의 개체화된 특징은 단지 일정 수의 현실적 개체들의 존재에 대한 통계적인 표현에 지나지 않는다. 한 군이 서로 다른 기원과 구조를 가진 다수의 물리적 개체들을 포함한다면 그것은 [단지] 혼합이며 약하게 개체화된 것으로 남는다. 물리적 개체성의 진정한 기체는 요소적 개체화 작용이다. 비록 그것이 간접적으로만 관찰의 수준에 나타난다고 하더라도 말이다.

{플라톤이[28]『필레보스』의 사유를 예고하는『파르메니데스』에서 존재와 생성의 관계에 대해 보여 주는 멋진 사유는 존재와 생성의 혼합을 발견하는 데 이르지 못한다. 변증법은 반명제antithèse로 남아 있으며 제3의 것τρίτον τι의 내용은 불만족스러운 전제의 형태로 나타날 수 있을 뿐이다. 그것은 플라톤이 그리스 과학에서 미결정상태로 비대칭적이고 그러면서도 부동적인 생성의 개념을 발견할 수 없었기 때문이다. 어떤 혼합물의 도입에 의해서도 발생γένεσις과 부패φτορά의 일관성 없는 흐름과 정적인 상태 사이의 교체를 피할 수 없었다. 이데아들 사이의 관여 participation 그리고『에피노미스』에서 발견되고 아리스토텔레스의『형이상학』의 M, N 편에서 척도μέτριον의 이론과 함께 재구성되는 것과 같은, 수의 이데아들 사이의 관여조차 여전히 일자와 부동자가 다수와 운동에 대해 우월하다는 생각을 유지한다. 생성은 운동으로 간주되며 운동은 불완전한 것으로 간주된다. 그러나 플라톤이 생의 말년에 보여 준 사유인 이 무한한 새벽을 통해 존재와 생성의 실재적 혼합의 탐구를 예감할 수 있다. 이는 윤리학의 의미에서, 정의되기보다는 예감되는 것이다.

---

28) [편집자] { }로 표시된 이 텍스트는 1964년도 판본에는 빠져 있었고 직전의 12줄로 대체되어 있었다.

그것은 **감성적인 것, 즉 생성 속에서 불멸화되는** 것이다. 『티마이오스』[플라톤의 우주론에 대한 논의]가 이때 쓰여졌더라면 우리는 4세기 이래로 존재와 생성이 혼합된 이론을 가지게 되었을지도 모른다. 아마도 플라톤의 가르침의 비의적秘義的, ésotérique 특성 때문에 불모로 남게 된 이러한 노력 이후 플라톤적 영감의 철학적 사유는 스페우시포스Speusippos 그리고 이어서 크세노크라테스Xenocrates와 더불어 파르메니데스가 기초한 이원론으로 되돌아간다. 이 사유의 아버지 파르메니데스에게, 플라톤은 어떤 방식으로든 그리고 어떤 관계 아래서든 존재자는 존재하지 않으며 비존재가 존재한다고 말하기 위해, 그 불경한 손을 얹을 것을 스스로에게 허용했던 것이다.[29] 자연학과 반성적 사유 사이에서 수용된 이혼은 소크라테스 이후 선언된 철학적 태도가 된다. 소크라테스는 아낙사고라스의 자연학에 실망하여 철학을 "하늘로부터 땅으로" 가져오고자 했다. 물론 아리스토텔레스의 작품은 백과사전적인 위대한 노력을 보여 준다. 그리고 자연학이 재도입된다. 그러나 사유에 모범을 제공할 수 있었던 것은 원형적 구조를 거부한 후 수학적 공식화를 할 수 없었던 그리고 측정보다는 분류에 몰두한 이 자연학이 아니다. 타성적 존재자의 수준에서 실패한 존재와 생성의 종합은 생명체의 수준에서 견고하게 이루어질 수는 없었다. 왜냐하면 오늘날에도 여전히 탐구의 대상인 생명체의 발생을 알 필요가 있었기 때문이다. 또한 서양철학의 전통은 거의 전체가 실체론적이다. 그것은 개체를 발생 속에서 파악하지 못하여 진정한 개체의 인식을 무시하였다. 분할불가능하고 영원한 분자이든, 또는 풍부하게

---

29) [옮긴이] 비존재 → 용어설명* 참조.

유기화된 생명체이든, 개체는 존재자들의 구성composition을 설명하기 위해 그리고 우주의 목적을 발견하기 위해 주어진 유용한 실재였으며 그 자체로 인지가능한 실재로 파악되지는 않았다.

우리는 이 작업에서 개체가 이제 과학의 대상이 될 수 있으며 소크라테스가 자연학과 반성적이고 규범적인 사유 사이에서 단언한 대립은 끝내야 한다는 것을 보여 주고자 한다. 이 작업은 경험주의적 교설의 내부에서 과학적 인식의 상대성은 더 이상 납득될 수 없다는 것을 암시한다. 경험론은 구체적인 것은 감성적이며 실재적인 것은 구체적인 것과 동일하다는 귀납이론의 일부를 이룬다는 것에 우리는 주목해야 한다. 인식론은 그 뿌리에 이르기까지, 즉 감각과 지각의 이론에 이르기까지 변형되어야 한다. 감각은 생명적 개체와 그것이 처해 있는 환경과의 관계로 나타남에 틀림없다. 그런데 이 관계의 내용이 단번에 과학을 이루지는 않더라도 그것은 이미 관계인 한에서 어떤 가치를 갖는다. 감각의 허약함은 무엇보다도 사람들이 거기서 실체들을 보여 주기를 요구하는 데서 온다. 이것은 감각의 근본 기능으로 인해 불가능한 일이다. 감각에서 과학까지 일정한 불연속성이 있다면 그것은 유들과 종들 간에 존재하는 혹은 존재한다고 가정된 불연속성이 아니라, 위계화된 여러 준안정적 상태들 간에 존재하는 것과 같은 불연속성이다. 경험론이 선택된 출발점에 상대적이라는 가정은 실체론적 교설 안에서만 타당하다. 이러한 관계의 인식론은 개체존재를 정의된 것으로 가정하고서 제시될 수밖에 없기 때문에 우리는 그것을 사용하기 이전에 지시할 수가 없었다. 이런 이유로 우리는 물리학에서 빌려온 범례로부터 연구를 시작한 것이다. 단지 그 이후에 우리는 이 출발점으로부터 반성적 성과들을 **도출해 낸** 것이다. 이 방법은 매우 원시적으로 보일 수도 있다. 그것은 사실 이오니아의 '생리학자들'의 방법과 유사하다. 그러나 그것은 여기서 전제로서 나타난다. 왜냐하면 그것은 모든 논리학을 선행하는 인식론을 기초하려 하기 때문이다.}

## 3. 인식론적 결과들 : 관계의 실재성과 실체의 개념

동소체적 형태들의 개체화 과정으로부터 그보다 더 근본적인, 무정형물질과 관련한 결정의 개체화로 이행하면서 우리가 물리적 개체화의 개념규정에 틀림없이 가져온 변화는 무엇인가? 개체화가 하나의 과정으로 구성된다는 생각은 변함없이 남아 있다. 그러나 우리는 이 작용이 세우는 관계[30]는, 실체적 안정성의 모든 외양적 특징들을 취하면서, 한편으로는 현실적으로 효력이 있고, 다른 한편으로는 미결정상태라고 명시할 수가 있었다. 여기서 관계는 능동적 경계처럼 관찰가능하다. 그것의 실재성의 유형은 경계의 유형이다. 우리는 이런 의미에서 개체를 한정된limité 존재자로 정의할 수 있다. 그러나 그것은 한정된 존재자가 극성화하는polarisant 존재자이고 무정형의 환경과 관련하여 성장의 무한한 역동성을 소유한 존재자라고 이해하는 조건에서 그러하다. 개체는 실체가 아니다. 왜냐하면 실체는 자기 자신 이외에 다른 어떤 것에 의해서도 한정되지 않기 때문이다(그래서 스피노자는 실체를 무한하고 유일한 것으로 보았다). 모든 엄밀한 실체주의는 데카르트에서 볼 수 있듯이 개체의 개념을 배제한다. 그래서 그는 엘리자베스 공주에게 인간 안에서 실

---

30) 무정형물질과 구조적 싹 사이의 유비적 연관의 존재에 의해 가능하게 된 관계. 이는 무정형물질과 싹으로 구성된 체계가 정보를 내포하고 있다는 말이 된다.

체들이 어떻게 결합되어 있는지를 설명할 수 없었다. 게다가 스피노자는 개체는 외양에 불과하다고 선언했다. 유한한fini 존재자는 한정된limité 존재자와 정반대이다. 그것은 끝없이 성장하기 위한 존재의 충분한 양을 소유하지 못하기 때문에 자기 자신으로부터 한정되기 때문이다. 반대로 개체에 해당하는 이 무규정적indéfini 존재자에서 성장의 역동성은 멈추지 않는다. 왜냐하면 성장의 순차적 단계들은 그 만큼의 중계들[릴레이]relais이고, 이 중계들 덕분에 점점 더 막대한 양의 퍼텐셜에너지가 계속해서 더 커져 가는 무정형물질 덩어리를 정돈하고 통합하는 데 예속되어 있기 때문이다. 그래서 육안으로 보이는 결정은 초기의 싹과 관련하여 이미 막대한 구조물이다. 모서리가 1마이크로미터[1천 분의 1밀리미터]인 다이아몬드 입방체는 탄소원자 1천 770억 개 이상을 포함한다. 고로 결정의 싹은 그것이 광학현미경의 분해능력[해상도]의 경계에서 가시적 결정의 크기에 도달했을 때는 어마어마하게 성장한 것임을 알 수 있다. 게다가 느린 성장 조건에서 아주 조심스럽게 보존된 과포화용액에서 인공적 결정을 '부양하는' 것도 가능하다는 것이 알려져 있다. 이 경우 비록 결정의 싹이 그것을 구성하는 원자들에 비해 이미 커다란 차원의 구조물이라고 가정해도 우리는 1데시미터[10센티미터] 입방체의 부피를 가진 결정은 1마이크로입방미터의 부피라고 가정된 결정의 싹보다 수십억 배 더 큰 질량을 가진다고 생각할지도 모른다. 수정이나 장석, 그리고 화강암을 구성하는 운모처럼 지표면의 거의 전체를 구성하는 보통 크기의 결정들은 그것들의 싹의 수백만 배에 해당하는 질량을 갖는다. 그러므로 싹의 경계 안에 포함된 아주 약한 에너지로 하여금 그렇게 많은 양의 무정형물질을 구조화할 수 있게 해주는, 순차적 중계에 의한 [에너지] 예속의 과정이 있다는 것을 반드시 가정해야 한다. 사실상,

성장 중에는 싹에 해당하는 것은 바로 결정의 경계이다. 이 경계가 결정이 성장함에 따라 이동하는 것이다. 그것은 언제나 새로운 원자들로 이루어지지만, 자기 자신과 역동적으로 동일한 것으로 남아 성장의 동일한 국부적 특징들을 보존하면서 표면에서 성장한다. 경계의 이 원초적 역할은 부식腐蝕된 상들과 특히 에피택시épitaxie[두 개의 결정을 동시에 성장시키는 짓][31]의 상들과 같은 현상들에서 잘 드러난다. 이 현상들은 주목할 만한 역증거를 나타낸다. 결정이 반응물질에 의해 충격을 받을 때 얻어지는 부식된 상들은 규칙적 윤곽에 약간의 함몰을 드러낸다. 이것을 음의 négatif 결정이라 명명할 수 있을지도 모른다. 그런데 이 음의 결정들은 그것들이 나타나는 결정의 면에 따라 다른 형태를 갖는다. 플루오린은 황산에 의해 침식될 수 있다. 그런데 플루오린은 입방체[정육면체]의 형태로 결정화되고 입방체는 충격에 의해 규칙적인 팔면체의 면들과 평행한 면들을 낳는다. 입방체의 한 면에는 부식에 의해 작은 사각형의 피라미드들이 나타나고 팔면체의 면 위에는 삼각형의 피라미드들이 나타나는 것을 볼 수 있다. 모든 상들이 동일한 면 위에서 나타나면서 동일한 방향을 갖는다. 에피택시는 결정을 결정화되는 도중의 물질의 기체로 취급할 때 일어나는 현상이다. 막 생겨나는 결정들은 그것들이 자리잡은 결정의 면(다른 화학물질에 속하는)에 의해 방향을 잡는다. 결정의 대칭과 비대칭은 이 두 현상 속에서 나타난다. 그래서 방해석과 고회석, 즉 $CO_3Ca$와 $(CO_3)^2CaMg$는, 희석된 질산에 의해 벽개의 한 면이 침식되면, 전자에서는 대칭적이고 후자에서는 비대칭적인 부식상들을 나

---

31) [옮긴이] 에피택시 → 용어설명* 참조.

타낸다. 이 사례들은 물리적 개체의 경계의 특징들이 다시금 경계가 된 (예를 들면 여기서는 벽개성) 이 개체의 모든 지점에서 나타날 수 있다는 것을 보여 준다. 그래서 개체는 정보의 역할을 할 수 있고 국부적으로라도 극성화될 수 있는 능동적 특이성으로서 작용할 수 있다. 그러나 이 속성들, 특히 우리가 방금 주목한 동질성은 아주 미소한 단계에서 존재하는 것이 아닌지 자문할 수 있다. 결정의 개체화에서 더 아래의 경계가 있는가? 아위René Just Haüy, 1743~1822는 1784년에 결정의 격자 이론을 공식화했는데 1912년 라우에Max von Laue, 1879~1960가 격자처럼 작용하는 결정에 의한 X선의 회절diffraction을 발견한 덕에 이를 확인했다. 아위는 다양한 형태들로 나타나는 방해석을 연구하였고, 모든 방해석 결정들이 벽개성에 의해 동일한 삼방정계rhomboèdre를 낳을 수 있다는 것을 발견했다. 삼방정계는 6면이 모두 동등한 마름모꼴을 하고 있는 평행육면체인데 이 면들 사이의 [큰] 각은 105° 5′이다. 여기에 충격을 주어 현미경으로만 보일 정도로 점점 더 작은 삼방정계들을 만들 수 있다. 그러나 형태는 바뀌지 않는다. 아위는 이 연속적 분할에 한계가 있다고 가정하고 방해석 결정들을 이러한 요소적 삼방정계들의 덩어리로 상상했다. 라우에의 방법으로부터 X선 덕택에 이 요소적 삼방정계의 크기를 측정할 수 있었다. 그 높이는 $3.029 \times 10^{-8}$센티미터이다. 직사각형으로 된 세 개의 벽개를 가지는 암염sel gemme[천연 소금]은 분할이 불가능한 요소적 입방체들로 되어 있고 그것의 모서리는 $5.628 \times 10^{-8}$센티미터이다. 그러므로 암염의 결정은 물질 입자들(소듐염화물의 분자들)로 구성되어 있다고 간주될 수 있다. 그것들은 직각으로 절단되는 세 종류의 격자면들로 구성된 결정망의 매듭들에 배열되어 있다. 요소입방체는 결정의 단위격자maille라고 불린다. 방해석은 격자면들의 세 차원으로 구성되어 그 면

들 사이에는 105° 5'의 각이 형성되며 3,029×10⁻⁸센티미터의 항상적 간
격에 의해 분리되어 있다. 모든 결정은 평행육면체의 망으로 구성된다
고 생각할 수 있다. 이 격자 구조는 벽개성에 평행한 층stratification만이 아
니라 여러 가지 양태의 층을 설명해 준다. 그래서 암염의 구조를 설명하
는 입방체의 망 속에서 입방체의 대각선 면들에 평행한 층을 관찰할 수
있다. 이 층은 섬아연석blende[아연과 황의 화합으로 이루어진 광물]에서 나타난다.
입방체 망의 매듭들은 규칙적인 8면체의 면들에 평행한 격자면들로 정
돈될 수 있다. 우리는 위에서 그러한 층에 상응하는 플루오린의 벽개성
을 본 바 있다. 이 복수적multiple 층이라는 개념은 특별히 주목될 만한 가
치가 있다. 그것은 경계의 관념에 가지적이고 실재적인 내용을 주기 때
문이다. 경계는 구성적이다. 그것이 한 존재자의 물질적 경계가 아니라,
결정의 환경의 임의의 지점의 유사지점들의 군ensemble으로 구성된 구조
일 때 그러하다. 결정의 환경은 주기적 환경이다. 결정의 환경을 완벽하
게 알기 위해서는 결정의 단위격자의 내용, 즉 여러 원자들의 위치를 알
기만 하면 된다. 이 원자들을 세 개의 좌표축을 따라 이동시키면 환경 안
에서 그것들에 상응하는 모든 유사지점들을 발견할 것이다. 결정의 환
경은, 삼중으로 주기적인 환경이다. 그 주기는 단위격자에 의해 정의된
다. 비야르Jean Wyart, 1902~1992에 의하면, "적어도 평면에서는 결정을 무한
히 반복되는 벽지의 문양에 비교함으로써 주기성의 이미지를 가질 수
있다."(『광물학 고등 연구자격을 위한 결정학 강의』, 대학 고증 센터, p. 10).
그는 다음과 같이 덧붙인다. "이 문양은 평행사변형들의 망의 모든 매듭
들에서 존재한다. 요소적 평행사변형의 선분들은 결정의 **요소 격자**처럼
어떤 존재도 갖지 않는다." 그러므로 경계는 미리 결정되지 않는다. 그
것은 구조화로 구성된다. 어떤 임의의 지점이 이 삼중으로 주기적인 환

경에서 선택되자마자 요소 격자가 결정되고 공간적 경계들의 군도 마찬가지로 결정된다. 사실상 경계와 구조화의 공통 근원은 환경의 주기성이다. 우리는 여기서 성장의 무한한 가능성이라고 이미 지시한 바 있는 개념을 더 합리적인 내용과 더불어 재발견한다. 결정은 주기적 구조를 갖고 있기 때문에 자신의 모든 특징을 보존하면서 성장할 수 있다. 그러므로 성장은 자기 자신과 언제나 동일하다. 결정은 중심을 갖지 않기 때문에 자신의 한 지점을 중심과 관련한 외적 둘레로부터 얼마나 떨어져 있는지 측정할 수 없다. 결정의 경계는 결정의 구조와 관련하여 [더 안쪽에 있는] 다른 점들보다 중심으로부터 더 먼 것이 아니다. 결정의 경계는 잠재적으로 모든 지점에 있다. 그리고 그것은 벽개성에 의해 거기에 실제로 나타날 수 있다. 내재성과 외재성이라는 말들은 결정에 해당하는 이 실재성에 일반적 의미로 적용될 수 없다. 반대로 한 무정형물질을 고려해 보자. 그것은 외피에 의해 한정됨에 틀림없고 그 표면은 고유하게 표면에 속하는 속성들을 가질 수 있다. 그래서 점적기가 떨어뜨린 하나의 물방울은 그것이 형성되는 동안 역학이 연구하는 일정수의 순차적인 양상들을 취한다. 이 양상들은 [점적기] 관의 반경과, 무게에 기인하는 중력, 액체의 표면장력에 의존한다. 여기서 현상은 채택된 크기의 등급에 따라 무한히 변화가능하다. 왜냐하면 표면은 경계인 한에서가 아니라 표면인 한에서 작용하기 때문이다. 게다가 무정형물체도 어떤 경우에는 안개를 구성하는 물방울들처럼 규칙적인 형태를 띨 수 있다는 것을 주목하자. 그러나 결정의 개체화에 대해서 말하듯이 물방울의 개체화에 대해 말할 수는 없다. 그것은 주기적 구조를 갖지 않기 때문인데, 적어도 엄밀한 방식으로 볼 때 그리고 그 질량의 총체에서 볼 때는 그러하다. 커다란 규모의 물방울은 작은 규모의 물방울과 모든 속성들에서

정확히 동일한 것이 아니다.[32]

우리가 방금까지 결정의 예로 특징을 살펴본 개체화 과정은 더 제한된 규모의 요소적인 불연속성이 없이는 존재할 수 없다. 결정의 단위 격자를 형성하기 위해서는 원자들의 구조물이 필요하다. 이 구조화는 요소적인 불연속성 없이는 매우 상상하기 어렵다. 데카르트는 모든 물리적 효과를 '형태와 운동'으로 설명하고자 형태들의 존재를 요소적인 불연속성과는 다른 것 위에 기초하려고 했던 것이 사실이다. 이런 불연속성은 절대적 진공이 배제된 체계에서는 상상하기 어려운데, 왜냐하면 외연이 실체화되어 **연장 실체들**res extensa이 되기 때문이다. 또한 데카르트는 매우 공들여서 결정을 고찰했고, 바다소금의 과포화용액에서 인공적 결정들의 발생을 섬세하게 관찰하면서 그것을 형태와 운동에 의해 설명하려고 했다. 그러나 데카르트는 구조들의 기초를 발견하는 데 커다란 어려움을 겪는다. 『기상학』Météores의 서두에서 그는 공간적 경계들의 발생을 이웃하는 두 소용돌이의 회전의 방향의 대립으로부터 보여주려고 노력한다. 거기서 공간의 지역들을 원초적인 방식으로 개체화하는 것은 운동이다. 활력forces vives이 없는 역학에서 운동은 사실상 순수 기하학적 규정으로 나타날 수 있다.[33] 그러나 공간-물질 연속체 안에서 운동은 그것만으로는 쉽게 물리적 속성들의 이방성을 구성할 수 없다. 데카르트가 자기장을 형태와 운동에 의해 설명하려고 했던 시도, 즉 자

---

32) 자연 속에서는 이러한 불완전한 개체들은 종종 하나의 결정으로부터 형성된다. 이 결정의 주위에서 일정한 조건들(안개, 눈)에서 무정형물질이 고정되는 것이다. 이러한 불완전한 개체들의 형성 조건들은 과포화의 조건들에 비교할 수 있다. 결정들을 뿌림으로써 포화된 공기 속에서 비나 눈의 형성을 촉발할 수 있다.
33) [옮긴이] 활력은 운동에너지의 전신으로 볼 수 있다. 라이프니츠가 제안한 것으로 모든 것을 운동량 보존 원리로 설명한 데카르트와 뉴턴에 맞서 세워진 이론이다.

석의 두 극으로부터 나와 자신의 축을 중심으로 회전하는 나선들로부터 설명하려 했던 시도는 무용한 것으로 남았다. 이 가설에 의해 동일한 이름의 두 극이 어떻게 서로를 밀어내는지를 또는 반대되는 이름의 두 극이 어떻게 서로를 끌어당기는지를 설명하는 것은 가능하다. 그러나 이 두 속성들의 공존은 설명할 수는 없다. 왜냐하면 이러한 공존은 이방성을 요구하는 반면, 데카르트의 물질-공간은 등방적이기 때문이다. 실체론은 등방성의 현상만을 설명할 수 있다. 관계의 가장 기본적 조건인 극성화는 그러한 엄밀한 실체론에서는 불가해한 것으로 남아 있다. 또한 데카르트는 벡터량들을 나타내는 장의 현상들을 미세물질matière subtile의 역학에 의해 설명하려고 노력했다.[34] 그가 결정들에 현저하게 주목을 한 것은 그것들이 형태들의 실재성을 명백하게 예시하기 때문이었다. 그것들은 실체화된 기하학적 형태들이다. 그러나 데카르트의 체계는 진공을 거부하기 때문에 결정상태의 가장 근본적인 특징, 즉 주기적 구조의 발생적 개체화 과정을 식별할 수 없게 했다. 이 구조는 무정형상태의 연속성이나 무질서에 대립된 불연속적 구조이다.

그런데 충분히 엄밀하게 말하자면 결정상태는 불연속적이고 무정형상태는 연속적이라고 말해서는 안 된다. 왜냐하면 동일한 물질substance이 그것의 요소입자들은 변형되지 않은 채로 양쪽에서 나타나는 것이기 때문이다.[35] 그러나 그것이 분자처럼 불연속적 요소들로 구성되어 있다고 해도 한 물질은, 현상의 산출에 충분한 수의 요소입자들이 연

---

34) [옮긴이] 미세물질은 데카르트가 그의 소용돌이 이론에서 소용돌이를 가득 채우고 있다고 가정한 구형의 투명한 입자들을 말하는데 에테르라고도 불렀다. 미세물질에는 세 가지 종류가 있으며 각각 다른 크기와 운동의 속력을 갖는다.
35) [옮긴이] 이 문맥에서 substance는 물리화학적 재료 또는 성분을 말한다.

관되자마자, 연속체처럼 작용할 수 있다. 사실상 다수의 무질서한 작용들이, 즉 극성화를 따라가지도 않고 시간 속의 주기적 분배도 따르지 않는 작용들이 등방적 장 속에 배분되는 평균적 총합을 이룬다. 예를 들면 압축기체 속의 압력들이 그러하다. 브라운 운동[액체나 기체 속을 떠다니는 미세 입자들의 불규칙한 운동]의 예는 거대 분자들의 열적 동요를 눈에 띄게 하면서 등방적 환경의 이러한 조건을 예시한다. 실제로 우리가 이 운동을 관찰하기 위해 점점 커져 가는 가시적 입자들을 취해 보면 이 입자들의 운동은 결국 지각불가능하게 된다. 그 이유는 동요상태의 분자들 쪽의 각 면 위에서 받은 에너지의 순간적 총합이 관찰가능한 입자의 질량과 관련하여 점차로 약해지기 때문이다. 이 입자의 부피가 커질수록 단위시간당 각 면에 가해진 충격의 수는 커진다. 이 충격들의 분배는 우연히 이루어지므로 단위면에 가해진 힘들은, 고려된 면들이 더 커질수록 그리고 충분히 부피가 큰 관찰가능한 입자가 거의 정지상태로 남아 있을수록, 시간 속에서 그만큼 더 일정해진다. 차원들의 지속과 등급이 충분히 크면 무질서한 불연속체는 연속체와 동등하다. 그것은 기능적으로 연속적이다. 그러므로 불연속체는 그것이 무질서한가 질서정연한가에 따라, 때로 연속적인 것으로 때로 불연속적인 것으로 나타날 수 있다. 그러나 연속체는 기능적으로 불연속체로 나타날 수 없다. 그것은 등방적이기 때문이다.

97

이 방향으로 계속하면서 우리는 연속성의 국면이 불연속적 실재의 특수한 경우로 나타난다는 것을 알게 될 것이다. 반면에 이 명제의 반대는 사실이 아니다. 불연속체가 연속체에 비해 일차적이다. 이런 이유로 개체화의 연구는 불연속체를 불연속인 한에서 파악함으로써 매우 커다란 인식론적이고 존재론적인 가치를 갖게 된다. 그것은 우리에게 구조적 싹들과 에너지퍼텐셜을 포함하는 체계로부터 어떻게 개체발생이 이루어지는가를 질문하도록 유도한다. 개체화는 **실체**로부터가 아니라 체계로부터 존재한다. 이 개체화가 초기의 특이성으로부터 사람들이 실체라고 명명하는 것을 생겨나게 하는 것이다.

그러나 이러한 언급으로부터 개체의 존재론적 선행성을 결론짓는 것은 관계의 모든 풍부한 특징을 놓치는 것이다. 결정과 같은 물리적 개체는 주기적 구조를 가진 존재자이다. 이 존재자는 물질과 에너지를 포함하는 구조적 조건과 형상질료적 조건을 양립가능한 관계 속에서 만나게 하는 발생으로부터 유래한다. 그런데 에너지가 구조에 예속되기 위해서는 그것은 퍼텐셜의 형태로 주어졌어야 했다. 즉 연속체로 작용하는 **극성화되지 않은** 본래의 환경 속에서 퍼져 있어야만 했다. 개체의 발생은 구조적 싹이라는 불연속체와 선행하는 무정형 환경이라는 기능적 연속체를 요구한다. 스칼라양으로 측정가능한 퍼텐셜에너지는 벡터의 방식으로 표현되는 극성들의 덩어리인 구조에 예속될 수 있다. 개체의 발생은 이 벡터적 크기들과 스칼라적 크기들의 관계에 의해 작용한다. 그러므로 실체론을 구성된 개체의 일원론으로 대체해서는 안 된다. 모나드적 다원론은 여전히 실체론이다. 그런데 모든 실체론은 통합되어 있건, 다양화되건 간에, 일원론이다. 그것이 존재의 두 국면 중 하나만을 취한다는 의미에서 그러하다. 그것들은 항들을 작용 관계를 무시하고 취하는 것이다. 물리적 개체는 그 발생 속에서 연속체와 불연속체의 공통적 작용을 통합시킨다. 그것의 실존existence은 활동으로 연장되건, 미결정상태로 있건 간에, 이 연속된 발생genèse의 생성devenir이다.

이것은 개체화가 입자적 요소들의 크기의 등급과 완전한 체계를 이루는 몰적인 군ensemble의 등급 사이의 중간적 수준에서 존재한다는 것을 가정한다. 이 중간적 수준에서 개체화는 증폭하는 구조화 작용인데, 이것은 본래는 미시적인 불연속성의 능동적 속성들을 거시적 수준으로 이행하게 하는 것이다. 개체화는 단일분자인 불연속체가——준안정성의 '형상질료적 위치' 안의 환경 속에서——에너지를 변조할 수 있는 단계에서 시작한다. 이 에너지의 기체support는 몰적 체계와의 관계에서 이미 연속체의 일부이자 우발적으로 배열된 분자군, 즉 더 커다란 크기의 등급의 일부를 이룬다. 극성화하는 특이성은 본래 분리되어 있는 질서들을 뛰어넘으면서 절정에 달하는 구조화를 무정형의 환경 속에서 시작한다. 특이성, 또는 정보는 크기의 등급들 사이의 소통이 일어나는 장소이다. 개체의 실마리인 특이성은 개체 안에 보존된다.

## 99

# 3장 _ 형태와 실체[1]

## I. 연속과 불연속

### 1. 불연속성의 기능적 역할

반성적 사유를 자연학에서 윤리학으로 다시 불러들인 소크라테스의 명법injonction이 모든 철학적 전통에서 받아들여진 것은 아니다. 플라톤의 표현에 의하면 '땅의 아들'들은 물리적 자연의 인식 속에서 개인 윤리를 위한 견고한 원리만을 찾을 것을 고집한다. 이미 레우키포스와 데모크리토스가 그 길을 보여 주었다. 에피쿠로스는 윤리설을 자연학에 기초한다. 이러한 동일한 행보는 루크레티우스의 교훈적인 서사시에도 나타난다. 그러나 고대인들에 있어서 철학과 자연학 사이의 관계의 주목할 만한 특징은 윤리적 결론이 자연학의 원리 안에 이미 전제되어 있다는 것이다. 자연학은 이미 윤리학이다. 원자론자들은 원자를 다양한 합성을 경유하면서도 변질되지 않는 실체적이고 한정된 존재자로 가정할 때

---

1) [편집자] 1958년의 박사논문에 나와 있던 이 3장은 1964년의 초판에는 빠져 있었다. 단지 마지막 절인 '물리적 개체화의 위상학, 연대기 그리고 크기의 등급'만이 보존되어 있었다.

그들의 자연학 안에서 필연적으로 윤리학을 정의하고 있다. 복합체는 단순자보다 하위의 실재의 수준을 갖는다. 인간에 해당하는 이 복합체는 그가 자신의 시간적, 공간적, 에너지적으로 한계지어져 있음을 알고 받아들인다면 현자일 것이다. 사람들은 원자론자들이 엘레아학파의 존재를 잘게 쪼갰다고 말해 왔다.[2] 파르메니데스의 시는 자신이 **존재***l'Etre*에로 입문하게 된 이야기를 들려주는데 그가 우리에게 보여 주는 둥그런 스파이로스Σφαῖρος[구체]는 자신의 원환적 충만성에 만족하지만 실제로 [원자론자들에서는] 원자들로 무한히 쪼개진다. 그러나 존재자를 담지하는 것은 하나이건 다수이건 언제나 부동의 물질이다. 원자들 간의 존재 관계는 파르메니데스가 [주장한] 생성의 부정성을 대체하는 공백의 도입 덕택에 가능해져서 진정한 내재성을 갖지 않는다. 이 관계는 법칙도 없이 우연의 무수한 분출로부터 나와서 자신의 생존기간 내내 자신의 구성적 조건들의 본질적인 불안정성을 보존한다. 원자론자들에 있어서 관계는 존재자에 의존한다. 존재자 속에는 관계를 실체적으로 기초하는 것은 아무것도 없다. 관계는 목적 없는 '클리나멘'으로부터 나와서 순수한 우연으로 남는다. 흘러간 시간의 무한성 속에서 무한수의 만남들만이 몇몇 생존가능한 형상들에 이르게 될 수 있었다. 인간이라는 복합체는 어떤 경우에도 실체성에 도달할 수 없다. 기초의 부재로 인해 필연적으로 파괴적인 이 관계들은 인간에게 죽음에 대해 생각하도록 유

---

2) [옮긴이] 여기서 잘게 쪼갰다고 옮긴 말은 사실상 '현금화하다'(monnayer)라는 단어를 의역한 것이다. 존재는 부동, 불변의 일자임을 주장하고 허공(공간)을 부정한 파르메니데스와 제논 등 엘레아 학파(파르메니데스는 존재를 구형이라 주장함)의 존재 개념은 원자론자들에 전해지지만 이들은 공간을 인정하고 원자를 처리가능한 단위들(현금)로 잘게 쪼개어 만물의 생성과 운동을 설명한다.

## 100

도하면서 그가 존재해야 하는 이 적은 시간, 어떤 실체적 실재성도 갖지 않는 이 적은 시간조차 그로부터 탈취해 간다. 다만 인간은 이 관계들을 피할 수는 있다. 아타락시아의 상태는 인간복합체를 최대로 자신 위에 집중하게 하여 그가 도달할 수 있는 실체성에 가장 근접한 상태로 그를 이끌어 주는 상태이다. 철학의 고요한 사원들templa serena philosophiae은 진정한 개체성을 구성하는 것이 아니라 상상할 수 있는 것 중에서 단순한 것과 가장 유사한 복합체의 상태를 구성하는 것이다.

이와 대칭적인 전제가 스토아 학설에도 있다. 거기서도 역시 인간은 진정한 개체가 아니다. 단 하나의 진정한 개체는 유일하고 보편적인 것, 즉 우주cosmos이다. 그것만이 실체적이고 하나이고, 모든 것을 분리하는 기술적인 불πῦρ τεχνικόν ὁ διέχει πάντα의 내적 긴장에 의해 완벽하게 연결되어 있다.[3] 이 장인의 불은 싹의 불πῦρ σπερματικόν이라고도 하는데 세계에 생기를 불어넣는 거대한 맥동pulsation의 원리이다. 인간은 이 커다란 신체의 기관이며 전체의 리듬과의 조화 속에서만 진정으로 개체적인 삶을 발견할 수 있다. 이 조화는 루트 연주자들이 동일한 무게와 동일한 길이를 가진 두 개의 현의 동일한 긴장에 의해 실현하는 공명으로 생각된다. 그것은 부분의 활동이 전체의 활동에 참여하는 것이다. 원자론자들이 부정한 목적성은 스토아의 체계에서는 중요한 역할을 한다. 그것은 이들에게는 관계가 본질적이기 때문인데, 그 이유는 관계는 인간이라는 부분을 개체로서의 우주라는 전체로 고양시키기 때문이다. 반대로 원자론자들에 있어서 관계는 인간을 그 규모들에서 훨씬 더 어마어마한 차원에 참여하게 함으로써 그를 요소에 해당하는 개체로부터 멀어

---

3) [옮긴이] 기술적인 불 → 용어설명* 참조.

지게 할 뿐이다.

　그러므로 윤리적 의도는 대립되는 두 방향에서 자연학에 호소한다. 원자론자들에게 진정한 개체는 인간 크기의 등급보다 무한히 아래에 있다. 스토아 학파에서 그것은 무한히 위에 있다. 이들은 개체를 인간의 크기의 등급에서 탐구하지 않고 상상 가능한 크기들의 양극단에서 탐구한다. 두 경우에서 물리적 개체는 엄밀하고도 힘 있게 탐구되어 인간의 삶이 얼마만큼이나 이러한 탐구에 참여하는지를 느낄 수 있도록 해준다. 그리고 아마도 이러한 의도 자체로 인해 에피쿠로스 학파와 스토아 학파는 진부한 일상적 존재자를 개체의 모범으로 삼지 않았을 것이다. 원자와 우주는 그것들의 일관성 속에서 절대적이다. 그것들은 인간이 상상할 수 있는 것 중 가장 극단의 것들이기 때문이다. 원자는 분할과정에 의해 도달된 정도degré에 관련되지 않은 한에서 절대적이며, 우주는 총합addition의 과정과, 포함에 의한 정의définition의 탐구 과정에 관련되지 않은 한에서 절대적이다. 유일한 차이는 전체의 절대성은 관계를 포함하는 반면 분할불가능한 것의 절대성은 관계를 배제한다는 점인데 이는 그 결과들에 있어서 매우 중요한 차이이다.

　절대적인 개체를 인간적 질서 밖에서 탐구하는 태도에서 아마도 사회 집단에 통합된 인간으로부터 유래하는 편견들에 종속되지 않는 탐구를 하고자 하는 의지를 읽어내야 할 것이다. 절대적인 물리적 개체를 발견하는 이 두 방식 속에서 닫힌 국가는 부정되고 있다. 에피쿠로스주의에서는 자신 안으로 향함으로써, 우주시민정신의 스토아주의에서는 초월과 보편화에 의해서 그러하다. 바로 이런 이유로 두 학설 중 어느 것도 관계를 그 일반적 형태로 사유하는 데 도달하지 못한다. 원자들 사이의 관계는 허약한 것이어서 복합체의 불안정성에 이른다. [스토아주의에서] 전체에 대한 부분의 관계는 부분을 전체 속에 흡수하는 관계이다. 또한 두 학설에서 인간과 인간의 관계는 거의 유사하다. 스토아적 현인은 자족적이고 고통이 없는 상태αὐτάρκης καὶ ἀπαθής로 남는다. 그는 타인과의 관계를 나의 힘 안에 있는 것τὰ οὐκ ἐφ ἡμῖν의 일부를 이루는 것으로 생각한다. 에픽테토스의 『입문서』[에픽테토스의 철학을 요약한 책으로 125년경 출판]는 가족의 관계를 한 뱃사람이 섬에서 잠시 산책하다가 마주친 히아신스의 구근bulbe[둥근 줄기나 뿌리]을 우연히 채취하는 것에 비유한다. 선박 주인이 떠난다고 소리치면 더 이상 이를 채취하기 위해 지체할 시간이 없다. 이 뱃사람은 섬에 비정하게 버려질 위험에 처할지도 모른다. 왜냐하면 주인은 [그를] 기다리지 않기 때문이다. 『사물의 본성에 관하여』*De Rerum Natura*[루크레티우스의 철학시]의 4권은 본능에 기초한 인간의 정념들을 동일한 방식으로 다루면서 그것들의 의미를 부분적으로 소유 관계로 귀착시킨다. 단 하나의 진정한 관계는 에피쿠로스주의에서는 인간의 자기 자신에 대한 관계이고 스토아주의에서는 인간과 우주의 관계이다.

101

이와 같이 물리적 개체의 탐구는 고대인들에게는 풍요롭지 않은 것으로 남게 되었다. 그것은 윤리적 동기들로 인해 실체적인 절대성의 발견으로만 지나치게 기울어졌기 때문이다. 이런 의미에서 기독교의 도덕적 사유는 아마도 상당히 간접적으로나마 자연학에서 개체의 탐구에 기여한 듯하다. 윤리학에 자연학적이지 않은 기초를 주었기 때문에 기독교는 자연학의 개체연구에서 그 도덕적 원리의 국면을 제거하였고 이것이 자연학의 개체연구를 해방하게 된다.

18세기 말부터 물질의 불연속성에 기능적인 역할이 주어진다. 결정들의 격자적 구성에 대한 아위의 가설이 하나의 예이다. 화학에서도 분자는 관계들의 중심이 되고 더 이상 단지 물질성의 저장고인 것만은 아니게 된다. 19세기는 요소적 입자를 발명하지는 않았지만 그것을 실질적으로 빈곤하게 만듦에 따라 그것을 계속해서 관계들로 풍부하게 만들었다. 이 길에 의해 사람들은 입자를 장에 연결된 것으로 고찰하기에 이르렀다. 이 연구의 마지막 단계는 상호관계 속에 있는 입자들로 구성된 구조물의 구조적 변화를 에너지 준위의 변화의 용어들로 측정하는 것이 가능하게 되었을 때 완성되었다. 에너지의 해방이나 흡수, 즉 구조의 변화에 연결된 질량의 변화는 존재와 동등한 것으로서의 관계가 무엇인지를 심층적으로 구체화했다. 물질의 일정량과 구조변화에 해당하는 에너지의 일정량 사이의 동등성을 측정하는 연관성을 진술하게 해주는 그러한 교환은, 실체 자체는 불변하는 것으로 보고 실체의 변화들은 순수한 우발적 우연들에 해당하는 실체에 관련시키는 교설을 존속할 수 없게 만들었다. 물리적 개체에서 실체와 양태들은 동일한 존재의 수준에 있다. 실체는 양태들의 안정성으로 구성되고 양태들은 실체의 에너지 준위 변화로 구성된다.

관계는 불연속적 양의 개념이 입자의 개념에 연합되었을 때부터 존재의 등급 위에 놓일 수 있게 되었다. 작은 알갱이 구조로만 구성되는 물질의 불연속성은 고대에 자연학적 개체의 개념규정이 야기한 대부분의 문제들을 존속하게 만든다.

불연속성의 개념은 관계의 이론이 가능하기 위해 현상들의 표상에 본질적인 것이 됨에 틀림없다. 그것은 질량만이 아니라 입자들이 차지하는 하중charge 및 안정성의 위치들에 그리고 구조 변화 안에서 흡수되거나 양도된 에너지의 양들에도 역시 적용된다. 작용양자quantum d'action[4]

---

4) [옮긴이] 작용양자 → 용어설명* 참조.

는 중간적 상태 없이 갑작스런 도약에 의해 변화하는 구조의 상관항 corrélatif이다.

## 2. 연속과 불연속의 이율배반

그러나 양자역학이 출현했다고 해서 각각의 입자에 연합된 파동을 유지할 필요성을 무시할 수는 없으리라고 반대할 수도 있을지 모른다. 입자에 연합된 파동은 전파propagation의 연속성이라는 가설 그리고 그 현상 속에 함축된 에너지 교환의 연속성의 가설 속에서만 이해될 수 있다. 광전효과effet photoéléctrique는 그것만으로도 불연속적 양들의 필요성과 에너지의 연속적 배분의 필요성 간의 이율배반을 함축하는 듯하다.[5] '광자들'photons은 문턱진동수fréquence de seuil를 가지고 있다. 마치 각 광자가 금속 밖으로 나오는 전자의 에너지와 적어도 동등한 에너지의 양을 가져오기라도 하는 것처럼 말이다. 하지만 덧붙이자면 강도의 문턱은 존재하지 않는다. 마치 각각의 광자는, 무한정한 규모의 표면을 덮으면서도 자신의 모든 에너지를 완벽하게 국부화된 지점에 제공할 수 있는 파동으로 고려될 수 있기라도 한 것처럼 말이다.

102

    이러한 이율배반은 이전의 분석 결과를 다시 취하여 이와 같이 더 일반적인 경우에 적용한다면 아마 덜 두드러져 보일지도 모른다. 여기서는 결정의 경우에서처럼, 불연속적이고 구조화되어 있으며 주기적인 영역 그리고 무정형의 연속적인 영역 즉 스칼라양의 담지자 사이에 더 이상 구분이 존재하지 않는다. 그러나 우리는 여전히 구조화된 크기와

---

5) [옮긴이] 광전효과→용어설명* 참조.

무정형의 크기 즉 순수한 퍼텐셜을 가지고 있는데 이것들은 동일한 존재자 안에서 종합되어 있고 동일한 기체에 의해 운반되어 있다. 불연속은 갑작스런 도약에 의해 작용하는 관계의 양태 속에 있다. 마치 주기적 환경과 무정형의 환경 사이에서 또는 주기적인 구조를 가진 두 환경 사이에서 그런 것과 같다. 여기서 구조는 가능한 가장 단순한 구조이다. 그것은 입자의 단일성이다. 한 입자는 이러저러한 공간적 위치를 차지하는 한에서 입자인 것이 아니라, 양자적으로만 자신의 에너지를 다른 에너지 담지자들과 교환하는 한에서 입자이다. 불연속성은 **관계**의 양상이다. 여기서 "실재의 상보적인 두 표상들"이라고 불리는 것[보어의 입자/파동의 상보성이론을 말함]을 파악하는 것이 가능하다. 이 표상들은 사실 상보적일 뿐만 아니라 실제로 하나인 것인지도 모른다. 두 가지 상보적 개념들을 결합할 필요성은 아마도 개체화된 존재자의 두 측면이 실체론에 의해 분리되었다는 사실, 그리고 우리는 어떤 상상적 습관 때문에 그것들을 재결합하기 위한 지적인 노력을 해야만 한다는 사실에서 유래할 것이다. 한 입자에서 현상들을 설명하기 위해 우리가 거기에 결합시켜야 할 연합된 장이란 무엇인가? 그것은 다른 입자들과 구조적이고 에너지적인 관계 속에 있을 수 있는 가능성이다. 비록 이 입자들이 연속체처럼 작용한다고 해도 그러하다. 알칼리 금속판에 빛다발을 쪼일 경우, 금속 안에 포함된 자유전자들과 빛 에너지 사이에는 관계가 있다. 여기서 자유전자들은 그것이 판에서 나올 수 있도록 충분한 양의 에너지를 받지 못하는 한, 판 속에 우연적으로 배분된 존재자들처럼 작용하는데 그때 이 존재자들은 연속체와 동등하다. 이 에너지는 [전자들의] 방출의 퍼텐셜에 상응하며, 사용된 금속의 화학적 성질과 더불어 변화한다. 여기서 전자들은 극성화된 장에 상응하지 않는, 연속적이고 스칼라적인 크기의 담지자들처럼 개입한다. 그것들은 마치 열적 동요 상태의 무정형물체의 분자들과 같다. 그들의 위치는 지정될 수 있다 해도 이는 중요하지 않을지도 모른다. 빛의 원천을 이루는 입자들에서도 마찬가지다. 빛에너지가 방출된 순간에 그것들의 위치는 중요하지 않다. 이미 존재하지 않는 별의 빛을 가지고도 광전효과를 산출할 수 있다. 반대로 전자들은 그것들이 판에서 나올 수 있는 한에서는 구조화된 것처럼 작용한다. 이렇게 금속의 환경을 구성하는 다른 입자들과 그것들의[전자들의] 관계를 변화시키는 작용에 일정수의 양자들에 의해 측정이 가능한 에너지의 양이 상응한다. 마찬가지로 빛의 근원을 구성하는 각 입자의 상태 변화는 광자의 진동수의 형태로 관계 속에 개입한다. 근원에서 일어난 구조 변화들의 개체성은 '광자'photon 에너지의 형태로 보존된다. 즉 한 정확한 지점에서 일정량의 에너지를 요구하는 구조변화를 작동시킬 수 있는 빛에너지의 능력이라는 형태로 보존된다. 사실상 광전효과의 진동수의 문턱은 각 전자가 자신의 방출에너지와 동등한 에너지의 양을 받아들일 필요성에 상응한다고 알려져 있다. 사람들이 광자의 개념을 제시하기에 이른 것은 이러한 진동수의 문턱의 규칙만이 아니라 빛이 쪼여진 금속판의 각 점들에서 빛에너지의 배분이나 처분가능성이라는 매우 중요한 사실을 설명하기 위해서이기도 하다. 강도의 문턱은 없다. 그런데 각 전자가 판에서 빠져나오기 위해 에너지의 일정한 양의 도입을 필요로 한다는 의미에서 그것이 입자처럼 작용한다면, 그것은 빛의 근원으로부터 (유속flux의 법칙에 따라) 전자를 보이게끔 하는 각도의 열림에 비례하는 빛에너지의 양을 받아들인다는 의미에서도 역시 입자처럼 작용한다고 생각할 수 있을지 모른다. 그러나 그것은 경험에 의해 부정된다. [위의 가정에서는] 금속판이 단위표면당 받아들인 빛의 양이 감소할 때 빛의

103

양[강도]이 너무 적어서 각 전자가 방출 에너지와 동등한 빛의 양을 받아들일 수 없게 되는 순간이 도래해야 할지도 모른다. 그런데 이 순간은 오지 않는다. 단지 단위시간당 분리된 전자들의 수가 빛의 양에 비례하여 감소할 뿐이다. 알칼리 금속이 받아들인 모든 에너지는 수소hydrogène 원자보다 5만 배나 작은 입자 위에서 작용한다. 바로 이런 연유에 의해 사람들은 빛의 파동에 의해 운반된 모든 에너지가 한 점에 집중되는 것이 마치 빛의 입자가 있기라도 한 것처럼 생각하게 되는 것이다.

## 3. 유비적 방법

그러나 광자에 실재의 가치를 부여해야 하는가? 광자는 아마도 **그럴듯한 물리학***physique du comme si*에서는 충분히 타당할 것이다. 그러나 우리는 그것이 실재적인 물리적 개체를 구성하는지 자문해야 한다. 그것은 빛에너지와 전자들 사이의 관계, 즉 결국 빛의 근원의 입자들의 상태변화와 알칼리 금속의 입자들의 상태변화 사이의 관계가 작동하는 방식에 의해 요구된 것이다. 사실 빛에너지를 그것이 나오는 근원을 제외한 채 고찰하는 것은 위험할지도 모른다. 그런데 우리가 단지 빛의 근원과 알칼리 금속의 자유전자들 사이의 관계를 단지 기술하고자 한다면 우리는 빛의 개체들을 개입시키는 것이 절대적으로 필요한 것은 아니라는 사실을 알게 될 것이다. 게다가 이 광자에 의해 금속판의 표면에 운반된 빛에너지의 배분을 설명하기 위해서 '파동의 확률'에 호소할 필요는 더욱 없다. 심지어 광자의 가설은 극히 약한 빛의 양이 알칼리 금속의 상당히 넓은 표면에 도달하는 경우들에서는 보존하기 어려울 것처럼 보인다. 그때 전자들의 방출은 눈에 띄게 불연속적이며, 이것은 '배경잡음'

bruit de fond 또는 산탄잡음散彈雜音, bruit de grenaille[전자의 특수한 현상 때문에 전류에 불규칙한 요동이 생겨 발생하는 잡음]으로 나타난다. 이것은 금속으로부터 나오는 전자들의 순환 속에서 생겨난 흐름들을 소리신호들로 변형시키고 증폭시킬 때의 특징과 같다. 이 전자들은 양극과, 음극이 된 광자방출 금속판 사이에서 생겨난 퍼텐셜의 차이 덕분에 이 양극 위에서 잡힌다. 만약 광속flux lumineux[빛의 흐름]의 강도를 더 줄이고 알칼리 금속판의 표면을 증가시킨다면 단위시간당 방출되는 전자들의 수는, 두 변화들이 상쇄될 때, 즉 빛의 강도를 쪼인 표면의 산물이 일정할 때는, 일정한 것으로 남게 된다. 그런데 금속판의 표면이 증가하고 빛의 강도가 감소할 때 광자와 자유전자가 만날 확률은 감소한다. 실제로 표면이 어떠하든 간에 단위표면당 자유전자들의 수가 일정하다는 것을 받아들이면, 표면이 증가하고 표면 전체 위에서 단위시간당 받은 빛의 총량이 일정하게 남아 있을 경우, 광자의 수는 감소한다는 것을 알게 된다. 그래서 사람들은 광자가 알칼리 금속판의 표면의 도처에서 매순간 현전할 수 있다고 생각하기에 이르렀다. 왜냐하면 광전효과는 단위시간당 받은 광자들의 수에 의존하지 다소간 넓은 표면 위에 빛이 집중되거나 분산된다는 사실에 의존하지는 않기 때문이다. 광자는 그것이 마치 **수입방센티미터의 표면을 갖고 있기라도 한 것처럼** 전자를 만난다. 그러나 광자는 **마치** 그것이 전자 크기의 등급 즉 수소원자보다 5만 배 더 작은 크기의 등급의 입자이기라**도 한 것처럼** 전자와 에너지를 교환한다. 그리고 광자는 이런 일을 할 수 있는 동시에 같은 조건에서 실현되는 다른 효과, 즉 파동 형태로 에너지 전달에 연결된 효과에서도 나타날 수 있다. 광전현상을 교란시키지 않고도 광전관의 음극에서 간섭무늬들을 얻을 수 있다. 그래서 아마도 광전효과의 모순된 국면들을 다른 방법으로 설명하는 것이 더 유익할지도

104

모른다. 사실상 단위표면당 얻은 에너지의 양이 아주 약할 때 광전효과가 나타내는 시간적 불연속의 측면에서 고찰하면 전자의 방출은 광자방출 금속판을 일정시간 계속해서 비추었을 때 일어난다는 것을 알 수 있다. 여기서 모든 일은 마치 금속판 위에서 일정한 빛에너지의 총합이 생겨나기라도 하는 것처럼 일어난다. 따라서 빛에너지는 금속판 속에서 금속을 구성하는 입자들에 대한 전자의 관계의 상태를 변화할 수 있게 해주는 퍼텐셜에너지로 변형되었다고 가정할 수도 있을지 모른다. 그로부터 이해할 수 있는 것은 금속판의 단위표면당 광자들의 밀도만이 아니라 자유전자들의 자리 역시 현상을 결정하는 데는 개입하지 않을지도 모른다는 것이다. 그래서 우리는 비록 자신의 구성 안에서는 연속되어 있지 않더라도 연속체 자체처럼 나타나는, 하나의 구조와 무정형물질 사이의 관계의 경우로 되돌아오는지도 모른다. 사실 여기서 전자들은 연속된 물질처럼 나타난다. 왜냐하면 그것들은 금속판 속에서 큰 수의 법칙[6]에 적합한 배분을 따르기 때문이다. 전자들과 그것들이 무작위적으로 배분된 금속판으로 구성된 군은 전자들이 판으로부터 방출되기에 충분한 에너지의 양을 추가함으로써 구조화될 수 있다. 무질서한 군은 정돈될 것이다. 그러나 이렇게 간략하게 제시된 주장은 비판을 야기할지도 모른다. 사실상 금속판의 퍼텐셜에너지를 증가시킬 다른 방법들이 있다. 예를 들어 그것을 데우는 것이다. 그러면 실제로 700°와 1250° 사이에 위치한 온도로부터 열이온방출thermoionique 효과라 불리는 현상이 생겨나는 것을 알 수 있다. 이는 열전자방출thermoéléctronique 효과라 명

---

6) [옮긴이] 무작위 표본의 특징은 표본의 크기가 클수록 모집단의 통계적 특징에 가까워진다는 것.

명하는 것이 더 나을 것이다. 전자들은 데워진 금속 조각으로부터 저절로 방출된다. 이 금속이 결정화된 산화물oxyde을 띠게 되면 그 현상은 더 낮은 온도에서 일어난다. 여기서 배분의 변화는 적어도 겉보기에는 온도의 상승과는 다른 또다른 조건의 개입이 없이 일어난다. 그러나 에너지 조건, 즉 '뜨거운 음극'을 구성하는 금속의 온도는 충분히 자족적이지는 않다. 금속 표면의 구조도 역시 작동을 시작하기 때문이다. 이런 의미에서 음극은 스트론뮴이나 바륨과 같은 금속의 자취들을 첨가함으로써 '작동할' 수 있다고들 한다. 그러므로 심지어 열전자방출 효과에서도 전자들의 방출의 구조적 조건들이 존재한다. 다만 이유는 지금까지 설명되고 있지 않지만 결정의 싹들이 무정형물질의 덩어리로부터 저절로 나타나서 결정상태로 이행하는 사례에서처럼, 열전자방출 효과의 구조적 조건들은 에너지 조건들이 현전할 때는 언제나 평범한 조건들 속에 현전한다. 그 조건들은 충분한 방출표면을 갖는 '뜨거운 음극'에 대해서는 어쨌든 커다란 규모에서 현전한다. 그러나 약한 규모에서 그 방식은 훨씬 더 불연속적인 방식으로 현전한다. 형광 스크린에 농축 장치를 통해(정전기나 전자기 렌즈 같은) 뜨거운 음극의 여러 점들에 의해 동일한 순간에 방출된 전자들을 투사하여 음극의 확대된 광학 이미지를 확보하면, 각 지점에서의 전자들의 방출은 연속적 순간들을 따라 매우 변화무쌍함을 보게 된다. 강렬한 활동을 하는 순차적 분화구들 같은 것이 형성되는데 이 분화구들은 매우 불안정하다. 음극 가까이에서 비어 있는 내부공간에 양극을 장치하면, 양극과 음극 사이에 방출된 모든 전자들(포화전기courant de saturation)을 포획하는 데 충분한 퍼텐셜의 차이가 있을 경우 얻어진 전체 전기는 열전자 현상의 강도의 강렬한 국부적 변화들로부터 나오는 요동들fluctuations을 보여 준다. 음극표면이 클수록 이 국부

105

적 변화들은 전체 강도와 관련하여 약해진다. 아주 작은 음극을 가진 전기관 속에서 이 현상은 매우 두드러진다. 그것은 최근에 형광scintillation 또는 플리커flicker라는 이름으로 연구되었다. 그런데 한 음극의 모든 점들은 금속들의 열전도가 상승한 후에 아주 작은 차이를 제외하고는 동일한 열에너지 조건 속에 있다. 비록 음극표면의 여러 점들 사이에서 가벼운 온도차를 가정한다 해도 그것으로는 두 이웃한 지점들 사이의 전자 방출의 급속하고 현저한 강도변화를 설명할 수 없을지도 모른다. 따라서 그것은 열전자방출 효과가 언제나 현전하는 에너지 조건과 별도로 다른 조건에 의존하기 때문이다. 위에서 기술한 전자 광학장치에서 관찰된 반짝이는 일과성의 분화구들은 음극표면의 어떤 결정된 지점에서 이 조건들이 나타나거나 사라지는 현상에 상응한다. 이 현상은 '활동의 싹들'의 본성을 명시할 수 있을 만큼 충분히 연구가 진전되지 않았다. 그러나 그 현상들은 기능적으로 무정형의 과포화용액에서 나타나는 결정의 싹들에 비교할 수 있다는 것을 주목하는 것은 중요한 일이다. 이 싹들의 본성은 여전히 불가해하다. 그러나 그 존재는 확실하다. 그런데 광전효과에서 빛이 단지 전자들의 에너지를 증가시키면서 작용하는지를 물어야 한다. 전자들이 보통은 알칼리 금속판의 표면에서 나온다는 것을 주목하는 것은 흥미로운 일이다. 열전자방출 효과를 얻기 위해 필요한 고온이 아연, 세슘 또는 카드뮴의 음극들의 보존과 양립가능하다는 것은 매우 유감스럽다. 다음과 같은 것을 알아보려고 시도할 수도 있을 것이다. 열전기thermoéléctrique 효과가 나타나기 시작하는 온도보다 약간 아래의 온도에서 광전효과를 낳는 빛의 최소진동수가 감소하는지 하는 것이다. 이것은 방출에너지가 줄어들지도 모른다는 것을 보여 주는 것인지도 모른다. 만약 그렇다면 거기서부터 전자방출에너지 속에 두 개의 항들이 존재한다고 결론내릴 수 있을지 모른다. 즉 구조적 항과 사실상 퍼텐셜을 나타내는 항이 그것들이다. 그러나 더 정확한 실험이 없다 해도 이 사례로부터 물리적 개체화의 연구와 관련한 일정수의 잠정적 결론을 도출하는 것은 가능하다. 사실 우리는 광전효과에서 매우 주목할 만한 관계 유형을 본다. 즉 빛이 쏘여진 금속판 안에 있는 모든 자유전자들은 에너지적 관점에서 마치 **유일한 실체**와 같다는 것이다. 그렇지 않다면 전자방출에 필요한 양의 에너지가 얻어질 때까지 금속판 위에 도달하는 빛에너지의 총합의 효과가 어떻게 있을 수 있는지 이해할 수 있겠는가? 사실상 그 현상이 순간적이라고 볼 수 없는 사례들이 있다. 그러므로 이런 경우에는 빛에너지가 미리 축적되었어야 한다. 다른 한편이 에너지는 모든 자유전자들 사이의 소통을 가정한다. 왜냐하면 광자가 전자 위에서 작용하기 위해 빛의 속도가 계산을 허용하는 것보다 더긴 시간을 들일 경우 에너지가 광자에 의해 얻어졌다고 생각하기는 어렵기 때문이다. 빛과 전자 사이의 관계가 빛의 속도가 허용하는 것보다 더 느리게 이루어진다면 그것은 빛과 전자 사이에 직접적 관계가 없고 단지 제3항의 매개에 의해서만 관계가 이루어지기 때문이다. '광자'와 빛 사이의 상호작용이 직접적이라면 이 상호작용은 광자가 그 작용의 처음과 끝 사이에서 여전히 동일한 위치에 있기 위해 충분히 짧을 것임에 틀림없다. 우리는 여기서 광자의 이동에 대해 광자가 빛을 쏘인 모든 지점에서 일어날 수 있다는 생각을 채택하게 한 추론을 반복하는 데그치겠다. 그러나 광자가 이동 방향의 수직면 위에서 동일한 순간에 도처에 나타날 수 있다는 것을 받아들인다 해도 하나의 변형이 지속되는 모든 시간 동안 동일 장소에서 그것이 머물 수 있다는 것은 받아들일 수 없다. 예를 들어 하나의 변형이 10만분의 1초 동안 지속된다면 광자는

106

이 변형의 처음과 끝 사이에서 3천 미터를 주파할 수 있는 시간을 가질 수 있을지도 모른다. 이런 어려움은 전자들이 있는 장소에서 빛과 전자 사이에 에너지의 축적이 있다고 가정하면 피할 수 있다. 이 축적은, 예를 들어 진동oscillation의 진폭의 증가의 형태로 또는 회전 진동수의 증가의 형태로 이루어질 수 있다. 후자의 경우 빛의 진동수는 스칼라양이 아니라 진동수로서 직접 개입할지도 모른다. 사실상 진동수의 직접적 역할을 받아들이면 자신의 에너지가 진동수의 측정에 의해 나타날지도 모르는 광자를 생각할 필요는 없다. 진동수는 그것이 없으면 구조화의 현상이 일어날 수 없는 구조적 조건이다. 그러나 에너지는 단위시간당 방출된 전자들의 수 안에 스칼라 양으로서 개입한다. 이러한 표상에 따르면 전자기장을 구조적 요소와 순수하게 에너지적인 요소를 소유하는 것으로 고찰할 필요가 있을지도 모른다.[7] 진동수는 이 구조적 요소를 표현하는 반면, 장의 강도는 자신의 에너지적 요소를 나타낸다. 우리는 진동수가 구조적 요소를 **나타내지만** 그것을 구성하는 것은 아니라고 말하겠다. 왜냐하면 다른 상황에서 이 요소는 일정한 장소나 진공 속에서 전파되는 파장으로서 개입할 것이기 때문이다. 결정망에 의한 회절은 이러한 파장으로서의 구조를 결정격자의 기하학적 길이와 관련하여 개입하게 한다.

주파수[8]에 관련된 것과 같은 구조의 표상의 흥미로운 점은 단지 더 큰 실재론만이 아니라 더 광대한 보편성과 관련되어 있다. 이는 전자기장의 자의적 범주들을 만들어 내는 것을 면하게 해준다(이 자의적

---

7) [옮긴이] 전자기장 → 용어설명* 참조.
8) [옮긴이] 진동수와 주파수는 단위시간당 진동하는 횟수로서 같은 말이지만 주파수는 특히 전파가 공간을 이동할 때 1초 동안에 진동하는 횟수를 말한다.

## 107

범주들은 상당히 어이없는 명백한 실체론에 이른다). 다양한 주파수들로 나타나는 전자기장의 여러 현상들 사이의 연속성은 단지 이론이 아니라 과학기술적 실험으로 확립되었다. 루이 드 브로이Louis Victor de Brogli, 1892~1987가 『파동, 입자, 파동역학』의 도판 I(16쪽과 17쪽 사이)에서 보여 주듯이 주파수의 로그함수적 규모의 관점에서, 전자기적 주파수를 측정하게 해준 여러 발견들과 실험들을 기록한다면, 처음에는 서로 다른 것으로 생각된 여섯 개의 영역 사이에서 완벽하게 연속성이 확립된 것을 알게 된다. 즉 헤르츠파, 적외선, 가시광선 스펙트럼, 자외선, 엑스선, 감마선이 그것들이다. 맥스웰이 이론적으로 발견하고 헤르츠Heinrich Rudolf Hertz, 1857~1894가 1886년에 데시미터 진동자를 가지고 실제로 만들어 낸 파동들의 영역을 기술자들이 낮은 주파수들로까지 확장하고 있는 동안, 볼로냐의 물리학자 리기Augusto Righi, 1850~1920는 2.5 센티미터파의 존재를 확립한다. 1897년에 출간한 책에서 그는 이 파동들이 가시광선과 헤르츠파 사이의 중간적인 것임을 보여 준다. 그것들은 가시광선의 특징들을 전부 가지고 있다. 이 책의 제목인 『전기 진동들의 광학』은 아주 중요하다. 그것은 그때까지 실험적으로 분리되어 있던 두 영역을 통일하려는 노력을 보여 주기 때문이다. 비록 그것들이 개념적으로는 맥스웰의 빛의 전자기이론에 통합되어 있기는 하지만 말이다. 리기가 열어 놓은 길 속에서 보스Satyendra Nath Bose, 1894~1974와 레베데프Pyotr Lebedev, 1866~1911는 1897년 보스가 만든 기구에 의해 헤르츠의 전자기파의 굴절과 회절, 편광 실험에 참여한다. 이 두 연구자들은 6밀리미터의 전자기파를 산출하기에 이른다. 1923년 니콜스Ernest Fox Nichols, 1869~1924는 0.29 밀리미터파들을 산출하였으며 1년 후 슬라골레바Slagolewa와 아르코데이바Arkodeiwa는 0.124 밀리미터에 도달한다. 그런데 광학적 방법으로 루벤스Rubens와 베이어Bayer는 1913년에 이 적외선에서 파장 0.343 밀리미터의 복사선radiation을 고립시켜 측정할 수 있었다.[9] 전파되는 속성들의 단순한 유비를 넘어서서 과거에는 두 개의 **유**나, 적어도 **종**들처럼 분리되어 있던 에너지의 두 형태가, 속성들의 연구에서만큼이나 발생의 연구에서도, 외연 속에서 부분적으로 서로 겹치고(0.343에서 0.124 밀리미터에 이르는 파장) 내포 속에서는 동일하게 되었다. 이는 공통적 유와 종차들로 진행하는 사유의 허약함을 보여 준다. 공통적 유와 종차들은 여기서 정확히 동일한 존재 수준에 있다. 그것들은 양쪽 다 주파수들로 구성된다. 외연과 내포도 마찬가지로 겹친다. 왜냐하면 외연의 경계들에 대한 진술은 내포에 의한 정의의 특징들 자체를 이용하기 때문이다. 헤르츠파들과 가시광선 스펙트럼 사이의 연속성의 점진적인 발견이 보여 주는 지적 행보는 귀납적이지도 연역적이지도 않다. 그것은 **변환적**transductive이다. 사실상 가시광선과 헤르츠파들은 **전자기파**에 해당하는 공통적 유의 두 종들이 아니다. 전자기파의 정의에서 헤르츠파나 가시광선파의 정의로 이행할 수 있게 해주는 어떤 종차도 지시된 바 없다. 헤르츠파나 가시광선의 정의에 전자기파의 정의보다 더 많은 내용이 있는 것이 전혀 아니다. 외연과 내포는 귀납에서처럼 반대 방향으로 변화하지 않는다. 게다가 연역에서처럼 '명증성의 전이'transfert에 의해 진행하지도 않는다. 빛의 전자기복사선들의 속성들은 헤르츠의 전자기파의 속성들로부터 연역되지 않는다. 그것들은 연속성을 확립하는 동시에 구분을 확립할 수 있는 척도 자체로부터 구성된다. 그것은 주파

---

9) [옮긴이] 복사선은 물체에서 방출되는 전자기파와 입자선(입자빔이라고도 함, 원자선, 중성자선, 전자선, 양극선 등)의 총칭. 대체로 방사선과 같은 의미로 쓰이지만 후자는 주로 알파선, 베타선, 감마선을 가리킨다.

수라는 척도이다. 이 두 물리적 실재들은 **동일하지도 이질적이지도** 않으며, 단지 **인접하고**_contiguës_ 있는데, 그 이유는 그것들의 유일한 구분이 진동수(주파수)와 그 반대되는 것인 파장에 의한 구분이기 때문이다. 이 **변환**의 방법은 유도 종도 아닌 물리적 존재들의 **위상학**을 확립할 수 있게 해준다. 각 영역에서 경계들을 설정하게 해주는 기준이 또한, 어떤 **새로운** 구분되는 특징도 결코 첨가하지 않고 단지 내포의 보편적 특징에 주어진 세부화에 의해, 귀납의 언어로 아종들_sous-espèces_이 될 만한 것을 정의하게 해준다. 그래서 위의 예에서는 만약 센티미터로 재는 전자기파들과 데카미터[10미터]로 재는 전자기파들 사이에 존재하는 차이들을 설명하고자 한다면, 사람들은 광학현미경의 해상력이 왜 적색광선보다 자색광선에서 더 큰지를 알게 해주는 이러한 특징에 호소하게 될 것이다. 사람들은 전자기파의 반사, 굴절, 회절은, 파장의 크기의 등급 그리고 거울과 디옵터[굴절률 차이를 가진 투명한 두 영역을 나누는 면], 망을 구성하는 물질의 요소들의 등급 사이의 관계를 조건으로 한다는 것을 보여 줄 것이다. 예를 들어 반사에 대해서, 이 현상이 일어날 조건은 거울의 비규칙성들이 반사할 전자기적 파장과 관련하여 작아야 한다는 것이다. 짧은 파장의 보라색 광선을 반사하기 위해서는 은이나 수은의 '반들반들한 렌즈' poli optique가 필요하다. 반대로 적색광선은 더 거친 윤택을 가진 금속면에 의해 이미 적당히 반사되어 있다. 적외선들은 가볍게 산화된 구리판에 의해 반사될 수 있다. 레이더의 데시미터파[극초단파]들은 섬세한 단위 격자들을 가진 금속 격자 위에서 반사된다. 미터파들은 금속 막대기들의 망 위에서 반사된다.[10] 철탑들에 매여 있는 선_câble_들로 만들어진, 넓

---

## 108

10) [옮긴이] 전자기파의 종류→ 용어설명* 참조.

은 단위격자를 가진 철망은, 데카미터파[단파]나 헥토미터파[중파]들을 반사하는 데 충분하다. 마찬가지로 엑스선을 회절시키려면 결정망의 섬세한 구조가 필요하다. 반면 금속판 위에 손으로 섬세하게 새겨진 선들로 이루어진 망은 가시광선의 회절을 보장하기에 충분하다. 텔레비전의 미터파들은 넓은 고리들의 자연적 망인 톱니모양의 산맥의 꼭대기 위에서 회절한다. 복합적 구조를 가진 케넬리-헤비사이드Kennelly-Heaviside[11]층과 같이, 반도체의 장애를 만나는 각 파장에 대해 반사된 에너지의 양과 굴절된 에너지의 양 사이의 관계와 같은 더 복잡한 특성들은 귀납도 연역도 아닌 위와 같은 방법으로 해석될 수 있다. 유비라는 말은 인식론적 사유에서 경멸적인 의미를 가지고 있었던 것 같다. 그러나 임의의 특징을 공통으로 갖는 두 존재자들의 속성들로부터 동일성을 추론하는 것으로 구성되는 소피스트적인 방법과 진정으로 유비적인 추론을 혼동해서는 안 될 것이다. **유사성**resemblance의 방법이 혼란스럽고 정직하지 않은 만큼 진정한 유비적 방법은 합리적이다. 솔라주Solage 신부의 정의에 따르면 진정한 유비는 **연관들**rapports**의 동일성이지 동일성의 연관이 아니**다. 사유의 변환적 과정은 사실상 연관들의 동일성들을 세우는 데 있다. 이 연관들의 동일성들은 유사성 위에 기초하는 것이 아니라 반대로 차이들 위에 기초한다. 그리고 그것들은 차이들을 설명하는 것을 목적으로 한다. 즉 그것들은 논리적 분화différenciation를 향하며 어떤 방식으로도 동화assimilation나 동일화identification를 향하지 않는다. 그래서 빛의 속성들은 헤르츠파들의 속성들과 아주 다른 것으로 나타난다. 심지어 거울 위의 반사와 같이 정확하고 한정된 경우에도 그러하다. 격자망은 빛

---

11) [옮긴이] 케넬리-헤비사이드 층 → 용어설명* 참조.

을 반사하지 않으며 헤르츠파를 반사한다. 반면 아주 반들반들한 작은 거울은 빛을 잘 반사하지만, 헥토미터[100m]는 말할 것도 없고 미터적이든 데카미터적이든 헤르츠파들을 반사하지는 않는다. 이러한 유사성들과 차이들을 설명하는 것은 반사의 모든 현상들 사이에 존재하는 연관들의 동일성에 호소하는 것이다. 에너지의 양은 전자기파의 경로 위에, 그 불규칙성이 전자기에너지의 파장과 관련하여 아주 작은 그러한 물질로 구성된 장애가 겹쳐질 때 커진다. 한편으로 빛의 파장과 거울표면의 불규칙성의 차원 그리고 다른 한편으로는 헤르츠 파장과 그것이 반사되는 격자망의 단위격자의 길이 사이에 연관의 동일성이 있다. 변환적 방법은 그러므로 진정으로 유비적인 추론의 적용이다. 그것은 유와 종이라는 개념들을 배제한다. 반대로 유사성에 의한 추론의 부당한 사용은 빛의 전도propagation를 소리의 전도와 몇 가지 유사성으로부터 **동일시**할 때 나타난다. 빛과 소리를 동일한 거울들 위에 반사하는 것처럼 말이다(사람들이 시계를 포물선 모양의 거울 한가운데 놓았을 때 첫번째 거울과 유사한 두번째 거울은 자신의 한가운데 있는 시계의 청각적 '이미지'를 얻게 해 주었다). 이러한 억지스러운 동일시를 저지하기 위해 소리의 전파와 빛의 전파 사이에 중요한 차이가 있다는 것을 보여준 프레넬Augustin Jean Fresnel, 1788~1827의 정신의 힘이 필요했다. 진폭들은 언제나 빛에 대해서는 횡적transversal인 반면 기체 속에서 전파되는 소리에 대해서는 종적longitudinale이다. 편광현상들 속에서 소리와 빛 사이의 차이들은, 더 외적이지만 더 빈번한 유사성에 기초하여 동일시하는 데 유리하게끔 오해되어 왔다. 유사성에 따라 동일시하는 추론의 이러한 용이성은 속성들의 대담한 전이 덕분에 미지의 공통 유들을 발견하게끔 유도하는 실체론적 습관의 일부를 이룬다. 그래서 소리의 전도와 전자기파의 전도 사이의

109

유사성을 더 완벽하게 만들기 위해 고안된 에테르의 개념은 마이컬슨Albert Abraham Michelson, 1852~1931과 몰리Edward Morley, 1838~1923의 실험 그리고 그것이 내포하는 물리적 속성들의 별로 논리적이지 않은 종합에서도 살아남았다.[12] 사람들은 침투불가능하고 어떤 점성도 없는 액체, 그럼에도 불구하고 산acide보다 훨씬 더 탄성이 있는 액체의 존재를 즐겨 가정하곤 했다. 이는 빛과 소리의 동일성을 보존하기 위한 것이다. 과학적 사유는 차이들 위에 기초한 분류에 의해 완성되는 순수한 귀납이 아니다. 그렇다고 해서 그것은 무작정의 동일시도 아니다. 그것은 차라리 실재를 외연과 내포의 공통기준인 척도에 따라 **배분**distribution하는 것이다.

변환적 추론의 동일한 적용이 어떻게 다른 영역들 사이에서 완전한 연쇄에 따라 실험적 연속성을 세우면서 전자기복사선들 전체의 영역을 통합할 수 있게 해주었는지를 보여 줄 경우 위의 분석을 완성하는 것은 어렵지 않을지도 모른다. 슈만Winfried Otto Schumann, 1888~1974, 리난Lynan 그리고 밀리컨Robert Andrews Millikan, 1868~1953은 가시광선 스펙트럼과 엑스선들 사이의 연속성을 확립했다(0.4부터 0.0438까지의 숫자의 1천분의 1밀리미터, 즉 4000Å에서 438Å까지). 그렇게 해서 일상적으로 몇몇 옹스트롬(Å)에 이르는 단위격자를 가진 결정들의 자연적 망들 위에서 회절하기에는 너무 긴 중간적인 엑스선들이 알려지기 시작했다. 그리고 이것은 결국 연속적 상태에 있으면서 상당 부분이 겹치는 것으로 발견된 엑스선들과 감마선들의 영역이었다. 왜냐하면 폴로늄polonium의 감마선들은 2.5Å의 파장을 가지고 있는데 이로 인해 그것들은 보통의 완만한 엑

---

12) [옮긴이] '마이컬슨-몰리의 실험' → 용어설명* 참조.

스선들과 동일하게 된다. 그것들은 동일한 물리적 실재성을 구성한다. 그리고 감마선들에 [그러한] 특수한 이름을 주는 이유는 단지 그것들이 산출되는 양태를 상기하기 위함일 뿐이다. 그러나 그것들은 엑스선이라고 부를 수도 있을지 모른다. 드 브로이가 제공하는 것과 같은 전자기복사선들의 일반 도표는 $10^{-3}Å$에서 $3 \times 10^{14}Å$에 걸쳐 있다. 즉 $10^{-10}$ 밀리미터에서 대략 3만 미터까지 걸쳐 있다. 연속성을 전혀 분해시키지 않고도 가장 날카로운 감마선들에서 무선 전신의 가장 긴 파동들로 이행하는 것이 가능하다. 이 현상의 단일성과 다양성의 인식이 수적 규모 위에서 아무리 넓게 배열되어 있다 해도 그것은 물리학의 진보의 기초인 변환적 방법의 가장 멋진 성공들 중의 하나이다. 그런데 이 막대한 논리학의 기념물은 또한 실재와 밀접하게 일치하고 있다. 이는 가장 섬세한 기술들 속에서까지 그러하다. MIT Massachussets Institute of Technology의 전자기 온도계는 아주 짧은 파동들을 전파공학적radioélectrique으로 수용하는 수용기의 방식으로 별들에서 방출되는 전자기적 섭동을 받아들이면서 태양의 온도(10000°K)와 달의 온도(292°K) 그리고 하늘의 어두운 공간의 온도(10°K 미만)를 측정할 수 있게 해주었다. 전파공학적 측지기théodolite는 흐린 날씨에 태양의 위치를 측지할 수 있게 해준다. 눈보다 10배에서 20배 더 민감한 레이더는 광학기구들과 함께 보이지 않는 기상현상의 이동을 감지할 수 있게 해준다.

110

그러나 이러한 지적 구조물들은 안정성의 조건으로서 모든 속성들과 모든 항들의 절대적인 변환성을 요구하는 것이 아닌가 자문해야 한다. 이러한 완벽한 정합성이 없이는 유의 개념이 그것이 가져오는 숨어 있는 모호성과 함께 다시 나타날 것이다. 하나의 개념은, 예를 들어 일정한 주파수에 상관적인 그리고 다른 주파수들에 대해서는 포기된 그러한

현상을 설명하기 위해 고안되어서는 안 된다. 변환성의 영역 내부에는 모든 속성들의 연속성이 있음에 틀림없고 단지 변환성을 정돈시켜 주는 크기들의 변화와 관련하여 변화들이 있을 뿐이다. 전자기복사선의 영역의 경우 광자의 실재성을 일정한 주파수 지대에서는 받아들이고 다른 주파수들에 대해서는 버리거나 할 수 없다. 그런데 광자의 개념, 즉 빛의 속도로 전파되는 이 에너지 양자는 광전효과를 해석할 때는 매우 유용하다. 그러나 그것은 적외선이나 헤르츠파가 문제일 때는 더 이상 그다지 흥미롭지 않다. 그러나 그것은 큰 파장의 영역에서는 유용함에 틀림없을지도 모른다.

## II. 입자와 에너지

### 1. 실체론과 에너지론

빛의 입자적 특징을 직접적으로 그리고 배타적으로 제기하는 것은 불가능하다는 이러한 생각은 루이 드 브로이가 파동역학의 이론에서 아주 잘 표현한 바 있다. 파동역학의 이론은 보어가 입자와 파동의 상보성의 개념으로 완성한 것이다. 우리는 이런 방식으로 물리적 개체를 상상하는 것이 개체의 일반이론 속에 아주 잘 통합될 수 있다는 것을 보여 주고자 한다. 개체는 에너지 조건과 구조적 조건 사이의 관계에 의해 발생적으로 구성된다. 이 조건들은 그 실존을 개체 속에 연장하는데 개체는 매순간 구조화의 싹이나 에너지 연속체로서 작용한다. 그 관계는 개체가 연속체와 동등한 환경과 관계를 맺게 되는가 아니면 이미 구조화된 환경과 관계를 맺게 되는가에 따라 다르다. 상보성 원리는 물리적 개체가 한편으로는 파동으로 작용하고 한편으로는 입자로 작용하지만 동일 현상 속에서 동시에 두 방식으로 작용하지는 않는다는 것을 지시하는데, 그것은 우리가 제시하는 학설 속에서는 모든 관계의 비대칭의 결과로 해석되어야 할지도 모른다. 개체는 관계 속에서 가능한 두 역할 중 하나 또는 다른 하나로 작용하며 두 역할을 동시에 하지는 않는다. 그러므로 우리는 한 물리적 개체가 입자로 작용할 때 그것이 관계맺는 존재자는 파동처럼 작용하며 그것이 파동으로 작용할 때 그것이 관계맺는 존재자는 입자처럼 작용한다고 가정할 수 있을지도 모른다. 더 일반적으로 말해서 모든 관계에는 언제나 연속항과 불연속항이 있을지 모른다. 그것은 각 존재자가 스스로에게 연속적 조건과 불연속적 조건을 결합할 것을 요구한다.

입자의 실체론과 파동의 에너지론은 19세기 내내 서로 상당 부분 독립적으로 발전해 왔다. 왜냐하면 그것들은 처음에는 설명 원리들을 이론적으로 독립시킬 수 있을 정도로 상당히 동떨어진 연구 영역에 상응했기 때문이다. 파동역학 발견의 역사적 조건들은 **변환역학적** *allagmatique* 인식론에서 아주 중요하다. 이 인식론의 목표는 실재의 개체화를 인식하고자 하는 과학적 사유의 전개를 알기 위해서 변환적 사유의 양상들을 진실로 적절한 유일의 것으로 연구하는 것이다. 파동역학의 형성과 보어의 상보성 원리에 대한 우리의 인식론적 연구는, 물리적 개체의 문제를 사유하는 것이 문제된 한에서 순수한 연역적 사유와 순수한 귀납적 사유는 실패에 이르렀으며 작용양자의 도입에서 보어의 상보성 원리에 이르기까지 물리과학의 발전을 가능하게 한 것은 변환적 논리라는 것을 보여 주고자 한다.

이런 의미에서 우리는 파동과 입자의 상보적 개념들의 '종합'은 사

111

실상 순수논리적 종합이 아니라 귀납에 의해 얻어진 개념과 연역에 의해 얻어진 개념의 인식론적 조우라는 것을 보여 주고자 한다. 이 두 개념들은 변증법 운동의 말미에서 명제와 반명제가 그러한 것처럼 진정으로 종합된 것이 아니라, 사유의 변환적 운동 덕분에 **관계**를 맺게 된 것이다. 그것들은 이 관계 속에서 자신들의 고유한 기능적 특징을 보존한다. 그것들이 종합될 수 있기 위해서는 대칭적이고 동질적이어야 한다. 3박자를 가진 변증법에서는 사실 종합은 모순을 **넘어서면서** 명제와 반명제를 **포괄한다**. 그러므로 종합은 그것이 통일하는 항들보다 **위계적으로, 논리적으로 그리고 존재론적으로** 상위에 있다. 이와 반대로 엄밀한 변환의 말미에서 얻어진 관계는 항들의 특징적인 비대칭을 유지한다. 그 결과로, 우리가 보여 주려고 하는 것처럼, 우선은 물리적 개체, 그 다음에는 생물학적 개체에 관련된 과학적 사유는 변증법적 3박자에 따라 진행될 수 없다. 과학적 사유는 3박자에 따른 순차적 차원들의 상승에 의해서가 아니라 변환성의 확장에 의해 전진한다. 상보성 원리라는 것이 있기 때문에, 기능적으로 대칭이 된 **관계**는 다른 항과 관련하여 변증법적 행보의 동력일 수 있는 비대칭을 보여 줄 수 없다. 반성적 사유의 용어로 말하면 모순은 변환적 사유의 수행 이후에 종합의 결과에 내재적이 된다(왜냐하면 그것이 관계인 것은 비대칭인 한에서이기 때문이다). 그러므로 이 종합의 결과와 그것의 반대명제가 될 다른 항 사이에 새로운 모순은 있을 수 없다. 변환적 사유 안에는 **종합의 결과는 없고 단지 상보적 종합적 관계만 있다**. 종합은 이루어지지 않는다. 그것은 결코 완성되지 않는다. 왜냐하면 종합의 작용은 결코 수행된 바 없어 새로운 명제의 기초가 될 수 없기 때문이다.

우리가 변호하는 인식론적 명제에 의하면 사유의 여러 영역 사이의 관계는 수평적이다. 그것은 변환의 재료이다. 즉 동일화의 재료나 위계화의 재료가 아니라 무한정한 단계에 따른 연속적 배분의 재료일 뿐이다.

우리가 인식론적 탐구에서 도출하려는 원리들은, 그것들이 변환가능한 것이라면, 기술적 대상들과 생명체들의 영역과 같은, 다른 영역들에도 타당한 것으로 간주되어야 한다. 윤리학 자체도 생명체들에 고유한 관계의 탐구로 드러나야 할 것이다(우리가 여기서 '생명체들에 고유한'이라는 표현을 썼는데 사실 엄밀히 말해 생명체들에 직접적인 관계는 존재하지 않는다. 더 정확히 말하자면 '생명체들에 따라서'라고 해야 한다. 그것은 이 특징들이 생명체들에 고유한 것이 아니라 다른 모든 존재자들에서보다 그것들에서 훨씬 더 중요한 방식으로 나타난다는 것을 지적하기 위해서이다. 왜냐하면 그 특징들은 그 가치들이나 가치들의 체계들이 이 존재자들[생명체들]에게 최대치로 통용되는 그러한 변수들에 상응하기 때문이다). 그러한 학설에서 **자연**의 '계들', 하물며 종들 사이의 경계에 관한 문제들은 종이나 유를 사용하는 이론들에서보다 훨씬 덜 중요하다. 실제로 한편으로는 중간 크기의 상당히 자의적인 선택에 의해서만 분리될 수 있을 두 영역 사이의 연속적 이행을 상정할 수 있고, 다른 한편으로는 두 종들 사이의 구분이 아니라 일정한 효과를 낳는 양자적 조건을 나타내는 문턱들(광전효과의 주파수 문턱 같은)을 상정할 수 있다. 그러면 경계는 더 이상 독특하고 신비로운 속성들로부터 주어진 것이 아니다. 그것은 수량화될 수 있으며 단지 임계점point critique을 구성할 뿐이다. 임계점의 결정은 연구된 현상, 분석된 존재자들의 집단에 철저하게 내재적인 것으로 남아 있다.

## 2. 연역적 과정

물리학이 물리적 개체를 파동과 입자의 상보적 결합으로 정의하게 된 조건들을 분석함으로써 우리가 증명하고자 하는, 혹은 적어도 예시하고자 하는 것은 바로 이 주장이다.

파동의 개념은 특히 에너지 문제의 해명을 향한 주목할 만한 연역적 노력의 끝에서 나타난 것 같다. 그 개념은 에너지 문제들의 해명에 현저하게 합리적인 계산 수단을 가져왔다. 그것은 연역물리학의 전통을 연장하고 갱신하며 데카르트 이래로 해석기하학의 명석한 표상들에 호소한다. 게다가 그것은, 적어도 역사적으로는, 거시 현상들의 연구에 연결된다. 마지막으로 그것은 이전에는 상이한 범주들로 분리되어 있던 아주 넓은 사실군들을 공통의 원리로 사유할 수 있게 하는 탁월한 **이론적** 역할을 하고 있다. 그와 반대로 입자의 개념은 대립되는 특징들을 보여 준다.

파동의 개념은 빛의 현상들의 해석에 그리고 전기화된 입자들(또는 전하들)charges électriques의 이동과 관련된 현상들의 해석에 눈에 띄게 동일한 역할을 해왔다. 이로 인해 그것은 맥스웰의 빛의 전자기 이론의 개화를 가능하게 하였다. 최초의 작업은 프레넬의 연구 주위에서 구체화된다. 두번째 작업은 맥스웰의 발견을 둘러싸고 이루어지는데 이것은 나중에 헤르츠에 의해 실험적으로 증명된다. 프레넬은 1814년에 회절 현상의 연구를 시작하면서 실험적이고 이론적 분야에서 적어도 두 세기 이전의 연구를 물려받는다. 특히 하위헌스Christiaan Huygens, 1629~1695는 이미 바르톨린Rasmus Bartholin, 1625~1698이 발견한 벽개성 광석spath의 복굴절 biréfringence 현상을 연구했다.[13] 그는 수정이 동일한 복굴절의 속성을 갖고 있다는 것도 알고 있었다. 하위헌스는 이미 이론과 합리적 방법들을 제시했는데 이는 고전적인 것으로 남아 있던 기하학적 구성들을 동반하는 것이었다. 그는 편광 현상들도 관찰하였다. 기하학자이자 천문학자였던 그는 물리학의 문제들에 이론적 정신을 제공했다. 이는 특히 『코스모테로스』*Cosmotheoros*와 『굴절광학』*Dioptrique*에서 나타난다. 그는 빛이 운동하는 입자가 아니라 공간을 향해 퍼져 나가는 파동으로 이루어진다는 생각을 제시했다. 그러나 이 이론은 하위헌스에게 그가 수곡선chaînette [실의 양끝을 잡고 늘어뜨릴 때 생기는 곡선] 또는 동등하게 접근가능한 곡선의 문제에 제시한 해법만큼 만족을 주지 못했다. 그것은 광선들이 직선으로 전파되는 현상을 설명할 수 없었다. 자연에 의해 제기된 문제는 갈릴레이와 라이프니츠가 제안했던 문제들보다 더 풀기 어려웠다. 데카르트의 작품은 전파propagation 법칙의 진술과 함께 광선의 직선적 전파를 설명하기 위해 언제나 입자광학에 대한 관심을 보여 주었다. 그러나 하위헌스의 이론은 포기될 수가 없었으며 뉴턴 자신도 비록 입자설에 가담하기는 했으나 간섭이라는 새로운 현상을 발견하여 입자이론을 **통로**accès의 이론으로 보완할 수밖에 없었다. 빛의 입자들은 쉬운 반사와 쉬운 투과transmission의 통로들에 의해 매질을 관통할 때 주기적으로 통과할지도 모른다. 이로 인해 색깔을 띤 고리들이라는 현상이 설명될 수 있을지도 모른다.[14] 게다가 빛이 주기적 요소들을 내포할지도 모른다고 보는 가설은, 비록 그것이 입자적 본성에 속하더라도, 이미 데카르트의 작품 속

---

13) [옮긴이] 복굴절(diffraction double 또는 biréfringence)은 빛이 광학적 이방성인 물질에 들어가면 직각인 두 진동방향으로 나뉘어(편광) 굴절률이 달라보이는 현상. 방해석에서 사물이 이중으로 보이는 현상이 그러하다.
14) [옮긴이] 통로 이론→용어설명* 참조.

에 나타나 있다. [데카르트의] 『광학』은, 각 빛의 입자가 자기 자신 위에서 하는 회전운동이 덜 빨라질수록 그만큼 더 빗나가기dévié 때문에, 프리즘이 (다색의) 백색광선을 흩뿌린다고 설명한다. 원초적 소용돌이라는 우주론적 가설에 관련된, 빛의 입자들의 회전이라는 이 생각은 데카르트를 오류에 이르게 한다. 왜냐하면 그는 적색빛을 구성하는 미세 물질의 소용돌이에 자색빛 입자들의 그것보다 더 우월한 회전진동수를 부여하기 때문이다. 이것은 데카르트에 의하면 적색빛을 구성하는 입자들이 자색빛을 구성하는 입자들의 반경보다 더 좁은 반경을 갖는 미세 물질의 소용돌이라는 사실에서 유래할지도 모른다. 적색빛과 자색빛의 비교에서 나온 진동수들과 관련된 오류에도 불구하고 데카르트는 두 비대칭적 개념들을 매우 풍부한 결합체로 통일하는 공헌을 했다. 게다가 데카르트가 빛을 정확히 입자로 이루어졌다고 보았다는 가정은 옳지 않을지도 모른다. 그의 체계에는 진공이 없으므로 원자도, 엄밀히 말해, 입자도 없다. 오로지 운동하는 **연장실체**들의 소용돌이만 있을 뿐이다. 이러한 두 전통의 대면에서 프레넬은 하위헌스 이래로 몇몇 현상만을 설명하는 데 이용되던 이론, 즉 파동이론의 적용 영역을 확대하는 방식으로 자신의 연구를 유도했다. 복굴절은 단지 두 종류의 결정들에 대해서만 알려져 있었다. 프레넬은 이 속성이 다른 결정들에서도 나타나지 않는지를 탐구했다. 그는 이 복굴절의 속성을 그것이 존재할 수도 있을 모든 결정들 속에서 분명히 드러내는 데 고유한 실험적 장치들을 만들어서 그것이 거의 모든 결정들 안에 존재한다는 것을 확신한 다음, 그것을 다양한 방향에서 취한 선형적linéaire 요소들이 나타냄에 틀림없는 비동등한inégale 구성에 의해 설명했다. 이것은 아위의 결정망 이론에 부합한다. 그래서 프레넬은 이 이론적 설명을 무정형 물체가 외적 원인에 의해 극성화되는 경우들에까지 확장했다. 그는 유리 프리즘이 압착되면 복굴절이 되는 것을 발견했다. 과학적 대상의 이러한 확장, 즉 이론의 적용 영역의 확장은 변환적 방법이라 부를 수 있는 것을 완벽하게 예시해 준다. 게다가 프레넬은 아라고François Arago, 1786~1853와의 협동작업으로 빛의 편광을 연구했다. 아라고는 색깔의 편광현상을 발견했다. 프레넬은 이 발견을 적당히 재단된 복굴절 결정에 의해 산출된 순환적 편광의 발견에 의해 보충했다. 그런데 빛의 파동을 매체 속에서 퍼지는 소리의 파동과 동일시하는 표상에 호소할 경우 이 편광현상을 설명하는 것은 불가능했다. 프레넬은 빛의 파동에서 진동들이 횡적이라고, 즉 전파되는 방향과 수직적으로 일어난다고 가정했다. 그때 설명되는 것은 단지 편광만이 아니라 복굴절이기도 하다. 프레넬은 파동설이 입자설과 마찬가지로 광선의 직진 현상을 설명해 준다는 것을 이미 증명했다. 말뤼스Etienne Malus, 1775~1812와 아라고의 작업의 결과는 이 이론을 확인해 주었다. 말뤼스는 반사된 빛이 언제나 부분적으로 편광을 일으킨다는 것과, 유리를 통과하는 단순한 굴절도 부분적으로 편광을 일으킨다는 것을 발견했다(「반투명 물체들에 의해 반사된 빛의 속성에 관하여」라는 제목의 논문, 1809). 프레넬의 이론은 아라고의 작업 덕분에 실험적 기초를 통해 검증되었고 확장되었다. 아라고는 광도계를 만들었는데 이 덕분에 프레넬이 연역적으로 발견한 원리(반사된 빛과 굴절된 빛의 상보성)가 실험적으로 확증되었다. 아라고는 편광기를 만들어 색의 극성화 작용의 모든 특징들을 정확히 통제할 수 있었다. 그렇게 해서 하위헌스의 사유는 광범위하게 정당화되었다. 하위헌스는 1690년에 『빛에 관한 논고』에서 다음과 같이 쓴 바가 있다. "진정한 철학에서는 모든 자연적 결과들의 원인을 역학의 근거들에 의해 상상한다. 내 생각에 의하면 이것이 바로 사람들이 해야 하는 일이고, 그렇지 않다면 물리학에서 무언가를 조금이라도 이해하려는 모든 희망을 포기해야 한다"(『파동역학과 새로운 양자론』에서 하스Haas가 인용한 텍스트, 보그로스Bogros와 에스클란공Esclangon의 번역, 1쪽).

게다가 맥스웰에 의해 연속체의 가설에 기초하여 에너지 문제에 응답하는 연역적 합리주의의 새로운 단계가 이루어졌다. 사실 맥스웰이 '변위 전류'courants de déplacement라는, 별로 좋은 이름은 아니지만 전자기파라는 오늘날의 개념의 전신이며 빛이라 불리는 물리적 실재를 통일적으로 연장하는, 이 개념을 형성한 것은 전기 영역에서 따로따로 발견된 여러 법칙들의 연합으로 이루어진 단일한 체계에 에너지 보존 원리를 적용하기 위해서였다.

전자기 이론에 대한 맥스웰의 위대한 논고가 알려지기 전에는 네 가지 법칙들이 '정'전기, '동'전기, 자기만이 아니라 전류와 장들 사이의 관계와 연관된 이전의 모든 발견들을 요약하고 있었다. 이러한 성과들을 표현하던 네 가지 분리된 법칙들을 맥스웰은 다음의 체계로 대체하였다.

다음의 값들을 가지면,  $\vec{B}$ = 자기 전도induction

$\vec{b}$ = 전기 전도

$\vec{H}$ = 자기장

$\vec{h}$ = 전기장

$\vec{i}$ = 전기의 밀도

$\rho$ = 전하의 밀도

다음과 같이 쓸 수 있다.

I)  $-\dfrac{1}{c}\dfrac{\delta \vec{B}}{\delta t} = \text{rot } \vec{h}$  — 패러데이의 전도 법칙

II)  $\text{div } \vec{B} = 0$  — 고립된 자기극들의 비존재

III)  $\dfrac{1}{c}\dfrac{\delta \vec{b}}{\delta t} = \text{rot } \vec{H} - \dfrac{4\pi \vec{i}}{c}$  — 자기장들과 전류의 관계에 관한

앙페르Ampère의 법칙

IV)  $\text{div } \vec{b} = 4\pi\rho$  — 정전기éléctrostatique의 작용 법칙

(가우스의 정리)

세번째 방정식은 자기장과 전류 사이의 관계에 대한 앙페르의 정리를 나타낸다. 그러나 에너지의 보존(여기서는 전기의 보존)이 있다는 것을 나타내기 위해 맥스웰은 이 정리를 $\dfrac{1\delta\vec{b}}{c\delta t}$라는 표현으로 나타내고 전도 전류 i에 덧붙여진 변위전류를 도입하여 보완하였다. 그래서 이 방정식들로부터 전기 보존을 표현하는 $\dfrac{\delta\rho}{\delta t} + \text{div } \vec{i} = 0$을 도출할 수 있다.

이러한 보존을 표현하는 것은 이 $\dfrac{\delta b}{\delta t}$ 라는 용어가 없이는 불가능할지도 모른다. 이 방정식 체계의 매우 중요한 또 다른 이론적 결과는 자기유도가 자기장과, 전기유도가 전기장과 뒤섞일 수 있을 때(이것은 진공의 경우이다), 전자기장들은 언제나 속도 c로 전파된다는 것이다. 이러한 표현(장들과 전기전도 그리고 전하와 전류가 정전기로 표현되는 반면, 장과 자기전도가 전자기 단위들로 표현될 때, 전하의 전자기 단위와 전하의 정전기 단위와의 연관을 측정하는 표현)은 유한한 값을 갖는다. 그것은 진공 속에서 빛의 속도의 이론적 계산을 가능하게 한다. 이러한 전파 propagation는 일군의 평평한 단색성의monochromatique 전파에서 나오는 것으로 분석될 수 있다.

변환적 방법의 풍부한 적용의 두번째 단계가 나타난 것은 바로 이 순간이다. 맥스웰은 실제로 빛의 진공 속 전파와 전자기장들의 전파 사

이에서 실재적 유비, 즉 연관들의 동일성에 주목하였다. 그는 빛이 전자기적 성질의 섭동으로 구성되며 단지 어떤 파장의 간격, 즉 가시광선 스펙트럼의 간격과 전자기 진동의 간격에 상응한다고 가정하였다. 에너지가 전기로 보존된다는 것을 고찰함으로써 발견된 상수 c는 진공 속에서 빛의 속도의 척도로 **변환가능**_transductible_하다. 마치 진공 속의 빛의 속도가 상수 c로 변환가능한 것과 같다. 이러한 변환성의 주장은 두 척도 사이에서 단순한 동등성, 즉 단위들의 자의적 선택으로부터 유래할 수 있을지도 모르는 동등성을 발견하는 것보다 더 멀리 간다. **그것은 측정된 현상의 물리적 동일성을 가정한다.** 즉 기지의 넓은 주파수대 속에서 선택된 특수한 값들에 따른 양태들의 차이를 감출 수 있는 동일성 말이다. 우리는 여기서 일반화나 포섭subsomption과 관계하고 있는 것이 아니다. 가시광선은 전자기 섭동의 특수한 '종류'가 아니다. 왜냐하면 이러한 종을 최근류genre prochain로부터 구분하기 위해 사람들이 내세우려고 할 수도 있는 '종차', 즉 [여기서는] 진공 속에서 전파되는 빛의 파장, 또는 더 정확히 말해서 이 파장의 측정의 상위와 하위의 경계들은 최근류 자체의 정의의 일부를 이룬다. 진공 속에서 전파되는 파장을 전혀 갖지 않을 수도 있는 전자기장은 상상할 수 없다. 전자기장인 한에서 그것은 이미 '분화되어'spécifié 있고, 감마선, 엑스선, 자외선, 가시광선, 적외선, 헤르츠파로서만 존재할 수 있고 생각될 수 있다. 전자기파들처럼 변환성의 영역 속에서 발견될 수 있는, 종들의 수나 아종들의 수는 **연속의 역량**을 갖는다. 긴 헤르츠파들로부터 가장 날카로운 감마선들까지는 다양한 파장들을 갖는 무한수의 전자기장들이 있다. 그것들의 속성들은 이 파장들과 더불어 변화한다. 적색 가시광선과 자색 가시광선 사이에도 여전히 무한수의 파장들이 있다. 자색 그 자체도 사람들이 원하는 만큼 분화될 수

116

있다. 그래서 아종들의 기준들은 종들의 기준들과 관련하여 동질적이고, 한 종의 기준은 최근류의 내포 속에 포함되어 있다. 유사종들pseudo-espèces의 경계들인 불연속성들이 도입될 수 있는 것은 단지 생명적이고 기술적인 활용 때문이다. 적색이나 자색에 대해, 그리고 가시광선에 대해 말하는 것은 지각하는 생명체를 고려하기 때문이다. 겉보기의 불연속은 전자기 파장의 연속적 단계로부터 나오는 것이 아니라 생명체의 생리적 기능들과 이 파장들 사이의 연관성으로부터이다. 수정체가 없는 눈은 정상적인 눈이 지각하는 것보다 더 멀리 있는 자외선을 회색빛의 양태로 지각한다. 꿀벌은 자외선을 지각한다. 그리스인들과 로마인들은 우리처럼 가시광선 스펙트럼을 나누지 않았다. 인간의 지각은, 호머의 글 속에서 나타난 자주빛의ἀλιπόρφυρς라는 형용사의 사용이 보여 주듯 파장이 짧은 쪽에 위치한 스펙트럼의 극단을 향해 변형된 듯하다. 우리는 오늘날 극동의 어떤 민족들이 그렇게 하듯이 율리시즈의 동료들이 단 하나만을 보았던 곳에서 여러 가지의 색을 구분한다. 헤르츠파를 무선전파canaux라고 명명된 9000헤르츠의 지대들로 재단하게 한 것은 기술적 필요성에 의해서이다. 왜냐하면 이러한 스펙트럼 폭은 진폭의 변조 속에서 상당히 충실한 전달의 필요성과, 동시적 작동 속에서 충분한 선택성과 더불어 수용될 수 있는 서로 다른 송신기들의 전체 수 사이의 유용한 타협에 상응하기 때문이다. 사람들이 장파, 중파, 단파, 초단파, 극초단파를 구분하는 것은 그것을 발신하거나 수신할 수 있는 산들 사이에, 그리고 그것들을 특징짓는 전파propagation의 조건들 사이에 존재하는 상당히 커다란 차이들 때문이다.[15] 그러므로 그것은 결국 그 자체로

---

15) [옮긴이] 전자기파의 종류→용어설명* 참조.

서 고려된 전자기장에 속하는 특징들의 함수로서가 아니라, 어떤 경계들의 함수로 이루어진다. [무선전파의] 산출을 위한 기술적 조건들이나 [그것들이] 전파되기 위한 환경적이고 성층권적인 조건들과의 관계는 이 경계들의 내부에서 변화하는 것이다. 그래서 2만 미터에서 8백 미터 사이의 파동은 헤르츠 장파라고 명명될 것이다. 왜냐하면 그것들은 언제나 케넬리-헤비사이드 층들 중 하나 위에서 반사되기 때문이다. 케넬리-헤비사이드 층들은 음의 굴절지표를 제시한다. 이로 인해 그것들은 자신들이 마주치는 최초의 이온층 위에서 진정한 금속성 반사에 종속된다. 이 현상은 에드워드 애플턴Edward Appleton, 1892~1965 경의 이온층 연구에 의해 명백하게 밝혀졌다. 케넬리-헤비사이드 층으로 더 깊이 파고들어가는 800에서 80미터 사이의 파동은 중파라고 명명될 것이다. 이것들은 밤에는 물론 반사되지만 낮에는 이온층의 변화 때문에 부분적으로 흡수된다. 이온층의 고도와 그 이온화의 정도는 태양의 고도와 그것의 변화하는 활동과 관련된다. 그러므로 이러한 차이는 헤르츠파들 그리고 그것들이 아닌 것 사이의 관련성으로부터 나온다. 예를 들면 높은 대기의 이온층, 아니면 헤르츠파들을 산출하거나 그것들을 전달하는 실제적 수단들, 즉 단순 전기관들이나 속도가 변조된 전기관들, 또 동축의coaxiale 선이나 파의 유도장치가 그런 것들이다. 이런 구분들은 결코 고려된 현상의 고유한 본성에 기초하는 것이 아니다. 그것들은 엄밀히 말해 물리과학의 관점에서 존재하는 것이 아니라 기술의 관점에서 존재한다. 따라서 이 모든 기술적 구분들은 개개의 기술과 관련한 의존성을 나타낸다. 전기 기구들의 제작자들은 파장이 10미터 이상인 파동들을 그보다 짧은 파동들과 구분한다. 왜냐하면 10미터 아래로는 음극과 양극 사이의 전자 전달 시간이 너무 짧아서 전자관의 내부 구조 속에서 특수한 장

117

치들을 마련해 두어야 하기 때문이다. 게다가 전리층의 예측 업무는 [전파] 전달의 가장 좋은 효율을 보장하는 목적을 가지고 있어서 위와 동일한 구분들을 세우지 않는다. 결국 동일한 산업으로 조직화되는 모든 기술들의 '특수한 영역들' 사이의 다소간 불안정한 일치로부터 일정수의 **산업적** 개념들이 만들어진다. 이 산업적 개념들은 점차로 모든 과학적 성격을 잃어버리고 결국 **상업적**이고 **행정적**인 것이 된다. 그것들은 사용과 관련되어 **실용적 의미**만을 갖기 때문이다. 바로 여기서, 다수의 기술들의 전문성의 경계들이 습관적이고 집단적으로 조우하고 이것이 법이나 행정적 규칙에 의해 인정됨으로써 **과학적 의미**는 없으나 **심리−사회적 가치**를 갖는, 본질적으로 질적이고 감정적이며 제도적인, **완벽한 특수성**_spécificité_이 구성된다. 이 제도는 집단의식_esprit du corps_에 의해 자극된 자신의 고유한 기술자들 그리고 자신의 예술가들, 자신의 세금, 자신의 친구들과 적들을 가진다. 그것은 **동일한 방식으로** 자신의 주파수 지대를 갖는다. 그런데 다른 제도들과의 대면으로부터 나오는 경계짓기 이후에는 각 제도에 고유한 특징들이 서로서로 전염된다. 텔레비전 파장의 결정은 신기술이 라디오방송과 전화에 의해 이미 점유된 영역 밖으로 쫓겨난 결과이다. 이 신기술은 단위시간당 전달해야 하는 정보의 어마어마한 양이 요구하는 지대의 폭 때문에 매우 혼잡해져 있었다. 높은 주파수를 향해 쫓겨난 텔레비전 송신은 전리층의 속성들과 관련한 최초의 특수성의 영역으로 한정되었다. 텔레비전파의 전파는 송신 안테나에서 수신 안테나에 이르기까지 직선으로 시야에 들어오게 된다. 왜냐하면 거기에는 케넬리−헤비사이드 층 위로 반사하는 것이 전혀 없기 때문이다. 그 결과로 수신자와 송신자는 동일한 거주 지역에 속해야 할 것이다. 즉 밀집되어 있고 동질적인 지역권_agglomération_에 속해야 할 것이다.

텔레비전은 멀리까지 정보를 실어나르도록 요구할 수는 없으므로 정보나 예술의 스펙터클이 이미 포화된 지역의 중심에 도달한다. 그래서 그것은 오락의 수단에 불과한 것이 될 수도 있다. 게다가 이 높은 주파수로 쫓겨난 결과로 송신 지대의 폭은 매우 넓고 자유로워져서 사람들은 수도의 도시적 지방주의라는 특징을 만나게 된다. 이것이 그 첫번째 결과이다. 그리고 전달된 이미지의 기술적 질을 향해, 즉 고화질haute définition의 채택을 향해 완벽한 개선을 추구하는 길로 나아가게 된다. 이 일정한 **가치들의 코드**의 채택은 초기의 상황들로 혜택을 받은 결과 그 코드를 낳은 조건들을 강화하는 그리고 이 조건들을 단번에 정당화하는 규범성 normativité을 만들어 낸다. 고화질은 전파를 훨씬 더 불안정한 먼 거리에서도 정확하게 전달되게 해준다. 그것은 텔레비전 제작자들에게 상업화할 수 있는 기술의 가능성의 극한까지 더욱 더 섬세한 기술을 요구하면서 부유한 대중들만이 살 수 있는 값비싼 기구들을 생산하기에 이르고 게다가 [그들의] 강력한 요구에 의해 시골보다는 도시적인 모든 조건들에 도달한다. 그때 사람들은 텔레비전의 **개념과 제도**를 요약하고 안정시키는 하나의 심리-사회적인 형태학과 역학에 이른다. 수도로부터 대규모 중심가를 향해 주파수와 데시미터파[극초단파] 위에서 변조된 일군의 중계회선들이 송신된다. 그것들은 이 방사형 망에 참여하기에는 무력한 시골과 위성 도시들 위로 오락 프로그램을 송신한다. 그러므로 텔레비전이라는 **개념**의 진정한 경계들은 심리사회학적인 것이다. 그것들은 **회귀적**récurrent **인과성**이라는 순환의 **폐쇄**로 정의된다. 이는 일종의 내적 심리사회적 환경을 만들어 내는데, 그것은 기술과 진행절차와 기술자들을 동화하고 분리함으로써 내적 조절을 하는 덕분에 항상성을 부여받는다. 기술과 기술자, 진행절차는 현회원의 선거에 의해 충원되고 여러 닫힌 사회들의 자기방어 기제에 비교될 만한 것에 의해 서로 연결되어 있다. 자기정당화하는 특수한 신화들이 만들어진다. 이미지의 섬세함의 추구가 그 가치에 있어서 다른 민족들이 행하는 색깔의 추구보다 우월한 것으로 나타난다. 이러한 추구는 스스로를 정당화하기 위해 명료함과 정확성을 간직한 프랑스적인 천재라는 구분되는 특징을 만들어 내고 채색그림의 저속한 취미는 원시인이나 아이들에게 좋은 것이라고 경멸한다.[16] 여기서 논리적 모순이 받아들여진다. 왜냐하면 이 사유는 정념적이고 감정적인 주제들로 지배되기 때문이다. 그래서 색에 대한 섬세함의 우월성을 기술적 완성이라는 이름으로 내세우지만, 채색된 이미지와 채색되지 않은 이미지를 전달하는 데 필요한 정보량을 단순히 계산해 보더라도, 그리고 두 경우에 사용된 장치들에 대한 복잡성의 정도를 검토해 보더라도, 그와는 정반대의 결과에 이른다. 즉 텔레비전파를 완전히 다른 두 가지 방식으로 생각할 수 있다. 우리가 유와 종이라는 도식의 타당성에 기초한 사유 양태를 받아들이면, 그것은 파장이 아니라 텔레비전이라는 제도에 **속함**을 종차로서 가지는, 일종의 전자기파 유형의 한 **종**이 된다. 이러한 종속을 만들어 내고 이러한 관여의 관계를 기초짓는 것은 행정적인 포고일 것이다(라에 회의).[17] 반대로 변환적 사유에 따르면 텔레비전의 파장들은 명백한 물리적 특징들에 상응하지 않는 수적 경계들 사이에 삽입될 것이다. 그것들은 **종**이 아니라 구역secteur이며 변환성의 영역의 다소간 넓은 지대이다. 즉 전자기파의 지대이다. 변환적 사유와 유, 종 그리고 포함관계에 의해 진행하는 사유 간의 차이

---

16) [옮긴이] 흑백 텔레비전 시대의 상황을 묘사하고 있다. 프랑스에서 컬러 텔레비전은 1960년대 후반에 등장한다.
17) [옮긴이] '라에(la Haye) 회의' → 용어설명* 참조.

에서 중요한 한 가지 결과는 유적 특징들은 변환가능하지 않다는 것인데 이는 아마도 인식론에서 핵심적인 내용일 것이다. 이와 같이 프랑스에는 현재 텔레비전에서 이용하는 두 지대가 존재한다. 하나는 46MHz이고 다른 것은 180MHz이다. 이 두 지대 사이에서 항공사와 경찰이 특별한 혹은 공유된 지대를 소유한다. '낮은' 지대에서 텔레비전파를 특징짓는 속성들로부터 '높은' 지대 안에서 동일한 특성의 존재를 추론할 수는 없다. 공통의 포섭 관계는 어떤 진정한 물리적 속성도 창조하지 않는다. 유일한 연관은 영역의 행정적인 속성의 연관이다. 그런 이유로 이 관여의 관계는 양도와 회수의 가능성과 함께 일종의 속성의 체제를 낳는다. 마치 자신의 소유자의 표식을 갖지는 않으나 그 가능적 사용자에게 의무관계나 봉신관계를 낳는 땅이 문제될 때 그러한 것처럼 말이다. 프랑스 텔레비전은 현재 '낮은 지대'의 폭을 모두 사용할 수가 없어서 이 지대의 일정한 범위(약 47.2MHz)를 프랑스의 보이(걸)스카우트에게 전보나 전화의 송신으로 사용하도록 빌려주었다. 이 아지대sous-bande는 일시적 자격으로 빌려준 대상의 특징들을 소유하므로 즉각적으로 그리고 예고없이 박탈당할 수 있다. 아지대가 갖는 속성들은 그 물리적 특징들로 인해 바로 우위에 있거나 바로 아래에 있는 파장을 갖는 지대의 속성들로 변환될 수 있다.

그렇게 해서 변환성의 영역이나 장으로 명명될 수 있는 물리적 실재성의 유형이 나타난다. 이러한 물리적 실재는 사회-심리학적 존재자와 구분되는데 그것은 후자가 개념들에 의해 인식가능하며, 속성이나 혈족관계로 구체화되건 아니건 간에, 관여관계에 의지하여 유와 종의 통념들을 사용하는 사유의 용법을 정당화하는 점에서 그러하다. 진정한 변환적 사유는 **유비**에 의한 추론을 사용하며 결코 **유사성**에 의한 추론,

즉 정념적이고 감정적인 부분적 동일성은 사용하지 않는다. 우리가 여기서 사용하는 영역domaine이라는 말 자체는 위험하다. 왜냐하면 소유관계는 관여에 의한 사유로 환원되는 것처럼 보이기 때문이다. (종들과 아종들 대신) '지대'와 '아지대'로 재단된 변환성의 무대를 말할 수 있어야 할 것이다. 변환적 사유는 유와 종의 위계화와 전혀 동일하지 않은 실재의 위상학을 확립한다.

그러므로 물리적 개체의 기준들을 규정하기 위해 유와 종 사이의 관계, 그 다음에는 종과 개체 사이의 관계의 탐구에 호소해서는 안 된다. 변환적 사유의 작동은 이러한 방법의 사용을 금지한다. 우리는 이미 변환성의 막대한 영역의 발견에서 변환적 사유의 풍부함을 보았다.

그러나 변환적 방법이 필요하다고 해도 그것이 물리적 개체를 파악하는 데 충분하다는 사실은 전혀 보장되지 않는다. 물리적 개체는 대립하면서도 상보적인 두 방법들의 만남과 그것들의 양립가능성의 지점에서만 파악될 수 있는 것 같다. 그러므로 물리적 개체를 특징짓는 어떤 일관성도 없고 고유한 경계도 갖지 않는 전자기파를 물리적 개체로 간주할 수는 없다. 변환적 영역이라는 순수 연속체는 개체를 상정할 수 없게 만든다. 에너지에 대한 고찰에 기초한 연역적 과정의 말미에서 얻어진 그것은 완벽하게 합리적이며, 형태와 운동에 대한 기하학적 추론에도 모든 부분에서 적용될 수 있다. 그러나 그것은 이 연속적 잠재성을 재단할 수 있는 기준을 주지는 않는다. 그것만으로는 물리적 개체를 파악할 수 없다. 그런데 물리적 개체가 상보적인 두 가지 인식에 의해 파악된다면 비판적 문제는 이 두 인식들 사이의 **관계**의 타당성 그리고 개체 자체 속에서 존재론적 기초의 타당성에 대한 것이 될 것이다.

## 3. 귀납적 과정

파동역학과 상보성 원리의 입장에 이르게 된 탐구의 두번째 길은 귀납적 과정의 말미에서 물리적 실재성의 **불연속적** 본성을 단언한 바로 그 길이다. 그것은 물리적 개체에 대해 파동적 기초를 가진 연역적 탐구에서 도출할 수 있는 것과는 아주 다른 정의를 제시한다.

우리가 방금 검토한 것과 동일한 물리적 실재들, 즉 전기와 빛에 관해 입자적이거나 불연속주의적인 개념정의의 근원에서 어떤 유형의 필연성을 만날 것인가? 그것은 본질적으로 귀납적 탐구에 기초로 소용될 수 있는 구조적 표상의 필요성이다.

전기의 불연속적 구조의 개념은 1833년, 패러데이Michael Faraday, 1791~1867가 전기분해électrolyse를 탐구하는 도중에 다음과 같은 사실을 발견하면서 등장했다. 즉 예를 들어 수소화합물의 분해에서 음극에서 출현하는 수소의 양은 사용된 수소화합물이 무엇이건 간에 용액 속의 일정한 전기량의 이행과 관련된다는 것이다.[18] 게다가 수소 1g이 도출한 전기량은 언제나 107.1g의 은을 내놓는다. 이런 의미에서 전기의 불연속성의 발견 조건은 불연속적 **작용**들에 대한 그것의 **관여**participation이다. 관여는 불연속성의 영역에서, 특히 물질의 구조 변화 속에서 어떤 **역할을 한다**. 물질에 대한 원자적 견해의 타당성을 받아들이면 물질의 원자적 속성들을 특징짓는 불연속적 작용들에 관여하는 전기는 그 자체로 불연속적 구조를 소유한다는 것을 인정해야 할 것이다. 실제로 패러데이는 화학자들이 말하는 모든 1가 원자들이, 즉 수소원자와 함께 조합되

---

18) [옮긴이] 전기분해 → 용어설명* 참조.

는 원자들이 동일한 전기량에 **결합하는** 것으로 나타난다는 것을 발견했다. 모든 2가 원자들은 그보다 두 배의 양에 결합하고 3가 원자들은 세 배의 양에 결합한다. 그래서 결국 사람들은 전기는 음이든, 양이든, 진정한 전기적 원자들로 작용하는 요소입자들로 분해된다는 결론에 도달했다. 이는 헬름홀츠Hermann von Helmholtz, 1821~1894가 1881년에 내린 결론이다. 스토니George Johnstone Stoney, 1826~1911가 처음 사용한 '전자'électron라는 말은 전기의 자연적 단위를 지시한다. 즉 여러 전극électrode들 중 하나에 1가의 요소원자를 내려놓기 위해 전해질 용액을 통과함에 틀림없는 전기량을 말한다. 전기가 그 불연속성 속에서 파악된 것은 그것이 원자와 결합함에 의해서이다. 그리고 전자의 전하가 계산된 것도 그러한 결합에 의해서이다. 사실상 한편으로 일정한 물체의 1몰(또는 그램-분자)의 전기분해에 대해 일정한 전기량이 필요하다는 것을 알고 있다면, 그리고 게다가 이 몰이 얼마만큼의 원자를 포함하는지를 알고 있다면(아보가드로의 수에 따라), 요소들의 원자가를 참작하여 각 원자에 결합된 전하를 계산하는 것이 가능할 것이다.[19]

이러한 최초의 귀납적 발견 이후에 같은 방법을 사용해 같은 결과에 도달한 두번째 발견이 잇따랐다. 엑스선 발견의 해인 1895년 이후 사람들은 이 광선이 전해질의 전도성과 동일한 전도성을 산출하여 기체들을 전도체로 되게 할 수 있다는 것을 보여 주었다. 전해질 전도에서는 전하들은 이온들에 의해 운반되며 이온들은 분자의 분해가 아니라 원자들 자체의 분해에서 유래한다. 왜냐하면 이 이온들은 아르곤이나 네온 같은 단일원자 기체 속에 존재하기 때문이다. 이러한 분해는 귀납으로 하

---

19) 원자가 / 전하 / 몰 /아보가드로수 → 용어설명* 참조.

여금 구조들의 연구로 한 발 더 나아가게 해주었다. 스토니의 전자는 분할불가능한 물리적 입자에 결합된 전기량으로 남아 있었다. 그것은 이제 더 실체적인 것이 된다. 왜냐하면 기체의 이온화는, 음전하가 전해질 이온이라는 무거운 담지자support로부터 해방되는 것을 보여 주는 하나의 구조적 표상을 요구하기 때문이다. 마지막으로 구조들의 발견은 2년 후에 새로운 단계를 거치게 된다. 사람들이 이온화된 기체의 기둥을 관통하는 전기량을 측정하는 데 머문다면 무거운 물질 입자들에 대한 전자의 독립성을 상상할 수 있다. 그러나 이 독립성은 추상적으로 남아 있다. 그것은 현상들을 구제하게 해주는 실험적 원리이다. 반대로 실험적 탐구를 더 멀리 밀고나가 방전관tube à décharge[전극들 사이에 저압의 기체를 넣어 전류를 통하게 하는 관]의 내용을 물리적으로 분석하려고 하면, 기체의 압력이 감소할 때, 즉 압력이 1/100e 수은밀리미터mmHg까지 내려갈 때, 관 전체를 침입하는 크룩스William Crookes, 1832~1919의 암흑부espace obscure를 얻는다.[20] 압력이 내려가는 동안 음극으로부터 아주 점진적으로 나타난 이 공간은, 본래 연속적이며 이온화된 기체였던 군ensemble의 물리적 분석을 어떤 방식으로 실현하고 있다. 사람들은 이 이온화된 기체 안에서 자유전자들을 다른 전하들, 즉 이온들에 의해 운반된 양전하들로부터 구분할 수 없었다. 그래서 사람들은 크룩스의 암흑부가 이동 중인 자유전자들을 포함하고 있다고 가정하였다. '음극선'들에 대한 실험은 자유전자들에 대한 실험들로 간주되었다. 물론 이 실험에서 전자들의 불연속성은 액체나 기체의 이온화와 같은 현상과 결합함과 동시에 사라진다. 이 이온화 속에서는 전자들은 입자들에 결합된 고정적 크기를 갖는

---

20) [옮긴이] 크룩스 암흑부→용어설명* 참조.

전하들로서 나타난다. 이 시기에 음극선에 대해 시행한 모든 실험들은 거시적이었으며 불연속적 미시구조를 지시하지 않고 관 속에서 이동하는 전하들의 존재를 보여 주었다. 오로지 한 개의 전자에 대한 실험은 할 수가 없었다. 유리관의 발광luminescence, 음극과 관련한 광선들의 정상상태normalité, 그것들의 직선적 전파, 그것들의 열적·화학적 효과들, 그것들이 음전하들을 운반한다는 사실, 그것들이 전기장과 자기장의 영향으로 빗나간다는 사실은 모두 연속적 외양을 갖는 거시효과들이다. 그러나 말미에서 이 발견을 낳은 귀납적 절차를 이유로 이 음극선들이 불연속적 전기 입자들로 이루어졌다고 가정할 필요가 생겼다. 그렇게 해서 사람들은 실험의 구조를 설명하였기 때문이다. 이온화되었지만 여전히 파열 방전décharge disruptive[불꽃을 내며 파열하는 방전] 안에서 미분화된 기체의 전자들은, 실험의 구조에 의하면, 크룩스의 암흑부를 점하는 전자들과 **동일하다**. 이 전자들은 음극선들을 형성하는 전자들과 동일하다. 파열 방전이건 그렇지 않은 방전이건, 한 기체의 이온화되는 전자들은 물체의 전기분해 속에서 음이온들에 의해 운반된 전자들과 동일하다.

이 세 가지 해석 속에서 준수된 귀납적 방법을 우리는 변환적인 것으로 간주할 수 있을까? 그것은 파동 개념의 형성 속에서 나타나는 방법과 동일한 것이 아니다. 사실상 파동 개념은 연역적 사유를 그것의 대상을 확장함으로써 점점 폭넓은 영역 속으로 도입할 수 있기 위해 만들어졌다. 그것은 이론적 표상의 우위에 상응한다. 그것은 그때까지 분리되어 있던 여러 결과들의 종합을 가능하게 해준다. 반대로 전기 입자의 개념은 실험적으로 확인된 현상을 가지적intelligible 구조에 의해 **표상**할 수 있기 위해 도입되었다. 처음에 그것은 수적으로 공식화될 수 있는 법칙을 넘어서지 않고 거기에 현상이 가지적 도식으로 이중화될 수 있게 하는 **표상적 하위구조**_substructure_를 제공한다. 한 실험에서 다른 실험으로 이행할 경우, 예를 들어 전기분해에서 단일원자 기체의 이온화로 가는 경우, 사람들은 **동일한 도식**을 옮겨놓는다. 사람들은 이전에 발견된 도식의 적용의 새로운 사례를 발견한다. 그러나 그 사례가 새로운 것은 **실험적으로** 그런 것이지 대상의 확장에 의해서 그런 것은 아니다. 전자는 언제나 같은 것이며, 귀납이 가능한 것은 전자가 동일자로 남아 있기 때문이다. 반대로 헤르츠파와 가시광선 사이에 연속성을 확립할 경우 사람들은 빛이 헤르츠파로 이루어졌다고 말하지는 않는다. 반대로 사람들은 그들이 탐험하는 변환성의 영역의 두 지대를 분리하고 결합하는 경계를 정의한다.

패러데이의 법칙을 전자의 질량과 전하의 계산으로 유도한 사유는 **동일성의 전이**_transfert_를 작동하게 했다. 전기의 법칙들과 프레넬의 공식들을 맥스웰의 전자기 이론으로 유도한 사유는 한 **영역의 발전**을 작동하게 했으며 이 영역은 계속해서 무한수의 값들을 향해 열리게 된다. 우리는 이제 맥스웰의 노력 속에서 단지 연역적이었던 것을 진정으로 변환적인 것으로부터 더 잘 분리할 수 있게 되었다. 맥스웰은 전기의 보존을 설명하고, 모든 전기 현상들의 과학을 요약하는 네 가지 법칙을 단 하나의 방정식 체계로 연결하기 위해 변위전류_courant de déplacement_의 공식을 서술했을 때 연역적인 작업을 한 것이다.[21] 그러나 그는 변위전류의 이론을 빛의 파동적 전파의 이론에 연결했을 때 진정한 변환을 행한 것이다. 연속체의 필요성은 연역적 방법의 적용의 직접적 결과이다. 단지 변환적 진보가 실현될 수 있기 위해서는 연역적 발명이 필요하기 때문

---

21) [옮긴이] 변위전류→용어설명* 참조.

에 우리는 사실상 파동이론의 탄생을 검토할 때 절대적으로 순수한 변환적 방법의 사례보다는 연역적 방법과 변환적 방법의 혼합을 가지게 된다. 마찬가지로 전기를 띤 입자의 개념을 발전시킬 때 변환적 방법의 몇몇 흔적을 발견하는 것은 가능한 일이다. 전기의 음입자들로 이루어진 광선들의 발견이 양입자들이나 양전하 물질 입자들로 구성된 광선들을 찾는 데도 역시 자극을 주었다. 구멍이 뚫린 음극을 가진 음극선관과 더불어 사람들은 양전자들이 아니라 관 속에 포함된 기체에서 나오는 이온들로 형성된 양극선rayon positif들을 얻기도 했다. 이것은 애스턴Francis William Aston, 1877~1945의 질량분석기spectrographe de la masse에 의한 동위원소 isotope 연구의 원리 안에 있다. 이 연구는 동위원소에 대한 해석이 1869년 멘델레예프Dmitri Mendeleiev, 1834~1907가 확립한 원소들의 주기율표를 멋지게 확인하고 보완하였을 때 진정으로 광대한 영역의 변환성을 발견하기에 이른다.[22] 이 [멘델레예프의] 주기율표 그 자체는 원자량을 고려하여 확립한 광대한 귀납의 결과인 동시에, 기지의 원소들을 원자량의 증가의 순서로 배열하고 그것들의 속성들의 주기성 쪽으로 방향을 잡은 변환성의 노력의 결과였다. 그러나 본질적으로 연역적인 과정의 말미에서 얻어진 변환성의 영역과 본질적으로 귀납적인 과정의 말미에서 얻어진 변환성의 영역 사이에 차이가 있다는 것에 주목해야 한다. 전자는 양극단을 향해 열려 있다. 그것은 분류되고 정돈된 다양한 값들의 연속적 스펙트럼으로 이루어져 있다. 후자는 반대로 자기 자신 위에서 닫혀 있으며 그 배열은 주기적 구조를 갖는다. 그것은 유한수의 값을 포함한다.

---

22) [옮긴이] 멘델레예프 → 용어설명* 참조.

## 1. 상대론적 견해와 물리적 개체화의 통념

반성적 사유의 가장 어려운 문제들 중 하나는 변환성의 두 결과들 사이에서 세울 수 있는 관계의 문제이다. 연역으로부터 유도된 변환성이 귀납으로부터 유도할 수 있는 변환성과 같은 결과에 이른다면, 반성은 두 유형의 결과들 사이에서 권리적으로 동질적인 것으로 인식된 양립가능성의 탐구로 환원될 것이다. 반대로 두 종류의 결과들 사이에 단절hiatus이 존속한다면 반성은 이 단절 자체를 문제로서 자신 앞에 가지게 된다. 왜냐하면 이 단절은 연속적 변환성으로 분류되지도 않고 주기적 변환성 안에 위치하지도 않기 때문이다. 그러므로 반성적 변환성을 발명하는 것이 필요하게 된다.

음전기 입자와 관련한 귀납적 탐구의 네번째 단계는 앞의 세 가지 단계들과 동일한 특징을 보여 준다. 그러나 이 탐구가 개체 상태의 요소 전기량을 어떤 방식으로 작동하게 하는 것은 가시적 입자의 실재성 안에서가 아니라, 그것[요소전기량]이 아주 섬세한 물질 입자에 결합하였을 때 산출하는 불연속적 효과에 의해서이다. 여기서도 역시 우리는 물질 입자들의 전하의 변이들이 산출되는 위치에 의해 나타난 전기의 불연속성을 본다. 전자는 직접적으로 그 자체로 개체화된 입자로 파악되는 것이 아니다. 밀리컨의 실험은 사실상 콘덴서의 판들 사이에 휘발성이 아닌 아주 섬세한 액체방울들(기름이나 수은 같은)을 떨어뜨리는 것으로 구성된다.[23] 이 방울들은 그것들을 뿌린 분무기 속을 통과하면서

---

23) [옮긴이] 밀리컨의 기름방울 실험 → 용어설명* 참조.

전하를 띠게 된다. 콘덴서의 금속판들 사이의 [전기] 장이 없을 경우 그것들은 느리게 떨어진다. 장이 존재할 때 운동은 가속되거나 지연된다. 그래서 속도 변화를 측정할 수 있다. 그런데 받침대들[금속판] 사이에 포함된 공기를 이온화하면 주어진 액체방울의 속도가 이따금 급속한 변화를 겪는다는 것을 확인하게 된다. 사람들은 액체방울의 전하가 기체 이온들 중 하나를 만날 때 변화한다는 것을 수용하여 이 변화를 설명한다. 측정에 의하면 포획된 전하는 단위정전기당 $4.802 \times 10^{-10}$에 해당하는 요소전하의 단순한 배수이다. 여기에 전자가 전하의 불연속성에 의해 개입하는 실험들이 첨가된다.

그러나 이러한 전기의 입자적 성질의 발견은 하나의 신비를 남겨 놓고 있다는 것을 주목하자. 이는 양전기와 음전기 사이의 비대칭인데, 그것은 입자설 속에서 결코 귀납적으로 예측될 수 없다. 양전기는 자유상태에서는 결코 나타나지 않는 반면 음전기는 나타난다. 사실상 입자가 음이거나 양이기 위한 구조적 이유는 전혀 없다. 입자를 양화quantification하는 것은 쉽게 상상할 수 있다. 질qualité은 요소입자들의 가능한 조합의 여러 양태들 속에서 나타난다. 그러나 그것은 입자라고 하는 단순한 구조적 요소의 수준에서 쉽게 상상될 수 없다. 우리는 여기서 귀납적 사유의 한계에 접한다. 단순한 표상적 구조들의 필요성으로 인해 귀납적 사유는 질을 비합리적인 것으로 간주하게 된다. 질은 귀납적 동일화에 저항한다. 그런데 18세기 이래 실험이 지시하는 바에 의하면 '유리의'vitreuse 전기와 '수지의'résineuse[진이 나오는] 전기 사이에는 질적 차이들이 있다. 비합리성의 요소를 흡수하려면 질적 종차를 명백한 구조적 차이로 변형할 수 있어야 한다. 그러나 귀납은 게다가 단순요소를 향하기 때문에 그것은 또한 모든 요소들이 서로와 관련하여 동일하게 되

124

는 것을 지향한다. 음전기가 물질의 보편적 구성소라는 사실을 발견한 후에 사람들은 모든 물질이 전기로 이루어졌다고 믿을 수 있었다. 그래서 동일화에 의한 귀납이 과학을 완성했다. 화학과 물리학은 일반화된 전기학이 되었다. 그러나 절대적 동일성이라는 환원은 그 두 형태의 혹은 두 '종류'의 전기 사이의 비대칭을 흡수할 수 없기 때문에 불가능하다. 물론 양전하가 전자의 출발에서 산출된 '퍼텐셜의 구멍'에 불과하다고 생각하는 것도 가능하다. 그러면 입자는 입자의 기능이 되고 그것은 실제로 존재하는 입자처럼 작용하게 된다. 그러나 그 경우 우리는 한편으로는 단순한 구조적 요소를 찾는 귀납의 한계들을 넘어서게 되고, 다른 한편으로는 물질적 기체support의 실재성이 음전기와는 다른 실체로 되어 있다고 가정하게 된다. 왜냐하면 만약 모든 물질이 음전기로 구성되어 있다면 전자의 출발은 그 절대값이 반대 신호의 전자와 동등한 양전하로 나타나는 '퍼텐셜의 구멍'을 결코 산출할 수 없을 것이기 때문이다. 귀납의 진정한 한계는 가장 단순하면서도 가장 넘어서기 힘든 형태의 복수성, 즉 **이질성**_bétérogénéité_이다. 귀납적 사유는 이러한 이질성과 대면하는 순간부터 변환적 사유에 호소해야 한다. 그러나 그때 그것은 연역적 사유의 결과들을 만나게 되고 이 역시 자신의 한계를 조만간 발견하게 된다. 귀납적 사유는 순수한 불연속의 표상이 불충분할 때 실패로 나타난다. 연역적 사유는 순수 연속의 표상이 실패할 때 마찬가지로 실패한다. 이런 이유로 사유의 두 양태 중 어느 것도 물리적 개체의 완전한 표상에 이를 수 없다. 그때 물리적 사유는 방법과 결과들에 대한 여러 체계의 양립가능성의 발명에 호소한다. 물리적 개체가 인식될 수 있는 것은 이 양립가능성에 의해서이다. 그러나 그러한 인식론적 조건들은 필연적으로 인식비판을 초래한다. 인식비판은 양립가능성의 체계의 발명을 통해 어떤 등급의 실재가 이해가능한지를 결정하는 운명을 갖는다.

　귀납적 방법과 연역적 방법, 그리고 연속체와 불연속체의 표상 사이의 양립가능성의 발견의 이와 같은 시작은 자유전자의 영역 안에 상대론적 역학을 도입하는 데서 발견된다.

　자유전자들을 산출하는 방법들이 발견되었고 음극선관에 '열이온적'thermoïonique이라 명명된 효과[열이온효과는 가열된 물체에서 전자가 방출되는 현상]가 결합하였다. 그러고 나서 방사능 물체의 베타β 복사가 결합되었다. 사람들은 형광 스크린 위에 전자들의 충돌 지점을 표시함으로써 공간 속에서의 전자들의 궤도들을 결정할 수 있었다. 20세기의 가장 멋진 실험을 한 것으로 이야기되는 윌슨Charles Thomson Rees Wilson, 1869~1959의 안개상자chambre à détente는 전하를 띤 입자들의 궤도를 추적하게 해준다.[24] 페랭Jean Pérrin, 1870~1942과 비야르Paul Villard, 1860~1934, 레나르트Philipp Lenard, 1862~1947의 연구 말미에서 사람들은 전자를 입자로, 즉 공간에 위치를 지정할 수 있고 질점의 역학 법칙에 따르는 아주 작은 물체로 표상할 수 있었다(루이 드 브로이, 『파동, 입자, 파동역학』, pp. 18~19).[25] 전기장에서 음전하를 갖는 전자는 전기력에 종속되어 있다. 그것이 자기장에서 운동할 때는 유도전기의 작은 요소처럼 작용하고 라플라스적 유형의 전기역학électrodynamique의 정상적인 힘에 종속된다. 이 힘은 자기장의 방향과, 운동의 순간적 방향으로 동시에 향하며, 전하로 배가된 자기장에 의해 전자의 속도의 벡터적 산물에 수적으로 동등하다. 이 힘 $f = \frac{e}{c}[\vec{v} \times \vec{H}]$의 작용 아래서 전자의 운동은 질량 $0.9 \times 10^{-29}$인 질점의 운동이 그렇게

---

24) [옮긴이] 윌슨은 안개상자(Cloud chamber)라 불리는 장치에서 전자기파가 이동하는 모습을 관찰하였다. 용어설명* 참조.
25) [옮긴이] 장 페랭 → 용어설명* 참조.

해야 할 것처럼 일어난다. 롤런드Henry Augustus Rowland, 1848~1901의 1876년의 실험은 전하의 이동이 자기장을 산출한다는 것을 확립했다. 마치 그것이 고정된 전도체 안에서 발전기에 의해 생겨난 전도전류이기라도 한 것처럼 말이다.

이러한 전기에 대한 불연속적 견해의 귀납적 가치는 그것이 전자들의 운동의 연구를 오랫동안 고전적이었던 이론인 질점의 역학으로 환원하게 해준다는 의미에서 특별한 것으로 나타났다.

새로운 역학은 거시물리학에 의해 연구된 물체들에 적용되는 한에서는 이론적인 것으로 남아 있었다. 사실상 상대론적 역학은 모든 물체들에 대해 타당하다. 그것은 고전역학이 성공적으로 설명할 수 없었던 '$10^{-8}$ 이내의 세 가지 현상들'을 설명하는 데 이미 성공했다. 상대성이론이 오래 전부터 확신하고 [마침내] 설명한 수성Mercure의 근일점périhélie 이동은 거기에 많은 힘을 주었다.[26] 일식 도중에 관찰된, 태양에 의한 빛의 휘어짐은 제한적 상대성원리를 확인하였다. 움직이는 광원들의 색깔 변화도 동일한 확인에 이른다. 그러나 극히 빠른 속도를 갖는 운동의 역학인 상대성이론은 거시 영역들에서는 여전히 의문을 야기할 수 있다. 르샤틀리에Henry Louis Le Châtelier, 1850~1936는 『20세기의 산업, 과학, 유기조직』이라는 책에서 상대성이론을 언급하면서 다음과 같이 선언한다. "그러한 사색은 철학자의 관심을 끌 수는 있으나 한 순간이라도 자연을 지배하고 그 변형을 주도한다는 행동가들의 주목을 끌어서는 안 된다." 조금 후에 그는 덧붙인다. "오늘날 뉴턴과 라부아지에의 법칙들이 틀리게 될 확률은 10억분의 1에도 속하지 않는다. 그러므로 그러한 가능성에

---

26) [옮긴이] 수성의 근일점 이동 → 용어설명* 참조.

사로잡히고 그것을 언급하고 심지어 거기에 한 순간이라도 몰입하는 것은 미친 짓이다." 르샤틀리에는 자신의 논증을 상대성이론이 초당 1만 킬로미터 이상의 속도로 가는 물체들에 대해서만 고전역학과 다른 결과들을 낳는다는 사실에 의거하고 있다. "그런데 지구 위에서 우리는 유명한 베르타 포[27]의 속도인, 1킬로미터 이상의 속도를 산출할 수 없다. 수성을 제외하고는 상대성이론의 사변의 대상이 될 수 있는 충분한 속도를 소유할 수 없다. 이 경우에조차 예상된 섭동들은 너무 약해서 사람들은 그것들의 크기에 대해 아직 일치를 보지 못하고 있다." 두번째 논증은 이러하다. "라디움이 헬륨으로 전환되는 것과 관련해서 이 문제와 씨름했던 모든 학자들은 아직 이 기체의 10밀리그램도 산출하는 데 이르지 못하고 있다. 그런데 산업이 매일 변형하는 수백만 톤의 물질에서 라부아지에의 법칙에서 예외인 것은 전혀 확인될 수 없었다." 거시적이고 실용적 차원에서는 적어도 외양적으로는 르샤틀리에가 옳았을지도 모른다. 그는 상대성이론의 지지자들이 뉴턴의 중력 법칙과 라부아지에의 원소 보존의 법칙에 대한 그들의 회의론에 의해 학생들을 타락시킨다고 그럴싸하게 비난할 수 있었다. 학생들은 이 두 법칙들이 낡아빠진 과거의 유물에 지나지 않는다고 선언하는 철학자들이나 속물들을 따르는 경향이 있다는 것이다. 이는 마치 과거에 아리스토파네스가 『군중들』 *Les Nuées*에서 새로운 생각이 전파되는 것을 보려고 안달이 난 아테네 군중 앞에서 소크라테스를 새로운 언어를 전파하는 자καινολογία라고 비판한 것과 같다. 그러나 르샤틀리에가 "모든 상식의 부정négation"에 대항하여 "사태를 분명히 하고 명확히 설명하기" 위해 분연히 일어난 시대에,

126

---

27) [옮긴이] Bertha, 1차대전 당시 독일군이 사용한 커다란 대포.

지구 위에는 그리고 학교의 물리학 기구들로 실현이 가능한 단순한 조립품 안에는 이미 초당 1만 킬로미터 이상의 속도로 갈 수 있는 물체들이 있었다. 음극선관에서 이동하는 전자들이 그것들이다. 이 미립자들은 그 차원에 있어서 미시세계에 속하지만 몇 십 센티미터 길이의 관 속에서 그리고 룸코르프Heinrich Daniel Ruhmkorff, 1803~1877 코일[28]의 두번째 관 끝에서 끌어모을 수 있는 에너지와 더불어 그것들에게 가장 빠른 하늘의 물체들의 속도보다 더 빠른 속도를 전달하는 것이 가능하다. 여기에는 현상의 일상적 분류에서는 동일한 **종**에 속하지 않았던 크기들의 만남이 있다. 인간 신체의 크기의 등급에 속하면서 우리의 근육의 힘에 비교할 만한 힘을 요구하는 실험이 진행되는 동안 수소원자보다 1836배나 더 가벼운 미립자는 행성처럼 운동한다.

상대성 역학은 물리적 입자의 개체적 존재의 개념을 심층적으로 변화시킨다. 전자는 빠른 속도로 이동할 때는 과거에 원자를 상상했던 방식으로는 상상할 수가 없다. 과거의 원자론자들 이래로 원자는 실체적 존재자였다. 그것이 구성하는 물질의 양은 고정된 것이었다. 질량의 불변성은 원자의 실체적 불변성의 한 측면이었다. 원자는 그것이 관여하는 관계에 의해 변형되지 않는 미립자이다. 합성체는 전체적으로 구성하는 원자들로부터 유래할 수 있다. 그러나 이 최초의 요소들은 그것들이 구성하는 합성체에 의해 변형되지 않는다. 관계는 허약하고 불안정한 것으로 남아 있다. 그것은 항들에 대해 힘을 갖지 않는다. **그것은 항들로부터 나오며 항들은 어떤 방식으로도 관계의 양태들이 아니다.**

상대성이론이 고찰한 전자와 더불어 미립자의 질량은 로렌츠 법칙

---

28) [옮긴이] 룸코르프 → 용어설명* 참조.

에 따라 속도의 함수로 변화가능한 것이 되었다. 로렌츠 법칙은 다음과 같은 공식으로 서술된다. $m_0$가 정지한 전자의 질량 즉 $0.9 \times 10^{-27}$g이고, c는 진공 속의 빛의 속도이며, v는 고려된 미립자의 속도일 때, $m = \frac{m_0}{\sqrt{1-\frac{v^2}{c^2}}}$ 이다. 그러므로 상대론적 역학은, 부동적 물질의 실체성을 나타내며 우연적 관계들에 의해 변화하지 않는 담지자인 엄밀하게 고정된 질량으로는 특징지어질 수 없는 입자를 제시한다. 뿐만 아니라 그것은 질량의 가능한 증가에 대해 더 높은 한계를 받아들일 수도 없는 입자, 그러므로 운반된 에너지도, 이 입자에 의해 다른 물체들 속에서 산출될 수 있는 변형들도 받아들일 수 없는 그러한 입자를 제시한다. 그러므로 로렌츠 법칙이 문제시하는 것은 입자 구조들의 귀납적 명백성을 추구하는 원자론적 사고의 원리들 전체이다. 사실상 사람들이 각각의 입자를 그 자체로 고찰하기 위해 위치하는 관점에서는 이미 심층적인 변화가 일어난다. 왜냐하면 질량과 운반된 에너지량 같은 근본적 특징들은 상위의 한계가 없는 것으로 간주되기 때문이다. 속도 v가 진공 속 빛의 속도를 측정하는 c라는 한계를 향해 가면 질량은 무한을 향해 간다. 개체는 더 이상 고대인들의 원자의 본질적 특징을 갖지 않는다. 이들의 원자는 그 차원과 질량과 형태에 의해 매우 **좁게 한정된** 존재자에 속하며 따라서 시간을 관통하는 **엄밀한 자기동일성**, 즉 자신에게 영원성을 부여하는 동일성을 갖는다. 그러나 물리적 개체의 개념정의 속에서 일어난 이 변화의 이론적 결과는 입자들의 상호관계를 고려할 경우 훨씬 더 중요해진다. 한 입자가 어떤 조건들에서 무한을 향하는 에너지를 얻을 수 있다면 다른 입자에 대한, 혹은 입자들의 군ensemble에 대한 한 입자의 가능한 작용에는 한계가 없게 된다. 이는 이 군이 아무리 크다 해도 마찬가지다. 입자들의 불연속성은 더 이상 가능한 변화들의 **유한한** 특징을 부과하지 않는

127

다. 한 전체의 가장 작은 요소는 총괄적으로 고려된 다른 모든 부분들만큼의 에너지를 내포하고 있을 수 있다. 본질적으로 평등주의적인 원자론의 특징은 보존될 수 없다. 전체와 부분의 관계 자체가 변하게 되는 것이다. 한 부분이 다른 부분들에 대해 총괄적으로 고려된 전체의 다른 모든 요소들만큼이나 강력한 작용을 행사할 수 있게 되는 순간부터 전체와 부분의 관계는 완전히 변하기 때문이다. 각각의 물리적 개체는 퍼텐셜에 있어서 한계가 없으며 어떤 개체도 어떤 순간에든 다른 개체의 가능한 작용으로부터 피해 있을 수가 없다. 원자들의 상호고립은 과거의 원자론자들에게는 실체성의 보증이 되었으나 [더 이상] 절대적인 것으로 간주될 수 없다. 구조적 독립성과 에너지적 고립의 소중한 조건인 **진공**은, 루크레티우스에게는 원자들의 개체성과 영원성의 조건이자 보증이었지만, 더 이상은 이 기능을 보장할 수 없다. 왜냐하면 거리는 접촉에 의한 작용만이 유효할 경우에 한해 독립성의 조건이 되기 때문이다. 이 실체주의적 원자론에서 충돌은 한 원자의 운동과 정지의 상태를 변화시킬 수는 있지만 질량과 같은 그 고유한 특성들을 변화시키지는 못한다. 그런데 질량이 속도와 함께 변한다면 충돌은 입자의 속도를 변화시킴으로써 그것의 질량을 변화시킬 수 있다. **완전히 우연적인 우발적 만남이 실체를 변용시킬*affecter* 수 있다.**[29] 수동성과 능동성은 에너지 교환의 두 대칭적 국면들에 불과하다. 실체의 수동성은, 잠재적이든 현실적이든, 그것의 잠재적이거나 현실적인 능동성만큼이나 본질적이다. 생성은 존재에 통합된다. 두 입자들 사이의 에너지 교환을 내포하는 관계는

---

29) 여기서 affecter는 정념이라는 명사와 무관하게 스피노자적 의미로 생각하면 될 것 같다. 정념 → 용어설명* 참조.

존재l'être의 진정한 교환가능성을 함축한다. 관계는 존재의 가치를 갖는다. 그것은 **변환역학적**allagmatique이기 때문이다. 작용이 그 불변적 기체인 구조와 구분된다면, 입자의 실체론은 각각의 불변적 입자의 고유한 특징들을 내버려 두면서도 입자들의 상호관계의 변형에 의해 에너지 교환을 설명하려는 시도를 할 수 있다. 그러나 한 입자와 다른 입자들의 **관계의 모든 변형**은 그 내적 특징들의 변형이기도 하므로 입자의 **실체적 내재성**은 존재하지 않는다. 여기서도 역시 결정의 경우와 같이 진정한 물리적 개체는 **개체의 실체적 영역을 구성하는 내재성의 경계와 동심원적인 것이 아니라 존재자의 경계 자체 위에 있다.** 이러한 경계는 현실적이든 잠재적이든 관계이다. 반성하는 인간의 위치에서 볼 때, 개체로서의 존재자의 내재성에 대한 직접적인 믿음은 아마도 일정한 일관성을 주면서 닫힌 영역을 경계짓는 물질적 외피에 의해 세계와 구분되는 것으로 보이는 인간 신체에 대한 직관으로부터 유래할 것이다. 사실 심층적인 심리-생물학적 분석은 한 생명체에서 그의 외적 환경에 대한 관계는 단지 그것 자신의 외적 표면에 배분되어 있지는 않다는 것을 보여 줄지도 모른다. 생물학적 탐구의 필요성 때문에 클로드 베르나르Claude Bernard, 1813~1878가 형성한 내부환경[30]의 개념만이, 존재자와 외적 환경 사이에서 그 개념이 구성하는 매개에 의해, 존재자의 실체성이 생물학적 개체의 경우에도 자신의 내재성과 혼동되지 않을 수 있다는 것을 보여 준다. 요소 입자의 물리적 내재성이라는 견해는 고대 원자론자들의 이론적으로 가장 엄밀한 기계론 속에서까지도 미묘하고 끈질긴, 두드러진 생물학주의를 보여 준다. 일상적인 물리적 경험의 차원에 상대성이론이 출

---

30) [옮긴이] 베르나르 → 용어설명* 참조.

## 128

현함과 더불어 이 생물학주의는 개체화에 대한 더 엄밀한 물리적 개념 정의에 자리를 내준다. 그러나 입자의 질량의 증가가능성이 한계를 갖는다면 단지 논리적 역동성에 의해 변형된 실체주의적 원자론으로 돌아가게 될지도 모른다는 것을 주목하자. 라이프니츠의 모나드는 여전히 근본적으로 하나의 원자이다. 왜냐하면 그것의 발달과 퇴화involution의 상태들은 **구체적인 개체적 개념**의 엄밀한 내적 결정론에 의해 지배되기 때문이다. 그것이 소우주로서 자신 안에 미소지각들의 형태로 우주 전체의 모나드들의 변화들의 축약본을 가지고 있다는 사실은 중요하지 않다. 사실상 변화들의 인과관계라는 관점에서 보면 그것은 자신의 변화들을 자신으로부터 이끌어낼 뿐이며 생성 속에서는 절대적으로 고립되어 있다. 그것의 순차적 규정들의 경계는 우주적 공가능성compossibilité의 체계에 의해 엄밀히 고정되어 있다. 반대로 상대성을 따라 사유된 물리적 개체는 그 본질에 의해 한번에 완전히 규정된 고유한 경계들을 갖지 않는다. **그것은 한정되어**borné **있지 않다.** 따라서 그것은 라이프니츠의 역학이 지정하는 개체화의 원리에 비교할 만한 원리에 의해 규정될 수 없다. 경계limite 즉 개체의 관계는 결코 한계borne가 아니다. 그것은 존재자 자체의 일부를 이룬다.

그러나 이 주장은 실용주의에 대한 호소로 생각되어서는 안 될 것이다. 우리가 물리적 개체에 대해 관계가 존재자에 속한다고 말할 때 그것은 관계가 존재를 **표현한다**는 의미가 아니라 그것을 구성한다는 의미이다. 실용주의는 여전히 너무나 이원론적이고 실체론적이다. 그것은 존재자의 기준으로서 활동의 현시들manifestations에만 의지한다. 이는 작용과 구분되는 존재자가 있고, 활동의 외화에 의해 정당화되고 표현되는 내재성이 있다고 가정하는 것이다. 그런데 우리가 여기서 제시하는 이론에 의하면 이 경계는 실재를 감출 수도 없고 활동에 의해 극복될 수도 없다. 왜냐하면 그것은 외재성과 내재성이라는 두 영역을 나누지 않기 때문이다. 상대성의 교설은, 푸앙카레Henri Poincaré, 1854~1912[31]의 '편의주의commodisme'처럼, 과학적 유명론에 이르는 실용주의의 더 미묘한 형태에 도달할 수도 없다. 그것은 실체론이 아니면서도 실재론적이고, 과학적 인식이 존재자와의 관계라는 것을 전제한다. 그런데 그러한 이론에서 관계는 존재의 등급을 갖는다. 단지 인식의 실재론은 개념의 실체론으로 생각되어서는 안 된다. 실재론은 이처럼 관계로서의 인식의 방향이다. 여기서 상대성이론과 더불어 우리는 인식의 방향이 합리성에서 실재성으로 가는 것을 보게 된다. 다른 경우들에서 그것은 반대 방향을 좇는다. 그래서 주체-대상의 관계의 타당성을 시인하는 것은 인식론의 이러한 두 방향의 만남과 양립가능성이다. 인식의 실재성은 주체의 항과 대상의 항을 연결하는 관계의 밀도의 점진적 증가 속에 있다. 그것은 단지 이러한 [상호적] 도출의 방향을 탐구할 때만 발견할 수 있다.

그것이 귀납적 탐구에서 입자의 개체성에 대한 비실체론적 정의를 가능하게 하는 변환성의 발견의 첫 단계이다. 그러나 상대성이론을 전자에 적용하는 데 있어 다음과 같은 일이 남아 있다. 전자의 속도가 진공 속의 빛의 속도를 향해 갈 때, 그것의 질량이 비록 무한을 향해 증가하더라도 [어쨌든] 그것이 변화한다면, 순차적인 여러 순간들 사이에서 **실체적 연결**을 구성하는 요소는 남아 있는 셈이다. 그것은 질량과 에너지의 여러 순차적 측정들 사이에 있는 **연속성**이다. 관계는, 질량이건 에너지이건, 실체적 크기들이 연속적 변화들을 받아들일 수 있는 것으로 가정

---

31) [옮긴이] 푸앙카레 → 용어설명* 참조.

되는 한, 존재와 완전히 동일한 수준에 있는 것이 아니다.

## 129

양자역학의 인식론적 특징을 환기하기 전에 여기서 제시하고 명확히 밝혀야 할 아주 중요한 점 한 가지가 남는다. 양자론은 사실 입자와 파동 간에 또는 입자와 입자 간에 에너지 교환이 언제나 유한한 양으로 일어난다고 가정한다. 유한한 양이란 요소량들, 즉 양자quantum의 배수multiple를 말한다. 양자는 교환될 수 있는 가장 작은 양의 에너지이다. 그러므로 교환될 수 있는 에너지량의 하한선이 있다. 그러나 우리는 로렌츠의 공식이 양자론의 도입에 의해 선험적으로 타격을 받을 수 있는 것은 어떤 의미에서 그러한 것인지, 왜 우리는 입자의 속도가 빛의 속도를 향해 갈 때 그 질량의 무한한 증가 가능성을 고려해야 하는지를 물어야 한다. 우리가 점점 증가하는 아주 약한 초기 속도에서 출발한다면, 우리는 처음에 질량이 정지상태의 질량과 혼동될 수 있을 때는 양자 하나와 동등한 운동에너지의 증가가 속도의 현저한 증가에 대응한다는 것을 알게 될 것이다. 그러므로 속도가 갑작스런 도약에 의해 증가한다고 생각할 수 있다. 반대로 속도가 빛의 그것에 가까워지면 운동에너지의 증가는 양자의 첨가에 대응하므로 속도의 약한 증가로 나타난다. 속도가 빛의 속도를 향해 가면 에너지 양자의 첨가는 제로를 향해 가는 속도의 증가로 나타난다. 양자들의 계속적인 첨가의 도약은 점점 작아진다. 속도 변화의 양태는 **연속적 체제를 향해 간다.**

그러므로 양자적 불연속성의 중요성은 입자의 속도와 함께 변화한다. 이 연역적 결과는 중요하다. 왜냐하면 그것은 전자와 같은 입자는 그 속도가 빛의 속도를 향할 경우 연속성의 체제를 향해 간다는 것을 보여주기 때문이다. 그러면 그것은 기능적인 면에서 거시적이다. 그러나 이 결론이 완벽하게 타당한지를 물어야 한다. 실제로 이러한 한계의 진정한 의미는 무엇인가? 즉 빛의 속도의 의미는 무엇인가? 정말로 중요한 것은 이 속도의 정확한 측정이 아니라 도달될 수 없는 한계의 현존이다. 그런데 전자 하나가 빛의 속도에 가까워지면 무슨 일이 일어날 것인가? 그것 밖에서 현상이 완전히 양태를 바꿀지도 모르는 그러한 문턱이 존재하는가? 물리학은 이미 단순한 확대적용extrapolation에 의해서는 예측할 수 없었던 한계의 현존의 아주 중요한 사례를 이미 적어도 하나는 가지고 있었다. 온도의 함수로 금속의 저항성을 보여 주는 곡선을 그릴 수 있다. 이 곡선들은 수백 개 등급의 간격 안에서는 상당히 규칙적이다. 이론에 의하면 절대온도 제로 가까이에서 금속의 전기 저항은 제로를 향해 가야만 한다. 그런데 실험에 의하면 어떤 물체들에서 저항율은 조금씩 감소하는 대신 측정가능한 모든 값 아래로 급속히 떨어진다. 이 현상은 납에서는 절대온도 7.2°에서 일어나고 주석에서는 3.78°, 알루미늄에서는 1.14°에서 일어난다(카메를링 오네스Kamerlingh Onnes, 1853~1926의 실험)[32]. 현대의 입자가속기는 전자들을 빛의 속도에 가까운 속도로 쏠 수 있다. 그때 에너지는 슈넥터디Schenectady[뉴욕주의 한 도시]의 1억 전자볼트[eV]의 전자가속장치에서처럼 무한하게 된다. 상대성이론에 적합한 예측들이 결코 틀리지 않고서도 말이다. 그러나 아직 도달하지 않은 어떤 문턱이 있고 우리가 거기에 도달한다면 그 한계 너머에서는 현상이 변화할지도 모른다고 가정할 수도 있다. 그러므로 전자에 상대성 원리를 적용하는 데는 현실적으로 경험적 한계가 있다. 이 한계가 제거될 수 있다고 상상하기는 어렵다. 왜냐하면 전자에 무한의 에너지를 전달하는 것은 불가능하기 때문이다. 게다가 (고전적 표상에서) 전자의 복사선

---

32) [옮긴이] 카메를링 오네스→용어설명* 참조.

rayon을 지배하는 전기장의 한계처럼, 전자의 특징적인 크기들의 상한선을 가정할 이론적 필요성이 존재하는 것 같다. 그런데 우리가 복사 에너지의 밀도가 이 전기장의 최대의 전파에 기인하는 그러한 흑체corps noir [모든 파장의 복사를 전부 흡수하는 물체]의 온도를 찾는다면 우리는 $10^{12}$의 차원을 상회하는 온도를 발견한다. 이 온도는 어떤 백색왜성들의 중심을 지배하는 것으로 보이는 온도이다. 우리는 이보다 더 높은 온도도 이보다 더 강렬한 전자기장도 알지 못한다(로카르Yve Rocard, 『전기』, p. 360).

우리는 전자와 같은 입자의 에너지나 질량의 **절대적이고 이론적인** 무한한 증가의 가능성에 대한 반성적 절차를 확립할 수 없다. 엄밀한 반성적 사유에는 언제나 매우 확장된 경험론과 보편적 경험론 사이의 구분이 남아 있기 때문이다. 도달된 아주 높은 에너지와 무한한 에너지 사이에는 탐구되지 않은 여백이 무한히 남아 있을 것이다. 이런 이유로 진공 속에서 빛의 속도로 가는 전자가 도대체 무엇인지를 말하기는 매우 어렵다. 그것을 넘어설 경우 전자가 더 이상 전자로 간주되어서는 안 될 속도의 상위 문턱의 존재가능성을 상정해야 하는지를 명확히 하는 것도 어려워 보인다. 이러한 불확실성의 여백은 양자론을 채택한다고 해서 감소될 수 있는 것이 아니다. 왜냐하면 질량의 증가와 에너지의 증가는 입자의 속도가 빛의 속도를 향해 갈 때, 입자의 역동적 체제를 연속체로 향하게끔 하기 때문이다. 에너지와 속도의 상위 문턱이 존재한다 해도 그것은 양자적 고찰로는 결정될 수 없을지도 모른다.

우리는 여기서 물리적 개체화의 반성적 이론에 그늘을 던지고 변환성에 인식론적 한계의 현존을 표시하는, 인식론적 불투명성의 영역을 마주한다. 그러므로 거기서 나올지도 모르는 불가지론적 결과는 그 자체로 적용영역의 시초를 표시하는 한계에 의해 상대화될지도 모른다.

적용영역의 구조는 내적으로는 알려질 수 없을지 모른다. 이 변환성의 위상학은 그것이 그 자체로 관계라면 다른 유형의 개체성으로 변환될 수 있다.

## 2. 양자이론 : 연속과 불연속의 상보성 양상들을 결합하는 요소적 물리 작용의 통념

우리는 우선 양자원리의 도입이 어떤 정도에서 입자적 개체화라는 견해를 변형하고 상대론적 견해에서 시작된 개체 개념의 전환을 연장하는지를 보여 주고자 한다. 실제로 이 견해들이 물리 이론인 한에서는 그것들 중 하나가 다른 하나에 대해 엄밀한 인식론적 선행성이 없다 하더라도, 개체화의 개념정의에 있어서 논리적 선행성은 나타난다. 실제로 개체는 그것이 속하고 있는 체계의 다른 요소들과의 관계에 따라 변화가능한 질량을 갖는 것으로 생각될 수 있다. 이 변화들을 연속적이거나 불연속적인 것으로 상상하는 것은 상대성이론에 주어진 추가적 세부사항을 구성한다. 그러나 이 관점은 여전히 너무나 형식적이다. 왜냐하면 질량의 등급들과 에너지의 가능적 준위들의 불연속적 양자화quantification는 같은 종의 개체들 사이에 새로운 유형의 관계를 가져오기 때문이다.[33] 양자화 덕분에 안정성의 새로운 조건이 변화 자체 안에 도입된다. 동일한 입자에 대해 점점 더 커지는 에너지들에 상응하는 순차적 준위들의 현존은 연속성과 불연속성의 진정한 종합이다. 게다가 여기에 수준들 사이에 존재하는 양자적 상태들의 현재적 차이들 덕분에 한 동일계를 이

---

33) [옮긴이] 양자화 → 용어설명* 참조.

## 131

루는 개체들을 순간 속에서 구분할 수 있는 가능성이 개입한다. 파울리 Wolfgang Pauli, 1900~1958의 원리가 바로 그러한데 이는 개체에 대한 새로운 논리의 열쇠로서 다음과 같이 진술된다. "전자들은 한 계에서 구분이 불가능할 정도로 동일한 것으로 가정되어도 원자나 기체 속에서는 전자들 각각이 동일한 4개의 양자수를 가질 수 없다. 다시 말해서 한 전자가 4중으로 양자화된 상태들 중 하나 속에 있게 되면 그것은 다른 모든 전자들이 동일한 상태 속에 있게 될 가능성을 배제한다(거기서 배타원리 principe d'exclusion라는 이름이 유래한다)"[34](스테판 뤼파스코Stéphane Lupasco, 『대립의 원리와 에너지의 논리』, 41~42쪽). 양자론이 그런 원리에 의해 보완될 때 그것은 상대성이론이 질량의 불변적 실체성을 파괴함으로써 잃어버리게 할지도 모르는 식별가능한 존재자들의 개체화 원리와 안정성의 원리를 어떤 방식으로 재창조한다. 질량의 불변적 실체성은 입자론에서 존재자의 자기동일성에 대한 고전적 기초였다. 양자론과 함께 개체의 실재성을 파악하기 위한 새로운 길이 열린다. 양자론의 변환성의 힘은 너무도 커서 그것은 불연속체에 대한 귀납적 물리학과 연속체에 대한 연역적 에너지론 사이에서 지속성 있는 관계를 세우게 해준다.

1900년에 흑체복사에 대한 작업에서, 즉 일정한 온도로 유지되면서 완전히 흡수하는 물체의 표면에서 방출된 복사에 대한 연구에서 플랑크Max Planck, 1858~1947는 '작용양자'라는 관념을 소개했다.[35] 흑체복사는 푸리에Joseph Fourier, 1768~1830 이래 고전이 된 유형의 분석에 의해 단색 복사들의 총합으로 분해될 수 있다. 흑체복사에서 $v \rightarrow v + \delta v$의 진동

---

34) [옮긴이] 파울리의 배타원리 → 용어설명* 참조.
35) 흑체복사 → 용어설명* 참조.

수 간격에 대응하는 에너지를 알고 싶으면, $\rho(v, T)\delta v$의 함수가 단위부피 속에 포함된 에너지량을 주는 것과 같은, $\rho(v, T)$의 함수 또는 스펙트럼의 밀도를 결정해야 한다. 이 함수는 T가 닫힌 [스펙트럼] 내부의 벽들의 온도를 지시할 경우, 그리고 이 벽들이 그 내부가 포함하는 모든 물체들과 마찬가지로 균일한 절대온도에서 유지될 경우, 스펙트럼의 간격인 $\delta v$에 상응한다. 여기서 우리는 에너지론과 열역학 그리고 구조적 탐구의 조우 지점에 있게 된다. 실제로 키르히호프Gustav Robert Kirchhoff, 1824~1887가 이 평형복사[흑체복사]가 결코 내부의 벽들의 본성이나 거기 현전하는 물체들의 본성에 의존하지 않고 단지 절대온도 T에만 의존한다는 것을 보여 줄 수 있었던 것은 열역학 덕분이다. 다른 열역학적 추론들로부터 흑체복사의 단위부피 속에 포함된 에너지량은 절대온도 T의 4제곱으로 증가함에 틀림없다는 사실이 증명될 수 있었다. 이것이 슈테판Joseph Stefan, 1835~1893의 법칙이며 이는 실험에 의해 검증된다[36](루이 드 브로이, 『파동, 입자, 파동역학』, 33~34쪽). 마지막으로 빈Wilhelm Wien, 1864~1928이 F가 열역학적 추론으로 결정할 수 없는 변수 $\frac{v}{T}$의 함수일 때 우리가 $\rho(v, T) = v^3 F(\frac{v}{T})$라는 공식을 얻음에 틀림없다는 것을 증명한 것도 열역학 덕분이다.

그러므로 열역학적 탐구는 여기서 자신의 고유한 한계들에 대한 지시를 주었고 과학적 사유를 일정한 온도의 용기 내부에서의 물질과 복사 사이의 **에너지적 관계**에 대한 분석에 의해 더 멀리 나아가게끔 해준다. 그러므로 그것은 입자론과 맥스웰이 정의한 전자기 복사이론 사이의 필연적 조우이며, 불연속체의 이론에 속하는 탐구의 도달점과 연속

---

36) [옮긴이] 슈테판-볼츠만의 법칙 → 용어설명* 참조.

체 이론에 속하는 탐구의 도달점 간의 조우이다. 루이 드 브로이는 앞서 인용한 책에서 이 순간의 인식론적 상황을 이렇게 보여 준다.

게다가 이러한 분석은 상당히 쉬운 것으로 보였다. 왜냐하면 전자들에 대한 이론은 물질에 의한 복사의 방출과 흡수 현상들에 대해 아주 잘 한정된 도식을 제공하였기 때문이다. 용기 내부의 벽들이 전자들을 포함한다고 가정하는 것, 그리고 어떻게 이 전자들이 한편으로는 주변의 흑체복사의 에너지의 일부를 흡수하고 다른 한편으로는 복사과정에 의해 거기에 일정량의 에너지를 되돌려주는지를 보여 주는 것, 마지막으로 흡수와 방출의 과정들이 통계적으로 상호 보완하기 때문에 평형복사의 스펙트럼 구성이 평균적으로 일정하게 된다는 것을 보여 주는 것으로 충분하였다. 레일리 경Lord Rayleigh[37]과 플랑크가 했던 계산은 나중에 진스Jeans와 앙리 푸앙카레에 의해 개조된다. 그것은 필연적으로 다음과 같은 결론에 이르게 된다. 함수 $\rho(v, T)$는 K가 물리학의 통계statistique 이론들에 개입하는 일정한 상수이고 그 값이 잘 알려져 있을 경우 그것은 $\rho(v, T) = \frac{8\pi k}{c^3} v^2 T$ 와 같이 표현되어야 한다(즉 단위들로 나타난 볼츠만 상수 $k = 1.37 \times 10^{-16}$를 말하는 것이다[괄호는 시몽동의 설명]).

이른바 레일리-진스의 이론적 법칙은 최대값이 없이 무한히 증가하는 포물선으로 나타나는 $\rho$과 $v$의 증가를 제시한다. 이 법칙은 흑체복사의 총에너지가 무한할지도 모른다는 결론에 이른다. 이 법칙은 주어진 온도에서 진동수 $v$의 값이 작을 때만 실험과 일치한다. 이 새로운 곡

---

37) [옮긴이] 레일리와 진스 → 용어설명* 참조.

**그림 7**

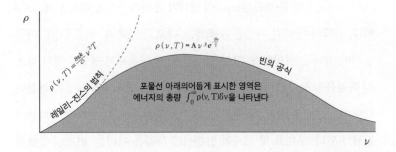

$$\rho(\nu, T) = A\nu^3 e^{\frac{B\nu}{T}}$$

빈의 공식

레일리-진스의 법칙
$$\rho(\nu, T) = \frac{8\pi\kappa}{c^3}\nu^2 T$$

포물선 아래의어둡게 표시한 영역은
에너지의 총량 $\int_0^\infty \rho(\nu, T)\delta\nu$ 을 나타낸다

선에 따르면 흑체복사에 포함된 에너지의 총량인 $\int_0^\infty \rho(\nu, T)\delta\nu$ 가 유한
한 값을 가져야 한다. 이 값은 빈wien이 제시한 다음과 같은 경험적 공식
에 따라 가로좌표들의 축과 종모양 곡선 사이에 포함된 영역에 의해 주
어진다. $\rho(\nu, T) = A\nu^3 \varepsilon^{-\frac{B\nu}{T}}$ (그림 7).

이제 빈의 공식이 이론적으로 정당화되는지를 알아보는 일이 남아
있다. 고전적인 입자론은 다음과 같은 방식에 의해 고전적 에너지론에
연결된다. 이 방식은 불연속성에 대한 연속성의 우위를 표시한다. 즉 진
동수 ν의 주기적 운동으로 자극된 전자는 연속적인 방식으로 진동수 ν
의 전자기 복사를 방출하고 흡수한다. 그런데 이러한 견해는 입자와 전
자기파 사이의 에너지 교환을 구성하는 **관계**가 입자적 개체와 **독립적인**
것으로 남는다고 가정할 때만 타당할 것이다. 하지만 관계가 존재의 가
치를 갖는다고 상정할 경우 그것은 파동에너지를 입자 상태들로 연장하
는 것처럼 그리고 입자의 개체적 실재성을 파동에너지의 준위들로 표현
하는 것처럼 나타난다. 이 관계가 비대칭적이라는 사실, 즉 (연속체를 따
라 생각할 수 있는) 전자기장과 (불연속체를 따라 생각할 수 있는) 입자를
연관시키는 것은 그 관계에 대해 불연속성을 에너지적 용어들로 그리고

133

연속성을 구조적 용어들로 동시에 표현할 필요성을 야기한다. 이 조건에서 **그것은 단순한 연관성**rapport**이 아니라 존재의 가치를 갖는 관계**relation**이다.** 관계의 양자적 특징은 **구조**와도 다르고 연속적 에너지와도 다른 실재의 양태를 정의한다. 그것은 자신 안에 연속체와 불연속체의 상보적 특징들을 통합하는 **작용**opération**이다.** 거기서 연속체의 특징은 완전히 하위의 양으로부터 점증하는 계열로 위계화될 수 있는 양자적 상태들의 **질서**가 된다. 구조화 및 개체적 일관성의 특징은 이러한 위계의 상보적 측면 즉 교환의 양자화의 특징이 된다. 작용은 연속적 항과 불연속적 항 사이에서, 구조와 에너지 사이에서 실재적인 관계로 또는 실재적인 상호변환으로 나타난다.

　입자의 실체론은 입자와 복사 사이에 에너지적인 교환들의 연속적 표상에 이른다. 반대로 플랑크는 진동수 $v$의 주기적 운동으로 자극된 전자는 $h$가 일정할 때 $hv$의 값을 갖는 복사에너지를 **유한한 양들**로서만 방출하거나 흡수할 수 있다는 것을 인정해야 한다고 가정했다. 이 가설에 의하면 함수 $\rho(v, T)$는 이런 형태를 가져야 한다. $k$가 레일리의 법칙에서와 같은 상수이고 $h$가 새롭게 도입된 상수일 경우 $\rho(v, T) = \frac{8\pi h v^3}{c^3} \cdot \frac{1}{e^{\frac{hv}{kT}}-1}$ 이다. $\frac{v}{T}$ 라는 작은 값에 대해서는 이 플랑크의 공식은 레일리의 공식과 뒤섞인다. 반면 이 몫의 큰 값에 대해서는 저 공식은 빈의 경험적 공식에 도달한다. 이 공식은 열역학의 법칙들과도 일치한다. 왜냐하면 그것은 복사의 총에너지에 대해 슈테판의 법칙이 요구하는 것처럼 $T'$에 비례하는 유한한 양을 제시하기 때문이고, 빈의 법칙이 요구하는 것처럼 $\rho(v, T) = v'F(\frac{v}{T})$의 공식에 속하기 때문이다. 상수 $h$(플랑크 상수)는 일정 시간당 에너지의 산출의 차원들이나 이동운동의 양의 차원들을 갖는다. 그러므로 그것은 역학에서 **작용**action**이라** 불리는 크기의 차원들을 갖는다. 그것은 작용 단위의 역할을 한다. "상수 h는 일종의 작용의 단위의 역할을 한다. 말하자면 작용 원자의 역할이다. 플랑크는 상수 h의 의미가 그러하다는 것을 보여 주었지만 나는 이를 더 전개시키지는 않겠다. 이로부터 그가 부여한 '작용양자'라는 이름이 유래한다"(루이 드 브로이, 『파동, 입자, 파동역학』, 39쪽).

　여기서 물리적 개체 존재 자체의 탐구만큼이나 사상사에서도 타당한 중요한 요소가 개입한다. 사실상 1923~1924년에 루이 드 브로이는 물리학에 작용양자를 도입할 것을 고려하고 이를 파동과 입자라는 개념들의 혼합에 삽입되어야 할 것이라고 한 바 있다. 이때 그는 시공적 표상들과 인과성에 관한 고전적 견해의 틀 안에서 파동과 입자 개념들의 혼합을 실현하고 있었다. 드 브로이가 '이중해법의 이론'이라고 부른 이 견해는 『물리학 잡지』 1927년 5월호에 게재된 바 있다. 그런데 이 이론은 일상적으로 고찰된, 그리고 통계적 의미를 갖는 것으로 생각된 파동역학 방정식들의 연속적 해법들 옆에서, 특이성을 포함하며 한 입자의 공간 내 위치를 정의하게 해주는 다른 해법들을 고찰하고 있다. 그 때 입자는 이 특이성 자체로 인해 더 잘 정의된 개체적 의미를 갖게 된다. 이 해법의 의미는 더 이상 파동역학 방정식들이 그런 것처럼 통계적이지 않다. 이 이론에 대해서 보른Max Born, 1882~1970, 보어, 하이젠베르크, 파울리, 디락Paul Dirac, 1902~1984이 반대하고 나섰다. 이들은 고전물리학의 결정론을 버리고, 파동물리학에 대해 확률의 법칙들이 일차적 특징을 가지며 그것들은 숨은 결정론으로부터 유래한 것이 아니라는 순수한 확률적 해석을 제시한 바 있다. 이 저자들은 하이젠베르크에 연원을 가진 '불확정성의 관계들'의 발견과 '상보성'에 관한 보어의 생각에 기초하고 있다. 1927년 10월의 솔베이 물리학회는 결정론적 표상과 비결정론적 표

134

상 사이의 갈등의 흔적을 남겼다.[38] 루이 드 브로이는 거기서 파일럿 파동onde pilote의 형태로(1953년에는 그가 '완화된' 것으로 특징지은) 자신의 이론을 발표했다. 그러고 나서 그는 말하기를, "내 발표를 대하는 거의 만장일치의 비난 앞에서 나는 용기를 잃고 보른, 보어, 하이젠베르크의 확률적 해석에 가담하였다. 그 이후 나는 25년간 이 해석에 충실해 왔다". 그런데 1953년 드 브로이는 이러한 충실성이 충분히 정당화된 것이었는지를 자문한다. 실제로 그는 미국의 물리학자 데이비드 봄David Bohm, 1917~1992이 "파일럿 파동에 대한 자신의 과거의 생각을 훼손된 형태로 그리고 거의 방어하기 어려운 형태로" 다시 취했다고 확신한다.[39] 그는 또한 비지에Jean Pierre Vigier, 1920~2004가 [드 브로이의] 특이성을 가진 파동이론과, 물질 입자를 일반상대성의 틀 안에서 장의 특이성들로 표현하기 위한 아인슈타인의 시도 사이에서 심층적 유비를 강조했다고 확신한다. 물질 입자들 그리고 또 광자들은 파동적 특징을 갖는 시공간적 장의 한가운데서 특이성들로 표현된다. 이 시공적 장의 구조가 플랑크의 작용양자들을 개입하게 하는 것이다. 그래서 입자들에 대한 아인슈타인의 견해와 이중해법 이론에서 제시된 드 브로이의 그것이 결합될 수 있을지도 모른다. 그렇게 해서 상대성과 양자들의 '거대한 종합'이 실현될지도 모른다.

물리학에서 개체화의 연구에 대해 이 이론은 특별한 흥미를 보여준다. 왜냐하면 그것은 물리적 개체 즉 입자가, 그것 없이는 결코 존재할 수 없는 장에 연합된 것으로 나타난다는 것을 지시하는 것으로 보이

---

38) [옮긴이] 솔베이 물리학회→용어설명* 참조.
39) [옮긴이] 따옴표는 시몽동이 한 것 같다. 파일럿 파동→용어설명* 참조.

기 때문이다. 또한 그것은 이 장이 하나의 입자가 이러저러한 지점에서 이러저러한 순간에 나타날('확률파') 순수한 확률의 표현이 아니라, 입자를 특징짓는 다른 크기들에 연합된 진정한 물리적 크기임을 지시하는 것으로 보이기 때문이다. 장은 개체의 절대적 일부를 이루는 것은 아니지만 그것 주위에 집중되어 개체의 근본적 속성을 표현하고 있는지도 모른다. 개체의 근본 속성이란 가장 단순한 형태로 나타날 수 있는 극성 polarité을 말한다. 왜냐하면 하나의 장은 바로 극성화된 크기들, 일반적으로 벡터들vecteurs의 체계들로 표상될 수 있는 크기들로 이루어져 있기 때문이다. 이런 방식으로 물리적 실재를 보게 되면, 파동-입자의 이중성은 보어가 이 표현으로 의미하는 '실재의 상보적 측면들'을 파악하는 것이 전혀 아니고 대상에 똑같이 동시에 주어진 두 실재를 파악하는 것이다. 이제 파동은 반드시 연속적 파동인 것만은 아니다. 그렇게 해서 양자론의 기초인, 작용의 독특한 원자성atomicité이 이해될 수 있을지도 모른다. 물리적 개체의 이론에서 파동역학이 제기하는 근본적인 문제는 사실 이런 것이다. 파동-입자 복합체에서 파동은 어떻게 입자에 연결되는가? 이 파동은 어떤 방식으로 입자에 속하는가? 왜냐하면 파동-입자의 이중성은 또한 파동-입자의 짝couple이기도 하기 때문이다.

파동의 연구에서 출발한다 해도, 복사의 방출이나 흡수의 양자적 국면은 복사에너지가 전파되는 동안 이것이 양자 hv로 집중된다는 생각을 야기한다. 그로부터 복사에너지 자체는 알갱이grain 안에 집중되고, 그렇게 해서 사람들은 입자가 하나의 양자에 지나지 않을 때 파동과 입자의 결합을 상상하는 최초의 방식에 도달하게 된다. 만약 복사가 양화된다면 복사에너지는 알갱이들 즉 hv의 값을 갖는 양자들 안에 집중된다. 이러한 생각은 광전효과와 콤프턴 효과를 해석하기 위해 필요하

135

다.[40] 그것은 크룩스관과 쿨리지Coolidge관 속에서 전자들의 충격을 받은 대음극anticathode[2극 진공관의 양극]에 의해 방출된 X선의 연속적 지반 속에서 큰 진동수 쪽에 명백한 한계가 있다는 사실을 해석하기 위해서도 마찬가지로 필요하다[41](이것이 상수 h를 실험적으로 계산하게 해준다). 이 생각은 원자와 스펙트럼선raie들에 대한 만족스런 이론을 러더퍼드Rutherford 구상에 따라 구성하기 위한 기초를 제공한다. 보어는 이 구상에 양자이론에서 파생되는 복사이론을 적용하였다. 그래서 러더퍼드-보어가 양자화한 원자는 불연속적으로 양자화된 일련의 가능한 상태들을 가지고 있었다.[42] 양자화된 상태들은 전자의 안정된 정상 상태이다. 보어에 의하면 양자화된 상태들에서 전자는 [빛을] 방사하지 않는다. 스펙트럼선들의 방출은 한 정상stationnaire 상태에서 다른 정상 상태로 이행할 때 일어난다. 그러나 이 이론에 의하면 전자들을 양자화된 일정한 운동들만을 가질 수 있는 입자들로 간주해야 한다. 광전효과의 진동수 문턱의 해석 그리고 광전자의 운동에너지를 낳는 법칙의 해석과 관련하여, 즉 v가 입사 진동수이고, $v_0$가 문턱진동수일 때 $T = K(v-v_0)$라는 법칙의 해석과 관련하여 아인슈타인은 1905년 빛의 오래된 입자론에 새로운 형태를 입힐 것을 제안한다. 그는 진동수 v를 갖는 단색 광파 안에서 에너지는 h가 플랑크 상수일 때 hv라는 에너지 입자의 형태로 둥글게 뭉친다pelotonner고 가정한다. 그러므로 이 이론에 따르면 빛의 복사에는 hv와 동등한 에너지 알갱이들이 존재한다. 광전효과의 진동수 문턱은 $w_0$

---

40) [옮긴이] 콤프턴 효과→ 용어설명* 참조.
41) [옮긴이] 쿨리지관→ 용어설명* 참조.
42) [옮긴이] 러더퍼드 원자모형→ 용어설명* 참조.

가 전자의 방출시의 일을 나타낼 때 $v_0 = \frac{w_0}{h}$와 같은 공식으로 주어진다.

위에서 인용된 실험적 법칙의 상수 K는 플랑크 상수 h와 동등함에 틀림없다. 왜냐하면 전자는 T = hv - w$_0$ = h(v - v$_0$)와 동등한 운동에너지를 가지고 나올 것이기 때문이다. 이러한 동등성은 가시광선과 X선과 감마선의 실험적 연구에 의해 검증된다. 특히 밀리컨의 실험은 수은궁arc au mercure에 의해 방출된 빛을 받아들이는 리튬과 소듐의 표면을 가지고 이를 보여 주었고 모리스 드 브로이의 실험은 X선에 대해서, 티보Thibaud 와 엘리스Ellis의 실험은 감마선에 대해서 이를 보여 주었다.[43]

광자이론에서 광자의 개체성은 단지 입자의 개체성이 아니다. 왜냐 하면 E = hv라는 표현으로 주어진 그것의 에너지는 진동수v을 개입시 키기 때문이다. 그리고 모든 진동수는 공간적 한계 안에 내포된 일정량 의 물질로 구성되는 입자의 정의에는 결코 함축되지 않은 주기성의 존 재를 가정한다. 광자의 운동량은 그것의 전파의 방향으로 인도되며 $\frac{hv}{c}$ 와 동등하다. 대음극에 의해 방출된 X선의 연속적 지반의 상위 한계와 관련하여 두안William Duane과 헌트Franklin L. Hunt의 법칙은 이 최대 진동수 를 $v_m = \frac{T}{h} = \frac{eV}{h}$ 라는 표현에 의해 측정한다. 그런데 이 법칙은 대음극의 물질 위에 입사된 전자가 감속될 때 광자들에 의해 X선이 방출된다는 것을 받아들이면 곧장 해석될 수 있다. 방출될 수 있는 가장 큰 진동수는 하나의 전자가 단번에 자신의 운동에너지 전체를 잃는 경우에 대응하는 진동수이다. 즉 T = eV 그리고 스펙트럼의 최대 진동수는 두안과 헌트의 법칙에 따라서 $v_m = \frac{T}{h} = \frac{eV}{h}$ 에 의해 주어진다.

---

43) [옮긴이] 밀리컨은 플랑크 상수를 실험적으로 정확하게 결정했다. 모리스 드 브로이(Maurice de Broglie)는 루이 드 브로이의 형으로서 X선 스펙트럼에 대한 연구를 했다.

## 136

마지막으로 광자이론은 라만Chandrashekhara Venkata Râman, 1888~1970 효과와 콤프턴 효과의 발견으로 확고하게 되었다.[44] 1928년 라만은 벤젠과 같은 물질에 $v$의 진동수를 갖는 단색 가시복사광선을 쪼였을 때, 진동수 $v$ 자체를 넘어서서 $v - v_{ik}$ 형태의 다른 진동수들 및 훨씬 덜한 강도를 지닌 $v + v_{ik}$ 형태의 진동수들을 포함하는 산란diffusion 광선을 얻은 것을 보여 주었다. 이 $v_{ik}$들은 산란시키는 물체의 분자들에 의해 방출될 수 있는 적외선들의 진동수이다. 이것은 광자이론으로 쉽게 설명이 된다. 산란시키는 물체의 분자들이 $E_i$ 와 $E_k < E_i$ 라는 두 양자화된 에너지 상태들을 가질 수 있음으로 해서 그것들이 진동수 $v_{ik} = \frac{E_i - E_k}{b}$ 의 복사선을 방출할 수 있으면 $hv$의 에너지 광자들로 비춘 물체는 이 충격 이후에 분자와 광자 사이에서 산란된 광자들을 방출할 것이다. 분자와 $hv$의 에너지광자 사이의 에너지 교환은 양자가 에너지를 얻으면 진동수의 증가로 나타나고 에너지를 잃으면 진동수의 감소로 나타날 것이다. 한 분자가 양자화된 상태 $E_i$에서 $E_k$를 지나면서 한 양자에게 에너지 $E_i - E_k$를 양보하면 충격 이후의 광자 에너지는 $hv + E_i - E_k = h(v + v_{ik})$가 될 것이다. 그 반대의 경우 산란된 광자 에너지는 $hv - (E_i - E_k) = h(v - v_{ik})$가 될 것이다. 전자의 경우 광자의 진동수는 $v + v_{ik}$가 될 것이고 후자의 경우는 $v - v_{ik}$가 될 것이다.

X선 및 감마선과 더불어 산출되는 콤프턴 효과는 복사선이 물질에 의해 산란되는 것이다. 그러나 콤프턴 효과에서 이 산란에 대응하는 진동수의 변화는 산란시키는 물체의 본성에 의존하지 않으며 단지 산란이 관찰되는 방향에 의존할 뿐이다. 사람들은 이 효과를 X선과 감마선의

---

44) [옮긴이] 라만 효과→용어설명* 참조.

광자들이 산란시키는 물체 속에서 거의 정지 상태에 있는 자유전자들을 만나는 것이라고 해석한다. 광자의 파장의 변화는 전자와의 에너지 교환에 기인한다. 윌슨의 안개상자에서는 진정한 충돌로 나타나는 이러한 에너지 교환 이후에 광자와 전자의 궤도를 알아낼 수 있다. 그것은 광자가 기체분자를 만났기 때문에 전자와 충돌한 후에도 여전히 광전자를 산출할 때이다. 전자의 경로는 그것이 산출하는 이온화 덕택에 윌슨의 안개상자에서 직접 목격할 수 있다(콤프턴과 시몬의 실험).[45]

　　파동과 입자의 이러한 관계를 해명하기 위해 루이 드 브로이는 물리학자들이 사용한 것과 같은 입자 개념에 대한 비판에 의지한다. 그는 입자에 대한 두 가지 견해를 대립시킨다. 첫번째에 의하면 입자는 "공간 속에서 시간이 지남에 따라 뚜렷한 선형 궤도를 그리는 국지화된localisé 작은 대상이며 이 선형 궤도 위에서 대상은 매순간 분명히 결정된 위치를 차지하며 분명히 결정된 속도로 움직인다". 그러나 두번째 견해에 따르면 "한 입자는 일정한 상수들(질량, 전하 등)로 특징지어진 물리적 단위이며, 자신이 그 안에 결코 부분으로서가 아니라 전체로서 개입하는 국지화된 효과들을 산출할 수 있다." 예를 들어 광전효과나 콤프턴 효과의 광자가 그러하다. 그런데 드 브로이에 의하면 두번째 정의는 첫번째 정의의 결과이며 그 역은 사실이 아니다. "사실상 국소적local 효과들을 산출할 수 있는 물리적 단위들이 존재한다는 것을 상상할 수는 있다. 그러나 그것은 선형 궤도의 공간 속에서 [궤적을] 그리는 작은 대상들과 언제나 동일시될 수는 없다"(『파동, 입자, 파동역학』, 73쪽). 그런데 바로 이 순간부터 파동과 입자의 관계를 정의하는 방식들 사이에서 선택

---

45) [옮긴이] 윌슨의 안개상자 → 용어설명* 참조.

## 137

을 해야 한다. 가장 실재적인 용어는 무엇일까? 그것들 중 하나는 다른 것보다 더 실재적인가? 파동은 단지 확률의 장의 일종에 불과하고, 이 확률은 입자에 대해 이러저러한 점에서 관찰가능한 작용에 의해 자신의 현존을 국소적으로 보여 줄 수 있는 그러한 것인가? 드 브로이는 세 가지 해석이 논리적으로 가능하다는 것을 보여 준다. 그는 파동과 입자 개념들의 가장 광대한 종합을 가능하게 해줄지도 모르는 해석을 받아들이고자 했다. 그는 우리가 보여 주려고 했던 것처럼 이 관계의 필연성이 명백한 두 경우, 즉 광자의 경우와 입자들의 양자화된 운동의 경우에서 출발하여 이 관계를 전자들에 대해서 그리고 물질과 빛의 다른 요소들에 대해서도 가능하게끔 하고자 했다. 상호 불가분적으로 연결된 입자와 파동의 양상들을 플랑크 상수 h가 모습을 나타내는 공식들에 의해 다시 연결함으로써 그렇게 하고자 한 것이다.

파동과 입자 사이에서 첫번째 종류의 관계는 입자의 실재성을 부정하는 슈뢰딩거의 그것이다. 단지 파동들만이 고전적 이론들이 갖는 파동의 의미와 유사한 물리적 의미를 가질지도 모른다. 어떤 경우들에서는 파동의 전파가 입자적 외양을 낳을지도 모른다. 그러나 그것은 외양에 지나지 않을지도 모른다. "처음에 슈뢰딩거는 이 생각을 명확히 하기 위해 입자를 작은 파열波列, train d'ondes[시공적 범위가 유한한 파동]과 동일시하려고 했다. 그러나 파열들은 공간 속에서 신속히 그리고 끊임없이 더욱 더 배열되는 경향을 가지며 따라서 안정성이 연장된 입자를 나타낼 수 없을 것이다. 이런 이유만 보더라도 그의 해석은 지지될 수 없다"(루이 드 브로이, 「프랑스 철학회 발표문」, 1953년 4월 25일의 발표회).

드 브로이는 이와 같은 입자의 실재성의 부정을 받아들이지 않는다. 그는 파동-입자의 이원성을 '물리적 사실'로 인정하기 원한다고 선언한다.

두번째 해석은 파동-입자의 이원성을 실재적인 것으로 받아들이고 거기에 물리학의 전통적 관념들과 일치하는 구체적 의미를 주고자 하면서 입자를 파동현상 가운데서 그것의 중심을 차지하는 특이성으로 간주한다. 그러나 드 브로이에 의하면 이것의 어려움은 파동역학이 어떻게 해서 고전광학이론의 연속적 파동들의 유형에 해당하는, 특이성들이 없는 연속적 파동들을 성공적으로 사용하는가 하는 것을 아는 것이다.

마지막으로 세번째 해석은 입자와 연속된 파동의 관념들만을 고려하고 그것들을 보어가 제시하는 의미에서 실재의 상보적 측면들로 간주하는 것으로 이루어진다. 이 해석은 드 브로이가 '정통적'orthodoxe이라 부른 것이다.

두번째 해석은 드 브로이의 최초의 해석, 즉 박사학위 제출 직후인 1924년에 취한 그의 해석이었다. 그는 전체가 단 하나의 물리적 실재를 구성할 때, 입자를 연장된étendue 파동현상의 한가운데 있는 특이성으로 간주했다. "특이성의 운동은 그것이 중심을 차지하는 파동현상의 전개에 연결되어 있으므로 그것은 이 파동현상이 공간 속에서 전개되면서 마주치게 될 가능성이 있는 모든 상황들에 의존하게 될지도 모른다. 이런 이유로 입자의 운동은 고전역학의 법칙들을 따르지 않는 것인지도 모른다. 고전역학은 그 안에서 입자가 단지 힘들의 작용만을 따르는 점적인ponctuelle 역학이다. 이 힘들은 입자 위에서 그 궤적을 따라 멀리 그 궤적의 밖에 있을 수 있는 방해물들의 존재의 영향 밖에서 행사된다. 반대로 나의 생각으로는 특이성의 운동은, 그것과 연대적인 파동현상의 전파에 영향을 줄 수도 있는 모든 장애물들의 영향을 받을지도 모른다.

## 138

그렇게 해서 간섭과 회절의 존재가 설명될지도 모른다"(드 브로이, 앞의 글).[46]

　　그런데 드 브로이는 파동역학이 특이성이 없이 전파propagation 방정 식들의 연속적 해법만을 고려하면서 발전했다고 말한다. 이 해법은 그 리스문자 Ψ를 사용하여 지칭한다. 만약 직선적이고 균일한 운동에 한 파동(평면적이고 단색인 Ψ 파동)의 전파를 결합시키면 사람들은 어려움 에 직면하게 된다. 입자에 결합된 진동수와 파장을 규정해 주는, 파동의 위상phase[일정순간에서 매질의 위치와 운동상태]은 직접적인 물리적 의미를 갖는 것 같다. 반면 파동의 일정한 진폭은 입자의 가능적 위치들에 대한 통계 적 표상에 지나지 않을 수 있다. "거기에는 개체적인 것과 통계적인 것 사이의 일종의 혼합이 있다. 이것이 나를 당황하게 하고 내게 긴급히 밝 혀야 할 문제로 보였다"라고 드 브로이는 앞의 발표문에서 말한다. 그래 서 1927년 드 브로이는 『물리학 잡지』 5월호(T. VIII, 1927, p. 225)에 나 온 논문에서 파동역학 방정식들의 모든 연속적 해법은 특이성 u를 가진 해법 Ψ에 의해 이중화된다doubler고 전제한다. 특이성 u는 움직이는 특 이성인 입자를 포함하고 해법 Ψ와 동일한 위상을 갖는다. 둘 다 파동의 한 형식을 갖는, 해법 u와 해법 Ψ 사이에 위상차는 없다(위상은 x, y, z, t 의 동일한 함수이다).[47] 그러나 거기에는 상당한 진폭의 차이가 있다. 왜 냐하면 u의 해법은 하나의 특이성을 포함하는 데 비해 Ψ의 파동방정식 은 연속적이기 때문이다. 만약 전파의 방정식이 u와 Ψ에 대해서 같다면 다음의 근본적 정리를 증명할 수 있다. 시간이 지남에 따라 u의 움직이

---

46) [옮긴이] 파동의 간섭 → 용어설명* 참조.
47) [옮긴이] 위상, 위상차 → 용어설명* 참조.

는 특이성은, 각 점에서 속도가 위상의 구배gradient de phase에 비례하는 것과 같은 [형태의] 궤적을 그려야만 한다.[48] "그렇게 해서 파동현상의 중심을 형성하고 있던 특이성에 대한 그 파동현상의 전파의 반작용réaction이 나타날지도 모른다고 말할 수 있었다. 나는 또 입자-특이성을 '양자 퍼텐셜'potentiel quantique에 종속된 것으로 간주하면 이와 같은 반작용이 표현될 수 있다는 것을 보여 주었다. 양자 퍼텐셜은 바로 입자에 대한 파동의 반작용의 수학적 표현이다."[49] 그렇게 해서 과거에 빛의 입자설의 주창자들이 말하듯이 빛의 회절을 스크린의 가장자리를 가지고 해석하면서 빛의 입자가 이 스크린 가장자리의 작용을 받아서 그 직선 경로를 이탈했다고 할 수 있지만, 스크린 가장자리가 입자에 가하는 작용은 입자에 대한 파동의 반작용의 수학적 표현인 이 '양자 퍼텐셜'의 매개에 의해 일어난다고 해야 한다. 그렇게 해서 파동은 입자와 스크린 가장자리 사이에서 에너지 교환의 수단의 구실을 할지도 모른다. 이러한 해석에서 u 파동은 자신의 움직이는 특이성과 더불어 입자와 동시에 그것을 둘러싸는 파동현상을 구성한다. 이것이 유일한 물리적 실재이다. 물리적 실재를 기술하는 것은 u 파동이지 Ψ 파동이 아니다. 후자는 어떤 물리적, 실재적 의미도 없다. Ψ 파동은 u 파동과 동일한 위상을 갖는 것으로 간주되고, 입자-특이성은 언제나 위상의 구배를 따라 이동하므로 입자의 가능적 궤적은 Ψ의 동등한 위상의 표면들에 직교하는 곡선들과 일치하였다. 이로 인해 사람들은 입자를 한 점에서 발견할 확률을 Ψ 파동의 강도에서 진폭의 제곱과 동등한 것으로 간주하기에 이른다. 이 원

---

48) [옮긴이] 위상 구배 → 용어설명* 참조.
49) [옮긴이] 양자 퍼텐셜 → 용어설명* 참조.

리는 이미 오래전부터 파동역학에서 인정되고 있었다. 왜냐하면 그것은 전자의 회절이론을 제공하기 위해 필요했기 때문이다. 아인슈타인은 1905년 이미 다음과 같은 사실을 보여 주었다. 양자 하나가 공간의 한 지점에 현전하기 위한 확률은 거기에 연합된 빛의 파동의 진폭을 제곱한 값에 비례한다. 거기에 빛의 파동이론의 본질적 원리들 중 하나가 있다. 복사에너지의 밀도는 빛 파동 진폭의 제곱에 의해 주어진다. 이 경우 Ψ 파동은 순수히 허구적인 것, 단순한 확률의 표상으로 나타난다. 그러나 이 형식적이고, 말하자면 이름뿐인 Ψ 파동이 파동인 것은 단지 그것과 위상이 일치하며 실제로 확장된 파동 현상의 중심인 입자를 기술했던 u 파동이 존재했기 때문이다. 드 브로이는 그래서 1953년 자신의 과거의 발표문을 다음과 같이 결론짓는다. "만약 사람들이 실험적으로 관찰할 수 있던 것과 같은 입자의 작용을 완전히 기술하는 데 Ψ 파동으로 충분하다는 인상을 가질 수 있었다면, 그것은 내 이론의 핵심을 이루던 위상들의 일치 때문이었다"(「프랑스 철학회 회보」, 1952~1953, 10~12월, p.146). 이 이론은 그 당시에 받아들여지기 위해 특이성을 가진 u 파동만을 사용하여 간섭 현상, 예를 들면 영Thomas Young의 슬릿 현상의 이론을 다시 만들 것을 요구했다. 또한 슈뢰딩거의 배위공간配位空間, espace de configuration[슈뢰딩거의 확률함수를 지배하는 공간][50]의 틀 안에서 전개된 입자 체계의 파동역학을 u 파동의 도움으로 해석해야만 했다. 그러나 1953년에 드 브로이는 u 파동의 정의를 변형할 것을 제안했다. "1927년에 나는 그것을 Ψ 파동과 관련된 파동역학이 받아들인 선형방정식들이 특이성을 가진 해법이라고 생각했었다. 다양한 고찰들로부터, 특히 내가 나중

50) [옮긴이] 배위공간 → 용어설명* 참조.

에 언급할 일반상대성이론과의 접근으로부터 나는 진정한 u 파동의 전파방정식은 아인슈타인의 중력이론에서 볼 수 있는 것처럼 비선형적일 수도 있으리라는 생각을 하게 되었다. 비선형적인 아인슈타인의 방정식은 u의 값들이 상당히 약할 때는 파동역학 방정식을 근사적 형식으로서 받아들일지도 모른다. 이 관점이 정확하다면 u 파동은 움직이는 특이성을 특이성이라는 말의 엄밀한 의미에서 포함하는 것이 아니라 단지 움직이는 미소한 특이성의 영역(아마도 $10^{-13}$cm의 차원)만을 포함한다는 것을 받아들일 수도 있을지 모른다. 이 영역의 내부에서 u의 값들은 상당히 커서 선형적 접근은 더 이상 타당하지 않을지 모른다. 물론 이 미소한 영역 밖의 모든 공간에서는 타당하지만 말이다. 불행히도 이러한 관점의 변화가 제기되는 수학적 문제들의 해결을 용이하게 해주지는 않는다. 왜냐하면 선형적 방정식들의 특이성을 가진 해법에 대한 연구가 어렵다면 비선형방정식의 해법의 연구는 훨씬 더 어렵기 때문이다"(드 브로이, 앞의 글, p.147). 루이 드 브로이는 1927년의 솔베이 학회에서 '파일럿 파동'의 개념을 소개함으로써 자신의 이론을 단순화하고자 했다. 파일럿 파동은 본질적으로 '위상 구배에 비례하는 속도'라는 공식에 따라 입자를 인도하는 것으로 간주된 Ψ 파동에 해당한다. 입자의 운동이 u와 Ψ의 해법들에 공통된 위상 구배에 의해 정의되기 때문에 모든 일은 겉으로는 마치 입자가 Ψ의 연속적 파동에 의해 인도되기라도 하는 것처럼 일어난다. 이러한 표상은 솔베이 학회에서 거의 환영받지 못했고 드 브로이는 자신의 이론을 유명론에 이르는 일종의 형식주의의 의미로 단순화했던 것을 유감스러워 하게 되었다. "파일럿 파동 이론은 받아들일 수 없는 결과에 이르렀다. 그것은 입자의 운동을 하나의 크기, 즉 연속된 Ψ 파동에 의해 결정하는데 이 파동은 어떤 실재적인 물리적 의미도 갖지 않으며, 그것을 사용하는 사람의 인식 상태에 의존하므로 어떤 정보가 이 인식을 변화시키게 되면 그것도 갑작스럽게 변화해야 하기 때문이다. 내가 1927년에 진술한 견해들이 언젠가 그 잿더미에서 회생해야 한다면 그것은 파일럿 파동이라는, 훼손되고 받아들일 수 없는 형태로서가 아니라 단지 이중해법이라는 미묘한 형태로 그렇게 될 수밖에 없다"(드 브로이, 앞의 글, p.148). 드 브로이는 u 파동과 Ψ 파동을 포함하는 자신의 이론의 최초의 형태가 비록 수학적으로 정당화하기는 어렵지만 파일럿 파동의 형태보다 훨씬 더 우월하다고 생각한다. 왜냐하면 그것이 성공할 경우에는 물질의 구성과 파동-입자 이원성에 대한 아주 심오한 조망을 제공할 수 있기 때문이다. 심지어 그것은 양자론과 상대론의 견해들을 접근가능하게 해줄지도 모른다. 그런데 이러한 접근이야말로 드 브로이가 열정적으로 원했던 것이다. 그는 그것을 '장엄하다' grandiose고 간주하기까지 한다.

이런 이유로 드 브로이는 봄과 비지에가 이중해법(u 파동과 Ψ 파동)의 관점을 다시 취하는 것을 본 순간부터 그것을 다시 연구해야겠다고 생각하게 된다. 비지에는 봄의 시도 이후에 이중해법이론과 아인슈타인이 증명한 정리 사이의 접근을 시도했다. 아인슈타인은 일반상대성이론의 개요를 전개시킨 후에 중력장의 특이성들에 의해 물질의 원자적 구조를 나타낼 수 있는 방식에 몰두하게 되었다. 그런데 일반상대성이론에서는 물체의 운동이 시공간 곡선 안에서 이 시공간의 측지선 géodésique에 의해 표현된다.[51] 이 전제는 아인슈타인으로 하여금 또한 수성의 수백년 주기의 근일점 이동을 해석함으로써 태양 주위 행성들의

---

51) [옮긴이] 측지선 → 용어설명* 참조.

운동을 재발견하게 해주었다. 그러면 물질의 요소 입자들을 중력장 안의 특이성들의 현존으로 정의하고자 할 경우 중력장 방정식들만으로 특이성들의 운동이 시공의 측지선을 따라 일어난다는 것을 증명하는 것이 가능해야 할 것이며 이러한 결과를 독립적 전제로 도입할 필요는 없을 것이다. 이것은 1927년 아인슈타인이 그로머Jacob Grommer와 협동작업을 하면서 증명하였다. 그러고 나서 그것은 아인슈타인과 그 동료들 인펠트Leopold Infeld, 1898~1968와 호프만Banesh Hoffman, 1906~1986에 의해 재차 증명되고 여러 가지 방식으로 확장되었다. 1953년에 드 브로이는 아인슈타인의 정리의 증명은 자신이 1927년에 제시한 것과 어떤 유비를 보여준다고 말한다. 그 내용은 입자는 u 파동의 특이성을 구성하며 u 파동의 위상 구배를 따라 인도된 속도를 가져야 한다는 것을 증명하기 위해 제시되었다. "비지에 씨는 시공의 메트릭métrique[52]의 정의에서 u 파동함수들을 도입하려고 애쓰면서 이 유비를 명확히 하기 위한 시도를 열정적으로 계속하고 있다. 이 시도가 아직 그 완성에 도달하지는 못하고 있지만 그가 들어선 길이 상당히 흥미롭다는 것은 확실하다. 왜냐하면 그 길은 일반상대성이론과 파동역학의 관념들을 결국 통합할 수 있을지도 모르기 때문이다"(드 브로이, 앞의 글, p.156). 물질 입자들과 광자들은 플랑크 상수를 도입하여 정의될지도 모르는 파동장으로 둘러싸인 시공의 메트릭 속에서 파동장의 일부를 이루는 특이성의 영역들로 간주되므로, 드 브로이에 의하면 입자에 대한 아인슈타인의 견해와 이중해법의 이론을 통일하는 것이 가능하게 될지도 모른다. 그는 상대성과 양자의 이 '장

---

52) [옮긴이] '메트릭'(métrique)은 일상적으로는 '계량'이라는 의미로 쓰이지만 아인슈타인의 경우 중력퍼텐셜을 의미한다.

엄한 종합'은 그 외에도 철학자들이 보는 의미에서 관찰자와 독립된 물리적 존재를 부정하는 경향이 있는 관념론에 가까운 '주관주의'를 피하는 장점을 가질지도 모른다고 말한다. "그런데, 메이에르송Emile Meyerson이 예전에 힘 있게 강조한 것처럼, 물리학자는 본능적으로 실재론자이다. 그리고 거기에는 충분한 이유가 있다. 즉 주관주의적 해석들은 그에게 언제나 불편한 인상을 야기할 것이며 나는 결국 그것을 넘어서는 것이 좋겠다고 생각한다"(앞의 책, 156쪽). 그러나 이 종합은 이중해법이론에 심오한 실재론적 의미를 되돌려 주면서 또 다른 장점을 보여 줄지도 모른다. 실제로 다양한 입자들의 특이성의 영역들은 어떤 단계부터는 상호 침투할 수 있다. 이러한 침투는 원자적 규모($10^{-8}$에서 $10^{-11}$cm 사이)에서는 '정통적' 해석을 방해할 정도로 그렇게 뚜렷하고 중요한 것은 아니다. 그러나 핵의 규모($10^{-13}$cm)에서는 반드시 그렇지는 않다. 이 규모에서는 입자들의 특이성의 영역들이 [서로] 침투할 수 있으며, 입자들은 더 이상 고립된 것으로 간주될 수 없다. 그래서 우리는 물리적 개체들의 관계를 계산하는 새로운 양태가 나타나는 것을 본다. 그 계산은 밀도의 고려를 개입시키고, 또한 u 파동의 특이성으로 정의된 개별적 특징들의 고려를 개입하게 한다. 핵의 현상들에 관한 이론, 특히 핵의 안정성을 유지하는 힘들에 관한 이론은 이 새로운 방법에 의해 접근될 수 있을지도 모른다. 물리학은 입자들의 구조를 정의할 수 있을지 모르지만, 이것은 그 통계적 특징 때문에 입자들의 구조적 표상을 배제하는 Ψ 파동을 가지고는 가능하지 않다. 사람들이 발견하는 새로운 유형의 중간자méson들은 시공적 이미지로의 회귀 덕택에 구조적 이미지를 가질 수 있을지도 모른다.[53] 그때 통계적인 Ψ 파동은 더 이상 실재의 완전한 표상으로 간주될 수 없을 것이다. 그리고 이 견해를 동반하는 비결정론은, 원자적 규모의 실재들을 우리에게는 감추어져 있을지도 모를 변수들에 의해 시공의 틀에서 정확한 방식으로 표현하는 일이 불가능한 것과 마찬가지로, 물리적 실재의 이 새로운 표상[중간자]과는 양립불가능한 것으로 간주되어야 할지도 모른다.

## 3. 파동역학에서의 이중해법의 이론

그런데 우리가 출발점에서 물리적 개체를 자기 자신에 한정된 실재로 그리고 그 공간적 경계들로 정의된 실재로 고려하지 않고, 한 파동의 특이성으로 고려된다는 것을 받아들이면, 즉 자신의 고유한 경계들에 귀속됨으로써 정의될 수 있는 것이 아니라 그것이 다른 물리적 실재들과 멀리서 갖는 상호작용에 의해 정의되는 실재로 고려한다는 것을 받아들인다면, 개체의 정의를 이렇게 넓힌 결과로 이 개체 개념은 실재론의 계수를 달게 된다는 것을 주목하는 것이 아주 중요하다. 이와 반대로 개체의 개념이 출발점에서, 엄밀한 의미에서 그 차원들이 한정된 입자로 정의된다면 그때 이 물리적 존재자는 자신의 실재성을 잃게 되고 확률적 형식주의가 위에서 말한 이론의 실재성을 대치하게 된다. 이 [개체의] 개념이 확률의 파동이론에서 희미해지는 것은 바로 확률이론 안에서이다(확률이론은 출발점에서 개체에 대한 고전적 개념을 받아들인다). 입자들은 드 브로이가 인용한 보어의 표현에 따르면, "한정된 시공의 한계 내에서 무디게 정의된 개체들"이다. 파동 역시 그 모든 실재론적 물리적 의미를 잃게 된다. 확률은 데투슈Jean-Louis Destouches, 1909~1980의 표현에

---

53) [옮긴이] 중간자 → 용어설명* 참조.

따르면, 그것을 사용하는 자가 얻은 인식에 의존하는 확률의 표상 이상의 것이 아니다. "그것은 확률의 배분들이 그러한 것처럼 개인적이고 주관적인 것이다. 확률 배분들처럼 그것은 사용자가 새로운 정보를 얻게 되면 갑자기 변형된다. 그것이 바로 하이젠베르크가 '측정에 의한 파동 다발paquet의 감소'라고 불렀던 것이다. 이 감소는 그것만으로도 Ψ 파동의 비물리적 특징을 증명하기에 충분할지도 모른다"(위의 책, 150쪽). 이 확률은 무지에서 오는 것이 아니다. 그것은 순수한 우발성contingence이다. 그런 것이 바로 '순수 확률'이다. 이는 권리적으로는 숨은 매개변수들paramètres에 따라 계산될 수 있는, 제한된 숨은 결정론의 결과로 나오는 것이 아니다. 숨은 매개변수들은 아마 존재하지 않을지도 모른다.

물리적 개체, 즉 입자는 보어와 하이젠베르크의 이론들에서는 확률의 성질을 띠는 퍼텐셜들의 집합체가 된다. 그것은 우리에게 보어의 이론의 일부를 구성하는 상보성의 개념에 걸맞게, 그리고 비결정성이론과 확률이론의 기초인 불확정성 관계에 따라서 한편으로는 이런 측면으로, 한편으로는 또 다른 측면으로 일시적으로 나타나는 존재자 이상의 것이 아니다. 일반적으로 사람들은 입자에 잘 결정된 위치도, 속도도, 궤적도 할당할 수 없다. 입자는 단지 우리가 관찰이나 측정을 하는 순간에만 이러저러한 위치나 속도를 갖는 것으로 나타날 수 있다. 그것은 말하자면 각 순간에 가능적 운동의 위치들과 상태들의 전체 계열을 소유한다. 이 다양한 퍼텐셜들은 측정의 순간에 이르러 일정한 확률과 더불어 현실화될 수 있다. Ψ 파동은 각자의 확률을 가진 입자의 퍼텐셜들 전체의 표상이다. 공간 내에서 Ψ 파동의 외연은 그 파동이 점한 지역의 임의의 한 점에서 그것의 진폭의 제곱에 비례하는 확률과 더불어 그 지점에 현전하는 것으로 드러날 수 있는 입자의 위치의 불확정을 나타낸다. 운동 상태에 대해서도 마찬가지다. Ψ 파동은 푸리에의 급수série de Fourier나 적분에 따른 스펙트럼 분해를 갖는다.[54] 이 분해는 운동량 측정의 가능한 모든 상태들을 나타낸다. 그러한 측정의 가능한 각 결과의 확률이 푸리에 분해의 상응하는 계수의 제곱에 의해 주어지는 경우에 그러하다. 이 이론은 자신의 표현 수단의 구실을 할 준비가 되어 있는 완벽하게 적절한 수학적 형식틀을 발견할 기회를 면전에서 갖게 된다. 그것은 고유함수eigenfunction들과 고유값들의 이론, 고유함수들을 급수로 전개시키는 것, 행렬matrice, 힐버트Hilbert 공간이다.[55] 선형해석학analyse linéaire의 모든 자원은 그렇게 즉각 이용가능하다. 이중해법의 이론은 현상태의 수학적 형식틀의 발전을 그만큼[양자역학만큼] 잘 이용하고 있지 못하다. 다양한 경로를 따른 수학적 사유의 발전에는 이중해법의 이론보다는 비결정론과 확률이론에서 어떤 불규칙성을 표현하기가 훨씬 더 용이한 듯하다. 그러나 파동-입자 관계의 해석에서 수학적 발전의 특정한 상태가 제시하는 특권은, 그것이 물리적 실재로부터 낳는 표상의 가치에 관한 한, 쉽게 공식화될 수 있는 이론의 우월성의 표시로 간주되어서는 안 된다. 형식적 완성도와 실재에 대한 충실성은 구분해야 한다. 이러한 실재에 대한 충실성은 일종의 발견의 능력 그리고 탐구에서의 다산성으로 나타난다. 그런데 파동과 입자 관계에 대한 비결정론과 확률이론은 이러한 발견의 능력을 잃어버렸고 점점 현저해지는 자가구성적인 형식주의(행렬 S, 최소길이, 비국소화된 장) 속에 갇혀 버린 듯하다. 그러나 이 형

---

54) [옮긴이] 푸리에 급수→용어설명* 참조.
55) [옮긴이] 여기서 나열한 수학적 도구들은 양자역학에서 이용되는 것들로서 고유함수는 양자역학에서는 입자들의 분포를 나타내는 파동함수가 되고 고유값은 에너지의 기댓값이 된다.

식틀이 예를 들어 핵의 안정성과 관련된 문제들을 해결하게 해주는 것은 아니다.

루이 드 브로이는 파동-입자 관계의 이러한 두 견해 사이의 대립이 본질적으로 결정론과 비결정론적인 전제 안에 있다고 본다. 또한 문제가 되는 것은 우선 기본적인 물리적 개체의 표상이고 다음에는 모든 수준에서의 물리적 개체의 표상이라는 것을 고려할 수 있을지도 모른다. 확률이론은 단지 그것이 물리적 개체를 측정 주체와의 관계에서 나타나는 것으로 고려하기 때문에 확률적일 수 있다. 측정이라는 사건이 개입시키는 관계의 우발성에도 불구하고 물리적 개체의 존재 자체에 자리잡은 확률들의 회귀와 같은 것이 있다. 반대로 이중해법의 이론의 기저에는 관계가 존재의 가치를 갖는다는 것, 그것이 존재에 부착되어 있으며 진정으로 존재의 일부를 이룬다는 생각이 있다. 개체가 그 중심이자 특이성인 이 파동은 개체에 속하는 것이다. 관계가 측정의 관계이든, 아니면 에너지 교환을 포함하는 다른 사건이든 간에, 이 관계를 세우는 도구를 보유하는 것은 개체이다. 관계는 존재의 가치를 갖는다. 그것은 개체화하는 작용이다. 비결정론과 확률이론에는 물리적 개체라는 주제에서 일종의 정적인statique 실체주의가 남아 있다. 물론 개체는 관계의 항들 중 하나일 수 있다. 그러나 거기서 관계는 항들과 독립적이다. 극단에서 볼 때 관계는 아무것도 아니다. 그것은 단지 항들 사이의 관계가 여기 또는 저기서 세워지기 위해서만 확률인 것이다. 관계는 항들과 동일한 본성에 속하지 않는다. 그것은 순전히 형식적인 것이며, 또한 측정이 있을 때는, 즉 주체와 대상의 관계가 있을 때는 그 말의 심층적인 의미에서 인위적인 것이다. 물리적 개체화에 대한 너무나 좁은 규정에서 나오는 이 형식론과 이러한 인위성은 실제로 관계에 의해서만 정의되는 개체의 용법에 대한 규정 위에서 다시 나타난다. 그 경우 그것은 이[앞에서 나온] '무디게 정의된 개체'가 된다. 그러나 바로 그 점이 중요하다. 개체는 처음에는, 즉 모든 관계 이전에는 '날카롭게 정의될' 수가 없다. 왜냐하면 그 것은 자기 주위에 관계의 가능성을 보유하고 있기 때문이다. 그것은 이러한 관계의 가능성 [자체]이다. 개체화와 관계는 불가분적이다. 관계의 능력은 존재자의 일부를 이루며 존재자의 정의와 그 경계들의 규정 안에 들어온다. 개체와 그 관계의 활동 사이에 경계는 없다. 관계는 존재자와 동시적이다. 그것은 에너지적이고 공간적인 면에서 존재자의 일부를 이룬다. 관계는 장의 형태로 존재자와 동시에 존재하며 그것이 정의하는 퍼텐셜은 진정한 것이며 형식적인 것이 아니다. 에너지가 존재하지 않는 것은 그것이 퍼텐셜의 형태로 존재하기 때문이 아니다. 사람들은 퍼텐셜을 한 체계 밖에서는 정의할 수 없다고 대답할 것이다. 이것은 사실이다. 그러나 바로 그 점이 중요한데, 개체는 단지 개체화되지 않은 실재와의 관계 안에서만 개체로서 존재할 수 있는 존재자라는 것을 전제할 필요가 있을 수도 있다. 확률적 견해에서 사람들은 개체가 유일할 수 있으며 또한 그것은 우연적이고 비결정적으로 보이는 관계를 [자신에] 통합시킬 수 없다고 가정한다. 관계는 존재자에 내재적인 것으로 간주되어서도 안 되고 외재적이고 우연적인 것으로 간주되어서도 안 된다. 이 두 이론은 그것들의 상호대립 속에서도 그것들이 개체가 권리적으로 유일할 수도 있을지 모른다고 가정하는 의미에서 서로 합류한다. 반대로 개체가 최소한 **한** 계의 일부를 이룬다고 가정한다면 관계는 추상적으로 고립된 것으로 간주될 수 있을지도 모르는 한에서의 개체만큼이나 실재적이 된다. 개체는 **관계 안의 존재자**이다. 그것은 활동의 중심이다. 그러나 이 활동은 변환적이다. 그것은 체계 전체를 개체의 함수로 그리고 개체를 체계 전체의 함수로 변형시키는 역장champ de forces[힘들이 미치는 영역]을 통해 행사된다. 관계는 언제나 퍼텐셜의 형태로 존재한다. 그러나 그것은 어느 순간에 개체와 계를 상관적으로 변형시키는 도중에 있을 수도, 있지 않을 수도 있다. 양자 법칙들은 이 관계가 등급에 따라서만 즉 연속적이 아닌 방식으로 작동한다는 것을 지시하는 듯하다. 이것은 퍼텐셜들의 보존에도 불구하고 개체와 계에 안정적이거나 준안정적인 상태들을 확보해 준다. 형식론의 입장은 개체가 관계 이전에 상정된다고 가정한다. 그러면 관계는 개체의 에너지적 상태들의 조건에 종속됨이 없이 순수한 방식으로 계산가능하다. 개체의 상태와 그 상태변화들은 관계의 원리이자 기원으로 간주되지 않는다. 형식론에서 관계는 그 에너지적 양상과 뒤섞이지 않는다. 반대로 실재론에서 관계는 언제나 개체 쪽의 작용을 함축하는 에너지 교환이다. 개체의 구조와 개체의 작용은 연결되어 있다. 모든 관계는 구조를 변형하며, 모든 구조 변화는 관계를 변형한다. 구조 변화는 차라리 관계**이다**. 왜냐하면 개체의 모든 구조 변화는 그 에너지 준위를 변형하며 따라서 자신의 발생이 그 안에서 이루어지는 계를 구성하는 다른 개체들과의 에너지 교환을 함축하기 때문이다.

　루이 드 브로이는 이 실재론이 그 안에서 모든 것이 '형태와 운동'에 의해 이루어지는 시간과 공간에 대한 데카르트적 표상들로의 회귀를 요구한다고 평가한다. 이 점에서 유보를 해두어야 한다. 사실 데카르트는 원거리 작용이 가능하다고 생각하기를 거부하고 접촉에 의한 작용만을 가능한 것으로 인정한다. 개체가 한 점에서 작용하기 위해서는 그것이 현전해야 한다. 개체화에 대한 데카르트적 표상에 의하면 개체는 그 형태로 특징짓는 기하학적 경계들과 동일시된다. 반대로 개체를 파동의 특이성으로 간주하는 견해, 따라서 장을 개입시키는 견해[이중해법의 이론]는 비록 그것이 결정론의 견해를 인정한다 하더라도 개체화에 대한 데카르트적 표상은 인정하지 않는다. 바슐라르Gaston Bachelard, 1884~1962의 표현을 따르면, 데카르트적이지 않은 인식론이 있다. 그러나 그것은 결정론이나 비결정론의 의미에서가 아니라, 접촉이나 장의 매개에 의한 작용 양태처럼 한 개체의 다른 개체에 대한 작용 양태와 관련된다(바슐라르는 이것을 '전기주의'électrisme라 부른다). 확률적 물리학이 비결정론에 도달하는 것은 차라리 데카르트적인 출발점에서 개체화를 정의하기 때문일지도 모른다. 모든 물리이론의 기초에서 요구되는 것은 개체화에 대한 이러한 최초의 정의이다. 데카르트에 있어서 관계는 개체의 일부가 아니며 그것을 표현하지도 변형하지도 않는다. 그것은 실체와 관련하여 우연이다. 불확정성이론은 개체에 대한 이러한 정의를 적어도 내재적으로 보존하고 있다. 그것은 한 점에서의 현전의 확률을 거기서 현전해야 하는 개체를 고려하지 않고 계산하기 때문이다. 그것은 숨은 매개변수들이 존재하지 않는다고 전제하는 결정론에 불과하다. 그러나 이 결정론과 이 비결정론에서 동일하게 남아 있는 것은 결정détermination이며 이 결정은 개체에 대한 사건이지, 작동하는 작용이 아니다. 거기서 결정은 연관rapport이지 관계relation가 아니다. 관계는 진정한 관계적 행위acte relationnel이다. 그 때문에 시간과 공간에 대한 데카르트적인 견해로의 회귀가능성을 너무 단언하지 않는 것이 좋겠다. 게다가 드 브로이가 여러 번 말하듯이 아인슈타인의 체계는 다른 어떤 것보다, 심지어는 데카르트의 것보다 훨씬 더 이러한 개체화의 개념 정의에 잘 들어맞는다. 장의 특이성으로 표현될 수 있는 입자는 데카르트적 기하학주의에서는 상상할 수 없다. 왜냐하면 연장 실체인 이 공간 속에는 데카르트적 기하학과 역학을 변형하지 않고는 특이성을 도입할 수 없기 때문이다.

　결국 특이성들의 이론은, 비결정론적 물리학의 틀에도, 결정론적 물리학의 틀에도 들어올 수 없으므로, 이 두 가지를 특수한 경우들로 포함하는 실재에 대한 새로운 표상의 기초로 생각해서는 안 되는지 자문할 수 있다. 이러한 실재의 새로운 표상은 변환적 시간의 이론 또는 존재자의 상phase들의 이론이라고 불러야 할지도 모르겠다.

　생성을 사유하는 새로운 방식에 대한 이러한 정의는 결정론과 비결정론을 극한의 경우들로 포함하면서 요소입자들의 영역과는 다른 실재의 영역에 적용된다. 그렇게 해서 사람들은 결정 표면에 의해 한 묶음의 분자들이 회절되는 것을 볼 수 있었다. (스턴Otto Stern은 1932년에 파장과 속도 사이에서 루이 드 브로이가 세운 관계, 즉 1%를 제외하고 $\lambda = h/mv$ 를 검증하면서 수소와 헬륨 분자들의 복사선들의 회절을 얻었다).

　그러나 물리적 공리계의 위상학topologie과 연대기chronologie라고 부를 수도 있을지 모르는 것의 개조를 시행하지 않고서는, 즉 그 안에서 현상이 이루어지는 바의 군ensemble의 개체화의 문제를 매번 재사유하지 않고서는, 이 방법을 다른 모든 크기의 등급에 적용하면서 일반화하기는 어려울 것 같다. 이런 의미에서 두 가지 질문을 제기할 수 있다. 물리적 개체로서의 광자 개념의 사용의 한계들은 무엇인가? 빛의 연속적이고 파동적인 특징이 현상을 산출하기 위해 작동을 시작하는 경우들에서 무엇을 빛의 실재적 근원으로 간주할 수 있을 것인가? 이 두 경우에서 물리적 체계를 그 전체로 고려해야 할 것처럼 보인다.

　하나의 장, 예를 들면 자기장이 존재하며 항상적이라고 가정해 보자. 사람들은 장의 현존에 대해 말할 수 있고, 그 방향을 정의할 수 있는 것과 마찬가지로 일정한 점에서 그 강도를 측정할 수 있다. 이제 이 장을 산출한 것, 예를 들면 솔레노이드solenoide[원통에 감은 코일] 속의 전류가 멈추었다고 가정해 보자. 장도 역시 멈추는데 갑자기 모든 점에서 동시에 그런 것이 아니라, 전자기파의 속도와 더불어 장의 기원 즉 솔레노이드의 기원으로부터 퍼져나가는 섭동perturbation[기존의 운동을 미세하게 교란시켜 일어나는 변화]을 따라서 그러하다. 이렇게 퍼져 나가는 섭동을 양자로 간주할 수 있을까, 아니면 적어도 하나의 에너지 알갱이로 간주할 수 있을까? 교류alternatif 자기장[교류 자기장은 전류가 흐르는 도선 주위에 생기는 자기장]이 문제라면 이 관점은 정상적인 것일지도 모른다. 그리고 이 교류 자기장의 전파를 특징짓는 주파수와 파장을 정의하는 것이 가능할지도 모른다. 그때 연속적인 자기장의 현전을 각 점에서 어떤 퍼텐셜로 특징지으면 안 될까? 이 퍼텐셜이 [교류] 자기장의 변동을 전기로 변형할 수 있는 물체들과 솔레노이드 사이의 관계라면 말이다. 그러나 솔레노이드는 연속적 자기장을 유지하던 전기를 끄는 순간 사라질 것이라고 가정할 수 있다. 그래도 이 섭동은 마찬가지로 퍼져나갈 것이다. 마치 솔레노이드가 여전히 존재하기라도 하는 것처럼 말이다. 그리고 이 섭동은 다른 물체들에서 마찬가지의 유도 효과를 산출할 수 있을 것이다. 그것은 여기서 더 이상 두 개의 물리적 개체들 사이의 관계는 아닐 것이다. 왜냐하면 그것들 중 하나는, 그 기원에서 멀리 떨어진 일정한 점에 섭동이 도달하는 순간에 사라질 것이기 때문이다.

　마찬가지 방식으로, 임의의 전자기장이 변형될 때 광자의 개체성을 제시하기는 상당히 어려워 보인다. 10킬로미터 파장의 장파로부터(국제 전신과 잠수함) 가장 날카로운 감마선에 이르기까지, 물리적 속성들 안에서와 마찬가지로 산출 양태들 속에서도 유사한 공식과 진정한 연속성이 모든 전자기적 관계를 이어주고 있다. 그런데 이 복사선들의 입자적 속성은 짧은 파장들에 대해서는 명백하지만, 큰 파장들에 대해서는 아주 모호해진다. 사람들은 원한다면 진동수 제로에 상응하는 무한한 파장을 향해 갈 수도 있다. 그렇다고 해서 전기장과 자기장의 실재성이 무화되는 것은 아니다. 이런 장들에서 생길 수 있는 섭동은 빛의 속도로 전파될지도 모른다. 그러나 만약 어떤 섭동도 일어나지 않는다면 아무것도 전파되지 않는다. 그러나 장들은 계속해서 존재한다. 왜냐하면 연속적 장들인 한에서 그것들을 측정할 수 있기 때문이다. 연속적 장을 나타냄과 동시에 전파될지도 모르는 섭동으로부터 구분해야 하는가? 각 지점에서의 장의 연속성을 그것의 근원이 일정한 순간에 여전히 존재하고 있다는 것을 암시하는 정보로서 해석할 수도 있다. 장이 실재하기 때문에, 이 진동수 제로에 상응할지도 모르는 무한한 파장의 파동을 실재한다고 가정해야 할지도 모른다. 그러나 그러면 에너지 알갱이의 개체성은 이 에너지를 복사하거나 받아들이는 물리적 존재자들 밖에서는 그 의미를 잃어버린다. 그래서 또한 물리적 개체성의 정의를 다시 해야 할 것으로 보인다. 아마도 에너지 알갱이의 개체성에 대해서는 물질 알갱이의 개체성에 대해 말하는 것처럼 말해서는 안 될지도 모른다. 광자와 전자기 섭동에는 근원이 있다. 공간의 개념 정의를 다시 문제삼아야 할지도 모른다. [공간에 대한] 데카르트적 견해를 보완 없이 적용할 수 있는지는 의심스럽다. 마지막으로 양적 형식론은 공간과 시간의 관계라는 난점을 해결하는 데 충분하지 않다. 자기장의 정지는 자기장의 형성과 동일하지 않다. 자속flux의 두 가지 변동이 한 회로에서 야기할 수 있는 유도 효과들이 [자기장의] 정지와 형성에서 전류라는 의미를 제외하고는 동등하다고 해도, 항구적 자기장의 현존은 에너지 교환의 가능성에 대응한다. 에너지 교환은, 예를 들면, 자기장을 창조하는 솔레노이드와 그것과 일정한 거리를 두고 회전하는 회로 사이에서 일어난다. 그리하여 회로의 면들 중 하나는 계속 변화하는 자속flux으로 침투한다. 장이 더 이상 존재하지 않을 때 이 에너지 짝짓기의 가능성은 더 이상 존재하지 않는다. 계 안에서의 가능한 에너지 교환의 체제가 변화하였기 때문이다. 피유도induit[유도된] 자속에 어떤 변화도 일어나지 않았을 때는 에너지를 운반하지 않던 항구적 장이 사라짐으로 해서 계의 위상학이 변화했다고 말할 수 있다. 따라서 개체들 사이의 사건들의 관계들과는 다른 관계들(확률이론이 출현시킬 수 있는 바와 같은)의 실재가 나타난다.

마지막으로 파동역학이 관여하고 있는 새로운 방법이 동일한 특징을 갖는 개체들, 예를 들어 전자들의 식별가능성을 제거하는지 아니면 보존하는지를 아는 것이 매우 중요하다. 루이 드 브로이는 이 새로운 방법에 파동역학이 관여하는 것을 보고자 했다. 여전히 확률적 방법들을 사용하는 칸Théo Kahan과 크발Kwal에 의하면(『파동역학』, 161쪽) 두 개의 전자를 결정된 두 상태에서 발견할 확률은 그것들이 상호작용할 때 번호를 매기는 방식과는 무관하다는 것을 전제해야 한다. 이 동일한 입자들의 식별불가능성은 각각의 에너지 준위들을 탐구하는 문제에서 교환의 축퇴縮退, dégénérescence를 낳는다.[56] 또한 파울리의 배타원리가 여전히 타당한지도 물을 수 있다.

물리계들의 개체화와 관련한 동일한 종류의 어려움이 간섭 현상에서 나타난다. 비국소화된non localisé 장에서 임의의 간섭 실험을 고찰할 때 사람들은 이 빛의 파동들이 동시적인 두 근원에서 방출된다고 말함

---

56) [옮긴이] 축퇴는 하나의 에너지 준위에 대하여 두 개 이상의 상태가 존재하는 것을 말하는데 오늘날에는 중첩(superposition)이라 한다.

으로써 이 실험의 이론을 만들어 낸다(회절이 아니라 두 개의 동시적 진동자들을 산출하는 수단으로 간주된 영의 구멍들, 프레넬의 거울들, 빌레 Billet의 렌즈). 이 두 근원이 동시적인 것은 파동들이 빛을 단일한 근원에서 받아들이고 파동들 자체가 일차적 근원에서 동등한 거리에 배열된 이차적 근원에 불과하기 때문이다.[57] 그런데 우리가 이 일차적 광원의 구조와 활동을 주의깊게 살펴보면 아주 명백한 간섭 현상을 얻을 수 있다는 것을 알 수 있다. 거기서 비록 사람들이 매우 많은 수의 원자들을 포함하고 있는 일차적 근원을 사용한다 하더라도 어두운 무늬들은 거의 완전히 꺼져 있다. 예를 들어 1/2밀리미터 길이에 0.2 밀리미터의 반경을 가진 텅스텐 필라멘트 한 조각으로 구성된 광원은 필연적으로 수만 개의 원자들을 포함한다. 더 나아가 석탄을 아치 모양으로 쌓아올린 것과 같이 아주 부피가 두터운 광원을 생각해 보자. 그 안에서 빛이 구멍과 돌출부에서 나온다. 돌출부의 활동적 표면(빛의 증기 기둥이 출발하는 표면)은 높은 강도에서는 평방센티미터의 질서에 속한다. 그런데 이 강렬한 빛의 고른 표면으로부터 나오는 빛은 일차적 광원의 구실을 하는 작은 표면의 진동판diaphragme을 관통하면서 간섭 현상을 산출할 수 있다. 마치 그것이 작열하는 아주 작은 필라멘트 조각들에 의해 산출되기라도 했던 것처럼 말이다. 그러면 이 커다란 빛의 표면의 분자들과 원자들 사이에 진정한 동시성이 존재하는 것인가? 매순간 아주 많은 수의 비동시적인 진동자들이 빛으로부터 방출된다. 그 현상을 정역학의 법칙에 적합한 결과로 간주하는 것은 자연스런 일이다. 그렇다면 일차적 광원을 구성할 때 많은 수의 비동시적인 진동자들이 있을수록(우리는 비동시적

---

57) [옮긴이] 영의 이중 슬릿 실험 → 용어설명* 참조.

이란 말로 서로 다른 진동수를 가진다는 것이 아니라 임의적인 상phase과의 관계 속에 있음을 의미한다) 그만큼 간섭 현상은 더욱 더 흐릿할flou 것이라고 가정해야 할지도 모른다. 실험은 이러한 예상을 검증하지 못하는 듯하다. 그러나 사람들이 사용하는 광원들의 크기의 종류가 주어지면 아무리 작은 광원들이라도 서로 상을 이룰 수는 없는 것처럼 보이는 많은 수의 요소적 진동자들을 이미 포함하고 있다. 이 진동자들은 서로 다른 진동수를 가지고 있을 때는 상을 이룰 수가 없다. 그런데 비록 중심의 무늬들만이 분명하다 할지라도 이 현상은 계속 일어난다. 왜냐하면 각 진동수에 관련된 간섭무늬들은 중심의 무늬에서 멀리 떨어져 있을수록 그만큼 덜 포개져 있기 때문이다. 동일한 진동수의 진동자들에 의해 방출된 파동들 사이에 존재할 수 있는 상의 동시성synchronisme de phase은 무엇인가? 이 동시성은 진동자들을 포함하는 계의 단일성에 기인하는가? 서로로부터 약간의 거리를 두고 위치한 이 진동자들 사이에서 일어나는 짝짓기가 있는가? 그러나 일차적 광원을 아주 다른 두 광원에서 방출된 광선들을 통합하는 광학 기구들을 가지고 구성한다면 이 상의 동시성은 존속할 것인가? 아니면 그 현상은 상의 동시성과 무관한 것일까? 빛의 연구를 그것을 산출하는 광원의 연구에 결부시키는 것은 아마도 흥미로운 일일 것이다. 광자의 개체성은 그것을 산출하는 진동자와도, 그리고 이 진동자를 자신의 일부로서 포함하는 계와도 완전히 무관한 것으로 간주될 수 없다. 그래서 동일한 에너지계 안에 포함된 모든 진동자들은 서로 간에 일정한 짝짓기를 하게 될지도 모른다. 이 짝짓기는 진동수의 동시성만이 아니라 진동자들 사이의 상의 동시성을 실현할 수 있을지도 모른다. 그래서 광자들의 개체성은 이 근원의 체계적 공통성에 의해 어떤 방식으로 변용되고 두드러지게 될지도 모른다. 마지막으로 별에서 나오는 빛도 역시 간섭 현상을 야기한다는 것을 지적해 두자. 마치 광원이 실제로 아주 작은 직경을 가지고 있기라도 한 것처럼 말이다. 그러나 별을 유일한 진동자로 간주하는 것은 불가능한 것처럼 보인다. 비록 이 진동자의 직경이 한정할 수 있는 모든 크기보다 더 작은 시직경diamètre apparent 아래 나타난다고 하더라도 말이다.[58] 이 시직경이 아무리 미소하다 할지라도 그것은 원칙적으로 간섭계interféromètre 위에 도달하는 여러 광자들의 상의 관계를 변화시킬 수 없다. 광원으로 간주된 별 위에서 서로 간에 (파장과 관련하여) 아주 멀리 떨어진 부분들로부터 나오는 광자들은 이 간섭계 위에 도달할 수 있다. 그러면 동시성은 어디서 유래하는가? 아마도 간섭들이 생겨나는 기구로부터 유래할 것이다. 그렇지 않으면 각 광자가 각각이 절반의 광자인 두 개의 에너지 양으로 나뉘어져서, 그 반쪽의 광자가 그 현상이 생겨나는 스크린 위에서 다른 반쪽과 간섭을 일으키게 될지도 모른다고 가정해야 한다. 이 가정은 광자의 개체적 특징 때문에 거의 받아들이기 힘들다. 이 모든 이유로 인해 광자에 물질적 입자와 같은 자격으로 물리적 개체성을 부여할 수는 없을 것 같다. 광자의 개체성은 단지 그 진동수와 그것이 실어 나르는 에너지량 $hv$에 비례할지도 모른다. 이 개체성은 결코 완전할 수가 없다. 왜냐하면 그때는 이 진동수가 무한해야 하고 어떤 진동자도 무한한 진동수를 산출할 수는 없기 때문이다. 무한한 진동수를 가질지도 모르는 광자는 진정한 물질 입자와 동일시될 수 있을지 모른다. 그렇다고 해도 역시 그것 밖에서는 양자의 진동수가 진정한 개체성에 상응한다고 말할 수 있는 문턱이 아마도 존재할 것이라는 데 주목해야 한다. 그 진동수는 광자 에너지가

148

---

58) [옮긴이] 시직경 → 용어설명* 참조.

물질 입자의 에너지와 동등하게 될지도 모르는 그러한 진동수를 말한다. 이 물질 입자를 에너지로 변형하면 그것이 산출할지도 모르는 에너지의 양은 이 아주 높은 진동수의 광자의 에너지가 될지도 모른다. 그러면 이 광자는 기능적으로 물질의 조각과 동등하게 될지도 모른다.

## 4. 물리적 개체화의 위상학, 연대기 그리고 크기의 등급

만약 게다가 사람들이 미시물리적 실재를 직접적으로 고찰한다면, 개체화를 구조 변화의 현상들로 해석하는 것은 생성을 순차적 변형들 속에서 완성되는 개체화 작용에 본질적으로 결부된 것으로 고찰하는 것을 목표로 하게 될지도 모른다. 고려된 계가 어떤 개체화의 무대도 아닌 경우, 즉 구조와 에너지 사이에서 계의 구조를 변화시키는 어떤 교환도 이루어지지 않고 계가 이전의 상태와 동일한 것으로 남아 있을 경우, 결정론은 한계사례로서 적용가능한 것으로 남게 될지도 모른다. 반대로 한 계에서 완벽한 구조 변화가 나타나고 한 크기의 등급이 다른 크기의 등급으로 이행할 경우에는 비결정론이 또 하나의 한계사례로 나타날지도 모른다. 예를 들면 원자핵 분열에 의해 일어난 계의 변형들이 그러하다. 그때까지 이 핵의 내적 체계의 일부를 이루던 핵 내부의 에너지는 균열에 의해 해방되고 감마 광자나 중성자의 형태로 원자핵의 단계보다 상위의 단계에 위치한 계를 이루는 물체들에 작용할 수 있다. 거시계에서는 에너지를 해방하는 균열이 거시적 시간의 어떤 순간에 위치하는지를 예측하게 해주는 것은 아무것도 없다. 물론 이 에너지는 거시 수준에서는 효과적일 것이다. 비결정론은 단지 측정과 관련된 것만이 아니다. 그것은 또한 물리적 실재성이 서로가 서로 안에 뒤얽힌 크기의 단계들을 포함하고 있다는 사실로부터 유래한다. 그것들은 위상학적으로 겹쳐 있으면서 그럼에도 불구하고 각각이 자신의 고유한 생성과 특수한 연대기를 가지고 있다. 물리계들의 위상학과 연대기[59] 사이에 어떤 상관관계도 없다면 순수상태의 비결정론이 존재할지도 모른다. 이러한 상관관계가 완전히 부재할 수는 없다. 절대적인 비결정론(완벽한 내적 공명에 의해 실현될 수 있는)과 절대적 결정론(연대기와 위상학의 완벽한 독립성에 의해 실현될 수 있는)에 대해서는 단지 추상적으로만 말할 수 있다. 일반적인 경우는 계의 연대기와 위상학 사이에서 상관관계에 있는 어떤 수준의 경우이다. 게다가 이 수준은 자신의 고유한 생성의 변천vicissitude의 함수로 변화가능하다. 한 계는 자기 자신에 대해 반응하는데 단지 엔트로피 원리의 의미에서 즉 내적인 에너지적 변형의 일반 법칙에 의해서가 아니라, 또한 시간을 관통하여 자신의 고유한 구조를 변형함으로써 그러하다. 한 계의 생성은 그것이 개체화되는 방식이다. 즉 그것이 다양한 구조들과 순차적 작용들에 따라 스스로를 조건짓는 그러한 방식이다. 이 구조들과 작용들에 의해 그 계는 자신 안에서 스스로를 반사하고 자신의 최초의 상태와 관련하여 상전이한다. 결정론과 비결정론은 단지 극한의 경우들이다. 왜냐하면 계들의 생성이 있기 때문이다. 이 생성은 그것들의 개체화의 생성이다. 계들 자신과 관련하여 그것들의 반응성réactivité이 있다. 한 계의 진화는 계의 내적 공명이 없을 경우, 즉 계가 포함하는 그리고 계를 구성하는 여러 단계들 간의 교환이 없을 경우

149

---

59) [옮긴이] 서양어 chronologie(chronology, 영)는 시간적 관계를 결정하고 사건들을 일어난 순서대로 배열하는 것을 통틀어 일컫는 말이다. 주로 역사적 사건들을 나열할 때 사용된다. 우리말 번역어 '연대기'(年代記)는 해를 단위로 하는 시간적 변화를 표현하지만 적절한 번역어가 없어서 그대로 쓰기로 한다.

에는 결정되어 있을지도 모른다. [그 경우] 구조에서 어떤 양자적 변화도 불가능할지 모른다. 그리고 사람들은 이 계의 생성을 연속체의 이론으로는, 또는 열역학이 하듯이 큰 수의 법칙에 따라서는 알 수 없을지 모른다. 순수한 비결정론은 너무 상승된 내적 공명에 상응하여 일정한 단계에서 돌발한 모든 변화가 곧바로 구조 변화의 형태로 모든 수준에 반향되는 것인지도 모른다. 사실상 일반적 사례는 공명의 양자적 문턱들의 사례이다. 여러 수준들 중의 하나에서 일어나는 변화가 다른 수준들에 도달하기 위해서는 그것이 일정한 값보다 우위에 있어야 한다. 개체화된 물리적 존재자는 자기 자신과 관련하여 전적으로 동시적인 것이 아니다. 그것의 위상학과 연대기는 개체화된 군의 생성에 따라 변화가 능한 어떤 격차에 의해 분리되어 있다. 실체는 자기 자신과 관련하여 전적으로 공명하는, 그래서 자기 자신과 완전히 동일한, 자기 자신이 일자와 완벽하게 정합적인 물리적 개체일지도 모른다. 이와 반대로 물리적 존재자는 단일성과 동일성을 넘어서는 것으로, 퍼텐셜로 가득한 것으로 간주되어야 한다. 개체는 그것을 받치고 있는 전개체적 실재성으로부터 개체화 과정의 도상에 있다. 완벽한 개체, 완전히 개체화된 실체적이고 퍼텐셜이 없는 빈곤해진 개체는 하나의 추상이다. 개체는 개체발생적 생성의 도상에 있으며 자기 자신과 관련하여 상대적인 정합성, 상대적인 단일성, 상대적인 동일성을 갖는다. 물리적 개체는 연대기적-위상학적 군ensemble으로서 생각되어야 한다. 그것의 복잡한 생성은 개체화의 순차적 위기crise들로 이루어진다. 존재자의 생성은 이 연대기와 위상학의 불일치로 구성된다. 그러면 물리적 군의 개체화는 이 군의 순차적 체제들의 연쇄로 구성될지도 모른다.

그러므로 그러한 견해는 에너지적 체제들과 구조적 상태들을 군의 생성을 통해 서로 간에 전환가능한 것으로 고려하지 않을까. 크기의 등급의 개념과 교환에 있어서 문턱의 개념 덕분에 그것은 개체화가 순수 연속체와 순수 불연속체 사이에서 존재한다고 단언하게 되지 않을까. 문턱과 양자적 교환의 개념은 사실상 순수 연속체와 순수 불연속체 사이의 매개이다. 그것은 정보의 개념을 연대기적인 동시에 위상학적인 차원들에 따라 상정된 개체화의 근본적 특징으로 개입시킬지도 모른다. 그때는 개체화의 다소간 상승된 수준에 대해 말할 수 있을지도 모른다. 하나의 군은 자신의 연대기적-위상학적 체계 안에, 더 많은 전개체적 실재를 또는 서로 간에 더 멀리 떨어진 크기의 등급들을 포함하고 양립시킬수록, 그만큼 더 상승된 개체화의 수준을 소유할지도 모른다.

그러한 가설은 모든 생성을 앞서는 기본적 개체, 최초의 개체는 존재하지 않는다는 것을 가정한다. 하나의 군 안에 개체화가 있다. 최초의 실재는 전개체적이며, 개체화의 결과로서 이해된 개체보다 더 풍부하다. 전개체적인 것은 연대기적이고 위상학적인 차원성의 근원이다. 그러므로 연속체와 불연속체 사이의 대립, 입자와 에너지의 대립은 실재의 상보적 측면들이라기보다는 그것이 개체화될 때 그 안에서 돌발하는 차원들이다. 개체화된 실재의 수준에서 상보성은 개체화가 한편으로 개체발생으로 나타나고, 다른 한편으로는 전개체적 실재의 작용으로 나타난다는 사실의 표현일지도 모른다. 전개체적 실재의 작용은 단지 실체의 모범인 개체만을 낳는 것이 아니라 개체에 연합된 에너지나 장을 낳기도 한다. 단지 개체-장의 결합쌍만이 전개체적 실재의 수준을 설명한다.

이처럼 최초의 실재의 특징을 전개체적이라고 가정하는 것이 또한 물리적 개체를 사실상 하나의 군으로 고려하는 것을 가능하게 해준다.

150

개체는 실재의 어떤 차원성, 즉 위상학과 연대기의 결합에 상응한다. 개체는 그것의 가장 일상적인 형태로, 즉 결정이든, 분자든, 그것이 우리에게 나타나는 형태로서의 구조물이다. 그 자체로서는 그것은 절대적인 것이 아니라, 크기의 서로 다른 등급들 사이의 교환의 체제에 기초하는, 일정한 평형상태, 일반적으로는 준안정적 상태에 상응하는 실재이다. 이 크기의 등급들은 내적 생성에 의해서든, 또는 내적 체제에 어떤 새로운 조건을 가져오는 외적 사건에 의해서든(예를 들면, 핵분열에서 나오는 중성자가 다른 핵분열을 야기할 때의 에너지 조건), 변형이 가능하다. 그러므로 개체에는 어떤 일관성이 있지만, 절대적인 원형성原形性, antitypie 즉 실체적 의미를 갖는 불가침투성impénétrabilité은 없다. 개체적 구조물의 일관성은 여전히 양자적 조건들에 기초한다. 즉 그것은 문턱들에 의존한다.

또한 물리적 개체의 경계들은 그 자체로 준안정적이다. 분열가능한 핵들의 한 군은, 핵들의 수가 그것들의 평균적인 방사능을 고려할 때 충분히 적어서 한 핵분열이 다른 핵분열을 야기할 기회가 거의 없는 경우에는, 실제로 개체화된 군이 아니다.[60] 모든 일은 마치 각각의 핵이 다른 핵들로부터 고립되어 있기라도 한 것처럼 일어난다. 각각의 핵은 자신의 고유한 연대기를 가지고 있으며 핵분열은 마치 각각의 핵이 유일하기라도 한 것처럼 돌발한다. 반대로 분열가능한 물질의 많은 양을 모아놓으면 한 핵분열의 결과가 적어도 하나의 다른 핵분열을 일으킬 확률은 증가한다. 이 확률이 1에 이르게 되면 각 핵의 내적 연대기는 급작스럽게 변한다. 그것은 더 이상 자기 자신으로 구성되지 않고 분열가능한

---

60) 이 경우에 크기의 등급들(여기서는 개개의 핵과 핵들의 군 전체) 사이의 소통은 불충분하다.

다른 모든 핵들과 내적 공명의 망을 형성한다. 그때 물리적 개체는 분열 가능한 물질의 질량 전체이지 개개의 핵이 아니다. 임계질량의 개념은 개체화의 상대적인 문턱이라 부를 수 있는 것의 사례를 준다. 군의 연대기는 갑자기 그것의 위상학과 동외연적coextensif이 된다. 개체화가 있는 것은 미시물리의 수준과 거시물리의 수준 사이의 교환이 있기 때문이다. 정보를 받아들이는 군의 능력이 갑자기 증가한다. 갑작스러운 효과로서든(각각이 임계질량보다 작은 여러 개의 질량들을 접근시킴으로써), 완화된 연속적 효과로서든(군을 증폭의 단위계수 아래로 유지하게끔 조절하는 장치들에 의해 분열가능한 핵들 사이의 교환을 조정함으로써, 예를 들면 복사를 다소간 흡수함으로써) 핵에너지를 사용할 수 있는 것은 [이처럼] 위상학적 조건들을 변형할 때이다. 따라서 군의 개체화의 정도는 계의 연대기와 위상학 사이의 상관관계에 의존한다고 말할 수 있다. 이 개체화의 정도는, 그것이 군의 내적 공명의 정도를 한정하기 때문에, 상호작용하는 소통의 수준이라고 명명할 수 있다.[61]

이 관점에서 볼 때 연속체와 불연속체, 물질과 에너지, 구조와 작용의 상반되는 표상들이 상보적 짝의 형태로 이외에는 사용될 수 없는 이유를 이해할 수 있을 듯하다. 그것은 이 개념들이 실재의 질서들의 대립된 극단적 국면들을 명확히 표현하기 때문이다. 개체화는 이 양태들 사이에서 확립된다. 그러나 개체화 작용은 이 관계의 능동적 중심이다. 그것이야말로 이 관계를 통일하는 것이다. 이 통일성은 우리에게 상보적인 것으로 나타나는 양태들로 이분되지만, 실재 속에서 이 양태들은 우

---

61) 그러한 배치에서 개체화는 계가 분기되는 시점에서부터 즉 정보를 수용할 수 있는 시점에서부터 이루어진다고 말할 수 있다.

리가 내적 공명이라고 명명하는 매개적 존재자의 연속적이고 변환적인 통일성에 의해 짝지어진다. 실재의 상보적 양태들은 실재의 차원성을 규정하는 극단의 양태들이다. 우리는 실재를 그 현시들에 의해서만, 즉 그것이 변화할 때만 파악할 수 있기 때문에, 실재로부터 극단의 상보적 양태들만을 지각할 수 있다. 그러나 그것은 우리가 지각하는 실재라기보다는 실재의 차원들이다. 우리는 이 변화를 지탱하고 있는 전개체적 실재를 파악하지 못한 채로 개체화의 연대기와 위상학을 파악한다.

　실재의 등급들 사이의 소통을 창조하는 특이성으로부터 나온 것으로 이해된 정보는, 적어도 자유로운 혹은 제한된 연쇄 반응과 같은 몇몇 특수한 사례들에서는 우리가 가장 쉽게 생각할 수 있는 것이다. 그러나 이러한 정보 개념의 개입이 개체화의 여러 수준들의 관계라는 문제를 해결하게 해주지는 않는다. 하나의 결정은 분자들로 이루어진다. 한 과포화용액이 결정이 되기 위해서는 에너지 조건들(준안정성)과 구조적 조건(결정의 싹)의 결합이 있어야 한다. 이미 하나의 구조물인 분자와 같은 개체화된 존재자는 결정에 해당하는 더 큰 구조물의 구조적 싹으로 개입할 수 있을까? ── 아니면 결정화 과정이 시작될 수 있기 위해서는 이미 분자 크기보다 상위 크기의 등급에 속하는 구조적 싹이 필요한 것일까? 현재의 지식 상태로서는 이 문제에 일반화될 수 있는 답을 제시하기 어렵다. 단지 타성적 물질과 생명의 관계의 문제는, 생명체가 자신의 고유한 실재의 영역에서 자신에게 고유한 양립불가능성들을 해결하게 해주는, 그리고 자신의 실재성의 크기의 등급들 사이의 거리를 해결하게 해주는 구조적 조건들을 발견한다는 사실로 특징지어지는 반면, 타성적 물질은 이러한 구조들의 자동발생autogenèse 능력을 갖고 있지 않다는 것을 보여 줄 경우에 더 명확해질지도 모른다는 것을 말할 수 있을 뿐이다. 과포화용액이 결정화되기 위해서는 특이성이 있어야 한다. 이것은 타성적 물질이 그 특이성의 자산을 증가시키지 못하는 반면 생명적 물질은 이러한 자산을 증가시킨다는 것을 의미하는 것일까? 왜냐하면 [생명에서] 특이성의 자산을 증가시킨다는 것은 바로 적응과 발명의 능력을 가진 생명체의 개체발생에 해당하기 때문이다. 이러한 구분은 단지 방법론적 가설의 자격으로만 제시할 수 있다. 생명적 물질과 비생명적 물질을 대립시키기보다는, 차라리 타성적 계들에서의 최초의 개체화와 생명적 계들에서의 이차적 개체화를 이 개체화 작용이 일어나는 동안의 소통의 체제들의 여러 양상들 자체에 따라 대립시켜야 할 것처럼 보인다. 그때 타성체와 생명체 사이에는 실체적 차이보다는 정보를 받아들이는 능력의 양자적 차이가 있을지도 모른다. 그것들 간에 연속성이 존재한다면 그것은 미시물리적 실재와 거시물리적 실재 사이에 위치한 수준에서 찾아야 할지도 모른다. 그것은 유기화학의 거대분자들과 같은 계들의 개체화의 수준을 말한다. 이 계들은 정보를 수용하는 변화가능한 체제들이 존재할 수 있을 정도로 충분히 복잡하고 또 미시물리적 힘들이 에너지적이고 구조적인 조건들의 담지자로서 개입하기에 그 차원이 충분히 제한되어 있다.

이러한 견해에 의하면 생명체와 비생명체 사이의 분기는 거대분자적 수준과 같은 일정한 차원의 수준에 위치한다고 말할 수 있을지도 모른다. 미시물리학적이라고 부를 수 있는 하위 크기의 등급의 현상들은 사실 물리적인 것도 생명적인 것도 아니며 전前물리적, 전생명적일지도 모른다. 비생명적인 순수 물리학은 단지 분자 이상의supra-moléculaire 단계에서 시작될지도 모른다. 바로 이 수준에서 개체화는 결정을 낳거나 원형질 덩어리를 낳는다.

개체화의 거시물리적 형태들 속에서 사람들은 생명체와 비생명체를 구분한다. 한 유기체가 스스로를 다양화하면서 동화하는 동안 결정은 규칙적인 층들이 반복적으로 첨가되면서 무한히 성장한다. 그러나 거대분자들의 수준에서는 여과성 바이러스virus filtrant가 살아 있는지 아닌지를 말하기 어렵다.[62] 정보의 수용이라는 통념을 개체화 작용의 본질적 표현으로 채용하는 것은 개체화가 일정한 차원(위상학적이고 연대기적인)의 단계에서 작동한다는 것을 말하는 것일지도 모른다. 이 단계 아래에서는 실재는 전개체적이기 때문에 전물리적이고 전생명적이다. 이 단계의 위에서는, 계가 단 한 번의 정보를 받아들일 수 있을 때 그리고 자가제한적이지 않은 방식으로 이 최초의 특이성을 전개시키고 증폭시킬 때 **물리적** 개체화가 있다. 계가 축적의 효과와 변환적 증폭에 의해 단일한 최초의 특이성을 반복하는 대신에 차례로 여러 정보의 자산을 수용할 수 있고 여러 개의 특이성들을 양립시킬 수 있다면 그때 개체화는 자가제한적이고 유기화된 생명적 유형에 속하게 된다.

비생명적인 물리화학적 과정에서보다 생명의 진행과정에서 더 커다란 복잡성을 흔히 보게 된다. 그러나 가장 가설적인 추정에서조차 이 탐구를 자극하는 의도에 충실하기 위해서 우리는 생명의 개체화 과정이 물리화학적 개체화 **이후에** 일어나는 것이 아니라 그 동안에, 그것의 완성 이전에 일어난다고 가정하려고 한다. 전자는 후자의 과정이 그 안정적 평형에 도달하지 않은 순간에 그것을 중지하면서 그것으로 하여금 단지 반복될 수 있는 완벽한 구조를 되풀이하기 이전에 확장되고 전파될 수 있게 만든다. 이로 인해 생명적 개체 안에서 전개체적 긴장과 능동

---

62) [옮긴이] 여과성 바이러스→용어설명* 참조.

적 소통 중의 무언가가 크기의 극단적 등급들 사이에서 내적 공명의 형태로 보존되는 것인지도 모른다.

이런 관점에 따르면 생명의 개체화는 물리적 개체화 안에 삽입되어 그 흐름을 유보시킨 다음 그것을 늦추면서 그것을 기동적인inchoatif[동작을 개시하는] 상태로 전파될 수 있게 하는 것인지도 모른다. 가장 원초적인 수준들에서 생명적 개체는, 말하자면 안정화되지 않고 증폭되는 시발적naissant 상태의 결정이라고 할 수 있을지도 모른다.

이 해석의 도식을 더 일상적인 통념들에 접근시키기 위해서는 유형성숙néoténie[63]의 관념에 호소하여 생명체들의 범주 속에서 가능한 유형성숙의 발달들의 단속성cascade을 가정함으로써 개체들의 속들classes 사이의 관계 유형을 일반화할 수 있다. 동물적 개체화는 어떤 의미에서 식물적 개체화보다 더 복잡한 것으로 간주할 수 있다. 그러나 또한 동물은 식물들의 생식에서 나타나는 운동적, 수용적, 반응적 가능성들을 보존하면서 전개되고 유기화되는 기동적 식물로 간주할 수도 있다. 생명적 개체화가 물리적 개체화의 가장 조숙한 단계를 보존하고 확장시킨다고 가정한다면 —— 그래서 생명적인 것은 그 과정이 중단되고 늦추어진, 무한히 확장된 물리적인 것에 속한다면 —— 또한 동물적 개체화는 식물적 개체화의 가장 원초적인 단계에서 영양을 공급받고 그것 안에서 다 자란 식물로서 발달하기 이전의 어떤 것을 보존하면서, 특히 좀 더 긴 시간 동안 정보[형태갖추기]를 수용하는 능력을 유지한다고 가정할 수 있다.

그렇게 해서 왜 점점 더 복잡해지고 또한 점점 더 미완성적이 되면서 점점 덜 안정적이고 덜 자족적이 되는 개체들의 범주들이 더 완성되

---

63) [옮긴이] 유형성숙 → 용어설명* 참조.

고 더 안정된 개체들의 층들을 연합된 환경으로서 필요로 하는지를 이해할 수 있지 않을까. 생명체들은 살기 위해서 물리화학적 개체들을 필요로 한다. 동물들은 식물들을 필요로 한다. 식물들은 동물들에 있어서 말의 고유한 의미에서 **자연**이다. 마치 식물들에 있어서는 화학적 합성체들이 자연인 것처럼 말이다.

2부
–
**생명체들의
개체화**

# 1장 _ 정보와 개체발생 : 생명적 개체화

## I. 생명체의 개체화 연구의 원리들

### 1. 생명적 개체화와 정보 ; 유기화의 수준들 ; 생명적 활동과 심적 활동

생리학자들은 개체성의 수준들niveaux이라는 어려운 문제를 제기하는데, 이는 종들에 따라 그리고 각 개체의 현존의 순간들에 따라 달라질 수 있다. 사실상 동일한 존재자가 다양한 수준들에서 존재할 수 있다. 배아는 성체와 동일한 자격으로 개체화되어 있지 않다. 게다가 상당히 근접한 종들에서 사람들은 종들에 따라 더 개체화되거나 덜 개체화된 삶에 상응하는 행태들을 발견할 수 있다. 비록 이 차이들이 필연적으로 생명적 조직의 우월함이나 열등함과 관련되지는 않는다고 하더라도 말이다.

 명확성을 기하기 위해 개체화의 수준들의 척도를 정의하는 것이 좋겠다. 그러나 개체성의 정도가 동일한 종 내에서도 상황에 따라 변화하기 쉽다면 이 개체성을 절대적인 방식으로 평가하기는 어렵다. 그래서 조직화organisation의 수준이 생명의 단위를 내포하는 계 전체 안에서 변화하지 않을 때, 개체화가 작동하는 실재의 유형이 어떤 역동적 체제와 교환가능한지를 말함으로써 그 실재의 유형을 정의할 필요가 있을지도 모른다. 그때에야 우리는 개체성의 정도를 평가할 가능성을 얻게 될지도 모른다.[1] 우리가 방금 정의한 방법론적 요청에 따르면 조직화의 체계들 안에서 통합intégration의 연구를 참조하는 것이 유익할 것이다. 사실상 조직화는 각 존재자 안에서 일어나기도 하고 여러 존재자들 사이에서 현존하는 유기적 관계에 의해 일어나기도 한다. 후자의 경우에 존재자 안에서 내적 통합은 외적 통합과 중복된다. 군群, groupe은 통합자intégrateur이다. 유일한 구체적 실재는 생명의 단위이며 이것은 어떤 경우에는 단일 존재자로 환원될 수 있고 또 어떤 경우에는 [그 안에서] 복수의 존재자들이 상당히 분화되어 있는 군에 상응하기도 한다.[2]

게다가 한 개체는 유한하며 분열에 의해 나누어지지 않는다는 사실, 또는 원형질 교환으로 재생가능하지 않다는 사실은 문턱의 현존을 암시하는 개체화의 수준에 상응한다. 물리적 개체화와 달리 생명적 개체화는 종과 군체colonie 또는 사회라는 전체tout의 현존을 수용한다. 그것은 물리적 개체화처럼 무한히 확장가능하지 않다. 물리적 개체화에 한계가 없다면 우리는 물리적 개체화와 생명적 개체화 사이의 이행이 어디서 나타나는지를 탐구해야 한다. 그런데 생명의 무한계성은 종이나 군 안에 있다. 우리가 생물학에서 개체라고 부르는 것은 사실상 하나의 개체라기보다는 어떤 점에서는 아-개체sous-individu[개체보다 하위수준의 존재자]이다. 생물학에서 개체성의 개념은 여러 층위에 적용되거나 또는 연속적인 포함 관계를 갖는 여러 수준에 따라 적용되는 듯하다. 그러나 유

---

1) 여기서 '평가'(mesure)란 '수준들의 추정'(estimation)이라는 의미이다. 즉 수준의 측정, 즉 양자적 측정이 문제이지, 연속된 양적 측정이 문제인 것이 아니다.
2) 그래서 흰개미들은 그 신경조직의 상대적 단순성에도 불구하고 동물계의 가장 복잡한 조직을 구성한다. 그들은 군을 이루어 일하면서 거의 단일한 유기체처럼 활동한다.

비적으로 말한다면 물리적 개체를 생물학적 사회처럼 생각해야 할지도 모른다. 그리고 물리적 개체는 그것만으로 비록 아주 단순하긴 하지만 전체성의 이미지를 제공할지도 모른다.

이런 관점의 첫번째 결과는 물리계에 포함된 유기화의 수준이 생물계의 수준보다 하위에 있다는 것, 그러나 또한 물리적 개체는 더 광범한 집합체ensemble 안에 결합된 생물학적 개체의 체계의 수준보다 높은 유기화의 수준을 가능적으로 소유할 수 있다는 것이다. 물리계와 생물계 사이에서 교환과 교체의 가능성이 있다는 사실을 이론적으로 반박하는 것은 아무것도 없다. 그러나 이 가설이 타당하다면 물리적 개체의 단위가 생물학적 군으로 변형된다고 가정해야 할 것이고 생명체를 출현시키는 요건은 어떤 방식으로 물리적 존재자의 전개의 중단이며 그것의 분석이지 이미 완성된 물리적 개체들을 통합하는 종합적 관계가 아니라는 것을 가정해야 할 것이다. 만약 그렇다면 우리는 단지 아주 복잡한 물리적 구조물만이 생명체들로 변환될transmuer 수 있다고 말해야 할 것이다. 이것은 [생명의] 자연발생의 가능한 경우들을 상당히 제한한다. 이 견해에 의하면, 생명의 단위는 고립된 개체가 아니라 조직화된 완전한 군이 될지도 모른다.

이 교설은 결코 유물론이 아니다. 그것은 족族, classe이나 유genre의 구분을 확립하지 않고 물리적 실재로부터 상위의 생물학적 형상들에 이르기까지 하나의 연쇄를 가정하기 때문이다.[3] 그러나 그것이 완벽하고 만족스러운 것이라면 그것은 왜 그리고 어떤 의미에서 종-유 또는 개체-종이라는 관계를 귀납적으로 주목할 가능성이 있는지를 설명해야 한

---

3) [옮긴이] classe는 결정족처럼 물리적 개체들을 묶는 단위이기도 하다.

다. 이러한 구분은 종들 간의 불연속성만큼이나 연속성도 이해할 수 있는 더 넓은 실재 속에서 정돈되어야 한다. 이러한 불연속성은 물리학에서 나타나는 양자적 특징과 관련될 수 있을 것처럼 보인다. 화학적 종들이 어떤 계 안에서 결정화되는지를 알려줌으로써 그것들을 분간하게 해주는 동시결정화syncristallisation라는 기준이 개체발생적 역동성의 자기동일성 위에 기초한 실재적인 유비 관계의 유형을 알려준다.[4] 결정의 형성 과정은 두 경우에 동일하다. 서로 다른 여러 가지 화학적 종들로 만들어진 결정의 성장 과정은 연쇄를 이룰 수 있다. 그래서 성장은 서로 다른 층들의 종적 이질성에도 불구하고 연속적이다. 개체화 작용은 귀납적 분류에 따를 경우 서로에 대해 이질적으로 보이는 종들을 포괄하는데 이러한 개체화 작용의 연속성에 의해 창출된 [이질적] 단일성 또한 하나의 심층적 실재를 가리키며 이러한 실재는 우리가 [흔히] 종적 특징들로 일컫는 것 못지않게 엄밀히 이 종들 자체의 본성에 속한다. 그러나 동시결정화의 가능성이 유의 현존을 지시하지는 않는다. 왜냐하면 우리는 동시결정화의 기준으로부터 시작하여 종차들을 덧붙임으로써 동시결정화가 가능한 각 물체의 특징들로 내려올 수는 없기 때문이다. 이와 같이 개체화 과정 중에 정보의 과정의 현존을 지시하는 속성은 유와 종이라는 분류학의 일부를 이루지는 않는다. 그것은 실재의 다른 속성들을 지시한다. 즉 정보 과정을 자신의 내부에서 자신의 고유한 구조들과 퍼텐셜들을 따라서 수행될 수 있는 자가발생적 개체발생이라 한다면 그러한 과정의 가능성과 관련해서 볼 때 주어지는 속성들이 바로 그러한 것

159

---

4) [옮긴이] 동시결정화란 같은 무정형 용액 속에서 두 개 이상의 결정화가 동시에 진행되는 현상으로 이렇게 만들어진 결정들은 대개 동일한 구조를 가진다.

들이다.

사람들이 종적 형상이 아니라 생명체의 특성을 드러내고자 할 때 탐구할 수 있는 것은 바로 그러한 속성들이다. 종적 형상은 추상 즉 환원에 의해 얻어진 것이어서 개체로 다시 내려오는 것을 허용하지 않는다. 그러한 [우리의] 탐구는 물리학의 영역으로부터, 특히 이 영역에서 수행되는 형태발생학의 과정으로부터 도출한 범례를 생물학에서 사용하는 것이 정당화된다고 가정한다. 이를 위해 생물학적 질서의 기본적 수준들은 가장 완벽하게 개체화된 물리적 체계들, 예를 들어 결정들이나 유기화학의 준안정적 거대분자들을 산출하는 체계들이 내포하는 것과 같은 종류의 질서에 속하는 조직화organisation를 내포한다고 가정해야 한다. 확실히 그러한 연구 가설은 아주 놀라운 것으로 보일 수도 있다. 실제로 관습에 따르면 생명체들은 그것들이 내포하는 조직화[유기화]로 인해 물리적 존재자들보다 상위의 것이어서 이것들로부터 나올 수 없다고 생각하는 경향이 있다.[5] 그러나 이러한 태도 자체가 타성적 본성은 더 높은 조직화를 내포할 수 없다고 보는 최초의 전제의 결과이다.[6] 만약 이와 반대로 처음부터 물리계가 이미 고도로 조직화되어 있다고 가정하면 타성적 물질을 평가절하하는 데서 유래하는 이 최초의 오류는 나타나지 않았을지도 모른다. [반대로] 유물론에도 내재적 유심론을 가정하는 가치들의 교의가 있다. 즉 물질은 생명체보다 덜 풍부하게 조직화된

---

5) [옮긴이] organisation은 생물의 경우에는 유기화나 유기조직으로, 물질에서는 조직화로 옮기지만 두 가지에 동시에 사용되는 경우에는 조직화로 옮긴다.
6) 물리계를 물질과 실체로 고려한다면 이것은 사실일지도 모른다. 그러나 그것을 퍼텐셜에너지들 및 정보의 담지자들인 관계들이 존재하는 체계들을 포함하는 것으로 고찰한다면 그것은 더 이상 사실이 아니다.

것으로 주어지며 유물론은 상위의 것이 하위의 것으로부터 나올 수 있다는 것을 보여 주려고 한다는 것이다. 복잡한 것을 단순한 것으로 환원하려는 시도는 그렇게 만들어진다. 그러나 만약 처음부터 물질이 조직화의 아주 높은 수준을 갖춘 체계를 구성한다고 생각한다면 생명과 물질을 그렇게 쉽게 위계화할 수는 없을 것이다. 아마도 조직화 과정은 보존되지만 물질에서 생명으로 이행하면서 변형된다고 가정해야 할 것이다. 사태가 그러하다면 과학은 결코 완성되지 않을 것이라고 가정해야 할지도 모른다. 왜냐하면 이 과학은, 정의상 조직화의 동일한 정도를 가진 존재자들, 즉 물질적 체계와 이 체계를 과학이라는 수단에 의해 사유하고자 하는 조직화된 생명체 사이의 관계이기 때문이다. 만약 조직화가 없어지는 것도, 생겨나는 것도 아니라는 것이 사실이라면 그것은 단지 변형될 수 있을 뿐이라는 결론에 도달하게 될지도 모른다. 이 주장에는 대상과 주체 사이의 직접적 관계라는 유형이 모습을 드러낸다. 왜냐하면 사유와 실재 사이의 관계는 그 내적 구조에 의해 유비적으로 관계맺을 수 있는 조직화된 두 실재 사이의 관계가 되기 때문이다.

그러나 조직화가 보존된다고 하더라도 죽음이 아무것도 아니라고 말하는 것은 옳지 않다. 죽음도, 진화도, 퇴화involution도 있을 수 있다. 그리고 물질과 생명의 관계의 이론은 이러한 변형태들을 이해할 수 있어야 한다.

이 이론에 의하면 각 체계 안에는 일정한 조직화의 수준이 있을지도 모른다. 그리고 이 수준들을 물리적 존재자와 생명적 존재자에서 동일하게 발견할 수 있을지도 모른다. 그러므로 동물과 같은 존재자들이 순차적으로 겹쳐 있는 서열들 및 통합의 체계들로 구성되어 있는 경우 그것들 안에는 원인도, 기원도, 외적 등가물도 갖지 않는 단일한 조직화는 없다고 가정해야 할지도 모른다. 각 체계에 속하는 조직화의 수준이 한정되어 있으므로, 한 존재자가 높은 수준의 조직화를 소유하는 것으로 보인다면 그 이유는 사실상 그것이 이미 정보가 부여되어 있고 통합되어 있는 요소들을 통합하기 때문이라고 생각할 수 있으며, [따라서] 그 통합하는 임무는 상당히 제한적이라고 생각할 수 있다. 그러므로 고유한 개체성은 상당히 제한된 조직화로 축소될지도 모르고, 각 개체는 그것이 고유하게 소유하고 있는 것처럼 보이는 풍부한 조직화를 자신의 본성에 빚고 있을 것이기 때문에 개체 안에서 그것의 활동의 산물이 아닌 것에 적용된 본성이라는 말은 매우 중요한 의미를 갖게 될지도 모른다. 그래서 우리는 환경과의 관계에서 [유래하는] 외적 풍부함이 개체 안에 포함된 조직화의 내적 풍부함과 동등한 것으로 가정할 수 있을지도 모른다.

내적 통합은 일정한 구조를 갖는 한에서의 개체와 환경들(내적, 외적) 사이에 있는 관계의 양자적quantique 특징에 의해 가능해진다. 중개자들 그리고 개체의 특징적인 통합자들은 이러한 교환의 양자적 체제 없이는 기능할 수 없을지도 모른다. 군은 이 아-개체들sous-individus과 관련하여 통합자와 분화자로서 존재한다. 단일 존재자와 군 사이의 관계는 개체와 아-개체들 사이의 관계와 같다. 이런 의미에서 한 동일 개체의 여러 위계적 단계들 사이에, 그리고 마찬가지로 군과 개체 사이에 관계의 동질성이 존재한다고 말하는 것이 가능하다. 그 경우 정보의 전체적 수준은, 통합과 분화의 관계에 의해서와 마찬가지로 통합과 분화의 단계들의 수에 의해 평가될지 모른다. 통합과 분화의 관계를 생명체 내의 변환transduction이라고 명명할 수 있다. 생물학적 존재자에서 변환은 직접적이지 않고 간접적이다. 그것은 상승과 하강의 이중 연쇄로 이루어진다. 이 연쇄들 각각을 따라서 정보의 신호들을 지나가게 해주는 것이 변환이다. 그러나 이 이행은 단순한 정보의 전달이기보다는 통합이거나 분화이다. 그리고 최종적 변환을 가능하게 하는 하나의 예비적 작업이 생겨난다. 반면에 물리적 영역에서 이 변환은 높거나 낮은 내적 공명으로서의 체계 속에 존재한다.[7] 만약 통합과 분화만이 유일하게 실재한다면 생명은 존재하지 않을지도 모른다. 왜냐하면 공명도 역시 존재해야 하는데 생명에서는 동화élaboration를 요구하는 예비적 활동을 받아들이는 특수한 유형의 공명이 문제가 되기 때문이다.

만약 우리가 이러한 활동을 묘사하기 위해 심리학적 용어를 사용한다면, 우리는 통합은 표상의 용도에 상응하고 분화는 점진적으로 획득되어 저장된 에너지를 시간 속에서 분배하는 활동의 용도에 상응한다는 것을 알게 될 것이다. 반면 표상은 상황에 따라 급작스런 도약에 의해 얻어진 정보를 연속체를 구현하는 방식으로 저장한다. 마지막으로 변환은 정념성affectivité에 의해, 유기체 속에서 다양한 수준에서 변환자transducteur의 역할을 하는 모든 체계들에 의해 작동한다. 그러므로 개체는 언제나 변환의 체계이다. 그러나 이 변환은 물리적 체계의 유일한 수준에서만 직접적인 반면 생명체에서는 간접적이고 위계화되어 있다. 물리계에 단지 변환만이 존재한다고 생각하는 것은 오류일지도 모른다. 왜냐하면 통합과 분화도 있기 때문이다. 그러나 그것들은 개체의 경계들 자체에 위치하고 단지 개체가 성장할 때만 알아볼 수 있다. 경계에서 일어나는 이 통합과 분화는 생명체 안에도 존재하지만, 그것들은 생명체

---

7) 이 내적 공명은 적극적인 유비이거나, [무정형]용액과 결정의 싹처럼 개체화 과정의 도상에 있는 체계 안에 존재하는 비대칭적인 항들의 짝짓기이다.

와 군의 관계 그리고 생명체와 세계의 관계를 특징지으며, 생명체의 내부에서 작동하는 관계들과는 상대적으로 독립적일 수 있다. 이러한 주장은 [군 차원에서] 통합하는 군과 분화하는 군이 어떻게 관계를 맺는지를 이해하게 해주지는 못한다. 외부에서 작용하는 통합과 분화는 그것들을 산출하는 군의 구조 변화를 야기한다. 이 변화는 양자적인 방식으로, 더 여기된excité 상태에서 덜 여기된 상태로 혹은 그 반대로 이행하면서 에너지를 흡수하거나 방출하는 미립자의 변화에 비교할 수 있다. 아마도 이러한 두 유형의 과정들 사이의 관계가 이와 같은 개체의 수준들의 변화의 기초를 이루는 것일지도 모른다. 이 변화는 구조 변화를 수반하는데 이것은 외부와의 정보 교환이나 에너지 교환의 내적 상관항이다. 사실상 노력은 단지 운동적 측면만을 갖는 것이 아니라 정념적이고 표상적인 측면도 가지고 있다는 것을 주목하도록 하자. 노력의 정념적 특징들은 그것의 운동적 특징들과 표상적 특징들 사이의 다리가 된다. 연속성과 불연속성을 동시에 포함하는 노력의 양자적 특징은 내적 군형성groupement과 외적 군형성의 상호 관계에서 이러한 통합과 분화를 아주 명백히 나타낸다.

개체화의 문제는 물질의 양이나 에너지의 양과 같은 근본적 크기들과의 관계 속에서 정보가 대체 무엇인가 하는 것을 안다면 해결될지도 모른다.

생명체의 항상성은 순수한 물리적 존재자에서는 존재하지 않는다. 왜냐하면 [생명적] 존재자는 외적 변환의 조건들 덕택에, 자신의 고유한 안정성과 내적 변환의 보장으로서 외적 조건들과 동등한 것을 이용하게 되는데, 항상성은 외적 변환의 조건들과 관련되기 때문이다. 이질적인 변환적 특징이 물리계에 나타나는 것은 단지 이러한 물리적 실재의 여백에서뿐이다. 반대로 생명체에서 내재성과 외재성은 도처에 있다. 신경계와 내부환경[베르나르의 내부환경을 의미함] 덕분에 이 내재성은 도처에서 상대적 외재성과 접촉하게 한다. 생명을 특징짓는 것은 통합과 분화 사이의 균형이다. 그러나 항상성이 생명적 안정성 전체는 아니다. 불연속적 행동의 양자적 특징은 종합하는 구성적 인식의 연속적 특징과 상반된다. 종합이란 통합과 분화의 관계에 봉사하는 규제적 성질들 속에서 나타나는 연속과 불연속의 혼합물을 구성하는 것이다. 성질들은 생명체로 하여금 자신의 고유한 행동을 음미하게 해주는 반응성réactivité 속에서 나타난다. 그런데 이 성질들은 이 관계를 목적과 결과 사이의 단순한 분열 의식 즉 단순한 기호 관계로 환원하는 것을 허용하지 않는다. 자동기계가 생명체가 되는 데 부족한 점은 바로 그것이다. 자동기계는 자신의 행동과 미리 설정된 목적 사이에 존재하는 틈을 점차로 좁히면서 수렴하는 방식으로 조건들 전체에 적응하는 것뿐이고 행동하는 도중에 목적을 발견하거나 발명하지는 않는다. 왜냐하면 변환이 초기에는 매우 제한된 영역이 점차 구조와 범위를 확장하는 것이라면 자동기계는 어떤 진정한 변환도 구현하지 않을 것이기 때문이다. 생물종들은 이러한 변환의 능력을 타고나는데 그 덕분에 무한히 확장될 수가 있다. 결정들 역시 이와 같이 무한히 성장하는 힘을 타고나지만, 그것은 자신의 모든 성장 능력을 자신의 경계 위에 국한시키는 반면, 생명종에서 이 능력은 외부로부터든 내부로부터든 자기 자신을 위해 성장하는 개체들, 그리고 시간과 공간 안에 한정되어 있으나 생식을 하고 이 생식능력 덕분에 한계를 갖지 않는 개체들 전체에 귀속된다. 그러므로 가장 탁월한 생물학적 변환은 본질적으로 각 개체가 유사한 것들을 재생산한다는 사실이다. 종은 시간 속에서 나아간다. 마치 형성 도중에 있는 결정의 가장자리에서 활동하는 분자들의 층처럼 상당히 약한 세대교체와 더불어 나아 가는 물리화학적 변형이 그러한 것과 같다.[8] 더러의 경우에는 잇따르는 세대들에 의해 결정에 비교할 수 있는 구조물이 축적되기도 한다.[9] 게다 가 생명적 개체의 성장은 물리계에서 유사한 것을 찾을 수 없는 영구적 이고 국지화된 유형의 변환이다. 특수한 개체성이 종적 개체성에 덧붙 여진다.[10]

그러므로 생명의 조건은 인과성의 회귀récurrence일지도 모른다. 그 덕택에 통합과 분화의 과정은 그 구조에서는 다른 것으로 남아 있으면 서도 짝짓기를 받아들일 수 있다. 그래서 생명은 물질과 다른 실체는 아 니다. 그것은 물리적 구조들 외에 다른 것에 의해서는 결코 주어질 수 없 는 통합과 분화의 과정을 가정한다. 이런 의미에서 생명체의 심층적인 삼원성trialité이 존재하는지도 모른다. 그 덕분에 생명체 안에서 두 가지 상보적인 활동을 발견할 수 있고, 인과적 회귀의 활동을 이용해서 선행 한 것들의 분화와 동시에 그것들의 통합을 구현하는 제3의 활동을 발견 할 수 있을지도 모른다. 사실 회귀가 선행자들에 제3의 것을 덧붙이는 것이 아니라 그 회귀가 허용하고 구성하는 질화qualification[질적 특성을 얻는 과 정] 가 [서로 간에] 다른 어떤 공통성도 가질 수 없을 활동들 사이에 관계 를 부여하는 것이다. 그러므로 단일성과 정념적 동일성의 기초는 정념 적 극성polarité이다. 이 극성 덕분에 일과 다의 관계, 그리고 분화와 통합 의 관계가 있을 수 있다. 질화가 구성하는 것은 이 두 역동성 간의 관계

---

8) 이런 의미에서 자연계에서 종과 환경 사이에는 정보의 관계가 존재한다고 말할 수 있다.
9) 예를 들면 폴립의 군체에서 그러하다.
10) [옮긴이] 시몽동은 개체화와 개체성의 다양한 정도를 인정하기 때문에 종적(specifique) 개 체성이라는 말도 가능하다. 예를 들면 군체를 이루는 개체성을 말한다.

이다. 그것은 이미 가장 낮은 수준에서 이러한 관계이고, 인간적 감정들의 상위의 정념성의 수준에서도 그러하다. 고통과 쾌락이 그 구체적인 유기적 특징 속에서 파악되자마자 관계는 반사궁arc réflexe[자극과 반응의 관계를 가리키는 도식]의 폐쇄로서 나타난다. 반사궁은 언제나 질이 부여되어 있고 방향이 잡혀 있다. 더 위로 가면 감각질에서는 그러한 극성은 일반적 배열constellation의 형태로 그리고 특별히 밀도 있는 형태로 후천적 인격성을 특징짓고 그것을 식별하게 해준다. 주체는 자신의 내적 상태들을 표현하고자 할 때 예술의 원리이자 모든 소통의 원리인 정념성affectivité을 매개로 하여 이러한 관계에 호소한다. 보여 줄 수 없는 하나의 외적 사물의 특징을 말하기 위해서 사람들은 인식의 연속적 총체로부터 시작하여 환기해야 할 대상의 독특한 단일성으로 이행하는데 이것은 바로 정념성에 의하여 가능해진다. 이것이 가능한 이유는 정념성이 관계를 세우는 데 현전하며 처분가능한disponible 것이기 때문이다. 모든 관념들의 연합은 이러한 정념적 관계를 통한다. 그러므로 이미 구성된 관계를 사용하는 두 가지 가능한 유형이 있다. 그것은 인식의 단일성으로부터 행동의 다수성으로 가는 것 또는 행동의 다수성으로부터 인식의 단일성으로 가는 것이다. 이 두 상보적인 행보는 시적 상징주의 같은 어떤 상징주의에서는 통합되어 있다. 이러한 이중의 관계 덕분에 시적 상징주의는 자신 위에서, 주체 전체의 통합에는 도움되지 않는 미적 회귀 속에서 폐쇄될 수 있다. 왜냐하면 사실 그것은[이중관계] 관조하거나 작동시켜야 할 대상-상징의 전제들, 즉 인식과 행동의 혼합이라는 전제들 안에 잠재적으로 포함되어 있기 때문이다.

생명적 과정들의 해부생리학적 연구는 대뇌피질 지대의 성향disposition과 뇌수의 작동에 이르기까지 수용기관과 운동기관의 구분을 보여 준다. 그러나 우리는 또한 뇌수가 단지 투영projection의 지대로만 구성되어 있지는 않다는 것을 알고 있다. 전두엽의 대부분은 수용지대와 운동지대 사이의 연합에 소용된다. 피질 절제술에 대한 신경외과적 실행은 통합을 분화에 연결하는 인과성의 회귀를 약화시키는 것으로 이루어지는데, 주체의 정념성을 심히 변형시킨다. 반면 이러한 피질 절제술의 개입은 원리적으로 시상thalamus 누두infundibulum 지역에 위치한, 즉 신외투néopallium[피질과 그 하부를 포함하는 생리학 용어] 지역을 구성하는 지역과는 아주 다른 지역에 위치한 정념성의 중추 혹은 중추들을 다치게 하지 않고 완전히 그대로 둔다. 이 가설에 의하면 순간적 정념성과 관계적 정념성 사이에서 구분을 해야 할지도 모른다. 전자는 아마도 시상 누두 지역에 국지화될 수 있는 것이고, 후자는 통합 활동과 분화 활동의 정교화된 산물들에 기초하는 것으로서 개체를 종과의 관계 속에서가 아니라 그 독특한 삶 속에서 특징지을 수 있는 능동적 정념성이라고 명명할 수 있을지도 모른다. 그 때 구외투archéo-pallium 지역은 정교화된 정념성의 조절보다는 본능들의 조절과 훨씬 더 관계를 맺을지도 모른다. 그 지역은 신외투의 활동의 특징적인 변환, 그리고 개체인 한에서의 개체의 정념성에 해당하는 이 변환의 의식적 정교화보다도 주체의 경향들과 주체가 환경 속에서 발견하는 성질들 사이의 관계 속에서 나타날지도 모른다.

이로부터 또한 사람들은 정념성이 그 관계적 양상 덕분에 부정성에 의미를 줄 수 있는 유일한 기능이라는 사실을 이해할 수 있을지도 모른다. 인식과 마찬가지로 행동에 있어서 무는 그것이 제한이나 순수 결핍으로 개입하는 적극적 맥락이 없이는 파악될 수 없다. 반대로 정념성에 있어서 무는 다른 성질의 반대로 정의될 수 있다. 플라톤이 지적한 것처럼 드러난 모든 성질은, 하나의 척도를 따라서, 대립하는 절대적 성질들의 무한한 이원성dyade 안에 삽입된 것으로 나타난다. 성질들은 대립자들의 짝에 의해 진행되며 이러한 모든 질적 관계의 양극성bipolarité이 구성되면 이는 질을 부여받고 부여하는 존재자에게는 방향을 잡을 수 있는 항구적 가능성이 되는 듯하다. 무는 정념성 안에서 의미를 갖는다. 왜냐하면 거기서는 매순간 두 가지 역동성이 맞대면하고 있기 때문이다. 거기서 통합과 분화의 관계는 그 안에서 힘들이 상호교환되고 서로 균형을 이루는 양극화된 갈등처럼 형성된다. 존재자가 자기동일성을 유지하는 것은 자기 자신과 관련된 이러한 방향잡기 덕분이며, 모든 내용과 모든 심적 구성소의 이러한 정념적 극성화polarisation 덕분이다. 자기동일성은 실존하는 기간 동안의 이러한 방향짓기의 항구성에 기초한 것으로 보인다. 이 방향짓기는 행동과 인식의 질화 덕분에 전개된다. 소크라테스 이전 철학자들은 매우 심오한 어떤 직관으로부터 한 존재자의 내부에서이든, 한 존재자에서 다른 존재자로의 이행에서든, 실존 안에서 어떻게 질적 역동성이 구조들과 행동들을 교환하는지를 보여 준다. 특히 헤라클레이토스와 엠페도클레스는 실재의 양극성을 가정하는 구조와 작용의 관계를 상호보완적인 무수한 방법들을 따라 정의하였다. 정념성은 어떤 유형의 관계를 구현하는데, 이는 행동의 용어로는 갈등, 인식의 용어로는 양립불가능성일지도 모른다. 이러한 관계는 정념성의 수준에서만 존재할 수 있다. 왜냐하면 그것의 양극성이 그것으로 하여금 이질적인 것의 단일성을 만들어 내도록 해주기 때문이다. 질은 본성상 변환적이다. 왜냐하면 질적 스펙트럼 전체가 서로 간에 동일하지도 낯설지도 않은 항들을 연결하는 동시에 구분하기 때문이다. 주체의 동일성은 바로 변환적 유형에 속한다. 특히 모든 변환성 중에서 최초의 것인 시간의 변환성을 통해서 그러하다. 시간의 변환성은 원하는 만큼의 순간들로 분절될 수 있거나 또는 연속성으로 파악된다. 각각의 순간은 자신을 잇따르는 혹은 선행하는 순간들과 분리된다. 이는 전자를 후자들에 연결하여 그것들과 연속성을 구성한다는 사실 자체에 의해 그러하다. 구분과 연속성, 분리와 관계는 같은 유형의 실재의 상보적 측면들이다. 생명적 변환의 근본 유형은 통합하는 동시에 분화하는 시간적 계열이다. 생명체의 자기동일성은 그것의 시간성으로 이루어진다. 시간성을 순수한 분화로, 언제나 갱신되는 항구적 선택의 필요성으로 생각한다면 오류일 것이다. 개체의 삶은 그것이 통합인 한에서 분화이다. 이 두 용어는 상보적 관계 속에 있다. 그것들 중 하나가 없어지면 그 관계도 더 이상 존재할 수 없으며 잘못된 분화로 타락한다. 잘못된 분화는 사실상 분리된 인격의 내부에서 각각의 선택을 주체의 의식에 의한 선택으로 알게 하고, 각 선택이 분화시켜야 할 에너지임에도 불구하고 통합해야 할 정보가 되게 하는 일종의 미적 활동이다. 선택된 것은 선택의 대상이기보다는 선택 자체이다. 정념적 방향짓기는 한 존재자의 선택이, 자신의 반응성réactivié 속에, 말하자면 자신 위에 거점을 두는 관계적 활동 전체를 구성할 때 그 존재자 내부에서 관계적 힘을 잃는다. 진정한 분화를 나타내기 위해 선택은 무엇보다 불연속적이어야 한다. 자신이 선택한다는 사실을 의식하는 주체에 있어서 연속적 선택은 사실상 선택과 정보의 혼합물이다. 선택과 정보의 이러한 동시성으로부터 결국 행동에 특징적인 불연속의 요소가 제거된다. 이런 종류의 회귀에 의해 정보와 혼합된 행동은, 연속적인 동시에 불연속적이고 의식 안에 전환점을 도입하는 갑작스런 도약들에 의해 진행하는 양자적인 혼합 존재가 된다. 이런 유형의 행동은 진정으로 구성적인 정념성에 도달할 수 없고 단지 일시적 안정성에 도달할 뿐이다. 이 일시적 안정성 속에서 선택의 환상은 이완

relaxation의 진동에 도달하는 회귀에 의해 주어진다. 이완은 구성적 선택과 다르다. 그것은 이완이 주체를 주기적으로 이전의 중성적 상태와 동일한 중성적 상태들로 되돌리는 반면, 선택은 주체를 결코 이전의 상태들로 되돌리지 않는 점에서 그러하다. 공허한 불합리함의 감정(우리가 신비한 불합리함과 구분하고자 하는)은 바로 이러한 무로의 귀환 상태에 대응한다. 무로의 귀환 속에서 모든 반응성이나 회귀는 절대적 비활동성과 정보의 부재에 의해 폐지된다. 그것은 이 상태 안에서 활동성은 정보의 가치를 드러내는 반면 활동성의 부재는 정보의 완벽한 공백을 야기하기 때문이다. 그때 만약 정보의 요소들이 외부에서 오는 것으로 나타나면 그것들의 가치는 드러나지 않고 불합리한 것으로 버려진다. 그것들은 질을 부여받지 못하는데 왜냐하면 주체의 직접적인 정념성이 더 이상 작동하지 않고 그것이 정보와 행동의 회귀에 의해 대체되었기 때문이다. 이러한 실존existence이 모든 탐미주의esthétisme의 특징이다. 탐미주의 상태의 주체는 자신의 정념성을 폐쇄된 순환에 따르는 행동과 정보의 반응성으로 대체한 주체이며 이 순환에서는 새로운 정보나 행동을 받아들일 수 없다. 어떤 의미에서는 탐미주의를 정념성의 대리vicariante 기능으로 취급할 수 있을지도 모른다. 그러나 탐미주의는 진정한 행동이나 진정한 정보가 생겨날 수 있는 상황들을 제거하는 실존 유형을 구성함으로써 정념성에의 호소를 파괴한다. 시간의 계열은 연속되지 않고 잇따를 뿐인 주기연대기적cyclochronique 단위들의 계열로 대치되어 반복적 리듬에 따라 시간의 폐쇄를 구현한다. 생명적 시간의 창조적 측면을 거부하는 모든 인위성이 탐미주의의 조건이 된다. 비록 이 탐미주의가 행동의 인과성을 정보로 회귀시키기 위해 대상의 구성을 이용하지 않고 반복적 방식으로 세계의 이해 조건들을 변형시키는 행동으로 회귀하는

데 단순히 머문다고 해도 그러하다.

## 2. 개체화의 잇따르는 수준들 : 생명적, 정신적, 개체초월적 수준들

정신적인psychique 것과 생명적인 것은 어떻게 서로 구분되는가? 이 개체화 이론에 따르면 정신적인 것과 생명적인 것은 두 개의 실체로 구분되지 않으며 심지어는 평행하거나 겹쳐 있는 두 개의 기능들로 구분되지도 않는다. 정신적인 것은 생명체의 개체화의 지연ralentissement으로서, 생명적 생성의 최초의 상태의 유형성숙적인 증폭으로서 개입한다. 생명체가 완전히 구체화되지 않고 내적 이원성을 유지할 때 정신현상psychisme이 있다. 생명체가 개체화된 개체인 한에서의 본성 속에서, 자신의 신체적 한계들의 내부에서 그리고 환경과의 관계에 의해 완전히 평정상태에 있고apaisé 자기충족적일 수 있으면 정신현상에 대한 호소는 없을지도 모른다. 그러나 생명이 문제상황에 처하게 되는 것은 그것이 지각과 행동의 이원성을 포괄하여 단일성으로 용해될 역량을 갖추지 못하고 지각과 행동으로 구성된 전체와 병행할 경우이다. 생명체의 모든 문제들이 규제적régulatrice 정념성의 단순한 변환성에 의해 해결될 수는 없다. 정념성이 더 이상 해결하는 힘으로 개입할 수 없을 때, 그것이 이미 개체화된 생명체 내부에서 영구화된 개체화에 해당하는 이 변환성[정념적 변환성]을 더 이상 작동시킬 수 없을 때 정념성은 생명체 속에서 중심 역할을 벗어나 지각-행동적 기능들 주위에서 정돈된다. 그러면 생명체는 온통 지각-행동적이고 정념-감동적émotionnel인 문제상황으로 가득차게 된다. 정신적 삶에 대한 호소는 생명체를 퍼텐셜로 풍부한 준안정적 긴장 상태에서 [그대로] 보존하는 지연과 같은 것이다. 단순한 생명과 정신현상 사이의 본질적 차이는 정념성이 이 두 실존 양태들 안에서 동일한 역할을 하지 않는다는 데 있다.[11] 생명 속에서 정념성은 규제적 가치를 갖는다. 그것은 다른 기능들을 뛰어넘어, 생명 그 자체인 이 영구적 개체화 과정을 보장해 준다. 정신현상 속에서 정념성은 넘쳐난다. 그것은 문제를 해결하기보다는 제기하고 지각-행동적 기능들의 문제를 해결되지 않은 채로 내버려 둔다. 정신적 실존으로 들어오는 것은 본질적으로 더욱 고차적이고 더욱 어려운 새로운 문제상황의 출현으로서 나타난다. 이 문제는, 자신의 경계들 내부에서 개체화된 존재자로서 간주된 고유한 의미의 생명적 존재자의 내부에서는 어떤 진정한 해결도 받아들일 수가 없다. 그러므로 정신적 삶은 그것 아래에서 그것과 더불어 계속 존재하는 생명적 기능들의 청원sollicitation도, 상위의 재정돈도 아니다. 그것은 전개체적 실재 속에 새로이 잠기는 것으로 더 원초적인 개체화를 동반한다. 생명체의 삶과 정신현상 사이에는 새로운 개체화의 간격이 있다. 생명적인 것은 정신적인 것을 위한 재료가 아니다. 그것이 반드시 정신현상에 의해 재취합되고 재인수되는réassumer 것은 아니다. 정신현상은 생명현상 안에 개입하려 함으로써 그것의 규제를 완화하는 것에 지나지 않는다. 생명적인 것을 인수함으로써 그리고 그것을 재료로 취하여 거기에 형태를 부여함으로써 스스로를 구성하려 애쓰는 정신현상

---

11) 이것은 단지 살아 있는 존재자들과 또 살아 있고 사유하는 존재자들이 있다는 것을 의미하는 것이 아니다. 다만 사유 행위로 귀착하는 이러한 상황들은 동물들에서는 덜 빈번하다. 인간은 특히 상징이라는 자원의 덕택에 더 광대한 정신적 가능성들을 처분함으로써 더 자주 정신현상에 호소하게 된다. 인간에게는 그 자신이 더욱 더 대처하기 어렵다고 느끼는, 순수하게 생명적인 상황이 [오히려] 예외적인 것이다. 그러나 거기에는 인간학을 정초하는 것을 가능하게 하는 본성, 본질이 있다. 다만 하나의 문턱을 넘어서야 한다. 동물은 사유보다는 생존을 위해, 인간은 생존보다는 사유를 위해 더 나은 방식을 가지고 있다. 그러나 양자 모두 일상적이든, 예외적인 방식이든, 살고 사유한다는 것은 물론이다.

은 잘못된 형상화에 이르고, 작동한다는 환상에 빠질 뿐이다.

은 잘못된 형상화에 이르고, 작동한다는 환상에 빠질 뿐이다.

사실상 진정한 정신현상은 생명의 기능들이 생명체에 주어진 문제들을 더 이상 해결할 수 없을 때, 지각, 행동, 정념이라는 이 기능들의 삼중 구조가 더 이상 이용 가능하지 않을 때 나타난다. 생명체가 자신에게 제기된 문제들을 해결하기에 충분한 실재성을 자신 안에 가지고 있지 않을 때 정신현상은 나타난다. 또는 적어도 요청된다postulé. 정신적 삶의 근저에서 순수하게 생명적인 동기들을 발견한다고 놀라서는 안 된다. 그러나 이 동기들은 문제의 자격으로서 존재하는 것이지, 결정하는 혹은 주도하는 힘들의 자격으로서 존재하는 것은 아니다. 따라서 그 동기들은 정신적 삶 위에 구성적 결정론을 부과하지 않는다. [오히려] 그것들은 정신적 삶이 존재할 것을 간청한다appeller. 그것들은 정신적 삶이 존재할 것을 유발하지만provoquer 그것을 적극적으로 조건짓는 것은 아니다. 정신현상은 존재자의 개체화의 새로운 단계로 나타난다. 이 단계의 상관항으로서 존재자 내에서는 생명적 역동성들의 양립불가능성과 지연되는 과포화가 나타난다. 그리고 제한된 개체인 한에서의 존재자 밖에서는 존재자에게 새로운 실재성을 가져다 줄 수 있는 전개체적 실재성의 새로운 하중에 대한 호소가 나타난다. [거기서] 생명체는 더 조숙하게 개체화된다. 그것은 마치 스스로 형태변화하고 자기 자신으로부터 양분을 섭취하는 애벌레가 그런 것처럼 자기가 자기의 고유한 재료가 되어 개체화될 수는 없다. 정신현상은 생명적인 것을 표현한다. 그리고 그것은 이와 상관적으로 전개체적 실재성의 일정한 하중을 표현한다.

생명적 개체화와 정신적 개체화 사이의 관계에 대한 이와 같은 견해는 생명체의 실존이 형상에 해당할지도 모르는 정신현상의 질료 역할을 하는 것이 아니라 정신적 개체화를 위한 주춧돌souche의 역할을 하는 것처럼 상상하기에 이른다. 게다가 그러한 견해는 다음과 같은 가정을 하게 한다. 즉 개체화는 전체나 무의 법칙에 따르지 않는다. 그것은 양자적 방식으로 갑작스런 도약에 의해 수행된다. 그리고 개체화의 최초의 단계는 구성된 개체 주변에 그것과 연합한 일정한 전개체적 하중을 남겨 놓는다. 우리는 그것을 연합된 본성이라고 명명할 수 있다. 그것은 여전히 퍼텐셜들과 유기화하는 힘들로 풍부하다.

따라서 생명적인 것과 정신적인 것 사이에서 정신적인 것이 나타날 때 질료에서 형상에 이르는 관계가 아니라 개체화에서 개체화에 이르는 관계가 존재한다. 정신적 개체화는 생명적 개체화의 확장dilatation이자 조숙한 팽창expansion이다.

이러한 가설로부터 정신적 개체화의 길로 들어가기 위해서는 개체화된 존재자가 스스로를 넘어서야 한다는 결과가 도출된다. 전개체적 실재에 호소하는 정신적 문제상황은 개체화된 생명적 존재자의 경계들 내부에서 완성되지 않는 기능들과 구조들에 이른다. 만약 생명적 유기체를 개체라고 부른다면 정신현상은 개체초월적transindividuel 실재의 질서에 이른다. 왜냐하면 유기체들에 연합한 전개체적 실재성은 유기체들처럼 절단되어 있지 않으며, 분리된 생명적 개체들의 경계들에 비교할 수 있는 경계들을 받아들이지도 않기 때문이다. 이 전개체적 실재성이 생명체가 주도한 새로운 개체화 안에서 파악될 때 그것은 각 정신적 존재자를 다른 정신적 존재자들에 결합하는 참여의 관계를 보존한다. 정신현상은 개체초월적인 것의 탄생이다. 그것은 일정기간 동안은 순수하게 정신적인 것으로 나타날 수 있다. 이는 자기 자신으로 구성될 수 있을지도 모르는 마지막 실재이다. 그러나 생명체가 연합된 본성[전개체적 실재]에서 새로운 개체화를 산출하는 퍼텐셜들을 빌려오면 반드시 생명체의 경계를 넘는 정신적 실재 전체에 자신을 참여하게 하는 실재의 질서 안으로 들어오게 된다. 정신적 실재는 스스로 위에 닫혀 있지 않다. 정신적 문제상황은 개체 내부의 방식으로 해결될 수 없다. 정신적 실재 안으로 들어오는 것은 일시적인 길 안으로 들어오는 것이다. 왜냐하면 개체 내부의 정신적 문제의 해결은(지각의 문제와 정념성의 문제) 개체초월적 수준으로 귀착되기 때문이다. 생명적 개체에 연합된 전개체적 실재의 개체화로부터 유래하는 완벽한 기능들과 구조들은 집단적인 것 안에서만 완성되고 안정되기 때문이다. 정신적 삶은 전개체적인 것으로부터 집단적인 것le collectif으로 간다. 개체 내부에 위치하고자 하는 정신적 삶은 지각적 문제와 정념적 문제 사이의 근본적 불균등화 disparation를 극복할 수 없을지도 모른다.[12] 정신적 존재자는 개체화를 생명성의 이 최초의 단계에 한정하지 않고 가능한 한 가장 완벽하게 개체화의 기능들을 완수하는 존재자이다. 정신적 존재자는 그것이 집단적인 것의 개체화에 참여하는 한에서 내적 문제상황의 불균등화를 해결한다. 이 집단적인 것은 다수의 생명체들에 연합된 전개체적 실재들의 개체화에 의해 얻어진 개체초월적 실재이며 순수하게 사회적인 것과도, 순수하게 상호개체적인interindividuel 것과도 구분된다. 순수 사회적인 것은 사실상 동물 사회에서 존재하는 것이다. 그것은 존재하기 위해 생명적 개체화를 확장하는 새로운 개체화를 요구하지 않는다. 그것은 생명체들이 사회 안에서 존재하는 방식을 나타낸다. 그것은 즉각 사회적인 것이 되는 최초의 등급의 생명적 단위이다. 사회적 구조들과 기능들에 결합된 정보(예를 들면 동물 사회들의 유기적 연대성 안에서 나타나는 개체들

---

12) 정보로서 처리되었고 정신현상에 의해 출현하는 것이 바로 이 불균등화이다.

의 기능적 분화)는 유기체인 한에서 개체화된 유기체들에게는 결핍되어 있다. 이러한 [최초의] 사회는 사회 속의 여러 개체들의 구조적이고 기능적인 이질성을 생존조건으로서 가정한다. 반대로 개체초월적이며 집단적인 것은 동질적 개체들의 군groupe을 형성한다.[13] 비록 이 개체들이 약간의 이질성을 보인다고 해도 집단적인 것이 그것들을 군으로 만드는 것은 동질성을 기본으로 가지는 한에서이지 그것들이 상위의 기능적 단위 속에서 서로 보완하는 한에서 그런 것은 아니다. 게다가 생명적인 것과 정신적인 것이 개체적 삶 속에서 포개지는 것처럼 사회와 개체초월성은 군 안에서 서로 포개져 존재한다. 집단적인 것은 상호개체성과도 구분된다. 상호개체성은 개체들 사이에서 확립되며 그것은 이 개체들 사이에서 새로운 개체화를 요구하지 않는 한에서 집단적인 것과 구분된다. 또한 상호개체성은 단지 개체 내부의 구조들 간의 유비를 가정하는 상호성과 교환의 어떤 체제를 요구할 뿐 개체적인 문제상황을 재검토할 것을 요구하지는 않는 한에서 집단적인 것과 구분된다. 상호개체성의 탄생은 점진적이며 감정émotion의 작동을 가정하지 않는다. 감정은 개체화된 존재자가 더 넓은 개체화에 참여하기 위해 잠정적으로 개체성을 상실하는 능력이다. 상호개체성은 개체화된 실재들 사이의 교환인데, 이 실재들은 동일한 수준의 개체화에 머물러 있으며, 다른 개체들 속에서 이[이것들의] 실존과 병행하는 자신들의 고유한 실존의 이미지를 찾는다. 상호개체성의 특정한 계수를 사회에 첨가하는 것은 개체초월성의 환상을 줄 수 있다. 하지만 집단적인 것은 개체화에 의해 확립될 때에만

---

13) [옮긴이] 프랑스어에서 정관사와 형용사의 결합은 다양한 내용을 나타내는데 여기서 집단적인 것(le collectif)은 집단을 이루는 여러 특징들의 집합, 일종의 다양체이자 퍼텐셜을 의미한다.

진정으로 존재할 수 있다. 그것은 역사적인 것이다.

## II. 종적 형상과 생명물질[14]

### 1. 종적 형상이라는 개념의 불충분성, 순수개체의 개념, 개체 개념의 비 일의적(non univoque) 특징

생명은 개체들이 해부학 또는 생리학적으로 서로 분리되지 않아도 존재할 수 있다. 혹은 단지 생리학적으로만 분리되지 않는 경우에도 그러하다. 이런 종류의 존재 유형으로서 우리는 동물계의 강장동물들을 들 수 있다. 이것들은 일반적 강腔, cavité을 갖지 않는다는 사실로 특징지어진다. 그것들의 몸속에 구멍을 내어 다소간 복잡한 운하들로 연장되는 강은 소화강이다. 그것들의 대칭은 방사형이고 기관들은 입을 통과하는 축 주위에서 반복된다. 대부분의 강장동물들은 출아出芽[모체의 일부에서 싹이 나와 새로운 개체가 되는 생식법]를 하고 군체colonie를 형성하는 경향이 있다. 출아로 형성된 개체들은 블래스토조이드blastozoïte, blastozooid(영)라고 불리는데, 알에서 탄생하기 때문에 오조이트Oozoïte라고 불리는 초기의 존재자와 소통할 수 있는 상태로 남을 수 있다.[15] 산호, 히드라, 바다부채는 매우 많은 수의 군체를 형성한다. 그런데 개체들 사이에서 군체의 단단한 물질적 단위를 구성하는 연속적 형성이 나타날 수 있다. 군체 안에서 결

---

14) [옮긴이] 생명물질(matiere vivante)이라는 말은 전문용어는 아니지만 일반적으로 결합조직(tissu), 혈액이나 림프액 등 생명체를 구성하는 재료가 되는 것을 가리킨다.

15) [옮긴이] 이 장에는 우리에게 번역되지 않은 생물학의 전문용어들이 다수 나오는데 그런 경우 라틴어명이 나올 때는 라틴어로, 나오지 않을 때는 우리가 과학용어 표기에서 영어를 일반적으로 사용하는 것을 고려하여 영어 발음을 그대로 옮긴다. 해당 영어가 없는 경우는 불어를 그대로 둔다.

합된 폴립들에서 그런 현상을 볼 수 있는데, 이는 서넨킴coenenchyme(영)[산호충류에서 폴립들을 둘러싸고 결합하는 조직]이 개체들을 분리하는 공간들을 채울 때 그러하다. 이 석회 더미는 조밀하든, 성기든 간에 폴립에서 그 가지가 돋은 형태를 박탈하고 집단의 양상을 부여한다. 개체들은 군체의 공통의 표면에서 열려 있는 꽃받침 모양에 의해서만 나타난다.[16] 하나의 서노색coenosarc(영)[히드로충 군체의 축을 이루는 부분]은 출아에 의해 새로운 개체들을 만들고 서넨킴을 분비하면서 동일한 군체의 개체들을 결합한다. 군체 안의 특정한 형성과정에서 개체들은 분화현상을 나타내는데 이것은 결국 그것들로부터 어떤 방식으로 기관들을 만들어 내기에 이른다. 어떤 것들은 영양공급의 역할을 하고 또 어떤 것들은 방어 역할을 하며, 또 다른 것들은 생식의 역할을 한다. 군체를 구성하는 분화된 존재자들에 있어서 개체성의 잔재가 제거할 수 없는 상태로 남아 있다고 해도, 즉 특수한 [존재자들의] 탄생과 죽음 안에 동시성이 부재할 때라도, 어떤 방식으로 진정한 개체성은 군체로 이전되어 있다고 말할 수 있을지도 모른다. 시간적으로는 개체들 사이에 구분이 잔존하여 상보적 관계들의 연대성이 가장 높은 정도일 때도 그것을 폐기하지는 못한다. 물론 고등유기체 안에서도 세포들의 특수한 탄생과 죽음이 있다고 말할 수 있을지도 모른다.[17] 그러나 고등동물에서 동시성이 없이[연달아] 탄생하고 죽는 것은 기관이 아니라 기관의 구성소이며 요소세포들이다.[18] 우리는

---

16) [옮긴이] 강장동물의 구조 → 용어설명* 참조.
17) [옮긴이] 고등(supérieur)동물, 하등동물과 같은 구분은 오늘날 논란을 야기하는 개념이기도 하지만, 여기서는 단순히 분류학적 명칭으로 옮긴다. 시몽동 역시 다른 곳에서 이 구분의 인간주의적 내포를 지적한다.
18) 이는 세 가지의 구성 수준을 전제한다. 즉 유기체와 기관 그리고 세포.

실재적 개체성을 식별하게 해주는 기준이 여기서 사회나 군체 안에 있는 존재자들의 물질적이고 공간적인 관계나 분리가 아니라 따로 떨어져 살 수 있는 가능성, 최초의 생물학적 단위 밖으로 이주할 수 있는 가능성이라는 것을 보여 주고자 한다. 한 유기체와 군체 사이에 존재하는 차이는 다음과 같다. 즉 군체를 이루는 개체들은 연달아 죽을 수 있고 대체될 수 있어도 군체는 소멸하지 않는다. 반면 개체성을 만드는 것은 불멸하지 않는 성질이다. 각 개체는 생명적 존재의 양자와 같이 취급될 수 있다. 반대로 군체는 이러한 양자적 특징을 갖지 않는다. 그것은 자신의 전개와 생존에서 어떤 방식으로 연속되어 있다. 개체성을 나타내는 것은 바로 이 죽을 수밖에 없는 특징이다. 그러려면 사람들은 다수의 적충들이나 아메바는 엄밀하게 말해서 진정한 개체들이 아니라고 말해야 할지도 모른다. 이것들은 다른 것들과 핵을 교환함으로써 재생될 수 있고, 두 조각으로 쪼개짐으로써 오랜 기간 생식이 가능하다. 어떤 해삼들은 생존 조건이 열악해질 경우 다수의 조각들로 나누어질 수 있고 이어서 각 조각은 이전의 해삼과 유사한 완전한 단일체를 재구성한다. 이 경우, 엄밀하게 말하면 개체들과 종 사이의 구분은 없다. 개체들은 죽지 않고 나누어진다. 개체성은 존재자들의 죽음 이후에만 나타난다. 개체성은 죽음의 상관항이다. 전개체적 삶에 대한 연구는 이론적 흥미를 보여 준다. 왜냐하면 전개체적 실존의 체계들이 개체적 체계들로 이행하는 현상은 개체화의 상관항 혹은 상관항들과 그것들의 생물학적 의미를 파악하게 해주기 때문이다. 특히 강장동물의 광대한 영역은 생명에서 개체화되지 않은 체계들과 완전히 개체화된 체계들 사이의 이행의 영역을 보여 준다. 이러한 혼합체들에 대한 연구는 한 종의 내부에서든, 한 종과 가까운 종 사이에서든, 동일한 생물학적 조직화의 수준에서 그리고 거의 동등한 환경에서, 개체화된 체계들과 개체화되지 않은 체계들 사이의 중요한 기능적 등가성을 확립하게 해준다.

일반적 연구로 들어가기 전에 한 가지 지적해 둘 만한 흥미로운 점은 이러한 것이다. 이 수준에서부터 개체의 죽음이라는 특징에 가장 직접 관련된 것으로 보이는 것은 유성생식이다. 사실 강장동물들의 군체들은 어떤 경우에는 알을 낳기도 하는데 이것들은 메두사들을 낳고 바로 이 메두사들에 의해 생식이 확보된다.[19] 하지만 또 어떤 경우에는 한 개체가 군체에서 완전히 떨어져 나와 멀리 떨어져 분리된 삶을 산 다음 알을 낳은 다음에 죽는다. 반면에 이 알에서 나오는 근원의 개체 위에서 출아에 의해 새로운 군체가 세워지기도 한다. 그렇게 해서 시간 속에서 무한히 전개될 수 있는 두 군체들 사이에서 죽을 수 있는 자유로운 개체가 존재하게 된다. 개체는 여기서 군체들과 관련하여 변환적 전파의 역할을 한다. 그것은 탄생시에는 군체에서 나오는데 죽기 전에는 일정한 시간과 공간의 이동 후에 새로운 군체의 출발점을 낳는다. 개체는 군체의 일부를 이루지 않는다. 그것은 어떤 군체에도 병합되지 않고 두 군체들 사이에 삽입된다. 그리고 그것은 공동체에서 나오지만 다른 공동체를 낳는 한에서 그것의 탄생과 종말은 균형을 이룬다. **그것은 관계이다.**[20] 그런데 그러한 기능은 상위의 수준, 고도로 분화된 수준에서는 파악하기가 어렵다. 왜냐하면 개체는 생명 체계의 개체화된 형태들 속에서 사실상 하나의 혼합물이기 때문이다. 그것은 자신 안에 두 가지를 축약하고 있다. 두 군체들 사이의 관계 속에서 활동하는 개체에 비교할 수

---

19) [옮긴이] 강장동물의 생식 → 용어설명* 참조.
20) 이 관계는 증폭하는 관계이다. 왜냐하면 군체는 완전한 군체를 낳을 역량이 있는 여러 개체들을 방출하기 때문이다.

있는 순수개체성의 특징과 한 군체 안에서 활동하는 것과 같은 유기화된 동시성의 기능에 상응하는 연속적 삶의 특징이다. 존재자 속에서 함께 나타나지 않을 수도 있는 이 두 기능들 사이에서 구분을 정하는 것은 개체의 본능instinct들과 그것의 경향들tendance이다. 본능은 사실상 개체가 시간과 공간을 통해서 생명적 활동을 전달하는 것인 한에서 순수한 개체에 관련된다. 본능은 구성된 개체를 이전시키고 그것의 경향들과 모순될 수도 있는 순차적 "벌침놓기"에 의해 창조적 본성의 비가역적 측면을 규정하는데[21], 이와 반대로 경향들은 일상적이고 연속적인 경우 이러한 측면을 소유하지 않는다. 경향들은 연속적인 것 그리고 또한 공통적인 것에 속한다. 왜냐하면 많은 수의 개체들에게 공통적인 경향들 사이에는 쉽게 공조synergie가 있을 수 있기 때문이다. 반면 본능은 생명적 공통성 안에 통합되는 것이 아니라 개체의 전이transfert 기능에 상응하는 한에서 훨씬 더 반유형적atypique이다. 본능은 외견상 심지어 비생명화하는 기능일 수도 있다. 왜냐하면 그것은 일반적으로 생존의 일상적 연속성을 구성하지 않기 때문이다. 본능은 일반적으로 전제 없는 결과라는 특성에 의해 나타난다. 그것은 사실상 경향들의 연속성에서 아무 것도 빌려오지 않는, 그리고 심지어 그것을 억압할 수도 있는 변환적 역동성을 출현하게 한다. 인간의 공동체들은 경향들과 본능들이 마치 동일한 본성에 속하기라도 하듯 그것들을 일의적 용어로 정의하려고 시도하면서 본능적 충동들에 대항하는 방어체계를 세운다. 오류는 바로 거기에 있다. 왜냐하면 경향들과 본능들이 동일한 본성에 속한다면 변환

---

21) [옮긴이] 본능, 경향, 벌침놓기 → 용어설명* 참조.

적 특징[22]을 사회에 대한 귀속성이라는 특징과 구분하는 것이 불가능해지기 때문이다. 예를 들면 성적 본능의 현상들은 하나의 경향이 존재한다는 증거로 취급되었다. 그래서 사람들은 성적 욕구라는 말을 하기에 이른다. 어떤 사회들은 발달하면서 개체 안에서 욕구들과 경향들을 혼동하도록 유도하는 것 같기도 하다. 왜냐하면 공동생활에 대한 극단적 적응은 경향들을 위해 본능들을 억압하는 것으로 나타날 수도 있기 때문이다. 사실상 경향들은 연속적인 것, 안정적인 것에 속하기 때문에 공동의 삶에 통합될 수 있고, 심지어 개체의 [공동체에의] 통합수단을 구성하기도 하는데 이는 영양섭취와 방어의 필요에 의해 그리고 소비자인 동시에 사용자가 될 필요성에 의해 공동체에 결합되어 있다. 프로이트의 교설은 본능을 경향들과 충분히 명료하게 구분하지 않는다. 그것은 개체를 일의적 방식으로 고찰하는 것처럼 보이며, 비록 개체 안에서 구조적이고 역동적인 관점에서 일정수의 지대[무의식, 의식, 전의식 등]들을 구분한다고 해도 개체가 초자아의 구성에 의해 완전한 통합에 이를 수 있다는 생각을 남겨 놓는다. 마치 존재자가 그 잠재성virtualité들을 현실화할 때 절대적 통일성의 조건을 발견할 수 있기라도 하듯이 말이다. 이 교설은 질료형상설에 너무 가까워서 개체에 본질적인 이원성을 억압적인 정신이상에 호소해서만 이해할 수 있고, 종과의 관계는 개체에 포함된 것으로 간주될 뿐이다. 그러나 아리스토텔레스의 엔텔레케이아[현실태]는 개체의 모든 의미를 이해할 수는 없고 엄밀히 본능적인 측면은 제쳐놓는다. 본능적 측면에 의하면 개체는 현실화되는 잠재성이 아니라 작동

---

22) 이는 개체 속에서 불연속성의 표현이자 행태(comportement)로 나타나는 원본적 특이성이며 본질적으로 개체화를 특징짓는 변환적 전파에 의해 증폭하는 힘의 도구이다.

되는 변환이다. 비록 형이상학이 여전히 생리학적인 것에 속한다고 말해야 한다고 해도 개체의 이원성의 측면을 인정해야 하고[23], 이 본능적 충동들의 존재를 그 공동체초월적인 기능성에 의해 특징지어야 한다. 개체의 죽음이라는 특징은, 이 특징[죽음]을 감추고 그것의 명백한 현존을 비록 무화시킬 수는 없지만 지연시킬 수 있는 일상적 경향들과 양립할 수 없다. 그 때문에 정신분석은 우리가 개체라고 부르는 존재자 안에서 경향들과 본능들의 상보적 특징을 고려해야 한다. 이 존재자는 사실상 개체화된 모든 종들 안에서도 생명적 연속성과 공동체초월적인 본능적 특이성의 혼합체이다. 고전적 모럴리스트들이 인간 안에서 마주한 '두 본성들'은 일상적 관찰의 면에서 볼 때 인공물도 아니고 신화적 창조론자들의 독단의 표현도 아니다. 사실 여기서 개체를 종 안에 포함됨으로써만 의식의 대상이 될 수 있는, 분석불가능한 존재자로 정의하면서 그것으로 충분하다고 보는 조작적 사고에 따르면 경향들의 생물학적 일원론을 택하는 편이 더 손쉬울지도 모른다. 사실 모든 생기론들의 원형인 아리스토텔레스의 교설은 '고등한' 종들 즉 완전히 개체화된 종들을 축으로 하는 생명 해석에서 유래한다. 이른바 하등한 종들을 관찰하기가 어려웠던 시대에는 이와 달리 될 수가 없었다. 아리스토텔레스는 강장동물이나 지렁이vers의 몇몇 종들을 알고 있었다. 그러나 그것은 특히 바다환형동물들처럼 우연한 절단 이후에도 재생될 수 있어서 두 조각이 각각 계속해서 살아가는 경우에 정신이 신체에 전체로서 내재하는가 혹은 부분들마다 내재하는가 하는 특징들을 논하기 위해서였다. 사

---

23) [옮긴이] 형이상학을 처음 시작한 것으로 알려진 그리스의 이오니아학파 철학자들은 생리학자들로 불리기도 한다.

## 171

실 생명체들의 모범은 고등한 형태들 속에 있으며 "존재자들은 잘못 통치되는 것을 원치 않기 때문에" 단일한 형상을 향하는 모든 존재자들의 열망이 아리스토텔레스로 하여금 무엇보다도 고등한 형태들을 고려하도록 자극한 것이다. 본능들과 경향들을 혼동하게끔 유도한 것은 고유한 의미의 생기론이 아니라 생명에 대한 부분적 숙고에 기초한 생기론이며, 사실상의 인간중심주의를 구성함으로써 고유한 의미의 생기론보다 훨씬 더 인간종에 가까운 형태들에 가치를 부여하는 생기론이다.

　게다가 경향들에 관련된 기능들과 본능들에 관계된 기능들 사이의 구분을 알지 못하는 생기론은, 기능들 그 자체와 구조적 역동성들 사이에 차이를 세울 수 없다. 이 기능들과 구조적 역동성은 생명적 특징들의 안정성을 유지하면서 이 기능들의 수행을 가능하게 한다. 그래서 '죽음 본능'[24]은 삶의 본능에 대칭적인 것으로 간주될 수가 없다. 그것은 사실이 본능[삶의 본능]의 수행의 역동적 한계이지 다른 본능이 아니다. 그것은 그 이상으로 나가면 이 적극적 본능이 더 이상 수행될 수 없는 시간적 경계의 표시다. 왜냐하면 고립된 개체의 변환적 역할은 그것이 완수되었기 때문이건, 실패하여 순수개체의 지속의 양자quantum de la durée가 고갈되었기 때문이건 간에 어쨌든 끝이 났기 때문이다. 그것은 순수개체의 역동성의 종말을 표시한다. 스피노자의 코나투스적 의미에서 한 존재자 안에서 영속되고자 하는 존재자의 경향은 '죽음 본능'에 이르는 본능적 집합체ensemble의 일부가 된다. 이런 의미에서 생식 본능과 죽음 본능의 관계를 발견할 수 있다. 왜냐하면 그것들은 기능적으로 동질적이기 때문이다. 이와 반대로 생식 본능과 죽음 본능은, 연속적이고 사

---

24) 이 표현은 프로이트에게서 특히 1914~1918년 사이의 전쟁 이후에 자주 사용되었다.

회적으로 통합가능한 실재에 속하는 여러 경향들과의 관계에서 볼 때는 이질적이다.[25] [강장동물에서] 개체 단계와 군체 단계의 교체가 고등종들에서는 개체 생명과 사회적 생명의 동시성에 자리를 내준다. 이 사실이 개체 안에 개체적 기능(본능)들과 사회적 기능(경향들)의 이중적 묶음을 놓음으로써 개체를 복잡하게 만드는 것이다.

## 2. 극성으로서의 개체, 내적 발생과 외적 발생의 기능들

이러한 예비적 고찰들로부터 도출되는 방법은 생명적 체계들의 수준들을 위계적으로 정돈하는 데 몰두하지 말고 그것들을 구분할 것을 요구한다. 이것은 생명적 체계들의 위계를 만들기 위해 분류하는 대신 그것들의 부채를 모두 펼침으로써, 생명적 실재를 이 다양한 체계들을 통해 파악하게 해주는 기능적 등가물들이 무엇인지를 알기 위해서이다. 우리의 최초의 가설에 의하면 생명은 전이와 유형성숙에 의해 전개된다. 진화는 연속적이고 변증법적인 과정이기보다는 변환이다. 생명적 기능들은 등가성의 방법에 따라 연구되어야 하는데, 이 방법은 구조들과 기능적 활동들의 등가성이 있을 수 있게 하는 원리를 전제한다. 등가성의 관계는 생명의 내외적 조건들에 따라 개체성과 개체초월성을 교대로 포함하는 혼합된 형태들을 거쳐 전개체적 형태들로부터 개체화된 형태들에

---

25) 이 관점에서는 고등동물의 형태들을 하등 종들의 **유형성숙**에서 유래하는 것으로 간주하는 것도 흥미로울 듯하다. 하등 종들에서 개체적 삶의 단계는 증폭하는 생식의 기능에 대응하는 반면 군체적 삶의 단계는 연속적이고 항상적인(homéostatique) 측면에 대응한다. 고등한 종들에서는 개체들이 사회 안에서 살아간다. 거기서 두 단계들과 두 존재 방식은 동시적인 것이 된다.

## 172

이르기까지 드러날 수 있다. 다른 한편 위계화를 상당히 추상적인 것으로 만드는 종들의 상대적 연대성이 존재한다고 가정해야 한다. 적어도 그 연대성이 개체의 해부학적-생리학적 특징들만을 고려할 때는 그렇다. 종들에 대한 합리적 연구는 종들 각각의 사회학을 통합해야 할 것이다.

확실히 생명적 개체화의 연구를 위한 방법을 추상적인 것 속에서 어떤 방식으로 정의하기는 어렵다. 그러나 이 기능적 이원성의 가설은 개체에서 발견되는 두 유형의 관계와 두 종류의 한계를 이해하게 해주는 것 같다. 첫번째 의미에서 개체는 특수하고 부분적인 존재자이며, 한 종의 현재적 구성원이고 군체로부터 분리가능한 조각 혹은 현재는 분리가능하지 않은 조각으로 취급될 수 있다. 두번째 의미에서 개체는 종의 생명을 전달할 수 있고 종적 특징들을 축적하는 존재자다. 비록 이 특징들이 개체 안에서 현실화될 것이 반드시 요구되지는 않지만 말이다. 자기 자신에 대해 반드시 현실성의 의미를 갖지는 않는 잠재성들의 담지자인 개체는 공간 안에서 그리고 또한 시간 안에서 제한되어 있다. 그것은 생명적 활동을 위한 시간의 양자를 구성하며 그 시간적 한계는 그것의 관계의 기능에 본질적이다. 종종 이 개체는 공간 안에서는 자유롭다. 왜냐하면 그것은 종에 특유한 배germe를 전달하기 때문이다. 그리고 그것의 시간적 유한성은 반대급부로서 공간 내에서의 극심한 운동성을 갖는다. 반대로 생존의 최초의 형태에 의하면 개체는 현재 존재하는 전체의 부분이다. 개체는 그 전체 안에 삽입되어 있고 전체는 개체를 공간적으로 한정한다. 부분적 존재자로서 개체는 자신을 성장하게 해주는 구조를 소유한다. 개체는 자신의 내부로 극성화되는데polarisé, 그것의 유기조직은 개체로 하여금, 무기질이든, 아니면 이미 만들어진 물질로부터든, 영양물질을 흡수하게 해준다. 개체가 특정한 신체적 도식을 소유하는 것은 부분적 존재자인 한에서이다. 개체는 그 신체적 도식을 따라 분화와 전문화에 의해 성장한다. 분화와 전문화는 생명체의 부분들이 알이나 최초의 싹으로부터 성장하는 동안 그것들을 한정한다. 재생에 대한 어떤 연구, 특히 민물 플라나리아에 대해 행해진 연구에 의하면, 재생능력은 개체가 성체일 때 생식능력을 보존하는 요소들로부터 나오는데 이 요소들은 생식세포들과 친연성을 가진다. 그러나 발생능력이 재생을 설명하는 데 충분한 것은 아니다. 비록 사람들이 유기체와 같이 불확실한 물질의 작용을 개입시켜서 유도induction[26]를 말단의 요소에 의해 수행된 것으로 설명한다고 해도 그러하다. 예를 들자면 편형동물의 몸 위의 어디에든 덧붙일 수 있는 머리가 그런 요소이다.[27] 이 유도가 일어나기 위해서는 아마도 물리적 기작과 호르몬 역동성을 포함하는 일정수의 부차적 요소들이 있어야 할 것이다. 그러나 특히 알의 분열 이후부터 존재자의 여러 기관들의 산출에 이르는 유기화의 원리와 결정의 원리가 개입해야 한다. 공간적 결정의 원리는 출아에 의해서든, 유성생식에 의해서든, 밖으로 다른 존재자들을 생산하는 원리와 혼동되어서는 안 된다. 비록 어떤 세포들은 무차별적으로 특수한 존재자의 재생과 다른 존재자들의 생산에 소용될 수 있다고 하더라도, 그리고 재생과 생식 사이에 관계가 있다 하더라도, 내부를 행하든, 외부를 향하든, 이 근본적 활동이 일어나는 방식에는 방향을 잡는 데 있어서 차이가 개입한다. 심지어는 바로 거기에 전개체성과 엄밀한 의미의 개체성을 구분하게 해주는

---

26) [옮긴이] 생물학에서 유도는 배역의 발생적 운명이 이에 접촉하는 다른 배재료의 영향에 의해 결정되는 현상.
27) [옮긴이] 편형동물 → 용어설명* 참조.

기준이 있다. 왜냐하면 전개체성의 상태에는 이 두 기능이 붙어 있으며 동일한 존재자가 유기체로, 사회로, 그리고 군체로 고려될 수 있기 때문이다. 분열scissiparité에 의한 생식은 부분적 개체의 신체적 도식이 변형되는 현상인 동시에 생식 현상이기도 하다. 출아도 역시 상당 부분은 성장과 고유한 의미의 생식이라는 두 생식 유형의 혼합이다. 그러나 우리가 동물 계열로 거슬러 올라가면 이 두 생식 간의 구별은 점점 더 명백해진다. 예를 들어 포유동물의 단계에서 그 구별은 너무나 뚜렷해서 자식과 부모 사이의 외재적 관계에 의해 보완되고 있으며, 이 관계는 우선은 내재적이지만, 다음에는 외재적인 [점에서] 기생현상과 너무도 흡사하여 임신기간gestation에 의해 그리고 수유에 의해 보완될 정도이다. 암컷은 [다른 것이] 기생하기 쉬운 존재자이며 어떤 기생현상은 수컷에게서 암컷의 성적 특징들을 출현시킬 수 있다. 주머니벌레가 기생하고 있는 게의 연구가 그것을 보여 준다. 모든 일이 일어나는 양상은 마치 복잡한 형태들에서 외적 발생[생식]과 내적 발생[성장]의 기능들 사이에 엄밀한 구분이 필요하기라도 했던 것처럼 보인다. 외적 발생 또는 생식은 사실 개체화 작용에 탁월하게 연결된 증폭 기능을 개입시킨다. 반대로 단순한 성장은 연속적 체제 속에서 존재할 수 있으므로 군체에서 나타나며 개체화를 필요로 하지 않는다.

이와 같은 구분은 새끼의 지극히 조숙한 분리에 의해 실현된다. 새끼는 싹으로서 전개되는 것이 아니라 부모의 기생자이자 독립된 존재자이다. 하지만 그것은 내적 유기조직에서는 부모와 완전히 구분된다. 임신은 이러한 해부학적 분리에 상응하며 영양섭취 관계에 의해 보완된다. 포유동물의 몸에서 난세포를 만들기 위해 분리되는 유기물의 양은 조류鳥類에서 분리되는 그것보다 덜 많다. 볼크Louis Bolk, 1866~1930의 가설에 의하면 영양공급 관계는 유지하면서 새끼의 해부학적 분리를 가능하게 하는 임신은 새끼의 성장을 늦추고 태아화foetalisation의 속도를 빠르게 한다. 볼크는 이 원리에서 진화의 이유들 중 하나를 본다. 개체의 덜 빠른 성숙은 개체로 하여금 신경중추들이 아직 수용기능만 있을 때 즉 아직 성체가 안 되었을 때 학습에 의한 긴 훈련과정에 헌신할 수 있게 해준다. 그런데 우리가 이 다양한 생명적 유기조직들의 특징들을 고려하면 우리는 개체의 두 기능이 그 구분을 보존하고 있으며 이 구분은 개체가 완성될 때 두드러지게 된다는 것을 보게 된다. 단순한 생명적 조직에서 이 기능들은 대립한다. 그것들은 순차적으로만 완수되거나 또는 다른 형태들에 맡겨진다.[28] 개체가 완전히 발달하였을 때 그것은 각 기능에 관련된 작용들의 더 완벽한 분리 덕분에 두 기능들의 동시적 수행을 확보할 수 있다. 그때 생식은 다른 기능들의 수행도 마찬가지로 보유하는 모든 개체들의 사실이 된다. 개체는 그러므로 이 두 대립하는 기능들의 상보성의 체계인데 이 두 기능 중 하나는 생명적 공동체 안의 통합에 상응하고 다른 하나는 개체의 증폭하는 활동에 상응한다. 증폭하는 활동에 의해 개체는 새끼를 낳아 생명을 전달한다. 내적 유기조직은 생식과는 다른 유형의 존재에 상응한다. 완전히 개체화된 종들에게서 현 유기조직과 생식은 동일한 존재자 안에서 통일되어 있다. 신체의 기능과 생식질의 기능은 개체의 실존 안에서 양립하고 있다. 군체 생명의 단계는 사라진다.

이러한 여러 이유로 우리는 세 가지 생명적 체계를 구분할 것이다.

---

28) 우리는 개체 발달의 여러 단계들(유충, 번데기, 미분화단계)과 개체-군체의 교체를 서로 접근시킬 수 있다.

우선 원생동물protozoa[29] 그리고 부분적으로는 해면[강장동물의 일종]에서처
럼 그 안에서 신체적 기능들과 생식질의 기능들은 구분되지 않는 순수
한 전개체적 생명. 두번째로는 상위méta의 개체적 형태들인데, 그 안에서
신체적 기능과 생식질의 기능은 구분되어 있지만 그 기능들이 수행되기
위해서는 그 기능들에 따라서 개체의 전문화에 착수하는 개체적 행동의
전문화가 필요하다. 마지막으로 완전히 개체화된 형태들이 있는데, 그
안에서 생식질의 기능들은 신체적 기능을 수행하는 것들과 동일한 개체
들에 귀속된다. 따라서 군체는 더 이상 존재하지 않으며 공동체 또는 사
회가 있다. 이 세 가지 체계 사이에서 과도기적 형태들을 발견할 수 있
다. 특히 곤충의 사회들이 그러한데, 이 사회들은 종종 그 구성원들의 유
기적 분화 덕에 구성된다. 거기서 어떤 것들은 생식을 하고 또 어떤 것들
은 전쟁을 하며 또 어떤 것들은 일을 한다. 어떤 사회들에서는 개체 발달
상의 나이가 여러 기능들 가운데 선택의 원리로 개입하여 이 기능들이
순서대로 수행될 수 있게 한다. 이것은 개체가 신체와 생식질의 기능들
을 동시에 수행할 때보다 개체의 구조에 있어서 더 미약한 복잡성을 요
구하는 단일성의 원리이다. 이런 의미에서 단지 개체적 존재자들에 의
해서만 대표된 생명 형태들을 (군체와 고립된 개체가) 교대하는 형태들
과 동등한 것으로 고려할 수 있다. 이 형태들에서는 고립된 개체가, 개체
들을 낳는 군체를 형성하는 것이 아니라 [직접] 다른 개체들을 낳기 때
문에 그것들이 군체 단계로 이행하는 일은 결코 일어나지 않을 것이다.
[군체와 개체가] 교대하는 형태에서 군체는 개체의 완성과 같다. 개체는
군체보다 **더 어리고**, 군체는 개체 **이후의** 성체의 상태이다. 이것은 **군체**

---

29) [옮긴이] 원생동물 → 용어설명* 참조.

의 유충에 **필연적 변화가 일어난 것**_mutatis mutandis_에 비교할 수 있다. 그리하여 개체가 군체를 형성하는 대신에 개체의 형태로 생식을 할 때는, 연속되는 생명적 기능들은(영양섭취, 성장, 기능분화) 개체의 행태들의 새로운 층, 즉 사회적 행태들에 의해 완수됨에 틀림없다.

## 3. 개체화와 생식

군체와 구분되는 개체인 한에서 생명적 개체의 본질적 기능은 증폭이다. 예를 들면 장소의 변화와 같은 불연속적 전파이다. 그때 생식의 의미는 무엇인지 물을 수 있다. 불멸의 개체는 존재할 수 있는가? 죽음은 모든 다세포 유기체의 치명적인 종말이다. 그러나 그것은 그 작동과정에서 나오는 것이지 생명물질의 내재적 속성에서 나오는 것은 아니다. 라보_Etienne Rabaud, 1868~1956_에 있어서 생명물질의 내재적 속성은 "신진대사를 구성하는 외부와의 교환 기능으로 끊임없는 파괴와 재구성을 하는 과정"이다(『생물학적 동물학』_Zoologie biologique_ 4부, p. 475).[30] 단세포 유기체에서 재구성이 파괴를 보상한다면, 그 과정이 수행될 때 [본래 유기체에] 동화되지 않은 생산물들이 기능의 작동을 저해할 정도로 축적되지는 않으므로 유기체는 무한히 자기 자신에 비교가 가능한 상태로 남게 될 것이다.

　그러나 라보에 따르면 불멸의 개체라는 이 환상은 정신의 구성에 지나지 않는다. 두 가지 사실이 개체를 변형시킨다. 첫째는 신진대사가 항구적으로 변화하는 조건들 속에서 수행된다는 것이다. 생명 물질의

---

30) [옮긴이] 라보 → 용어설명* 참조.

## 175

재구성으로부터 반드시 이전과 동일한 원형질의 새로운 군이 나오지는 않는다. 왜냐하면 재료의 양과 질이 현전한다 해도 외적 영향의 강도와 본성은 간단없이 변화하기 때문이다. 두번째 사실은 개체의 덩어리masse를 구성하는 요소들 사이에 존재하는 관계들이 [내외적] 영향에 따라 변화한다는 것이다. 그 변화는 이따금 일종의 불균형에 이른다. 특히 핵을 형성하는nucléo-plasmique 관계, 즉 핵의 전체와 세포질cytoplasme 사이에서 세워지는 관계가 그러하다.[31]

생식을 지배하는 것은 이러한 관계이다. 라보는 개체의 생식에 어떤 목적성도 개입하지 않으며 그것이 순전히 인과적 방식으로 설명된다는 것을 보여 주려 한다. 죽음을 야기하는 불균형이 생식을 야기하는 불균형과 어떤 척도에서 다른지를 평가하기 위해 이러한 설명을 살펴보는 것이 좋겠다. 왜냐하면 생식 속에서 개체에 일어나는 심층적 변형은 죽음 속에서 일어나는 것과 같은 것이 아니라는 것을 강조할 필요가 있기 때문이다. 비록 개체가 동일한 크기의 새로운 두 개체로 분열되어 본래의 자기동일성을 잃어버린다 해도 두 개체가 이제 단일 개체를 대체하기 때문에 개체는 다른 것이 되는 것이지 죽는 것은 아니다. 어떤 유기물질도 분해되지 않으며 시체도 없다. 단일 개체와 그것이 낳은 두 개체들 사이에서 연속성은 완벽하다. 여기에는 목적이 있는 것이 아니라 단지 하나 대신 두 개체를 나타나게 하는 생명적 존재자의 위상학의 변형이 있을 뿐이다.

라보는 세포의 부피가 어떠하든, 그것이 두 독립된 부분들로 나누

---

31) 생식으로 연장되는 증폭과정의 최초의 표현은 아마 이러한 관계의 변화 속에서 보아야 할지도 모른다.

어지게끔 하는 것은 어떤 신비한 영향의 개입이 아니라 단지 핵을 형성하는 관계의 가치에 지나지 않는다는 것을 확립한다. 후생동물들에서 일어나는 생식에 대한 분석은 그 동물들을 구성하는 개체들의 상대적인 해부학적 단순성으로 인해 그러한 사실을 명확히 긍정하게 해준다.

분열번식schizogonie은 세포분열로 행사된다. 개체는 동등하거나 동등하지 않은 두 부분으로 나누어지고 각 부분은 독립적이 되어 새로운 개체를 구성한다. 핵은 다수의 변화들과 더불어 일상적인 단계들의 계열을 지나친다. 이 단계들은 우선 핵의 분열과 염색체(원생동물에서는 별로 두드러지지 않은)를 포함하고, 다음에는 이 염색체들의 분열과 그것들의 두 동일한 군groupe으로의 분리, 마지막으로 세포질의 분열을 포함한다. 세포질 분열은 섬모충류Infusoires[섬모를 가진 원생동물 또는 적충류]에서는 수평적 방향이고 편모충류Flagellés[편모가 있는 원생동물]에서는 수직 방향이다. 새 개체들이 각각 완성된다. 그것은 입과 편모 등을 재생시킨다.

다른 경우, 개체는 우선 셀룰로오스막을 분비한다. 그 막의 내부에서 개체는 아주 작은 크기를 가진 개체들의 계열로 나누어진다. 이것들은 본래 개체와 유사하든, 다르든, 곧이어 재빨리 종적 측면을 되찾는다. 분열번식은 같은 종의 다른 개체의 번식 행위가 개입함이 없이 개체가 독립적으로 번식한다는 사실로 구성된다.

또 다른 경우에서는 위와 반대로 번식은 두 개체가 접합된 후에만 시작된다. 이 접합 혹은 짝짓기는 적충류에서처럼 환경 조건에 따라 일시적일 수도 있다. 두 개체는 그것들 표면의 일부가 붙은 다음 각자가 상대방과 전핵pronucleus을 교환하고는 분리되어 단순한 분열로 번식한다. 적충들에서 접합번식gamogonie과 분열번식이라는 두 번식 양태는 환경 조건에 따라 교대된다. 게다가 접합번식에서 두 개체는 완전히 유사하다. 그것들에 수컷이나 암컷이라는 특징을 부여할 수 없다. 접합은 또한 두 전핵의 융합만이 아니라 두 개체 전체의 융합에 이를 수도 있다. 이것들은 적어도 일정시간 동안은 전체적 융합의 상태에 있다. 게다가 융합되는 두 존재자의 개체성이 보존되는지를 말하기는 아주 어렵다. 사실상 그것들의 핵은 순차적인 두 개의 분열을 겪는다. 분열에서 나온 모든 결과물들은 하나를 제외하고는 변질된다. 두 가지 핵에서 변질되지 않은 두 개의 나머지 부분은 융합된다. 하지만 이 공통핵은 곧바로 나누어지고 융합된 덩어리도 역시 나누어져 두 개의 완전히 새로운 개체를 낳는다. 두 개의 핵이 융합할 때 핵들의 변질되지 않은 덩어리들에서 두 개의 적충의 개체적 동일성은 보존되었는가? 이 질문에 대답하기는 어렵다. 이 예는 악티노프리스[Actinophrys[원생동물문 태양충강에 속하는 동물]의 사례에서 도출된 것이다. 융합은 아메바에서 더 완전할 수 있다. 특히 보통 두 개의 핵을 소유하는 아메바 디플로이데아Amoeba diploïdea에서 그러하다. 각 개체의 핵들과 또한 두 개체는 융합되지만 각각의 핵은 그 물질의 일부를 잃으면서 따로 나누어진다. 그리고 핵들 각각의 나머지는 다른 개체의 핵의 나머지와 접근하지만 융합되지는 않는다. 그때 두 개의 핵을 가진 단 하나의 개체가 형성되어 번식한다. 이 경우 두 핵을 가진 중간적 개체의 분열에 의한 번식으로부터 나오는 개체들 안에서 원래의 개체 각각으로부터 이 핵이 또는 차라리 핵의 이 나머지 부분이 살아남는다.

　암컷과 수컷 사이의 구분은 종벌레Vorticelles 즉 고착된 적충에서 나타난다. 웅성 배우자는 순차적 분열을 연이어 겪은 종벌레에서 나온 작은 크기의 개체이다. 이 개체는 한 마리의 고정된 종벌레에 붙어서 그것과 완전히 융합된다. 커다란 핵들이 사라지고 작은 핵들의 분열과 변질이 나타난다. 이후에는 살아 남아서 전핵을 낳는 조각 이외에 본래의 작은 핵들의 유일한 찌꺼기를 구성하는 전핵들은 서로 교환된다. 그 다음 웅성 전핵들은 변질되고 웅성 배우자 자체는 흡수된다. 핵은 8개의 동등한 부분들로 조각나는데 그 중 일곱 개는 거대 핵을 구성하고 나머지 하나는 미소 핵을 구성한다. 이 접합번식은 정말로 진행주기에 따라 분열번식과 교대된다. 포자충류Sporozoaire가 그러하고 특히 주혈충 Hermatozoaire[피 속에서 살며 말라리아의 원인이 되는 기생충]과 콕시듐Coccidie[동물 상피에 기생하는 포자충]이 그러하다. 주혈충들의 생활주기는 우선 사람 혈액의 글로불린 속에 고착된 아메바를 포함한다. 이 개체는 방사 분열의 면들을 따라 나누어진다. 새로운 개체들(메로조이트mérozoïte[기생 원생동물의 자식 세포])이 혈액 속에서 퍼지고 새로운 붉은 글로불린 위에 고정된다. 일정 기간 후에 이 메로조이트는 번식을 멈춘다. 라보에 의하면 이는 기생자의 작용 아래 숙주가 변형된다는 사실에 기인한다. 이따금 그것들은 형태를 변화시킨다. 반대로 환경에서 변화가 일어나면(모기에 의한 흡수) 이 메로조이트는 거대배우체macrogamétocyte나 미소micro배우체가 된다. 거대배우체들은 그들 핵의 일부를 거부하면서 거대배우자가 된다. 미소배우체들은, 그 전체가 핵 물질의 총체를 내포하는 위족prolongement 들로부터 나오는데, 그것들은 미소배우자이다. 거대배우자와 미소배우자들의 접합은 얇은 막으로 둘러싸인 한 요소를 낳는데 이것은 성장하면서 스포로블래스트Sporoblast(영)[모기 안에 있는 말라리아충의 포자 내부에서 발육되는 소체]들로 나누어진다. 거기서 모기가 사람에게 감염시키는 포자소체 Sporozoïte라고 불리는 기다란 요소들이 생겨난다. 이로 인해 순환이 다시 시작된다. 따라서 여기에는 일정수의 [생명]형태들과 두 유형의 생식의 교대가 있다. 콕시듐의 생식은 동일한 방식으로 일어나지만 매개적 숙주가 없다. 족충류Grégarines에서는 무성생식은 약간 존재하며 성별이 아주 명백한 방식으로 나타난다. 거기서도 역시 전체가 낭포에 싸인 두 개체들의 융합에서 핵의 단 한 부분만 생식에 참여한다. 낭포에 싸인 개체들은(거대배우체와 미소배우체) 분열하여 거대배우자와 미소배우자를 형성한다. 수태된 알은 포자로 분열하면서 번식한다. 이 포자들은 여덟 개의 포자소체들로 나누어지고 이것들은 나중에 족충 성체로 자란다. 이 경우 번식의 두 절차는 서로 안에 밀접하게 뒤얽혀 단 하나의 복잡한 과정을 구성한다. 접합번식이 분열번식을 흡수한 것처럼 보인다. 왜냐하면 전체가 낭포에 싸인 두 족충이 형성한 군 속에는 이 두 족충을 구성하는 미소배우체와 거대배우체로부터 미소배우자와 거대배우자로 이행하는 진정한 분열번식이 존재하기 때문이다. 포자들도 마찬가지로 포자소체들로 나누어진다.

177

라보에 의하면 생식은 본질적으로 분열번식으로 이루어진다. 이 분열번식은 몇몇 경우를 제외하면 일반적으로 동등한 부분들을 낳는다. 분열번식은 베이첼Baitselle과 우드러프Woodruff, 샤퉁E. Chatton, 메탈니코프S. Metalnikow가 보여 준 것처럼 항구적으로 재생되는 환경 속에서 무한정 계속된다. 성별은 환경의 작용으로 나타난다. 즉 개체들 사이에 분화가 확립된다. 그리고 사전에 두 개체들의 접합과 두 핵의 융합이 없이는 어떤 분열도 생겨나지 않는다. 라보는 너무나 연장된 분열번식은 개체들의 죽음을 야기하지만 성적 특징은 회춘을 가능하게 하고 따라서 그것은 불가피한 과정이라고 가정한 모파스E. Maupas, 1842~1916의 연구 결론을 받아들이지 않는다. 모파스는 또한 접합이 서로 다른 계보의 개체들 사이에서만 일어난다고 가정한다. 이 주장에 반대하여 라보는 접합이 또한 아주 가까운 인척인 개체들 사이에서도 일어난다는 것을 보여 주는 제닝스Jennings의 작업을 내세운다. 게다가 무성생식은 개체들의 노화도 죽음도 결코 야기하지 않는다. 샤통 부부의 실험적 탐구는 성적 특징이 적충의 환경을 구성하는 영양물질의 교환에 따라서 생겨나기도 하고 생겨나지 않기도 한다는 것을 보여 준다. 라보는 원생동물이 사는 용액에 일정량의 염화칼슘을 첨가하고 형광박테리아와 함께 배양함으로써 콜피디움 콜포다Colpidium colpoda[섬모충류 원생동물]또는 섬광성 글라우코마 Glaucoma scintillans[원생동물의 일종]의 접합을 야기할 수 있다고 주장한다. 라보에게 성적 특징은 "필연적 과정이 아니라 어떤 명백한 이익도 가져오지 않는 복잡화로서" 나타난다. 똑같이 늙고 지친 두 원형질의 융합은 회춘에 이를 수 없다.

마지막으로 라보는 무성생식은 단지 서로 다른 다수의 부분들로 나누어진 동일 개체의 연장일지도 모르는 반면 유성생식은 두 독립된 생식자로부터 유래하는 물질들의 접합을 야기함으로써 자신의 고유한 특성들을 부여받은 진정으로 새로운 유기체를 낳을 수도 있다는 단지 그 사실 때문에 유성생식이 무성생식보다 우월하다는 생각을 받아들이고 싶어 하지 않는다. 무성생식이 동일할 정도로 서로 닮은 개체들을 낳는 것은 아니다. 우드러프에 의하면 핵기관의 진정한 개조가 존재하는데, 이 개조는 일정수의 세대를 지난 후에는 주기적으로 산출되기 때문에 유기체가 비록 무성생식의 경우라고 하더라도 자기 자신과 같은 것으로 남아 있기는커녕 다소간 커다란 변형을 겪는다는 것을 암시한다.

라보에 의하면 성적 특징은 원생동물에게 특별히 생존에 유익한 것을 전혀 가져오지 않는다. 분열번식은 가장 직접적인 과정으로 남아 있으면서 생식의 근본적 특징을 명확하게 해준다. 사실 핵분열은 언제나 동일하지만 분열은 이따금 세포체의 파편화가 매우 비동등한 부분들을 낳는 그러한 방식으로 이루어진다. 큰 세포 즉 어미세포로부터 분리되는 작은 세포 즉 딸세포는 어미세포의 임의의 부분이며 자신과 유사한 개체를 낳을 수 있다. 성적 특징은 일반적 현상의 특수한 경우에 지나지 않는다. 거기서 개체로부터 나온 요소는 단지 다른 개체에서 나온 요소와 결합한 후에만 번식한다. 그러나 우리는 번식하는 것은 두 개체들로부터 나온 요소라는 것에 주목할 것이다.

후생동물에서도 과정은 같다. 그러나 그것들은 개체화의 문제를 더 복잡한 방식으로 제기한다. 왜냐하면 거기서 생식 현상은 연합association이나 분리dissociation와 잘 구분되지 않기 때문이다. 분리나 연합은 다양한 등급에서 개입할 수 있고, 그렇게 해서 자손 개체들 사이에서 또는 선조들과 자손들 사이에서, 또는 선조들이 만든 모든 것과 자손들 사이에서 일련의 관계들을 만들어 낸다. 거기서 생식은 라보가 원생동물에서 그렇게 하듯이 분열번식의 과정에 의한 개체의 발생이 더는 아니다. 거기서 생식은 독립된 개체들의 분리 그리고 생식도 없고 새로운 개체들의 출현도 없이 성장만 있는 생명의 양태들 사이에서 매개적 조건들과 중간적 상태들이 영구화된 것이다. 따라서 이 수준에서 개체발생적 개체화의 조건들이 있을 수 있는지를 알기 위해 생명의 이러한 형태들을 연구할 필요가 있다. 이 형태들은 분열번식에 의한 노골적인 개체화와 개체화 없는 생명 사이의 과도기이다. 그러나 우리 연구에는 방법상의 선입견이 남아 있다. 우리는 개체화의 조건들을 정의함으로써 생물학에서 개체성의 기준들을 파악하려고 하는데 [특히] 개체화된 상태와 개체화되지 않은 상태가 가변적 관계 속에 놓여 있는 종들에 대해 그렇게 하려고 한다. 이러한 발생론적 방법은 파악하기 어려울 몇몇 특징들을 남겨 놓을 수 있다. 우리는 그 방법을 그것의 결과들에 의해서만 판단할 수 있다. 지금으로서는 우리는 발생이 존재자를, 개체의 개체화를 이해할 수 있다고 가정하겠다.

성체이건 아니건, 개체가 상보적인 두 개의 동등한 부분으로 분열되는 것, 즉 분열번식은 다수의 후생동물에서 나타난다. 여기서 그것은 다른 외양에도 불구하고 원생동물에서 나타나는 분열번식에 비교할 수 있다. 라보에 의하면 유일한 차이는 그 과정이 다수의 세포들을 포함하는 조각 위에서 일어난다는 것이다. 그러나 이 세포들은 원생동물의 구성소들이 이루는 것만큼이나 정합적인 하나의 전체tout를 형성한다. "두 경우에서 분열은 완벽하게 비교가 가능한 생리학적 단위들과 연관된 과정으로부터 나온다"(라보, 『생물학적 동물학』, p.486). 특정한 경우들에서 개체는 눈에 띄게 동등한 두 부분으로 나누어진다. 이는 원생동물에서 관찰되는 분열번식에 가장 근접하는 경우이다. 이 사례는 민물 히드라나 다수의 말미잘Actinie과 같은 다양한 강장동물들에서 나타난다. 분열면은 몸의 수직축을 통과한다. 어떤 메두사들Stomobrachium mirabile에서도 역시 그것을 발견할 수 있다. 이러한 단절은 1시간에서 3시간 동안 계속된다. 말미잘의 분열은 발끝에서 시작하여 몸 전체를 거슬러 올라가 그 속까지 침투한다. 두 개의 절반이 분리되고 분리된 부분의 가장자리들이 서로 접근하며 벌거벗은 세포들이 증식하여 부재한 부분들을 대체하는 새로운 부분들을 낳는다. 분열번식은 재생을 함축한다. 이 과정은 불가사리Asterias tenuispina, 거미불가사리Ophiactis, Ophiocoma, Ophiotela 등 다양한 극피동물에서 나타난다. 분열면은 두 요골을 관통하여 동물을 거의 동등한 두 부분으로 나눈다. 그러나 팔의 수가 짝수가 아닐 때는(오절류 불가사리) 양쪽 모두에 하나의 팔이 덧붙여진다. 분리 이후에는 각 원반disque[중앙의 본체] 조각은 둥글게 되고 체강의 액은 잘린 부분 위에서 넘치면서 응결되어 이 부분을 봉쇄한다. 외피는 아물고 그 밑의 조직은 적극적으로 증식하여 두세 개의 팔을 만들어 내며 분리된 양쪽에서 완전한 두 개체를 만들어 낸다. 이 분열은 우유해삼*Cucumaria lactea*이나 플랑키해삼*Cucumaria planci*과 같은 해삼류에서는 네 개의 완전한 개체를 낳을 수 있다. 최초의 수평적 절단은 두 개의 절반을 낳는다. 이 두 절반이 또 절단되어 첫번째와 유사한 네 개의 개체들을 낳는다.

라보는 분리되는 조각들이 비동등한 경우들, 심지어는 매우 비동등한 경우들을 동등분열(분열이 동등한 부분들 혹은 거의 동등한 부분들을 낳는 경우)로 환원한다. "이 경우들은 사실상 동등분열과 단지 상대적 중요성과 나누어지는 부분들의 수만 다르다. 재생의 과정과 최종적 결과는 같은 것으로 남아 있다. 개체들의 번식은 단 하나를 희생하여 일어난다." 그러나 아마도 동등분열의 경우에는 분열 이후에 찌꺼기가 없다는 사실을 지적할 수 있을지도 모른다. 엄밀히 말해 개체는 죽지 않는다. 그것은 번식할 뿐이다. 반대로 물고기와 같은 개체는 여러 번 알을 낳고 나서 죽는다. 여기서 중요한 것은 물론 생식을 할 때 나타나는 여러 부분들 사이의 차원의 관계가 아니다. 중요한 것은 두 부분이 서로 간에 동시대적인가 그렇지 않은가 하는 사실이다. 만약 둘로 동등하게 분열된 부분들 중 하나는 살 수 있고 다른 하나는, 바로 다음이건, 잠시 후건, 살 수 없을 경우 이 과정은 두 개의 절반이 동시대적이어서 같은 나이를 갖는 동등분열과는 다르다고 말해야 할지도 모른다. 그러므로 진정한 경계는 같은 나이의 개체들을 낳는 분열 과정과 더 어린 존재자들을 낳고 더 노화된 개체들은 버리는 분열 과정 사이에 위치한다. 이 노화된 개체는 더 어린 존재자들을 낳을 때 소생하지 못한다. 동등분열에 의해 생식을 하는 동물들은 일반적으로 그 부분이 단지 떨어져 나와 새 개체가 되는 방식으로만 나누어질 수 있다. 엡타시아*Aptasia larerata ou Sagartioïdes*와 같은 말미잘들은 갈기갈기 찢어진다. 다른 말미잘들, 예를 들면 (오카디아 Okadia와 고모리Komori가 연구한) 볼로세로이데스Boloceroides에서 촉수들은 저절로 분리되고 이 조각들은 재생된다. 스키조키아투스Schizocyatus fissilis 같은 석산호류는 여섯 개의 동일한 조각들로 세로로 분열되어 재생되고 여섯 개의 완벽한 개체를 낳는다. 다수의 불가사리들은 팔이 몸체로부터 분리되면 [분리된 개체의] 어린 팔이 오래된 팔보다 더 작은 이른바 '혜성'comète의 단계를 거쳐 출아하여 완전한 동물로 된다.[32] 불가사리의 어떤 종들Linckia multiflora, Ophidiaster, Brinsinga, Labidiaster, Asterina tenuispia, Asterina glacialis에서는 재생이 일어나기 위해서는 원반의 한 조각이 팔에 붙어 있어야 한다. 폴리켈리스Policelis cornuta와 같은 플라나리아들, 룸브리쿨루스Lumbriculus와 같은 빈모류 지렁이들, 갯지렁이와 같은 다모환충류 등은 일정한 조건에서 다수의 조각들로 분해된다. 미삭동물Tuniciers은 하복부의 수평적 분열에 의해 계속적으로 번식한다.[33] 그 끝조각 속에 있는 심장은 매번 분리될 때마다 사라지고 새로 형성된다. 민물 히드라에서는 적어도 전체 무게의 $1/200e$에 해당하는 촉수 조각 하나가 재생된다. 이 무게 아래로는 재생이 쉽지 않다. 플라나리아와 빈모류Oligochète[환형동물의 빈모강. 지렁이 등] 조각도 마찬가지다. 절단이 아주 미세할 경우, 거의 변화가 없는 동물의 관점에서 볼 때 생식은 단순한 재구성이라는 외양을 띤다(라보, 『생물학적 동물학』, p.489). 라보는 동물이 외적 자극에 의해 자신의 일부를 절단할 때 그 절단된 조각은 증식하지 않으나 본래의 몸은 완벽하게 재생되는 동물의 경우 이러한 자기절단autotomie은 분열번

---

32) [옮긴이] 혜성 단계 → 용어설명* 참조.
33) [옮긴이] 미삭동물 → 용어설명* 참조.

식의 특수한 사례라고 주장한다. 본래의 개체의 관점에서는 자기절단과 분열번식은 동일한 결과를 갖는다고 볼 수 있다. 즉 잘린 조각을 대체하기 위한 재생의 필요성의 면에서는 그러하다. 그러나 잘린 부분의 관점에서는 그렇지 않다. 잘린 조각이 결코 재생되지 않아 새로운 개체를 낳지 못하는 자기절단의 경우는 많다. 자기절단은 일반적으로 방어 과정이다. 예를 들어 대벌레과의 카라우시우스Carausius morosus에게서 자기절단은 수족 중 하나를 찔렸을 때 일어난다. 이 자기절단이 일어나는 특정한 장소가 있다. 그 곳에는 특수한 근육들이 있어서 그것들은 다리가 특별한 지점에서 압력으로 자극을 받게 될 때 갑자기 수축되고 다리를 자르게 된다. 이 다리의 조각들은 새로운 카라우시우스를 낳지 않는다. 반사적 자기절단에 의해 잘린 도마뱀 꼬리 역시 새로운 도마뱀을 낳지 않는다. 자기절단이라는 반사행동은 방어 행태의 일부이며 직접적으로 분열번식이라는 생식에 하나의 경우로서 관련되지 않는다. 반사행동의 촉발에 의해 철저히 자극을 받은 자기절단이 대벌레나 다른 곤충에서 어떤 재생도 불가능한 방식으로 어느 정도의 손상을 낳는다는 사실에 주목해 보자. [그 경우] 동물은 아마도 예를 들어 다리들 전부를 잃을 수도 있다. 이 경우 자기절단은 어떤 재생도 없이 개체를 죽음에 이르게 한다. 그러므로 그것은 관절이나 다리를 자르는 반사행위이지 개체를 개체 자체로서 분리하는 것은 아니다. 즉 그것은 증폭이라는 [생식의] 본질적 기능을 작동시키는 것이 아니다.

생식의 근본적인 사실이자 도식으로서 분열번식의 존재는 종적 계보와 관련하여 개체의 본성에 관해 대단한 중요성을 갖지는 않는다. 바이스만August Weismann, 1834~1914에 의하면 개체의 몸 전체에는 두 부분이 있을지도 모른다. 하나는 엄밀히 개체에 연결된 죽을 수 있는 몸soma이고 다른 하나는 한 세대에서 다른 세대로 혈통이 연장되는 만큼 멀리까지 중단없이 계속되는 생식질germen이다. 바이스만에 의하면 각 세대에서 생식질은 새로운 몸을 산출하여 거기에 자신의 고유한 특징들을 부여한다. 그것은 본질적으로 대물림되는 것이다. 몸은 결코 생식질의 한 조각도 생산할 수 없으며 몸이 겪은 변형은 생식질에 어떤 반향도 일으킬 수 없이 개체적인 것으로 남아 있다. 개체는 종과 엄밀히 구분된다. 몸은 생식질의 담지자이며 생식질은 차례로 여러 개체들을 관통하는 가운데 그것들 중 어떤 것도 보존하지 않고 계속해서 종을 전파한다.

반대로 라보에 의하면 분열번식의 연구는 이러한 몸과 생식질의 구분을 정당화되지 않는 것으로서 반박하게 해준다. 한 존재자에서 분열번식이 가능한 모든 부분은 몸이자 생식질이다. 그것들은 서로가 서로와 관련하여 몸이자 생식질이다. 그것들은 동일한 물질로 이루어져 있다. "히드라의 모든 촉수들, 모든 파편들은 그만큼의 유사한 히드라를 낳는다. 왜냐하면 이 모든 촉수들은 모두 같은 물질로 되어 있기 때문이다. 그것들 중 하나가 고립되어 국부적인 작용 아래 조금의 변화라도 겪게 될 경우 다른 촉수들은 그와 동일한 변화를 겪지 않는다. 몸과 분리되어 변화된 촉수는 아마도 새로운 성향을 내포하는 개체를 낳을 수 있을지도 모른다. 그러나 다른 촉수들은 확실히 원래의 히드라와 완전히 비교가능한 어린 히드라들을 낳을지도 모른다. 이 모든 촉수들은 동일한 자격으로 **유전물질이다**"(라보, 『생물학적 동물학』, pp. 491~492).

라보에게 모든 생식은 재생이다. 그러므로 생식은 개체 자체에서 출발하며 개체는 모든 면에서 유전물질이다. 생식에서 분열번식의 양태는 근본적인 양태이다. 그것은 순수한 상태에서 재생을 야기한다. 즉 그것은 분열번식의 배germe들을 구성하는 요소들의 강렬한 증식을 야기한다. 라보에 의하면 이 배라는 이름은 모체에서 떨어져 증식하고 스스로를 완성하는 조각들을 특징짓는다. 비록 말미잘이나 극피동물의 두 개의 절반의 경우라도 마찬가지다. 조각들이라는 크기에 어떤 본질적인 특수성도 없다. 재생의 과정은 크기와 함께 변화하지 않기 때문이다. 크기가 아주 다른 조각들이 같은 동물로부터 분리되어도 그것들은 플라나리아에서 보이는 것처럼 동일한 방식으로 재생된다. 그러므로 동물이 두 개의 절반으로 절단되는 경우와 그것이 아주 작은 조각만을 잃음에도 불구하고 다시 완전한 개체로 재생되는 경우 사이에는 연속성이 있다. 이 조각들은 분열번식하는 배라고 명명할 수도 있고 때로는 특별한 형성과정 때문에 출아라는 이름으로 부를 수도 있으며, 몸의 임의의 부분으로부터 나온다. 따라서 그것들을 완전한 개체로 형태변화시키는 재생이라는 속성은, 생식질이 다른 것 즉 순수 체세포를 배제하고 그 안에 기거하게 될, 신체의 특정한 요소들의 특권이 아니다. 신체의 모든 요소들은 어떤 조건에서는 무차별적으로 동일한 속성들을 나타낸다. 그래서 재생은 증폭이라는 생명의 근본 양태일지도 모른다.

모든 생식은 재생이기 때문에 생식은 분열번식적 본성을 갖는다는 이러한 결론은 개체 개념에는 매우 커다란 중요성을 갖는다. 개체 개념은 바이스만의 견해에서는 유전적 실체성을 잃어버렸다. 개체는 혈통의 계열을 따를 경우 어떤 진정한 밀도도 중요성도 없는 단순한 우연에 지나지 않게 되었다. 모든 생식을 분열번식에 귀착시키는 이론에 의하면 개체는 실체적이며 우연적이지 않다. 생식의 능력은 바로 개체 안에서 실재적이고 불가분적이며 완전한 방식으로 존재하는 것이지, 모든 혼합물과 공격으로부터 피하여, 개체에 속하지 않고 개체에 의해 실려 가는 생식질 안에 있는 것이 아니다. 개체는 그 말의 충만한 의미에서 살아 있는 물질이다. 생식의 원리인 개체의 재생능력은 생명적 현상들을 드러내는 증폭 과정의 기초를 표현한다.

다른 경우들을 보자면, 매우 커다란 중요성을 갖는 무성생식의 양태를 고찰하는 것이 흥미롭다. 왜냐하면 이 생식의 양태는 유일하고도 분리된 개체를 두 군체들 사이의 고리처럼 이용하기 때문이다. 이 경우 모든 일은 마치 개체화 과정이 전체와 다소간 자율적인 부분들 각각에 동시에 존재하기 때문에 그 과정이 퍼져 있는 두 상태들 사이에서 단순한 방식으로 나타나는 것처럼 진행된다. 그래서 개체화는 한 군체로부터 다른 군체로 이행을 가능하게 하는 형태인 순수개체 속에서 나타난다고 말할 수 있을지도 모른다.

해면류Eponge[몸에 많은 구멍을 가진 원시 다세포 군체생물]는 아구芽球, gémmule들을, 이끼벌레류는 휴면아休眠芽, statoblaste들을 방출한다.[34] 두 경우에서 문제가 되는 싹은 임의의 싹과 다르지 않다. 그러나 휴면아는 불활성 물질로 채워지며 모체에서 분리되어 별 변화 없이 겨울을 지낸다. 그것은 '잠자는 싹'이다. 예를 들면 셀리스-롱샹Sélys-Longchamps의 연구에 의하면 스톨로니카 소시알리스Stolonica socialis[바위에 고착된 군집멍게류]의 경우가 그러하다. 라보는 이 경우 포획암의 영양분 역할을 받아들이지 않는다. 그러나 그는 다른 사례들을 인용한다. 일반 강cavité générale으로 떨어져 모체가 죽어야만 자유로워지는 휴면아를 형성하는 깃털이끼벌레류, 이끼벌레류 등이 그것들이다.[35] 민물 해면Eponge과 바다 해면에서 나오는 아구들은 많은 양의 암석 조각을 포함하는 배아 세포의 더미들인데 그 전체

---

34) [옮긴이] 해면과 이끼벌레 → 용어설명* 참조.

가 막에 싸여 있다. 이 아구들은 해면의 서로 다른 지대에서 나와 곳곳에 쌓이는 자유세포들이 모여 해면 내부에서 형성된다. 그것들 주위에는 다른 세포들이 상피막 속에 배열되어 콜라겐 단백질막을 분비하고는 사라진다. 아구는 모체가 죽을 때까지 해면 조직 안에 들어 있다. 어떤 경우에는 아구들은 분화된 조직들로 이루어진 중심의 덩어리를 갖는다. 그것들은 소리트Sorites라는 이름을 가진다. 육방해면Hexactinellidés, 바다레몬Tethyides의 경우가 그러하다. 이 생식과정은 존재하지 않을 수도 있다. 그러나 그것이 존재하는 군체들에서는 그 역할만큼이나 그 형성 양태에 의해서 그것은 군체를 대표하고 그 전체를 대치한다는 것을 강조할 필요가 있다. 그것은 결코 일어날 수 없는 사건인 군체의 죽음의 경우에만 작동하기 시작한다. 따라서 휴면아는 집중되고 개체화된 형태이며 군체를 재생할 수 있는 힘을 축적하고 있다.

마지막으로 다음과 같은 사실에 주목할 수 있다. 무성생식을 하는 동안에조차 유기체의 감축이 일어나 복잡한 배우자들의 형성을 초래하는 일이 있다. 아마 생식으로 생겨나는 것은 유기체 전체일 것이다. 그러나 그것은 개체화된 요소적 존재자들을 통해서 생겨난다. 웅성배우자들 특히 정자들은 자율적 상태에서 존재할 수 있는 가장 작은 생명적 단위들에 비교할 수 있다. 요소적 개체화 단계들에 의해 복잡한 유기체의 생식이 실행되는데, 이러한 생식은 자율적 운명을 갖는다. 이 운명은 물론 시간 속에서 제한되어 있고 생물학적이고 화학적인 환경 조건들에 의

---

35) 여기서 개체는 특히 급변이나 불연속, 전이, 멀리 전파되는 증폭의 조건들에 해당하는 것으로 나타나는데 이것들은 영양섭취, 자율성, 일시적 자유와 비교할 때 위험, 운동성, 집중, 일시적 독립을 내포한다. 개체와 군체의 이러한 관계는 식물에서 종자와 성체의 관계와 동일한 질서에 속한다.

존해 있지만, 그럼에도 불구하고 요소적 개체화의 단계를 구성한다. 아마도 이러한 여러 가지 이유로 개체가 바로 유전물질이라고 보는 라보의 일원론과 마찬가지로 몸과 생식질의 대립이라는 이원론도 완화할 수 있을지 모른다. 확실히 개체는 유전물질이지만 단지 절대적으로 배우자 gamète인 한에서 그러한데, 이는 복잡한 유기체의 유성생식에서는 단일한 배우자가 아니며, 상대방과 관련하여 배우자이다. 거기서 개체발생을 할 수 있는 실재인 동시에 유전물질인 것은 배우자들의 짝이다.

## 4. 생식적 개체화의 조건으로서의 미분화(未分化, indifférenciation)와 역분화(逆分化, dédifférenciation)[36]

개체화된 존재자와 관련된 모든 문제에서 나타나는 일종의 대립의 법칙에 의하면, 생식을 몸에서 몸으로 생식질을 전달하는 과정이 아니라 재생으로 정의할 경우, 개체는 그 농도와 물질성의 면에서 무언가를 얻지만 대신 다른 개체들과 관련된 독립성은 잃게 된다. 각 개체는 남기는 것 없이 분열될 수 있으므로 죽지 않을 수 있는 능력을 가질 정도로 개체의 물질성이 가장 명백하고 견고한 종들은 또한 개체의 경계들을 가장 파악하기 어려운 것들이다. 왜냐하면 거기에는 모든 연합의 양태들이 존재하여 생식은 종종 유기체와 사회 사이에서 어떤 이름을 부여할 수 있을지 알 수 없을 중간적인 형태들을 낳기 때문이고, 그것들은 사실상 혼합물들이기 때문이다.

---

36) [옮긴이] 역분화 → 용어설명* 참조.

이러한 개체의 독립성의 실종은 출아 속에서 잠정적인 자격으로, 또는 결정적인 자격으로 생겨날 수 있으며 그때 우리는 군체를 얻는다. 군체 자체 안에서도 다양한 정도의 독립성이 가능하다.

출아는 독립된 개체들을 낳지만 그것은 단지 느리게 낳는다. 그리고 다양한 조각들은 서로 분리되기 전에 우선 증식한다. 마치 재생이 분열번식을 잇따르는 것이 아니라 그것보다 우선하기라도 하는 것처럼 말이다. 증식에 의한 이 우선적 재생은 먼저 약하게, 그 다음에는 점차로 돌출하는 비결정적 윤곽들의 덩어리를 낳는다. 이것을 싹이라고 부르는 것이다. 증폭은 이 과정의 초기와 동시대적이다.

싹이 나오는 지대는 일반적으로 다소간 밀집된 방식으로 국지화된다. 라보에 의하면 이런 현상은 싹이 나오는 지대를 다른 모든 지대들에 대립시키는 (그리고 그 지대를 가능적 생식질의 담지자로 지칭하게 하는) 특수한 본래적 속성들이 있다는 것을 함축하지는 않는다. 국지화는 "틀림없이 국부적 신진대사 위에 반향되는 몇몇 부차적 성향들"에 기인한다(라보, 『생물학적 동물학』, p.492). 그것은 '부차적 사건'이다. 단지 배의 역할을 하는 민물 히드라의 촉수들처럼 가장 잘 분리되어 증식할 수 있는 몸의 부분들은 싹들의 탄생 장소가 아니라는 것에 주목해야 한다. 그와 반대로 싹들을 쉽게 낳는 것은 몸의 벽이며, 싹들은 차후에 그 기원[벽]으로부터 분리된다. 라보에 의하면 '그 본질에서' 절대적으로 일반적인 가능성을 몸의 특정한 요소들에 제한하는 것은 순전히 부차적인 국지적 조건들에 지나지 않을지도 모른다. 이 증식의 가능성은 몸의 어떤 요소들을 제외하는 일정한 요소들의 특권이 아닐 것이라는 말이다.

분열번식과 출아라는 두 양태의 생식에서 공통적인 것은, 몸의 임의의 요소들인 동시에 생식 요소의 역할도 하는, 미분화된 요소들과 역분화된 요소들이 존재한다는 것이다. 즉 싹이 형성될 때 그러한 것처럼, 분열번식하는 배가 증식하기 전에, 이 싹 또는 이 배를 형성하는 요소들이 배의 속성들을 보존하거나 복구한다. 즉 그것들은 미분화된 채로 머물거나 역분화한다.[37]

출아의 국지화와 그 본질적 특성들은 히드라군의 강장동물에서 나타난다. 민물 히드라에서 싹은 벽의 외진 구석이다. 그것은 길게 뻗고 부푼 다음 그 자유로운 끝자락에 구멍을 낸다. 거기서 촉수들이 나타난다. 싹은 적극적으로 증식하는 미분화된 세포들로부터 나오는 것 같다. 이 세포들은 내배엽endoderme의 요소들 사이에 그리고 외배엽ectoderme의 요소들 사이에 끼어들어 그것들을 대치한다. 그러므로 이 세포들은 역분화된 것이 아니라 미분화된 것이다. 그것들은 진정한 발생세포의 구실을 한다. 이 국지화된 출아가 나타나는 것은 외피적tégumentaire 상피épithélium 아래서 미지의 영향에 의해 그 세포들이 재분배되기 때문인지도 모른다. 역분화가 출아의 유일한 절차라고 단언할 수 있다면 개체 전체의 물질성substantialité은 추호도 의심의 여지가 없을지 모른다. 그러나 역분화는 민물 히드라에서처럼 미분화가 문제되는 곳에서는 덜 명백하다. 오히려 라보는 이 미분화된 요소들이 특수한 기관들 안에서 통일되어 있지 않다는 것을 환기시킨다. 그것들은 그것들이 접촉하고 있는 상피들에 본래 속하는 흩어진 요소들이다.

이 미분화된 요소들의 문제를 완벽하게 밝히기 위해 그리고 생식 속에서 그것들의 역할을 알기 위해서는 분열번식의 속성들과 분열번식

---

37) 이 사실은 이론적으로 매우 중요하며 위에서 제시된 개체화의 조건으로서의 **유형성숙**의 가설을 지지하는 데 기여할 수도 있을지 모른다.

하는 배의 출아에 관련된 속성들 사이에 차이가 있는지를 알아보는 것

이 좋겠다. 이 배는 불가사리나 거미불가사리의 팔같이 상당한 크기일 때는 재생되지 않고 새로운 개체로 통합된다. 이 새로운 개체는 과거의 자기 몸의 일부를 갖는 반면 다른 부분들은 새롭다. 이 과거의 부분은, 새로운 분열번식이 일어나는 경우, 새로이 형성된 부분들과 동일한 속성들을 지니는가? 그것은 여전히 재생에 의해 새로운 개체를 낳을 수 있는가? 이런 의미에서의 체계적인 실험이 **유형성숙화**의 관점에서 시도된 적이 없는 것 같다.

출아의 국지화도 위와 마찬가지로 바다 히드라에서 잘 드러난다. 어떤 히드라들에서는 주근走根, stolon들, 즉 분화되지 않은 싹들이 형성된다.[38] 주근이 길어질 때 서노색은 얇아져서 결국 본래의 가지로부터 분리된다. 포피包皮, périsarque[외피층과 결합된 키틴질 껍데기]는 얇아지고 무성아無性芽, propagule든, 피각frustule[규조나 돌말의 단단하고 구멍난 세포벽]이든, 싹은 그것이 부착된 기반substrat과 함께 자유롭게 된다. 이 기반 위에서 그것은 낮게 천천히 기어올라간다. 단지 바로 이 순간에만 그것은 자신의 경로의 한 지점 위에서 증식한다. 증식은 피각의 세로longitudinal축에 수직인 방향으로 빠르게 확장되고 48시간 안에 히드라꽃hydranthe으로 변형된다. 그렇게 해서 동일한 피각은 서로 연결되어 있는 여러 개의 히드라꽃들을 생산한다. 우리는 이 생식의 절차에 분열번식과 출아의 진정한 종합이 있음을 주목해야 한다. 왜냐하면 주근의 형성은 출아로 시작하지만 이 싹은 증식하는 대신 분리되는데, 이것은 분열번식에 해당하기 때문이다. 그러고 나서 분리된 싹은 증식하기 시작하는데 이것은 출아에 해당한

---

38) [옮긴이] 주근→용어설명\* 참조.

다. 우리는 또한 이 분열번식과 출아의 종합이 순수한 개체화와 집단적인 삶의 중간적 삶의 형태에 이른다는 것에 주목해야 한다. 이 집단적 삶에서는 개체들 간의 관계는 너무도 밀접하여 그것들은 진정한 개체를 구성하는 유일한 전체의 여러 기관들에 지나지 않을지도 모른다. 흥미로운 경우가 있는데, 종모양히드라Campanulaires와 같은 또 다른 강장동물들은 피각을 생산하는데, 이것은 히드라줄기hydrocaule로부터 분리되어 자신과 더불어[자기를 이용하여] 자기가 형성된 곳 위로 히드라꽃을 낳는다. 그러나 이 히드라꽃은 피각이 싹을 방출함에 따라 흡수되어 사라진다. 모든 일은 마치 새로운 군을 낳는 출아 활동이 이미 형성된 개체의 보존과 양립불가능하기라도 한 것처럼 진행된다. 아마도 이 히드라꽃이 사라지는 현상에서 역분화의 결과를 보아야 할지도 모른다. 우리는 분열번식에 의해서든, 싹의 형성에 의해서든, 모든 생식활동에서 그것이 작동하는 것을 본 바 있다.

출아는 미삭동물에도 존재한다. 거기서 출아는 주근 끝에서 발달하면서 몸 하부의 하복부 지대까지 밀고 들어간다는 사실로부터 복잡해진다. 몸의 하부는 간엽間葉, mésenchyme에 속하며 상당히 비좁게 국지화된 미분화된 조직이다.[39]

이 주근은 외배엽에 의해 경계지어진 관tube이고 이 관은 간엽의 칸막이에 의해 길게 두 부분으로 나누어져 있다. 뿌리는 여러 개의 싹을 방출하는데, 이것들은 각각 성장하면서 독립된 멍게claveline를 낳는다. 싹의 능동적 부분은 칸막이에서 나오는 다량의 간엽 세포이다. 이 세포들

---

39) [옮긴이] 간엽 → 용어설명* 참조.

을 희생하고서야 개체 전체가 분화된다. 다른 요소들은 흡수된다. 그러므로 이 경우의 절차는 출아에서 무언가를 보존한다. 그것은 주근의 중개에 의해 거리를 두고 이루어지는 출아다. 그래도 그것은 출아다. 왜냐하면 분리는 분화 이후에만 일어나기 때문이다.

## 185

출아는 다른 양태 아래서도 나타난다. 그것은 본래의 개체와 어린 개체 사이의 관계의 문제를 제기한다. 빈모류인 수생 지렁이가 그러하다. 사실상 출아는 수생 지렁이의 뒤쪽 부분에 상당히 비좁게 국지화된 지대에서 일어난다. 이 수준에서 외부 상피의 요소들은 복부면으로부터 번식하고 결과적으로 그곳은 두꺼워져서 체절anneau 주변으로 퍼지는 동시에 중앙의 수평면을 따라 표면의 협착이 나타난다. 이것은 두 개체 간에 형태학적으로 상대적 불연속성이 있음을 보여 준다. 내장의 미분화된 세포들도 체절의 강을 덮는 중배엽의 요소들과 마찬가지로 번식한다. 이 세포들이 형성한 배 조직의 한가운데에서 새로운 개체 즉 개충zoïde[군체를 이루는 개체]의 다양한 기관들이 분화된다. 개충의 머리가 모체 조직과 직접 접촉하는 싹의 앞부분에서 나타난다. 이 새로운 개충은 종종 모체로부터 분리되기 전에 자기 쪽에서 동일한 방식으로 출아한다. 그래서 여러 개체들이 서로를 잇따르며 열로 배열되어 고리를 이룬다. 각 개체는 대략 연속된 방식으로 출아한다. 심지어 두번째 증식의 지대가 뒤쪽 체절의 앞에 위치한 체절들 중 하나에서 생겨나기도 한다. 게다가 미분화된 지대가 마지막 체절이 아니라 더 높은 곳에서 형성될 수도 있다. 그때는 미분화된 지대가 형성되기 전에 이미 분화된 체절들은 새로운 개체를 형성하기 위해 역분화되지는 않는다. 그것들은 직접 개충의 일부를 구성하고 싹에서 나오는 동일한 조직들에 연결된다. 뿌리는 떨어져 나간 부분들을 재생한다.

그래서 요컨대 연쇄를 이루며 모여 있는 개체들을 분리하는 것은 미분화된 지대이다. 이 개체들은 상당히 오랫동안 연결된 채로 있다가 거의 성체가 된다. 그것이 와충강渦蟲綱, Turbellariés rhabdocèles[편형동물문의 한 부류] 즉 플라나리아의 이웃종인 분절되지 않은 지렁이에서 나타나는 일이다. 이로써 우리는 개체들 사이의 관계에서 생식의 양태가 얼마나 중요한가를 알 수 있다. 독립관계나 의존관계는 대부분 개체가 생겨난 방식을 표현하기 때문에 개체 간 관계의 한 중요한 측면이 생식의 형태가 되는 것이다. 비록 이 관계가 각 개체의 삶을 통해 계속 연장된다 해도 그러하다.

군체들에서 다양한 양태나 정도의 개체화들이 나타나는 사례를 연구하는 것이 특별히 중요한 이유는 바로 그러하다.

군체의 출아는 언제나 같은 양태를 따라 이루어지지는 않는다. 사실상 물질의 증가에 불과한 증식과, 해부학적·생리학적으로 구분된 개체들을 낳지만 그것들을 기계적 단위의 군으로 집결시키는 증식 사이에는 많은 중간 단계들이 있다. 멍게와 해면에서 두 극한의 경우가 나타날 수 있다. 멍게는 개체들이 비록 서로 분리되어 있어도 상당히 밀접하게 군을 형성하는 극한적 경우를 대표한다. 반대로 해면은 적극적 증식으로부터 단순한 물질의 증가만 나타나지만 새로운 부분들이 그만큼의 개체들인 듯한 극한의 경우를 대표한다. 그러나 이 경우에조차 개체화된 상태가 완전히 폐기된 것은 아니다. 그것은 생식 양태가 바뀌면 나타날 수 있다. 그것은 해면이 [자신에서] 분리되는 싹을 낳는다면 일시적으로 다시 나타난다. 이런 일은 가끔 일어난다. 이로부터 명확한 특징을 갖는 생명적 개체의 출현과 증폭하는 생식 기능들 사이에는 모종의 관계가 있다는 가설이 확증될지도 모른다. 개체는 본질적으로 생식 능력의 담지자이다(반드시 **자신을** 재생산하는 것은 아니다. 왜냐하면 자신에 결코 비교할 수 없는 군체를 재생산할 수도 있기 때문이다).

우리는 멍게의 생식은 주근에 의해 이루어진다는 것을 보았다. 이 주근은 기반 위에 고정되어 뻗어나가고 그 끝은 하나의 개체로 발달한다. 이 개체는 뿌리로부터 분리되지만 그 자리에 고정된다. 같은 뿌리에서 나온 주근들은 모두 같은 방식의 행태를 보이며 일정수의 싹들을 낳는다. 이로부터 일군의 개체들이 나오는데, 그것들은 나란히 붙어 있지만 서로 간에 독립되어 있다.

반대로 해면을 보자.[40] 우선 단순한 해면은 가지를 뻗는데, 각 가지는 새로운 입oscule[출수공]과 흡입구멍들을 가진 최초의 해면의 양태를 띤다. 이 새로운 부분은 형태학적으로 일련의 개체들을 나타내는 것으로 보인다. 그러나 외적인 형태학적 기준은 여기서 맞지 않으며 불충분한 것으로 나타난다. 이 가지들은 해면 덩어리와 완전하고도 결정적인 연속선상에 있다. 그것들 중 어느 것도 싹의 가치를 지니지 않는다. 해면의 다양한 지대들은 그것들을 지탱하는 단 하나의 덩어리를 형성하며 이 중 어떤 요소도 진정한 자율성을 갖지 않는다. 그러나 해면 전체는 그 각각의 부분들보다 더욱 더 개체라고 말하기 어렵다. 다양한 부분들은 해면이라는 개체의 기관들이 아니다. 왜냐하면 이 다양한 부분들은 연속되어 있을 뿐만 아니라 동질적이기 때문이다. 새로운 부분들의 출현은 해면이라는 생명물질의 양의 증가라고 할 수 있지만 눈에 띄는 분화를 가져오지 않는다. 전체tout에 부분들 이상의 것이 전혀 없기 때문에 전

---

40) [옮긴이] 해면동물 보충 → 용어설명* 참조

체를 그것이 전체라는 이유로 **개체**[개체적 전체]라고 말하기는 어렵다. 이 전체는 결코 불가분적인 것이 아니다. 우리가 이 번식한 해면의 일부를 잘라낸다 해도 그것이 손상받지는 않는다. 단지 감소할 뿐이다. 우리는 여기서 구조의 부재 앞에 있으며, 그로 인해 부분들보다 전체에 개체라는 이름을 [애초에] 줄 수도 없고 부분들로부터 개체라는 이름을 떼어내 전체에 갖다 붙일 수도 없다. 왜냐하면 전체는 부분들의 합, 부분들이 형성하는 것의 총량에 불과하기 때문이다. 사실상 이 극한적 사례는 개체성이 부분들과 전체에 동등한 방식으로 속하는 사례이다. 거기서 부분들은 독립적이지 않기 때문에 진정한 개체성을 갖지 않는다. 그러나 그것은 입과 흡입구멍들과 더불어 일정한 형태를 가지며 전체와 관련한 특정한 정향orientation을 갖는다. 이 정향은 특정 종들에서 더 두드러진다. 그러므로 다양한 부분들 간에는 절대적으로 완벽한 연속성이 없고 각 부분은 비록 독립성은 없어도 상대적인 통일성을 가진다. 각 부분은 자기 자신과 관련하여 완전하다. 그것은 자족적일 수도 있을지 모른다. 그것은 생식 양태가 활용하지 않는 일정한 잠재적 개체성을 갖는다. 게다가 전체는 또한 부분들의 개체성을 보완하는 상대적 개체성을 갖는다. 이 개체성은 새로운 부분들의 발생을 지배하는 것으로 보이는 방향설정의 흔적으로 이루어진다. 새로운 부분들은 이전의 부분들과 관련하여 절대적 우연으로부터 나오는 것이 아니라 특권적인 성장의 어떤 방향들을 따라 이루어진다. 이제까지 행해진 연구들은 전체가 어떤 힘으로 부분들의 방향을 설정하여 그것들에 작용하는지를 확실히 말하기에는 불충분하다. 전체tout의 작용은 조직화되진 않았으나 정돈된 군ensemble들을 산출하는데 비록 증식이 우연적이라고 해도 그러하다. 이것은 개체화의 첫 단계이다. 그 전에는 순수한 연속성밖에 존재하지 않는다. 정말

로 주목할 만한 것은 사실상 전체의 개체성은 여기서 유기조직organisation
이 아니라 단지 하나의 형태forme로서만 나타난다는 것이다. 그러나 이
형태의 존재는 무시할 수 없다. 왜냐하면 전체의 개체성은 바로 부분들
로부터 그것들의 자유를, 그것들이 모든 방향으로 성장할 수 있는 능력
을 박탈하는 것으로 이루어지기 때문이다. 이 영향이 아무리 가볍다고
하더라도 그것은 부분들의 생식과 성장을 전체의 실존과 성향에 종속시
키는 것이다. 그것은 구조의 시작이다. 그러므로 아무리 가벼운 것이라
하더라도 개체성의 출현은 한 존재자의 생식과정 안에 역동적 구조가
나타나는 현상과 동시대적이다. 게다가 이 생식은 아직 성장과 구분되
지 않는다.

　게다가 두 개의 해면이 서로 이웃할 경우 그것들이 발산하는 출아
는 두 개의 개체-집단individus-groupes 사이의 구분을 표시한다는 것을 주
목하자. 이 성장의 역동적 구조는 한 개체에서 다른 개체로 이행하지 않
는다. 각 해면의 돌기부들은 구분된 채로 있으며 서로 간에 영향을 미치
지 않는다. 마치 전체가 자신의 부분들에 미치는 형태학적 지배는 그 부
분들에만 한정되어 있고 가장 가까운 이웃에 의해서조차 전달되지 않는
것처럼 보인다. 그러므로 형태학적 기준은 중요하다. 왜냐하면 개체성
이 여전히 분배되어 있고 그것이 전체에는 뚜렷하지 않게 존재하는 상
태에서 최초의 등급의 개체성이 나타나기 때문이다. 모든 일이 일어나
는 양상은 마치 개체성이 부분들과 전체 사이에 배분될 수 있는 크기라
도 되는 것처럼 보인다. 전체가 개체화될수록 부분들은 덜 그렇게 된다.
반대로 부분들이 재생을 필요로 하지 않고 잠재적으로 분리될 수 있는
거의 완전한 개체들이라면 전체는 거의 개체화되지 않는다. 하지만 그
것은 부분들의 성장에 대해 억제자 혹은 촉진자인 것처럼 존재한다. 생

식에 행사하는 지배력에 의해 그것은 형태학적 역할을 수행한다. 형태
들의 발생에 대한 연구가 충분히 이루어지지 않아 이 가속화나 억압이
라는 영향이 어떤 작인에 의해 이루어지는지를 말할 수 없다는 것은 안
타까운 일이다. 이 영향들은 개체가 발달하고 스스로를 유지하는 진정
한 성장의 영역을 구성한다. 동일한 유형의 현상들이 식물계에서 나타
난다. 조류algue와 버섯이 연합한 지의류Lichens는 아무렇게나 발달하지
않는다. 어떤 종들에서 그 끝자락은 경화된 뿔 모양이다. 그 형태들은 빛
이 별로 없을 때는 식물들의 잎새 모양과 비슷하여 그것들의 연합은 동
일한 유형의 환경 속의 단일한 식물로 생각될지도 모른다(사초와 양치
류).

멍게와 해면이라는 이 두 극단적인 형태들 사이에 군ensemble을 개
별화individualisation하는 다양한 정도들이 있다. 즉 우리의 가설에 의하면
부분들의 개별화 정도와 전체tout의 개별화 정도 사이에 복수의 관계값
valeur de rapport이 존재한다. 또 다른 멍게들은 다소간 규칙적인 방식으로
사방으로 퍼지는 그러나 고유한 막tunique은 갖지 않는 주근들을 보여 준
다. 그것들은 특별히 두터운 모체의 막 속에서 가지를 뻗으면서 동분서
주하고 이 막 내부에서 출아한다. 싹들은 자라면서 부분적으로 모습을
드러낸다. 인두pharynx와 주변아가미péribranchiale의 방을 포함하는 가슴
thorax 지역은 고유한 막을 가지며 모체의 막 밖으로 나온다. 일단 완전히
성장하면 성체들은 본래의 주근들과 연속된 채로 남아 있지만, 그것과
의 모든 기능적 관계를 잃어버린다. 단지 공통의 막만이 그것들을 결합
하고 유지시킨다. 그러나 군형성groupement에는 어떤 규칙성이 있다. 하
나의 막을 가지고 있다는 사실, 특히 공통의 기원을 갖는다는 사실만으
로 이 성장한 싹들 모두가 전체의 개체성 속에서 말하자면 합병되어 있

다고 규정하기에 충분하다. 각 개체는 모두 출아하므로 여러 세대의 산
물들을 포함하는 군체는 뻗어나가서 충분히 큰 차원을 획득할 수 있다.
그러나 이 군체의 역동적 구조는 일정한 한계를 가지고 있는 것처럼 보
인다는 데 주목해 보자. 군체 전체가 하나로 유기화된 것이 아니다. 군체

## 188

가 클 때는 그것은 우연히 배분된 여러 개의 군들로 이루어진다. 그러나
각 군은 일정한 질서를 보여 준다. 문제되는 종에 대해 진정으로 군의 개
체성의 차원을 보여 주는 이 군들은 세노비cénobies라고 불린다.[41]

　　주근들을 낳고 이것들이 새로운 개체가 탄생할 때 흡수되는 위와
유사한 생식 과정이 헤테로카르파Heterocarpa glomerata라는 식물에서도 나
타난다. 외피막만이 남아서, 잇따르는 여러 세대들의 생산물들을 서로
밀접하게 연결시킨 채로 보존한다. 그러므로 여기서도 역시 생식의 양
태가 개체화의 체제를 생식의 체제와 연결시키면서 이러저러한 개체성
의 등급을 결정한다. 우렁쉥이속Botrylles에서 생식은 다른 방식으로 일어
나는데 이것은 다른 체제의 개체화에 도달한다. 생식은 아주 짧은 주근
에 의해 이루어지고 (반면에 폴리스티엘리네Polystyéliné에서 그것은 1.5cm
가량 된다) 이것은 완전히 하나의 개체로 변형된다. 그때 싹들은 명확히
한정된 세노비들을 형성한다. 군체 전체가 최초의 개체로부터 나오는데
이 개체는 출아하기 시작하여 성체 상태에 도달한다. 그 다음에 이 출아
는 동일한 세대의 네 개의 싹들만이 살아남을 때까지(그것들을 실어나르
는 것들은 흡수된다) 대칭적인 방식으로 일어난다. 이 싹들은 서로 직각
으로 배열되어 있어서 그것들의 배설강들은 수렴하여 하나의 공통된 배

<hr />

41) [옮긴이] 세노비(cénobies)는 라틴어 케노비움(cenobium, 수도원)이라는 말에서 유래한 용
　　어.

설강 속에 뒤섞인다. 이 공통의 배설강 주위에서 싹들의 순차적 세대들은 과거 세대들이 사라지는 것과 때를 맞추어 군을 형성한다. 그 결과로 모든 기관들을 완벽하게 소유하는, 특히 자율적 삶을 가능하게 하는 심장을 소유하는 개체들의 거대한 결집이 나타난다.

그런데 개체들의 자율성은 완전하지 않다. 그것들은 서로 간에 맥관으로 이어진vasculaire 관계를 유지한다. 하나의 순환하는 맥관이 세노비를 둘러싸고 있다. 그러나 각각의 개체는 심장을 가지며 그 고동은 다른 개체들의 고동과 동시적이지 않다. 그래서 이 생식의 체제에서는 부분들에 대한 전체의 명백한 형태학적 우월성이 출아 속의 상당히 엄격한 대칭에 의해 나타나고 또 발달 도중의 세노비의 순환적 형태에 의해 나타난다. 이 생식 체제는 하나의 군체에 대응하며 그 안에서 전체의 개체성은 개체들 사이의 맥관적 관계를 만들어 낼 정도로 상당히 명백히 드러난다.

강장동물들에서 군체들의 형성은 일상적인 현상이다. 대부분의 히드라들은 다수의 주근들을 만들어 낸다. 주근들은 히드라꽃 아래서 탄생하여 길게 뻗으면서 가지를 치는데 뿌리와는 분리되지 않는다. 가지를 치면서 그것들은 옆쪽으로 싹들을 내놓는다. 이 싹들은 히드라꽃들로 변형되어 또다시 주근을 내놓는다. 이러한 가지치기는 **무한하며** 생식의 무한한 과정에는 마찬가지로 무한한 군체가 상응한다. 그러나 한 가지 아주 중요한 사실을 주목해야 한다. 물론 이 사실에만 기초하여 이론을 세우기에는 아직 충분한 연구가 되지 않았다. 앞에서 우리는 군체가 증식에 의해 무한한 차원을 가진 단일한 군체를 낳는 것이 아니라 제한된 차원의 세노비들을 낳는 것을 보았는데, 이런 경우와 같이 집단의 개체들과 제한된 군체들에 이르는 이 무한한 가지치기에서 단절들이 일어난다. 모든 일이 진행되는 양상을 보면 마치 일정한 양적 한계가 군체 전체를 제한된 군들로 배분하는 기본적인 형태학적 유도를 야기하는 듯하다. 그러므로 개체화의 특정한 현상은 성장과정의 한가운데서 생겨나는 듯한데 여기서 성장과정은 생식의 과정과 분리된 것이 아니다. 이 단절들을 라보는 생리적인 것이 아니라 우연적인 것으로 간주한다(라보, 『생물학적 동물학』, p.510). 저자는 그것들을, 그가 '생리학적 단절'이라고 특징지은 짧은 주근들의 단절과 구분한다. 그러나 이 '생리학적 단절들'의 조건들은 발달의 연속성을 중단시키는 조건들만큼이나 덜 알려져 있다. 그러므로 이른바 우연적 단절들을 생리학적 단절들과 대립시켜야 할 결정적인 이유는 없다. 생식과정을 개체들이 모인 군 또는 군체의 해부학적, 생리학적 구조의 확립을 주도하는 역동적 구조 안에서 고려할 때, 이 단절들은 아마도 둘 다 동일한 자격으로 생식의 과정에 의존할 것이다. 히드라꽃 집단들 중 하나의 내부에서 하나의 서노색은 히드라줄기를 따라서 죽 연속되어 있으면서 자신을 관통하는 운하들의 체계에 의해 모든 히드라꽃들을 서로 연결시킨다. 그렇게 해서 생리학적 연관들, 특히 영양섭취 공동체가 형태학적 연속성에 의해 확립된다. 이 형태학적 연속성은 생식 과정 안에서의 연속성을 수반한다. 그럼에도 불구하고 이 연속성의 간접적 특징은 히드라꽃들에게 일정한 정도의 기능적 자율성을 남겨 놓는다.

군체의 형태는 일반적으로 생식의 양태와 상관적이다. 히드로충류 같은 다른 강장동물들에서 주근은 기어 올라와 지반과 밀접하게 접촉한 채로 가지치기를 한다. 그렇게 해서 그것은 어떤 똑바로 선 가지도 없이 망을 형성한다. 싹들이 탄생하고 이 망에 수직으로 성장하여 길다란 히드라꽃들로 변형된다.

189

육각형 산호들에서 싹들은 지반의 구실을 하는 뼈대 위에서 몸체의 벽을 직접적으로 희생하여 탄생한다. 군체들은 아주 다양한 형태들을 하고 있으나 이 형태들은 생식의 양태와 관계를 갖고 있으며 종을 식별하게 해준다. 산호초들을 형성하는 거대한 석산호류의 군체들 안에서 극성의 존재는 주목할 만하다. 그[산호초의] 발달은 종종 잔가지들이 많이 달린 큰 가지의 형태를 띠는데, 이 형태는 전체의 방향에 종속되고 이는 군체의 상대적인 형태학적 개체성을 지시한다. 이 산호의 가지치기의 미학적 측면은 이 외관이 자의적인 것이 아니라는 것을 가리키는 듯하다. 그 외관은 얼음꽃의 개화와 같은 복잡한 개화가 일어나는 방식에 접근할 수도 있지 않을까. 이 방식은 산호의 가지치기가 그 위에서 형성되는 기층토의 특징과 무관하지 않지만, 결정화 과정의 법칙과 일치하는 방식으로 형태들을 전개시킨다. 매우 다른 영역들에 속하는 다수의 개체화 과정을 연결하는 기능적 유비들은 아마도 형태들의 친연성 안에서 찾아야 하지 않을까. 모든 개체화 과정에 공통될지도 모르는 하나의 국면이 있는데, 그것은 성장 과정의 동일성이다. 즉 성장의 역동성에 속하는 자가구성적 도식으로부터 그리고 우연에 의존하는 초기의 소여들로부터, 조직된 군들이 창조된다는 것이다. 그래서 동일한 법칙이 개화의 전개 과정, 나무의 발달 과정, 군체의 형성 그리고 정신적 이미지들의 발생에서조차 발견될 수 있지 않을까. 마치 한 역동적 지배력dominance이 하나의 특이성으로부터 군들에 구조를 부여하기라도 하듯이 말이다. 형태학적 유비는 집단적 개체성들의 형성 과정의 자기동일성을 드러낼 수도 있지 않을까. 모든 경우에서 개체의 구조는 그 발생의 도식에 연결되어 있지 않을까. 그리고 개체화된 존재자의 기준과 아마도 근거까지도 이 발생학적 도식의 자율성 안에 있지 않을까.

## 1. 개체화와 정보의 체제

그러므로 하나의 질문이 제기될 수 있다. 이는 아마도 심오하기보다는 형식적인 질문일 텐데 왜냐하면 거기에 대해서는 일상적 개념들을 개조함으로써만 대답할 수 있기 때문이다. 군체의 출아는 단지 하나의 개체가 과도한 비율로 성장하는 것으로 이루어지는가? 반대로 그것은 비록 서로 연결되어 있다 해도 구분되는 개체들을 낳는가? 한마디로 말해서 무엇이 개체인가? 이 질문에 우리는 엄밀히 말해 개체에 대해서는 말할 수 없고 개체화에 대해서 말할 수 있다고 대답할 것이다. 개체인가 아닌가를 알 수 있는 기준을 발견하기 위해서는 이미 만들어진 존재자를 이해하려 애쓰는 대신에, 활동으로, 발생으로 거슬러 올라가야 한다. 개체는 하나의 존재자가 아니라 하나의 행위acte이다. 그리고 존재자는 이 개체화하는 행위의 동인agent으로서의 개체이다. 존재자는 개체화하는 행위에 의해 스스로를 드러내고 존재한다. 개체성은 생식génération의 한 국면이며 한 존재자의 발생genèse에 의해 설명되고 이 발생의 영구화로 이루어진다. 개체는 개체화된 것이며 계속해서 개체화되고 있다. 그것은 자신을 구성한 활동성의 변환적 관계이며, 그 활동성의 결과인 동시에 동인agent이고, 일관성인 동시에 정합성이다. 개체는 라보의 표현에 의하면 유전적 물질이다. 왜냐하면 그것은 자신이 받은 활동성을 전달하기 때문이다. 개체는 이 활동성을 응집된 형태로 시간을 통해 정보로서 전달하는 어떤 것이다. 그것은 자신을 구성한 도식을 축적하고 변형하며 개선하고 수행한다. 개체는 스스로 개체화하면서 그 도식을 전파한다. 개체는 형성과정formation의 결과이다. 그것은 완벽한 축약이며 광대한 군을 다시 낳을 수 있다. 개체의 존재는 이러한 증폭하는amplifiant 전이 transfert의 작용이다. 이런 이유로 개체는 언제나 자신을 앞서는 것, 뒤따르는 것과 이중적이고 양가적 관계를 맺는다. 성장은 개체성을 확립하는 이 전이 작용의 가장 단순하고 가장 기초적인 작용이다. 개체는 정보들을 응축하고 그것을 운반하며 그 다음에는 새로운 환경을 조절한다.

개체는 하나의 발생을 [자신에] 동화하고 자기 편에서 그것을 수행한다. 신경계가 상당히 발달하면 이 발생은 신경계에 의해 동화될 수 있고 창조적 행위들로 개화된다. 마치 존재자가 이미지를 만들어 낼 때 경험 속에서 싹을 갖지만 자가구성적 활동이 없이는 존재할 수 없을지도 모르는 발달의 법칙에 따라 그렇게 하는 것과 같다. 학습은 발생과 심히 다르지 않다. 그러나 아주 복잡한 신체적 훈련을 요구하는 발생도 있을 수 있다. 개체가 현재의 모습인 것은 이러한 증폭하는 전이활동에 의해서이다. 증폭하는 전이활동은 능동적 발생이지 수동적 발생이 아니다. 개체성의 정도들은 이 활동의 밀도에 관련된다. 이 기준 즉 증폭하는 변환적 활동의 행사만이 근본적이다. 이 활동이 한 군체의 전체와 부분들 사이에 [골고루] 배분되어 있으면 부분들은 불완전한 개체들이라고 말해야 하겠지만 전체는 그것의 개체들이 자신의 기관들에 지나지 않는 유기체와 같은 것으로 간주해서는 안 될 것이다. 사실상 이 불완전한 개체들은 그것들이 서로서로에 더 의존적이고 잠재적으로 더 분리하기 어려운 것일수록 그만큼 더 불완전하다. 게다가 외관 자체에서도 불완전한 개체들의 상호의존성은 전체에 속하는 상호관계의 기능들이 얼마나 중요한가에 의해 표현된다는 것을 지적할 수 있다. 이 전체의 부분들 사이의 관계가 단지 영양섭취에 관한 것이라면 부분들의 개체성은 꽤 큰 것으로 간주할 수 있다. 이 개체들이 동일한 내적 환경에서 영양을 섭취

191

한다는 사실은 그것들 사이에서 하나의 관계를 만들어 내지만 이 관계는 일정한 독립성의 여지를 남겨 놓는다. 반대로 신경망들이 다양한 부분들을 서로 연결한다면 이 여러 부분들의 기능은 더욱 밀접한 연대성에 의해 관계가 맺어진다. 정보의 공통성과 더불어 밀접한 기능적 관계가 존재한다. 부분들의 개체성은 아주 약하게 된다. 그러므로 개체성의 정도를 결정하기 위해 개입시켜야 하는 것은 단지 형태학적 기준만이 아니라 형태학적 기준과 기능적 기준이다. 예를 들면 라보가 지적하듯이 후생동물과 같은 유기체의 세포들은 명확히 한정된 윤곽으로 경계가 지어진다(라보, 『생물학적 동물학』, p.511). 그러나 그 세포들은 개체들이 아니다. 왜냐하면 그것들 각각은 이웃 세포들의 직접적이고 항구적이며 불가피한 영향 아래서만 기능하기 때문이다. 그것들 각각은 다른 것들과 밀접한 의존 관계를 형성하기에 그 기능적 활동은 전체의 기능적 활동의 한 요소에 지나지 않는다. 이러한 기능적 자율성의 상실은 매우 낮은 수준의 개체성을 낳는다. 그러므로 개체성은 모든 발생과 독립적으로 기능적 자율성에 의해 특징지어지는 것으로 나타날 수 있다. 그러나 이것은 사람들이 자율성이라는 말에 그것의 충만한 의미를 제공할 경우에만 타당하다. 즉 자기 자신에 의한 조절, 자신의 고유한 법칙만을 따르고 자기의 고유한 구조에 따라 전개된다는 사실이 그것이다. 이 기준은 유전적 물질성과 일치한다. 자신의 발달 과정을 스스로 제어하는 존재자, 스스로 정보를 축적하고 이 정보에 따라 자신의 행동을 제어하는 존재자는 자율적이다. 개체는 정보의 내용을 보존하거나 증대시킬 수 있는 존재자이다. 진정한 자율성은 이러한 사실 안에 있으므로 그는 정보에 관해서는 자율적 존재자이다.[42] 서노색에 의해 서로 연결된 개체들은 그것들이 양분만을 공유한다면 여전히 개체라고 부를 수 있을지도 모른다. 그러나 이 양분과 더불어 화학적 전언내용이 한 개체에서 다른 개체로 전달된다면, 따라서 부분들을 지배하는 전체의 상태가 존재한다면 정보의 자율성은 각 부분에서는 아주 약하게 되고 개체성은 그와 관련하여 감소한다. 한 존재자에서 전체와 관련한 부분들의 개체성이 어떠한지를 알기 위해서 연구해야 하는 것은 정보의 체제이다. 개체는 정보 체계의 통일로 특징지어진다. 전체의 한 지점이 자극을 받아들일 때 이 정보는 유기체 안에 반영되어 다소간 일반화된 운동반사나 분비반사의 형태로 돌아온다. 이러한 정보의 반사는 때때로 자극이 일어난 부분 안에서 혹은 이 부분과 함께 유기적 통일성을 이루는 부분 속에서 일어난다. 그러나 이 반사는 전체가 개별화되었을 경우 중추에 의존하여 자리잡는다.[43] 이 중추는 촉진facilitation이나 억압을 산출한다. 이 경우 개체로 하여금 지나간 정보를 축적하게 하고, 구심적 정보를 원심적 반응으로 내보내도록 명령하고 감시하며 억압하거나 촉진하게 하는(영어에서 '조절'contrôle에 해당하는) 중추가 있다. 개체성을 규정하는 것은 바로 존재자로 하여금 스스로를 제어하게 하고 환경을 조절하게 하는 이 중추의 현존이다. 이 조절이 강할수록 전체는 강력하게 개별화되어 있으며 부분들은 자율적 존재라고 간주할 수가 없게 된다. 단편적 정보 체제는 전체의 약한 개별화를 보여 준다. 포유동물에서처럼 부분들이 매우 분화된 동물들에서는 정보 체제는 매우 집중되어 있다. 신체의 임의의 부

---

42) 이런 이유로 씨앗은 개체로 간주되어야 한다. 왜냐하면 그것은 특수한 전언내용을 완벽하게 보유하고 있으며 일정기간 동안 (일반적으로 몇 년 동안) 절대적인 자율성을 부여받고 있기 때문이다.

43) [옮긴이] 개별화(individualisation)는 2부 3장에서 인간 정신과 관련하여 본격적으로 사용되는 용어이다. 여기서는 생물학적인 역동적 개체화의 극한으로서 신경계의 출현과 관련하여 사용하고 있다.

## 192

분에서 받아들인 정보는 중추신경계에 직접 반향되며, 신체의 모든 부분들이 상당히 짧은 시간 내에 적절한 반응에 의해, 적어도 중추신경계에 직접적으로 의존하는 행동들에 의해 대응한다. 중추에 거의 집중되지 않은 신경계를 가진 동물들에서 여러 부분들 간의 관계는 더 느리게 확립된다. 정보체계의 통일성은 존재하지만 덜 신속하다. 우리 안에 동감과 반감의 체계만이 존재한다면 우리의 개체성은 어떤 것이 될까를 분석하면 우리는 덜 정합적이고 덜 엄밀하게 통합된 이 개체성의 개념을 가질 수 있다. 이 경우 정보의 통일성은 존속하지만 반응은 더 느리고 더 분산되어 있으며 덜 완벽하게 통합되어 있을지도 모른다. 정보의 두 체제 사이의 이러한 차이는 너무나 커서 우리는 이따금 우리 안에서 한 정보가 중추신경계 내에 반향되는 과정을 공감sympathie의 체계 내에 반향되는 과정과 일치시키는 데 어려움을 느끼며 이 어려움은 때때로 분열로까지 갈 수도 있다. 마치 개체성을 규정하는 것이 정보의 체제라도 되는 것처럼 말이다. 즉 완전히 독립된 두 정보 체제를 가진 존재자는 두 개의 개체성을 가질지도 모른다. 후생동물의 군체들의 경우 문제를 복잡하게 하는 것은 모든 영양섭취가 화학적 관계이기도 하다는 것, 화학적 전언내용의 중요성은 존재자가 더 작을수록 더 커진다는 것이다. 식물의 통일성을 제공하고 개체성을 확보하는 것도 이 화학적 감수성이다. 그것은 보스Jagadish Chandra Bose, 1858~1937 경의 연구가 보여 준 것처럼, 욕구에 따라 교환을 자율적으로 규제하게 하고 구멍들을 여닫게 하며 증산작용sudation과 수액sève의 운동을 가능하게 한다. 그러므로 동물에서 공통적 화학정보의 존재는 부분들의 개체성의 수준을 약화시키지만 일정한 개체성의 여지를 남겨 놓는다고 가정할 수 있다. 요컨대 개체성의 정도를 규정하는 것은 정보의 체제이다. 그것을 이해하기 위해서는 정보의 전파 속도 그리고 이 정보가 관련된 행위나 사건의 지속기간을 확립해야 한다. 그러면 정보의 전파의 지속이 행위나 사건의 지속과 관련하여 짧으면 존재자의 중요한 지역, 심지어 존재자 전체가 태도를 취할 수 있고 이 행위에 맞게 변형을 실현할 수 있을 것이다. 그 반대의 경우에는 사건이나 행동은 국지적 실재로 남아 있을 것이다. 비록 나중에 군체 전체에 반향이 남는다고 해도 말이다. 개체성이 표현되는 것은, 반응가능성에 의해 즉 조절과 정보의 사용가능성에 의해 결정된 한 유형의 행위나 사건과 관련해서인데, 이 반응가능성은 유기체의 상태 즉 자율성의 상태에 따라 정해진다. 자율적 지대, 즉 행위의 자가조절이 효율적으로 일어날 수 있도록 정보가 구심적 방향으로, 다음에는 원심적 방향으로 상당히 빨리 퍼지는 시간을 가지고 있는 지대는 동일한 개체성의 일부를 이루는 지대이다. 개체성의 경계들을 표시하는 것은 [먼저] 구심적으로 들어오고, 다음에 원심적으로 나가는 정보의 회귀이다. 이 경계는 본래 기능적이다. 그러나 그것은 해부학적일 수도 있다. 왜냐하면 해부학적 경계들은 정보에 임계적 지연retard critique을 부과할 수 있기 때문이다. 이 기준들은 군체들에 적용된다. 부분들이 단지 순환적 경로들에 의해서만 연결되어 있는 군체는 정보를 운반하기 위해 화학적 수단들만을 처리한다. 화학적 전언내용은, 대류convexion에 의해서(그때 속도는 일반적으로 초당 몇 센티미터에 해당하는 흐름들의 속도에 의존한다) 또는 액체 속의 분자들의 확산에 의해서 전파된다. 이 확산은 온도와 현존하는 물체들에 의존하지만, 이전의 운동의 속도와 동일한 크기의 등급에 속하여 상당히 느리다. 작은 유기체들에서는 이러한 정보 전달의 양태는 상당히 빠를 수도 있다. 몇 센티미터 크기의 유기체들에서 그것은 매우 느리다. 그래서 대부분의 방어와 포획 행위는 정보가 신경들에 의해

193

운반되는 경우에만 자율성의 기초인 자가조절을 받아들일 수 있다. 신경들 내부에서 신경 유입의 전도 속도는 일반적으로 초당 몇 미터, 즉 화학적 통로에 의한 전도보다 100배는 빠르다. 동물들의 경우 생명의 관계맺는 행위에 있어서 개체의 경계들은 실질적으로 신경계의 경계들이다. 그러나 이 개체성이 신경계에 의해 한정된 것은 단지 생명의 관계맺는 행위를 위해서일 뿐이라는 것을 언제나 명확히 해야 한다. 다른 어떤 활동들은 군체가 개체처럼 행동하기 위해 상당히 느린 반응들을 요구할 수 있다. 예를 들면 한 군체의 개체화된 일부에서 독성물질이 포획되었을 때가 그런 경우다. 독성물체가 개별화된 부분을 자극했을 때, 이러한 포획은 한 국지적 과정만을, 즉 수축반사나 이완반사 같은 작용만을 개입시킨다. 그러나 몇 초 후에 화학적 전언내용들은 군체 전체의 일반적 반작용을 일으킨다. 이 반작용은, 독성물질과의 접촉이 포획의 반사가 수행된 부분과 다른 곳에서 일어나지 않았음에도 불구하고, 물을 빨아들이는 운동을 중지하거나 역전시킨다. 또는 자신의 모든 히드라꽃들을 수축시킨다. 이 경우 군체는 영양섭취를 하는 개체이지만 다른 기능들에 대해서는 사회라고 말해야 할 것이다. 생명적 활동들의 각각의 아-군sous-ensemble에 있어서 개체성은 본질적으로 정보의 체제와 관련되어 있다.

이 기준 덕택에 개체성이 점차로 확립되는 것을 볼 수 있다. 빈모류에서 오랫동안 뿌리에 부착된 채로 있던 새로운 부분들은 완전한 지렁이의 외양을 갖는 반면, 출아는 계속되고 다른 부분들은 분화되어 개충들의 연쇄가 만들어진다. 새로운 뇌신경절들이 기존의 복부의 연쇄적 마디들 위에 덧붙는다. 신경계는 이 연쇄를 따라서 하나의 연속된 전체를 형성하는데 이는 각각의 신경절들과 더불어 여러 개의 머리를 갖는다. 마찬가지로 새로운 내장의 관이 이전의 부분들에 삽입된다.

생리학적 활동은 완벽하게 정돈된다. 단지 뿌리로부터 나오는 내장의 관만이 작동한다. 동물의 모든 운동은 완전히 연결된다. 내장의 연동운동의 파동들은 앞뒤로 중단없이 규칙적으로 전파된다. 순환작용은 열file 전체에 공통으로 속한다. 털들은 그 군ensemble 위에서 동시적 진동들로부터 생기를 얻는다. 그러므로 이 개충들의 군은 신경계와 공외연적인coextensive 유일한 자율성의 지대를 완벽하게 내포한다. 그러므로 이 군이 유일한 개체이다.

반대로 부분들을 잇는 해부학적 관계들이 해체되기 시작할 때 조직들tissus은 뿌리의 신경계가 새로운 뇌신경절들에 연접되는 선 자체를 따라서 괴멸histolyse되기 시작한다. 그러면 근육[조직]의 조화도 조금씩 해체된다. [근육]수축들의 불일치가 일어나고 불일치는 분리를 가속화한다. 그러므로 각 개충은 분리되기 전에 이미 그 기능적 자율성과, 특히 신경적 자율성과 더불어 고유한 개체성을 가지고 있었던 것이라고 말할 수 있다. 여기서 개체성을 만드는 것은 해부학적 분리가 아니다. 오히려 운동이 방해받을 때 정보 체제의 독립성의 형태로 나타나 분리를 가속화하는 것이 개체성이다. 흥미롭게도 신경적, 순환적 접속들은 이미 [근육]수축들이 서로 대립하게 된 순간에도 여전히 부분적으로 존재하고 있었다는 것을 주목할 수 있다. 그러므로 개체성을 창조하는 것은 독립성도 아니고, 심지어 신경전달경로의 독립성도 아니며, 바로 이 경로들에 의해 조건지어진 정보의 체제이다. 그것은 개충의 신경계가, 개별화가 계속될 수 있도록, 자신의 고유한 리듬을 가진 활동성과 더불어 근원의 신경계에서 오는 신경유입을 억제할 수 있게끔 충분히 발달되었기 때문이다. 개체화의 표시이자 기초가 되는 것은 개충의 신경계 안에 있는 정보 신호들의 회귀적 체제이다.[44] 이 회귀가 가능하기 위해서는 일정한 개별화가 필요하다. 그러나 회귀가 가능하자마자 그것은 자리를 잡고 개체화를 가속화한다. 개충의 개체화는 그것이 모체로부터 오는 신경전달내용을 억압할 수 있는 순간으로 시기를 정할 수 있다. 진동과 같은 주기적 활동은, 신경계의 한 요소 안에서 또는 신호들이 퍼져나가는 아주 다른 망 속에서 신호들의 회귀에 의해 생겨날 수 있는, 신경적 작동의 유형 자체이다. 그러므로 해부학적 독립성은 개체성의 기준과는 거리가 매우 멀다. 개체성의 기준을 구성하는 것은 기능적 독립성이다. 혹은 기능적 자율성이라고 하는 것이 더 낫겠다. 실상 자율성은 독립성의 동의어가 아니다. 자율성은 독립성 이전에 존재한다. 왜냐하면 자율성은 내적 공명 과정에 따라 기능할 수 있는 가능성이며 이 가능성은 군체의 나머지로부터 받은 전언내용과 관련하여 억압자도 될 수 있고 독립성을 창조할 수도 있기 때문이다.

게다가 개체들이 서로와 관련하여 독립성을 갖는 것은 무척 드물며 거의 불가능하다. 개체들이 서로 간에 해부학적 연관성을 갖지 않는 경우에도 그것들은 자신들을 둘러싸는 환경의 영향을 받는다. 그리고 이 영향들의 수만큼, 환경을 구성하는 다른 개체들로부터 나오는 영향들도 존재한다. 각 개체는 어느 정도까지는 이웃 개체의 반응들을 결정한다. 이 항구적이고 불가피한 상호작용이 일정한 관계를 수립한다. 그러나 개체들은 자율적인 채로 남아 있다. 그것들 간에 기능적 조화는 없다. 정

---

44) 이 '정보 신호'라는 표현은 엄밀한 의미의 정보——이는 퍼텐셜과 이질성을 가정하는 체계의 존재방식이다——와 일반적으로 정보라고 불리는 정보 신호들 간의 차이를 보존하기 위해 사용된 것이다. 사실 이 정보 신호들이란 거대유기체나 사회에서 그러한 것처럼 계를 구성하는 부분들이 서로 간에 멀리 떨어져 있을 때나 발달하는 불필요한 기구에 불과하다.

보는 한 개체에서 다른 개체로 이행하지 않는다. 정보가 보존되고 회귀하는 지대는 개체들에 한정된다. 상호작용의 강도가 어떠하다 해도 각 개체는, 더 이르든, 더 나중이든, 더 느리든, 더 신속하든, 아니면 더 길든, 더 압축적이든, 자신의 방식으로 반응한다. 정보가 한 개체에서 다른 개체로 통과하기 위해서는 한 개체에서 원심적 정보의 신호들을 촉발한 구심적 정보의 신호들이 다른 개체들에게 원심적인 것으로서 받아들여져야 한다.[45] 그런데 한 개체에서 방사된 모든 정보는 다른 개체들에 의해 구심적인 것으로 받아들여지고 그것들은 여기에 자신에 고유한 원심적 반응으로 대응한다. 상호작용이 소통이 되기 위해서는 개체들 중 하나가 다른 것들을 지배해야 할지도 모른다. 즉 다른 개체들이 그 자율성을 잃어야만 하고, 한 개체에서 나온 원심적 정보 신호들이 그것을 받아들이는 개체들에게도 원심적인 것으로 남아 있어야 한다. 한 개체가 지배자가 되는 것을 암시하는 이러한 유기조직은 군체들에서는 존재하지 않는 것으로 보인다.

195    물질적 장애들이 계속 남아 개체들의 이동을 제한할 경우, 물질적으로는 연동되어 있지만 기능적으로 자율적이며 해부학적으로 구분된 유기체들은 동일한 기반에 부착되어 있다. 하지만 그것들은 개체들이다. 서로 간에 부착되어 있다 하더라도 그것들은 서로와 관련하여 기층토의 역할을 한다.

개체성의 이러한 기능적 기준을 결정하려는 시도에 대한 결론으로 우리는 강장동물의 한 군체의 히드라꽃들이 수축운동이나 섬모의 운동

---

45) 구심적 정보 신호는 감각기관들이 가져오는 신호들의 유형이다. 원심적 정보 신호는 반응, 거동, 동작을 자극하는 신호이다.

들 같은 국지적이고 신속한 반응들로부터 개체성을 소유한다고 말할 수 있다. 히드라꽃들 사이의 기능적 동시성을 확립하는 신경계는 존재하지 않는다. 반대로 느린 반응들의 개체성은 군체에 속한다. 히드라꽃들은 서노색 안으로 뚫린 운하 체계들을 통해서 서로 소통한다. 이 운하들은 다수의 위장들에 직접 도달하기 때문에 히드라꽃들 사이에서 명백한 기능적 의존성을 수립한다.[46] 히드라꽃들의 소화와 흡수의 부산물들은 일종의 공통의 순환으로 흘러들어간다. 각각의 히드라꽃은 스스로 영양을 섭취하고 또 다른 것들 모두에 영양을 공급한다.

어떤 경우에는 한 군체의 부분들의 개체성은 일시적으로 완전해질 수 있다. 히드라산호류Millepores와 의산호류Hydrocoralliaires의 경우들이 그러하다.[47] 모든 히드라꽃들은 석회 더미 안으로 패인 풍부한 망으로 얽힌 운하들의 체계에 의해 연결되어 있다. 그러나 히드라꽃들은 자신의 주변에서 축적되는 석회를 끊임없이 제거하기 때문에 이따금 거주지의 지반으로부터 떨어져서 자신의 구멍을 향해 올라가서 운하 체계들과의 모든 관계를 잃어버린다. 그러나 그것들은 곧 다시 증식을 시작하고 자신들의 주변에서 일련의 싹들을 낳는데 이것들은 새로운 운하들의 체계로 서로 연결된다. 그때부터 각 히드라꽃은 다른 세노비들에 연합된 한 세노비의 중심이 된다. 이 세노비들은 모두 이전의 세노비들로부터 분리된 히드라꽃들의 완전하지만 일시적인 개별화로부터 나온다.

태형동물의 군체들에는 개체들의 단순한 병렬이 있거나 전체의 순환의 단일성이 있다. 후자에서는 각각의 태형동물은 심장이 없다.

---

46) 거대유기체는 국지적 개체성들을 가질 수 있다. 즉 반사운동들과 자외선에 노출된 피부의 색소침착, 국지적인 소름돋음, 미생물의 침입에 대한 국지적 방어반응 등이 그러하다.
47) [옮긴이] 히드라산호류, 의산호류 → 용어설명* 참조.

미삭동물과 우렁쉥이속의 군체들에서는 부분들의 개체성은 완전하다. 비록 우렁쉥이속에서는 배설강은 공통이지만, 공통의 배설강은 사실상 정보를 규칙적인 방식으로 운반할 수 없다.

## 2. 정보의 체제들과 개체들 상호 간의 관계

개체화는 전문화spécialisation와 관련이 있는가? 다형성polymorphe 군체들을 고찰하면서 이러한 질문을 제기할 수 있다.

다형현상은 종종 출아의 결과이다. 그리고 개체성이 생식의 조건들에 의존한다면 다형현상은 당연히 개체성에 관련된 것으로 간주해야 할 것으로 보인다. 실제로 강장동물들의 군체 안의 다양한 싹들은 동일한 방식으로 발달하지 않는 경우가 있다. 그때 군체는 그 형태나 작동방식이 서로 다른 개체들로 구성된다. 몇몇 히드라들에서는(히드락티나Hydractina와 클라바Clava) 히드라뿌리hydrorhize가 아주 밀집한 망으로 그리고 중첩된 층으로, 지지대(소라 껍질) 위에 뻗어 있다. 히드라꽃들은 낮게 뻗는 이 주근들로부터 직접 탄생하여 수직으로 일어선다. 클라바에서 짧은 히드라줄기는 히드라꽃들에게 꽃자루의 구실을 한다. 히드라꽃들의 한 부분은 입과 촉수를 가지고 있다. 그것들은 가스트로개충gastrozoïde들 또는 영양을 공급하는 개체들이다. 입이 없는 다른 것들은 생식을 할 수 없으며 아주 수축성이 있고 나선형으로 뒤틀려 있다(나선형개충과 닥틸로개충dactylozoïde). 그리고 나서는 느슨해져서 자포刺胞, nématocyste[독소를 가지고 외부를 공격하는 세포]들을 포함하는 끝부분으로 주변의 물체들을 공격한다.[48] 그것들은 군체의 방어자들이다. 짧고 가시가 있으며 생식을 할 수 없는 다른 것들은 아칸토개충acanthozoïde이라 불리는데 피난처의 구실을 하는 것으로 생각된다. 또 다른 것들, 고노개충 gonozoïdes들은 성적 물질을 분비한다. 이 다양한 부분들은 하나의 연속된 전체를 형성한다. 운하들로 주름이 패인 서노색은 히드라뿌리를 채우고 연속을 유지하면서 다양한 히드라꽃들로 연결된다. 히드라산호류에서 역시 가스트로개충들과 닥틸로개충, 고노개충들을 구분할 수 있다. 관수모류Siphonophores[자포동물의 해파리류]에서 다형현상은 더 나아간다. 그것들은 부유하는 군체들이다. 그 다양한 요소들은 최초의 메두사를 희생하고 생겨난다. 메두사의 구병口柄, manubrium[해파리 중앙의 트인 부분으로 입과 강장을 연결함]은 죽 뻗어서 출아한다. 커다란 입구멍과 아주 긴 촉수를 가진 유영遊泳개충nectozoïde들과 가스트로개충들도 발견할 수 있다. 방어 역할을 하는 닥틸로개충들이 있고, 고노개충들도 있다. 이따끔 납작한 잎사귀인 포엽苞葉, bractée[꽃을 안고 있는 작은 잎. 여기서는 비유적 표현] 또는 필로개충 phyllozoïde은 군을 보호한다고 간주된다. 라보에 의하면 이름 속에서 지시된 목적성이 너무 강조된 경향이 있다. 개충들의 역할은 그렇게 명백하지 않다(라보, 『생물학적 동물학』, p.517). 이 다형현상은 '일의 생리적 분업'에서 유래한다고 말할 수 있다. 사실상 대부분의 기능들은 이 군체들의 삶의 양태에 대한 진정한 검토 없이 부여된 것이다. 아칸토개충들은 완전히 무용지물이며 대부분의 종들에는 없다. 태형동물의 조두체 aviculaires[태형동물에서 개충이 새머리 모양으로 특수화된 형태]는 단순히 비정상적인 변이들에 지나지 않으며 방어 기관들이 아니다. 라보는 강장동물들의 다형현상이 관수모류나 히드로충류의 일반적 신진대사에 의존하는 국지

---

48) [옮긴이] 자포 → 용어설명* 참조.

적 변이들로 귀착한다는 말로 결론을 내린다. 또한 다형성 군체의 삶과 비다형성 군체의 삶 사이의 차이도 미약하다. 외양의 차이는 상당하지만 삶의 양태와 기능적 속성들은 거의 같다. 다형현상은 개체들 서로에 대한 영향으로부터 나오는 것도 아니고 생존의 필요성에서 나오는 것도 아니며 다형현상을 결정하는 다른 영향으로부터 나오는 것도 아니다. 단지 가스트로개충들과 고노개충들만이 하나의 기능을 완수하는 개체들이다. 그 밖의 다른 것들은 모두 일종의 결함에서 나온다.

다른 관점에서 개체들 상호 간의 관계로부터 개체성의 여러 등급을 정의할 수 있는지 자문할 수 있다. 생식과 관련하여 임신과 태생viviparité, 난태생ovoviviparité은 관계를 맺는 여러 가지 양태들과 유형들을 대표한다. 이 관계들은 생식이 아니라 기생과 같은 특정한 결합형태와 관련된 사례들 속에서 나타난다는 것을 주목하는 것이 중요하다. 심지어 태생 임신과 몬스트릴로이다Monstrilloida[갑각류의 요각류(橈脚類)의 한 종]나 주머니벌레Sacculine와 같은 기생의 사례 사이에는 심층적인 기능적 유비가 존재한다. 또한 두 동물의 상호 기생에 의해 구성된 결합의 사례들도 존재한다. 이 사례들은 정보 체계들의 이론에 중요하다. 그것들은 유비를 구성하는 관계들의 동일성이 명백하게 나타나지 않으므로 대담하게 유비라고 할 수도 거의 없고 형태학적 탐구에서도 피상적 유사성만 나타날지모르는 곳에서 어떤 방식으로 (상호개체적 관계 속에서 정보의 체제와 관련한) 자기동일성들을 기록하게 해준다. 이 방법에 의하면 기반으로 삼은 상호개체적 관계들의 유일한 유형, 즉 생식의 유형과 관련하여 많은 관계들의 특징을 말하는 것이 가능하다. 우리는 가설의 권한 내에서 결합(기생)의 기본적 형태들을 생식의 보완자들로 취급할 것이다. 사실 자신의 고유한 수단들에 의해 헤엄을 치고 혼자서 영양을 섭취하는 어린

197

물고기처럼 한 개체가 완전히 자율적으로 될 때, 그것은 절대적인 방식으로 생겨난 하나의 새로운 개체이다. 반대로 수정란이 태반형성의 정해진 양태를 따라 착상하여 아직 엄밀한 의미의 탄생에 이르기 전에 그러하듯이 모체와 새끼 사이에 체액과 영양 섭취라는 의존의 형태로 관계가 계속 존재할 때, 고유한 의미의 생식(수정란의 분열)과 충만한 개체성의 순간 사이에 배아의 개별화 정도를 감소시키는 결합의 단계가 개입한다. 심지어 탄생 후에도 어린 개체는 아직 불완전하게 개별화된 것으로 간주해야 한다. 모체와의 관계는 길건, 짧건, 일정기간 수유의 형태로, 이따금 영구적인 양분 수송의 형태로(유대류의 주머니, 박쥐) 연장된다. 이것은 여전히 외적으로 고정된 기생의 질서에 속한다. 게다가 어떤 기생현상의 사례들은 일부 동물들이 새끼들을 쉽게 고정할 수 있게 해주는 목적을 가진 접힌 기관들 또는 부속기관들을 소유한다는 사실에 의해 가능해진다는 것을 주목해야 한다. 그러면 새끼가 다른 종의 개체로 바뀔 수도 있다. 이 경우 모체와 새끼의 결합에 의해 형성된 동질생리적homophysaire 복합체 대신에 한 개체와 그 기생적 숙주의 연합에 의해 형성된 이질생리적hétérophysaire 복합체가 생겨난다. 동질생리적 복합체와 이질생리적 복합체의 경우에 신진대사의 변화들은 거의 같으며 그것들에 수반되는 형태학적 변화들도 마찬가지다. [기생 갑각류인] 주머니벌레와 함께 사는 수컷 게는 암컷 게에 비교할 수 있는 형태를 가지고 있다. 임신한 암컷은 기생자와 함께 사는 동물과 같은 반응을 한다. 게다가 기생현상이 나타내는 비대칭적 관계는 기생자를 퇴화시키기에 이른다. 대부분의 기생종들에게서 기생에 대한 '적응'을 말하는 것은 불가능하다. 왜냐하면 이 적응은 존재자의 개체적 자율성을 확보해 주는 기관들을 파괴하는 것이기 때문이다. 예를 들면 숙주를 찾은 다음 거기 붙어서 숙주를 희생하여 영양을 섭취하는 동물들에서는 내장의 손실이 자주 일어난다. 거기서 중요한 것은 말의 절대적인 의미에서 적응이 아니라 기생자의 조직화 수준의 퇴화이다. 기생자는 이질생리적 복합체 전체로부터 진정한 개체의 수준 이상의 조직화의 수준을 갖지 않는 존재자를 만들어 낸다. 이질생리적 복합체의 조직 수준은 심지어 단일한 개체의 수준보다도 낮은 것 같다. 왜냐하면 기생자와 함께 사는 동물에서는 진보가 아니라 오히려 체형퇴화anamorphose의 현상이 있기 때문이다.[49] 아마도 이 경우 이질생리적 복합체의 정보의 일반적 수준은 숙주와 기생자의 정보 수준들 간의 차이와 동등하다고 말해야 할지도 모른다.[50] 게다가 이 기생자는 개체들의 사회일 수도 있다. 차이가 제로를 향해 갈 때 이질생리적 복합체는 더 이상 생존가능하지 않으며 그것은 숙주의 죽음에 의해서든, 기생자의 해방이나 죽음에 의해서든 분리되게 마련이다. 그러므로 이질생리적 복합체는 완전한 개체 **이하의** 것으로 간주되어야 할지도 모른다. 동질생리적 복합체도 마찬가지로 생각해야 하는가? 라보는 임신을 진정한 병과 동일시할 때 그와 같은 경향을 보인다. 그러나 이 점은 검토할 가치가 있다. 왜냐하면 조직화 수준의 하락은 이질생리 복합체의 경우 거의 안정적인 반면, 동질생리 복합체의 지속기간 동안에는 언제나 같은 것으로 있지는 않다. 임신상태는 마치 생명적 기능들

---

49) 이 용어는 특히 식물에 사용된다. 그러나 이질생리적 복합체를 구성하는 것들의 형태학적 퇴화를 지칭하는 데도 사용될 수 있다[anamorphose는 본래 광학 용어로서 일그러져 보이는 상(왜상)을 의미하지만 생리학에서는 체형의 퇴화를 의미한다―옮긴이].
50) 사실 기생자가 원기왕성하고 잘 적응할수록 그것은 숙주를 더 해롭게 하고 약화시킨다. 왜냐하면 그것은 숙주의 기능적 자율성을 존중하지 않기 때문이다. 기생자가 너무 발달하면 그것은 숙주를 파괴하기에 이르고 결국은 자기 자신도 파괴된다. 자기가 붙어 있는 나무를 시들게 하는 겨우살이가 그런 것처럼 말이다.

이 진정으로 고양되기라도 하는 것처럼 어떤 경우에는 전염병과 추위에 대한 커다란 저항성이 나타나기도 한다. 화학적 요인들에 대한 민감성은 더 크고, 반응들은 더 생생해진다. 이것은 감각 활동의 증대와 그것의 적응적 집중성을 보여 주는 듯하다. 운동 활동도 마찬가지로 고양된다. 이것은 몸의 둔중함과 산출된 에너지의 최대량의 소비를 생각할 때 역설적이다. 그러므로 이 경우 [태아와 모체의] 관계는 태아와 모체의 상황과 신진대사에 따라 한편으로는 플러스가 될 수도 있고 다른 편으로는 마이너스가 될 수도 있다.

마지막으로 공생에 해당하는 연합의 대칭적 형태들을 비대칭적 기생과 구분해야 한다. 공생은, 예를 들면 균류[버섯, 곰팡이 등]에 기생하는 조류[해초, 바닷말 등]와 조류에 기생하는 균류로 구성된 지의류Lichens에서 나타난다. 사실 이 경우 그렇게 구성된 존재자들의 조직화의 총체적 질은 단일 개체의 질을 넘어선다. 두 존재자들 각각의 형태학적 퇴화는 순수 기생현상의 경우보다 훨씬 덜하다. 상호인과성이 적극적 반응에 따라 두 존재자들을 연결하기 때문이다. 존재자들 각각의 활동은 상대방에게 가하는 더 커다란 활동능력에 의해 표현된다.[51] 반대로 기생은 상호억압, 아니면 적어도 숙주에 대해 기생자가 행한 억압으로 구성되는 부정적 반응 위에 기초한다(그래서 기생당하는 수컷이 암컷의 특징들을 보여 주는 경우에 이 유비는 기생자가 그 숙주에 행하는 억압적 영향에 기인한다. 부차적인 성적 특징들은, 수컷에서만 발달하는 성적 특징들을 암컷에서 억압한 결과로 나온 이형현상dimorphisme에 기인하는 것으로 보인다. 이

---

51) 녹조류는 광합성을 하고 공기중의 탄소를 분해하여 균류에 영양을 공급한다. 균류는 습기를 흡수하고 지의류를 지반에 고정한다. 그것은 녹조류에 물을 공급한다.

억압은——예를 들면 플라나리아의 발달을 저지하는 억압——기생현상에서 나타난다[52]). 조류와 균류의 연합association과 같은 공생적 상호연합 속에서는 이러한 이중의 억압은 나타나지 않는다. 회귀적 인과성은 여기서 긍정적이다. 이것은 형성된 군의 능력의 증가로 이어진다. 지의류는, 겨울과 여름 사이에서 섭씨 60도의 온도차와 공기 중의 매우 커다란 습도차를 견뎌내면서 마른 대기 속에서 얼음과 강렬한 태양에 노출된 한 블록의 매끈한 시멘트 위에서처럼, 해초도 버섯도 자라지 않는 곳에서 대단히 무성하게 자라고 증식할 수 있다.[53] 또한 몇 개월 동안 눈이 땅을 덮는 툰드라toundra[맨 땅이나 바위지대]에서 우리가 만나는 것도 무성한 지의류이다. 이러한 종류의 연합을 껍질 속에 틀어박힌 소라게Pagure와 껍질 위에 자리잡는 말미잘 사이에서도 볼 수 있다. 말미잘은 자기의 강렬한 색깔에 의해 먹이를 유인하거나, 아니면 따끔따끔 찌르는 요소들로 그것들을 마비시켜 껍질 속에서 거의 움직이기 어려운 소라게로 하여금 그것들을 잡기 쉽게 해줌으로써 먹이에 힘을 행사한다. 게다가, 반대로 소라게의 양식에서 남은 찌꺼기는 말미잘이 먹는다. 이러한 세부내용은 소라게에 대한 말미잘의 이용가치와 관련한 내용보다 더 확실하다. 소라게는 자기가 그 속에 거주하는 껍질 위에 말미잘을 놓는 경향이 있지만, 더 일반적으로, 살아 있든 아니든, 자신이 만나는 것들 중에 강렬한

52) 주머니벌레에 기생당하는 수컷 게가 그러한 경우이다.
53) 이 연합은 생식의 양태 속에 존속한다——지의류에서 엄밀히 개체화된 단계로 불릴 수 있는 것이 그것이다. 왜냐하면 균류의 균사체가 조류의 녹색 씨앗을 에워싸 주고 지의류는 균류의 구멍들에 의해 생식을 하기 때문이다. 그러한 생식의 단위 즉 분아(粉芽, soredia)는 씨앗과 동등하다[균사체는 균사가 뻗어나가 뿌리처럼 얽힌 부분. 버섯의 경우 우산 모양으로 된 부분이 포자가 들어있는 자실체이며 그 아래서 땅에 뿌리박은 덩어리가 균사체이다. 분아는 균사가 몇 개의 조류세포를 둘러싸고 있는 알맹이로 적당한 환경이 되면 피층으로 빠져나와 싹이 터서 자란다——옮긴이].

색깔을 지닌 모든 것들을 올려놓는다. 이 소라게는 잡힌 상태에서도 옷감이든, 종이든, 사람들이 그 등 위에 올려놓는 것들 중에 색깔 있는 것은 모두 잡아챈다. 단언하기는 어렵지만, 아마도 의태mimétisme 행동에 의해 스스로 [다른 것과의] 연합을 구성하는 것은 바로 소라게인 것 같다 (그래서 어떤 동물학자들은 이 게로 하여금 등 위에 강렬한 색을 가진 대상들을 올려놓게 하는 것은 반사행동이라고 해석한다). 그러나 이 경우 의태는 아주 조잡하다는 것을 인정해야 한다. 왜냐하면 회색이나 검은 모래의 지반 위에서 소라게는 온통 붉은 색이나 노란 색으로 기꺼이 자신을 치장하는데 이것은 자신을 아주 두드러지게 하는 것이기 때문이다. 사실상 소라게가 이러한 연합을 구성하며, 말미잘은 일단 인과성의 순환 속에 들어오면(소라게를 움직이게 하는 반사나 굴성의 유형이 어떠한 것이든 간에) 소라게의 먹이에 의해 제공된 더 풍부한 삶의 조건들 덕택에 성장한다고 가정하는 것은 불합리하지 않다. 마지막으로 여기에는 진정한 기생현상은 없다는 것을 주목해야 한다. 말미잘은 쇠약해지기는커녕 반대로 현저하게 성장한다. 그것은 사실상 숙주의 양분을 빨아들이는 흡관吸管, suçoir이나 흡반吸盤, ventouse 덕분이 아니라 정상적이고 일상적인 방식으로 영양을 섭취한다. 말미잘은 소라게의 집게 및 촉수들과 거리가 가깝기 때문에 흡수가능한 작은 찌꺼기들이 풍부한 영양 환경 안에 있게 된다. 하지만 그것은 소라게와 생리적 연속성이 없는 분리된 개체로 남아 있다. 게다가 소라게는 말미잘이 만들어 낸 물질들을 이용하지 않는다. 말미잘은 소라게가 택한 껍질 위에 있지만 다른 모든 껍질들 또는 바위 위에도 있을 수 있을 것이다. 소라게와 말미잘 사이에는 껍질과 물이 있다. 그렇기 때문에 이 경우에는 진정한 사회가 있다. 각 개체는 개체로 남아 있으나 그 두 개체가 살고 있는 환경을 변형시킨다. 사회를 형성하는 개체들 사이의 관계는 이 외적 환경에 의해 이루어진다. 이로써 기생의 사례들과 연합의 사례들 사이에는 인과성의 체제와 정보교환 체제에서 커다란 차이가 존재한다. 상호개체적 인과성 체제는 [기생과] 매우 다르다. 우리는 또한 지의류 형태로 연합된 조류와 균류가 사실상 서로에 대해 내적 환경이 아니라 외적 환경의 요소가 된다는 것을 주목해야 한다. 슈벤데너s. Schwendener, 1829~1919의 이론에 의하면 조류는 엽록소 덕분에 탄소를 동화하는데 이것은 균류에 유익하며, 균류는 조류 혼자서는 죽을 수밖에 없는 곳에서 그것을 안전하게 살도록 해주는 가느다란 섬유들에 의해 건조해지지 않도록 보호해 준다.[54] 서로와 관련하여 외적 환경과 동등한 이 두 존재자들의 관계는 다양한 위상학적 양상들을 포함할 수 있다. 그러나 언제나 동일한 기능적 역할이 수반된다. 엽상체葉狀體, thalle[잎, 줄기, 뿌리 등의 구별이 뚜렷하지 않은 식물의 몸통]는 자낭반子囊盤, apothécie[포자를 형성하는 기관인 자낭이 배열된 기관]들로 분화된다. 어떤 종들에서는 균류의 섬유들은 지의류의 '피질'이라고 불리는 것을 구성하면서 주변에서 더 밀집될 수 있다. 한편 중심은 '골수'이다.[55] 이것은 중간지대로서, 땅과 바위의 지대와 유사한, 조류의 녹색 세포들을 일컫는 녹과체綠顆體, gonidies를 포함하는 지역이 된다. 이 지의류는 이질적인 두 개의 층을 가지고 있다. 반대로 젤라틴질의 지의류와 같이 동질적 층을 갖는 homomère 지의류에서는 균류의 섬유들과 조류 세포들의 배분은 동질적이다. 마지막으로 이 연합은 두 유형의 식물들을 포함하는 생식요소들

---

54) 지의류에서 균류는 녹조류에 대해 외적 환경과 같은 것이다(그러한 조류들은 바위들이나 습한 땅 위에서 자란다). 그리고 조류는 균류에 양분을 제공하는데 이 양분은 균류에 엽록소가 없기 때문에 식물적 환경 속에서만 발견될 수 있을 것이다.
55) [옮긴이] 여기서 피질, 골수 등은 동물의 신경계의 구조에 빗댄 표현.

까지 이어진다는 것을 주목해야 한다. 분아粉芽, sorédie는 조류의 세포들과 균류의 섬유들을 동시에 포함한다. 이 조각들은 지의류에서 분리되어 그것의 증식에 소용된다. 반대로 생식기관은 균류에만 단독으로 속하는 것 같다. 그것들은 자낭균류[주머니 모양의 자낭을 갖는 균류]들에서처럼 하나의 자실층hyménium[자실체에서 포자를 형성하는 부위]으로 구성된다. 자낭균류의 세포들은 다른 불임세포들인 측사側絲, paraphyses[포자를 보호하는 기관이며 표면세포가 불임화한 것]들과 얽혀 있는 자낭들이다. 자낭들 안에서 홀씨spores[포자]가 형성된다. 여기서 연합은 연합되는 존재자들의 개체성을 파괴하지 않고 거기에 겹쳐지는 두번째 개체성과 같은 것을 형성한다. 여기에는 사회인 한에서의 사회의 생식 체계 그리고 균류인 한에서의 균류의 생식 체계가 있다. 연합은 그것을 구성하는 개체들의 개체성을 파괴하지 않는다. 반대로 기생과 같은 유형의 관계는 존재자들의 개체성을 감퇴시킨다. 태반형성placentation의 연합은 중간적인 것이다. 그것은 기생의 방향과 사회의 방향의 두 방향으로 전개될 수 있다. 게다가 그것은 현저하게 장래성이 있고évolutif 이런 의미에서 스스로를 변형한다. 기생과 마찬가지로 연합도 안정적statique이다. 일시적 사회가 되는 경향이 있는 동질생리적 기생현상인 태반형성의 경우와 마찬가지로 안정적 상태들의 경우에서도 이 측면에 주목해야 한다. 이런 의미에서 연합의 모든 형태들을 기생현상과 완전한 사회의 혼합물로 간주하는 것도 가능할 것처럼 보인다. 여기서 완전한 사회는 조류-균류의 균형성에서 나타나는 것과 같은 방식으로 구성된, 이차적이지만 진정한 사회적 개체성의 형성에 이른다. 일정한 기생현상이 없는 연합, 따라서 군을 형성하는 존재자들의 개체성을 감소시키는 어느 정도의 퇴화가 없는 연합은 결코 존재하지 않는다. 그러나 순수 기생현상은 드물다. 왜냐하면 그것은 기생이 일어나는 군 안에서 그것이 발달시키는 일종의 내적 암종癌腫, nécrose에 의해 이 군의 조직을 매우 낮은 수준으로 떨어뜨림으로써 스스로를 파괴하는 경향이 있기 때문이다. 구체적인 군은 완전한 사회와 순수한 기생 사이의 중간적인 것으로 간주되어야 한다. 여기서 군을 특징짓는 조직화의 수준은 숙주의 수준과 기생자의 수준 간의 차이이다.

## 3. 개체화, 정보 그리고 개체의 구조

여전히 제기되는 매우 중요한 문제는 개체성의 구조는 무엇인가 하는 것이다. 즉 개체의 유기화하는 역동성은 어디에 존재하는가? 그것은 개체 전체와 공실체적consubstantiel인가? 아니면 그것은 개체적 유기체 전체를 지배할지도 모르는 몇몇 근본적인 요소들 안에 위치하는가? 이 질문은 모든 개체들에게, 특히 변태métamorphose를 겪는 모든 개체들에게 제기된다. 변태는 존재자 자신으로부터 일어나는 일종의 생식이다. 그것은 증식 없는 생식, 유사성 없는 단일성과 자기동일성의 재생산이다. 그것이 일어나는 동안 존재자는 하나의 개체로 남아 있으면서도 다른 것이 된다. 이는 개체성이 자기 자신과의 유사성, 변형되지 않는다는 사실로 구성되는 것이 아니라는 것을 보여 주는 듯하다. 그리고 개체성은 존재자 전체와 완전히 공실체적인 개체성의 관념을 배제한다는 것을 보여 주는 듯하다.

[변태에 관한] 생물학자들의 연구는 알의 발생이나(『알과 그것의 유기화하는 역동성』에 관한 달크Albert Dalcq, 1893~1973의 연구) 어떤 동물들, 특히 곤충들의 변태현상들에 기초한다. 이런 곤충들에서는 번데기 상태를 경과하는 것이 상당히 진전된 역분화 이후에 유기체의 중대한 재조직화

를 함축한다. 전자[알의 발생]에서 분화 이후에는 해부학적이고 세포학적cytologique으로 완전히 다른 부위가 출현하는 것같다. 마치 연속된 한 덩어리의 변화인 것 같지만, 대할구macromère[수정란이 세포분열할 때 커다란 세포들이 있는 부분]와 소할구micromère[수정란 분열시 작은 세포들이 있는 부분]로 분열되는 단계에서 알의 일부의 절제는 이미 신체의 이러저러한 부분의 소멸이나 위축을 낳는다. 즉 연속체는 이미 이질적인 것이다. 마치 막 분열되기 시작하는 알에서 이미 진정한 극성이 드러나기라도 하는 것처럼 말이다. 번데기에서는 몇 개의 '가상적 원반들disques'이 심층적 역분화를 겪은 덩어리의 재조직화를 주도한다. 따라서 개체의 구조는 몇몇 요소들로 환원될 수 있으며 이 요소들로부터 구조는 덩어리 전체로 퍼진다. 이 '유기조직자들'organsateurs의 이론은 생명물질이 우리가 잘 모르는 특정한 장champ들의 자리일 수 있다는 것, 그리고 기지의 어떤 절차에 의해서도 알아낼 수 없고 측정할 수도 없다는 것을 암시하는 듯하다. 우리는 그것들을 단지 결정들의 형성에, 또는 차라리 과포화된 환경이나 아니면 다른 조건 속에서라도 결정화에 유리한 환경[56] 속에 있는 결정 모양들에 비교할 수 있다. 그러나 이 경우는 절대적으로 유사한 것은 아니다. 왜냐하면 결정은 원칙적으로 그 성장이 결정되어 있지 않은 반면 개체는 경계를 갖기 때문이다. 사실상 결정들의 형성은 차라리 한 군체의 성장에 비교할 수 있을지 모른다. 군체의 성장은 아무 방향으로나 또는 아무렇게나 전개되는 것이 아니라 선호하는 방향들을 따라 전개된다. 이 두 과정의 기초에는 방향성, 극성이 있는데 이것이 바로 개체 존재자를 성장

---

56) 예를 들면 과융해.

할 수 있는 존재자가 되게 해준다. 심지어 그것은 개체 존재자를 일정한 극성과 더불어, 즉 자기 자신과 관련하여 유비적으로, 자신의 유기화하는 싹들로부터 변환의 방식으로, 재생산될 수 있는 존재자가 되게끔 해준다. 왜냐하면 이 유비라는 특성은 결코 고갈되지 않기 때문이다. 자기 자신과 관련한 유비는 개체 존재자의 특징이다. 그것이야말로 개체 존재자를 식별하게 해주는 속성이다.[57] 극성이 생겨날 때마다, 비대칭성과 방향성과 질서가 나타날 때마다 개체성이 준비된다. 개체화의 조건은, 타성적이든 생명적이든, 물질로 하여금 극성화될 수 있게 해주는 퍼텐셜의 존재 안에 있다. 게다가 극성의 조건과 퍼텐셜의 존재 사이에는 가역성이 있다. 모든 장은 본래 방향성이 없는 환경들 안에서 극성들을 나타나게 한다. 예를 들면 유리덩어리 안에서 역학적인 역장力場, champ de forces은 시각적 속성들을 변형시킨다.[58] 그런데 오늘날까지 물질의 극성화에 대한 연구는 아무리 흥미롭고 시사적이라 해도 단편적이고, 부분적으로 정돈되지 않은 채로 남아 있다. 극성화에 대한 전체적 이론이 이루어져야 한다. 이것은 아마도 생명적 물질(또는 유기물)과 타성적 물질 또는 무기물 사이의 관계를 더 잘 드러내 줄 것이다.[59] 사실상 비생명적 물질도 이미 유기조직화가 가능한 듯하고, 이러한 유기조직화는 기능적 삶으로의 모든 이행을 선행하는 듯하다. 마치 유기조직화는 무기적 실재와 엄밀한 의미의 기능적 삶 사이의 일종의 중간적이고 정체된 삶이라도 되는 것처럼 말이다. 엄밀한 의미에서의 기능적 삶이란 존재자가

202

---

57) 개체가 군체를 만들 수 있는 힘, 따라서 유효한 정보를 전달할 수 있는 힘도 같은 종류의 힘이다.
58) [옮긴이] 패러데이 효과를 암시한다. 용어설명* 참조.
59) 물질의 극성화에 대한 국립과학연구소(C.N.R.S.)의 국제콜로키움, 1949년 4월.

재생산되는 삶일지도 모른다. 반면 비생명적 물질 안에서 개체는 다른 개체들에 대해 영향력을 낳기는 하지만 일반적으로 자신과 유사한 개체들을 산출하지는 않는다. 물리적 개체는 자신의 성장 능력과 다른 전언 내용을 실어 나르지는 않는다. 그것은 라보가 생명적 개체를 지칭하기 위해 사용하는 표현인 '유전 물질'이 아닌 것이다. 그러므로 표적 위에 떨어지는 광전자는 여러 개의 이차적 전자들을 방출할 수 있지만, 단 하나의 광전자에 대해 여러 개의 이차적인 전자들이 나온다고 해서 이것들이 일차적 전자 즉 광전자의 후손들인 것은 아니다.[60] 그것들은 광전자가 금속판(전자증배관cellule à multiplicateur d'éléctrons)[61]이나 기체 분자(기체 광전지)에 충돌할 때 나온 다른 전자들이다.

이 조건들에서 개체성과 일차적 전자의 생성은 거의 중요하지 않다. 그것은 광전자일 수도 있지만, 열전자(열음극관)[62] 또는 예를 들어 기체의 이온화에 의해 생긴(가이거-뮐러 계수관)[63] 다른 어떤 절차에 의해 방출된 전자일 수도 있다. 이차적 전자들의 방출에 대해서도 결과는 마찬가지다. 예를 들면 기체 광전지나 전자증배관의 모호한 흐름으로부터 전자들을 증배시키는 데서 나오는 이차적 전자들을 진짜 광전자들로부터 나오는 전자들과 구분할 방법은 전혀 없다. 전자들의 개체적 표식은 없으며, 그 기원에 의해, 즉 기껏해야 우리가 이용하는 측정의 절차들과 더불어 그것들을 특수하게 표시하는 것도 불가능하다. 반대로 이 표시는 생리학에서는 가능하다. 그것은 개체를 그 특수한 발생에 연결하

---

60) [옮긴이] 광전효과에 대해 언급하고 있다.
61) [옮긴이] 전자증배관은 광자를 입사하여 전자의 방출을 증배시키는 관. 일종의 증폭장치.
62) [옮긴이] 열전자와 열음극관 → 용어설명* 참조.
63) [옮긴이] 가이거-뮐러 계수관 → 용어설명* 참조.

는 개체성의 심층적인 특징들 중 하나를 구성한다. 각 개체에 조직화의 도식이 내재함을 가정하는 생식 그리고 개체가 탄생하는 역동성이 개체 안에 보존되어 있다는 사실은 물리학에는 존재하지 않는 것 같다. 쪼개진 결정은 모액eau-mère에 다시 넣는다고 해도 재생되지 않는다. 그것은 계속해서 성장하지만 잘라진 부위를 보완하지는 않는다. 반대로 생명체는 절단에 의해 활성화되거나 혼란스러워진다. 그 성장은 절단된 곳에서 그렇지 않은 곳보다 더 활성화된다. 마치 유기화하는 역동성이라는 내재성이 절단을 당한 표면을 식별하기라도 하는 것처럼 말이다.

아마도 개체성과 극성화의 이러한 관계를 밝히기 위한 연구가 지향해야 할 지점을 예측하는 것은 가능하지 않을 것이다. 그러나 문제의 다른 측면이 드러나고 있다. 이는 이전과는 다르지만 아마도 연관은 있을 것이다. 연구의 가능한 한 가지 길은 이 두 방향[개체성과 극성화]을 분리하는 간격 안에 위치할지도 모른다. 이 방향들은 비록 그 [연구]분야를 구조화하는 것은 아니지만, 그것의 경계를 지어 준다. 이 두번째 연구는 양자들과 생명 사이의 관계를 결정하는 문제이다. 물리학의 양자적 측면은 생물학에서 다시 발견되며 아마도 개체화의 특징들 중 하나일 것이다. 유기화의 원리들 중 하나는 기관들의 작동의 문턱들seuils을 규정하여 유기화에 봉사하는 기능적 양자 법칙일 수 있다. 복잡성의 정도가 어떠하든 신경계는 단지 화학적 전도들의 전체로 구성되는 것은 아니다. 전기화학적 전도들 사이에는 여러 수준의 관계의 체계가 있다. 그것은 물리학에서 이완relaxation이라 부르는 것[64], 생리학에서는 때때로 '전

---

64) [옮긴이] 이완이란 물질에 인장력을 가하여 일정시간 후에 물질의 응집력이 감소하는 상태.

체가 아니면 무'라고 부르는 것과 가까운 작동의 특징들을 제공하는 관계의 체계이다. 영미의 생물학자들과 신경학자들은 이러한 작동기능을 특징짓기 위해 총을 쏠 때처럼 '발사하다'라는 표현을 사용한다. 이 작동기능은 일정한 퍼텐셜에너지의 양이 축적되어 있고 그 힘을 연속적이 아니라 단번에 완전히 수행하는 것을 전제로 한다. 여러 효과기效果器, effecteur들이[65] 이 법칙에 따라 작동하는 것으로 나타날 뿐 아니라 중추들 자체도 이 법칙을 따른다. 중추들은 서로를 촉진하거나 억압하는 연결부들relais의 상호접속으로 유기조직화되어 있다. 그래서 비록 생리적으로 보면 한 유기체 안에서 모든 것이 모든 것에 연결되어 있다 하더라도 인과성의 다양한 그리고 구조화된 체제들은 양자적 작동 법칙들 덕분에 확립될 수 있는 것이다. 일정한 문턱에 도달하지 않은 양은 일시적으로 어떤 촉발의 수준에 있는 모든 연결부에 대해 제로값에 해당하므로, 이 정보가 실어나르는 전언내용은 단지 고려된 전언내용의 에너지 수준보다 하위의 문턱을 갖는 연결부의 작동과 더불어 전파될 수 있는 경로들을 향해서만 방향을 잡는다. 게다가 이러한 작동의 특징은 순수한 에너지의 양과는 다른 것일 수도 있다. 예를 들어 진동수와 같은 시간적 변조가 개입할 수 있지만, 이것은 라피크L. Lapicque, 1866~1952가 크로낙시chronaxie[66]의 개념과 더불어 시냅스 연결이론을 확립했을 때 생각한 것보다는 아마 덜 보편적일 것이다. 이 작동은 개체 안에서 구조화된 정보체제를 산출하면서 틀림없이 선행적인 형태학적 분화를, 특히 신경계를

---

65) [옮긴이] 효과기는 동물체가 자극에 따라 외계를 향하여 능동적인 활동을 할 수 있게 하는 기관이나 세포. 예를 들면 신경자극이나, 호르몬 작용에 의해 근수축, 호르몬 분비와 같은 반응을 보이는 활동.
66) [옮긴이] 크로낙시는 신경세포나 근육섬유를 자극하는 데 걸리는 시간.

가진 형태학적 분화를 요구하는 것 같다. 그런데 바로 그런 일이 일어나는 것 같다. 양자적 작용들은 유기화학의 거대분자들의 수준에서 수행되기 때문에 그것들은 에너지 교환의 양자적 속성들에 기초한 문턱의 법칙에 따라서 일정한 방향들을 촉진하거나 억압하는 일이 있을 수 있다. 그리고 거기에 연속적인 물질의 덩어리이지만 그 속에서 교환되는 경로들의 이질성이라는 형태로 유기화의 기원이 있을지도 모른다. 이질적 연속체는, 모든 해부학적 분화 이전에 최초로 적은 양의 에너지에 의해 퍼텐셜에너지의 더 강력한 양의 행사를 조건짓는 체제의 요소들을 내놓는다. 이것이 한 환경 속에서 정보 체제의 출발점이 되고 증폭의 과정을 가능하게 한다.

아마도 물리적 개체와 생명적 개체 사이의 분리는 다음과 같은 기준에 의해 세워질 수 있을지도 모른다. 물리적 개체화의 작용 속에서 정보는 유기화의 현상들 안에서 현실화되는 퍼텐셜에너지의 매체들과 다르지 않다. 이런 의미에서 생명이 없이는 거리를 둔 연결부relais도 없을지 모른다. 반대로 생명체 속의 개체화는 변조하는modulatrice 구조들 그리고 개체를 특징짓는 작용들 속에 함축된 퍼텐셜에너지의 매체들 사이의 구분 위에 기초할지도 모른다. 그러므로 연결부의 구조와 역동성은 생명적 개체에 본질적인 것인지도 모른다. 그런 이유로 우리의 가설에 의하면 물리적 개체와 생명적 개체에 있어서 정보 체제 속의 다양한 수준들을 규정하는 것이 가능하다. 생명체는 그 자체가 변조자이다. 그것은 영양섭취를 하여 에너지를 만들고 입구entrée 또는 기억을 가지며 효과기의 체계를 갖는다. 물리적 개체는 에너지의 근원으로서 그리고 효과기의 적재량charge으로서 환경을 필요로 한다. 그것은 정보를, [즉] 수용된 특이성을 가져온다.

## 1. 개체발생적 문제상황의 개념

생명체의 개체발생ontogenèse은 항상성homéostasie 개념만으로는 생각될 수 없다. 항상성은 자기조절에 의한 항구적인 준안정적 평형의 유지이다. 준안정성에 대한 이러한 표상은 생존 속에서만 유지되는 완전한 성체를 기술하기 위해서는 적절할지도 모르지만 개체발생을 설명하는 데는 충분하지 않을지도 모른다.[67] 이 최초의 개념에 존재자의 내적 문제 상황이라는 개념을 첨가해야 한다. 한 생명체의 상태는 풀어야 할 문제와 같다. 개체는 구조들과 기능들의 순차적 합성을 통하여 문제의 해답이 된다. 막 개체화된 존재자는 상반되는 요소들의 짝들의 형태 아래서 정보를 담지하는 체계로 간주될 수 있다. 이 짝들은 내적 공명으로부터 응집을 갖게 되는 개체화된 존재자의 일시적 통일성에 의해 연결되어 있다. 준안정적 평형의 항상성은 그 안에 불균등화disparation가 존재하는 이 영역들을 소통활동에 의해 연결해 주는 응집의 원리이다. 그때 발생développement은 개체가 전언내용으로서 전달하는 내적 문제들을 한 단계씩 차례로 해결해 가는, 구조들과 기능들의 순차적 발명으로서 나타날 수 있을지도 모른다.[68] 이 순차적 발명들, 혹은 증폭의 단계들이라 명명할 수 있는 부분적 개체화들은 존재자의 각 단계를 이전 상태들의 해

---

67) 이는 군체의 연속적 기능들에 대해서도 상당히 잘 적용된다. 그러나 그것은 개체의 불연속적 특징도, 정보의 특징도 그리고 증폭하는 역할도 설명하지 못한다.

68) [옮긴이] 보통 développement은 발달, 발생의 두 가지로 번역할 수 있지만 여기서는 생물 발생학의 뉘앙스를 짙게 가지고 있다. 시몽동이 제시하는 사례들도 그런 류의 것들이다. 그 경우 우리가 보통 발생으로 옮긴 genèse와 혼동될 수도 있지만 불가피한 경우 동일하게 옮기고 필요할 때는 원어를 표기했다.

결로 나타나게 하는 의미작용-signification들을 포함한다. 그러나 내적 문제 제기의 이 순차적이고 단편적인 해결들은 존재자의 긴장들이 무화된 것으로서 나타날 수는 없다. 형태이론은 평형의 개념을 사용하면서, 존재자가 좋은 형태 속에서 자신의 가장 안정적 평형을 발견하는 것을 목표로 한다고 가정한다. 프로이트 역시 존재자가 자신의 내적 긴장들의 평정을 향한다고 생각한다. 사실상 한 형태가 존재자에게 좋은 형태가 되는 것은 그것이 구성적일 때뿐이다. 즉 그것이 구조와 기능들의 체계적 통일성 속에 진정으로 이전의 불균등화의 기초들을 삽입할 때이다.[69] 비구성적인 이완에 지나지 않는 완성은 좋은 형태의 발견이 아니라 개체의 빈약화 또는 퇴화에 지나지 않을지도 모른다. 좋은 형태가 되는 것은 개체로부터 아직 개체화되지 않은 부분이다. 죽음만이 모든 긴장들을 무화시키는지도 모른다. 그리고 죽음은 어떤 문제의 해결도 아니다. 문제를 해결하는 개체화는 긴장들을 안정성의 평형 속에서 무화시키는 대신에 그것들을 준안정성의 평형 속에서 보존하는 개체화이다. 개체화는 긴장들을 양립가능하게 만들지만 그것들을 이완시키지 않는다. 개체화가 발견하는 구조들과 기능들의 체계 내부에서 긴장들은 양립가능하다. 생명체의 평형은 준안정성의 평형이며 안정성의 평형이 아니다. 내적 긴장들은 자기 자신과 관련한 존재자의 응집이라는 형태로 항구적으로 남아 있다. 존재자의 내적 공명은 준안정성의 긴장이다. 그것은 불균등화가 그 안에 존재하는 규정들의 짝들을 서로 대면하게 하는 그런 것

---

69) 이 불균등화라는 말은 지각의 심리-생리학적 이론에서 빌려왔다. 왼쪽 각막의 이미지와 오른쪽의 그것처럼 완전히 겹쳐지지 않는 두 쌍둥이의 군이 한 체계로 함께 포착될 때 불균등화가 있다. 이 체계는 새로운 차원에 의해(예를 들면 시각의 경우 깊이를 가진 면들의 층화에서처럼) 자신의 모든 요소들을 통합하는 상위 등급의 단일한 군의 형성을 허용할 수 있다.

이다. 이 불균등화는 더 고양된 구조기능적 전체의 발견에 의해서만 유의미하게 될 수 있다.

개체발생은 해답에서 해답으로 완전한 안정성 즉 성체에 이를 때까지 도약하는 항구적인 문제제기라고 말할 수 있을지도 모른다. 그러나 완전한 성숙은 동일한 순간에 존재자의 모든 기능들과 구조들에 의해 [한번에] 도달되지 않는다. 개체발생의 여러 경로들은 나란히 서로를 뒤따르면서, 때로는 기능들의 한 군이 성장과정을 거치면 다음에는 두번째 군, 세번째 군이 그렇게 되고, 마지막으로 다시 처음으로 돌아오는 활동의 교대를 동반한다. 이러한 문제해결능력은 어느 정도까지는 한계가 있는 것 같고 존재자의 자기 자신에 대한 작용으로 나타나는 듯하다. 즉 체계적 통일성을 가지면서도 존재자의 모든 측면에 동시에 영향을 줄 수는 없는 작용으로 나타나는 듯하다. 게젤Arnold Gesell, 1880~1961에 의하면 생명체들의 개체발생은 단일성의 원리와 이원성의 원리의 공존에 기초한 성장과정을 보여 준다.[70] 단일성의 원리는 성장의 구배gradient라는 형태로 나타나는 뚜렷한 **발달 방향**의 원리이다. 신체적, 기능적 발생은 뇌와 꼬리의 기본축을 따르는 일련의 순차적 파상波狀, vagues들로 시작하여 몸통의 중심과 말단의 이차적 도식을 따르는 이 축의 서로 다른 수준들로부터 방사된다. 발생의 극성에 의해 나타나는 이 최초의 단일성의 원리는 측면 지배의 원리에 의해 보완된다. 신체 양측면의 대칭, 특히 감각기관들과 신경-근육 효과기들의 대칭은 해부생리학적 실재 안에서만큼이나 발생 안에서도 기능적 비대칭이 존재하는 것을 방해하지는 않는다. 반대로 이원성의 원리, 즉 대부분의 기관들, 특히 감각기관들과 효

---

70) [옮긴이] 게젤 → 용어설명* 참조.

과기들의 양측면의 대칭 원리가 존재한다. 신체적, 기능적 발달은(게젤의 표현에 의하면 "행태의 발달") 서로 얽힌 상호적 과정에 따라 일어난다. 그것은 단일성과 이원성을 직조tissage하듯 연결하는데, 이 직조는 심신의 다양한 기능들과 결합들을 분리하고 보존하며, 유기화하고 분화하고 연결하며 구조화한다. 발생은 행태들의 행태이고 행태들의 점진적인 직조이다. 성체는 역동적 조직tissu이며, 기능들과 구조들의 분리와 재결합을 유기적으로 조직하는 것이다. 통합과 분화의 이중운동이 이 구조적이고 기능적인 조직을 구성한다. 점진적으로 개체화하는 성숙은 반응들과 태도들의 전반적 통일성의 내부에서 점점 더 분리되고 점점 더 정밀한 도식들을 재단해 낸다. 그러나 이러한 행동 도식들의 분리는 이 도식들이 개체화하는 한에서만, 즉 이 도식들이 [그대로 두면] 분리될 수도 있는 여러 요소들을 [하나로] 구조화하는, 공조synergie 효과를 낳는 통일성으로 형성되는 한에서만 가능하다. 정확하고도 잘 적응된 운동은, 유기체 전체와 관련하여 개체화하는 성숙의 결과이다. 하지만 이 개체화하는 성숙은 단순한 분석에 의해 기능적 통일성을 구성할 수는 없다. 게젤이 **패턴**(구조기능적 도식)이라고 부르는 것의 개체화는 단지 기존의 포괄적 전체를 분석하는 것으로부터 나오는 것은 아니다. 그것은 또한 동시에 여러 기능들을 공조적으로 통합하는 구조화로부터 나온다. 각각의 동작과 행동은 신체 전체를 함축한다. 그러나 그것들은 그것들을 함축적으로 포함하는 포괄적 과정의 분석과 전문화에 의해 얻어지는 것이 아니다. 본래의 유기체적organismique 통일성은 가능한 모든 행동들의 저장소로서 작용하는 것이 아니라 응집과 상호성과 통일성과 대칭의 힘으로서 작용한다. 성숙은 개체화를 가능하게 하지만 개체화는 성숙의 결과로 나오는 것이 아니다. 그것은 순수한 종합도 아니고, 미리 형성된 자연적 반응도식 안에 들어오는 응답들의 조절에 의한 순수한 학습도 아니다. 발달은 순차적 학습을 통해 이루어진다. 이것은 유기체가 성숙하는 동안 과정을 통합하는 기회이다. 유기체와 세계의 관계는 행태의 자기조절적 요동fluctuation을 통해 이루어진다. 이것은 반사행동의 조절에 의한 학습보다 더 복잡한 분화와 통합의 도식이다. 개체가 실어나르는 문제들의 해결은 구성적 증폭 과정을 따라 이루어진다.[71]

게젤이 인간의 개체발생에서 제시하는 서술과 그가 그것을 해석하는 원리들은 그에 의하면 일반 발생학의 결과들을 연장한 것이다. 이 원리들은 단지 비유적이고 기술적인 것만이 아니다. 그것들은 저자에 의하면 생명의 근본적인 측면을 표현한다. 특히 양측면의 대칭 원리와 기능적 비대칭의 원리, 또는 발생의 방향과 개체화하는 성숙의 원리가 보여 주는 통일성에 의해 유지된 이 이원성은, 염색체의 구조 속에서는 개체발생의 원리 자체 속에 존재한다. 게젤은 린치Dorothy Wrinch, 1894~1976의 이론을 인용한다.[72] 린치에 의하면 염색체는 두 개의 요소로 구성된 **구조**이다. 동일한 단백질 분자들의 긴 섬유가 평행하게 배열되어 있고 주기적인 핵산분자들의 군으로 둘러싸여 전체가 망상조직에서처럼 뒤얽혀 있다. 그래서 고리와 망상조직이라는 상징은 발생의 구조기능적 기초로 제시될 수 있을지도 모른다. 개체발생은 단백질 분자들의 쌍들의 이원성으로부터 이루어지는 것이 아닐까. 유전적 특징은 미리 결정된 요소가 아니라 해결해야 할 문제가 아닐까. 즉 불균등화 관계에 있는, 서

---

71) 구성적 증폭 과정과 통합의 과정은 반드시 연속적인 것은 아니다. 개체가 군체를 형성할 때 유충이 번데기가 될 때 분아(粉芽)가 고정되어 지의류를 생산할 때 개체는 스스로를 변형한다. 하지만 증폭과정은 남는다.
72) [옮긴이] 도로시 린치 → 용어설명* 참조.

로 구분되면서도 통합된 두 요소들의 쌍이 아닐까. 그렇게 해서 개체화된 존재자는 문제상황을 야기하는 일정수의 불균등화의 쌍들을 포함하고 있을지도 모른다. 구조기능적 발생은 일련의 문제해결들일지도 모른다. 발생의 한 단계는 하나의 불균등화 문제의 해결이다. 그것은 통합과 분화를 포함하는 순차성의 시간적 차원을 통해 단일한 의미작용을 내놓는데 그 안에서 불균등한 요소들의 쌍은 연속적 체계를 구성하고 있다. 따라서 발생은 순수한 분석도, 순수한 종합도 아니며 심지어 두 측면의 혼합도 아니다. 발생은 의미작용들의 발견이자 의미작용들의 구조기능적 **실현**이다. 존재자는 불균등한 요소들의 쌍의 형태로 함축적 정보를 포함하는데 이 정보는 발생 안에서 실현되고 발견된다. 그러나 발생은 단지 모나드적 본질을 가진 완전한 개체의 개념 속에 포함된 특징들의 전개나 펼침이 아니다. 개체화된 존재자의 단일한 본질은 없다. 개체화된 존재자는 실체도 **모나드**도 아니기 때문이다. 그것이 발생할 수 있는 모든 가능성은 그것이 완전히 통합되어 있지도, 체계화되어 있지도 않다는 사실에 기인한다. 한 급수가 자신의 이유를 갖듯이[73] 본질을 소유하는 체계화된 존재자는 발생할 수 없을지도 모른다. 존재자는 자신의 원리 또는 자신의 원리들 속에 완전히 포함되어 있지 않다. 존재자는 자신의 원리들로부터 발생한다. 하지만 그 원리들은 체계로 주어지지 않는다. 개체화된 존재자의 최초의 본질은 없다. 개체의 발생genèse은 기저에서 불균등화 상태인 쌍들에 내재적인 양립불가능성들을 해결하는 순차적 **패턴**pattern들의 발견이다. 발생은 해결 또는 의미작용의 차원을 발견하는 것이다. 이 차원은 불균등한 쌍들에는 포함되어 있지 않은 차원

---

73) [옮긴이] 라이프니츠 급수→용어설명\* 참조.

이며 그것 덕분에 불균등한 쌍들은 체계들이 된다.[74] 그래서 각 망막은 2차원적 이미지로 덮여 있다. 왼쪽 이미지와 오른쪽 이미지는 불균등화 상태에 있다. 그것들은 서로 겹칠 수가 없다. 왜냐하면 그것들은 두 다른 각도에서 바라본 세계를 나타내기 때문이다. 이로 인해 시차parallaxe가 나타나고[75] 장면들의 겹침recouvrement des plans에서 차이가 생겨난다. 왼쪽 이미지의 첫째 면에 의해 감추어진 세부사항들은, 그와 반대로 오른쪽 이미지에서는 드러난다. 이의 역도 마찬가지다. 그래서 어떤 세부사항들은 한쪽 눈의 이미지에서만 나타난다. 그런데 이 두 이미지를 통합할지도 모르는 제3의 이미지는 시각적으로 가능하지 않다. 그것들은 본질적으로 불균등화되어 있으며 2차원 축에서는 겹칠 수 없다. 그것들이 자신들을 통합하는 정합성이 나타나도록 하기 위해서는, 불균등화가 바로 새로운 차원의 표식이 되는 그러한 공리계의 내부에서, 지각된 세계의 기초들이 되어야 한다. 불균등화는 직접적인 2차원 체계를 불가능하게 만드는 조건이다. 3차원 세계에는 더 이상 두 개의 이미지는 없고 두 이미지들이 통합된 체계가 있다. 이 체계는 이미지들 각각의 공리계보다 더 높은 수준의 공리계, 그러나 이미지들과 모순되지는 않는 공리계를 따라서 존재한다. 3차원성은 2차원성을 통합한다. 각 이미지의 모든 세부사항은 의미작용을 하는 통합 체계 안에 현전한다. [앞에서] 면들의 겹침에 의해 가려진 세부사항들, 따라서 하나의 이미지 위에서만 존

---

74) 개체발생 자체는 증폭작용으로 나타날 수 있다. 개체의 자기 자신에 대한 작용은 외부에 대한 작용과 같다. 그것은 자신 안에서 상호 교착에 의해 아군들의 군체를 만들어 내면서 발생한다.

75) [옮긴이] 시차는 천문학 용어지만 심리학에서는 동일한 실재를 각도나 관점에 따라 달리 보는 주관성의 영역을 말한다.

재하는 세부사항들은 통합의 체계 안에서 보존되고 완벽하게 지각된다. 마치 그것들이 두 이미지의 일부를 이루기라도 하는 것처럼 말이다. 여기서는 추상의 과정과 일반화 과정을 생각할 수 없다. 이 과정들은 지각의 의미작용 속에서 두 망막 이미지들에 공통적인 것만을 보존할 것이기 때문이다. 지각은 공통적인 것만을 보존하는 것이 아니라 특수한 것 모두를 보존하고 그것을 전체 안에 통합시킨다. 게다가 지각은 두 개의 특수한 것들 사이의 갈등을 이용하여 그것들을 통합하는 더 우월한 체계를 발견한다. 지각적 발견은 환원적 추상이 아니라 통합이고 증폭시키는 작용이다.

그런데 지각은 근본적으로 성장과는 다르고, 생명체는 모든 활동에서 유사한 방식으로 작용한다고 가정할 수 있다. 활동인 한에서의 성장은 분화와 통합에 의한 증폭이며, 단순한 전개나 연속이 아니다. 모든 완전한 생명적 과정에는 분화와 통합의 두 측면이 통합되어 있다. 그래서 지각은 감각의 미분적 활용이 없이는 존재할 수 없을지도 모른다. 감각의 미분적 활용은 때때로 주관성의 증거로 그리고 지각으로부터 얻어진 지식의 타당성을 비판하는 증거로 간주되기도 한다. 감각은 지각하는 주체의 **선험성**에 모호한 연속체를, 즉 **선험적** 형식을 위한 질료를 가져오는 것이 아니다. 감각은 환경과의 관계를 지시하는 감각기관들의 미분적 작용이다. 감각은 분화의 힘, 즉 대상들 간의 또는 신체와 대상들 간의 관계적 구조들을 파악하는 힘이다. 그러나 이 감각적 분화의 작용은, 그것이 다른 활동과 양립가능하게 될 때만 자기 자신과 정합적일 수 있다. 다른 활동이란 바로 통합의 작용 즉 지각을 말한다. 감각과 지각은 전자가 후자에 질료를 제공하면서 서로 잇따르는 두 가지 활동이 아니다. 그것들은 쌍둥이이자 상보적인 두 활동이다. 그것들은 주체가 세계와의 관계를 따라 작동시키는, 증폭시키는 개체화의 두 측면이다.[76] 마찬가지로 성장은 고립된 과정이 아니다. 그것은 모든 생명적 과정의 모범이다. 성장이 개체발생적이라는 사실은 그것이 중심적이고 본질적인 역할을 한다는 것을 알려주지만 존재자의 각각의 활동에 특정한 개체발생적 계수가 없다는 것을 의미하는 것은 아니다. 감각-지각의 작용 역시 제한되고 상대적인 개체발생이다. 그러나 그것은 이미 형성된 구조기능적 표본modèle들을 이용하여 수행되는 개체발생이다. 그것은 기존의 생명체를 기반으로 하여 기억의 내용에 의해 방향이 정해지고 본능적 역동성에 의해 활성화된다. 생명체의 모든 기능들은 어느 정도에서 개체발생적이다. 이는 단지 그 기능들이 외적 세계에 대한 적응을 확보해 주기 때문만이 아니라 그것들이 생명 자체인 항구적 개체화에 참여하기 때문이다. 개체는 그것이 개체화를 계속하는 한도 내에서 살아간다. 그것은 기억의 활동을 통해서 개체화되며 마찬가지로 상상력 또는 창조적이고 추상적인 사유를 통해서 개체화된다. 이런 의미에서 심리적인 것은 생명적인 것이다. 그리고 생명적인 것이 심리적인 것이라는 말도 역시 타당하다. 단 **심리적인 것**이라는 말을 통합하는 체계들의 구성활동이라는 의미로 이해한다는 조건에서 그러하다. 이 통합하는 체계들의 내부에서 요소들의 쌍들의 불균등화는 하나의 의미를 갖는다. 적응은 불균등화의 쌍이 주체의 요소와, 외부 세계를 대표하는 요소를 포함하는 특수한 경우이다. 그것은 생명을 이해하기에는 불충분한 기준이다. 생명은 적응을 포함하지만, 적응이 있기 위해서는 이미 개체화된 생

---

76) 감각은 미분적 활용에 의해 복수성과 소여들의 양립불가능성, 정보를 전달하는 문제제기적 능력을 제시한다. 지각적 통합은 일반적으로 유효한 운동반응, 감각운동적 우주의 증폭을 암시하는 구성에 의해서만 수행된다.

명체가 있어야 한다. 개체화는 적응을 앞서고 그것으로 충분히 구명되지 않는다.[77]

## 2. 개체화와 적응

적응은 개체화의 상관항이다. 적응은 개체화를 따라서만 가능해진다. 19세기 철학의 중요한 양상을 기초하는, 적응에 대한 모든 생물학주의는 실용주의라는 형태로 우리에게까지 연장된다. 이 적응의 생물학주의는 이미 개체화된 생명체를 주어진 것으로서 암묵적으로 가정하고 있으며, 성장의 과정은 부분적으로 제쳐 놓는다. 그것은 개체발생 없는 생물학주의이다. 생물학에서 적응이라는 개념은, 형상질료설이 그러하듯이, 두 명백한 용어들 사이에 모호한 구역을 남겨 놓는 사유의 관계적 도식을 투사한 것이다. 게다가 형상질료설의 도식 자체가 적응의 개념 안에 나타난다. 생명체는 세계 속에서 생명체를 구조화하는 형상들을 발견한다. 게다가 생명체는 세계를 자신에 동화시키기 위해 세계에 형상을 제공한다. 적응은 수동적이건, 능동적이건, 형상질료설의 기초를 가진 복잡한 상호 영향으로 간주된다. 그런데 적응은 생물학에 의해 생명체의 근본적 양상으로 주어졌기 때문에 심리학을 비롯하여 원리가 없이 잘 구조화되지 않은 학문분야들이 거기서도 적응의 원리를 사용함으로써 생물학에서 생명의 심오하고도 충실한 표현을 빌려올 수 있다고 믿은 것은 자연스러운 일이다. 그러나 적응의 원리가 생명적 기능들을 심

77) 그래서 개체의 본질적 기능은 증폭의 활동이라고 말할 수 있을지도 모른다. 개체가 그 활동을 자신의 내부에서 행하든, 군체 안에서 스스로를 변형하든 간에 말이다.

층적으로 설명하지 못하고 개체발생도 이해하지 못한다는 것이 사실이라면 적응 개념에 기초한 지적 체계들을 모두 개선해야 할지도 모른다. 특히 독일에서 발달한 형태심리학 이론들과 미국의 실용주의를 종합한 것으로 대표되는 쿠르트 레빈Kurt Lewin, 1890~1947의 사회역학의 [연구] 결과들을 받아들이지 않는 것이 좋을 것이다.[78] 사실상 [레빈에게서] 인성personnalité은 경향들의 중심으로 표현되고, 환경은 존재자가 향하고 있는 목적에 의해 그리고 목적을 향하는 개체의 운동에 대립하는 힘들 전체에 의해 구성된다. 이 힘들이 벽을 형성하면서 개체의 행동이 강렬할수록 더 강한 반작용을 행사한다. 그때부터 가능하게 되는 여러 가지 태도들은 이 벽에도 불구하고 목적에 도달하고자 하는 행태들이다(예를 들면 우회도 이러한 행태들 중 하나이다). 이러한 개념규정은 역장이라는 개념에 호소한다. 행태들과 태도들은 이 역장의 내부에서, 이 **호돌로지 공간**espace *bodologique*에서 가능한 여정들parcours로 이해된다.[79] 동물들과 아이들은 성인의 공간보다 더 단순한 호돌로지 공간을 투사한다. 각 위치는 그것을 구성하는 역장의 구조에 의해 표상된다. 그런데 이 이론은 생명체의 본질적 활동이 적응이라고 가정한다. 왜냐하면 문제가 힘들의 대립이라는 용어로 정의되었기 때문이다. 즉 주체와 대상 사이의 벽이라는 형태 아래 목적을 향한 주체로부터 나오는 힘들과 대상(생명적 주체에 대한 대상)으로부터 나오는 힘들 사이의 갈등이라는 용어로 문제가 규정된 것이다. 해답의 발견은 장을 새롭게 구조화하여 이 장의 위상학을 변형하는 것이다. 그런데 위상학적인 호돌로지 이론에 결핍된 것

---

78) [옮긴이] 쿠르트 레빈 → 용어설명* 참조.
79) [옮긴이] 호돌로지 → 용어설명* 참조.

으로 보이는 것은 **자신 안에서** 순차적인 개체화들을 수행할 수 있는 존재자의 표상이다.[80] 역장의 위상학이 변형될 수 있기 위해서는 원리가 발견되어야 하고 과거의 배치들이 이 체계에 통합되어야 한다. 소여가 변형되기 위해서는 의미작용들의 발견이 필요하다. 공간은 단지 역장이 아니며 단지 호돌로지적인 것도 아니다. 요소들이 새로운 체계에 통합될 수 있기 위해서는 이 요소들의 상호관계 안에 불균등화라는 조건이 있어야 한다. 쿠르트 레빈이 주장하는 것처럼 요소들이 그렇게 이질적이고 밀어내는 벽과 끌어당기는 목적처럼 대립되는 것이라면, 공통의 의미작용을 발견하기에는 불균등화가 너무 클지도 모른다. 행동action은 환경의 일정한 요소들과 존재자의 일정한 요소들을 포괄하는 개체화이고 거의 유사한 요소들로부터만 이루어질 수 있다. 행동은 단지 환경의 위상학적 변형이 아니다. 그것은 훨씬 더 섬세하고 미묘한 방식으로 주체와 대상의 골조 자체를 변형한다. 변형되는 것은 대상들과 힘들의 추상적인 위상학적 배분이 아니다. 새로운 차원을 발견한 덕분에 극복되고 통합된 불균등화의 양립불가능성들 또한 변형되는데 이는 [위와] 마찬가지로 전체적이지만 더 내밀하고 덜 극단적인 방식으로 그렇게 된다. 행동 이전의 세계는 단지 주체와 목적 사이에 벽이 있는 세계가 아니다. 그것은 특히 자기 자신과 일치하지 않는 세계이다. 왜냐하면 그것은 단 하나의 관점으로 나타날 수가 없기 때문이다. 장애물이 여러 대상들 중의 한 대상이 되는 것은 아주 드물게 그러할 뿐이다. 그것은 일반적으로 상징적인 방식으로만 그리고 명석하고도 객관화하는 표상의 필요

---

80) 다시 말해서 이 학설에 의하면 불균등화를 발생시키는 쌍은 개체-세계의 관계이며 개체가 본래 담지하고 있었을지도 모르는 이원성이 아니다.

에 대해서만 그러하다. 호돌로지 공간은 이미 해답의 공간이며, 다양한 가능한 관점들을 하나의 체계적인 단일성으로 통합하는 의미작용의 공간이자 증폭의 결과이다. 호돌로지 공간 이전에는 결정된 장애물을 파악하지 못하게 하는 관점들의 얽힘이 있다. 단일한 군ensemble을 정돈할 수 있는 차원들이 없기 때문이다. 행동을 앞서는 **마음의 동요**fluctatio animi 는 여러 대상들 사이에서 혹은 심지어 여러 개의 길들 사이에서 주저하는 것이 아니라 거의 유사하지만 불균등화되어 있는 양립불가능한 군들이 움직이면서 겹쳐 있는 상태이다. 행동 이전의 주체는 여러 개의 세계와 여러 질서들 사이에서 사로잡혀 있다. 행동은 이러한 불균등화로부터 의미작용을 발견하는 것이고, 각각의 군들의 특성들을 새로운 차원을 갖는 더 넓고 더 풍부한 군 안에 통합하는 수단을 발견하는 것이다. 행동이 조직자로 현시하는 것은 군들 중의 하나가 지배적이 되어 다른 것을 강제함에 의해서가 아니다. 행동은 개체화와 동시대적이다. 이에 의해 [앞에서 말한] 장면들plans의 갈등이 공간으로 조직화된다. 군들의 복수성은 체계가 된다. 행동의 체계는 능동적 개체화 속에서 막 발견된 새로운 의미작용의 차원의 주관적 상징에 불과하다. 그래서 이러한 양립불가능성은 순차성과 조절의 도식에 의해 체계적인 의미작용처럼 해결될 수 있다. 행동은 경로들을 따른다. 그러나 이 경로들은 단지 우주가 개체화되면서 정돈되기 때문에 경로일 수 있는 것이다. 경로는 **지금 여기**에서 그 경로를 개체화하고 또 주체를 개체화함으로써 주체의 생명이 체계에 통합되도록 해주는 하나의 차원이다. 경로는 세계인 동시에 주체이다. 그것은 이전의 다양한 관점들 및 산출된 특이성들을 통합하는 단일성으로서 이제 막 발견된 체계의 의미작용이다. 지각하는 존재자는 행동하는 존재자와 동일하다. 행동은 지각의 문제들을 해결하는 것으로부터 시작한다. 행동은 지각적 우주들의 상호정합성의 문제들의 해결이다. 행동이 가능하기 위해서는 이 우주들 사이에서 어떤 불균등화가 있어야 한다. 이 불균등화가 너무 크면 행동은 불가능하다. 행동은 지각들의 상위에 있는 개체화이다. 그것은 실존 속에서 지각과 무관한 독립적 기능이 아니다. 지각적 개체화들 이후에는, 한 능동적 개체화가 지각적 개체화들의 결과로 생긴 우주들 사이에서 나타나는 불균등화들에 의미를 부여한다. 지각들과 행동 사이에 존재하는 관계는 유와 종의 개념들에 따라 사유될 수 없다. 순수한 지각과 행동은, 지각으로부터 행동을 향해 방향을 잡은 변환적 계열의 양극단의 항들이다. 지각들은, 주체와 관련하여 한정된 영역을 개체화하는 의미작용들의 부분적인 발견들이다. 행동은 새로운 차원 즉 행동의 차원을 발견함으로써 지각적 차원들과 이것들의 내용을 통일하고 개체화한다. 행동은 사실상 이러한 여정 즉 조직화하는 차원이자 방식이다. 경로들은 행동에 앞서 존재하지 않는다. 그것들은 이 갈등하는 복수성 속에서 구조기능적인 단일성을 나타나게 하는 개체화 자체이다.[81]

211      적응이라는 개념은 그것이 관계의 개념을 선행하는 항들의 존재를 가정하는 한에서 잘못 구성된 것이다. 비판할 가치가 있는 것은 적응의 이론이 고찰하는 바와 같은 관계의 양상이 아니다. 그것은 오히려 항들 이후에 오는 이 관계의 조건들 자체이다. 그러나 라마르크의 능동적 적응 이론은 다윈의 이론에 비해서 중요한 장점을 보여 준다. 그것은 개체화된 존재자의 활동이 적응에서 중요한 역할을 하는 것으로 간주한다.

---

81) 이런 의미에서 성장은 증폭시키는 행동의 형식이다. 그것은 식물과 같은 특정한 생명체들에서는 유일하게 가능한 행동일 수 있다.

적응은 항구적인 개체발생이다. 그러나 라마르크의 학설은 생명적 존재의 문제제기적 측면에 의해 나타나는 이러한 항구적 개체발생의 조건에 충분한 여지를 남겨 놓지 않는다. 생명체의 노력의 조건이 되는 것은 욕구와 경향들이 아니다. 게다가 특수하고 개체적인 기원을 갖는 이 욕구와 경향은, 그 안에서 이미 개체화된 존재자에 지각이 관여하고 있는 군들로부터 나타나는데, 이 군들은 그 내적 차원들에 따라 서로 간에 양립 가능하지 않은 것들이다. 다윈과 마찬가지로 라마르크에게서도 대상이 대상이 되는 것은 생명체에 대해서뿐이라는 생각이 있다. 그것은 위험이나 영양분이나 도피를 나타내는 구성된 대상, 분리된 대상이다. 진화론 안에서 지각이 생겨나는 세계는 단일하고 객관적인 지시 체계를 따라 이미 구조화된 세계이다. 그런데 적응의 개념을 그르치는 것은 바로 환경에 대한 이러한 객관적 견해이다. 양분이나 먹이라는 대상만 있는 것이 아니라 양분의 추구의 관점에서 본 세계, 포식자prédateur로부터의 도피의 관점에서 본 세계, 성욕의 관점에서 본 세계가 있다. 이 지각적 세계들은 서로 일치하지 않지만 그렇다고 거의 다르지도 않다. 그것들은 각각에 고유한 몇 가지 요소들(먹이, 포식자, 동반자, 양분이라고 지시된 대상들)을 갖는다. 마치 홑눈의monoculaire 이미지들이 각자에 고유한 몇몇 가장자리frange들을 갖고 있는 것과 같다.[82] 적응은 주체를 새로운 차원의 전달자로서 참여하게 하는 상위 등급의 해답이다. 각각의 지각

---

82) 게다가 이 세계들 각각의 총체는 다른 세계들의 총체와 질적이고 구조적인 차이들 때문에 약간 다르다. 열쇠가 되는 점들은 정확히 겹쳐질 수 있는 망들을 따라 조직화되어 있지 않다. 마찬가지로 홑눈의 이미지들 속에서도 오른쪽의 이미지와 왼쪽의 이미지는 서로 다른 **관점들(points de vue)로부터** 파악된다. 이것이 특별히 시야(perspective)의 차이를 만들어 내는 것이다.

적 우주에 대해서는 객관적 차원들만으로 충분하다. 즉 3차원 공간은 불균등한 2차원적 이미지들을 짝지어 준다. 그러나 서로 다른 지각적 우주들은 더 이상 객관성의 원리에 따라 상위 차원의 공리계로 환원될 수 없다. 그때 생명체는 차원으로 되는 새로운 조건을 가져오면서 공리계 안에 들어온다. 그 조건이란 행동, 여정 그리고 이것들을 변형시키는, 대상들과의 관계의 순차적 단계들이다. 호돌로지의 우주는 불균등한 지각적 세계들을 하나의 시야 안에 통합한다. 그 안에서 환경과 생명체는 존재자의 생성에 따라 존재자의 주변 환경 안에서 그리고 그 환경으로부터 서로 관계를 맺는다. 환경이라는 개념 자체가 그릇된 것일 수 있다. 환경은 지각 세계들을 행동의 단일성 안에 통합할 수 있는 생명체에 대해서만 존재한다. 감각적 우주는 단번에 주어지지 않는다. 즉 유의미한 것이 되기 위해 행동을 기다리는 감각적 우주들이 존재할 뿐이다. 적응은 환경을 창조하고 존재자는 환경과 관련하여 존재자의 경로들을 창조한다. 행동 이전에는 경로도 없고 통합된 우주도 없다. 통합된 우주 안에서 사람들은 비로소 하나의 결과물을 발견하기 위해 힘들의 방향들과 강도들을 지시할 수 있는 것이다. 힘들의 평행사변형이라는 물리적 범례는 [여기에] 적용가능하지 않다.[83] 왜냐하면 그것은 하나인 우주espace un를 가정하며, 곧 하나의 우주에 타당한 차원들과, 이 장champ에서 존재할 모든 대상에 타당한 그리고 거기서 전개될 수 있을 모든 운동에 타당한 좌표계들을 가정하기 때문이다. 이런 의미에서 쿠르트 레빈의 형태이론과 이를 잇는 역동성의 장이론은 회고적 표상들이다. 구조화된 단일한 환경 안에 존재자가 있을 때 행동을 설명하기는 쉽다. 그러나 이 환경이 하

---

83) [옮긴이] 힘의 평행사변형법 → 용어설명* 참조.

**404** · 2부_생명체들의 개체화

나가 되게끔 해주는 공리계의 정합성의 조건은 바로 행동인 것이다. 적응의 이론, 형태이론 그리고 장의 역동성은 행동을 설명하기 위해, 행동이 창조하고 조건짓는 것을 행동 이전으로 되던진다. 이 세 가지 학설은 행동을 설명하기 위해 행동 이전에 행동의 구조를 가정한다. 그것들은 문제를 해결된 것으로 가정한다. 그런데 생명체에서 행동의 문제는 바로 양립가능성을 발견하는 문제이다. 이 문제는 상위 수준에서 [일어나는] 개체화의 문제이다. 그것은 안정된 상태라는 개념처럼 선행하는 공리적 정합성을 가정하는 개념들에 의해서는 해결될 수 없다. 적응, 좋은 형태, 호돌로지 공간이라는 세 가지에 공통된 것은 안정된 평형의 개념이다. 그런데 안정된 평형은 모든 퍼텐셜들이 한 체계 안에서 현실화될 때 실현되며, 정확히 어떤 양립불가능성도 존재하지 않는다는 가정, 가능한 모든 변형들이 실현되어 체계가 완전히 통합되어 있다는 가정을 함축한다. 안정적 평형의 체계는 가능한 가장 높은 수준의 동질성에 도달한 체계이다. 그것은 결코 행동을 설명할 수 없다. 왜냐하면 그것은 모든 퍼텐셜들이 고갈되어 어떠한 변형도 가능하지 않은 체계이기 때문이다. 즉 그것은 죽은 체계이다.

생명체의 활동을 이해하기 위해서는 안정적 평형의 개념을 준안정적 평형의 개념으로, 그리고 좋은 형태의 개념을 정보의 개념으로 대체해야 한다. 존재자가 행동하는 체계는 준안정성의 우주이다. 지각적 세계들 사이에 이미 존재하는 불균등화는 준안정적 평형 상태의 구조와 작용의 조건이 된다. 생명체는 자신의 활동에 의해 이러한 준안정적 평형을 유지하고 변경하고 연장하고 지탱한다. 완전한 우주는 생명체가 이 우주의 공리계 안에 들어가는 한도 내에서만 존재한다. 생명체가 거기서 벗어나거나 실패하면 우주는 다시 불균등한 지각 세계들로 해체된다. 생명체는 이 지각 세계들 사이로 들어오면서 이것들의 우주를 만들고 자신이 갖고 있는 특이성을 증폭시킨다. 지각 세계들과 생명체는 생명적 생성의 우주로 함께 개체화된다.[84]

이 생명적 생성의 우주만이 진정한 전체적total 체계로 생각될 수 있다. 그러나 그것은 단번에 주어지지 않는다. 그것은 생명의 의미sens이며 조건이나 기원은 아니다. 골드슈타인Kurt Goldstein, 1878~1965은 이러한 전체의 계통학systématique의 방향을 잘 보여 주었다. 그러나 그는 이를 유기체적 단일성으로 취급함으로써 그것을 의미가 아니라 원리로서 간주할 수밖에 없었다. 존재에 대한 그의 견해의 파르메니데스적 측면은 이에서 유래한다. 즉 모든 것은 기원에서 주어져 있다. 그래서 생명적 생성은 이 계통학의 실질적 차원으로서 파악하기 어렵다. 골드슈타인의 이론에서 유기체의 구조는 엄밀한 의미에서의 활동의 수준에서보다 지각 세계들의 수준에서 더 잘 이해될지도 모른다. 전체론이 처음에 우위를 차지하고 있다. 그리하여 [여기서] 전체성은 생명체의 전체성이며 생명체를 포함하는 우주의 전체성이 아니다. 생명체는 활동에 의해 지각 세계들에 삽입되며 지각 세계들은 이 활동의 생성을 위해 의미를 취한다. 감각 체계들은 그 상대적 구분 안에서는 생각하기가 어렵다. 그러나 감각기관의 구조적이고 기능적인 구분은 의미작용의 기초인 한에서 행동의 기초이다. 의미작용은 [감각기관의] 형태들의 쌍들 안에 존재하는데 정보는 단지 이 형태들로부터만 존재할 수 있다. 그러므로 감수성sensibilité과 감각들의 복수성pluralité을 전체적 기능으로 통일할 수 없다. 왜냐하면 감각

---

84) 라마르크의 가장 큰 장점 중 하나는 진화가 환경에 의해 우발적으로 얻어진 결과를 개체에 통합하는(양분이 물의 흐름에 의해 운반된 다음 진동하는 섬모들 덕택에 섭취되는 것처럼) 것이라고 생각했다는 점이다. 이는 생명체의 영역을 증폭시키는 것이다.

들의 복수성은 차후의 의미작용들의 기초이기 때문이다. 차후의 개체화들이 진행되는 동안 그것들이 의미작용을 가능하게 하는 복수의 접촉점들인 한에서 그러하다.

## 3. 생명체의 개체화의 경계들. 존재자의 중심적 특징. 집단적인 것의 본성

이 이론은 모든 생명적 기능들이 서로 뒤섞여 동일하다고 가정하는 것은 아니지만 이 모든 기능들을 그것이 수행하는 개체화 작용에 의해 지칭하는 경향이 있다. 그래서 개체화는 사람들이 생각하는 것보다 훨씬 더 일반적이고 널리 퍼져 있는 작용일지도 모른다. 대부분의 종들에서 생명체가 고립된 개체라는 사실은 단지 개체화 작용의 결과에 지나지 않는다. 개체발생이 개체화인 것은 맞지만, 그것은 생명체 안에서 이루어지는 유일한 개체화는 아니다. 또는 개체발생이 생명체를 기초로 하여 그것을 통합하면서 이루어지는 유일한 개체화는 아니다.[85] 산다는 것은 행위자agent, 환경이 된다는 것이고 개체화의 요소가 된다는 것이다. 지각적 행태들, 능동적이고 적응적인 행태들은 생명을 구성하는 개체화의 항구적이고 근본적인 작용의 국면들이다. 그러한 견해에 따르면 생명체를 사유하기 위해서는 생명을 개체화 과정의 일련의 변환으로 또는 순차적 해답들의 연쇄로 생각해야 한다. 이전의 해답들 각각은 다시 취해져서 차후의 해답들 속에 병합될 수 있다. 따라서 전체적으로 볼 때 생명은 점점 더 정교하게 이루어진 형태들이 점진적으로 구성되는

---

85) 거꾸로 개체화는 유일한 생명적 실재가 아니다. 엄밀한 의미에서 개체화는 어떤 방식으로 긴급한 문제의 잠정적이고 극적인 해결이다. 그러나 다른 한편 개체화는 유형성숙과정과 직접 연결되어 있기 때문에 진화의 뿌리이다.

것으로 보인다는 사실을 우리는 이해할 수 있게 될 것이다. 즉 형태들은 점점 더 고차적인 문제들을 포함할 수 있게 되는 것이다. 생명의 공리계는 진화를 통해 복잡해지고 풍부해진다. 진화는 엄밀히 말해 완성이 아니라 통합이고, 퍼텐셜들을 축적하고 구조들과 기능들을 모으면서 자기 자신 위에 점점 더 의존하게 되는 준안정성의 유지이다. 노화와 죽음에 종속된 유한한 개체들을 산출하는 한에서의 개체화는 일반화된 유형성숙적인 생명적 개체화의 여러 측면들 중 하나에 지나지 않는다. 생명적 개체화는 점점 더 풍부해지는 공리계를 통합한다. 사실상 **지금, 여기**_hic,_ _nunc_에 종속되어 있고 자신의 고립된 조건의 일시성에 종속되어 있는 유한한 존재자로서의 개체는 생명의 문제상황에 해결되지 않는 무언가가 남아 있다는 사실을 표현한다. 개체화의 모든 과정 이후에도 어떤 흔적이 남아 있다면, 의미작용이 없는 무언가 찌꺼기 같은 것이 남아 있다면 그 이유는 생명이 문제들의 해결이기 때문이다. 노화된 존재자 안에 남아 있는 것은 통합될 수 없었던 것, 동화될 수 없었던 어떤 것이다. 개체화 이전의 아페이론_ἄπειρον_에서 생명 이후의 아페이론으로, 이전의 무규정자_l'indéterminé_에서 이후의 무규정자로, 최초의 먼지에서 마지막 먼지에 이르기까지, 먼지로 흡수되지 않는 어떤 작용이 이루어졌다. 생명은 그 현재 속에, 그 해결 속에 있는 것이지 그 찌꺼기 속에 있는 것이 아니다. 그리고 생명체에 있어서 죽음은 서로 일치하지 않는 두 가지 의미로 존재한다. [우선] 그것은 [외부에] 대면하는_adverse_ 죽음이다. 즉 자신의 고유한 작동에 의해, 자신의 항구적인 해결 능력에 의해서만 유지되는 준안정적 평형의 파괴이다. 이러한 죽음은 개체화의 덧없음을 보여 준다. 그것은 세계의 조건들에 맞서는 것이고, 위험을 무릅쓰고 거기에 참여하면서 언제나 성공할 수는 없다는 사실을 나타낸다. 생명은 해결되지

214

않았을 수도 있는 문제 또는 잘못 해결되었을 수도 있는 문제의 제기와
같다. [생명의] 공리계는 심지어 문제가 해결되는 동안에 무너지기도 한
다. 그와 같이 모든 생명에는 어떤 외적 우연이 존재한다. 개체는 그 자
체 안에 갇혀 있는 것이 아니다. 그것은 자신 안에 포함된 운명이라는 것
을 갖고 있지 않다. 왜냐하면 그것은 자기 자신과 동시에 바로 세계[의
문제]를 해결하기 때문이다. 그것은 세계와 자기 자신의 체계이다.

　　그러나 개체에게 죽음은 또한 다른 의미로 존재하기도 한다. 개체
는 순수한 내재성이 아니다. 그것은 자신의 작용들에서 남은 찌꺼기들
의 무게로 스스로 둔해진다. 그것은 자기 자신에 의해 수동적이 된다. 그
것은 스스로에 대해 외재성이 된다. 자신의 활동이 자신을 짓누르고 짐
을 지운다. 사용불가능한 무규정자 그리고 안정적 평형 속의 무규정자
라는 짐이 그것이다. 이것은 본성을 잃고 퍼텐셜을 박탈당하고 더 이상
새로운 개체화의 기초가 될 수 없다. 개체는 자신에게 짐을 지우고 새로
운 개체화를 향해 나아갈 수 없게 만드는 안정적 평형의 요소들을 점차
로 얻게 된다. 개체화된 체계의 엔트로피는 순차적인 개체화 작용들이
이루어지는 동안 증가한다. 특히 적극적이지 않은 개체화 작용들이 이
루어지는 동안 그러하다. 과거의 퍼텐셜을 갖지 않은 결과들은 새로운
개체화의 불씨가 되지 않은 채 축적된다. 열기 없는 이 먼지, 에너지 없
는 이 축적은 수동적 죽음의 존재 안으로 상승하는 것과 같다. 수동적 죽
음은 세계와의 대면으로부터 나오는 것이 아니라 내적 변형들의 수렴
으로부터 나온다. 그러나 우리는 노화가 개체발생의 반대급부가 아닌가
자문할 수 있다. 유리잔 속에서 배양된 조직들, 큰 무게를 만들지 못하도
록 자주 손질한 조직들은 영원히 산다. 일반적으로 이 조직들은 자주 손
질해 주었기 때문에 그 생명물질의 군 내부에서 유독성 산물의 축적이

불가능하게 된다는 사실로 인해 한계 없는 장수를 누린다고들 한다. 그러나 위와 마찬가지로 주목할 수 있는 것은 이러한 손질이 살아 있는 조직의 조각을 언제나 미분화된 성장 상태로 유지시킨다는 것이다. 이 조각이 상당히 커지면 그것은 곧바로 분화되며, 분화된 조직은 일정 기간이 지나면 죽는다. 그런데 분화는 구조화이며 기능적 전문화이다. 그것은 한 문제의 해결이다. 반면에 자주 손질해 준 조직의 미분화된 성장은 개체화 이전에 조각 수준에서 머문다. 영구적인 손질은 조직을 언제나 그것의 발달의 동일한 지점으로 돌려놓는다. 이 발달이 개체화의 기반이 될 수 있는 군[의 발달]인 한에서 말이다. 아마도 이러한 개체화의 부재로 인해 그것은 한계 없는 장수를 누리는지도 모른다. 상당히 큰 하나의 군이 분화되면서 죽는다는 사실은 모든 분화가 제거될 수 없는 찌꺼기를 남긴다는 것을 보여 주는 듯하다. 그리고 이 찌꺼기는 개체화된 존재자에게 차후의 개체화의 기회들을 감소시키는 무게를 부과하는 듯하다. 노화는 상처 부위가 아무는 현상에 대한 연구가 보여 주듯이 재생 능력의 감소이다. 스스로 구조화되어 기관들이나 습관의 자동적 형성을 전문화하는 개체는 과거의 구조들이 파괴되었을 때 새로운 구조를 다시 만드는 능력이 점점 감소한다. 모든 일이 일어나는 양상은 마치 퍼텐셜의 원시자본은 갈수록 줄어들고 존재자의 관성은 갈수록 증가하는 것처럼 보인다. 존재자의 점착성viscosité[비유동성을 말함]은 개체화하는 성숙의 작용에 의해 증가한다.[86] 이러한 관성과 경직성, 점착성의 증가는 획득

215

---

86) 식물의 경우에도 유사한 현상이 일어난다. 오래된 나무는 성장을 계속하지만 큰 가지들 중 하나가 꺾이면 나무는 자신의 구조의 평형을 되찾지 못한다. 그럼에도 불구하고 잎들의 성장은 규칙적으로 계속된다. 꺾어진 어린 나무는 성장의 방향을 재설정하여 수직성을 회복한다. 그러면 처음에 횡단적 땅굽성[diagéotropique, 중력에 의해 땅을 가로지르며 아래로 향

된 장치들 즉 점증하는 적응력의 풍부함에 의해 보상되는 것으로 보인다. 그러나 환경이 변화하면 새로운 문제들은 해결되지 않을 수도 있지만 이전에 이루어진 구조들과 기능들은 헛된 행보를 계속한다는 의미에서 적응은 일시적이다. 이런 의미에서 개체가 영원하지 않다는 사실은 틀림없이 우연적인 것으로 생각되지는 않을 것 같다. 생명은 그 전체로서 볼 때 하나의 변환적 계열로 생각될 수 있다. 최종적 사건으로서의 죽음은 감쇠減衰, amortissement의 과정을 단지 소비하는 것에 지나지 않는다. 감쇠의 과정은 각 생명적 과정이 개체화 과정인 한에서 이와 동시대적이다. 개체화의 모든 과정은 개체 존재자 속에 죽음을 놓으며 개체 존재자는 자신이 제거할 수 없는 무언가로 그렇게 점점 채워져 간다. 이러한 감쇠는 기관들의 퇴락과는 다르다. 그것은 개체화의 활동에 본질적이다. 존재자의 본래적인 무규정성이, 긴장 없는 순수한 관성적 하중인 과거의 무규정성으로 점점 대치된다. 존재자는 준안정적 평형의 순차적 구조화 작용들을 통해 최초의 퍼텐셜들의 복수성으로부터 최종적 용해의 무차별적이고 동질적인 단일성으로 간다. 개체화된 구조들과 기능들은 생명이 그 안에 삽입되는 두 무규정자들을 소통하게 해준다.

개체가 어떤 의미를 갖는다면 그것은 아마도 단지 존재자가 자신의 존재 안에서 영속되려는 경향에 의해서만 그런 것은 아닐 것이다. 개체 존재자는 변환적이지, 실체적이 아니며 자신의 존재 안에서 영속하려는 경향은, 비록 개체가 단지 양태들로 만들어진다 하더라도, 실체화와 동등한 것을 추구한다. 사실 생명적 개체의 의미는 종으로의 무조건적 통합 안에서도 찾을 수 없다. 쇼펜하우어가 호메로스에서 인용한 표현(O

---

하는 성질—옮긴이)이던 측면의 가지들은 정방향의 땅굽성(orthogéotropique)이 된다.

ἵη περ φυλλῶν γενέη τοιήδε χαὶ ἀδρῶν)[87]에 의하면 개체는 종 안에
서 나뭇잎과 같다. [하지만] 실체로 간주된 개체가 추상적인 것만큼 종
도 마찬가지로 추상적인 실재이다. 개체 존재자를 실체화하는 것과 동
일한 개체를 종이라는 상위의 연속체 안으로 흡수하는 것 사이에서 유
한한 한에서의 개체를 본질적인 생명적 개체화의 측면들versants 중 하나
로서 파악할 가능성이 존재한다. 개체는 변환적 실재이다. 개체는 자신
의 능동적 실존을 시간적 차원에 펼쳐놓음으로써 문제를 해결하는 생
명의 능력을 증대시킨다. 개체는 하나의 공리계를 또는 차라리 생명적
공리계의 차원을 내포한다. 개체화의 전개 그리고 기능적 구조화와 감
쇠가 짝을 이루는 이 관계는 곧 각각의 지각적이고 능동적인 작용에 해
당하며 이는 개체로 하여금 순차적 발명의 대가로만 유지되는 준안정
적 평형 속에서 서로 간에 양립불가능한 퍼텐셜들을 표현하는 존재자가
되도록 한다. 모든 변환적 계열이 그러한 것과 마찬가지로 개체의 실존
이 그 충만한 실재성 속에서 파악되기 위해서는 그것의 환경 속에서 고
려되어야 한다. 완전한 개체는 단지 탄생에서 죽음으로 가는 존재자인
것만이 아니다. 그것은 바로 두 극단 사이에 있으면서 그것들에 의미를
부여하는 실존의 지위를 가지고 **성숙하는 존재**이다. 탄생과 죽음, 그리
고 개체발생과 파괴, 동화작용과 이화작용은 성숙이라는 중심과 관련하
여 극단들에 해당한다. 실재적 개체는 성숙한 개체이며 중간적 개체이
다. 개체는 그와 같은 식으로 영속화되는 것이지, 영원히 다시 젊어지면
서 또는 최종적 죽음의 피안에서 완전히 변모함으로써 그렇게 되는 것

---

87) 『의지와 표상으로서의 세계』, I, 2권, §36 [옮긴이―호메로스의 『일리아드』(Z 146)에 나오는
    내용으로 "나뭇잎이 생겨나듯이 인간도 역시 그렇게 생겨난다"는 의미].

이 아니다. 개체가 가장 완전하게 자신의 기능과 일치하는 것은 그 실존의 중심에서이다. 즉 세계를 용해시키고$_{résoudre}$ 개체화된 존재자를 용해시키는 이 개체화 과정들에 의해서이다. 어리든, 늙었든, 개체화된 존재자는 고립되어 있다. 성숙한 존재자는 세계 안에서 구조화되고 세계를 자신 안에서 구조화한다. 성숙한 개체의 구조들과 기능들은 개체를 세계와 연결시키고 생성 속에 삽입한다. 의미작용들은 개체화된 존재자들과 같은 것이 아니다. 그것들은 퇴락하는 개체의 울타리 안에 포함되어 있지 않다. 단지 성숙한 개체의 구현된 의미들 그리고 구조와 기능들의 짝만이 지금, 여기를 넘어선다. 성숙한 개체, 지각 세계를 행동으로 해결하는 개체는 또한 집단적인 것에 참여하고 그것을 창조하는 개체이기도 하다. 집단적인 것은 개체들이 운반하는 본성의 하중들을 개체화하는 것인 한에서 존재한다. 개체화된 존재자가 공들여 만든 구조들과 기능들의 표현을 인수하는 것은 단지 [생물분류상의] 문$_{phylum}$인 한에서 종이 아니라[88] 존재의 집단적 단일성이다. 개체가 참여하는 제2의 탄생은 집단적인 것의 탄생이라고 말할 수 있을지도 모른다. 집단적인 것은 개체 자체를 통합하고 개체가 가지고 있는 도식의 증폭을 이룬다. 수행된 의미작용으로서, 해결된 문제로서, 정보로서, 개체는 집단적인 것으로 드러난다. 그렇게 해서 그것은 옆으로 위로 연장되며 개체적 틀에 갇히지 않는다. 이렇게 발견된 의미작용과 관련하여 개체는 지금, 여기에서 그 자체로 점진적 감쇠이자 찌꺼기이고, 생명의 운동으로부터 조금씩 분리되어 나간다. 개체는 완벽하지도 실체적이지도 않다. 그것은 단

---

88) 군체를 탄생시키지 않는 종들의 경우를 말한다. 개체가 군체를 형성할 때 그것의 성숙과 완성된 행동에 상응하는 것은 군체이다.

지 개체화 안에서만 그리고 개체화에 의해서만 의미를 가진다. 개체화는 개체를 만들어 놓고는 관여participation에 의해 그 개체를 떠맡은 만큼 그것을 옆으로 제쳐놓는다. 개체화는 단지 개체 안에서 그리고 그것을 위해서만 이루어지는 것이 아니다. 개체화는 또한 개체의 주변에서 그리고 그것의 위에서 이루어진다. 개체는 자신의 실존의 중심에 의해 표현되고 의미로 전환되며, 함축적이든, 명시적이든, 생명적이든, 문화적이든, 정보로 영속된다. 개체는 자신을 잇는 개체들이 성숙에 도달하여 선조들이 그들 앞에 놓아둔 정보의 신호들을 다시 확보하기를 기다린다. 개체는 자신의 성숙 안에서 생명과 조우한다. 엔텔레케이아entéléchie는 단지 내적인 것도, 개별적인 것도 아니다.[89] 그것은 집단적인 것을 따르는 개체화이다. 루크레티우스는 생명체들을 서로에게 불꽃을 전달하는 릴레이 주자들로 생각한다. 그가 말하는 의미는 아마도 탄생시에 주어진 생명의 불꽃일 것이다. 그러나 우리는 그것을 또한 잇따르는 개체들에 의해 시간 속에서 재창조되고 다시 인수되어 집단적인 것의 내부에 전달되는 것을 의미하는 것으로 이해할 수 있을지도 모른다. 완전하고도 구별되는 개체들이 존재하지 않는 종들에서는 어린 개체나 늙은 개체라고 하는 이 비현행성inactualité[90]이 그렇게 강력하게 나타나지 않는다. 군체나 생명적 군은 존재자의 다양한 부분들 안에서 영속적인 현행성을 순환시킨다. 고등종들에서는 가속화된 개체발생과 그것의 상관항인 노화가 집단적인 것의 이 현행성과 관련하여 개체를 앞뒤로 상전이

---

89) [옮긴이] 엔텔레케이아(현실태) → 용어설명* 참조.
90) [옮긴이] 이 문맥에서 현행성(actualité)은 과거, 현재, 미래라는 구분이 있기 전, 시간의 일차원적 측면을 말한다. 어린 또는 늙은 상태는 이런 차원을 뛰어넘는 상태이기 때문에 비현행적이라고 하는 것이다.

시킨다déphaser. 개체화된 존재자는 그 성숙의 단계에서만 고유한 의미의 생명과 일치 단계에 있게 된다. 그리고 바로 거기에 분리된 존재자들의 개체화만이 수행할 수 있는 문제의 해결이 있다. 군체는 그 영속적 현행성 속에 고정되어 있다. 군체는 자기 자신으로부터 분리될 수 없고 자신의 현재와 관련하여 앞뒤로 상전이할 수se déphaser 없다. 그것은 단지 연속성을 따라 반응하고 전개될 수 있을 뿐이다. 생명은 고립된 개체를 발명함으로써 개체발생과 노화를 발견하여 각각의 개체화된 존재자를 집단성과 현행성과 관련하여 앞뒤로 상전이déphasage시키는 과정을 창조해낸다.[91] 분리된 개체들의 집단의 존재 양태는 원시적 생명체들이 이루는 군체의 영속적 현재와는 다르다. 이는 집단의 존재 양태가 현재 안에서의 개별적 생성들의 만남이라는 사실 때문에 그런 것인데, 이 현재는 젊음을 앞당기고 노화를 지연시키는 과정을 실재적 현실태entéléchie 속에서 지배하고 통합하는 것이다. 집단적인 것은 두 가지 시간적 탈배치décadrage의 의미작용을 발견하고 실현하는데, 이는 앞으로는 성장을, 뒤로는 노화를 상전이시키는 것이다. 군체의 기능적 등가물인 집단은, 개체 속에서는 양립할 수 없는 상반되고 모순되는 두 측면, 즉 개체발생과 쇠락dégradation이라는 의미작용에 해당한다. 개체는 행동에 의해 지각적 불균등화의 의미작용을 발견한다. 집단적인 것은 현전présence이라고 하는, 행동의 우월한 유사물l'analogue에 의해 불균등화의 의미작용을 발견한다. 개체 안에서 불균등화란 동화작용과 이화작용, 개체발생과 쇠락이라는 짝을 말한다. 이러한 짝짓기는 생존을 향한 상승과 죽음의 평형

217

---

91) 개체는 불연속성의 문제들에 대한, 불연속성에 의한 하나의 해결이다. 연속성이 회복되는 것은 집단 안에서이다.

이라는 결정적 안정성을 향한 하강이다. 유일한 결정적 준안정성은 집단적인 것의 준안정성이다. 왜냐하면 그것은 잇따르는 개체들을 통해서 늙지 않고 영속하기 때문이다. 하등한 종들은 고립된 개체성을 갖지 않을 수 있다. 즉 준안정성이 개체에 내재적일 수 있다. 또는 차라리 그것은 개체들로 불완전하게 절단된 전체를 관통하고 있다. 고등종들에서 생명의 영속성은 집단의 수준에서 다시 나타난다. 그러나 그것은 상위의 수준에서 나타난다. 그것은 거기서 의미작용으로 나타나고 개체화된 존재자의 상승과 쇠락이 통합되는 차원으로서 나타난다. 집단적인 것은 개체들의 성숙에 의해 운반된다. 성숙은 그것과 관련하여 젊음과 노화가 질서잡히는 우월한 차원을 나타내며, 결코 젊음과 노화 사이의 평형이라는 일시적 상태가 아니다. 개체는 그것이 집단에 통합되는 한에서 성숙하는 것이다. 즉 그것이 자신 안에 퍼텐셜들과 과거의 표시들을 내포하면서 젊은 동시에 늙은 상태인 한에서, 현재와 관련하여 앞뒤에 있는 한에서 그러하다. 성숙은 하나의 상태가 아니라 생명의 동화작용과 이화작용이라는 두 사면을 통합하는 의미작용이다. 개체는 자신의 의미를 이 상전이에서 발견하고 그것에 의해 시간의 2차원성을 제시한다. 시간의 2차원성은, 집단에 통합된 채로 생겨나고 지나가면서 미래를 따라 퍼텐셜들로 부풀어오르고, 과거 속에서 섬처럼 구조화된다. 집단적인 것은 개체 속에서 양립불가능한 2차원성을 현재 속에서 일관적이 된 3차원성을 따라 해결한다. 왜냐하면 고립된 개체에서 나타나는 바와 같은 미래와 과거, 그리고 집단적 현전의 3차원 체계에서 나타나는 바와 같은 미래와 과거 사이에는 커다란 차이가 있기 때문이다. **현재의 현전에 의해** 과거와 미래는 차원들이 된다. 집단적인 것의 개체화 이전에는, 미래는 동화과정의 고립된 의미작용이고, 과거는 이화과정의 고립된 의미작용이다. 이 두 과정은 일치하지 않는다. 그것들은 서로와 관련하여 불균등하지만 그래도 짝지어져 있다. 왜냐하면 각각의 작용은 그것들을 모두 함축하기 때문이다. 집단적인 것 속에서 개별적 작용은 그 자신이 현전하기 때문에 의미를 갖는다. 집단적인 것의 현재는 지각에 있어서 공간의 3차원에 비교될 수 있다. 개체의 미래와 과거는 거기서 하나의 일치를 찾아내고 상위 등급의 공리계 덕분에 체계로 정돈된다. 개체는 자신 안에 이[지각공간의] 깊이의 차원이 아니라, 시간적 깊이의 조건들을 가져온다. 개체만이 자신의 미래와 과거 사이에 자리잡을 수 있다. 이것은 개체가 완전히 살아 있지는 않다는 것을 의미하는지도 모른다. 생명의 모든 의미가 발견되기 위해서는 개체의 시간적 이원성이 집단적인 것의 3차원성을 따라 정돈되어야 한다. 집단적인 것 속에서 미래와 과거의 짝짓기는 의미작용이 된다. 왜냐하면 개체화된 존재자는 [미래와 과거가] 통합된 것으로서 식별되기 때문이다. 그것은 단지 자신의 미래나 과거를 따라서 통합되는 것이 아니라 자신의 미래와 과거가 응축되는 방향을 따라 통합된다. 개체는 집단적인 것 속에서 **스스로**를 나타낸다. 그것은 자신의 행동을 통해 **현재 속에서 통일된다**. 집단적인 것은 개체화된 존재자들 이전에 존재하면서 그것들을 강제하거나, 그것들 안에 침투하거나, 그것들을 조건짓는 형상이나 실체가 아니다. 집단적인 것은 개체적 불균등화들을 현전의 형태로 포괄하고 해결하는 소통이다. 현전은 행동들의 공조synergie이고, 미래들과 과거들이 집단적인 것의 내적 공명의 형태 아래 일치하는 상태이다. 사실상 집단적 공조는 각 개체 존재자에서 아직 개체화되지 않은 것, 즉 개체화된 존재자에 연합된 자연의 하중으로부터 변환성의 영역을 창조하는 단일성을 가정한다. 집단적인 것은 하나의 개별적 행동이 다른 개체들에 상징으로서 의미를 갖

218

게 하는 그런 것이다. 각각의 행동이 다른 행동들에 현전할 때 그것은 다른 행동들의 상징이 된다. 그것은 행동들의 동시적이고 순차적인 복수성을 이해할 수 있는, 전체로서 개체화되는 한 실재의 일부를 이룬다.

집단적인 것은 단지 행동들의 상호성이 아니다. 거기서 각각의 행동은 의미작용이 된다. 각 행동은 분리된 개체들의 문제를 해결하고 다른 행동들의 상징인 것처럼 구성되기 때문이다. 행동들의 공조는 단지 사실적인 공조, 즉 하나의 결과에 이르는 연대성이 아니다. 각 행동이 개체의 과거와 현재를 일치하게 하는 능력을 소유하는 것은 그것이 다른 행동들에 대한 상징으로서 구조화되는 한에서이다. 현전의 차원이 존재하기 위해서는 단지 여러 개체들이 통일되는 것만으로는 안 된다. 즉 이 통일이 그 고유한 차원성 안에 기입되어야 하고 그 개체들 안에서 현재와 미래는 현재의 이러한 통일성을 매개로 하여 다른 존재자들의 차원들과 상관적이 되어야 한다. 현재는 자신 안에 의미작용을 내포하고 있는 어떤 것이다. 즉 미래를 향한 과거와 과거를 향한 미래의 어떤 공명을 창조하는 그러한 것이다. 한 존재자와 다른 존재자의 정보 교환은 현재를 관통한다. 각 존재자는 그것이 다른 존재자들과 관련하여 상호적이 되는 한도에서 자기 자신과 관련해서도 상호적이 된다. 개체 내부의 통합은 개체초월적 통합과 상관적이다. 현전의 범주는 또한 개체초월적 범주이기도 하다. 한 구조와 기능은 오로지 외적이거나 내적이라고 정의될 수 있는 것은 아니고, 개체들 속에서 존재하는 동시에 한 개체와 다른 개체 사이에서도 존재한다. 개체들 사이의 관계 그리고 개체들을 관통하는 이 관계는, 개체들이 자신들 안에 있는 문제제기적 긴장이자 정보인 무언가의 매개에 의해 더 광대한 실재로 증폭된다는 사실을 나타낸다. 이 실재는 개체 안의 전개체적 하중이라고 명명될 수 있다. 행동은 지각적 복수성을 역동적 단일성으로 해결하는 것이며 이러한 전개체적 실재성이 작동한다는 것을 암시한다. 순수하게 개체화된 존재자인 한에서의 존재자는 자신 안에 복수적 지각 세계들을 넘어갈 수 있는 무언가를 가지고 있지 않다. 개체 존재자가 지각을 갖지 않는다면 자기 자신과 양립할 수 없는 채로 남아 있을지도 모르고, 이 문제들을 해결하기 위해 활용할 수 있는 것이 단지 개체화된 개체로서의 존재자의 모습, 이전의 개체화 작용의 결과로서의 존재자의 모습뿐이라면 개체는 지각만을 갖게 될지도 모른다. 존재자는 자신 안에서 그리고 자신 밖에서 아직 개체화되지 않은 실재성에 호소할 수 있어야 한다. 이 실재성, 그것은 개체가 전개체적 실재와 관련된 정보로부터 보유하고 있는 것이다. 개체초월적인 것의 원리는 바로 이러한 하중이다. 그것은 다른 개체들 안에 포함된 다른 전개체적 실재들과 직접적으로 소통한다. 마치 망의 고리들 각각이 잇따르는 고리 안에서 자기를 넘어서면서 다른 고리들과 서로 소통하는 것과 같다.[92] 개체화된 존재자는 자신이 그것의 한 고리에 불과한 능동적 실재에 참여함으로서 집단적인 것 속에서 작용한다. 행동은 집단적인 것 속의 개체들 사이에서 망으로 연결된 교환이다. 이 교환은 그렇게 형성된 체계의 내적 공명을 창조한다. 집단groupe은 개체와 관련하여 실체로 간주될 수 있으나 그것은 부정확한 방식으로 그러할 뿐이다. 왜냐하면 집단은 집단을 이루는 개체들 각각의 전개체적 실재성의 하중으로부터 이루어지기 때문이다. 집단이 직접적으로 통합하는 것은 개체들이 아니고 개체들의 전개체적 실재성의 하중이다. 존재자들이 개체초

219

---

92) 개체가 군집을 만들려 하는 것은 또는 개체초월적인 것으로 증폭되는 것은 그것이 단순한 통일성, 실체가 아니기 때문이다. 개체는 문제이다. 왜냐하면 그것은 생명 전체가 아니기 때문이다.

월적 관계 속에 포함되어 있는 것은 개체화된 개체들로서가 아니라 바로 그것에 의해서이다. 개체초월성은, 일시적이지 않은 개체들 속에서 전이에 소용되는 일시적인 개체들이 군체로 변형되는 현상과 동등한 것이다. 또는 씨가 식물로 성장하는 것과 동등한 것이다.


## 4. 정보에서 의미로

그렇다면 개체화의 기능이 생명체 안에서 전개될 때 이를 어떻게 묘사할 수 있을지 의문이 들 수도 있을 것이다. 개체화를 사유하기 위해서는 생명적 자연에서와 마찬가지로 물리적 자연에서도 타당한 개념을 정의할 수 있어야 할 것이다. 그 다음에는 생명의 기능들을 생리적인 것과 심리적인 것으로 분리함으로써 생명의 개체화를 연장하는 생명체의 내적 분화를 정의하기 위해서도 마찬가지라고 할 수 있을지 모른다. 그런데 우리가 기술적 형태갖추기의 범례를 다시 취하면, 우리는 이러저러한 재료에 연관되지 않은 순수하게 조작적인 특징으로 인해 실재의 한 질서에서 다른 질서로 이행할 수 있을 것으로 보이는 개념을 발견한다. 이 개념은 단지 에너지적이고 구조적인 체제와 관련해서만 정의되는 것이다. 그것은 바로 정보의 개념이다. 형태는, 예를 들면 직각의 평행육면체는 재료에 직접 작용하지 않는다. 그것은 평행육면체의 주형으로 구체화된 후에도 작용하지 않는다. 주형은 이러저러한 지점에서 이러저러한 방식으로 점토를 실어나르는 에너지 변조기modulateur로서만 작용한다. 주형은 정보 신호들의 전달자이다. 재료가 본래 형태에 외적인 경우, 형태가 그것을 효과적으로 접촉할 수 있기 위해서는 정보 신호들로 번역되어야 한다. 개체화는 하나의 변조modulation이다. 그런데 정보의 개념은 정보 기술이라 명명된 기술들에 의해 우리에게 따로 주어진다. 정보 이론은 정보 기술들로부터 확립된 것이다. 그러나 정보 개념을 양화하는 데 사용되는 이 다양한 기술들로부터 정보의 일의적 개념을 이끌어 내기는 어려운 일이다. 사실상 정보 개념은 거의 모순되는 두 가지 방식으로 나타난다. 첫번째 경우에서 정보는 노버트 위너Norbert Wiener가 말하는 것처럼 체계의 에너지 하락, 엔트로피의 증가에 대립하는 것이다. 그것은 본질적으로 음엔트로피적이다. 모든 변형들이 수행된 체계, 즉 모든 퍼텐셜들이 현실화된 체계에서는 어떤 변형도 가능하지 않을 것이고 어떤 구분도 불가능할 것이다. 그래서 메시지를 전달할 때 정보는 신호에 의해 변조된 에너지의 일반적 균등화nivellement에 대립한다. 모르스 부호 전달 시 전류가 지나가는 순간과 지나가지 않는 순간을 구분할 수 있는 것은 그 덕분이다. 만약 전달 체계의 전기적 관성[자기유도self-inductance]에 이어서 전류가 아주 느리게 생기고 아주 느리게 감소한다면, 하나의 자국이나 점, 또는 자국과 점 사이의 간격과 마주할 때, 이 흐름이 통과하는지 그렇지 않은지를 구분하는 것은 불가능해진다. 정보 신호는 가능한 두 상태들(예를 들면 선택된 경우에서 전류의 흐름이나 끊어짐) 사이의 결정이다. 모르스로 메시지를 정확하게 보내기 위해서는, 기계장치들의 관성에도 불구하고 신호들이 도착할 때 여전히 구분될 수 있도록 처음에 상당히 느리게 조작을 해야 한다. 즉 전류가 생기고 끊어지는 불분명한 기간들이 한 신호의 총 지속기간이나 신호들 사이의 간격과 관련하여 짧게 남아 있을 때도 전류가 흐르는 순간들과 흐르지 않는 순간들을 명백히 구분할 수 있기 위해서는 그렇게 해야 한다는 것이다. 이러한 첫번째 의미에서 정보 신호는 가능성들 사이에서 결정을 하게 해준다. 그것은 상태들의 가능한 다양성, 혼동없음non-confusion, 구분을 가정한다. 그것은 특히 배경잡음에 대립한다. 즉 분자들의 열적 동요처럼 우연히 생겨나는 것에 대립한다. 이동하는 요소적 하중으로 형성된 전기적 흐름처럼 신호의 에너지 운반자가 본질적으로 불연속적이면, 메시지가 올바로 전달되기 위해서는 각각의 신호 요소가 운반에너지의 어마어마한 요소적 단위들을 변조해야 한다. 작은 규모의 전자관은 큰 규모의 것보다 더 많은 배경잡음을 갖는다. 왜냐하면 그것[작은 규모의 전자관]은 단위시간당 더 적은 수의 전자들을 내보내기 때문이다. 사용된 운반에너지의 유형에 기인하는 이 양자적 불연속성은, 성가신 것이 되지 않도록, 정보 전달을 위한 유의미한 변화들보다 상당히 아래에 있어야 한다. 그러므로 정보 신호는 결정하는 힘이고, 체계에 의해 전달되거나 기입될 수 있는 '정보량'은 이 체계가 전달하거나 기입할 수 있는 유의미한 결정의 수에 비례한다. 그래서 섬세한 입자들로 된 감광 유제 émulsion photographique[필름이나 인화지가 빛에 반응하도록 감광성을 지닌 액체상태의 물질]의 용해하는 능력은 커다란 입자들로 된 유제보다 더 크다. 섬세한 입자들로 된 녹음테이프는 녹음하고 재생을 할 때 동일한 배열의 속도에 대해 소리를 더 충실하게 기록할 수 있다. 그것은 고음들을 재생할 수 있고 저음의 배음들을 재생할 수 있다(이는 사진기의 섬세한 세부사항과 유사한 것이다).

이런 의미에서 정보 신호는 예측불가능한 어떤 것이고, 예측가능한 것을 절단하는 어떤 것이다. 그래서 이 신호를 실어나르는 에너지나 그것을 기록하는 매체는, 정보 신호의 크기의 등급(경우에 따라 지속이나 넓이)[93]에서 예측가능한 것으로 간주될 수 있는 상태들을 소유해야 한

---

93) [옮긴이] 크기의 등급(ordre de grandeur)이란 말을 시몽동은 상당히 확대해서 사용하지만

다. 매체나 변조된 에너지의 상태들의 예측불가능성이 정보 신호의 예측불가능성을 간섭하지 않도록 말이다. 만약 이미 어떤 배경잡음을 가진 장치에 의해 신호로 간주된 배경잡음을 전송하고자 한다면, 전송체계의 고유한 배경잡음이, 신호로 전달되어야 하는 배경잡음과 관련하여 아주 미약해야 할 것이다. 섬세하고 아주 평평하며 균일하게 반짝이는 일정한 면적의 모래는 사진찍기가 매우 어렵다. 필름의 입자가 필름 [안]의 모래 입자의 이미지의 평균 크기보다 훨씬 더 작아야 한다. 그렇지 않으면 현상된 필름의 세부사항들은 [모래 입자의] 이미지에 기인하는지 필름의 입자에 기인하는지 구별이 안 될 것이다. 정보 신호의 특징인 결정작용décision은 더 이상 존재하지 않을 것이다. 사진 필름 [안의] 입자의 이미지를 동일한 유형의 필름에 의해 음화contretype로 만들 수는 없다. 더 섬세한 입자의 필름을 사용해야 한다.

그러나 다른 의미에서 볼 때 정보는 규칙성과 주기적 귀환, 예측가능성을 함축하는 어떤 것이다. 신호는 예측가능할수록 더 전달하기 쉽다. 그래서 한 진동자oscillateur를 다른 것에 의해 동시화[동조]synchronisation해야 할 경우[94], 각각 따로 취해진 진동자들이 안정적일수록 하나를 다른 것에 의해 동시화하기가 더 쉽다. 동시화의 신호가 아주 약해서 배경잡음과 거의 같은 수준이라 하더라도 상phase의 비교 장치를 통해 오류없이 받는 것이 가능하다. [신호를] 수용하는 진동자가 신호에 민감해지는 시간이 한 주기의 전체 지속기간의 내부로 완전히 환원된다고 가정한다면 그러하다. 그 이유는, 그 경우 신호가 단지 에너

221

---

본래는 다양한 규모에서 물질의 크기를 재는 단위. 예를 들어 미터, 센티미터, 나노미터 등은 각각 물질의 특정한 규모에서 측정의 단위가 된다. 여기서는 이러한 의미이다.
94) [옮긴이] 진동자, 동시화 → 용어설명* 참조.

지 변조에 의해서만 방출되거나 전달되는 것이 아니기 때문이다. 그것은 또한 자신의 고유한 작동기능을 갖고 있는 장치에 의해서도 수용되는데 이 장치는 정보 신호를 자신의 작동 내부로 통합시켜 그것으로 하여금 유효한 정보의 역할을 하게 한다. 정보 신호는 배경잡음 그리고 다른 우연적 국면들과 에너지의 하락에 의해 야기된 변질이 없이 단지 전달될 수 있는 그러한 것이 아니다. 그것은 또한 **수용되어야 하는 것**이기도 하다. 즉 의미를 가져야 하는 것, 고유한 작동기능을 갖는 한 군에 대해 효율성을 가져야 하는 것이기도 하다. 일반적으로 정보와 관련한 문제들은 전달의 문제이므로, 기술공학적 평가에만 고정되고 종속된 정보의 양상들은 신호들이 전달 도중에 쇠퇴하지 않는다는 사실과 관련된 양상들이다. 신호들의 의미작용의 문제는 제기되지 않는다. 왜냐하면 쇠퇴하지 않은 신호들은 그것이 출발점에서 가졌을지도 모르는 의미를 도착시에도 갖기 때문이다. 전달 노선의 끝에 있는 것은 인간 주체이다. 마치 인간을 신호들의 기원과 분리하는 거리가 전혀 없을 경우에 그럴 것처럼 말이다. 반대로 신호들이 단지 기술적으로 전달된 것만이 아니라 기술적으로 수용되었을 경우, 즉 고유한 작동기능을 부여받고 신호들을 이 작동기능에 통합시켜야 하는 체계에 의해 수용되었을 경우, 문제는 아주 다르게 된다. 그때 신호들의 **전달**과 관련된 크기들 그리고 그것들의 **의미작용**과 관련된 크기들은 서로 반대가 된다는 것을 알 수 있다. 신호들은 예측가능한 것의 균일화와 혼동되지 않을수록 더 잘 전달된다. 그러나 신호들이 수용되기 위해서는, 즉 체계의 작동에 통합되기 위해서는, 그것들이 수신장치를 발신기로 사용했을 경우 이에 의해 발신되었을 수도 있을 신호들과 가능한 한 완벽한 유사성을 가져야 한다. 즉 그것들이 거의 예측가능해야 한다. 두 개의 진동자들은 그것들이 방출한 신호들이 진동수와 형태에 있어서 더 가까울수록 더 쉽게 동시화된다(정현곡선sinusoïdaux, 방형方形, relaxés, 톱니모양en dents de scie, 임펄스열en trains d'impulsion).[95] 이러한 가능적 상호성의 측면은 진동자들의 짝짓기에 의해 예시된다. 두 진동자가 자신들의 에너지의 일부를 방출하면서 서로 가까워지면 그것들은 하나가 다른 것을 조종한다고 말할 수 없을 정도로 서로 동시화된다. 그것들은 이제 단 하나의 진동 체계를 형성한다. 따라서 주어진 체계에 의해 전달가능한 정보 신호들의 양 이외에도 그 신호들이 수용장치에 의해 수용되는 습성을 고려해야 한다. 이 습성은 양적 용어들로 직접 표현되지 않는다. 또한 그것을 질이라고 명명하는 것도 어려운 일이다. 왜냐하면 질은 한 존재자의 절대적인 속성으로 보이기 때문이다. 반면 여기서 문제가 되는 것은 관계이다. 변조된 이러저러한 에너지는 어떤 체계에 대해서는 정보 신호가 될 수 있지만 다른 체계에 대해서는 그렇지 않을 수 있다. 정보의 이러한 성향을, 또는 차라리 이러한 성향을 기초하는 것을 정보의 현존재성eccéité이라고 명명할 수 있다. 바로 그것으로 인해, 이것은 정보이고 그렇게 수용되는데 저것은 정보로 수용되지 않는다고 말할 수 있는 것이다.[96] 질이라는 용어는 너무 유적인 특징을 지시한다. 현존재성이라는 용어는 관계적 성향에 속하는 것을 구체적 성격 속에서 너무 특수화하고 그 안에 가두어 버린다. 단지 이 관계적 성향이 정보 신호들의 예측가능성의 도식에 결부

222

---

95) [옮긴이] 정현곡선, 방형, 톱니모양, 임펄스열 → 용어설명* 참조.
96) 신호들을 방출하는 것 그리고 그것들을 수용하는 것이 체계를 형성할 때만 정보가 있다. 정보는 불균등화 관계에 있는 한 체계의 두 반쪽들 **사이**에 있다. 이 정보는 반드시 신호들을 통과하는 것은 아니다(예를 들면 결정화 작용). 그러나 그것은 신호들을 통과**할 수** 있다. 이로 인해 서로 간에 멀리 떨어진 실재들이 체계를 형성할 수 있다.

되어 있다는 것을 지적하는 것이 중요하다. 신호들이 한 체계 내에서 어떤 의미를 갖기 위해서는 그것들이 완전히 새로운 것을 가져오면 안 된다. 신호들의 군은 자기 자신과 거의 일치하는 지반 위에서만 의미가 있다. 신호들이 국지적 실재와 정확히 겹친다면 그것들은 더 이상 정보가 아니라 단지 내적 실재의 외적 반복에 지나지 않는다. 그것들이 과도하게 다르면 그것들은 더 이상 의미를 갖는 것으로 파악되지 않는다. 그것들은 통합될 수 없기 때문에 더 이상 의미가 없다. 신호들이 수용되기 위해서는 그것들을 유의미하게 만들어 주는 **선행적 형태들**을 만나야 한다. 의미는 관계적이다. 이러한 정보 신호들의 수용조건을 입체지각에서 양쪽 눈의 불균등화를 만들어 내는 조건에 비교할 수 있다. 입체성과 층을 이루는 특징이 면들의 깊이 안에서 실제로 지각되기 위해서는 왼쪽 눈의 망막 위에서 형성되는 이미지가 오른쪽 눈의 망막 위에서 형성되는 이미지와 같은 것이어서는 안 된다. 두 이미지가 완전히 독립적인 것이라면(한 눈으로는 종이의 한쪽을 바라보고 다른 눈으로는 그 종이의 다른 쪽을 바라볼 때처럼) 거기에는 어떤 공통점도 존재하지 않기 때문에 어떤 상도 나타나지 않는다. 두 이미지는 겹칠 수 없어야 하지만 그 차이는 미약해야 하고, 변형의 단순한 법칙들에 상응하는 제한된 수의 평면들 위에서 분할된 일정한 수의 행위들에 의해 겹쳐질 수 있어야 한다. 입체성은 이미지들의 이러한 이원성의 의미작용으로서 개입한다. 이미지들의 이원성은 감각되는 것도 지각되는 것도 아니다. 입체성만이 지각된다. 그것은 두 소여들의 차이의 의미이다. 마찬가지로 한 신호가 단지 심리학적 맥락에서가 아니라 기술적 대상들 사이의 신호 교환 안에서 의미작용을 수용하기 위해서는 수용자 속에 이미 포함되어 있는 형태와 외부에서 들어온 정보 신호 사이에 불균등화가 존재해야 한다. 불균등화가 전혀 없다면 신호는 정확히 형태에 겹치고 체계 상태의 변형으로서의 정보는 제로가 된다. 반대로 불균등화가 증가할수록 정보는 증가한다. 그러나 단지 어느 정도까지만 그러하다. 왜냐하면 수용 체계의 특징에 의존하는 일정한 한계를 넘어서서, 불균등화인 한에서 불균등화를 떠맡은 작용이 더 이상 실행될 수 없으면 정보는 갑작스럽게 제로가 되기 때문이다. 입체적 시각 안에서 목표물들의 간격을 넓히면 입체성과 평면들의 순차적 층화의 인상도 증가한다. 왜냐하면 불균등화가 증가하기 때문이다(이 장치는 거리가 먼 직접적 관찰에도 역시 적용된다. 즉 두 목표물을 원하는 만큼 벌릴 수 있는 두 개의 잠망경périscope을 사용하여 조준이 이루어진다. 이것은 두 눈 사이의 간격을 증가시키는 것과 같다). 그러나 목표물들 사이의 간격이 일정한 한계(최초의 평면과 두번째 평면 사이의 실제적 간격과 함께 변화하는)를 넘어서면 주체는 혼미한 상태의 두 다른 이미지들을 지각한다. 평면들의 층화와 대상의 입체성인 한에서의 정보를 더 이상 포함하지 않는 지각의 불안정성 속에서 한편으로는 왼쪽 눈이 다른 한편으로는 오른쪽 눈이 덧없는 지배권을 가지게 된다. 마찬가지로 국지적 진동과 엄밀하게 동일한 그리고 어떤 위상차도 없는 진동수를 가진 신호들을 받아들이는 동시화 가능한 진동자는 엄밀히 말해 어떤 신호도 받아들이지 않는다. 왜냐하면 국지적 작동과 신호들이 나타내는 외적 작동 사이에 절대적 일치가 있기 때문이다. 진동수 차이가 증가하면 실제적으로 통합된 신호들 덕택에 정보도 증가한다. 그러나 수용된 신호들이 국지적 진동수와 너무 다른 진동수를 갖게 되면 더 이상 어떤 동시화도 없다. 신호들은 정보의 운반자로서 사용되고 있지 않으며, 그것들이 진동자에 대해 갖는 역할은 규칙성이 없을 경우 외적 교란에서 일어날 수도 있는 그런 것에 지나지 않는다(잡음, 배경

223

잡음, 열적 동요의 백색소음). 진동수 조건은 근본적인 것이지만 다른 조건들이 존재한다. 그것들은 이런 것이다. 신호들을 작동하는 한 체계로 통합하는 일은, 신호의 유일한 기간 속의 에너지 분배가 국지적 교환들 속의 에너지 분배에 가까워질수록 그만큼 더 쉬워진다. 그래서 방형파 oscillateur de relaxation는 임펄스impulsions[매우 짧은 시간 동안 많은 양이 흘렀다가 곧 그치는 전류]와 동일한 진동수를 가진 정현곡선의 신호에 의해서보다 다른 방형 파로부터 유래하는 가파른 임펄스impulsions à front raide에 의해 더 쉽게 동시화된다. 전달된 것은 **신호**라고 명명할 수 있고, 신호가 그것과 관련하여 수용기에 수용된 것을 **형태**라고 부를 수 있다. 그리고 외적 신호와 내적 형태에 기초하는 불균등화의 테스트 이후에 수용기의 작동에 실제로 통합된 것을 엄밀한 의미의 **정보**라 명명할 수 있다. 정보의 기록은 사실 신호들의 고정이며 정보를 진정으로 기록하는 것이 아니다. 녹음테이프나 사진 필름은, 국지적 상태들의 군ensemble의 형태로 그러나 불균등화의 테스트는 없이 신호들을 기록한다. 그래서 녹음테이프나 사진 필름은 진정한 수용기 앞에서 신호들의 이차적 근원으로 이용되어야 한다. 이 수용기는 불균등화의 테스트에 적합한 형태들이 그 안에 있는지 없는지에 따라 신호들을 통합하거나 통합하지 않게 될 것이다. 녹음테이프는 신호들의 형태로 다시 현실화되어야 한다. 그리고 사진 필름은 조명이 되어야 한다. 그것은 마치 사진 찍힌 대상들이 빛을 변조하듯이 한 점씩 한 점씩 빛을 변조한다. 지각을 위해서는 두 외적인 신호들 사이에서 불균등화가 필요한 반면 녹음은 신호들의 두 군들 혹은 두 계열을 분리해서 드러내야 한다. 입체 지각을 만들기 위해서는 분리된 두 개의 사진이 있어야 한다. 그리고 소리의 입체감을 만들어 내기 위해서는 녹음테이프 위에 두 개의 녹음대가 있어야 한다. 완전히 분리된 두 개의 녹음이 필요하다는 것은 녹음이 운반하는 것이 **신호들**이지 직접적으로 통합할 수 있는 정보가 아니라는 것을 보여 준다. 불균등화는 만들어진 것이 아니며 만들어질 수가 없다. 왜냐하면 그것은 신호들의 수준에 있는 것이 아니며, **신호**를 낳는 것이 아니라 **의미작용**을 낳는 것이기 때문이다. 의미작용signification은 작동 안에서만 의미sens를 낳는다. 불균등화가 생기기 위해서는 작동하는 수용기가 필요하다. 구조들과 퍼텐셜들을 지닌 체계가 필요하다. 신호들의 좋은 전달 조건도 체계의 존재 조건과 혼동되어서는 안 된다. 신호가 관계를 구성하는 것이 아니다.

## 5. 위상학과 개체발생

오늘날까지 타성적 물질과 생명의 관계의 문제는 특히 타성적 물질로부터 생명물질을 제조하는 문제 주위로 집중되어 왔다. 즉 생명의 특성들은 생명물질의 화학적 조성 안에 위치하고 있었다. 요소尿素, urée 합성 이래로 많은 합성물체가 만들어졌다. 그것은 더 이상 이화작용적 변형에서 유래하는 매우 작은 분자로 된 물질이 아니라 화학적 합성이 산출할 수 있는 동화작용의 기능에 직접 참여하는 물질이다. 그러나 생명이 이용한 물질의 생산과 생명체를 생산하는 것 사이에는 간격이 있다. 생명에 접근한다고 말하기 위해서는 생명체의 위상학, 그 특수한 공간 유형, 내부성의 환경과 외부성의 환경 사이의 관계를 산출할 수 있어야 할 것이다. 유기화학의 물체는 일상적인 물리적이고 에너지적인 관계들의 위상학과 다른 것을 제공하지 않는다. 그러나 위상학적 조건은 아마도 생명체로서의 생명체 안에서 원초적일 것이다. 우리가 생명체를 유클리드적 관계를 통해 적합하게 사유할 수 있다는 것은 전혀 입증된 바 없다.

224

생명체의 공간은 아마도 유클리드 공간이 아닐 것이다. 생명체는 유클리드 공간에서 고찰될 수는 있다. 거기서 생명체는 물체들 중 하나로 정의된다. 생명체의 구조 자체도 유클리드 용어로 기술될 수 있다. 그러나 이러한 기술이 적합한가 하는 것은 전혀 입증되지 않았다. 생명에 필요한 위상학적 배치들 전체가 유클리드적 용어들로 번역이 불가능한 방식으로 존재한다면 우리는 유기화학으로 만들어진 물질을 가지고 생명체를 만들려는 모든 시도를 불충분한 것으로 생각해야 할지도 모른다. 생명체의 본질은 아마도 일반적으로 유클리드 공간을 사용하는 물리학과 화학으로부터는 알 수 없는 어떤 위상학적 배열일 것이다. 오늘날 사람들은 이 영역에서 추측에 머물 수밖에 없다. 그러나 생명물질의 속성들이 순수하게 구조적이고 에너지적인 조건들 훨씬 이상으로 일정한 위상학적 조건의 유지, 자가 유지로 나타난다는 사실을 확인하는 것은 흥미로운 일이다. 그래서 신경 유입의 전도가 문제되건, 근육 수축이나 동화가 문제되건, 모든 기능들의 기저에서 재발견되는 속성들 중 하나는 세포 투과성의 극성과 비대칭이라는 특징이다. 해부학적으로 분화되었든 또는 단지 기능적인 것이든, 생명체의 막은 어떤 특별한 형성물도 그 한계를 구체화하지 않을 경우에는 내부성의 영역과 외부성의 영역을 분리하는 것으로 특징지어진다. 즉 막은 극성을 띠고 어떤 물체는 구심적이거나 원심적 방향으로 통과하게 하고 또 어떤 물체는 통과를 막는다. 아마도 우리는 이러한 일방적 투과성의 기작을 특정한 화학 물질의 유형에서 발견할 수 있을 것이다. 그래서 운동판을 매개로 하는 근육의 조종의 기작은 극성화된 막의 퍼텐셜을 순간적으로 파괴하는 아세틸콜린의 해방으로 설명되었었다. 그러나 그것은 문제를 후퇴시키는 것에 지나지 않는다. 왜냐하면 막이 살아 있는 것은 바로 그것이 언제나 다시 극성화되기 때문이다. 마치 겔혼Ernst Gellhorn의 표현에 따르면 작동 이후에 막의 극성화를 재창조하는 '소듐과 포타슘의 펌프'가 있기라도 한 것처럼 말이다. 타성적인 막은 선별적 막의 자격으로 작동하므로 곧바로 중성적인 상태로 되돌아올지 모른다. 반대로 살아 있는 막은 이러한 속성을 보존한다. 그것은 자신의 생존과 작동의 특징인 이 비대칭성을 재생시킨다. 사람들은 막의 내부에 있는 생명물질이 막을 재생시킨다고 말할 수 있을지도 모른다. 하지만 [반대로] 생명체를 매순간 살아 있게 하는 것이 막이고 그 이유는 이 막이 선별적이기 때문이라고 말할 수도 있지 않을까. 즉 내부 환경을 외부 환경과 관련하여 내부 환경으로 유지하는 것은 바로 막이라고 할 수 있지 않을까. 생명체는 자기 자신의 경계에서, 자신의 경계 위에서 살아간다고 말할 수도 있을지 모른다. 단세포의 단순유기체에서 안을 향한 방향과 밖을 향한 방향이 있는 것은 바로 이 경계와 관련해서이다. 다세포 유기체에서 내부 환경의 실존은 내부와 외부에 여러 개의 층이 존재한다는 의미에서 위상학을 복잡하게 만든다. 내분비선[호르몬을 직접 혈액 또는 림프액으로 보내는 기관. 뇌하수체, 갑상선, 부신, 난소와 고환이 있음]은 혈액 또는 다른 몇몇 유기적 액체 속으로 자신의 활동의 산물들을 흘려보낸다. 이 선과 관련하여 일반적 유기체의 내부 환경이 사실 외부 환경이 된다. 마찬가지로 내장의 강은 장관을 따라 선별적 흡수를 보장하는 동화 세포들에 대해서는 외부 환경이다. 살아 있는 유기체의 위상학에 따르면 장의 내부는 사실 유기체의 외부이다. 비록 이 공간 안에서 일정수의 변화의 조건이 유기적 기능에 의해 만들어지고 조절된다고 해도 그러하다. 이 공간은 내재성에 부착된 외재성에 속한다. 그래서 위나 장의 내용물이 유기체에 해로우면 그것을 밀어내는 조직된 운동이 이 강들을 비울 수 있고, 내부에 붙어 있는 외부 공간 안에 있던 해

225

로운 물질을 완전한 외부 공간(독립된 외부)으로 되던진다. 마찬가지로 음식물의 진행은 이 음식물의 생화학적 과정의 여러 순차적 등급에 의해 지배되고 내수용감각기들intérocepteurs에 의해 조절된다. 내수용감각기들은 사실상 감각기관들을 말하는데 중간수용기médiocepteurs라고 명명하는 게 나을지도 모른다. 그것들은 진정한 내부가 아니라 내부에 부착된 외부공간에 관련된 정보를 파악하기 때문이다. 그래서 우리는 한 유기체 안에서 여러 수준의 내부성을 발견한다. 소화강의 공간은 내장의 벽들을 세척하는 피와 관련하여 외부에 속한다. 그러나 피는 그 쪽에서 보면 피 속에 자신의 활동의 부산물들을 흘려보내는 내분비선과 관련하여 외부 환경이다. 그러므로 우리는 한 복잡한 유기체의 구조는 단지 통합과 분화인 것은 아니라고 말할 수 있다. 그것은 또한 내부와 외부의 다양한 중간적 수준들을 관통하여 절대적 내부에서 절대적 외부로 나아가는, 내부과 외부의 변환적 중개의 설립이기도 하다. 사람들은 유기체들을 자신의 기능의 완수를 위해 스스로가 작동시키는 내부와 외부의 중개자들의 수에 따라 분류할 수 있을지도 모른다. 요소적이라고 명명할 수 있는 가장 단순한 유기체는 중간적 내부 환경을 갖지 않고 단지 절대적 내부와 절대적 외부만 가진 것이다. 이 유기체에 있어서 생명의 특징적인 극성은 막의 수준에 있다. 바로 이 장소에서 생명은 본질적인 방식으로, 그것을 존재하게 해주는 준안정성을 스스로 유지하는 역동적 위상학의 양상으로 존재한다. 생명은 준안정성의 자가유지이다. 하지만 이 준안정성은 위상학적 조건을 요구한다. 즉 구조와 기능이 서로 연결되어 있다. 가장 원시적이고 가장 심층적인 생명의 구조는 위상학적이기 때문이다. 복잡한 유기체에 와서야 신경계가 출현하고 감각기관들과 효과기, 신경중추들 사이의 구분과 더불어 통합과 분화의 구조가 나타난다. 이 통합과 분화의 비위상학적 구조는, 기저에 있을 뿐 아니라 근본적인 것으로 남아 있는 최초의 구조를 지탱하고 확장하기 위한 중개와 조직화의 수단으로 나타난다. 그러므로 우리가 진화한 유기체들의 복잡한 군들의 유기체적 단일성에서 출발할 경우 우리는 유기체의 구조를 파악할 수 없다. 그 경우 통합과 분화의 조직화에 특권을 부여할 우려가 있기 때문이다. 그렇다고 해서 복잡한 유기체를 원자론적 방법을 따라 건축술적 단위들로 구성하는 세포들을 고찰함으로써 생명체의 진정한 구조를 이해할 수 있는 것도 아니다. 전체론적 견해와 요소적 견해는 똑같이 부적절하다. 내부와 외부의 최초의 위상학적 구조에 기반을 둔 기저의 기능으로부터 출발하여 이 기능이 중간적인 내부들과 외부들의 연쇄에 의해 어떻게 매개되고 있는지를 보아야 한다. 이 연쇄의 양끝에는 여전히 절대적 내부와 외부가 있다. 통합과 분화의 기능들은 절대적 내부와 절대적 외부 사이의 준안정적 비대칭 기능 속에 있다. 그렇기 때문에 생명적 개체화는 위상학적 도식들에 따라 사유되어야 한다. 게다가 위상학적 구조들은 진화 도중에 있는 유기체의 공간적 문제들을 해결하는 방법들이다. 그래서 고등종들에서 신피질[대뇌피질을 이루는 부위]의 발달은 본질적으로 피질의 접힘에 의해 이루어진다. 그것은 위상학적 해결이지 유클리드적 해결이 아니다. 그래서 우리는 왜 호문쿨루스[전성설에서 인간이 될 가능성을 지닌 작은 인간의 형상]가 피질의 투사 영역[감각기관에서 오는 자극을 대뇌피질의 별개의 공간 영역에서 수용하는 것]의 아주 근접한 표상에 지나지 않는가 하는 것을 이해할 수 있다. 사실상 투사는 유클리드 공간을 위상학적 공간으로 전환한다. 그래서 피질은 유클리드적 방식으로는 적절히 표현될 수가 없다. 엄밀히 말하면 피질에 대해 투사를 말해서는 안 된다. 비록 기하학적인 의미에서는 미세한 영역에서 투사가 있기는 하지만 말이다.

226

차라리 유클리드적 공간이 위상학적 공간으로 전환되는 것이라고 말해야 할 것이다. 기저의 기능적 구조들은 위상학적이다. 신체적 도식은 그것에 고유한 차원성에 해당하는 관계들의 간접적 체계를 통해 이 위상학적 구조를 유클리드적 구조들로 전환한다.

생명의 개체화 과정이 본질적으로 위상학적 구조화들을 따라 전개되는 과정이라면 우리는 왜 타성적 물질과 생명체 사이의 경계 사례들이 바로 내부와 외부의 차원들에 따라 전개되는 과정들의 사례들인지를 이해할 수 있다. 그것이 바로 결정의 개체화 사례들이다. 생명체와 타성적 결정의 차이는 타성적 결정의 내부 공간이 성장과정에 있는 결정의 경계들에서 수행되는 개체화를 연장하는 데 아무 소용이 되지 않는다는 사실에 있다. 내부와 외부는 단지 분자층에서 분자층으로, 이미 축적된 분자층에서 축적되고 있는 분자층으로 가는 과정 속에 있다. 결정에서 그 물질의 중요한 부분을 없애도 그것은 성장을 멈추지 않는다. 내부는 외부와 관련하여 또는 더 정확히 말해서 극성의 경계와 관련하여 그 전체가 항상적이지는 않다. 결정이 개체화되기 위해서는 그것은 계속해서 성장해야 한다. 이러한 개체화는 표면적이다. 과거는 결정 덩어리에 아무런 도움이 되지 않는다. 그것은 단순한 지지대의 역할을 할 뿐이고 정보 신호의 처분가능성을 제공하지 않는다. 즉 순차적 시간은 압축되지 않는다. 반대로 생명적 개체에서 내부 공간은 그 내용과 더불어 그 전체가 개체화의 영속화를 위한 역할을 한다. 거기에는 공명이 있고 공명이 있을 수 있다. 왜냐하면 과거에 개체화에 의해 산출된 것이 내부 공간의 내용을 구성하기 때문이다. 즉 내부 공간의 모든 내용이 위상학적으로 생명체의 경계들 위에 있는 외부 공간의 내용과 접촉한다. 사실상 위상학에는 거리가 없다. 내부 공간 안에 있는 생명물질의 총량이 생명체

의 경계 위에 있는 외부 세계에 능동적으로 현전한다. 지나간 개체화의
모든 산물이 거리가 없이 지연됨도 없이 현전한다. 내부 공간의 일부가
된다는 사실은 단지 유클리드적 의미에서 "안에 있다"는 것을 의미하는
것이 아니라, 기능적 효력을 지연시키지 않고, 고립도 관성도 없이 경계
의 안쪽에 있다는 것을 의미한다. 생명체는 단지 동화하면서 내부화하
는 것이 아니다. 그것은 순차적으로 만들어진 모든 것을 압축하고 현시
한다. 이 개체화의 기능은 시공간적이다. 생명체의 위상학에 덧붙여 이
위상학에 연합된 생명체의 연대기를 정의해야 할지도 모른다. 이 연대
기는 위상학만큼이나 기본적이면서, 위상학이 유클리드 공간의 구조와
다른 만큼이나 시간의 물리적 형상과 다르다. 위상학에서 거리들이 존
재하지 않는 것과 마찬가지로 연대기에서 시간의 양은 존재하지 않는
다. 이것은 베르그손이 주장하는 것처럼, 생명적 개체화의 시간이 연속
적이라는 것을 의미하는 것은 전혀 아니다. 연속성은 가능한 연대기적
도식들 중 하나이지만 유일한 것은 아니다. 불연속성과 인접성과 봉인
enveloppement의 도식들이 위상학에서와 마찬가지로 연대기에서도 정의
될 수 있다. 유클리드적 공간과 물리적 시간은 일치할 수 없는 반면 연대
기와 위상학의 도식들은 서로에 적용된다. 그것들은 구분되는 것이 아
니고 생명체의 최초의 차원성을 형성한다. 위상학의 모든 특징은 연대
기적 상관항을 가지며 그 역도 마찬가지다. 그래서 생명물질에서 선별
적으로 극성화된 막의 내부에 있다는 것은 이 물질이 응축된 과거 안에
포획되어 있다는 것을 의미한다. 한 물질이 외부 환경 안에 있다는 것은
이 물질이 생성될 수 있고 동화될 수 있으며 생명체에 해를 입힐 수 있
다는 것을 의미한다. 그것은 다가올 어떤 것이다. 극성화된 막의 수준에
서 내부의 과거와 외부의 미래가 맞선다. 선별적 동화 작용 안에서 이 대

227

면은 생명체의 현재이다. 그것은 개체화를 통해 서로에게 현전하는 지나간 물질과 생성될 물질 사이에서 이행하느냐 거부하느냐 하는 극성으로 이루어진다. 현재는 내부와 외부, 과거와 미래의 관계의 이러한 준안정성이다. 내부가 내부이고 외부가 외부인 것은 이러한 상호적이고 변환역학적인allagmatique 현전의 활동과 관련해서이다. 위상학과 연대기는 생명체의 개체화 안에서 일치한다. 일치가 파괴될 수 있는 것은 단지 차후에 심리적이고 집단적인 개체화를 따라서 그러할 뿐이다. 위상학과 연대기는 감성의 선험적 형식들이 아니라 개체화하는 생명체의 차원성 자체이다.

그러므로 처음에는 유일한 것이었지만 나중에는 시공간적인 것들로 나누어진 이 차원성을 지칭하기 위한 단어가 필요하다. 이 단어만이 아니라 그것에 정확한 의미를 줄 수 있는 통일된 표상들 전체가 존재한다면 아마도 형태변화morphogenèse를 사유하는 것과 형태들의 의미작용을 해석하는 것이 가능할지도 모른다. 나아가 생명체로부터 우주 그리고 다른 생명체들에 이르는 최초의 관계를 이해하는 것도 가능할지 모른다. 이 관계는 물리적 세계의 법칙들에 의해서도, 정교한 심리현상의 구조들에 의해서도 이해할 수 없다. 감각 운동적 구조들이 있기 전에 연대기적이고 위상학적인 구조들이 존재할 수밖에 없다. 그것들은 굴성tropisme들의 우주, 경향들과 본능들의 우주이다. 표현의 심리학은 아마도 그러한 위상학적이고 연대기적인 탐구에서 공리화의 길을 발견할지도 모른다. 자신의 탐구에 토대를 두고 있다고 해도 너무나 초연하고 자의적이지만 말이다.

게다가 이런 종류의 탐구는 왜 타성적 세계와 생명의 세계의 과정들 사이에 중간적 과정들이 있는지를 이해하게 해줄 수 있을지도 모른다. 예를 들어 담배모자이크 바이러스처럼 결정화될 수 있는 여과성 바이러스의 형성이 그러하다. 식물의 수액에서 이 바이러스는 생명체처럼 전개된다. 그것은 동화작용을 한다. 왜냐하면 담배 식물에 이 바이러스의 일정량을 주입하면 그 양이 증가하기 때문이다. 식물의 수액을 추출하고 바이러스를 결정화하면 결정화될 수 있는 더 많은 양의 바이러스를 얻는다. 반대로 이 바이러스가 결정이 되었을 때는 그것이 살아 있다고 말할 수 있을 만한 근거는 전혀 없다. 그것은 헤모글로빈이나 엽록소와 마찬가지로 더 이상 살아 있는 것이 아니다. 만약 과포화나 과용해된 용액 안에서 결정의 싹을 필요로 하지 않고 용액 상태에서 동화시키는 능력을 가진 화학적 물체를 발견한다면 생명의 과정을 물리화학적 과정과 분리하는 간격의 일부가 메워질지도 모른다. 여과성 바이러스의 경우는 이 두 과정의 질서들 사이의 중간적인 것으로 보인다. 그러나 담배<sup>228</sup>

228

모자이크는 생명적 환경에서만 동화작용을 한다는 것을 주목해야 한다. 그러므로 바이러스가 사용한 것은 살아 있는 식물의 퍼텐셜이다. 이 바이러스의 동화하는 활동이 사실상 식물에서 빌려와 그것에 의해 유지되고 부양된 것이라면 그것은 진정으로 살아 있는 것은 아닐지도 모른다. 이 문제는 오늘날까지 해결되지 않고 있다. 사람들은 단지 이 문제가 물리화학적 인식에 따라서가 아니라 연대기와 위상학에 따른 공리계의 형성을 함축하는 것으로 간주해야 한다고 말할 수 있을 뿐이다. 기본적 작동에 대한 연구는 원자론을 함축하지 않는다. 골드슈타인이 보여 준 바와 같은 생물학주의의 전체론적인 체계가 필연적으로 거시적인 것으로 간주되고, 복잡한 유기체의 총체 위에서 고려된다는 것은 유감스런 일이다. 골드슈타인의 파르메니데스적 존재론은 생명체의 연구와, 그 과정이 미시물리적인 타성적 물질의 연구 사이의 모든 관계를 저지한다.

입자적 미시물리학과 거시적 유기체의 단일성 사이에는 중간적 질서의 현상들이 있을 수 있다. 이러한 질서는 아마도 발생적, 연대기적 그리고 위상학적 과정들의 질서일지도 모른다. 즉 개체발생이 그 안에서 진행되는 실재의 모든 질서들에 공통적인 개체화 과정들의 질서 말이다. 개체발생의 공리계를 발견하는 일이 남아 있다. 단 이 공리계가 정의 가능하다면 말이다. 개체발생은 공리화할 수 있는 것이 아닐 수도 있다. 이런 사실로 인해 철학적 사유가 다른 모든 연구들과 관련하여 영구히 주변적인 것으로 남아 있는 이유가 설명될지도 모른다. 철학적 사유는 실재의 모든 등급에서 개체발생의 함축적이고 명시적인 탐구에 의해 작동되는 사유이기 때문이다.

## I. 지각 단위들의 개체화 그리고 의미작용

### 1. 지각 단위들의 분리, 발생론과 전체론적 이해론, 좋은 형태의 결정론[1]

우선 개체화의 문제는, 지각과 인식을 그것들의 전체성 속에서 고려한
다음, 그것들과 상관적으로 정의할 수 있다. 지각은 감각 요소들의 연
합으로, 또는 배경 위에서 한 형태를 파악하는 것으로 생각될 수 있는
데, 지각의 본성에 대해 속단하지 않고도 어떻게 주체는 감각들의 혼돈
된 연속이 아니라 분리된 대상들을 파악하는지 물을 수 있고, 어떻게 주
체는 개체성이 이미 일관되게 주어진 그러한 대상들을 지각하는지 물
을 수 있다. 단위들의 분리의 문제는 관념연합론에 의해서도, 형태심리
학에 의해서도 해결된 바 없다. 첫번째 이론은 왜 개별화된 대상이 내적
정합성과 실체적 유대관계를 갖는지를 설명할 수 없다. 이 실체적 유대
관계야말로 자신에게 진정한 내재성을 부여하면서도 연합의 결과라고

---

1) [옮긴이] '좋은 형태'(bonne forme)는 형태심리학의 주요한 용어이다. 관념연합론과 형태심
리학→용어설명* 참조.

는 생각될 수 없는 것이기에 말이다. 이 이론이 지각의 정합성과 통일성을 보증하기 위해 내세운 습관은 사실상 지각에 그것 자체가 소유하는 것만을, 말하자면 지각된 것perceptum의 정적인 연속성과 정적인 통일성이라는 형태로 대상 속에 기입되는 시간적 통일성과 시간적 연속성만을 전달하는 역동성이다. 이러한 순수한 외양을 갖는 발생학적 이론, 즉 관념연합론에서 습관(또는 좀더 우회된 형태로 말하자면, 정적으로 파악된 역동성인 유사성이나 유비의 관계)에 대한 조회는 사실상 숨겨진 본유주의innéisme를 차용하는 것이다. 인접성contiguïté에 의한 연합만으로는 지각 속에서 개별화된 대상의 내적 정합성을 설명할 수는 없다. 이 개별화된 대상은 응집되지 않는 요소들의 축적, 부분들이 서로서로 완전히 외재적이어서 상호적 인력이 없는 요소들의 축적으로 남아 있게 될 것이다. 그런데 지각된 대상은 단지 총합somme의 통일성, 즉 소급하여vis à tergo 수동적으로 구성된 결과의 통일성만을 갖는 것은 아니다. 이러한 수동적 구성의 결과가 습관이자 일련의 반복들일 것이다. 지각된 대상은 수동적 결과이기는커녕 그것으로 하여금 통일성을 잃지 않은 채 스스로 변형될 수 있도록 해주는 어떤 역동성을 소유하고 있다. 그것은 단지 통일성을 가질 뿐만 아니라 또한 자율성을 가지며, 자신으로부터 힘들의 체계를 만들어 내는, 에너지적인 상대적 독립성을 갖는다.

　형태이론은 지각적 단위들의 분리를 본유주의 입장에서 설명하는 발생학적 설명을 대체하였다. 단위는 일정수의 법칙들(프레그넌시prégnance의 법칙들, 좋은 형태의 법칙들) 덕분에 단번에 파악되는데 이 심리현상은 전혀 놀라운 일이 아니다.[2] 왜냐하면 유기체들을 내포하는 생

---

2) [옮긴이] 프레그넌시(영)란 형태심리학에서 형태가 가진 호소력으로 지각, 기억에 강한 인상

명의 세계는, 또한 일반적으로 물리적 세계는 전체성totalité이라는 현상
을 나타내기 때문이다.[3] 타성적 외양을 갖는 물질은 형태들의 잠재성을
내포하고 있다. 과포화상태의 용액이나 과융해된 액체는 결정들을 출현
시키는데, 이것들의 형태는 무정형상태에서 이미 정해져 있다. 그런데
형태이론은 중요한 문제 하나를 남겨 놓고 있다. 그것은 바로 형태들의
발생의 문제이다. 만약 형태가 진정으로 주어져 있고 미리 결정되어 있
다면, 한 물리계의 미래와 한 유기체의 미래 또는 하나의 지각장의 미래
와 관련하여 어떤 발생도 어떤 유연성도 어떤 불확실성도 없을지 모른
다. 하지만 사태는 전혀 그와 같지 않다. 생명의 발생이 있는 것처럼 형
태들의 발생도 있다. 현실태entéléchie의 상태는 그것을 선행하고 미리 형
상화하는 잠재성들의 더미 속에서 미리 완전히 결정되어 있는 것이 아
니다. 형태이론이나 관념연합론에 부족한 것은 개체화에 대한 엄밀한
연구이다. 즉 통일성과 정합성이 출현하는 이 결정적인critique 순간에 대
한 연구 말이다. 전체성의 진정한 의미를 알게 되면 형태이론이 절대군

---

을 주는 것을 말하는데 독일어의 프레그난츠(Pregnanz)에서 유래한다. 심리학 용어로 '배
태'라고 번역되는 경우도 있지만 일정하지 않다. 앞으로는 '호소력'으로 새긴다.
3) 형태이론은 에너지적이지는 않고 단지 구조적인 단위만을 갖는 군(ensemble)과, 서로 간에
유비 관계를 갖는 다수의 군들로 이루어진 준안정적 단위인 체계(système), 그리고 에너지적
퍼텐셜 간에 본질적인 구분을 하지 않는다. 군은 정보를 포함하지 않는다. 그것의 생성은 엔
트로피의 증가나 하락에 지나지 않는다. 그와 반대로 체계는 자신의 상태를 특징짓는 정보
활동 덕분에 자신의 준안정적 존재 안에서 스스로를 유지할 수 있다. 형태이론은 사실상 체
계들만이 소유하는 속성에 해당하는 것을 전체성들(totalités), 즉 군들의 미덕(vertu)으로 간
주하였다. 그런데 체계는 **전체화될** 수가 없다. 왜냐하면 그것을 요소들의 총합으로 간주한다
는 사실은 그것을 계로 만드는 사실의 의식을 손상시키기 때문이다. 즉 그것들이 포함하는
군들의 상대적 분리, 유비적 구조, 불균등화, 정보의 관계적 활동이 그러한 것들이다. 한 체
계의 본성이 되는 것은 그것이 내포하는 정보의 유형이다. 그런데 정보는 관계적 활동이어
서 추상적으로 양화될 수가 없고 단지 그것이 그 안에 들어 있는 체계의 구조들과 도식들에
조회하는 특징을 갖는다. 정보를 정보의 신호들과 혼동해서는 안 된다. 이 신호들은 양화될
수 있지만 정보의 위치가 없이는, 즉 체계가 없이는 존재할 수 없을지 모른다.

絶對群, l'ensemble absolu 을 고려하지 않고 있다고 주장하지 않을 수 없다. 물리 세계 안에서 절대군은 용매溶媒와 용해된 물체만이 아니다. 오히려 용매와 용해된 물체 그리고 힘들과 퍼텐셜에너지들의 군이야말로 결정화 과정이 시작되는 순간에 과포화된 용액의 상태를 나타내는 준안정성이라는 말로 표현되는 것이다. 이 준안정성의 순간에 '좋은 형태'의 결정론은 일어나는 일을 예측하는 데 전혀 불충분하다. 에피택시épitaxie 같은 현상들은 결정적인 순간에(퍼텐셜에너지가 최대인 순간에) 결과 속에 일종의 상대적인 비결정성이 존재한다는 것을 보여 준다. 외부에 아무리 작은 결정의 싹이 있다 하더라도, 심지어 그것이 다른 화학적 조성을 가지고 있다 하더라도 그것은 결정화의 작용을 시동시키고 그 방향을 설정할 수 있다. 최초의 결정이 출현하기 이전에는 아무리 가벼운 국부적 사건의 배치에도 상당량의 에너지를 방출하는 긴장 상태가 존재한다. 이러한 준안정성의 상태는 가장 높은 불확실성의 순간이 바로 가장 결정적인 순간이 되는 그러한 갈등의 상태에 비교할 수 있다. 이 결정적 순간이 다양한 결정론들과 발생적 계열들séquences의 원천이다. 그것들은 그 순간 안에서 절대적 기원을 가진다. 생명의 세계에서도 역시 형태들의 발생이 작동한다. 이로부터 이전의 형태들과 그것들의 환경에 대한 적응에 문제가 있다고 가정할 수 있다. 모든 변형을 형태의 발생으로 간주할 수는 없다. 왜냐하면 변형은 퇴락dégradation일 수도 있기 때문이다. 결정들이 형성되었을 때 침식, 마모, 풍화작용, 석회화는 결정의 형태를 변화시키지만 그것들은 일반적으로 형태의 발생은 아니다. 결정화가 일어나는 동안 생겨난 형태의 결과가 잔존할 수도 있다. 예를 들면 결을 따라 쪼개지는 특권적 방향들이 그런 것인데, 이는 막대한 수의 요소적 결정들로 구성된 결정의 망상구조에 기인한다. 그러나 그때에는 형태의 발생이 아니라 퇴락이 나타난다. 마찬가지로 한 생명종에서 나타나는 모든 변형이 형태의 발생으로 해석될 수는 없다. 한 생명군이 환경 및 자신과 맺는 관계가 긴장과 잠재성으로 가득 차 있는 결정적 국면을 통과할 때 형태들의 발생이 있다. 이 결정적 국면은 멸종으로 끝나거나 새로운 생명 형태의 출현으로 나타난다. 상황의 전체는 종과 그 환경에 의해서 구성되어 있을 뿐만이 아니라 종과 그 환경의 관계에 의해 형성된 군 ensemble의 긴장에 의해서도 구성되어 있다. 이 군 안에서 양립불가능성의 관계들은 점점 더 커진다. 게다가 변형된 것은 종만이 아니라 종과 그 환경에 의해 형성된 생명적 복잡계의 군 전체이며 환경은 새로운 구조를 발견하게 된다. 마지막으로 심리적 영역에서 지각작용이 일어나는 곳, 쿠르트 레빈과 더불어 심리적 장場, champ이라 부를 수 있는 군은 단지 주체와 세계에 의해 구성되는 것만이 아니라 주체와 세계 사이의 관계에 의해서도 구성된다. 레빈에 의하면 이 관계는 긴장들과 갈등들, 양립불가능성들과 함께 심리적 장에 통합된다. 그러나 우리가 지지하는 이론에 의하면, 형태이론은 바로 여기서 세 가지 독립된, 또는 적어도 구분된 용어군에 해당하는 것을 두 가지 용어로 환원한다. 긴장들이 실제적으로 심리적 장에 병합되어 그 구조의 일부가 되는 것은 지각작용 이후에 일어난다. 지각 이전에는, 바로 이 지각에 해당하는 형태의 발생 이전에는, 주체와 환경 간의 양립불가능성의 관계는 단지 퍼텐셜로서만 존재한다. 과포화 용액이나 과융해 고체의 준안정성의 단계에서, 또는 한 종과 그 환경 사이의 관계의 준안정성의 단계에서 존재하는 힘들과 동등한 자격으로 말이다. 지각은 형태의 파악이 아니라 갈등의 해결이고 양립가능성의 발견이며 형태의 **발명**이다. 지각에 해당하는 이 형태는 대상과 주체의 관계를 변형시킬 뿐 아니라 대상의 구조와 주체의 구조 또한 변형시킨다. 그것은 모든 물리적이고 생명적인 형태들과 마찬가지로 퇴락할 수 있으며 이러한 퇴락은 또한 주체 전체의 퇴락이다. 왜냐하면 각 형태는 주체의 구조의 일부를 이루기 때문이다.

## 2. 심리적 긴장과 준안정성의 정도. 좋은 형태와 기하학적 형태, 평형의 여러 유형들

그러므로 지각은 물리학과 생물학이 보여 주는 것과 같은 개체화의 행위acte일지도 모른다. 그러나 그렇게 생각하기 위해서는 '정신적psychique 긴장'이라고 명명할 수 있는 용어를 도입할 필요가 있다. 그런데 이 표현은 위기crise라는 개념에서 출발하지 않기에 아주 다른 실재를 지칭하는 데 앞서 사용된 바 있다. 따라서 차라리 준안정성의 정도라는 말을 사용하는 것이 낫겠다. 그럴 경우 좋은 형태의 법칙들은 지각장 속에서 단위들의 분리를 설명하기에 불충분하다. 그 법칙들은 사실 지각이 제시하는 문제에 제공된 해답의 성격을 고려하지 않는다. 그것들은 발생보다는 변형이나 퇴락에 적용된다. 특히 긴장이 거의 없고 완전히 안전한 상태에 있는 주체를 대상으로 하는 실험실에서 진행하는 많은 실험들은 형태들의 발생이 일어나는 조건들을 실현하지 못한다. 우리는 '좋은 형태'라는 통념의 애매한 특징을 지적해야 한다. 원이나 사각형과 같은 형태들은 자신들이 그 위에 겹쳐 있는 일관성 없는 선들의 망으로부터 손쉽게 분리된다. 그러나 그렇게 단순함에도 불구하고 원이나 사각형은 예술가가 발명하는 형태보다 우월한 형태들인가? 만약 그렇다면 가장 완벽한 [건축적] 기둥colonne은 [기하학적] 원기둥cylindre일지도 모른다. 반대로 비뇰라Giacomo Barozzi da Vignola, 1507~1573의 『기둥양식』에 따르

232

면, 그것은 양끝이 가느다랗고 약화되어 있을 뿐만 아니라, 그 중심과 관련하여 비대칭적이어서 가장 큰 지름이 높이의 중간보다 아래 위치하는 회전도형이다.[4] 이 책의 저자는 자신이 제시하는 비율들을 고대인들이 할 수 없었던 진정한 발명의 결과로 여긴다. 고대인들의 경우, 그들 역시 자신들이 발명가였다는 감정을 느끼고 있었다. 비트루비우스Markus Vitruvius는 이전의 형태들이 들어맞지 않는 조건에서 어떻게 세 가지 고전적 기둥양식이 차례로 발명되었는지를 보여 준다. **형태와 형태부여/정보**_information_ 사이에 구분을 세울 필요가 있다. 사각형과 같은 하나의 형태는 자신 속에 준안정적인 상황의 여러 요소들을 거의 내포하고 있지 않다는 점에서 매우 안정적이고 호소력이 있으며_prégnante_ 적은 양의 정보를 지닐 수 있다. 사각형을 지각적 문제의 해결로 나타내기는 어려운 일이다. 원과 사각형, 더 일반적으로 말해서 단순하고 호소력 있는 형태들은 형태들이라기보다는 구조적인 도식들이다. 이 구조적 도식들은 본유적인 것일 수 있지만 지각 속의 단위들의 분리를 설명하기에는 충분하지 않다. 친근하거나 적대적인 표현을 함축하는 인간의 얼굴이나 외적으로 전형적인 특징을 가진 동물의 형태도 원이나 사각형과 마찬가지로 호소력 있게 지각에 들어온다. 포트먼Adolf Portmann, 1897~1982은 『동물의 형태들과 유형들』이라고 이름 붙인 그의 책에서 어린아이에게 사자나 호랑이의 지각은 비록 한번 생겨났다 해도 지워지지 않는다는 것을 지적하고 있다. 이는 [거기서] 단순한 기하학적 요소들은 고려 대상이 되지 않는다는 것을 가정한다. 사자나 호랑이의 형태와 그들의 털의 무

---

4) [옮긴이] 자코모 비뇰라 → 용어설명* 참조.

늬를 기하학적 특징들에 의해 정의하는 것은 매우 어려운 일일 것이다. 사실 아주 어린아이와 동물 사이에는 지각적 도식들의 '좋은 형태들'에서는 빌려올 수 없을 듯한 관계가 존재한다. 아이는 처음 보는 동물들에서 그 신체의 여러 부분들을 식별하고 지각하는 놀라운 태도를 보여 준다. 비록 인간의 형태와 그 동물들의 형태 사이의 미약한 유사성으로 인해 그것들 사이에 외적인 유비의 가능성이 배제됨에도 불구하고 말이다. 사실 이처럼 공포와 공감, 두려움이라는 가치가 강력하게 부여된 상황에서 어린아이의 지각 속에 관여하는 것은 그의 신체적 도식이다. 일정한 상황에서 아이와 동물이 형성한 체계의 준안정성의 정도와 긴장이 바로 [아이에게] 동물의 신체적 도식의 지각으로 구조화된다. 여기서 지각은 대상의 형태만을 파악하는 것이 아니라, 그것이 누워 있다거나 다리를 세우고 있다거나, 정면으로 마주하거나 도망가거나, 적대적 태도를 하거나 안심시키는 태도를 하는 등의 전체적 정향orientation과 극성polarité을 파악한다. 선행하는 긴장, 퍼텐셜이 없었다면 지각은 단위들의 분리에 이르지 못했을지도 모른다. 단위들의 분리는 동시에 이 단위들의 극성을 발견하는 것을 의미한다. 단위는 지각장의 재정향réorientation이 대상의 고유한 극성의 함수로 일어날 때 지각된다. 하나의 동물을 지각하는 것은 머리에서 꼬리에 이르는 축axe과 그것이 취하는 방향을 발견하는 것이다. 하나의 나무를 지각하는 것은 그것 안에서 뿌리로부터 가지들의 끝에 이르는 축을 보는 것이다. 체계의 긴장이 주체와 대상에 있어서 이들의 극성의 구조와 정향으로 해소될 수 없을 때마다 불안이 잔존한다. 비록 모든 위험이 제거되었어도 습관이 그러한 불안을 없애는 데는 어려움이 있다.[5]

## 233

## 3. 지각적 단위들의 분리와 다른 유형의 개체화 사이의 관계. 기술과 심리학에서 준안정성과 정보이론

지각적 단위들의 분리라는 심리학적 문제는 형태이론의 창시자들에 의해 완벽하게 밝혀진 하나의 사실을 알려준다. 즉 개체화는 심리적 실재나 물리적 실재의 영역과 같은 단일한 영역에 제한된 과정이 아니라는 것이다. 이런 이유로, 심리적 실재이든, 물질적 실재이든, 하나의 실재 영역에 특권을 부여하고 거기서 개체화의 원리를 만들어 내는 데 그치는 모든 교설은 불충분하다. 심지어 개체화된 실재는 혼합된 것 안에서만 존재한다고 말하는 것도 아마 가능할 것이다. 이런 의미에서 우리는 개체를 변환적transductive 실재로 정의하고자 한다. 우리는 이 말로써 개체가 요소와 같은 실체적 존재자는 물론 순수한 관계도 아니며, 오직 준안정적 관계의 실재라는 것을 의미한다. 오로지 준안정적 상태가 나타나는 체계 속에서만 진정한 개체가 있다. 개체의 출현이 그것이 나타나는 체계의 긴장들을 감소시키면서 이러한 준안정적 상태를 사라지게 한다면 개체는 그 전체가 부동적이고 진화하지 않는 공간적 구조가 된다.

---

5) [편집자] 1958년도의 박사논문 원고는 여기서 다음과 같은 설명을 포함하고 있다. "거미가 우리를 거북하게 하는 것은 그것이 명백한 극성을 갖고 있지 않기 때문이다. 우리는 그것의 머리가 어디 있는지를 알 수 없다. 뱀도 마찬가지이다. 이 동물은 자기 몸을 둘둘 말아 매순간 새로 방향을 설정한다. 십자가와 같은 단순한 형태가 우리를 거북하게 하는 것은 그것이 여러 개의 극성들을 동시에 제시하기 때문이다. 그것은 복수적 극성들의 이미지 자체이다. 일정한 조건에서는 원도 위와 동일한 효과를 산출할 수 있다. 그것이 주체와 관련하여 상당히 큰 경우 국지화된 작은 대상으로서가 아니라 무한수의 방향들로서 지각된다면 그러하다. 예를 들면 원기둥 모양의 터널이 그러하다. 사각형은 직사각형보다 더 좋은 형태임에 틀림없을지도 모른다. 사실 주체에게 넓이는 같지만 정사각형과 서로 다른 길이의 직사각형들이 주어질 경우에는 직사각형의 선호도가 높을 것이다. 그 이유는 직사각형은 방향이 잡혀 있기 때문이다. 그것은 길이와 넓이를 가진다."

그것이 물리적 개체이다. 반대로 이러한 개체의 출현이 체계의 준안정성의 퍼텐셜을 파괴하지 않는다면 그때는 개체는 살아 있는 것이고 그것의 평형은 준안정성을 유지시키는 평형이다. 이 경우에 개체는 일련의 순차적인 새로운 구조화를 가정하는 역동적 평형이다. 이러한 구조화들이 없이는 준안정성의 평형은 유지될 수 없을지도 모른다. 결정은 단 한 순간만 살아 있을지 모르는 개체가 남긴 고정된 구조와 같다. 이 순간이란 결정의 형성의 순간, 또는 차라리 미시적인 결정망의 순차적 층들이 그 주위에 결집되기 시작하는 그것의 싹의 형성의 순간을 말한다. 우리가 마주치는 형태는 이전에 준안정적 상태 속에서 완성된 개체화의 잔해에 불과하다. 생명체는 자신의 주위에서 그리고 환경과의 관계 속에서 항구적인 준안정성을 유지시킬지도 모르는 결정과 같다. 이 생명체는 생명의 아주 기초적인 형태들에서 그러하듯이 무한한 삶을 부여받을 수도 있다. 아니면 자신의 고유한 구조화가 개체와 환경에 의해 형성된 군의 항구적 준안정성의 유지에 대립될 경우, 반대로 그 생존이 제한될 수도 있다. [그때] 개체는 점차로 자신의 유연성을 잃고, 상황들을 준안정적으로 만드는 능력을, 상황들로부터 무수한 해답에 상응하는 문제들을 만들어 내는 능력을 잃는다. 생명적 개체는 그것이 출생에서 멀어짐에 따라 자신 안에서 점점 더 구조화되며 그렇게 해서 이전의 행태들을 반복하는 경향이 있다고 말할 수 있을지 모른다. 이런 의미에서 생명의 지속기간의 제한은 개체화에 절대적으로 관련된 것은 아니다. 그것은 단지 개체화의 아주 복잡한 형태들의 결과일 뿐이다. 이러한 복잡한 형태들 안에서 과거의 결과는 개체로부터 제거되지 않고 다가올 곤경을 해결하는 도구의 구실을 하는 동시에 새로운 유형의 문제들과 상황들에 접근하는 데 장애물이 되기도 한다. 학습의 순차적successif

성격, 여러 가지 기능들을 수행하는 데서 순차성을 활용하는 것은 개체에게 우월한 적응가능성을 제공하지만, 개체의 비가역적인 내적 구조화를 요구하고 개체가 자신 안에 지나간 상황들 속의 도식들을 보존하게끔 하는 동시에 이 동일한 상황들의 결정성déterminisme을 보존하게 하기도 한다. 단지 가역적인 변형을 하는 개체만이 불멸이라고 생각될 수 있을지 모른다. 행동의 순차성의 기능과 행위의 시간적 계열séquence의 기능이 나타나면 개체를 특화하는 비가역성은 곧 이러한 시간적 법칙들의 출현의 결과이다. 각 유형의 유기조직에 대해서 하나의 비가역성의 문턱이 존재하며 그것을 넘어서면 개체가 이룬 모든 진보, 그것이 획득한 모든 구조화는 죽음의 기회가 된다. 단지 아주 간략한 신경전달을 가진 존재자들, 거의 분화되지 않은 구조를 가진 존재자들만이 삶의 지속기간에 어떤 한계도 갖지 않는다. 그것들은 또한 일반적으로 개체의 한계들을 고정하기에 가장 어려운 존재자들이다. 특히 여러 존재자들이 함께 모여 생활하거나 공생하는 것들일 때는 더 그러하다. 따라서 다른 존재자들이나 다른 내적 유기조직들과 관련하여 한 존재자의 한계와 경계라는 개념에 상응하는 구조적 개체성의 정도는 비가역성을 초래하는 시간적 구조화의 특징과 같은 수준 위에서 고려되어야 하지만 그것이 이의 직접적인 원인은 아니다. 개체의 실재성의 이러한 두 측면의 공통기원은 사실 개체와 환경의 관계 속에서 준안정성이 보존되거나 증가하는 과정인 듯하다. 그러므로 생물학적 개체의 본질적 문제는 개체와 환경이 형성한 군의 준안정성의 특징에 상관적이다.

　　개체성의 물리적 문제는 단지 위상학의 문제가 아니다. 위상학에는 퍼텐셜에 대한 고려가 부족하기 때문이다. 퍼텐셜은, 그것이 구조가 아니라 바로 퍼텐셜이기 때문에 위치에 대해 도표의graphique 요소들로 나타날 수가 없다. 물리적 개체화가 탄생하는 위치는 시공간적이다. 왜냐하면 그것은 준안정적 상태이기 때문이다. 이 조건들에서 물리적 개체화는 그리고 더 일반적으로 보아 물리적 형태들의 연구는 공간적 구성체들configurations과 시간적 계열들séquences 사이의 교환과정을 고려하는 준안정성의 이론에 속한다. 이 이론은 변환역학allagmatique이라고 명명될 수 있다. 그것은 시간적 계열들을 공간적 유기조직들로 번역하는 것 또는 그 반대의 변형을 검토하는 정보이론과 관련이 있음에 틀림없다. 그러나 이 점에서 형태이론처럼 작업하는 정보이론은 차라리 이미 만들어진 계열들이나 구성체들을 검토하며, 결코 그것들의 발생의 조건들을 정의하지는 않는다. 이와 반대로 진정 검토해야 할 것은 형태들과 구조들, 시간적 계열들의 상호적 교환들과 같은 절대적 발생이다. 그러한 이론이 물리학에서의 정보이론과 형태이론의 공통 기초가 될 수도 있을지 모른다. 사실 이 두 이론들은 개체의 연구에는 이용할 수 없다. 왜냐하면 그것들은 상호 양립불가능한 두 기준을 사용하기 때문이다. 형태이론은 형태들의 단순성과 호소력에 특권을 준다. 반대로 정보이론을 정의하는 정보량은 해야 할 결정의 수가 많을수록 그만큼 더 상승한다. 형태가 기본적인 수학법칙에 상응함으로써 예측가능할수록 그것을 더 미약한 양의 신호들과 더불어 전달하는 것이 용이해진다. 반대로 전달하기 어렵고 더 많은 정보량을 요구하는 것은 모든 단조로움과 전형성을 벗어나는 것들이다. 형태들의 단순화, 세부사항들의 제거, 대조들의 증가는 정보량의 손실에 상응한다. 그런데 물리적 존재자들의 개체화는 단순한 기하학적 좋은 형태와도 동일시될 수 없고, 전달된 다수의 신호들로 이해된 상당량의 정보와도 동일시될 수 없다. 그것은 하나의 단위로 통합된 두 국면, 즉 형태와 정보를 포함한다. 어떤 물리적 대상도 단지 좋은

235

형태인 것이 아니다. 게다가 물리적 대상의 응집과 안정성은 그것의 정보량에 비례하는 것이 아니다. 혹은 더 정확히 말하자면 지식을 그 주체에게 올바르게 전달하기 위해 사용해야 하는 정보 신호들의 양에 비례하는 것이 아니다. 그로부터 중개의 필요성이 나온다. 물리적 대상의 개체화는 직사각형이나 사각형과 같은 순수한 불연속성에 속하는 것도 아니고 전달되기 위해 무한을 향하는 일정수의 정보 신호들을 요구하는 구조들처럼 연속성에 속하는 것도 아니다.

## 4. 정신적 개체화의 표상 속에 양적 변화의 개념을 도입하기

양자 개념 안에서 탐구의 길 하나가 발견될 수 있을 것 같다. 주관적으로 보면 내부에 정보를 포함하는 진정한 체계의 정보량을 사실상 감소시키는 양자적 조건을 도입함으로써 아주 역설적으로 유용한 신호들의 양을 증가시키는 것이 가능하다. 그렇게 해서 사진이나 텔레비전의 이미지 대조를 증가시키면서 사람들은 비록 정보이론적 의미에서의 정보를 잃어버릴지는 몰라도 대상들의 지각은 개선시킨다.[6] 사람들이 대상들을 개별적인 것으로 파악할 때 그것들 안에서 지각되는 것은, 무한한 분석에 내맡겨진 물질과 같은, 신호들의 무한한 원천 즉 고갈되지 않는 실재가 아니다. 그것은 대상들이 유지하고 있는 강도와 질의 일정한 문턱seuil들의 실재성이다. 순수한 형식이나 순수한 질료인 한에서는, 물리

---

6) 왜냐하면 대조가 두드러지면 결정해야 할 것들의 수는 감소하기 때문이다. 한 이미지 안에 흰 것들과 검은 것들만 있으면 각각의 물리적 표면 단위에 대해 가능한 두 가지 상태밖에 존재하지 않는다. 반면 회색의 여러 뉘앙스들이 있을 경우는 더 많은 수의 가능한 상태들이, 즉 결정해야 할 것들이 존재한다.

적 대상은 아무것도 아닐지 모른다. 형식과 질료의 연합이라는 것도 모순에 불과할지도 모른다. 물리적 대상은, 다양한 상황들을 관통하면서 스스로를 유지하고 서로 겹쳐 있는, 문턱들과 수준들의 조직화organisation 이다. 물리적 대상은 미분적 관계들의 더미faisseau이고, 개체로서의 그것의 지각은 이 관계 더미의 정합성을 파악하는 것이다. 하나의 결정은 그것이 기하학적 형태나 요소 입자들의 군을 소유하고 있기 때문에 개체인 것이 아니라, 시각적이고 열적이며thermique 탄성적이고 전기적이고, 압전기적인piézoélectrique 모든 속성들이 한 국면에서 다른 국면으로 이행할 때 갑작스런 변화를 겪기 때문에 개체인 것이다. 이렇게 그 가치가 급작스런 변화를 겪는 다수의 속성들의 정합성이 없으면 결정은 하나의 화학물질에 연합된 기하학적 형태에 지나지 않으며 진정한 개체는 아닐 것이다. 형상질료설은 여기서 전적으로 불충분하다. 왜냐하면 그것은 양자적 관계들의 더미로 이루어진 통일된 복수성과 복수화된 통일성이라는 이러한 특징을 정의할 수 없기 때문이다. 이런 이유로 물리적 개체의 수준에서조차 극성의 개념이 지배적이다.

그것이 없다면 양자적 관계들의 통일성은 이해할 수 없을지도 모른다. 게다가 이 양자적 조건이 왜 물리적 대상이 그 개체성 안에서 직접적으로 지각될 수 있는지를 이해할 수 있게 해줄 수도 있다. 물리적 실재에 대한 분석은 인식의 조건들 자체에 대한 반성과 분리될 수 없다.

236

## 5. 지각적 문제의식 — 정보의 양, 정보의 질, 정보의 강도

정보량과 형태가 무엇을 의미하는지 좀더 정확하게 정의할 필요가 있다. 형태이론과 정보이론은 아주 다른 두 가지 의미를 제시한다. 형태이론은 호소력과 단순성에 의해 좋은 형태들을 정의한다. 좋은 형태는 우리에게 각인되는 힘을 가진 것이며 정합성과 명확성, 호소력을 덜 가진 형태들을 압도한다. 그래서 원과 사각형은 좋은 형태들이다. 반대로 정보이론은, 신호들의 전달 속에서 그리고 소리와 빛의 신호들의 다양한 기록 양태들을 사용함으로써, 약한 흐름들[전기적 흐름]의 사용과 동시에 일어나는 일군의 기술적 문제들에 응답한다. 한 장면을 사진, 영화, 녹음기, 비디오테이프로 기록할 때 우리는 전체적 시추에이션을 일군의 요소들로 분해해야만 한다. 이 요소들에는 공간적이고 시간적인, 또는 그것들이 혼합된, 즉 시공적인 구성에 따라서 정돈된 상당수의 물리적 개체들에 부과된 변화가 기록되어 있다. 공간적 구성의 예로 우리는 사진을 들 수 있다. 사진의 표면은, 그것의 유효한 부분인 신호들의 기층support에서는, 원래 화학적 결합의 형태로 막대한 수의 은argent 입자들을 포함하는 유탁액émulsion으로 구성되어 있다. 시각이미지가 이 유탁액에 투사되고, 이 시각 체계가 완벽하다고 가정하면, 유탁액을 구성하는 화학결합으로부터 다소간 두드러진 화학적 변형을 얻게 된다. 그러나 이 유탁액이 세부사항들détails을 기록하는 능력은 입자들의 섬세함에 의존한다. 연속된 시각적 선을 유탁액의 한가운데서 화학적 실재로 나타내면 감각적 입자들의 불연속적 띠 모양 흔적이 구성된다. 이 입자들이 크고 드물수록 세부사항은 원하는 만큼 충실하게 고정하기가 어렵다. 현미경으로 관찰하면 유탁액은, 그것이 연속적 구조를 가지고 있을 경우, 새로운 세부사항을 드러내야만 하겠지만 불연속적 입자들이 형태 없이 부유浮游, brouillard하는 것만을 보여 줄 뿐이다. 사람들이 유탁액의 선명도 또는 해상도라고 부르는 것은 결정된 표면 위에 기입될 수 있는 뚜렷한 세부사항들의 수로 측정될 수 있다. 예를 들면 흐르는 유형의 유탁액 위에서는 1평방밀리미터가 5천 개의 세부사항을 포함할 수 있다.

반대로 철로 된 자기magnétique산화물의 층으로 덮인 테이프 위에 혹은 강철의 금속선이나 디스크 위에 소리를 녹음하는 것을 고찰해 보면 우리는 여기서 질서ordre가 순서ordre de succession로 되는 것을 보게 된다. 뚜렷이 구분되는 물리적 개체들이 변형되어 신호들을 번역하고 전달하는데 그것들은 산화물 입자들이고 강철 분자들이며 또는 플라스틱 재질의 더미이다. 그것들은 일직선으로 정돈되어 있고 분극된 전자석의 자극간극entrefer[자기회로 안의 단절] 앞에서 또는 재생의 기자재인 사파이어나 다이아몬드 아래서 배열된다. 단위시간당 녹음될 수 있는 세부사항의 양은 녹음이 실행되는 장소 앞에서 이 단위시간 동안 배열되는 상호 구분되는 물리적 개체들의 수에 의존한다. 하나의 디스크 위에 그것을 구성하는 플라스틱 재질의 분자적 고리들의 대략적 크기보다 더 작은 세부사항들을 새길 수는 없다. 또한 자기테이프 위에 입자들의 수보다 많은 수의 세부사항(다양한 정도에서 자화된 입자들)에 상응하는 주파수를 기록할 수도 없다. 마지막으로, 강철의 금속선 위에, 각자에 특수한 자화aimantation를 받아들일 수 있기에는 너무 작은 조각들에 상응하는 자기장의 변화들 역시 기록할 수 없다. 이러한 한계를 넘어가고자 한다면 소리는 요소입자들의 불연속성으로 구성된 배경잡음과 섞이게 될지도 모른다. 반대로 상당히 큰 배열의 속도를 채용한다면 이 배경잡음은 더 높은 주파수로 몰아내진다. 배경잡음은 바로 현미경 사진을 볼 때 나타나는 은 입자들의 불분명한 부유에 상응한다.[7] 소리는 다소간 자화된 혹은

---

7) 매우 속도가 빠른 자기 테이프의 재생은 먼 거리 사진의 지각과 동등하다.

홈 속에 배열된 입자들의 일련의 더미의 형태로 녹음된다. 이는 사진이 다소간 집중된 은 입자들의 더미가 병렬되거나 배열된 것으로 구성되는 것과 똑같다. 신호들의 양에서 보이는 한계는 바로 정보의 기층의 불연속적인 특징이다. 즉 시간과 공간을 따라서 정돈된, 그리고 정보의 기층을 형성하는, 뚜렷하게 구분되는 유한수의 대표적 요소들이 그것이다.

마지막으로 하나의 운동이 기록될 때는 시간적이고 공간적인 두 유형의 신호들이 어떤 방식으로 서로 대적하고 있다. 그래서 하나를 얻으려면 다른 것을 부분적으로 희생해야 하고 그 결과는 하나의 타협이다. 한 운동을 고정된 이미지들로 분해하거나 그것을 전달하려면 영화나 텔레비전에 호소해야 한다. 이 두 경우에서 사람들은 시간적 계열들을 차례로 고정되어 전달되는 일련의 순간들로 절단한다. 텔레비전에서 분리된 각각의 외관은, 무언가를 읽는 눈처럼 일반적으로 직선의 순차적 부분들을 따라서 이미지 전체를 편력하는 분석 광점spot[화소에 해당하는 크기의 빛의 단위]의 탐지 운동 덕에 빠짐없이 전달된다. 전달되어야 할 운동이 빠를수록 그것을 올바로 재현하기 위해 전달되어야 할 이미지들의 수는 증가한다. 걷고 있는 사람의 운동처럼 느린 운동을 위해서는 초당 5개에서 7개의 이미지면 충분하다. 자동차의 운동처럼 빠른 운동을 위해서는 초당 25개의 완벽한 이미지들의 템포도 불충분하다. 이러한 조건들에서는 전달되어야 할 신호들의 양은 주파수의 단위와 유사한 단위시간에 전달되어야 할 세부사항들의 수로 나타난다. 그래서 819선의 텔레비전이 자신의 주사선수définition[텔레비전의 화면을 이루는 가로로 된 얇은 선들의 수. 이의 해상도를 수평해상도라고 함]의 모든 이점을 완벽하게 이용하기 위해서는 초당 대략 천오백만 개의 세부사항을 전달할 수 있어야 했던 것이다.

그러므로 신호들의 수로 간주된 정보량이라는 이러한 기술적 개념은 형태이론들이 구상하는 것과는 아주 다르다. 좋은 형태는 수가 아니라 그 구조적 성질에 의해 다른 것과 구분된다. 반대로 올바른 전달을 위해 다량의 신호들을 요구하는 것은 소여의 복잡화의 정도이다. 이 점에 관하여 일정한 대상의 전달을 위해 요구된 신호들의 양은 그 대상이 가질 수 있는 '좋은 형태'의 특징을 전혀 고려하지 않는다. 한 무더기의 모래의 이미지 또는 화강암의 불규칙한 표면의 이미지를 전달하는 것은 완벽하게 줄서 있는 연대나 파르테논 신전의 기둥들의 이미지를 전달하는 것만큼 많은 신호들을 요구한다. 사용해야 하는 신호들의 양의 척도가 객관적 소여들의 서로 다른 내용들을 정의하거나 비교하게 해주는 것은 아니다. 정보의 신호들과 형태 사이에는 상당한 간극이 있다. 심지어 신호들의 양은 형태의 성질들이 사라질 때 증가하는 듯하다고 말할 수도 있을지 모른다. 한 무더기의 모래의 이미지보다는 사각형이나 원의 이미지를 전달하는 것이 기술적으로 더 쉽다. 하나의 의미를 갖는 텍스트의 이미지의 전달과 아무렇게나 배치된 문자들로 이루어진 텍스트의 이미지의 전달 사이에서 신호들의 양에는 어떤 차이도 나타나지 않는다.[8]

그러므로 '좋은 형태'의 개념도 정보량의 개념도 정보의 실재성을 정의하는 데 완벽하게 적절한 것은 못되는 듯하다. 양으로서의 정보와

---

8) 이러한 형태의 출현에 대해서는 단지 확률의 정도만을 고려할 수 있을지 모른다. 좋은 형태들은 유한수에 속한다. 반면 임의적 조합은 무한히 변화가능하다. 그러나 그렇기 때문에, 좋은 형태가 더 전달하기 쉽다고 해도 그것은 단지 가능한 부호화(codage) 그리고 더 적은 수의 결정가능성(décisions)을 함축하는 부호화의 매개를 통해서만 가능하다. 선들의 경우처럼 아주 단순한 부호화는 가능한 상태들의 수를 검정과 흰색의 둘로 환원하는 것으로 이루어진다. 바로 이러한 의미에서 선으로 그리는 그림이 다양한 회색조의 이미지보다 더 전달하기 쉽다.

질로서의 정보 아래에는 강도intensité로서의 정보라고 명명할 수 있을만한 것이 존재한다. 가장 표현력이 풍부한 것이 반드시 가장 단순하고 가장 기하학적인 이미지인 것은 아니다. 지각하는 주체에게 가장 많은 의미를 갖는 것도 반드시 세부사항에서 가장 꼼꼼하고 면밀하게 분석된 이미지인 것은 아니다. 감정적 가치부여가 미약한 실험실의 주체를 고려할 것이 아니라, 주체 전체를 구체적 상황에서 그의 성향들과 본능들과 열정과 더불어 고려해야 한다. 그래서 정보의 강도는 신호들의 양이나 형태들의 질의 자의적 감소 덕분에 증가될 수 있는 것처럼 보인다. 강한 명암의 대조를 가진 사진이나 약간 흐릿한 사진은, 각 세부사항의 색가色價, valeur를 보존하는 완벽한 농담법gradation을 가진 동일한 사진보다 혹은 기하학적으로 중심에 놓인, 왜곡déformation이 없는 사진보다 더 많은 색가와 강도를 가진다. 한 윤곽의 기하학적 엄밀성은 주체에게 어떤 종류의 비규칙성보다 덜한 강도와 의미를 갖는다. 완전히 둥근 혹은 완전한 타원형의 얼굴은 기하학적인 좋은 형태를 구현하지만 생명 없는 것이 아닐까. 그것은 그 얼굴을 지각하는 주체에게 냉담하게 남아 있지 않을까.

정보의 강도는 생명적 역동성에 의해 방향이 잡힌 주체를 가정한다. 그때 정보는 주체를 세계 안에 위치하게끔 해주는 것이 된다. 수용된 모든 신호는 이런 의미에서 가능한 강도의 계수를 소유한다. 그 계수 덕분에 우리는 매순간 우리가 놓여 있는 세계와 관련하여 우리의 위치를 수정한다. 뚜렷한 기하학적 형태들은 우리의 방향을 잡아주지 않는다. 그것들은 우리 지각의 본유적 도식들이다. 그러나 이 도식들은 특별히 선호된 의미를 가져오지 않는다. 정보가 강렬하고도 지배적인 의미를 갖는 것은 빛과 색, 어둠, 냄새, 열에 있어서의 여러 구배句配, gradient들의 수준에서이다. 신호들의 양은 극성이 없는 영역만을 제공한다.[9] 좋은 형태들의 구조들은 틀cadre들만을 제공한다. 좋은 형태의 단위 안에서 구성된 세부사항들이나 군ensemble들을 지각하는 것으로는 충분하지 않다. 이 군들이나 세부사항들이 우리와 관련하여 어떤 의미를 가져야 하고, 그것들이 주체와 세계 사이의 매개로 파악되어야 한다. 마치 신호들이 주체와 세계의 짝짓기couplage를 가능하게 하는 것처럼 말이다. 대상은 예외적 실재이다. 일상적인 방식으로 보면 지각된 것은 대상이 아니라, 상황이 어떤 의미를 갖게 되는 방식으로 극성화된polarisé 세계이다. 고유한 의미의 대상은 인위적 상황에서만 그리고 예외적인 방식으로만 나타난다. 그런데 지각적 과정의 자연발생적 특징과 관련하여 형태이론의 매우 엄밀하고 절대적인 결과들은 더 정확히 검토할 가치가 있다. 형태들의 파악이 학습 없이도, 습관 덕분에 이루어지는 교육에 조회하지 않아도 단번에 작동한다는 것은 아마 사실일 것이다. 그러나 한 상황의 의미의 파악도 그렇게 원초적이며 어떤 학습도 개입하지 않는다는 것은 아마 사실이 아닐 것이다. 정념성은 뉘앙스를 가질 수 있고 자리바꿈을 할 수 있으며 변형될 수 있다. 그것은 또한 어떤 경우에는 역전될 수도 있다. 실패하는 행동의 국면들 중 하나는 이어지는 행동에 대한 일반적인 부정적 태도이다. 실패하기 이전에 과거에 주체를 매혹시킨 모든 것이 억압된다. 모든 자발적 운동이 거부되고 그 반대로 변형된다. 상황들이 거꾸로 이해되고 이면을 보게 된다. 실패의 신경증은 이러한 극성의 전도를 나타낸다. 그러나 정해진 굴성tropisme[외부 요인에 의해 식물이 어떤 방향으로 움직이는 것]이나 추성趨性, taxie[외적 영향에 의해 동물이 특정 방향으로 반응하는 것]을 나

239

---

9) [옮긴이] 감각적 극성과 구배 → 용어설명* 참조.

타내는 동물 길들이기는 이러한 극성의 전도가능성을 이미 보여 준다.

이러한 지각적 극성의 존재는 지각적 단위들의 분리에서 지배적인 역할을 한다. 좋은 형태에 의해서도 다량의 신호들에 의해서도 이러한 분리를 이해할 수 없다. 주체의 지각행위는 세계와 관련하여 자신의 방향을 정할 수 있도록 한다. 주체의 지각행위는 정보 신호들의 양을 늘리거나 정보의 질을 높이는 것이 아니라 정보의 강도, 상황의 정보의 퍼텐셜을 높일 수 있게 한다.[10] 지각한다는 것은 노버트 위너가 말하듯이 체계의 엔트로피에 대항해서 싸우는 것이고, 한 유기조직organisation 을 구성하고 유지하며 발명하는 것이다. 지각이 구성된 전체들을 파악하는 것으로 이루어진다고 말하는 것은 충분하지 않다. 사실 그것은 전체들을 구성하는 행위이다. 그것은 주체 안에 내포된 형태들을 수용된 신호들에 유비적으로 연결함으로써 [대상의] 조직화를 제시한다. 지각한다는 것은 주체 속에 가장 깊이 정박된 형태들 안에 가능한 가장 많은 양의 신호들을 저장하는 것이다. 그것은 단지 형태들을 파악하거나 다수의 소여들을 병렬적으로 혹은 순차적으로 기입하는 것이 아니다. 질도, 양도, 연속체도, 불연속체도 이러한 지각 행위를 설명할 수 없다. 지각 행위는 질과 양 사이의 중개이다. 그것은 강도이다. 세계와 주체의 관계 안에서 강도들을 파악하고 조직하는 것이다.

시각이 형성한 지각에 대한 몇 가지 실험은 질이 지각을 구성하는 데 충분하지 않다는 것을 보여 준 바 있다. 형태들이 동일한 빛의 강도

---

10) 이미 지각적 적응의 반사운동에서도 사람들은 신호들의 양을 늘리는 기능들(수정체를 볼록하게 내미는 것)과, 생명체의 방향을 정하고 관련된 신호들을 선택적으로 특권화하는 또 다른 기능들을 동시에 발견한다.

를 가진 색깔들로 나타날 때는 지각하기가 매우 어렵다.[11] 반대로 이 동일한 형태들은 색깔이 같거나 부재한 경우(회색의 단계들)라 할지라도 가벼운 강도차만 나타나면 아주 쉽게 지각될 수 있다. 강도의 미분적 différentielle 문턱은 시각의 경우 주목할 정도로 낮다(6/1000). 그러나 미분적 지각 내에서 [빛의] 진동수의 문턱은 훨씬 더 낮다. 그러므로 방금 인용한 사실을 주변의 유기적 조건들 탓으로 돌릴 수는 없다. 여기서 문제가 되는 것은 형태들의 파악에서 중심적인 지각과정이다. 마찬가지로 소리의 진동수 변조modulation가 약할 때는 강도의 변화로부터 구분하기 어렵다. 또는 그것은 소리의 발산이 [요소진동 속에서] 아주 짧게 중단되는 경우들로부터 구분해 내기 어렵다. 이러한 변화들을 위상位相, phase의 변조라고 할 수 있을 것이다. 이 다양한 유형의 변화들은 강도의 변화로 수렴한다. 마치 지각 안에 내포된 역동성들은 본질적으로 이러한 유형의 변화[강도 변화]를 저장하고 있기라도 한 것처럼 말이다.

만약 지각하는 것이 주체와 그것이 방향을 잡고 있는 장에 의해 형성된 체계의 정보를 증대시키는 것으로 구성된다면 지각의 조건은 모든 안정된 구조화의 조건들과 유사하다. 한 준안정적 상태가 지각을 선행해야만 한다. 칸트는 지각을 감성의 다양성le divers들의 종합으로 설명하고자 했다. 그러나 사실 두 종류의 다양성이 존재한다. 질적 다양성과 양적 다양성, 즉 이질적hétérogène 다양성과 동질적homogène 다양성이 그것이다. 형태이론은 지각을 동질적 다양성의 종합으로는 설명할 수 없다는 것을 보여 주었다. 다량의 요소들은 단순한 첨가에 의해 통일성을 제시할 수 없다. 그러나 또한 주체-세계라는 체계를 과포화된 용액에 비

---

11) [옮긴이] 강도와 색깔 → 용어설명* 참조.

교가능하게 해주는 강도적 다양성이 존재한다. 지각은 이 과포화된 체계에 파급된 긴장들을 조직화된 구조로 변형하는 해결책이다. 우리는 모든 진정한 지각은 양립가능성의 문제를 해결하는 것이라고 말할 수 있지 않을까.[12] 지각은 질적인 긴장들의 수를 감소시키고 그것들을 양과 질의 혼합인 정보의 퍼텐셜로 변형시킴으로써 양립가능하게 만든다. 배경 위의 한 형태는 아직 대상이 아니다. 대상은 긴장들로부터 한 상황을 특징짓는 규정détermination의 양상들로 이행하는 일련의 역동성들의 잠정적인 안정화이다. 주체는 이 상황에서 스스로 방향설정을 함으로써 질적이고 강도적인 이질성의 양상들을 통일성으로 귀착시키고 동질적 다양성의 종합을 작동시킬 수 있다. 이러한 방향설정의 행위는 사실 환경이 단순화되는 데 영향을 미친다. 복수적 세계, 즉 지각 주체에게 제기된 문제, 그리고 이질적 세계는 이러한 방향설정의 행위를 선행하는 시간의 양상들에 지나지 않는다. 주체가 자신의 지각적 행위에 의해 지각의 통일성을 구성하는 것은 세계와 주체에 의해 형성된 체계 속에서이다. 주체가 이미 형성된 모든 형태들을 단번에 파악한다고 믿는 것은 지각이 순수한 인식이며 형태들이 실재 속에 완전히 포함되어 있다고 믿는 것이다. 사실은 주체와 그것이 지각해야 하는 세계 사이에서 하나의 회귀적récurrent 관계가 세워진다. 지각한다는 것은 바로 [무언가를] 관통하여 취하는 것이다. 주체가 지각적 문제가 제기된 체계의 일부를 이룬다고 가정하는 이러한 능동적인 동작이 없으면 지각은 완수될 수 없을지도 모른다. 공리계l'axiomatique의 언어를 빌려서 세계-주체라는 체계는

---

12) 퍼텐셜이 없는 단순한 이질성은 발생을 촉진할 수 없다. 화강암은 장석, 석영, 운모라는 이질적인 요소들로 이루어져 있지만, 준안정적이지 않다.

과잉결정된surdéterminé, 과포화된 장이라고 말할 수 있을지도 모른다. 주체성은 왜곡시키는 것이 아니다. 왜냐하면 바로 그것이 자신이 가져오는 형태들을 따라서 대상들의 분리를 작동시키기 때문이다. 그것은 만약 대상으로부터, 수용된 신호들로부터 분리될 경우 단지 환각적인 것이 될지도 모른다. 지각적 행위는 '주체 더하기 세계'[따옴표는 옮긴이]에 해당하는 체계의 공리계의 잠정적인 포화성saturation[논리학에서 이 용어는 새로운 공리를 첨가할 경우 이론적 모순이 생기는 상태를 말함]을 창시한다. 이러한 주체와 세계의 짝짓기 없이는 문제는 불합리한 것으로, 무규정자l'indéterminé로[13] 남게 될지도 모른다.[14] 과포화성과 무규정자 사이에 관계를 세우면서 지각의 주체는 유한수의 필연적 해결책들을 출현시킨다. 몇몇 경우에 문제는 여러 가지 해결책을 포함한다(가역도형들에서처럼)[15]. 그러나 일반적으로는 단 하나만을 포함하며 이러한 유일성이 지각의 안정성을 만들어 낸다.

그러나 지각의 안정성을 그것의 호소력prégnance과 구별해야 한다. 원이나 사각형의 지각은 호소력이 없지만 매우 안정적일 수 있다. 그것은 지각의 호소력이 그 질이나 신호들의 수가 아니라, 강도에서 유래하기 때문이다. 어떤 지각은 어떤 주체에게 호소력이 있을 수 있고 또 어떤 지각은 다른 주체에게 호소력이 있을 수 있다. 지각은 이전의 양립불가능성의 역동성이 강할수록 그만큼 더 호소력이 있을 수 있다. 두려움, 강

---

13) [옮긴이] 여기서 무규정자(l'indéterminé)는 여전히 아낙시만드로스의 아페이론에서 유래한 개념으로 보면 된다.
14) 이 말[짝짓기]은 여기서 물리학이 제시하는 의미로, 특히 진동자(oscillateur)와 공명기(résonnateur) 사이의 에너지 교환의 이론에서 쓰이는 의미로 사용되었다.
15) [옮긴이] 가역도형 → 용어설명* 참조.

## 241

렬한 욕망은 비록 지각의 선명도가 떨어지더라도 거기에 커다란 강도를 준다. 냄새의 지각은 종종 혼란스럽고 견고하게 구조화된 요소들을 발견하지 못한다. 하지만 후각적 소여를 병합하는 지각은 커다란 강도를 가질 수 있다. 어떤 음계들, 어떤 색깔들, 어떤 음색들은 좋은 형태를 구성하지 않아도 강렬한 지각 안에 들어올 수 있다. 그러므로 한 지각의 선명함과 호소력 사이에서 구별을 해야 할 것 같다. 호소력은 지각장의 역동적 특징에 진정으로 연결되어 있다. 그것은 단지 형태만의 결과가 아니라 또한 무엇보다도 생명적 문제제기를 위해 그것이 구성한 해결책의 효력의 결과이기도 하다.

지각적 단위들의 분리에 대해 앞에서 말했던 것은 개념들concepts의 발생에도 적용될 수 있다. 개념들은 지각들에 통일성을 주는 관계적 도식 아래서 일정수의 지각들의 종합으로부터 유래하는 것이 아니다. 개념의 형성이 가능하기 위해서는 주체와 세계의 관계 그리고 주체와 자기 자신과의 관계의 의미를 작동시키는 지각 상호 간의 긴장이 필요하다. 지각적 소여들의 결합은 단지 지각들만으로 이루어지는 것은 아니다. 그것은 물론 한편으로는 지각들과 다른 한편으로는 선험적인 형식들과의 만남으로 이루어지는 것도 아니다. 비록 그것이 도식론schématisme[칸트의 『순수이성비판』에서 감성과 지성을 매개하는 이론]에 의해 중개된다고 해도 그러하다. 선험적인 것과 후험적인 것 사이의 중개는 선험적인 것으로부터 발견되는 것도 아니고 후험적인 것으로부터 발견되는 것도 아니다. 중개는 [그것이 중개하는] 항들과 동일한 본성에 속하지 않는다. 그것은 항들로 형성된 체계의 긴장이며 퍼텐셜이며 준안정성이다. 게다가 선험적인 형식들은 엄밀한 방식으로 지각들에 앞서 존재하는 것이 아니다. 지각들 각각이 자신을 위한 형식을 갖는 방식 속에 이미 이 동시결정화하는syncristalliser 힘과 같은 어떤 것이 존재한다. 이 힘은 개념들의 탄생 속에서 더 높은 수준에서 나타난다. 이런 의미에서 우리는 개념화conceptualisation와 지각의 관계는 동시결정화와 유일한 화학물질의 결정화cristallisation 사이의 관계와 같다고 말할 수 있을지도 모른다. 게다가 지각과 마찬가지로 개념도 그 전체 속에서 스스로를 유지하기 위해 항구적인 재활성화가 필요하다. 그것은 개념들의 구분을 지탱하는 양자적 문턱의 존재에 의해 유지된다. 이러한 구분은 각 개념의 내재적 우선성이 아니라 논리적 장 속에 현전하는 개념군의 기능이다. 이 논리적 장에 새로운 개념들을 도입하는 것은 모든 새로운 형이상학적 교설이 그렇게 하듯 개념군의 재구조화를 야기할 수 있다. 또한 그것은 이러한 재구조화 이전에 모든 개념들의 구분의 문턱을 변경한다.

## II. 개체성과 정념성(affectivité)[16]

### 1. 의식과 개체화, 의식의 양자적 특성

이러한 탐구로부터 의식과 개체 사이의 관계의 문제를 제기하지 않을 수 없다. 이 문제는 특히 형태이론이 행동적 관계 그리고 정념적 관계와

---

16) [옮긴이] affection(정념)은 여러 의미를 가지고 있으나 프랑스 심리학 전통에서는 "쾌락과 고통을 느끼는 감정적, 신체적 상태"를 의미한다. 따라서 affectivité를 번역한 '정념성'도 주로 이런 의미로 제한된다. 우리말에는 이런 의미의 affection에 해당하는 역어가 없다. 우리말에서 감정을 나타내는 표현들은 대개 정신적 함축을 갖는다. 사실 정념이란 말은 서양의 고대와 근대에 정신적, 신체적 기원을 갖는 모든 감정을 아우르던 파토스(프랑스어에서는 passion)의 역어인데 오늘날 passion(열정)은 이런 넓은 의미로 쓰이지 않기 때문에 우리는 아직도 신체적 의미가 살아 있는 이 역어를 택하기로 한다. 정념, 정념성 → 용어설명* 참조.

관련하여 지각적 관계를 특권화했던 사실로 인해 가려져 있었던 것 같다. 만약 관계의 모든 양상들을 다시금 고려하면서 균형을 세운다면 주체는 자신 안에서 순차적인 도약을 통해 점진적인 개별화individualisation[17]를 작동시키는 한에서, 지각의 대상이자 행동의 바탕 또는 감각질들의 보증인인 세계 안에서 단위들의 분리를 작동시키는 것으로 나타난다. 개체화 안에서 의식의 이러한 역할은 잘못 정의되어 왔다. 왜냐하면 의식적 정신현상psychisme은 무한한 복수성으로(원자론적 교설에서) 그리고 용해되지 않는 순수한 연속적 단일성으로(베르그손주의이든, 초기의 형태이론이든 간에, 심리적 원자론에 반대하는 교설들에서) 간주되었기 때문이다. 사실상 의식상태들과 의식의 행위들 그리고 의식의 성질들의 개체성이 양자적 유형에 속한다고 가정한다면 절대적 단일성과 무한한 복수성 사이에서 매개를 발견하는 것이 가능하다. 그러면 정신현상을 내재성과 일관성이 없는 결과로 간주하는 모호한 결정론과 내재성도 우연도 인정하지 않는 경직되고 투명한 목적성 사이에서 중간적인 인과성의 체제가 나타난다. 정신현상은 순수한 내재성도 아니고 순수한 외재성도 아니며, 항구적인 분화différenciation이자 통합intégration이다. 우리가 변환transduction이라고 명명하는, 그리고 우리에게는 인과성 및 목적성과 관련하여 근본적인 과정의 극한적인 경우를 표현하는 최초의 과정으로 보이는, 인과성과 목적성의 연합 체제에 따르면 그러하다. 개체가 개체화되는 것은 그것이 존재자들을 지각하고 행동이나 제작적fabricatrice 구성에 의해 개체화를 이루는 한에서, 그리고 자신의 개체적 실재성 및 그것이 지각하거나 구성하는 대상들을 포함하는 체계의 일부가 되는 한에

242

---

17) [옮긴이] 개별화에 대해서는 248쪽(원문쪽수)의 옮긴이 주 참조.

서이다. 그러므로 의식은 인과성과 작용성efficience이 혼합된 체제가 될 것이고 이 체제에 따라서 개체를 그 자신과 세계에 연결할 것이다. 그러면 정념성과 감동성émotivité은 정신현상의 탁월한 변환적 형태일지도 모른다.[18] 그것은 명료한 의식과 잠재의식의 매개이고 개체를 그 자신과 세계에 항구적으로 연결한다. 또는 차라리 개체와 그 자신의 관계 그리고 개체와 세계의 관계 사이를 연결해 준다. 정념성과 감동성의 수준에서 인과성의 관계 및 목적성의 관계는 서로 대립하지 않는다. 정념-감동적인 모든 운동은 판단인 동시에 사전형성된préformée 행동이다. 그것은 그 단일성 속에서 진정으로 양극적bipolaire이다. 그것의 실재성은 자신의 항들과 관련하여 자기-위치화auto-position라는 가치를 소유하는, 관계의 그것이다. 정념-감동적인 극성화polarisation는 그것이 하나의 결과물인 한에서 또는 지향성intentionnalité을 포함하는 한에서, 자기 자신으로부터 양분을 공급받는다. 그것은 자기-위치화인 동시에 타자-위치화hétéro-position이다.[19]

그래서 개체는 순수한 외재성의 관계도, 절대적인 실체성substantialité도 아닐지 모른다. 그것은 분할할 수 없는 것 앞에서 또는 모든 것을 그것이 흘러나오는 자신의 단일성 속에 포함하는 최초의 원리 앞에서 좌초하는 분석의 잔재와는 동일시될 수 없을지 모른다.

---

18) [옮긴이] emotion은 감동, 감격 등 주로 흥분된 감정상태를 가리키는데(상대적으로 정적 상태인 sentiment과 구별됨), 맥락에 따라 다양하게 번역할 수 있지만 시몽동이 강조하는 émotivité는 위의 상태들을 통틀어 지시하는 것이어서 '감동성'으로 새긴다.
19) [옮긴이] 여기서 자기-위치화(auto-position)는 스스로 자리잡는다는 주체적 의미이고, 타자-위치화(hétéro-position)는 타자와 관련하여 자리잡는다는 타율적 의미여서 두 번역어는 정확하게 대칭적으로 조어되지는 않았다.

## 2. 정념적 잠재의식의 의미작용

개체의 내밀함은 순수 의식이나 유기적 무의식의 수준에서 탐구되어서는 안 될지도 모른다. 그것은 정념-감동적인 잠재의식의 수준에서 탐구되어야 할 것이다.[20] 이런 의미에서 우리가 제시하는 주장은 일반적으로 정신분석학이라 명명하는 교설과 분리될 것이다. 정신분석학은 개체 안에 무의식이 있다는 것을 제대로 지적하였다. 그러나 그것은 이 무의식을 사람들이 이해할 수 있는 의식 위에 어떤 방식으로 투사된 완벽한 정신현상으로 간주하였다. 우리는 반대로 주체의 행동 능력에 해당하는 무의식의 근본적인 층이 존재한다고 가정할 것이다. 행동의 합성들 montages은 명료한 의식에 의해서는 거의 파악되지 않는다. 주체가 가장 완벽하게 속아넘어가는 것은 그가 원하거나 원하지 않는 것 위에서이다. 의지 행위의 연쇄는 의식에 나타나는 과정의 표지들이 [그것의] 유효한 기초를 세우기에는 너무 드물고 완전히 불충분한 방식으로 일어난다. 그와 반대로 표상은 훨씬 더 명료하다. 무의식적 표상의 요소들은 드문 것이 아니라 압축적이어서 겨우 소묘될 수 있고 일반적으로 진정한 발명과 진보의 역량은 없다. 그것들은 상당히 거친 전형들로 남아 있고 표상적 실재로는 빈곤하다. 반대로 의식과 무의식 사이의 경계에 잠재의식의 층이 있는데 그것은 본질적으로 정념성이자 감동성이다. 이 관계적 층이 개체성의 중심을 이룬다. 개체의 변양modification들에 해당하는 것은 바로 그것들의 변양들이다. 정념성과 감동성은 양자적 재조직화가 가능하다. 그것들은 단계들을 따라서 갑작스런 도약에 의해 진행

243

---

20) [옮긴이] 잠재의식 → 용어설명* 참조.

하며 문턱의 법칙을 따른다. 그것들은 연속성과 순수한 불연속성 사이의 관계이며 의식과 행동 사이의 관계이다. 정념성과 감동성이 없으면 의식은 부대현상으로 행동은 전제들 없는 결과들의 불연속적 배열로 나타난다.

그러므로 정신적 개체성이라고 명명할 수 있는 것에 대한 분석은 정념성과 감동성의 주위에 집중되어야 할지도 모른다. 여기서도 여전히 정신분석학은 항상 자신이 올바르다고 한 것에 들어맞는 이론을 사용하는 것은 아니지만 정당하게 처신하고 있다. 왜냐하면 사실 정신분석학이 개체에 호소하는 것은 바로 정념-감동적인 체제 위에서이기 때문이다. 융Carl Gustav Jung, 1875~1961이 신화의 바탕에 있는 무의식(혹은 잠재의식)의 분석에서 발견하는 것은 정념-감동적인 주제들이다. 사람들이 어떤 의미에서 집단의 개체성이나 민족의 개체성에 대해 말할 수 있다면 그것은 행동의 공통성에 의해서도 아니며, 의식적 표상들의 동일성에 의해서도 아니다. 전자는 너무 불연속적이어서 견고한 기초가 될 수 없고 후자는 너무 넓고 연속적이어서 집단들을 분리될 수 없게 한다. 집단적인 연합은 표상과 행동의 혼합인 정념-감동적인 주제의 수준에서 구성된다. 개별자들 상호 간의interindividuelle 참여는 정념-감동적인 표현들이 동일할 때 가능하다. 그래서 이러한 정념적 공동체의 매개체는 상징적일 뿐만 아니라 효과적인, 집단적 삶의 요소들이다. 즉 처벌과 보상의 체제, 상징들, 예술, 집단적으로 가치부여가 되거나 저평가된 대상들이 그러한 요소들이다.

마지막으로 정념성과 감동성의 양자적 체제를 개체의 중심에 놓는 이러한 교설은 종과 유기체들의 구조와 발생에 대한 탐구의 교훈과 일치한다는 것을 지적할 수 있다. 정념-감동성이 없는 생명체는 없는 듯하다. 이 특징은 아주 초보적으로 유기화된 존재자들에서와 마찬가지로 인간처럼 매우 복잡한 존재자들에서도 양자적인 것으로 남아 있다. 이러한 조절의 중추, 특히 중뇌는 신경계의 가장 오래된 층들이다. 병리학은 또한 이러한 조절의 유기적 기초들이 상해를 입을 때, 특히 중뇌의 종양의 경우에 개체성의 해리dissolution가 일어날 수 있다는 것을 보여 준다. 그때는 인격의 기초 자체가 흔들리는 것 같다. 표상적 의식의 기능적 약화나 행동 능력의 약화는 인격을 파괴하지는 않고 종종 가역적인 방식으로 그것을 변질시키는 반면 정념성과 감동성의 변질은 거의 가역적이지 않다.

## 3. 의사소통과 표현 안에서의 정념성

마지막으로 정념-감동적 기능들이 개체화에서 하는 역할에 관한 이론은 의사소통과 표현의 학설에 기초로서 소용될 수 있을지도 모른다.[21] 상호주관적인 소통의 기초가 되는 것은 정념-감동적인 심급instance들이다. 사람들이 의식들의 소통이라고 명명하는 실재는 더 정확히 말하면 잠재의식들의 소통이라고 명명하는 것이 더 정당할지도 모른다. 그러한 소통은 참여의 매개로 이루어진다. 행동의 공통성도 의식 내용의 동일성도 상호주관적인 소통을 수립하기에는 불충분하다. 이는 인간과 동물처럼 아주 다른 개체들 사이에서도 소통이 이루어질 수 있다는 사실, 그리고 아주 다른 존재자들 사이에서 매우 강렬한 호감이나 반감이 일

244

---

21) [옮긴이] 의사소통(communication)이라는 용어에서 의사(意思)라는 말이 종종 의식적 내용과 관련되기 때문에 그런 문맥이 아닌 경우에는 단지 소통이라고 새긴다.

어날 수 있다는 사실을 설명해 준다. 그런데 존재자들은 여기서 개체들로서 존재하는 것이지 단지 유類적인spécifique 실재들로서 존재하는 것이 아니다. 어떤 동물은 다른 동물과 공감의 관계를 가질 수 있지만 같은 종의 모든 동물들과 그러한 관계를 갖는 것은 아니다. 사람들은 일소 두 마리 사이에 존재하는 깊은 관계를 지적한 바 있다. 그들의 관계는 너무 강해서 한 마리가 우연히 죽게 되면 동반자인 다른 소도 죽게 된다. 그리스인들은 이러한 견고하지만 말없는 체험된 공감의 관계를 표현하기 위해 인간의 짝에 대해서도 쉬쉬기아συξυγία 즉 멍에 공동체라는 말을 사용했다.

아마도 그러한 발상이 개체 상호 간의 소통에서 어떤 내용이 전달될 수 있는지를 완전히 구명하도록 해주지는 않을 것이다. 또 그것은 종말론적eschatologique 실재성을 속단하는 것도 아니다. 그러나 일정한 형이상학적 결과들은 불가피하다. 개인적 자기동일성을 죽을 때까지 보존하는 것은 생존의 연속이라는 단순한 형태 아래서는 가능하지 않다. 물론 스피노자의 **"감정은 우리의 영원한 존재를 시험한다"**sentimus experimurque nos aeternos esse라는 말은 실재적 감정에 상응한다. 그러나 이러한 시험의 내용은 정념-감동적이며, 사람들은 그것을 표상적 정의définition에도, 의지적 결단décision에도 겹쳐 놓아서는 안 된다. 사람들은 영원성을 증명할 수도 없고(심지어는 엄밀히 말해서 그것을 상상할 수도 없다), 그것에 내기를 걸 수도 없다. 그런 것은 진실된 대상에 맞지 않는, 불충분한 행보들이다. 영원성의 시험은 그것의 진실된 존재의 수준에 즉 정념-감동적인 체제의 지반에 놓아 두어야 한다. 만약 어떤 실재가 영원하다면 그것은 변환적 존재자인 한에서의 개체이지 주체적 실체나 육체적 실체, 의식이나 능동적 물질인 한에서가 아니다. 이미 객관적 생존기간 동안에도 느끼는 것인 한에서 개체는 연결된 존재자이다. 개체를 이루는 어떤 것은 영원할 수도 있고, 어떤 방식으로 자신이 그것과 관련하여 개체였던 바로 그 세계에 다시 병합될 수도 있다. 개체가 사라질 때 그것은 자신의 내재성과 관련해서만 소멸한다. 그러나 그것이 객관적으로 소멸하기 위해서는 환경도 역시 소멸해야 한다. 환경과 관련해서 부재한 개체는 계속해서 생존할 수도 있고 심지어 능동적일 수도 있다.[22] 죽어가는 개체는 반反개체가 된다. 그것은 신호를 바꾸지만 아직은 개체적인 부재의 형태로 존재 속에서 영속한다. 세계는, 실재하고 있으며 또한 "개체성들의 구멍들"인 현재 살아 있는 개체들로 이루어져 있다. 이들은 정념성과 감동성의 핵으로 구성되어 있고 상징들로서 존재하는, 진정한 음적négatif 존재들이다. 한 개체가 죽는 순간에 그의 활동은 완결되지 않는다. 의식과 행동의 씨앗인 이러한 활동의 부재를 다시 현실화할 수 있는 개체 존재들이 존속하는 한 그의 활동은 미완성으로 남아 있다고 말할 수 있다. 죽은 개체들을 영원한 네퀴아νέκυια[23] 안에서 존재하게끔 유지하는 임무는 살아 있는 개체들 위에 놓여 있다. 생명체들의 잠재의식은 이렇게 부재로서, 산 자들의 반대인 상징으로서 존재하는 죽은 개체들을 존재 속에서 유지시키는 임무로 직조되어 있다. 많은 종교적 교설들은 이러한 근본 감정 위에 구축되어 있다. 종교는 개체초월적인 것의 영역이다. 성스러운 것은 그 모든 기원을 사회 속에 갖고 있는 것은 아니다. 그것은 산 자들이 부양하는 존재의 영원성의 감정, 흔들리는 일시적

245

---

22) 왜냐하면 개체는 한 체계의 일부를 이루고 있었으며 다른 상징과 관련하여 존재하는 실제적 상징들 중 하나였기 때문이다. 정보가 살아 있는 개체와 환경 사이의 체계 안에 존재한 것이다. 이것은 물리적 개체의 경우에는 적용되지 않는다.

23) 죽은 자들을 불러내는 의식.

인 영원성으로부터 자양분을 공급받는다. 희생의식의 기원을 죽은 자들에 대한 두려움 속에서 찾으려 해보아야 헛된 일이다. 이러한 두려움은, 산 자가 자신 안에서 이러한 부재의 실재성, 실재하는 상징을 포기한다고 느낄 때 솟아나는 결핍이라는 내적 감정 위에 기초한다. 죽은 자는 그것이 죽은 자인 한에서 포기되는 것이 아니라 과거의 산 자인 한에서 포기될 때 적대적이 되는 것 같다. 과거의 산 자는 그 영속을 후대에 의존하는 것이다. 로마인들은 자기 자신 안에 상당히 강하게 정박된 이러한 감정을 가지고 있어서 후계자를 원했던 것이다.[24] 기독교 신학에 결부된 실체적 동일성에 대한 강한 믿음도 이러한 근본적인 감정을 파괴하지 못했다. 무언가에 소용되고자 하는, 무언가 실제적인 것을 하고자 하는 개체의 의지 안에는 어떤 방식으로든 개체가 단지 자기 자신만으로 구성될 수는 없다는 생각이 있다. 완벽한 영원성을 가져다줄지도 모르는 절대적인 금욕, 절대적인 폐쇄는 개체에게는 견딜 수 있는 조건이 아닐지도 모른다. 존속한다subsister는 것은 영원히 존재한다는 것이 아닐지도 모른다. 왜냐하면 그것은 존재하는 것이 아닐지도 모르기 때문이다. 프란츠 퀴몽Franz Cumont, 1868~1947이 『영원한 빛』Lux Perpetua에서 했던 저세상에 대한 믿음의 연구는 단지 종말론적 신화에 대한 분석인 것만이 아니라 집단적이고 개인적인 잠재의식에 대한 진정한 탐구이기도 하다. 신화는 여기서 심층적 의미를 지닌다. 왜냐하면 그것은 단지 행동의 유용한 표상이나 그것의 손쉬운 양태가 아니기 때문이다. 신화는 표상에 의해서도 행동에 의해서도 이해할 수 없다. 그것은 단지 불확실한 표상

---

24) 사실 후계자도 역시 현실적인 것의 복제이며, 상징이다. 현실적인 것은 이 상징의 반대이다. 미래의 상징인 후계자는 과거의 상징을 포함하는 존재의 부재를 보충한다. 어떤 원시 집단에서는 막내가 최후의 고인의 이름을 물려받는다.

이나 행동의 과정이 아니기 때문이다. 신화의 원천은 정념-감동성이다. 그리고 신화는 존재자의 생성le devenir de l'être과 관련된 한 묶음의 감정들이다. 이 감정들은 자신들과 더불어 표상적 요소들과 능동적 운동들을 불러일으킨다. 그러나 이것들은 신화에서 부수적인 것들이며 본질적인 것이 아니다. 플라톤은 이러한 신화의 가치를 알고 있어서 존재자의 생성이 문제가 될 때마다 그것을 생성의 발견의 적합한 양태로서 사용한 것이다.

## 4. 개체초월적인 것

그러한 개체화의 개념규정이 인식과 정념성과, 더 일반적으로 말해 정신적 삶vie spirituelle을 어느 정도까지 이해할 수 있을지 물을 수 있다. 정신적 삶에 대해 말하는 것은 일종의 추상에 의해서이다. 그러나 이 형용사는 의미를 갖는다. 그것은 가치를 나타내며 사람들이 한 생존 양태를 다른 양태들 아래서 분류한다는 것을 보여 준다. 아마도 생물학적 삶 혹은 순수하게 신체적인 삶이 있고 또 이와 반대되는 정신적 삶에 해당하는 또 다른 삶이 있다고 말해서는 안 될지도 모른다. 실체 이원론은 개체화 이론의 밖에 놓아야 할 것이다. 그러나 정신성이 존재한다는 것, 그것이 형이상학적이고 신학적인 구조들과 독립적이라는 것은 사실이다. 투키디데스Thoukudídēs가 정신의 작품에 대해 영원한 보물κτῆμα ἐς ἀεί이라고 말할 때, 호라티우스Quintus Horatius Flaccus가 "청동보다 더 오래 지속하는 기념비적 작품"momumentum exegi aere perennius을 말할 때, 이들은 영원성의 인상을 저자로서 느끼고 있다. 작품의 불멸성이라는 생각은 이러한 개체 존재자를 관통하는 내적 확신과 믿음, 그리고 그것에 의해 그가 자신의 고유한 한계들을 넘어선다고 느끼게 되는 이러한 내적 확신, 이러한 믿음의 감각적 상징에 불과하다. 스피노자가 **감정은 우리의 영원한 존재를 시험한다**고 할 때도 그는 개체 존재자가 느끼는 아주 심오한 인상을 보여 준다.[25]

그러나 우리는 또한 영원하지 않다고, 허약하며 일시적인 존재라고, 내년 봄에 태양이 바위 위에서 빛날 때 우리는 더 이상 존재하지 않을 것이라고 느끼고 있다. 자연적 삶 앞에서 우리는 나무들의 새 잎이 돋는 것처럼 스스로를 덧없는 존재로 느낀다. 우리 안에서 지나가는 존재자의 노화는 이러한 상승[새 잎의 돋음]과 다른 존재자들에서 빛나는 삶의 개화에 대응하는 일시성을 느끼게 한다. 삶의 여정에서 길들은 다양하다. 우리는 삶의 모든 시기들에 해당하는 모든 나이의 다른 존재자들과 교차한다. 영원한 보물κτῆμα ἐς ἀεί은 죽은 도시들의 성곽들처럼 풍화된다. 청동보다 더 오래 지속하는 기념비적 작품도 월계수관처럼 우주적인 건조 속에서 사멸한다. 더 느리건, 더 빠르건, 마르켈루스[26] 와 꺾인 백합꽃들처럼 너무 일찍 사라지건, 성숙한 나이와 축적된 경력의 절정에 이르건 간에 존재자들은 현재의 무대에 오래 머무르지 못한 채 사면을 올라가고 다시 내려온다. 정신적 삶이 존재의 영원성의 유일한 시금석을 제공한다는 것은 단지 환상, 또는 차라리 절반의 통찰력의 소산이다. 생석회chaux vive가 되도록 불타버린 순교자들에게서 유일하게 남아 감지되는 **흰 더미**massa candida 또한 그 가련한 허약함의 상징성을 통

---

25) [옮긴이] 이 4절은 구분되는 문단이 없이 끝까지 이어진다. 내용의 이해를 위해 옮긴이가 문단을 나누었으니 참조하기를 바란다.
26) [옮긴이] 마르켈루스(Marcus Claudius Marcellus, B.C. 42~23) → 용어설명* 참조.

해 정신성을 증언하고 있다.[27] 그것은 청동보다 더 오래 지속하는 기념비적 작품, 서판 위에 새겨진 법률, 지나간 시대의 화려한 능陵과 같다. 정신성은 단지 남아서 존속하는 것만이 아니라 또한 두 개의 무한한 두께의 어둠 사이의 순간에 묻혀 빛나는 것이기도 하다. 아무에게도 알려지지 않은 저항하는 노예의 절망적인 몸짓은 호라티우스의 책처럼 정신성에 속하는 것이다. 문화는 글과 말로 표현되고 기록된 정신성에 너무심한 무게를 지운다. 그러나 자기 자신의 고유한 객관적인 힘들에 의해 영원성을 향해 가는 이러한 정신성이 유일한 것은 아니다. 그것은 체험된 정신성의 두 차원 중 하나에 지나지 않는다. 나머지 하나는 순간의 정신성이라는 차원이다. 이는 영원성을 추구하지 않으며 곧 꺼져 버릴 시선의 빛처럼 빛나지만 그 역시 실재하는 것이다. 현재에 대한 이러한 빛나는 밀착이 없다면, 순간에 절대적인 가치를 부여하고 그것을 그 자체안에서 소비하는 이러한 현시들manifestations 즉 감각, 지각 그리고 행동이 없다면, 정신성의 의미작용은 있을 수 없을지도 모른다.

정신성은 또 다른 삶이 아니며 동일한 삶도 아니다. 그것은 다르면서도 같은 것이다. 그것은 더 우월한 삶 속에서 일어나는 타자와 동일성의 응집cohérence이라는 의미작용이다. 정신성은 분리되고 밀착된, 단독이면서 집단의 구성원인 존재자의 의미작용이다. 개체화된 존재자는 유일한 동시에 유일하지 않은 것이다. 그는 두 개의 차원을 소유해야 한다. 집단적인 것이 존재할 수 있기 위해서는, 분리된 개체화가 그것을 선행하면서도 여전히 전개체적인 것을 포함해야 한다. 이 전개체적

---

27) [옮긴이] '흰 더미'는 AD. 253년경 우티카(Utica)에서 로마의 신들에 경배하는 것을 거부하고 화형에 처해진 300명의 초기 기독교 순교자들을 일컫는다.

2장_정신적 개체화 · **475**

인 것을 통해서 집단적인 것은 분리된 존재자를 결합시킴으로써 그 자신이 개체화될 것이다. 정신성은 개체화된 존재자와 집단적인 것의 관계를 의미화signification하는 것이다. 그러므로 그것은 이러한 관계의 기초를 의미화하고, 개체화된 존재자가 완전히 개체화된 것이 아니라 개체화되지 않은 실재의 일정한 하중을 여전히 포함하고 있다는 사실을 의미화한다. 또한 그것은 개체화된 존재자가 거짓된 자기성aséité인[28] 실체적substantielle 개체성에 매몰되는 대신에 전개체적 실재의 하중charge을 보존하고 존중하며 그것이 실존한다는 의식과 더불어 살고 있다는 사실을 의미화한다. 개체화된 것과 전개체적인 것의 이러한 관계에 대한 존중이 바로 정신성을 이룬다.

247

정신성은 본질적으로 정념성이자 감동성이다. 쾌락과 고통, 슬픔과 환희는 주체적 존재자l'être sujet 속에 있는 개체적인 것과 전개체적인 것 사이의 이러한 관계 주변에서 일어나는 극단적인 이탈이다. 정념적 상태보다는 차라리 정념적 교환, 즉 주체적 존재자 속에서 전개체적인 것과 개체화된 것 사이에서 일어나는 교환을 말해야 한다. 정념-감동성은 자연적 무규정자와 현실적 실존의 **지금 여기**hic et nunc 사이에서 일어나는 운동이다. 바로 이 정념-감동성에 의해, 무규정자가 자신을 집단적인 것 속에 병합시키는 현재를 향해 상승하는 작용이 주체 안에서 일어나게 된다. 사람들은 일반적으로 쾌락과 고통은 삶에 유리하거나 불리한 사건이 일어나서 존재자에 영향을 미치는 것을 의미한다고 해석한다. 사실상 이러한 의미작용이 존재하는 것은 개체화된 존재자의 수준에서가 아니다. 아마도 순수하게 신체적인 쾌락과 고통이 존재하긴 할

---

28) [옮긴이] 자기성 → 용어설명* 참조.

것이다. 그러나 정념-감동적인 양태들은 또한 전개체적인 것과 개체적인 것 사이의 관계를 실현할 때도 의미작용을 한다. 적극적인 정념적 상태들은 구성된 개체성 그리고 전개체적인 것의 현실적 개체화 운동 사이의 공조synergie를 지시한다. 소극적인 정념적 양태들은 주체의 이 두 영역 사이의 갈등상태들이다. 정념-감동성은 단지 행동의 결과가 개체 존재자의 내부에 반향된 것만이 아니다. 그것은 변형transformation이다. 그것은 적극적인 역할을 하고 있다. 그것은 주체 존재자의 두 영역 사이의 연관rapport을 표현하는데, 이 연관에 따라 행동을 변형한다. 즉 그것은 행동을 거기에 조화시키고 또 집단적인 것을 조화시키기 위해 노력한다. 집단적인 것 안에서 정념성이라는 표현은 규제적régulatrice 가치를 갖는다. 전개체적인 것이 집단적인 것을 기초하기 위해 여러 주체들에서 개체화되는 방식을 규제하는 이러한 가치를 순수한 행동은 소유하고 있지 않다. 감정émotion은 이처럼 개체초월적 현존 안에서 이루어지고 있는 개체화이다. 그러나 정념성 그 자체는 감정을 선행하고 그것을 뒤따른다. 주체 존재자 안에서 정념성은 개체화의 가능성을 집단적인 것으로 표현하고 영속시키는 어떤 것이다. 전개체적 본성의 하중을 집단적 개체화의 바탕이 되도록 이끌어 주는 것이 정념성이다. 그것은 전개체적인 것과 개체적인 것 사이의 매개이다. 그것은 만남 그리고 현존의 감정과 행동을 주체 안에서 예고하는 것이자 반향하는 것이다. 현존과 행동이 없이는 정념-감동성은 실현될 수도 없고 표현될 수도 없다. 행동은 단지 지각적 세계들과 조우하면서 지각적 문제를 해결하는 것이 아니다. 감정인 한에서의 행동은 쾌락과 환희의 양립불가능한 양차원성bidimensionnalité의 문제에 해당하는 정념적 문제를 해결한다. 감정은 행동의 개별화된 측면versant으로서, 행동이 해결하는 지각적 문제와 나란히 제기되는 정념적 문제를 해결한다. 행동과 지각의 관계는 감정과 정념성의 관계와 같다. 그러한 관계는 양립가능성이라는 우월한 질서의 발견, 공조의 발견, 준안정적인 평형의 보다 상승한 수준에서 일시적인 해결의 발견이다. 감정은 주체의 현존을 암시하는 바, 이는 다른 주체들 그리고 주체를 주체로서 문제시하는 세계와 대면하는 주체이다. 그러므로 감정은 행동과 병행하며 행동에 연결되어 있다. 그러나 그것은 정념성을 담당한다. 그것은 의미작용의 단위 안에 정념적 복수성을 삽입하는 지점에 해당한다. 행동이 지각의 의미작용이듯이 감정은 정념성의 의미작용이다. 그러므로 정념성은 감동성의 기초로 간주될 수 있다. 감정은, 행동으로부터 벗어나 집단적인 것에 참여하는 개체를 향해 몸을 돌린 어떤 것이다. 반면에 행동은, 동일한 집단적인 것 안에서, 개체 존재자를 이미 실현된 중개의 현행성actualité 속에서 표현하는 어떤 것이다. 행동과 감정은 상관적이지만 행동은 집단적인 것의 쪽에서, 그 관계적 측면에서 파악된 집단적 개체화인 반면 감정은 동일한 개체화라고 해도 개체화에 참여하는 한에서의 개체 존재자 안에서 파악된 집단적인 것의 개체화이다. 개체화된 존재자 또는 차라리 주체 안에서 지각과 정념성은, 집단적인 것 안에서 행동과 감정이 그러한 것보다 더 분리되어 있다. 그러나 집단적인 것이 행동과 감정 사이의 이러한 상관성을 수립하는 것은 단지 현존 속에서 뿐이다. 주체 안에서 정념성은 적어도 외양으로는 지각의 내용보다 더 많은 정신성의 내용을 갖는다. 왜냐하면 지각은 주체를 안심시키고 본질적으로 개체화된 존재자의 내부에서 이미 구성된 구조들과 기능들에 호소하기 때문이다. 반대로 정념성은 개별화된 존재자와 전개체적 실재 사이의 이러한 관계를 암시하고 내포한다.[29] 그러므로 정념성은 개별화된 실재와 관련하여 어느 정도는 이질적이고, 그것이[개별화된 실재] 실재의 완벽하고도 닫힌 전체가 아니라는 것을 암시하면서 거기에 외부의 어떤 것을 가져온다. 개체의 문제는 지각적 세계들의 문제이다. 그러나 주체의 문제는 지각적 세계들과 정념적 세계, 개체와 전개체적인 것 사이의 이질성의 문제이다. 이 문제는 주체인 한에서의 주체의 문제이다. 주체는 개체인 동시에 개체와 다른 것이다. 그것은 자기 자신과 양립불가능하다. 행동이 지각의 문제들을 해결하고 감정이 정념성의 문제들을 해결할 수 있는 것은 단지 행동과 감정이 집단적인 것의 단일성 안에서 상보적이고 서로에 대해 상징적일 때뿐이다. 행동과 감정의 공명이 있기 위해서는 그것들을 포괄하는 좀더 우월한 개체화가 있어야 한다. 이러한 개체화가 집단적인 것의 개체화이다. 주체는 집단적인 것의 개체화 속에서만 자기 자신과 일치할 수 있다. 왜냐하면 거기서는 개체화된 존재자와 그 안에 있는 전개체적 존재자가 직접적으로 일치할 수 있기 때문이다.

지각과 정념성 사이에는 불균등화disparation가 있다. 지각들이 그것들을 체계화하는 행동 안에서 자신들의 통일성을 발견한다고 해도 이러한 체계화는 정념성에는 낯선 것으로 남아 있으며 정신성의 추구를 만족시키지 못할지도 모른다. 정신성은 순수한 정념성에 있는 것도 아니고 지각적 문제들의 순수한 해결 안에 있는 것도 아니다. 감정이 정념적 문제들을 해결할 수 있다고 해도, 행동이 지각적 문제들을 해결할 수 있다고 해도, 존재자 안에서 감정의 통일성과 행동의 통일성이 된, 정념성과 지각 사이에는 채울 수 없는 간극이 있다. 그러나 이러한 종합들의 가

---

29) [옮긴이] 시몽동에게서 개별화된(individualisé) 존재자라는 표현은 주로 인간을 지시하며 개체화된(individué) 존재자는 인간을 포함한 모든 존재자들을 가리킨다. 인간의 지각과 정념을 다루는 이 문맥에서는 거의 구별없이 사용되고 있다.

능성 자체가 문제적이다. 그것은 자신들의 내적 통일성을 갖는 진정한 행동이나 진정한 감정이기보다는 차라리 그 각각의 고립 상태에서 [나타난], 공통적 지각들 그리고 정념적 결과물들인 공통적 정서sentiment들일지도 모른다. 진정한 행동과 진정한 감정의 통일성의 조건을 만들어내는 것은 막 생겨나는 집단적인 것의 한가운데서 [이루어지는] 지각들과 정념들 사이의 상호성이다. 행동과 감정은 집단적인 것이 개체화될 때 생겨난다. 주체에 있어서 집단적인 것은 정념성과 지각의 상호성이다. 이 상호성은 이 두 영역에 하나의 차원을 더함으로써 그것들을 그 각각의 안에서 통일한다. 행동으로부터 보편화된 세계로 가는 능동적 여정 속에는 가능적possible 감정의 내재성이 있다. 감정은 주체와 동시에 대상들로 이루어진 이 세계의 극성polarité이다. 이 세계가 방향sens[30]을 갖는 것은 그것이[세계가] 방향을 잡고orienté 있기 때문이며, 그것이 방향을 잡는 이유는 주체가 자신의 감정에 따라 스스로의 방향을 정하기 s'orienter 때문이다. 감정은 단지 내적 변화, 개체화된 존재자의 혼합, 그리고 구조들의 변양modification이 아니다. 그것은 또한 방향을 갖는 우주를 관통하는 어떤 약동élan을 가지고 있다. 그것은 행동의 방향이다. 거꾸로 감정 속에는 비록 주체 내부에서라도 암묵적인 행동이 있다. 감정은 존재자를 위상학적으로 구조화한다. 감정은 행동의 형태로 세계 속으로 연장된다. 마치 행동이 감정의 형태로 주체 속으로 연장되는 것과 같다. 일련의 변환적 과정이 순수 행동으로부터 순수 감정으로 나아간다. 그것들은 정신적 종류의 것이 아니며 고립된 작용이나 상태들이 아니다.

---

30) [옮긴이] 여기서 sens는 문맥상 방향이라고 새길 수 있으나 전체적으로 정신성이 집단적인 것 속에서 의미작용을 찾는 내용을 고려하면, 의미라는 말로 새길 수도 있다. 아마 용어의 두 가지 의미를 모두 겨냥하고 있다고 보는 것이 맞을 것이다.

그것들은 동일한 실재인데, 우리가 그것들을 양극단에서 추상적으로 파악하면서 자족적인 것이라고 믿고 또 [그렇게] 탐구될 수 있다고 믿는 것이다. 사실 감정-행동은 그 중심에서, 주체와 세계 사이의 경계에서, 개체화된 존재자와 집단적인 것 사이의 경계에서 파악하는 것이 필요할 지도 모른다. 그러면 정신성이 동일한 정상으로 올라가는 두 대립된 사면들, 즉 행동과 감정의 결합이라는 것을 이해할 수 있을지도 모른다. 행동의 사면은 주체로부터 벗어나 객관적 영원성에 자리잡는 한에서의 정신성을 표현한다. 즉 청동보다 더 오래 지속하는 기념비적 작품, 언어, 제도, 예술, 저작 등을 표현한다. 감정의 사면은 주체로 침투하는 한에서의 정신성, 주체 안으로 역류하여 그것을 순간 속에서 부풀어 오르게 하고, 그것을 침범하는 것을 참조함에 의해 그[주체] 스스로를 이해함으로써 그 자신과 관련하여 상징적이자 상호적réciproque이 되게 하는 한에서의 정신성이다. 구성적 행동의 인간주의를 감정 속에 은둔하는 내재성에 대립시키는 것은 주체를 분리시키는 것이고, 감정과 행동의 이러한 상호성을 내포하는 집단적인 것이라는 조건적 실재를 파악하지 못하는 것이다. 이러한 분리 후에는 행동의 빈약해진 이미지, 무관심한 영원성의 기념비 안에 등록된 구조, 과학 이외에는 더 이상 남는 것이 없게 된다. 내재화된 감정, 개체화되는 집단적인 것에 해당하는 자신의 바탕과 출현 조건에서 분리된 감정은 과학의 면전에서 신앙이 된다. 이는 행동이 결핍된 감정이며 제식이나 정신적 의례의 형태로 감정의 유지 기능에 예속된 집단적인 것의 의도적 반복의 수단으로 유지된다. 행동과 감정의 단절은 과학과 신앙을 만들어 낸다. 이들은 두 분리된 존재, 화해불가능한 존재들이다. 더 이상 어떤 개체화도 그것들을 통합할 수 없으며 어떤 변환적 계열도 그것들을 연결할 수 없기 때문이다. 개체초월성을 그 실제적 형태 아래 부정하는 두 존재 방식 사이에는 단지 외적인 관계들만이 존재할 수 있다. 과학과 신앙은 실패한 정신성이다. 주체를 공유하면서도 그로 하여금 집단적인 것에 따라 의미작용을 발견하도록 유도하는 대신에 그를 그 자신과 대립시키는 정신성의 찌꺼기들이다. 정신적 통일성은 행동과 감정의 이러한 변환적 연관 속에 있다. 이러한 연관을 인간주의적 의미를 피한다는 조건 아래서 지혜sagesse라고 명명할 수 있을지도 모른다. 내재성의 요청도, 초월성의 요청도, 자연주의도, 신학도 이러한 변환적 관계를 이해할 수 없다. 존재자는 자신의 중심에서 선택되어야 한다. 자신의 작품을 인간의 본질로부터, 공동의 유와 종차에 의한 분류를 따라 종으로서의 인간의 본질로부터 산출하는 것은 개별적인 인간이 아니다. 그것은 인간에 완전히 외재적인 힘, 그에게서 일관성과 내재성을 박탈한 후 그를 통해 표현될지도 모르는 그러한 힘도 아니다. 이러한 대립은 헛된 일이다. 그것은 완전한 인간 생명체의 문제적 특성을 보여 주지만 끝까지 가지는 않는다. 그것은 최초의 양극성을 말로써 실체화할 뿐 이러한 양극성의 의미작용을 찾지는 않는다. 인간 존재의 연구에는 인간주의나 초월성 이론의 가능적 기초들이 있다. 그러나 그것들은 분기하는 두 개의 길을 제공하는 두 정류장들이다. 하나는 인간을 과학의 주체로서 이용하고 다른 하나는 신앙의 무대로서 이용한다.


## 5. 불안

불안과 같은 특정한 정서情緒, sentiment들의 의미작용이 무엇인지 물을 수 있다. 이는 동시에 감정感情, émotion들인 것 같기도 하다. [그러나] 불안은 단지 하나의 정서나 감정과 동일시될 수는 없다. 정서와 마찬가지로 불안은 개체화된 존재에 연합된 본성[전개체적인 것]과 이 개체화된 존재 사이의 분리가능성을 지시한다. 불안 속에서 주체는 자신이 부정되는 한에서 주체로서 느끼고 있다. 그는 자신 안에서 자신의 실존을 감내
한다. 그는 마치 스스로를 감내해야 하는 것처럼 자신의 실존으로 무거워져 있다. 그는 호메로스가 말한 것처럼 땅의 짐이다.[31] 하지만 또한 그는 무엇보다도 자기 자신에게 짐이 된다. 왜냐하면 개체화된 존재자는지각들의 문제와 정념성의 문제에 대한 해답을 발견할 능력이 없이 자신 안으로 모든 문제가 역류한다고 느끼기 때문이다. 불안 속에서 주체는 스스로를 자기 자신에게 제기된 문제로서 느낀다. 그는 자신이 전개체적 본성과 개체화된 존재자로 나누어지는 것을 느낀다. 개체화된 존재자는 지금, 여기에 있으며 이 여기와 이 지금은 다른 무한한 수의 여기와 지금이 나타나는 것을 방해한다. 주체는 자신을 결코 지금 여기에서현실화할 수 없는 그리고 결코 체험할 수 없는 자연으로서, 무규정자ἄπειρον로서 의식한다. 불안은 사람들이 자신의 개체성 안으로 도피하는 운동의 반대쪽 끝에 있다. 불안 속에서 주체는 집단적인 것을 거치지 않고스스로를 용해시키려고 한다. 주체는 스스로를 전개체적인 존재와 개체적인 존재로 용해시킴으로써 자신의 통일성의 수준에 도달하고자 한다. 즉 중개 없이 기다림 없이 직접적인 용해를 원하는 것이다. 불안은행동 없는 감정이며 지각 없는 정서이다. 그것은 존재자l'être가 자신 안에 순수하게 반영되는 것이다. 물론 불안 속에서 기다림 또는 시간의 흐름이 나타날 수 있을 것이다. 그러나 이것들이 불안을 산출한다고 말할수는 없다. 왜냐하면 비록 불안이 현존하지 않는다 하더라도 그것은 준

---

31) 땅의 짐(ἄκθος ἀρούρης).

비되고 있으며 불안의 하중은 존재자 전체로 퍼지기 전에 [이미] 심화되고 있기 때문이다. 불안해하는 존재자는 자기 자신에게, 즉 집단적인 것의 개체화가 없기 때문에 감정에 불과할 수밖에 없는, 이 귀먹은 행동, 감추어진 행동에게 그 자신을 문제로서 [받아들여] 해결해 줄 것을 요구한다. 주체는 자신을 불안해하고 있는 주체, 스스로를 문제시하는 주체, 그럼에도 불구하고 실제적인 방식으로 통합될 수 없는 주체로서 의식한다. 불안은 언제나 스스로에게 다시 엄습하며 앞으로 나아가지 못하고 구성하지도 못한다. 불안은 간곡하게 존재를 요청하며 존재로 하여금 존재 자신과 관련하여 상호적이 되게끔 한다. 불안 속에서 존재자는 자기 자신의 고유한 대상과 같다. 그러나 그것은 존재자 자체만큼이나 중요한 대상이다. 사람들은 주체가 대상이 되어 그가 책임질 수 없는 차원들을 따라 스스로 펼쳐지는 것을 목격한다고 말할 수 있을지도 모른다. 주체는 세계가 되고 문제들이 솟아나는 이 모든 공간과 시간을 채운다. 주체의 문제에 해당하지 않는 세계도, 문제도 더 이상 존재하지 않는다. [그렇게] 펼쳐지는 이 보편적인 반反-주체는 모든 점에서 주체의 존재 자체를 구성하는 어떤 밤夜과 같다. 주체는 자기 자신에게 집착하듯이 모든 것에 집착한다. 그는 더 이상 국지화되지 않고, 수동적인 집착, 자신을 고통스럽게 하는 집착을 따라 보편화된다. 주체는 자신의 내재성을 잃으면서 고통스럽게 확장된다. 그는 여기에도 있고 다른 곳에도 있다. 그는 보편적인 다른 곳에 의해서 여기로부터 분리된다. 그는 모든 공간과 모든 시간을 떠맡으며 존재와 공외연적이 되고 공간화되고 시간화되며 정돈되지 않은 세계가 된다.

이러한 존재의 막대한 팽창, 모든 피난처와 모든 내재성을 박탈하는 한계 없는 확장은 존재자의 내부에서 개체 존재자의 개체성과 개체 존재자에 연합된 본성의 하중 사이의 혼합을 나타낸다. 개체화된 존재자의 구조들과 기능들은 서로 뒤섞이고 확장된다. 그것들은 본성의 하중으로부터 한계 없는 존재의 힘을 받기 때문이다. 개체화된 것은 전개체적인 것의 침입을 받는다. 모든 구조들이 공격받고 기능들은 그것들을 부조화되게 하는 새로운 힘으로부터 생기를 얻는다. 불안의 시련을 참아낼 수 있고 충분히 체험할 수 있다면 이는 존재자 자체의 내부에서 새로운 개체화, 진정한 변신métamorphose으로 인도된다. 불안은 확장되는 혼돈chaos으로부터 나타나는 개체화된 존재자의 이러한 새로운 탄생의 예감을 이미 내포하고 있다. 불안해하는 존재자는 모든 차원들의 변화를 가정하는 존재론적 피안에서 자기 자신 안에 다시 집중할 수 있을지도 모른다고 느낀다. 그러나 이러한 새로운 탄생이 가능하기 위해서는 이전의 구조들은 완벽하게 용해되어야 하고 이전의 기능들은 완전히 퍼텐셜로 환원되어야 한다. 이것은 개체화된 존재자가 무화되는 것을 수용하는 것이다. 이러한 개체화된 존재자의 무화는 그에게 지각적이고 정념적인 문제들을 제기하게 하는 차원들의 모순적 여정을 암시한다. 의미작용에서 나타나는 역전의 일종이 불안의 시초이다. 가까운 것들은 현행적인 것l'actuel과의 연계를 잃고 멀리 떨어진 것으로 보이는 반면 멀리 있는 존재자들이 갑자기 현전하면서 막대한 힘을 가진다. 현재는 그 현행성을 잃고 심연으로 떨어진다. 과거와 미래로의 침잠은 현재의 실타래를 흩뜨리고 현재로부터 그 체험된 사물의 밀도를 탈취한다. 개체 존재자는 스스로에게서 도주하고se fuir 탈주한다se déserter. 그러나 이러한 탈주désertion에는 세계에 다시 편입되면서 다른 곳에서 다른 방식으로 스스로를 재구성할 일종의 본능이 숨겨져 있다. 이는 모든 것을 다시 살아낼 수 있기 위함이다. 불안해하는 존재자는 또 다른 주체성을

251

발견하기 위해 우주 속으로 용해된다. 그는 우주와 스스로를 교환하며 우주의 차원들 속에 침잠한다. 그러나 이러한 우주와의 접촉은 행동의 매개 그리고 행동과 상관적인 감정의 매개를 통하며, 집단적인 것의 개체화 안에서 나타나는 것과 같은 개체초월적 관계에 호소하지 않는다. 불안은 단독적인 주체 존재자의 조건을 나타낸다. 그것은 이러한 단독적 존재자가 갈 수 있는 만큼 멀리 나아간다. 그것은 말하자면 다른 주체들의 부재로 인해 불가능하게 된 개체초월적인 개체화를 비非주체 존재자와의 교환으로 대신하려는 시도이다. 불안은 단독적 존재자가 주체인 한에서 더 높은 곳에서 이룰 수 있는 것을 실현한다. 그러나 이러한 실현은 집단적인 것을 결여하고 있기 때문에 단지 하나의 상태로 남아 있으며 새로운 개체화에 도달하지 못하는 것으로 보인다. 하지만 이 점에 대해서 사람들은 어떤 절대적인 확신도 가질 수 없다. 불안은 주체 존재자의 변형transformation을 향하고 있는데, 이러한 변형은 아마도 아주 드문 몇몇 경우에서는 가능할 것이다. 주체는 불안 속에서 그가 해야 할 만큼 행동하지 못한다고 느끼며 행동의 중심에서 그리고 행동의 방향에서 점점 더 벗어난다고 느낀다. 감정은 증폭되고 내재화된다. 주체는 계속해서 존재하고 계속 자신 속에서 항구적으로 모습을 변화한다. 하지만 그는 행동하지 않고 개체화 작용에 삽입되지도 참여하지도 않는다. 주체는 여전히 개체화가 가능하다고 느끼면서도 이로부터 이탈한다. 그는 존재의 거꾸로 된 길들을 편력한다. 불안은 마치 개체발생ontogenèse의 거꾸로 된 여정같다. 그것은 짜여진 것을 풀어헤치고 모든 방향에서 거꾸로 간다. 불안은 전개체적 존재에 사로잡힌 개체화된 존재자에 대한 거부이다. 그것은 개체성의 파괴를 통하여 또 다른 미지의 개체화를 향해 갈 것을 받아들인다. 불안은 존재의 출발이다.

## 6. 정념적 문제상황(problématique) : 정념과 감정

정념성은 문제적 본성에 속한다. 왜냐하면 그것은 단지 쾌락과 고통으로만 이루어지는 것은 아니기 때문이다. 쾌락과 고통은 아마도 정념성의 최초의 극성이 세계와 주체 위에서 작동하는 차원들일 것이다. 하지만 감각을 선과 각으로 환원할 수 없는 것과 마찬가지로 정념을 쾌락과 고통으로 환원할 수도 없다. 쾌락과 고통을 따라 방향을 설정하는 정념적 성질들로 이루어지는 정념성이 있는 것과 마찬가지로 선과 각을 따라 방향을 잡고 극성을 띠는 세계 속에 감각들이 있다. 그러나 여러 정념적 성질들을 쾌락과 고통으로 환원할 수 없는 것과 마찬가지로 감각을 그것들이 정돈되는 차원들로부터 생겨나게 할 수도 없다. 감각의 차원들은 감각과 조화를 이루는 운동의 장이다. 쾌락과 고통이 정념적 성질들을 생명체에 삽입하는 장인 것과 같다. 쾌락과 고통은 현재 느낀 것l'éprouvé을 생명체의 실존 안에서 뿌리내리는 것이며, 그것을 자신이 소유하는 구조들과 퍼텐셜 안에서 뿌리내리는 것이다. 쾌락과 고통은 단지 느낀 것을 존재자 안에 반영하는 것이 아니다. 그것들은 단지 결과들이 아니라 또한 적극적 중개, 기능적 의미를 갖는 중개이기도 하다. 정념성을 반응으로 간주할 때조차 이러한 반향retentissement의 방향은 정념적 상태가 생명체를 극성화하는 차원이라고 주장할 수 있다. 쾌락과 고통은 각각의 정념적 시험épreuve에서 정념성의 방향sens에 해당한다. 감각들이 방향을 갖는 것처럼 정념들은 방향을 갖는다. 감각은 빛과 어둠, 위와 아래, 내부와 외부, 오른쪽과 왼쪽, 더위와 추위의 양극성에 따라 정돈된다. 정념은 즐거운 것과 슬픈 것, 행복한 것과 불행한 것, 흥분시키는 것과 우울하게 하는 것, 쓰라림과 지복félicité, 비루하게 하는 것과

252

고상하게 하는 것의 양극성에 따라 정돈된다. 쾌락과 고통은 이미 정념의 정교화된 국면들이다. 그것들은 존재자 전체를 따르는 차원들이다. 반면 최초의 정념적 성질들은 쾌락과 고통에 따라 서로 통합되지 않으면 서로 간에 엄밀하게 양립하지 않을 수 있다. 쾌락과 정념은, 그 관계를 비판적 어휘로 표현하자면, 정념적 소여라기보다는 차라리 정념성의 **"선험적 형식"**forme *a priori*이다. 각각의 정념은 질적인 이원성dyade의 내부에 있는 방향성을 따라 단순히 극성화된다. 무수한 질적 이원성들은 처음에는 조화되어 있지 않다. 그것들은 주체 그리고 원초적으로 느낀 것 사이에서 그만큼 많은 관계들을 구성한다. 느껴진 여러 가지 것들 사이의 조정은 주체로 하여금 통합을 가능하게 한다. 주체는 [주어진] 틀들을 따라 또는 차라리 진정으로 정념적인 우주를 구성하는 차원들을 따라 이루어진다. 그러나 정념적 우주들은, 또는 발생하는naissant 정념적 우주들은, 행동이 또는 그 내재성의 측면에서 행동과 유사한 것이 개입하지 않는 한, 구분되면서도 서로 간에 조화되지 않은 하위군sous-ensemble 들에 이른다. 최초의 정념적 차원들은 집단적인 것이 개입하지 않으면 주체 안에서 완전히 조정될 수 없다. 감정이 현실화되기 위해서는 집단적인 것이 필요하기 때문이다. 정념성 안에는 항구적인 선감동성pre-émotivité이 있다. 그러나 감정은 정념들로부터 단순화나 추상의 수단에 의해 나올 수 있는 것은 아니다. 정념성 위에 가해진 추상은 단지 빈약하게 만들어 감소시키는 하위적 종합에 이를지도 모른다. 감각과 마찬가지로 정념은 자신의 열쇠를 자신 안에 가지고 있지 않다. 감각들이 지각들로 정돈되기 위해서는 보충적 존재un plus-être, 새로운 개체화가 있어야 한다. 정념들이 정념적 세계가 되기 위해서도 역시 주체라는 보충적 존재가 필요하다. 지각을 낳는 것은 단지 감각들인 것만이 아니라 주체 내의 어떤 것, 주체 존재의 어떤 것이다. 마찬가지로 쾌락과 고통을 따라서 또는 여러 가지 정념적 범주들을 따라서 통합을 낳을 조건이 되는 것은 단지 정념들인 것만이 아니라 주체 내의 어떤 것이다. 감각과 정념은 세계가 존재자를 문제화하는 작용의 두 가지 유형에 상응한다.

감각은 세계가 존재자를 개체화된 존재자로서 문제화하는 작용에 상응한다. 즉 감각기관들을 소유하는 존재자인 한에서, 고로 다양한 극성들을 따라 세계 속으로 방향을 설정할 수 있는 존재자인 한에서 문제화하는 작용에 상응한다. 이것은 1차원적이고 양방향적인 제3의 존재자에 상응한다. 감각은 이러한 구배들gradients이 세계에 현존하는 것이고 그것은 반사운동이 아니라 굴성tropisme이라는 응답을 상관자로 갖는다. 왜냐하면 굴성은 전체적인 것이고, 그것은 개체화된 개체 전체를 문제화하는 것에 상응하기 때문이다. 그러나 그것은 유일한 세계가 [그것을] 문제화하는 것에 상응하지는 않는다. 굴성의 세계에는 여러 가지가 있다. 공통적인 소실점point de fuite이 없이 굴성들을 자극하는 모순적이거나 분기되는 세계들 말이다. 지각은 굴성의 방향을, 즉 감각들과 조화된 응답들의 방향을 찾는다. 감각은 굴성의 기초이다. 그것은 세계가 생명체를 1차원적이고 미리 전제된 도식을 따라 문제화하는 것이다. 응답의 1차원적 구조는 문제제기의 본성 안에, 감각의 구조 안에 이미 그려져 있다. 감각의 수준에서 존재하는 문제상황은 이미 주어진 축에 따르는 방향설정의 문제상황이다. 감각세계의 구조에 해당하는 것, 따라서 거기에 상응하는 굴성의 구조에 해당하는 것은 더위와 추위, 무거움과 가벼움, 어둠과 밝음의 비결정적 이원성이다. 감각은 굴성의 기대이며 굴성을 위한 정보 신호이다. 감각은 생명체가 세계를 통해 방향을 설정하도록 하는 것이다. 그것은 대상을 포함하지 않는다. 왜냐하면 그것은 감각

253

안에서 느껴진 결과들의 원천이 되는 힘을 규정된 존재자에 국지화하지도 않고 할당하지도 않기 때문이다. 존재자가 세계에 의해 문제화되는 방식이 있는데 이는 대상의 모든 일관성에 앞선다. 객관성은 최초의 것이 아니다. 주관성도, 융합syncrétisme도 마찬가지다. 최초의 것은 바로 방향설정orientation이다. 감각-굴성의 짝을 내포하는 것은 방향설정의 총체성이다. 감각은 방향의 파악이지 대상의 파악이 아니다. 그것은 미분적이며 이원성의 윤곽이 드러나는 방향의 인지를 함축한다. 열의 성질들, 음조나 색의 성질들은 미분적인 성질들이다. 그것들은 중간상태에 상응하는, 미분적 감성의 최대치에 상응하는 중심 위로 모인다. 하나의 중심이 있고 이와 관련하여 각 유형의 실재에 대한 관계가 전개된다. 가장 날카로운 것, 가장 장중한 것, 가장 뜨거운 것, 가장 차가운 것만 있는 것이 아니다. 인간의 목소리보다 더 날카로운 것, 더 장중한 것, 피부보다 더 뜨거운 것, 더 차가운 것, 인간의 눈이 요구하는 최적의 조명보다 더 눈부신 것 또는 더 어두운 것, 인간의 색감각의 감성의 최대치인 녹색-노란 색보다 더 노란 것, 더 녹색인 것이 있는 것이다. 각각의 종은 각각의 이원성 안에서 자신의 실제적 **매개체**medium를 가진다. 굴성계의 극성은 바로 이 매개체과 관련하여 파악된다. 감각 관계의 이론을 그르친 항구적인 오류는 관계가 두 항들을 파악한다고 생각하는 데 있었다. 사실상 굴성이라는 극성은 세 가지 항들의 동시적 파악을 함축한다. 가장 더운 것과 가장 추운 것, 가장 빛나는 것과 가장 어두운 것 사이에 있는 생명체라는 매개체가 그것이다. 생명체는 구배 속에서 최적의 구역을 찾아 헤맨다. 그것은 자신이 거주하는 중심과 관련하여 자신이 중심을 점하는 이원성의 두 방향을 애호한다. 감각의 최초의 활용은 관계적이기보다는 변환적이다. 감각은 어떻게 매개체가, 한편으로는 더 덥고, 다른 한편으로는 더 추운 쪽으로 연장되는지를 파악하게 해준다. 더 더운 것, 더 추운 것으로 확장되고 방향과 더불어 분리되는 것은 온도라는 매개체이다. 이원성은 그 중심으로부터 파악된다. 그것은 종합이 아니라 변환이다. 가장 뜨거운 것과 가장 차가운 것은 중심과 관련하여 대칭적으로 전개된다. 녹색과 노란색도 색의 매개체와 관련하여 대칭적으로 나온다. 그리고 이원성의 성질들은 고통만 있고 감각은 없는 양극단을 향해 두 방향으로 진행한다. 감각은 세계의 구배와 일치하는 각각의 질적 이원성의 **최적**의 지대에 자리잡은 생명체의 상태와 관련된다. 감각은 양극성의 중간을 파악하는 것이다. 매개체와 양극성은 동일한 존재의 통일성의 일부를 이루며 이 통일성은 감각과 굴성의 단일성, 즉 굴성의 방향을 정하기 위한 감각의 통일성에 해당한다. 감각은 이미 굴성이다. 감각은 굴성이 그것을 따라 현실화되는 구조를 파악하기 때문이다. 굴성이 있기 위해서 부적응이 운동의 필요성을 야기할 필요가 없다. 굴성은 재적응 속에서만이 아니라 부동성 안에도 존재하기 때문이다. 감각은 그 자체로 굴성적이다. 그것은 생명체를 구배의 매개체와 일치하게 하며 그것에다 이 구배의 방향을 지시한다. 감각 속에는 대상을 그 자체로 파악하는 의도는 없으며 **대상**과 생명체 사이의 연관도 없다. 감각은 생명체가 변환적 영역 속에, 변환적 실재와 구배의 극성을 포함하는 영역 속에 삽입되는 것을 스스로 조정하게 하는 어떤 것이다. 감각은 보통 굴성적 단일성 즉 현실화된 굴성에 해당하는 감각을 포함하는 하나의 군과 일체를 이루지만 이 군은 어떤 경우에는 순수한 감각과 순수한 반응으로 이분된다. 행태심리학은 감각의 역할을 무시하게끔 유도한다. 왜냐하면 이 심리학은 반사행동의 형태로 나타나는 분리된 반응만을 파악하기 때문이다. 반사행동은 굴성적 단일성 속에서 취해진 추상적인 반응

254

요소이다. 이는 감각이 활동적 측면이 배제된 굴성적 단일성 속에서 취해진 추상적인 관계 요소인 것과 마찬가지다.

정념성은 진정으로 굴성적 통일성 속에서 취해진 감각의 구조들에 비교될 수 있는 구조들을 내포한다. 정념과 주관적인(주체에 속하는) 변환적 실재의 관계는 감각과 객관적인 변환적 실재의 관계와 같다. 세계의 양태들에 해당하지 않고 자신의 고유한 차원들을 따라서 자기 자신으로부터 전개되는 생명체의 양태들이 있다. 이것들은 세계의 인과적 준거를 함축하지 않으며, 구배의 차원들을 따라 직접 조직되지 않는다. 즉 감각의 일부가 되지 않는다. 감각으로 이루어지지 않고 사실상 정념성에 속하는 실재의 유형은 종종 내수용성intéroceptive 감각으로 간주된다. 정념들은 생명체가 스스로와 관련하여 자신의 일부에 방향설정을 하도록 하는 것이다. 그것들은 생명의 한 순간이 다른 순간들과 관련하여 극성화되게 한다. 그것들은 존재자가 시간을 관통하여 자기 자신과 일치하게 해준다. 그러나 존재자 자신을 그의 상태들의 총체와 일치하게 하는 것은 아니다. 정념적 상태는 생명에 통합되는 통일성을 소유한다. 그것은 생성의 구배라고 명명할 수 있을지도 모르는 것을 따라서 전체와 하나가 되는 시간적 통일성이다. 배고픔의 고통은 존재자 안에서 느껴지고 반향되는 것만이 아니다. 그것은 또한 그리고 무엇보다도 스스로 변화할 수 있는 힘을 가진 생리적 상태로서의 굶주림이 주체의 생성 안에 삽입되는 방식이다. 정념성은 자가구성적이며 시간적 구조들로 통합된다. 욕망, 점증하는 피로, 추위의 엄습은 정념성의 국면들이다. 정념성은 단지 쾌락과 고통인 것만이 아니다. 그것은 순간적 존재자가 더 광대한 생성을 따라 스스로 위치하는 방식이다. 감각이 구배의 단서인 것처럼 정념은 생성의 단서이다. 생명체의 각각의 양태, 각각의 순간, 각각의 동작 그리고 각각의 상태는 세계와 생명체 사이에 있다. 이 존재자는 한편으로는 세계를 따라 그리고 다른 편으로는 생성을 따라 극성화된다. 그리고 세계 속에서 방향설정이 일어나는 여러 차원들이 서로 간에 필연적으로 일치하지는 않는 것과 마찬가지로 여러 가지 정념적인 국면들은 유일한 생성이 아니라 생명체의 생성의 하위군sous-ensemble들에 삽입된다. 지각적 문제가 잔존하는 것처럼 정념적 문제가 잔존한다. 다수의 정념적 하위군들이 감정의 탄생을 요구하는 것처럼, 다수의 굴성적 방향설정은 지각적 통일과 대상의 인식을 요구한다. 지각은 감각들이 양립불가능한 굴성들을 요구할 때 탄생하는 것처럼, 감정은 현행적actuel 상태가 유일한 정념적 차원에 통합되는 것이 불가능할 때 탄생한다. 지각이 감각적 모순인 것처럼 감정은 극복된 정념적 모순이다. 게다가 우리가 말해야 할 것은 **정념적** 모순과 **감각적** 모순이 아니다. 왜냐하면 감각들과 정념들이 그 자체로 다른 감각들 또는 정념들과 관련하여 모순적인 것이 아니기 때문이다. 차라리 이 감각들과 이 정념들을 포함하는 굴성적 하위군들과 생성의 하위군들이 다른 감각적이고 굴성적인 하위군들과 관련하여 모순적인 것이다. 모순은 고유한 의미의 감각들과 정념들의 수준에서는 존재하지 않는다. 이것들은 이러한 하위군들의 만남이 실행되지 않는다면 인지될 수 없다. 감각들과 정념들은 그것들이 작동할 때 함께 일체를 이루는 하위군들 밖에서 취해진 불완전한 실재들이다. 정념들의 불일치는 감정을 촉진한다. 마치 감각들의 불일치가 지각을 촉진하는 것과 같다. 지각이 세계의 통일성의 발견인 것처럼 감정은 생명체의 통일성의 발견이다. 그것들은 생명체의 개체화를 연장하고 보완하며 영속시키는 두 가지의 심리적 개체화이다. 외적 우주가 지각적인 것처럼 내적 우주는 감정적이다. 정념이 대상 앞에서 느껴진 감정으로부터 흘러나온다고 말해서는 안 된다. 왜냐하면 감정은 통합적이며 정념보다 더 풍부하기 때문이다. 정념은 슬로우모션 상태의 감정, 즉 아직은 그 통일성 속에서, 자신의 고유한 흐름의 주인인 생성의 힘 속에서 구성되지 않은 감정에 속하는 것 같다. 감정의 특징은 그것이 자신의 구조를 갖는, 섬과 같은 시간적 통일성과 유사하다는 사실이다. 그것은 생명체를 인도하고 방향을 주며 극성화하고 그것의 정념성을 떠맡으며 그것을 통일한다. 정념성은 현상태가 생명체의 생성의 양태들 중 하나에 속하는 것처럼 느껴질 뿐인 반면, 감정은 흘러간다. 감정은 정념보다 더 완전하고 더 극단적인 존재자를 문제화하는 일과 같다. 그것은 자기 자신을 위해 시간을 늦추는 경향이 있다. 그것은 총체성으로 나타나며, 자신을 영속시키고 스스로 부양하게 하며 스스로를 연장시켜주는 어떤 내적 공명을 소유한다. 그것은 자가유지 상태와 같이 스스로에 주어진다. 반면 정념은 그와 같은 능동적 일관성이 없으며, 스스로를 방임하여 다른 정념이 침투하고 결국 그것에 의해 쫓겨나게 된다.[32] 감정에는 일종의 폐쇄성이 있다. 반면 정념에는 폐쇄성이 없다. 정념은 돌아와서 다시 나타나지만 저항하지 않는다. 감정은 총체적이다. 마치 지각이 형태들을 발견하고서는 자기 자신에게 의지하는 체계의 형태로 그것들을 영속시키고 강제하는 것과 같다. 존재자는 지각과 감정의 수준에서는 자신의 존재 안에서 영속하고자 하는 경향을 가지고 있다. 그러나 감각이나 정념의 수준에서는 그렇지 않다. 감각과 정념은 개체화된 생명체에서 나타나는 실재들이며 새로운 개체화를 떠맡지 않는다. 그것들은 자가유지적인 상태들이 아니다. 이 상태들은 스스로를 조건지음으

---

32) 감정은 정신적 삶을 변조한다. 반면 정념은 단지 내용으로서 개입한다.

로써 자신 안에 고정되는 일이 없다. 이와 반대로 지각과 감정은 준안정적인 질서에 속한다. 즉 하나의 지각은 현재에 매달려 있고 다른 가능적 지각들에 저항하며 배타적이다. 하나의 감정도 마찬가지로 현재에 매달려 있으며 다른 가능적 감정들에 저항한다. 하나의 지각이 다른 지각을 대치하는 것은 이러한 준안정적 평형에 단절을 가함으로써이다. 하나의 감정이 다른 감정을 따라나오는 것은 오로지 일종의 내적 균열에 의해서이다. 하나의 감정은 다른 감정을 풀어놓는다. 감정 안에서 생명체를 혼란시키는 것은 감정 자체가 아니다. 왜냐하면 감정은 정념들을 정돈하는 것이기 때문이다. 혼란은 한 감정에서 다른 감정으로 이행할 때 나타난다. 그럼에도 불구하고 사람들은 지각 역시 혼란을 야기한다고 말할 수 있을지 모른다. 그러나 이러한 혼란의 야기는 [거기서] 별로 뚜렷하지 않다. 왜냐하면 그것은 단지 세계에 바탕을 둔 두 개의 순차적인 지각 조직organisation들 사이의 단절이기 때문이다. 두 감정 사이에서 존재하는 혼란은 생명체에 바탕을 두고 있어서 두 개의 지각을 분리하는 혼란보다 더 두드러진다. 그러나 지각과 감정은 여전히 활동성activité의 일시적 양태에 상응하는 활동들이다. 지각과 감정은 그것들이 다수일 때 더 고차적인 통합을 요구한다. 존재자는 이미 구성된 자신의 순수한 개체성으로는 이러한 통합을 나타나게 할 수 없다.

256

    지각적 모순과 감정적 단절 사이에서 존재자는 자신의 유한한 특성을 느낀다. 지각에 의해 세계 앞에서, 감정에 의해 생성 앞에서 그렇게 느낀다. 감정이 존재자를 하나의 태도 안에 가두는 것처럼 지각은 그를 하나의 관점 안에 가둔다. 관점과 태도는 서로를 배제한다. 가능한 모든 관점을 통합하는 열쇠가 되는 지점들의 망 그리고 가능한 모든 감정을 통합하는 존재방식의 일반적 구조가 형성되기 위해서는 세계와의 연관과 생명체들 상호 간의 연관을 내포하는 새로운 개체화가 일어날 수 있어야 한다. 감정들은 지각적 관점들을 향해 가야 하고 지각적 관점들은 감정들을 향해 가야 한다. 지각들과 감정들 사이의 중개의 조건은 집단적인 것 또는 개체초월적인 것의 영역에 의해 만들어진다. 개체화된 존재자에 있어서 집단적인 것은 혼합된 중심이자 안정된 중심이며 그 안에서 감정은 지각적 관점에 속하고 관점은 가능적 감정에 속하게 된다. 생명체의 변화와 세계의 변화의 통일성은 집단적인 것 안에 있다. 그것은 세계와 관련한 방향설정을 생명적 시간으로의 통합으로 전환할 수 있게 만든다. 집단적인 것은 안정적인 시공성le spatio-temporel이다. 그것은 지각과 감정에 해당하는, 존재자의 활동의 두 사면 사이에서 교환의 장소이고 전환의 원리이다. 생명체만으로서는 지각과 감정의 너머로, 즉 지각적 다수성과 감정적 다수성의 너머로 나아갈 수 없을지 모른다.

## III. 개체발생의 문제제기와 정신적 개체화

### 1. 개체화의 기준으로서의 의미작용

신호와 의미작용 사이의 차이는 중요하다. 그것은 진정한 개체화 또는 개별화를 개체화되지 않은 하위군sous-ensemble의 작동과 구분하기 위해 충실하고도 중요한 기준을 형성한다. 물질적 한계들과 같은, 심지어 각 개체의 신체와 같은 정적인 기준들은 충분치 않다. 연합, 기생, 임신과 같은 경우들은, 말의 습관적 의미에서 즉 해부–생리학적인 의미에서 순수하게 육체적이거나 공간적인 기준들을 수단으로 연구될 수는 없다. 신호들과 의미작용 사이의 구분에 따라 우리는 개체가 있는 것은 실제적인 개체화 과정이 있을 때라고, 즉 의미작용이 나타날 때라고 말할 것이다. **개체는 그것에 의해 그리고 그 안에서 의미작용이 나타나는 어떤 것이다.** 반면 개체들 사이에는 신호들밖에 없다. 개체는 의미작용이 있을 때 나타나는 존재자이다. 마찬가지로 개체화된 존재자가 나타날 때 또는 그것이 개별화되면서 존재자 안으로 연장될 때에만 의미작용이 있다. 개체의 발생genèse은, 공통의 공리계를 갖고 있지 않았기 때문에 예전의 소여들의 함수로는 해결될 수 없었던 문제들의 해결에 상응한다. 즉 **개체는 새로운 체계성의 출현에 의해 이전의 양립불가능성을 해결하는 존재자의 위상학의 자가구성**auto-constitution**이다.** 긴장과 양립불가능성이었던 것이 작동하는 구조가 된다. 고정된 불모의 긴장이 기능적 조직화가 된다. 불안정성은 자신의 변화하는 힘 속에서 조직화되고 영속화되며 안정화된 준안정성으로 감형된다commuer. 그래서 개체는 과거에 적대적이던 소여들을 시공적 차원의 체계로 호환시키는compatibiliser 존재자의 시공적 공리계이다. 개체는 시간 속에서 자신의 구조의 함수로 생성하는 존재자이며, 자신의 생성의 함수로 구조화되는 존재자이다. 긴장은 경향이 된다. 개체화 이전의 순간에 따라서만 존재하던 것이 연속적인 순차성 속에서 순서가 된다. 개체는 공간(구조)에 따른 질서와 시간(생성, 경향, 발생과 노화, 한마디로 기능)에 따른 질서[순서]의 상호전환성[호환성]과 더불어 시간과 공간에 따라 하나의 체계를 가져오는 어떤 것이다. 신호들은 공간적이거나 시간적이다. 의미작용은 시공적spatio-temporel이다. 그것은 두 가지 방향을 갖는데, 하나는 구조와 관련되고 다른 하나는 기능적 생성과 관련된다. 의미작용들은 개체 존재자를 구성한다. 비록 그것들이 부분적으로 개체화된 존재자의 선행적 실존을 요구한다고 해도 그러하다.

하나의 존재자는 결코 완전히 개체화되지 않는다. 그는 존재하기 위해 자신을 둘러싸는 환경 곧 자신의 환경의 문제들을 해결하면서 계속해서 개별화될 수 있는 힘을 필요로 한다. 생명체는 환경 위에 문제해결의 작용을 가하면서 영속하는 존재자이다. 그는 살아 있기 때문에 자신과 더불어 해답의 실마리들을 가져온다. 그러나 그가 이러한 문제해결을 실행할 때 그는 자신의 존재의 경계에서 그것을 하기 때문에 그로 인해 개체화를 계속하게 된다. 최초의 개체화를 따르는 이러한 개체화는, 그것이 환경에 대해서는 [문제를] 해결하는 것인 한에서, 개체에 대해서는 개별화하는individualisant 것이다. 개체화를 보는 이러한 방식에 따르면 제한된 정신적 작용은 신호들의 군 안에서 의미작용을 발견하는 것인지도 모른다. 의미작용은 존재자의 최초의 개체화를 연장하고 이런 의미에서 존재자 자신과 마찬가지로 외적 대상들 전체와도 관계한다. 의미작용이 복수의 신호들에 해답을 가져오는 것인 한에서 그것은 외부에 효력을 갖는다. 그러나 이 외부는 개체화의 결과물처럼 존재자에 낯선 것이 아니다. 왜냐하면 개체화 이전에는 이 존재자는 환경과 개체로 분리되었던 존재자 전체와 구분되지 않았기 때문이다. 그와 마찬가지 방식으로 의미 있는 해답의 발견은 존재자의 내부에도 효력을 가지며 존재자를 위해 그와 세계와의 관계의 가지성intelligibilité을 증대시킨다. 세계는 최초의 비분리와 관련해서는 개체의 보충인 것에 지나지 않는다. 개별화는 개체화를 계속한다. 각각의 사유, 각각의 개념적 발견, 각각의 정념적 출현은 최초의 개체화의 재연再演, reprise이다. 그것들은 최초의 개체화의 이러한 도식의 재연인 것처럼 전개되며, 멀고 부분적이기는 하지만 그것의 충실한 재생이다. 인식이 세계를 안정된 법칙들에 따라 해석하게 해주는 개요를 재발견한다면 그것은 주체 안에 감성의 선험적 형식이 존재하기 때문이 아니다. 이러한 형식과 세계로부터 오는 감각적 소여들의 일치는 설명할 수 없는 것이다. 그 이유는 오히려 주체로서의 존재자, 그리고 대상으로서의 존재자가 동일한 원초적 실재로부터 유래하기 때문이고, 이제 대상과 주체 사이의 설명할 수 없는 관계를 세우는 사유는 사실상 최초의 개체화를 연장하는 것에 지나지 않기 때문이다. 인식의 **가능성의 조건들**은 사실상 개체화된 존재자의 **실존의 원인들**이다. 개별화는 존재자들을 서로와 관련하여 구분한다. 그러나 그것은 또한 존재자들 사이의 관계를 조직하기도 한다. 그것은 존재자들을 서로 연관시킨다. 왜냐하면 개체화는 어떤 도식들에 따라 연이어 일어나는데 이 도식들은 여러 주체들에서 재생될 수 있는 일정수의 상황에 공통적이기 때문이다. 인식의 권리적 보편성은 실제로 권리적 보편성이지만 이러한 보편성은 개별화의 조건들의 중개를 통한다. 이 조건들은 같은 상황에 놓인 모든 존재자들에서 동일하고 그 기반에서 개체화의 동일한 기초를 가지고 있다. 인식이 보편적이고 타당한 방식으로 주어지는 것은 개체화가 대상과 주체 사이의 관계의 기초로서 보편적이기 때문이다. 경험적 주체와 초월적transcendantal 주체의 대립은, 지금 여기서 자신의 개인적personnelle 개별화의 이러저러한 결과에 도달한 주체와 개체화가 한 번에 완전히 수행된 유일한 행위를 표현하는 것인 한에서의 동일한 주체 사이의 대립을 은폐한다. 자신이 병합시키는 개체화의 결과로서의 주체는 **선험적인 것들**의 환경이다. 세계에서 나오는 신호들의 의미작용의 점진적인 발견들의 환경이자 행위자로서의 주체는 **후험적인 것**l'a posteriori의 원리이다. 개체화된 존재자는 초월적 주체이며 개별화된 존재자는 경험적 주체이다. 그런데 초월적 주체에게 경험적 주체의 특성의 선택에 대해 책임을 전가하는 것은 절대로 정당하지 않다. 초월적 주체는 선택을 작동시키지 않는다. 그는 그 자신이 선택이고 존재의 창시적 선택의 구체화이다. 이 존재자는 그가 해답인 한에서 존재한다. 그러나 선택 이전에 존재하던 그리고 선택의 원리에 해당하는 것은 개체인 한에서의 존재자가 아니다. 그것은 개체가 그로부터 나온 군ensemble이자 체계이다. 개체는 그 안에서 개체화된 자격으로 선재하던 것이 아니다. 초월적 선택이라는 통념은 개체성을 너무 멀리 거슬러 올라가게 만든다. 초월적인 특성은 없다. 바로 이런 이유로 인식은 보편화될 수 있는 것이다. 문제들은 초월적 자아에 대해서 문제들인 것이다. 그리고 유일한 특성인 경험적 특성은 이 문제들에 대한 해답들 전체이다. 문제들을 해결할 수 있는 도식들은 동일한 개체화의 양태에 따라 개체화된 모든 존재자들에 적용된다. 반면 각 해답의 특수한 국면들은 경험적 특성을 구축하는 데 기여한다. 구성이 가능한 유일한 특성은 경험적 특성이다. 초월적 주체는 그와 관련하여 문제를 있게 하는 어떤 것이다. 그러나 문제가 있기 위해서는 경험이 있어야 한다. 초월적 주체는 모든 경험에 앞서서 선택을 작동할 수는 없다. 선택의 행위 이전에 선택의 원리들의 선택은 있을 수 없다.

　개체화된 존재자인 한에서의 개체를 개별화된 존재자인 한에서의 개체에 연관시키는 모든 것을 인격성personnalité이라고 부를 수 있을지도 모른다. 개별화된 존재자는 독특성singularité에 가까워지며 우발적인 것을 독특성의 형태로 병합한다. 개체화된 존재자인 한에서의 개체는 그 자신이 유래하고 그 위에서 형성된, 존재의 체계와 관련하여 존재한다. 그러나 그는 동일한 개체화 작용들을 따라 형성된 다른 개체들에 대립하지 않는다. 개별화된 존재자는 개별화되는 다른 존재자들과 갈라진다. 반대로 인격성을 말하는 이러한 개체화와 개별화의 혼합은 타인과의 분화되고 비대칭적인 관계의 원리이다. 개체화의 수준에서 관계는 성적 특징sexualité의 관계 유형에 속한다. 개별화의 수준에서 관계는 일상생활의 우발적 사건들이 가져오는 관계의 유형에 속한다. 마지막으로 인격체의 수준에서 관계는 성적 특징과 개별적이고 사건적인 역사를 유일한 상황에 병합시킨다. 구체적 인간은 순수한 개체화도 아니고 순수한 개별화도 아니며 그것들 두 가지의 혼합이다. 순수한 개별화에 해당하는 성격caractère은 결코 분리된 결과가 아니다. 그것은 인격체의 영속에 해당하는 관계적 활동이 개체화와 개별화를 더 이상 통합하지 못할 경우에만 그렇게 될 것이다. 이런 의미에서 성격장애자le caractériel는 성격의 장애를 가진 사람이 아니라 성격이 자신으로부터 분리되는 사람이다. 왜냐하면 [그때] 인격체는 자신의 역동적인 역할을 더 이상 완수할 수 없기 때문이다. 성격장애자에 있어서 질병이 되는 것은 인격체이지 성격이 아니다. 그래서 인격체는 원리와 결과 사이의 관계적 활동이다. 바로 그것이 보편성의 기초들과 개별화의 특수성들 사이에서 존재자의 통일성을 만든다. 개별자들 상호 간의interindividuelle<sup>33)</sup> 관계가 언제나 개인들 상호 간의 interpersonnelle 관계인 것은 아니다. 개인 상호 간의 관계를 정의하기 위해 의식들의 소통에 호소하는 것은 매우 불충분하다. 개인 상호 간의 관계는 한 존재자의 개체화와 개별화 그리고 다른 존재자의 개체화와 개별화 사이의 공통적 중개이다. 두 가지 개체화와 개별화에 타당한 이러한 단일한 중개가 가능하기 위해서는 개체화들과 개별화들로부터 분리된 공동체가 있어야 한다. 개인 상호 간의 관계가 존재하는 것은 구성된 인격체personnalité의 수준에서가 아니라 이 인격체들 각각의 두 극단pôles의 수준에서이다. 공동체는 인격체들이 구성된 연후에야 개입할 수 있다.

259

---

33) [옮긴이] 개체초월성, 개체상호성, 개별화, 개인 → 용어설명* 참조.

인격체의 조건들에 선행하는 공동체가 두 가지 개체화와 두 가지의 개별화에 대해 단일한 중개, 단일한 인격체의 형성을 허용해야 한다. 그렇기 때문에 개인 상호 간의 영역이 진정으로 인격체들 각각의 실재성 전체와 공외연적인 경우는 드물다. 개인 상호 간의 관계는 인격체들 각각의 일정한 영역만을 차지한다. 그러나 인격체들 각각의 특수한 정합성은 두 개의 인격체의 집합에 대해서도 공동체가 존재한다고 믿게끔 한다. 두 인격체는 진정한 자격으로 공통적 부분을 갖는다. 그러나 역시 공통적이지 않은 부분도 있다. 공통적이지 않은 두 부분은 공통적인 부분에 연결된다. 문제는 소통이라기보다는 부분적 동일성이고 이 동일성에 의한 연결이다. 의식들은 소통을 확보하는 데 충분하지 않을지도 모른다. 의식들의 소통이 존재하기 위해서는 의식들의 조건들의 소통이 있어야 한다.

## 2. 환경과의 관계

개인 상호 간의 관계는 환경과의 관계와 어떤 유사성을 가진다. 그러나 환경과의 관계는 개체화의 수준에서 또는 개별화의 수준에서 이루어진다. 그것은 개체화의 수준에서는 개체 존재자의 현존의 원리들이 문제시된다는 것을 지시하는 감정을 통해 이루어진다. 공포, 우주적 경탄은 존재자에게 그 개체화 속에서 충격을 주며 세계와 관련하여 그를 다시금 자기 자신 속에 위치하게끔 한다. 이 상태들은 개체에게 개체화된 존재자로서의 그의 실존을 보호하는 힘들을 내포한다. 이 관계는 그 특수성 속에서 존재자와 접촉할 때는 삶의 리듬에 통합되어 있고 이전의 틀에 통합이 가능하며 놀랍지 않은 친숙한 것들, 익숙하고 규칙적인 사건들의 속성을 통해서 개별화의 수준에 위치한다. 깊은 참여의 인상이나 일상적인 지각은 두 가지 연관의 양상들이다. 이 두 유형의 관계는 삶 속에서 서로 거의 결합되지 않으며 서로가 서로를 잇따른다. 이와 반대로 인격성은 두 양상의 현존을 내포하며 인격성에 상응하는 시험은 두 조건들과 상관적이다. 그것은 획득된 틀 속에서의 개체화를 부분적으로 문제시하며, 개별화의 변경과 통합 역시 부분적으로 문제시한다. 타인과의 관계는 개체화된 존재자로서의 우리를 문제시한다. 그것은 우리를 젊은이나 노인, 환자나 건강한 사람, 강한 사람과 약한 사람, 남자와 여자와 같은 타인들 앞에 위치시키고 이들을 대면하게 한다. 그런데 사람들은 이 관계에서 절대적으로 젊거나 늙은 것이 아니고 타인보다 더 젊거나 더 늙은 것이다. 사람들은 더 강하거나 더 약하다. [누군가가] 남자또는 여자라는 것은 여자와 관련하여 남자이고 남자와 관련하여 여자라는 것이다. 여기서 단순한 지각에 대해 말하는 것은 충분치 않다. 한 여자를 여자로서 지각하는 것은 이미 구성된 개념틀 안으로 하나의 지각을 들어오게 하는 것이 아니라 스스로가 그 여자와 관련하여 개체화와 동시에 개별화의 편에 위치하는 것이다. 이러한 개인 상호 간의 관계는 그의 실존과 관련하여 개체화된 존재자로서의 나의 실존의 가능적 관계를 내포한다. 지각된 것과 느껴진 것은 인격의 질병에서만 분리된다. 민코프스키는 거리에서 한 여자를 본다는 사실이 왜 자신에게 일정한 감정을 야기하는지를 자문하는 젊은 정신분열증 환자의 사례를 인용한다. 그는 한 여자의 지각과 느껴진 감정 사이에 어떤 관계도 알지 못한다. 그런데 습관 또는 다른 모든 외적인 통일성의 원리와 마찬가지로 종적spécifique 특징도 느껴진 것과 지각된 것의 통일성을 설명하는 데 충분할 수가 없다. 존재자의 개별성은 실제적으로 지각될 수 있다. 즉 한 여자는 그녀를 다른 모든 사람과 구분해 주는 이러저러한 특성을 지닌 사람으로 지각될 수 있다. 그러나 그녀가 그와 같이 구분된 것은 여자인 한에서가 아니라 인간 또는 생명체인 한에서이다. 완벽한 현존재성eccéité(이 여자, 저 여자)에 상응하는 구체적 인식은 개체화와 개별화가 일치하는 지점이다. 그것은 이 여자가 이 여자이게끔 하는 일정한 표현이자 일정한 의미작용이다. 개체성과 개별성의 모든 양상들은, 존재자가 실제로 통일될 때만 가질 수 있는 이러한 근본적인 표현에 통합되어 있다. 표현심리학으로 전개된 형태심리학은 의미작용을 원초적인 실재로 간주한다. 사실 의미작용은 두 종류의 실재, 즉 개체화와 개별화의 긴밀한 결합에 의해 주어진다. 한 존재자의 표현은 진정한 실재이다. 하지만 그것은 표현으로 나타난 것과 다르게 파악될 수 있는 실재 즉 인격체가 아니다. 표현의 요소들이 있는 것이 아니라 표현의 기초들이 있다. 왜냐하면 표현은 존재자 안에서 부단한 활동에 의해 유지된 관계적 통일성이기 때문이다. 그것은 개체가 자신의 통일성 속에서 나타난 그의 삶 자체이다. 표현의 수준에서 존재자는 그가 현시하는 한에서 존재한다. 이 말은 개체화나 개별화에는 적용되지 않는다.


## 3. 개체화, 개별화 그리고 개인화(personnalisation). 이중실체론
   (bisubstantialisme)

물리적이고 생명적인 개체들이 아닌 다른 개체들이 존재하는가? 그리고 정신적 개체화에 대해서 말하는 것이 가능한가? 이와 같은 질문을 할 수 있다. 사실 개별화라는 말로 개체화보다 한정된 유형의 과정, 그리고 전개되기 위해 이미 개체화된 생명체의 바탕을 필요로 하는 유형의 과정을 지시하기로 한다면 정신적 개체화는 개체화라기보다는 개별화인 것처럼 보인다. 정신적 기능의 작용은 생명적인 것과 구분된 작용이 아니다. 그러나 한 생명체에게 그 기원을 제공하는 최초의 개체화 이후에는 이 개체 존재자의 단일성 안에 서로 다른 두 가지 기능이 있을 수 있다. 이 기능들은 서로 겹치지 않고, 마치 개체가 연합된 환경과 관련되어 있는 것처럼 서로서로 (기능적으로) 관련되어 있다. 사유와 생명은 서로 보충하는 두 기능이지 평행하는 기능이라고 하기는 어렵다. 모든 일이 진행되는 양상은 마치 생명적 개체가 다시금 자신을 서로 다른 영역들 261로 분배하는 순차적인 개체화들의 무대가 될 수 있기라도 한 것처럼 보인다. 사유가 생명체와 관련하여 생명적 기능이라고 주장하는 것은 정확하다. 물론 생명체가 생리적 존재자와 정신적 존재자로 분리됨으로써 개별화되는 것은 아닐 것이다. 생리학적인 것과 정신적인 것은 한 체계가 개체화되는 순간에 개체와 개체의 보충[환경]과 같다. 개별화는 개체화의 결과물인 개체화된 존재자의 개체화에 해당하며 개체의 한가운데서 새로운 구조화를 창출한다. 사유와 유기적 기능들은 체계의 최초의 개체화에 비교할 수 있는 비대칭적 절단clivage을 따라 생명적인 것이 분할된 것이다. 사유는 개체의 개체와 같다. 반면 신체는 생명체에 해당하는, 이미 개체화된 쉬놀론σύνολον과 관련하여 사유를 보충하는 연합된 환경이다. 생명적 체계가 사유와 신체로 이분되면서 개별화되는 것은 이 체계가 내적 공명 상태 안에 있을 때이다. 심신의 단일성은 개별화되기 전에는 동질적 단일성이다. 개별화 이후에는 그것은 기능적이고 관계적인 단일성이 된다. 개별화는 보통의 경우에서는 부분적인 분할에 지나지 않는다. 왜냐하면 심리−생리적 관계가 개체화된 존재자의 단일성을 유지하기 때문이다. 게다가 어떤 기능들은 결코 단지 정신적인 것도 아니고 단지 신체적인 것도 아니다. 그리고 이런 방식으로 그 기능들은 생명체 안에서 개체화되었으나 개별화되지는 않은 존재자의 위상을 유지한다. 성적 특징이 그러하며, 일반적으로 보아 개체화된 존재자에 근거하는 사회적 관계들처럼 구체적인 개인 상호 간의 기능들이 그러하다. 이러한 탐구 방법에 따라 사람들은 정신적 내용들 전체를 생명체에게 제기된 일련의 문제들의 해결의 결과라고 간주할 수 있다. 생명체는 개별화되면서 이 문제들을 해결할 수 있었던 것이다. 개체화된 존재자는 신체적 영역과 정신적 영역으로 분리되며 정신적 구조들은 이와 같이 분할된 개별화의 표현이다. 신체적인 것과 정신적인 것 사이에서 구조의 동일성을 발견할 수는 없다. 그러나 개체화된 존재자의 수준에서 생명적 하위군을 구성하는 보충적 실재들의 짝들을 발견할 수 있다. 개체화된 존재자는 서로 간에 부분적으로 정돈된, 신체-정신적인 짝들로 표현된다. 개체화된 존재자는 처음에는 **하나의** 영혼âme이나 **하나의** 신체를 갖지 않는다. 그것은 개별화되면서, 단계적으로 분할되면서 그와 같이 구성된다. 엄밀히 말해 정신적 개체화는 없고 신체적인 것과 정신적인 것을 낳는 생명체의 개별화만 있다. 이러한 생명체의 개별화는 신체적 영역에서 전문화spécialisation로 정신적 영역에서는 이러한 신체적 전문화에 상응하는 도식화schématisation로 나타난다. 각각의 정신적 도식은 하나의 신체적 전문화에 상응한다. 사람들은 정신적 도식화들에 상응하는 생명체의 전문화 전체를 신체라고 부를 수 있다. 정신적인 것은 신체적인 것과 마찬가지로 생명체의 하위-개체화들sous-individuations 전부의 결과이다. 각각의 개체화는 생명체를 정신적 도식과 신체적 전문화로 형성된 짝을 낳게끔 부분적으로 분할하면서 그 안에 반향된다. 정신적 도식은 신체적 전문화의 형상이 아니라 이전의 생명적 총체성과 관련하여 보완적인 이러한 실재에 상응하는 개체이다.[34] 만약 생명체가 완벽하게 개별화된다면 그것의 영혼은 도식들의 사회가 될 것이고 그것의 신체는 각자가 일정한 기능을 완수하는 전문화된 기관들의 사회가 될지도 모른다. 이 두 사회의 통일성은 생명체로부터 개별화되지 않는 것, 따라서 분할에 저항하는 것에 의해 유지된다. 개별화는 생명체가 더 많은 위기 상황에 종속되어 있을수록 더욱더 가속화된다. 생명체는 스스로 분할됨으로써 이 위기 상황들을 이겨낸다. 생명체의 개별화는 진실로 그것의 역사성이다.

인격성은 관계 이상의 것으로 나타난다. 그것은 개체화와 개별화의 항구적 과정의 긴밀한 결합을 유지하는 어떤 것이다. 개체화는 단 한 번 일어난다. 개별화는 일상적 지각과 행동만큼이나 영속적이다. 반대로 인격성은 양자적인 것, 임계적인 것le critique의 영역이다. 일정 기간 지속하는 인격성의 구조들이 형성되면 이것들은 자신들이 떠맡아야 하는 곤란들에 저항한다. 그다음에 그것들이 개체화와 개별화를 더 이상 유지할 수 없을 때는 단절되고 다른 것으로 대체된다. 인격성은 서로 대체하는 순차적 구조화들로 구성된다. 새로운 구조화들은 이전의 것들의 하위군들을 포섭하며, 또한 그것들 중 일정수를 무용한 잔해들처럼 한쪽에 치워 놓는다. 인격성은 순차적인 위기들에 의해 구성된다. 그것의 통일성은 이러한 구성이 성숙에 가까워질수록 더욱 강해진다. 성숙 안에는 이미 만들어진 것들 중 아무것도 결정적으로 거부되지 않고, 때로 잠자고 있다가 새로운 구조물 안에 재도입되기도 한다. 개체화는 유일하고 개별화는 연속적이며 개인화personnalisation는 불연속적이다.[35] 그러나

---

34) [옮긴이] 아리스토텔레스에게서 영혼은 신체의 형상(forme)이다.
35) [옮긴이] 개인화(personnalisation)는 인격 또는 인격성(personnalité)이 만들어지는 과정을 말한다. 일상어에서는 individu를 개인으로 새길 수도 있다. 하지만 시몽동에서 이 단

발생의 불연속성은 조직화하는 구성의 과정의 통일성을 은폐한다. 조화로운 인격의 현행적actuel 표현 속에는 이전의 단계들이 보인다. 인격은 그것들을 다시 떠맡아 자신의 기능적 통일성에 통합한다. 성 아우구스티누스의 "나는 죄인이다"etiam peccata라는 표현은 단지 인격의 구성의 수준에서만 진실이다.[36] 사실상 인격이 '나는 죄인이다'를 [자신에] 통합하는 것은, 초월성에 호소하지 않고는 설명이 불가능한 "행복한 과오" felix culpa의 행복하다는 우연적 특징이 존재한다는 것을 가정하지 않고도 가능하다.[37]

이러한 인격성의 단계들의 순차적 연관 속에 초월성transcendance 문제의 기초가 놓여 있다. 인간 안에 초월적 원리가 내재한다고 설명하는 것을 목표로 하는, 혹은 반대로 모든 것은 경험으로부터 발생적으로 나온다는 것을 보여 주고자 하는 모든 도식들은 개체화의 작동이라는 최초의 실재를 모르고 있다. 사실 존재자가 개체화된 한에서는 자신에 대한 설명의 완전한 과정을 자신 속에 가지고 있지 않으며 앞으로도 결코 그럴 수 없다. 개체화된 존재자는 자기 자신도, 자신 안에 있는 모든 것도 이해할 수 없다. 자신 안의 도덕 원리나 진정한 판단력의 원리와 마찬가지로, 별이 빛나는 하늘 앞에서 자신의 감정도 이해할 수 없다.[38] 왜

---

어는 앞에서 본 것처럼 물리적, 생명적 과정을 총괄해서 쓰인다. 인간의 경우에는 일종의 원자적 개인을 지칭하며 인격적 개인을 지시하지 않는다. 따라서 우리는 individu를 개체에 한정하겠다. 또 시몽동은 인간 내부에서 다양한 영역별 개체화를 특별히 개별화 (individualisation)라고 부르기 때문에 이를 개인화로 옮기지 않겠다. 한편 인격 또는 인격성은 인간적 의미의 개인의 특징으로 보기 때문에 personnalisation을 개인화라고 옮긴다.
36) [옮긴이] 시몽동이 인용한 구절에는 원래 따옴표가 없었으나, 옮긴이가 추가하여 넣었다. 앞으로도 마찬가지다.
37) [옮긴이] 행복한 과오 → 용어설명* 참조.
38) [옮긴이] 도덕 원리를 밤하늘에 빛나는 별빛을 보고 느낀 경외감에 비유하는 칸트의 표현.

냐하면 개체화된 존재자는 자신 안에서, 자신의 개체발생적 한계들 안에서, 그 자신이 그로부터 유래한 모든 실재성을 보존한 것이 아니기 때문이다. 그것이 창조이든, 예배의 행렬procession이든, 개체를 형성하게 한 존재자는 둘로 분리되어 개체가 되었고 또 개체의 보충이 되었다. 개체화를 선행하는 최초의 실재는 기존의 개체의 밖에서 완벽하게 재발견될 수 없다. 개체의 발생은 창조, 즉 존재자의 절대적인 출현이 아니라 존재자 내부에서의 개체화이다. 초월성의 개념은 선행성antériorité을 외재성으로 간주한다. 개체의 기원에 있는 완전한 존재는 개체화 이후에 자신의 밖에 있는 것과 마찬가지로 자신의 안에도 있다. 이 존재는 결코 개체의 밖에 있었던 적이 없다. 왜냐하면 개체는 존재가 개체화되기 전에는 존재하지 않았기 때문이다. 존재가 개체화되었다는 말조차 할 수가 없다. 존재 안의 개체화와 존재의 개체화가 있었[을 뿐이]다. 존재는 개체화되면서 자신의 통일성과 총체성을 잃었다. 그렇기 때문에 초월성의 연구는 개체 밖에서 개체가 있기 이전에 한 다른 개체를 발견한다. 이는 개체의 외양인 동시에 현행적 본성의 외양들이다. 즉 개체의 이러한 보충물인 것이다. 그러나 숭고한 존재의 이미지는 일관적인 것이 될 수 없다. 왜냐하면 숭고한 존재의 인격적personnel 특징과 그것에 우주적 성질을 부여하는 편재성ubiquité 및 명백한 영원성과 같은 국면들을 일치시키거나, 혹은 심지어 양립가능하게 하는 것은 불가능하기 때문이다. 내재성의 탐구도 동일한 최종적 실패가 예정되어 있다. 왜냐하면 그것은 세계를 개체화된 존재자 안에서 [비로소] 발견되는 것으로부터 다시 만들고자 하기 때문이다. 그때는 인격성의 양상이 지배적이 되지만 우주적 성질은 없어지기 때문이다. 개체화된 존재자는 세계 전체와 관련하여, 자연을 능산적 자연la nature naturante으로 이해하는 존재자로서, 그리고 소산적 자연la nature naturée의 양태인 존재자로서, 이중적 관계 속에 처하게 된다. 능산적 자연과 소산적 자연의 관계의 파악은, 인격적 행위자로서의 신과 편재하면서 영원한 즉 우주적 성질을 부여받은 한에서의 신과의 관계만큼이나, 개체화된 존재자의 내부에서의 내재성의 탐구 속에서도 역시 어렵다. 내재성의 요구와 마찬가지로 초월성의 요구도 존재자 전체를 개체화에 의해 분리되는, 미완성의 존재자의 이러한 두 상징들 중 하나와 더불어 다시 만들고자 한다. 철학적 사유는 모든 존재론을 선행하는 비판적 문제를 제기하기 이전에 개체화를 선행하는 완전한complète 실재의 문제를 제기해야 한다. 비판적 사유와 존재론의 주체는 개체화로부터 유래한다. 진정한 제1철학은 주체의 철학이 아니고 대상의 철학도 아니며 초월성이나 내재성의 원리를 따라 탐구된, 신이나 **자연**Nature의 철학도 아니다. 그것은 개체화를 선행하는 한 실재에 대한 철학이다. 즉 객관화된 대상 안에서도 주관화된 주체 안에서도 탐구될 수 없고, [단지] 개체와 개체 밖에 남아 있는 것의 경계에서 초월성과 내재성 사이에 걸려 있는 중개를 따라서 탐구될 수 있는 한 실재에 대한 철학이다.

초월성이나 내재성을 따르는 탐구가 헛된 것과 똑같은 이유로 영혼이나 신체 속에서 개체화된 존재자의 본질에 대한 탐구도 역시 헛되다. 이러한 탐구는 신체를 물질화하고 의식을 정신화하는 데로 이른다. 즉 두 항들을 분리한 다음 그것들을 실체화하는 데로 이른다. 이러한 분리 이후에 신체라는 항은 개체화의 요소들과 기능들을 보존한다(성적 특징처럼). 그것은 상처와 질병, 불구성과 같은 개별화의 양상들도 역시 보존한다. 그럼에도 불구하고 분리된 신체인 한에서, 다른 신체들과 별도로 자신의 삶과 죽음을 갖는 한에서, 그리고 다른 신체와 무관하게 상처받거나 약해질 수 있는 한에서의 신체 안에는 개체화가 지배적인 것 같다. 반대로 정신으로 간주된 의식은, 기지의 물질적 요소들이나 행동의 대상들과 관련하여 최초로 의식의 독립이라는 형태로 인격적 동일성의 기초를 포함한다. 그때 신체와 의식은 어떤 방식으로 그 사이에서 대화가 이루어지는 분리된 두 개체가 된다. 그리고 전체 존재자는 두 개체들의 통일로 간주된다. 신체의 물질화는 그것 안에서 종의 힘과 환경의 영향에서 유래하는 순수한 소여만을 보는 것으로 이루어진다. 그러면 신체는 환경의 한 요소와 같다. 그러면 존재 자체가 되는 영혼에 있어서 신체는 그것에 가장 가까운 환경이다. 마치 신체가 영혼을 둘러싸고 있기라도 한 것처럼 말이다(성 아우구스티누스는 [신체가] '살로 된 옷'*carneam vestem*이라고 말한다). 의식은, 표현이 거기서 명료한 사유이자 정신적 원리에 따라 허용되고 반성되고 의지된 사유가 된다는 의미에서 정신화된다. 표현은 완전히 신체로부터 벗어난다. 특히 인간의 가장 정교하고도 심오한 표현을 내포하는 시선은 "살의 눈"이 된다. 그런데 시선의 표현의 자리인 한에서 눈은 살이라고 말해질 수가 없다. 그것은 표현의 바탕이자 환경이지만 돌이 수정이자 운모에 속하는 것처럼 살에 속하는 것은 아니다. 눈은 단지 신체의 기관이 아니라 한 생명체의 다른 생명체에 대한 지향적intentionnelle 투명성이다. 신체는 실제로 살아 있는 것이 아니라 가능적으로 시체인 것으로서만 살이라고 말해질 수 있다. 모든 심신 이원론은 신체를 죽은 것으로 간주한다. 이는 신체를 물질로 환원하는 것을 허용한다. "육체는 [영혼의] 무덤이다"σῶμα σῆμα라고 플라톤은 말했다(『크라틸루스』 400b). 의식의 정신화는 반대 방향으로 신체의 물질화를 작동시킨다. 신체는 그것이 순간적인, 따라서 표현불가능한 물리적 실재와 동일시되는 한에서 물질화된다. 의식은 그것이 무시간적 실재와 동일시되는 한에서 정신화된다. 신체는 순간으로 이끌리고 순간으로 환

264

원되는 반면 의식은 영원성으로 확대된다. 의식은 비-생성non-devenir의 상태를 향하는 정신적 실체가 된다. 죽음은 영혼과 신체를 분리하면서 신체에 본질적인 순간성을 부여하는 반면 영혼은 절대적 영원성으로 해방된다. 죽음이 영혼과 신체의 분리라고 생각하는 것, 존재자를 그의 죽음의 예측을 통해 인식하는 것, 존재자로부터 가지는 인식을 죽음 이후의 존재자의 이중실체성에 대한 묘사로 시작하는 것은, 말하자면 존재자가 생존해 있음에도 불구하고 이미 죽은 것으로 간주하는 것이다. 왜냐하면 이중실체론은 의식을 흠결 없이 보존하는 죽음의 가설 속에서만 진실일 것이기 때문이다. 이러한 시간의 환원적 역전은 생명체를 그것의 죽음 이후의 모습을 통해서 보게 하는 일종의 선결문제요구의 오류이다. 왜냐하면 사람들은 어쨌든 생명체로부터, 즉 심신통일성 안에서 인격성의 표현에 해당하는 생명의 구축물로부터 출발하기 때문이다. 신체와 영혼의 분리를 작동시키기 위해 이용되는 것은 생명적 생성 속에 있는 가장 고상하고 가장 희귀한 것을 시험함으로써이다. 이중실체적 환원은 우선 생명이 느낀 것을 이용하고 다음에는 이러한 최초의 판단기준에 등을 돌리고는 죽은 존재자라는 추상적 도식을 통해 그것[생명이 느낀 것]에 적대적으로 된다. 신체와 영혼이라는 통념들은 두 가지 환원적 통념들이다. 왜냐하면 그것들은 개체 존재자를 대체하기 때문이다. 개체 존재자는 실체들의 짝으로 이루어진 실체가 아니다. 상상할 수 있는 만큼 미묘한 상호작용의 도식들을 가지고 원하는 만큼의 실체들을 서로서로 첨가함으로써 최초에 단절된 통일성을 회복할 수는 없을 것이다. 심신을 구분하는 것은 상징들의 짝들을 구분하는 것보다 더 멀리 갈 수는 없을 것이다.[39]

생명적 개체 안에는 유물론이라고 이해할 수 있을지도 모르는 의미에서 거의 순수하게 신체적인somatique 구조들과 기능들이 있다. 또한 거의 순수하게 정신적인 기능들도 있다. 그러나 무엇보다도 정신신체적인psychosomatique 기능들이 있다. 생명체의 모범이 되는 것은 정신신체적인 것이다. 정신적인 것과 신체적인 것은 순수한 상태로는 결코 주어지지 않는 단지 극한의 경우들에 지나지 않는다. 생명체에서 이중실체론적 환원으로부터 제거된 채로 있는 것은 바로 표현과 통합의 단일한 기능들과 같은 중간적 기능들과 구조들 전체이다. 그래서 베르그손의 이중실체론은 기억mémoire과 같은 기능을 순수기억souvenir pur과 습관기억souvenir-habitude의 구분과 같이 둘로 나누기에 이른다. 그러나 기억의 연구 자체가 순수기억과 습관기억은 단지 극한의 경우에 지나지 않는다는 것을 보여 준다. 생명체들에 적용되는 의미들의 망이 순수기억과 습관기억의 기초를 이룬다. 감각과 지각의 대립도 역시 이중실체론적 관심을 보여 준다. 감각은 감각기관적인 즉 신체적인 반면 지각은 감관의 소여들을 포괄하고 해석하는 정신적 활동일지도 모른다. 마찬가지로 정념과 정서sentiment 사이에도 이러한 대립이 있을지 모른다. 그런데 이러한 대립은 두 분리된 실체들에 속함으로써 야기되는 것이 아니라 두 유형의 기능작용에 의해 야기된다. 반대로 과학을 지각에 비교하면 지각이 신체적이 되는 반면 과학이 정신적인 것이 된다. 사실상 과학은 지각과 마찬가지로 정신신체적이다. 그것들은 둘 다 주체 존재자와 이를 문제 시하는 세계 사이의 최초의 대면을 가정한다. 유일한 차이는 지각이 미리 공들인 기술적 조작 없이 [이러한] 대면을 해결하는 것인 반면 과학

39) 우리는 이 말을 플라톤의 σύμβολα(깨어진 돌의 두 조각)들이라는 의미로 사용한다. 이는 환대의 관계를 정당한 것으로 인정하기 위해 다시금 그것들을 서로 접근시킬 때 원본이 되는 대상 전체를 재구성하는 것이다.

은 기술적 조작을 통한 대면으로부터 나온다는 것이다. 과학은 미리 공들인 조작을 가정하는 상황에서 생명적 지각을 연장하는 기술적 지각이다. 그러나 그것은 새로운 상황에 대응한다. 물이 펌프의 기관들 속에서 올라가는 한 기술은 충분하다. 그러나 물이 더 이상 올라가지 않으면 과학이 필요하다. 경향들tendances의 도약élan이 지각의 발달에 필요한 것처럼 기술적 기상천외함이 과학의 발전에 유익하다. 왜냐하면 이러한 도약과 마찬가지로 이러한 기상천외함은 인간에게 지각적 의미작용이나 과학적 발견에 의해 주체와 세계 사이의 연관을 다시금 안정화할 필요성을 부과하기 때문이다. 마지막으로 이원론적 원리에 의해 세워진, 동물과 인간 사이의 대립은 그 기원을 위와 동일한 신체-정신적인 대립에서 발견한다. 지각하는 인간과 비교할 때 동물은 대상과의 접촉으로부터 분리된, 대상의 표상의 수준으로 올라오지 못한 채 영원히 느끼기만 하는 것으로 보인다. 그러나 동물에서도 역시 본능적 행동들(그 방향과 정향을 이미 주어진 [요인들의] 합성montage들로부터 이끌어내는)과 유기화된 반응 행동들 사이에 상대적인 대립이 있다. 이는 일정한 세계에서의 [동물의] 현존이 갈등의 가능성과 더불어 작동함을 보여 준다. 본능적 행동이 일어날 때 적응행동이 없는 것은 아니다. 왜냐하면 적응을 가정하는 행동은 반드시 사전에 갈등을 야기하기 때문이다. 본능적 행동은 그 해결의 요소들이 환경과 개체에 의해 구성된 군ensemble의 구조 안에 포함되어 있다고 말할 수 있을지도 모른다. 반대로 유기화된 반응 행동은 구조의 발명을 생명체의 몫으로 내포한다. 그런데 유기화된 반응은 본능을 가정하지만 해결의 수준에서 상황에 무언가를 덧붙인다. 동력의 역할을 하는 것은 본능이면서도 대상들이 현존할 경우에는 본능으로부터 도출되는 경향들도 함께 작용한다. 이른바 인간적인 행동과의 차이는, 동물이 문제가 되고 관찰자가 인간일 경우, 일반적으로 본능에 의한 동기가 행동 아래서 드러난다는 데 있다. 반면 인간 행동을 역동적으로 만드는 동기들은 관찰자로 여겨진 다른 사람에게 쉽게 간파되지 못할 수도 있다. 차이는 본성보다는 수준에 속한다. 우리는 동물에서 단순한 본능적 행동들을 그것을 넘어서는 갈등 반응들과 혼동함으로써 개체화의 양상들과 개별화의 양상들을 함부로 통합한다. 그런데 개체화에 속하는 행동들이 개별화에 속하는 행동들보다 더 많고 더 쉽게 관찰된다는 것은 정확한 지적이다. 그러나 단지 개체화에 속하는 행동들만 있다는 것은 정확하지 않다. 모든 개별화는 개체화를 가정하지만 거기에 무언가를 첨가한다. 오류는 우리가 본능적이 아닐지도 모르는 행동들을 찾아헤매는 데서 온다. 그런데 본능들의 절대적인 부재로 인해 존재자가 식욕부진 상태에 놓일 경우에는 어떤 행동도 더 이상 가능하지 않다. [이 경우] 행동의 목적성을 대체하는 것은 절대적인 구별불가, 탈진상태, 방향설정의 부재이다. 동물과 인간 사이의 이러한 대립은 근거없는 것이며 인간에서 신체와 영혼에 개별성을 부여하는 근본적 실체론에 암묵적인 새로운 실체론을 첨가할 뿐이다.

　게다가 이중실체론에서 둘 중 하나의 항이 제거된 것에 지나지 않는 일원론의 형태가 존재한다. 신체만이 결정적이라고 말하거나 정신만이 실재한다고 말하는 것은 개체 안에 다른 항이 존재한다는 것을 함축적으로 가정하는 것이다. 이 항은 그 모든 일관성이 감소하고 박탈되었음에도 불구하고 무용하거나 부인된 쌍생아로서 실재하는 것이다. 역할의 상실은 존재자의 상실이 아니다. 이러한 존재자는 충분히 실존하기 때문에 지배적인 항으로부터 일정수의 기능들을 박탈하고 그것들을 진정한 개체의 표상 밖으로 던져 버릴 수 있는 것이다. 유물론적 일원론이

266

나 유심론적 일원론은 사실상 비대칭적인 이원론이다. 그것들은 완전한 개체 존재자의 훼손을 강제한다. 단 하나의 진정한 일원론은 기능작용과 구조들의 다양성의 가능성이 예감되는 순간에 통일성이 파악되는 그러한 일원론이다. 단 하나의 진정한 일원론은 자신이 거부하는 것으로 보이는 암묵적인 이원론을 따르는 대신, 자신 안에, 그러나 지워질 수 없는 존재의 지반 위에서 가능적 이원론의 차원을 포함하는, 그러한 일원론이다. 이러한 일원론은 발생적génétique이다. 왜냐하면 발생genèse만이 복수성을 포함하는 단일성을 떠맡을 수 있기 때문이다. 생성은, 개체가 개체로서 존재하지 않던 시기로부터 [이미] 개체의 차원으로 파악된다. 이원론은 개체화를 선행하는 존재자의 하나의 상으로부터 출발할 때만 피할 수 있다. 이는 개체화를 존재자의 상들 사이에 위치시켜 개체화를 상대화하려는 것이다. 이원성과 단일성의 유일한 양립가능성은 존재자의 발생 안에, 개체발생 안에 있다. 그러므로 어떤 의미에서는 일원론이나 다원론의 여러 통념들은 공통의 전제로부터 유래한다고 말할 수 있다. 그것에 따르면 존재자는 우선 실체이다. 즉 그것은 모든 작용과 모든 발생 이전에 개체화된 것으로서 존재한다. 그래서 이원론처럼 일원론도 실제적인 발생을 재발견할 수 없는 처지에 놓이게 된다. 왜냐하면 그것들은 발생을 개체화의 결과물인 한에서 이미 개체화된 존재자로부터 나오게 하기 때문이다. 그런데 개체는 개체화로부터 나오지만 그것을 내포하지도 그 전체를 표현하지도 않는다. 이것은 개체가 자신보다 더 풍부한 최초의 실재와 관련하여 평가절하된다는 것을 의미하지는 않는다. 그러나 개체는 존재의 유일한 양태가 아니다. 그것은 개체와 동시에 야기된, 환경에 해당하는 보충물과 더불어서만 존재 전체일 수 있다. 게다가 개체발생적 과정의 비가역성은 개체화를 잇따르는 체계로부터 개체화를 선행하는 체계로 거슬러 올라갈 수 없게 한다. 실체론에는 두 가지 오류가 있다. 개체 안에서 개체화의 기원을 찾으면서 부분을 전체의 기원으로 삼는 것, 그리고 개체화된 실체로부터 개체화하는 실존을 도출하면서 개체발생의 흐름을 역전시키고자 하는 것이 그것들이다.

## 4. 정신적 개체화의 설명에서 적응 개념의 불충분성

현대의 심리학과 심리병리학에서 가장 특징적인 것들 중 하나는 그것들이 암묵적인 사회학을 내포하고 있다는 것이다. 이 암묵적인 사회학은 특히 그들의 판단의 규범성normativité에 내재한다.[40] 물론 이 영역들은 규범적이라는 사실로부터 스스로를 방어하고 단지 객관적이기를 원한다. 아마 그럴지도 모른다. 그러나 정상적인 것과 병리적인 것의 구분의 필요성이 나타나자마자, 행동들이나 상태들을 수준의 단계에 따라 분류하면서 위계를 정할 필요가 생기자마자 곧 규범성은 다시 모습을 드러낸다. 우리가 이러한 암묵적인 규범성을 정의하는 것은 우리 연구의 이 부분에서 그것을 논박하기 위해서가 아니다. 오히려 그것이 개체의 표상의 한 국면 전체를 감추고 있기 때문이다. 암묵적 규범성 안에는 역동성이 포함되어 있는 반면 사람들은 어떤 역동성도 전제되지 않은 것처럼 보이는, 개체에 대한 심리적 이론을 세울 수 있을 것이다. 사실 이러한 역동성은 암묵적 규범성 안에 현존하지만 연구된 대상에 내재적인 역동성으로서 나타나지는 않는다. 정상적인 것과 병리적인 것, 고준위

267

---

40) [옮긴이] 규범성은 규범을 설정하는 능력으로서 캉길렘의 『정상적인 것과 병리적인 것』의 주요한 개념이다.

상태와 저준위 상태, 고도의 심리적 긴장 상태, 낮은 심리적 긴장 상태와 같은, 현대 심리학이 사용하는 역동적 개념들의 내용을 완전히 분석하면 이러한 암묵적 규범성이 사회학과 심지어 사회기술학sociotechnique을 은폐하고 있다는 것을 발견할 수 있을 텐데 이 학문들은 심리학의 명백한 기초의 일부를 이루지는 않는다. 아마 이런 지적은 지난 세기들의 심리학설들에 대해서도 타당할지 모른다. 다만 [당시에는] 사회학이 자율적인 분과학문의 자격으로 구성되지 않았었기 때문에 심리학 학설들이 모든 사회학 이론으로부터 면제된 것처럼 보이는 것이다. 예를 들면 말브랑슈N. Malebranche, 1638~1715의 경우 우리는 각 존재자가 "점점 더 멀리 가려는 운동"을 가지고 있다는 사실로부터 특정한 인간적 자유와 개인적 책임에 대한 견해를 발견할 수 있을지도 모른다. 멘 드 비랑P. Maine de Biran, 1770~1824의 경우에는 세 가지 삶의 위계가 개체 상호 간의 관계에 대한 일정한 표상을 가정하고 있다.[41] 마지막으로 일반적으로 자신의 고독 속에서 파악된 개체의 이론을 세우고자 했던 저자들이 모범으로 제시하는 루소J. J. Rousseau, 1712~1778 자신의 경우, 미덕과 양심은 관계의 암묵적인 현존을 내포한다.

그러나 심리학적 사유가 자신의 전제를 분석하는 데서 보여 주는 무능함은 심리학 분과의 가장 최근의 발전에서 특히 더 두드러진다. 1949년의 사이버네틱스 학회에서 발표한 커비Lawrence Kubie, 1896~1973 박사의 글을 사례로 든다면(이는 조시아 메이시Josiah Macy Jr. 재단이 편집한 『사이버네틱스』라는 제목의 책에 수록되었다)[42], 우리는 저자가 개체의

---

41) [옮긴이] 멘 드 비랑에서 세 가지 삶의 위계는 생리적(동물적) 삶, 인간적 삶, 종교적 삶을 말한다.

행동에서 정상적인 것과 병리적인 것의 구분을 단지 적응이라는 기준으로 정당화하는 것을 발견할 수 있을 것이다. 그의 연구는 「신경학적 퍼텐셜과 인간의 적응」이라는 제목을 가지고 있다. 그것은 신경병적인 névropathique 힘들의 지배를 받으면서 정상적인 행동과 어떤 유사성을 보여 주는 행동은 결과적으로 주체가 자신의 성공에서 전혀 만족하지 못한다는 사실 덕분에 알려진다는 것을 보여 주려 한다. 신경병적인 퍼텐셜은 거기에 사로잡힌 주체의 항구적인 부적응에 의해 정상적인 힘들과 구분된다. 이 주체는 비록 밖에서 보면 성공한 위치에 있는 것처럼 행동을 하지만 행복하지도 않고 만족하지도 못한다. 그것은 신경병적 퍼텐셜이 추구하는 목표와 주체가 추구하면서 실제로 도달할 수 있는 의식적 목표 사이에 막대한 간극이 있기 때문이라고 저자는 말한다. 의식적으로 추구한 최고의 목표가 결국 이루어지면 주체는 그가 환상의 희생자였다는 것, 그리고 그것은 아직도 진정한 목표가 아니라는 것을 깨닫는다. 그는 만족하지 못한다. 그리고 그는 자신이 결코 만족하지 못할 것이라는 사실을 알고 있다. 따라서 그것은 이러한 신경병적인 위장극을 외부에서 보는 사람에게는 이해될 수 없는 절망의 순간일 수 있다. 어떤 실업가나 문인은 자신들의 경력의 최정상에서 명백한 이유 없이 죽음에 몸을 던진다. 그들의 성공은 진정한 적응이 아니었던 것이다.[43] 신경병환자들은 종종, 적어도 일정기간 동안, 정상적인 주체들을 능가하

---

42) [옮긴이] 괄호는 옮긴이. 사이버네틱스 학회 → 용어설명* 참조.
43) 예를 들면, 1886년에 셀룰로이드 롤러 필름을 발명하여 1888년에 코닥 카메라를 출시한 미국의 실업가 조르주 이스트먼(George Eastman)의 불가사의한 자살을 생각해 보자. P. 루소(Pierre Rousseau)를 볼 것, 『기술과 발명의 역사』(Histoire des technique et des inventions, Fayard, 1958), p.421.

는 것처럼 보인다. 그것은 그들이 신경병적 퍼텐셜의 세계에서 일하고 활동하기 때문이다. 그러나 이르건 늦건 간에 신경증névrose이 나타난다. 커비 박사는 자신의 주장을 예증하기 위해 몇몇 사례를 제시하는데, 특히 지난 세계대전 기간에 자신의 영웅적 행동과 주목할 만한 공격성으로 군사 훈장감이라고 평가될 만한 사람의 예를 든다. 그는 자신이 일하고 있던 직장까지 그만두며 비범할 정도로 용감하게 전투에 참여한다. 그런데 전쟁이 끝난 후에 이 사람에게 심각한 신경증이 나타났고 그는 정신과 의사를 찾아가게 된다. 저자에 의하면 대학 내에서 소위 "캠퍼스 영웅"(문자 그대로의 의미는 "대학이라는 영역의 영웅들"이라는 뜻이지만 "우등상을 받은 영웅들"이나 "운동장의 영웅들"[조소적 의미]과 같은 어법과 유사한 가치를 갖는 표현)들도 마찬가지다. 이 영웅들은 지적 영역이나 스포츠 영역에서의 탁월한 능력으로 자신의 부적응을 감추는 신경병 환자들이다. 그들은 자신들이 받은 포상들을 그들이 살고 있는 사회에 대한 적응을 확보하기 위한 잠정적인 수단으로 여긴다. [그러나] 나중에는 신경증이 나타난다.

그런데 커비 박사가 정상인과 비정상인 사이의 구별 원리로서 제시한 적응과 적응성의 이러한 기준은 매우 심각한 혼동의 가능성을 보여 준다. 적응이란 개체와 집단의 관계에서 파악해야 하는가, 아니면 개체와 자기 자신과의 관계에서 파악해야 하는가? 커비 박사는 자신의 글의 서두에서 이 기준을 중력의 법칙과 동일시하면서 그것의 논리적, 물리적 필연성의 특징을 확립한다. 물질이 물질을 끌어당길 것을 요구하는 어떤 규범이 있는지를 자문하는 것은 불합리한 일일 것이다. 왜냐하면 이 자연적 법칙이 없이는 세계는 존재하지 않을 것이기 때문이다. 마찬가지로 사람이 사회에 적응할 것을 요구하는 규범이 있는지 없는지를 자문하는 것도 불합리하다. 인간의 세계가 존재한다는 사실 자체가 이러한 적응 규범의 존재를 증명하기 때문이다. 그것이 규범인 이유는 그것이 인간 세계의 존재를 나타내는 법칙이기 때문이다. 그것은 인간 세계의 가능성의 조건이다. 그런데 이 [중력과 적응의] 유비는 원리로 간주되기에는 너무 소략하다. 왜냐하면 물리 세계는 뉴턴의 법칙에 따라 각각의 입자가 다른 모든 것들을 끌어당기며 그것들에 의해 이끌리기도 하는 중성적 물질로만 구성된 것은 아니기 때문이다. 어떤 안정한 혹은 불안정한 플라스마들[기체가 에너지를 받아 음양의 이온들로 나누어져 전체적으로 전기적 중성을 띤 상태]에서 일상적으로 나타나듯이, 물질을 극성화하고 입자들로 하여금 뉴턴의 중력보다 더 강한 상호 척력을 갖게끔 하는 전하들電荷, charges électriques도 있다. 중력장 같은 유형의 장과 전기장이나 자기장과 같은 장 사이에는 현저한 차이가 있다. 전기장이나 자기장은 극성을 내포하지만 중력장은 그렇지 않다. 마지막으로, 물질에 연합되어 있든 그렇지 않든, 전자나 이온으로, 퍼텐셜이나 퍼텐셜의 결여로 나타나는 전하들의 위에는 전자기적 방사放射, rayonnement가 존재하여 그것이 구성하는 변환성transductivité의 광대한 영역의 모든 정도에서 포착될 수가 있다. 물리적 우주가 극성도 없고 방사도 없는 중성적 입자들로만 구성되어 있다면 그 속성들은 현재의 속성들과 완전히 다를지도 모른다. [그 경우] 물리적 개체성의 문제는 아마도 그렇게 첨예하게 제기되지 않을지도 모른다. 그렇다면 미립자들 사이의 거리가 작을수록 더욱 더 큰 힘으로 다른 전자들을 밀어내는 전자와 같은 입자가 왜 이전의 법칙[척력]에 따르면 부분들을 서로 분리하는 경향이 있음에 틀림없을 힘에 의해 붕괴되지 않는지를 설명할 필요가 없을 것이다. 이 법칙에도 불구하고 전자의 개체적 통일성이 남아 있는 이유는 원거리의 인력과 척력과는 다른 실재가 미립자 수준에서 작동하기 때문이다.[44] 물리적 개체는 개체 상호 간의 관계에 대한 연구에서 추상된 법칙들에 의해 취급될 수 없다. 왜냐하면 개체가 존재하는 이유는 개체 상호 간의 수준에서는 그 작용을 관찰할 수 없는 법칙들이 개체의 수준에서는 지배적인 것이 되기 때문이다. 단 한 종류의 관계만이 존재한다면 개체는 그것이 통합되는 전체로부터 고립되지 않을지도 모른다. 마찬가지로 심리학에서 개체의 정상성을 인간 세계의 정합성을 표현하는 법칙에 의해 정의할 수는 없다. 왜냐하면 이 법칙이 유일하게 타당한 것이라면 개체적 실재는 없을지도 모르고 정상성에 관한 문제는 전혀 개입할 수 없을 것이기 때문이다.

게다가 커비 박사는 인용된 신경증의 서술에서 위에서 문제삼은, 정상성을 정의하는 적응이 개체의 인간 세계에 대한 적응만이 아니라 또한 자기 자신에 대한 적응이라는 것을 잘 보여 준다. 형식적으로 본다면 성공, 부러운 상황, 명예로운 역할과 부는 [인간 세계에 대한] 적응이 없다면 만족을 주지 못한다. 그런데 인간 세계에서 어떤 역할이 어떤 인격에 맞는지 안 맞는지를 결정하게 해주는 것은 물리 세계에서의 만유인력 법칙과는 비교할 수 없는 법칙이다. 신경증 환자는 어떤 역할에도 안 맞는 사람이며, 그래서 자신의 역할과 사회 사이에서가 아니라 자기자신과 사회 속의 자신의 역할 사이에서 항구적인 부적응으로 고통받는 사람이다. 신경증이 아니어도 부적응자가 될 수 있고 부적응자가 아니어도 신경증 환자가 될 수 있다. 왜냐하면 개체의 자기 자신과의 관계에서 양립가능성이나 양립불가능성은 개체 상호 간의 관계의 법칙에 의해 지배되지는 않기 때문이다. [거기에] 내포된 사회학이 심리학에서 객관

---

44) 특히 쿼크 이론의 최근의 발전을 생각해 볼 수 있다.

성의 보증은 아니다. 그것은 단지 개체와 자기 자신과의 관계의 문제를 제기하지 못하게 유도할 뿐이다. 그런데 이 문제는 물리적 사유 자체의 수준에서 제기된다. 하물며 그것은 심리학에서도 제기된다. 그것은 이 영역에서 개체의 가장 높은 조직화와 가장 심대한 복잡성으로 인해 그러하다.

## 5. 개체화 안에서 반성성의 문제제기

심리사회학이 개체적 실재의 위치를 정하는 데서 그리고 적응이 무엇인지를 정의하는 데서 느끼는 어려움은 아마도 과학적 사유가 물리적 개체성을 정의하고자 할 때 마주치는 어려움과 같은 기원에서 나오는 것처럼 보인다. 존재자의 구조를 그 작용 없이 그리고 그 작용을 구조 없이 파악하려고 하기 때문에 심리사회학은 개체 존재자의 내부에 관계의 자리를 남기지 않는 절대적 실체론이나 절대적 역동론에 이른다. 관계는 비본질적인 것이 된다. 다른 분야의 문제들을 다루는 데 익숙한 사람들이 심리학에 도입한 정신적 습관의 함정에 빠지지 않은 채로 개체를 사유하기 위해 주목할 만한 노력을 했던 베르그손 자신도 실용주의에 너무 가까이 머물러 있다. 그는 자기 자신과 마찬가지로 개체 내부의 역동성을 특권화했다. 마찬가지로 개체 내부적이면서도 그만큼 중요한 구조적 실재성을 희생하고서 말이다. 베르그손 철학에서 엄밀하게 말해서 **정신적인** 질병을 파악하는 것은 어려울지도 모른다.

　우리가 제시하는 학설에 따르면 심리적 개체는 물리적 개체와 마찬가지로 변환성을 가진 한 영역의 정합성cohérence으로 이루어진 존재자이다. 무엇보다도 그리고 이러한 본성의 직접적인 결과로서, 개체의 연구에서 두 종류의 힘이나 행동, 즉 정상적 행동과 병리적 행동을 구성하는 것은 불가능하다. 이는 확실히 불가능하다. 왜냐하면 행동들은 서로 동일할 것이기 때문이다. 하지만 그것들이 단지 두 종류의 행동을 구성하기에는 그것들이 서로 너무 다르다는 바로 그 사실 때문에 그렇기도 하다. 우리가 위치하는 관점에 따르면 무한한 종류를 구성할 수도, 단 하나의 종류를 구성할 수도 있지만 두 종류만을 구성한다는 것은 어떤 경우에도 불가능하다. 두 종류를 구성하는 것은 단지 내재적인 사회학과 사회기술학을 은폐하고 있는 심리학적 분류에 본질적인 정상성의 양극성을 표현하는 것에 지나지 않는다. 사실상 변환성의 모든 영역에서와 마찬가지로 심리적 개체 안에서도 연속적인 동시에 복수적인 실재의 배열이 있다. 이 특징을 베르그손은 그 여러 차원들 중 하나에서 즉 시간적 차원에서 파악하였다. 그러나 관계의 특징들을 동시성의 질서에 따라 더 깊이 연구하는 대신에 그는 공간성에 대립하는 편견(아마도 심리적 원자론의 악습 때문에)을 가지고 있었고 "표층자아"를 "심층자아"에 대립시키는 데 만족하였다.[45] 그런데 심리적 수준에서 변환성은 동시적인 것의 변환적 질서와 순차적인 것의 변환적 질서 사이의 관계로 표현된다. 이 관계가 없다면 심리적 실재는 물리적 실재와 구분되지 않을지도 모른다. 심리적 영역에서 존재의 가치를 갖는 관계는 동시적인 것과 순차적인 것의 관계이다. 엄밀히 심리적인 변환성의 영역을 구성하는 것은 이 관계의 여러가지 양상들이다. 그러나 그 양상들은 여러 종류들로 배분될 수 없다. 그것들은 단지 이러저러한 기능의 유형에 따라서 위계

---

45) [옮긴이] 베르그손은 『의식에 직접 주어진 것들에 관한 시론』의 2장 말미에서 표층자아와 심층자아를 구분한다.

화될 수 있을 뿐이다.

　　마지막으로 개체성의 중심 자체는 다음의 표현을 그 충만한 의미로 사용할 경우, 자기 자신에 대한 **반성적**_réflexive_ 의식으로서 나타난다. 행동으로부터 이끌어 낸 규범성을 행동 자체 안에 도입할 수 없는 비반성적 의식은 심리적 개체를 구성하는 이 변환성의 영역을 실현할 수 없을지도 모른다. 왜냐하면 목적론적 행동의 특징인 극성은 이미 생물학적 수준에서 존재하기 때문이다. 그러나 거기서는 동시적인 것의 질서와 순차적인 것의 질서 사이에, 심리적 실재를 구성하는 이러한 상호성이 결여되어 있다. 게다가 우리는 그렇다고 해서 생물학적 질서와 심리적 질서 사이에 극단적 구분이 존재한다고 단언하고 싶지는 않다. 단지 가설적으로 우리는 다음과 같이 말할 뿐이다. 즉 순수한 생물학적 실재는 동시적인 것의 질서와 순차적인 것의 질서 사이의 관계의 비상호성에 의해 구성될지도 모르는 반면에 심리적 실재는 바로 이러한 상호성의 회복이며 거기에 우리는 반성이라는 이름을 부여할 수 있다. 순수한 생명체는 자신의 과거 경험을 현재의 행동에 통합하지만 그 반대의 통합을 작동시킬 수는 없다. 왜냐하면 그것은 반성을 작동시킬 수 없는데, 이 반성 덕분에 그 결과 속에서 이미 상상되고 그 구조 속에서 분석된 현재의 행동은 과거의 행동과 동일한 존재론적 수준에 놓이기 때문이다. 순수한 생명체에는 경험과 행동 사이에 이질성이 있다. 심리적 개체에는 이 두 실재의 상대적이고 점진적인 동질성이 있다. 지나간 행동은 순수 경험이 됨으로써 과거 속으로 함몰되는 대신에 그것으로부터 [현재의] 행동을 만들어 내는 내재성의 특징들을 보존하고 있다. 그것은 현재의 어떤 계수_coefficient_를 보존한다. 반대로 현재의 행동이 과거의 실제 경험을 지금 구성하는 결과만큼 효과적인 결과를 가질 것으로 의식적으로 표상된다면, 현재의 행동은 이미 앞서서 하나의 경험이다. 예측의 가능성과 상기의 가능성은 서로 수렴한다. 왜냐하면 그것들은 동일한 본성에 속하며 유일한 기능을 가지기 때문이다. 그 기능은 동시적인 것의 질서와 순차적인 것의 질서 사이의 상호성을 실현하는 것이다.

그렇게 해서 심리적 개체성의 영역은 어떤 일시성의 영향을 받는 것으로 나타난다. 왜냐하면 그것은 부분적으로 불안정한 기질idiosyncrasie을 이루는 일정수의 요소들의 구성으로 정의되는 것만이 아니라 또한 그가 스스로를 부양하고 스스로를 존재 안에서 유지하는 정도에서만 실존하는 자가구성적인auto-constitutif 역동성에 의해서도 역시 정의되기 때문이다. 조화가 되건, 안 되건 다소간 풍부한 기질을 제공하는 생물학적 기반 위에서 스스로를 구성하고 스스로를 조건짓는 하나의 활동이 전개된다. 이 자가구성적인 특징은 개인적인personelle 기질의 수준에서 해결되지 않고 문제적인 것으로 전개된다. 왜냐하면 그것은 문제를 제기하는 것이지 문제를 해결할 수 있는 것이 아니기 때문이다. 문제의 해결이 경험 안에 주어진다면 개체는 존재하지 않을지도 모른다. 개체는 제기된 문제들에 대한 반성적 자각이 특수한 존재자로 하여금 자신의 기질과 활동(사유 활동을 포함하여)을 해결 속에 개입시킬 수 있도록 해주는 순간부터 존재한다. 개체의 수준에서 해결의 고유한 특징은 개체가 거기서 한편으로는 소여들의 요소로서 다른 한편으로는 해결의 요소로서 이중의 역할을 한다는 데 있다. 개체는 자신의 문제에 두 번 개입한다. 그리고 바로 이 이중의 역할에 의해 그는 자기 자신을 문제삼게 된다. 만약 블라디미르 장켈레비치Wladimir Jankélévitch, 1903~1985가 말하는 것처럼, 모든 문제는 본질적으로 죽음에 대한 것이라면 그것은 인간의 모든 문제의 공리계가 개체가 실존하는 한에서만, 즉 개체가 자신이 자각하는 문제에 회귀적 순환성을 부여하는 유한성을 상정하는 한에서만 나타날 수 있기 때문이다. 만약 개체가 영원한 것으로 주어진다면, 그에게 나타나는 어떤 문제도 해답을 얻을 수 없을지 모른다. 왜냐하면 문제는 개체가 해답의 소여들과 요소들 사이에서 [스스로] 모습을 보임으로써 문제에 부여하는 주관성으로부터 결코 분리될 수 없을 것이기 때문이다. 문제는 개체성에 내재해서는 안 되므로 이런 특성을 제거해야 한다. 그러기 위해서는 개체는 자신이 제기하는 문제에 잠정적인 자격으로서만 개입해야 한다. 한 문제는 그것이 개체를 포함하는 한에서만 문제이다. 문제는 개체를 그 구조 안에 이중의 자격으로 포함한다. 개체가 문제에 자신을 동화시키는 것처럼 보인다고 해도 그러하다. 개체와 문제는 서로를 넘어서며 상호내재성의 도식에 따라 어떤 방식으로 교차한다. 개체는 문제를 제기하고 해결하는 한에서 존재하지만 문제는 그것이 개체로 하여금 개체 자신이 시공적으로 제한되어 있다는 것을 알아차리도록 하는 한에서만 존재한다. 개체는 자신의 안과 밖에서 동시적인 것의 국면과 순차적인 것의 국면을 잇는 존재자이다. 그러나 문제의 한 국면에 해답을 가져오는 이러한 행위에서 개체는 두 질서 사이의 양립가능성이 생겨나게끔 스스로를 결정한다. 그는 보편화되면서 국지화되고se localiser 시간화된다. 모든 개체적 행위는 본질적으로 모호하다. 왜냐하면 그는 내재성과 외재성의 교착chiasme이 존재하는 지점에 있기 때문이다. 그는 내재성과 외재성 사이의 경계에 있다. 내재성은 생물학적이고 외재성은 물리적이다. 심리적 개체성의 영역은 물리적 실재와 생물학적 실재의 경계에 있으며 자연적인 것[본성적인 것]과 자연의 경계에 있다. 마치 양가적ambivalente 관계가 존재의 가치를 갖는 것 같다.

그와 같이 심리적 개체성의 영역은 고유한 공간을 갖지 않는다. 그것은 물리적이고 생물학적인 영역과 관련하여 이중인화surimpression[사진, 영화에서 영상을 겹쳐찍는 것]로서 존재한다. 그것은 엄밀히 말해서 그것들 사이로 삽입되는 것이 아니라, 그것들 안에 위치하면서도 그것들을 통일하고 부분적으로 포함한다. 그러므로 심리적 개체성의 본성은 본질적으로 변증법적이다. 왜냐하면 그것은 자연과 자연적인 것 사이에서, 내재성과 외재성 사이에서, 자신을 관통하는 양립가능성을 세우는 한에서만 존재하기 때문이다. 생물학적 실재는 심리학적 실재를 선행하지만, 심리적 실재는 생물학적 역동성과 관련하여 탈중심화된 후에 그것을 다시 떠맡는다. 심리적 우회는 생명의 포기가 아니라 심리적 실재가 생물학적 실재와 관련하여 탈중심화하는 행위이다. 이는 심리적 실재가 자신의 문제 안에서 세계와 자아의 연관, 물리적인 것과 생명적인 것의 연관을 파악하기 위한 것이다. 심리적 실재는 세계와 자아의 변환적 관계로서 전개된다. 심리적 실재가 나타나기 위해서는 세계와 자아의 암묵적 관계가 단절되어야 하고, 바로 그 때 이 관계는 서로를 전제하면서 자신의 반성적 의식 속에서 서로를 문제시하는 두 개의 중개의 복잡한 행위를 통해 재구성될 필요가 있다.

그렇게 해서 정신활동은 필연적으로 상호성을 부여받은 중개들을 통해 전개될 수밖에 없다. 정신은 자신의 영역이 관계에 속하며 소유에 속하지 않기 때문에 자신이 구성하는 것에 의해서만 구성될 수 있다. 이러한 주체와 대상의 상호성이 개체적 문제제기 안에 나타난다. 왜냐하면 문제의 대상과 그것을 제기하는 의식의 관계는 이 의식의 주체가 이 대상을 포함하는 세계에 대한 관계와 같기 때문이다. 실재론과 유명론의 대립에 내재하는 것은 이러한 이중적 상황이다. 그런데 개체와 세계의 변증법적 관계는 변환적이다. 왜냐하면 그것은 일관되고 연속적이지만 다양화된, 동질적이고 이질적인 세계, 물리적 자연에도 생명에도 속하지 않고, 정신esprit이라 명명할 수 있는, 구성되는constituer 도중의 우주에 속하는 하나의 세계를 전개시키기 때문이다. 이 세계로 하여금 단지 혼합물로서가 아니라 진정한 변환적 관계로서 스스로를 구성하도록 해주는 것이 인식과 행동의 상호성이다. 개체가 구축하는 모든 것, 개체가 이해할 수 있는 모든 것은 이렇게 구축된 우주의 요소들에 관련된 시공적인 다양성의 정도가 어떠하건 간에 동질적이다. 모든 개체적 실재들은 극단적인 이질성이 없이 연속적 계열들로 정돈될 수 있다. 모든 실재는 물리적 존재로서 혹은 생명적 동작으로서 또는 개체적 활동으로서 이해될 수 있다. 이 세번째 종류의 실재는 심리적 개체들의 실존에 맞추어 앞선 두 종류를 부분적이고 불완전하지만 서로 이어주는 변환성을 실현한다. 앞선 두 종류의 요소들을 세번째 안에 포함하는 것은 개체의 작품이며 개체를 표현한다. 그러나 이러한 포함관계는 결코 완전하지 않다. 왜냐하면 그것은 생물학적이고 물리적인 기반의 실존을 요구하기 때문이다. 완전히 생물학적인 세계가 있을 수 없는 것과 마찬가지로 완전히 심리적인 세계도 있을 수 없다.

심리적 개체는 또한 심리적 세계의 일부를 이루는 것으로 나타날 수 있을지도 모른다. 그러나 여기서 너무 쉬운 유비로부터 나오는 환상을 예고해야 한다. 엄밀하게 말해서 [그 안에서] 개체들이 단번에 재단되고 정의될 수 있을 심리적 세계는 존재하지 않는다. 심리적 세계는 심리적 개체들의 관계로 구성되는데 이 경우 개체들은 세계를 선행하며, 심리적이지 않은 세계로부터 구성된다. 물리적이고 생물학적인 세계들과 심리적 세계의 관계가 개체를 관통한다. 심리적 세계는 심리적 세계라기보다는 개체초월적인 우주라고 명명되어야 한다. 왜냐하면 그것은 독립적 실존을 갖지 않기 때문이다. 예를 들면 문화는 그 자체로부터 존속하는 실재가 아니다. 그것은 기념비들과 문화적 증언들이 개체들에 의해 다시 현실화되고 그들에 의해 의미작용의 전달자로서 이해되는 한에서만 존재하는 것이다. 전달될 수 있는 것은 문제제기의 보편성, 사실상 시간과 공간을 통해 재창조된 개체적 상황의 보편성에 지나지 않는다.

그러나 심리적 세계는, 각 개체가 자신 앞에서 일련의 정신적 도식들과 행동들을 발견하는 한에서 존재하는데, 이 도식들과 행동들은 이미 하나의 문화에 통합되어 있으며 개체로 하여금 다른 개체들에 의해 이미 세워진 규범성에 따라 특수한 문제들을 제기하도록 자극한다. 심리적 개체는 그가 범례로서 수용하는 가치들과 행동들 사이에서 선택을 할 수 있다. 그러나 모든 것이 문화 속에 주어져 있는 것은 아니다. 문화와 개체초월적 실재 사이에서 구분을 해야 한다. 문화는 어떤 의미에서 중립적이다. 그것은 자기 자신을 문제삼는 주체에 의해 극성화될 필요가 있다. 반대로 개체초월적 관계 속에는 주체로 하여금 자기 자신을 문제삼으라는 요구가 있다. 왜냐하면 이러한 문제제기는 이미 타인에 의해 시작되기 때문이다. 주체가 자기 자신과 관련하여 탈중심화되는 것은 개체 상호 간의 관계 속에서 타인에 의해 부분적으로 실행된다. 그러나 개체 상호 간의 관계는 개체 자체에 의한 개체의 진정한 문제제기를 피하는 용이성으로서 순수하게 기능적인 중개가 제공되는 한에서 개체초월적 관계를 은폐할 수 있다는 것에 주목해야 한다. 개체 상호 간의 관계는 단순한 연관으로 남아 반성성을 피해 갈 수 있다. 파스칼은 개체의 문제에서 오락과 반성적 의식의 대립을 아주 강렬한 방식으로 예감하고 이에 주목하였다. 개체 상호 간의 관계가 자아를 타인이 만들어 내는 기능적 표상을 통한 역할로 파악하도록 예단하는 한에서 이 관계는 자신이 자신에게 행하는 날카로운 문제제기를 피해 간다. 반대로 진정한 개체초월적 관계는 고독의 저편에서 시작한다. 그것은 스스로를 문제삼는 개체에 의해 구성되며 개체 상호 간의 연관들의 수렴적 총합에 의해서 구성되는 것이 아니다. 파스칼 B. Pascal, 1623~1662은 그리스도와의 상호적 관계 안에서 개체초월성을 발견한다. "나는 너를 위해 이러한 피 한 방울을 붓는다"라고 그리스도는 말하였다. 혼자 남아 있을 수 있는 인간은 그리스도가 시간의 종말에 이르기까지 죽어 가고 있다는 것을 이해한다. "그리스도가 죽어 가고 있는 동안 잠이 들어서는 안 된다"라고 파스칼은 말한다. 진정한 개체는 고독을 관통하는 개체이다. 그가 고독의 저편에서 발견하는 것은 개체초월적 관계의 현존이다. 개체는 그가 자신에게 부과한 시련, 즉 고립이라는 시련의 끝에서 관계의 보편성을 발견한다. 이러한 실재는 모든 종교적 맥락과 독립적이라고 우리는 믿는다. 차라리 그것은 모든 종교적 맥락을 선행하는 것이다. 바로 그것이 종교로 나타날 때는 모든 종교적 힘들의 공통적 기초가 된다. 모든 종교들의 근원은 일부의 사회학적 사상들이 보여 주고자 한 것처럼 사회가 아니라 개체초월적인 것이다. 이 힘이 사회화되고 제도화되는 것은 그 다음이다. 그러나 그것은 그 본질에 있어서 사회적인 것은 아니다. 니체는 차라투스트라가 산꼭대기 동굴에 이르러 그에게 우주의 수수께끼를 예감하고 태양에게 말을 건네도록 해준 고독을 발견하는 것을 우리에게 보여 준다. 그는 다른 사람들과 떨어져서 다음과 같이 말할 수 있게 된다. "오, 위대한 별이여, 네가 비추는 것들을 네가 알고 있다면 너의 슬픔이 되지 않을 것이 무엇이겠는가!" 개체초월적인 관계는 차라투스트라와 그의 제자들의 관계 혹은 차라투스트라와 그의 앞에서 줄이 끊어져 땅에 떨어져 군중에게 버림받은 줄타기 곡예사의 관계이다. 군중은 줄타기 곡예사를 그의 기능으로만 고려할지 모른다. 군중은 그가 죽어서 더 이상 그 기능을 행하지 못할 때 그를 버린다. 반대로 차라투스트라는 이 사람을 형제로 느끼며 그의 시체를 들고 가서 매장을 해준다. 개체초월성의 시련이 시작되는 것은 고독과 함께, 죽어서 군중에게 버림받은 친구 앞에 선 차라투스트라의 현존 속에서이다. 니체가 "자기 자신의 어깨로 올라가기"를 원한다는 사실로써 묘사하고자 했던 것은 개체초월성을 발견하기 위해 고독의 시련을 거치는 모든 인간의 행위이다. 그런데 차라투스트라는 자신의 고독 속에서 창조자 신을 발견하지 않고 영원회귀에 종속된 세계의 범신론적 현존을 발견한다. "죽어가는 차라투스트라는 땅을 껴안고 지탱하였다." 따라서 시련은 개체초월적인 것의 발견을 선행한다. 또는 적어도 개체초월적인 것 전체의 발견을 선행한다. 니체의 차라투스트라의 사례는 중요하다. 왜냐하면 그것은 우리에게 시련 자체가 종종 인간에게 그 운명의 의식을 주고 그에게 시련의 필요성을 느끼게 유도하는 예외적인 사건의 섬광에 의해 명해지고 개시된다는 것을 보여 주기 때문이다. 만약 차라투스트라가 줄타기 곡예사에 대한 이러한 절대적이고 심오한 박애를 느끼지 않았다면 그는 도시를 떠나 산꼭대기의 동굴 속에 은둔하였을 것이다. 개체와 개체초월적 실재 사이에서 최초의 만남이 필요하다. 그리고 이 만남은 외적으로는 계시의 국면들을 제시하는 예외적 상황일 수밖에 없다. 그러나 사실상 개체초월적인 것은 자가구성적이다. 그리고 "네가 나를 [이미] 발견하지 못했다면 너는 나를 찾으려고 하지도 않았을 것이다"[네가 나를 찾는다는 사실은 이미 나를 발견했기 때문에 가능하다는 성경의 구절]라는 구절은, 그것이 개체초월적인 것의 발견 속에서 개체의 활동의 역할을 알게 해줄 경우, 모든 개체초월성의 기원이 기거하는 존재의 초재적transcendante 실존을 전제하는 듯하다. 사실은 내재성의 관념도 초월성의 관념도 심리적 개체와 관련한 개체초월적인 것의 특징들을 완전히 이해할 수 있게 해주지는 않는다. 초월성이나 내재성은 사실상 개체가 그 안에 통합되는 관계의 항들 중 한 항은 이미 주어져 있고 개체 자신은 나머지 하나가 되는 순간 이전에 정의되고 고정되어 있다. 그런데 개체초월적인 것이 자가구성적이라는 것을 받아들인다 해도 초월성의 도식이나 내재성의 도식은 이러한 자가구성을 단지 그 도식들의 동시적이고 상호적인 위치에 의해서만 이해할 수 있게 해준다. 사실 개체와 개체초월적인 것 사이의 연관은 자가구성의 매순간에 **개체를 연장하면서도 그것을 넘어서는** 어떤 것으로 정의된다. 개체초월적인 것은 개체에 외적인 것이 아니지만 어느 정도는 개체로부터 분리된다. 게다가 내재성에 뿌리를 두는, 또는 차라리 외재성과 내재성의 경계에 있는 이러한 초월성은 외재성의 차원을 가져오는 것이 아니라 개체와 관련한 넘어섬dépassement의 차원을 가져온다. 개체초월성의 시련이 때로는 우월하고도 외적인 힘에 호소하는 것으로 해석된다든가, 때로는 "[신이여] 나는 당신에게로 갑니다. 인간 안에 당신의 의지가 기거하고 있습니다" 또는 "신은 나에게 내부에서 명령합니다. 우월한 신은 나를 초월합니다"와 같은 공식들에 따라서 내재성의 심화로 해석된다는 사실은 출발점에 다음과 같은 근본적인 애매모호함이 존재한다는 것을 보여 준다. 즉 개체초월적인 것은 외적인 것도 우월한 것도 아니라는 것이다. 그것은 개체와 관련한 모든 외재성과 모든 내재성 사이의 진정한 관계를 특징짓는다. 아마도 인간에게 내부와 외부를 왕래하도록 해주는 변증법적 공식이 우월한 사물들에 접근하기 전 내재성에서 외재성으로의 이행에 대해서도 마찬가지로 진술할 수 있을지 모른다. 왜냐하면 개체초월성의 시작의 지점이 구성되는 것은 외재성과 내재성 사이의 관계 속에서이기 때문이다.

그렇게 해서 심리적 개체성은 개체초월성을 확립하면서 스스로 확립되는 것으로서 나타난다. 이러한 확립은 두 가지 연관된 변증법에 근거한다. 하나는 외부를 내재화하는 것이고 다른 하나는 내부를 외재화하는 것이다. 그러므로 심리적 개체성은 변환성의 영역이다. 그것은 실체가 아니다. 영혼의 통념은 수정되어야 한다. 왜냐하면 그것은 자신의 어떤 양상들에 의해 심리적 개체의 실체성의 관념을 암시하는 것처럼 보이기 때문이다. 그런데 영혼의 실체성의 통념 너머에 그리고 마찬가지로 모든 정신적 실재의 비非실존의 통념 너머에 개체초월적 실재를 정의할 가능성이 있다. 그러면 영혼의 존속survie[종종 사후생존을 의미함]은 더 이상 유물론과 유심론 사이의 논쟁이 제공한 특징들과 더불어 나타나지 않는다. 가장 미묘한 문제는 아마도 심리적 개체성의 존속의 "개인적" personnel 특징이라는 문제일 것이다. 이러한 개인적 특징을 증명하기 위해 사람들이 내세운 어떠한 이유도 결정적인 것은 아니다. 이 모든 이유들, 이 모든 연구가 단지 영원성의 욕망의 현존을 보여 줄 뿐이다. 이는 물론 욕망인 한에서 실재이다. 그리고 욕망은 물론 단순한 개념이 아니다. 그것은 또한 존재자의 역동성의 출현이기도 하다. 개체초월성에 가치부여하면서 그것을 존재하게 하는 역동성 말이다. 그러나 여기서 연구의 방향은 심리적 실재인 이러한 개체초월적 실재의 탐구라는 것을 주장하는 것이 가능할 것 같다. 어떤 의미에서는 개체초월성의 수준에서 수행된 인간의 모든 행동은 그에게 잠재적 불멸성을 주는 무한한 전파propagation의 힘을 부여받고 있다. 그러나 개체 그 자체는 불멸적인가? 불멸할 수 있는 것은 개체의 내부성이 아니다. 왜냐하면 그것은 불멸하기에는 너무도 깊은 생물학적 뿌리를 가지고 있기 때문이다. 불멸성에 연관된 것은 물론 자신의 행동을 구체화하는 것으로서의 재산이나 작품과 같은 순수한 외재성도 아니다. 이것들은 개체 이후에도 살아남지만 영원한 것은 아니다. 영원할 수 있는 것은 사람들이 초자연적인sunaturelle 것이라고 지칭하는, 그리고 내재주의적intérioriste이거나 공동체적인 communautaire 모든 이탈을 넘어서서 유지됨에 틀림없는, 내재성과 외재성 사이의 특별한 관계이다. 성스러운 것의 우월함은, 기관établissement의 권위를 공고히 하기 위한 혹은 이러저러한 내재성을 정신성의 서열에 올려놓는 것을 합법화하기 위한 선망의 대상이기 때문에, 개체초월적인 정신성으로부터 내재주의적이거나 공동체적인 이탈의 경향이 강도 높게 존재한다. 이 영역에서는 어떤 해답도 절대적으로 명백한 것일 수가 없다. 영혼의 통념과 물질의 통념은 단지 그 암묵적 의미를 밝히지 않은 채로 습관이 제시하고 조작하는 것들에 대한 거짓된 단순성을 제공할 뿐이다. 개체초월성을 통한 존속이라는 통념은 영혼의 모든 개인적인 존속이나 범신론적 통일 안에서의 우주적 존속보다 더 익숙하지 않으면서도 마찬가지로 혼란스러운 생각이다. 이런 생각들과 마찬가지로 그것도 능동적이고 창조적인 묵상 속에서 형성된 직관들에 의해 파악될 수는 없다.

지혜, 영웅적 행위, 신성함은 이러한 개체초월성이 표상의 지배냐, 행동의 지배냐, 정념성의 지배냐에 따라서 달리 추구될 수 있는 세 가지 길이다. 그것들 중 어느 것도 개체초월성의 완벽한 정의에 도달할 수 없다. 그러나 그것들 각각은 어떤 방식으로 개체초월성의 여러 국면들 중 한 가지를 지시하며 개체적 삶에 영원성의 차원을 가져온다. 영웅들은, 순교자가 자신의 증거에서 그리고 현자가 자신의 빛나는 사유에서 보여 주듯이, 자신의 희생에 의해 불멸화된다. 게다가 행동의 탁월성, 사유의 탁월성, 그리고 정념성의 탁월성은 서로와 관련하여 배타적이지 않다. 소크라테스는 현자이지만 그의 죽음은 정념적 순수성을 간직한 영웅적 증거이다. 순교자들은 영웅이 된 성자들이다. 개체초월성의 모든 길은 다른 길들로 열려 있다. 게다가 그것들 안에는 어떤 공통적인 것이 있는데, 이는 바로 개체초월적인 것의 범주를 표시하고, 비록 이 범주를 정의하는 데는 충분하지 않지만 그것을 현시한다manifester. 부정적 계시와 유사한 어떤 억제inhibition의 방향은 개체를 일상적 삶의 질서보다 우월한 실재의 질서와 소통하게 해준다. 각자의 문화적 기초에 따라서 행동의 방향을 설정하는 이러한 억제들은 어떤 초월적 존재자의 유출 또는 소크라테스의 다이모니온δαίμων과 같은 천재성의 유출로 제시되기도 한다. 그러나 무엇보다 중요한 것은 이러한 억제의 현존이다. 신성함에서 억제는 불순하다고 판단되는 모든 것의 거부로 나타난다. 영웅적 행위가 거부하는 것은 질낮은 비열한 행동들이다. 마지막으로 지혜가 이로운 것을 거부하고 무관심의 필요성을 긍정할 때 이러한 억제와 같은 가치를 갖는다. 플라톤이 소피스트들에게서 보았던 것은 이러한 억제의 결핍이며 이에 의해 그는 소크라테스와 소피스트들을 대립시킬 수 있었다. 고행의 부정적이고 억제하는 측면이 지혜를 준비하기도 한다. 초월성의 요구를 따르든, "감각적인 것 안에서 불멸화되든", 존재자가 스스로를 넘어서는 것은 바로 이러한 억제를 실행하는 한에서이다.[46] 이러한 억제는 여러 가지 형태를 띨 수 있지만 그것은 더 잘 존속하기 위해서 스스로 변형된다는 것을 주목해야 한다. 그래서 니체는 이러한 억제

---

46) [옮긴이] 원문 91쪽 하단 참조.

의 고대적이고 고전적인 국면들을 거부하고 강렬하게 비판한다. 즐거운 지식을 창조하기 위해 폭력이 신성함을 대체하고 디오니소스적 영감의 광기가 아폴론적인 차가운 명료함을 보상한다. 그러나 경멸이 남아 있다. 이는 니체의 영웅들의 태도가 되고 초인이라는 일종의 우월성의 감정 아래 사실상 매우 강렬한 억제를 내포한다. 단지 하찮은 군중만이 행복해하고 만족하여 어떤 억제도 알지를 못한다. 초인은 행복과 모든 용이함을 거부한다.

심리적 개체는 생물학적 수준에서는 존재하지 않는 규범들을 개입시킨다. 생물학적 목적성은 항상적이며homéostasique, 가장 커다란 평형 상태에서 존재자의 만족을 얻고자 하는 반면 심리적 개체성이 존재하는 것은 이러한 생물학적 평형과 만족이 불충분하다고 판단되는 한에서이다. 생명적 안정성 속에서 근심은 심리적 개체성의 도래를 또는 적어도 그것의 실존의 가능성을 표시한다. 심리적 개체성은 생명적 리듬을 제거함으로써 혹은 경향들을 직접 억제함으로써 생겨날 수 있는 것은 아니다. 왜냐하면 이는 단지 내재성으로 이르게 할 뿐 정신성에 이르게 하지는 못할 것이기 때문이다. 심리적 개체성은 생물학적 개체성을 파괴하지 않고 그것 위에 부과된다. 왜냐하면 정신적 실재는 생명적인 것의 단순한 부정에 의해 창조될 수는 없기 때문이다. 생명적 질서와 심리적 질서 사이의 구분은 특별히 그것들 각각의 규범성이 교착을 이룬다는 사실에 의해 나타난다는 것에 주목해야 한다. 근심이 나타나는 것은 생물학적 평온함이 지배하는 시기이고, 정신성이 스스로를 방어적인 반사행위로 감형시키는 것은 고통이 존재하는 시기이다. 공포는 정신성을 미신으로 변형시킨다.

마지막으로 정신적 실재 안에서 생명적 존재와 구분되는 존재를 보는 초월성의 요구는 여전히 내재성에 너무 가까이 있다. 정신성에 대한 범신론적이거나 창조론적인 개념규정 안에는 여전히 너무 많은 생물학적 실재성이 있다.

사실상 범신론적이거나 창조론적인 개념규정들은 개체를 최초의 참여에 간신히 속해 있는 그러한 태도 속에 위치시킨다. 참여는 개체와 생물학적 환경 사이의 분리(창조론적 신비주의의 어떤 국면들에서처럼)에 의해서와 마찬가지로 개체적 실재에 대한 거부(스피노자의 사유에서처럼)에 의해서 자기 자신에 대한 일종의 거부를, 자기로부터 벗어남을 요구한다. 그것은 개체초월적인 것의 개념규정 안에 너무 많은 개체성이 남아 있기 때문이다. 그래서 생물학적 개체와 개체초월적인 것의 관계는 개체의 탈개별화désindividualisation에 의해서만 개입할 수 있다. 여기서 오류는 엄밀히 말해서 인간주의anthropomorphisme에 있는 것이 아니라 개체초월적인 것을 개별화하는 데 있다. 아마도 부정신학만이 개체초월적인 것을 더 우월하고 더 광대하지만 또한 인간과 같이 개별적인 개체성의 방식으로 사유하지 않기 위해 노력한 듯하다. 가장 피하기 어려운 인간주의는 개체성의 인간주의이다. 그런데 범신론은 이러한 인간주의를 피해 가지 못한다. 왜냐하면 유일한 실체의 무한한 확장을 통해 나타나는 소우주와 대우주 사이의 유비는 대우주의 개체성을 유지하고 있기 때문이다. 모든 범신론이 필연성의 내부에서 자유에 대한 이러한 어려운 개념규정에 이르는 것은 아마도 이러한 극복할 수 없는 개체성 때문이리라. 그러나 무한히 미묘한 스피노자적 범신론의 형태는 짐수레에 매인 개라는 스토아 학파적 이미지를 상기시킨다. 이 개는 자신의 의지로 짐수레의 리듬 자체에 통합되지 않는 한 노예이고, 자신의 의지에서 나오는 운동들과 짐수레의 순차적인 정지와 출발의 운동들을 동시적으로 실현할 수 있다면 자유롭다. 이 모든 범신론에서 우리를 압박하는 것은 우주적 법칙을 사유와 개인적 의지의 규칙으로서 가치부여하는 것이다. 그런데 이러한 우주적 결정론의 가치부여는 다음과 같은 암묵적 전제가 존재하기 때문에 개입한다. 즉 우주는 하나의 개체이다. 변신론théodicée[기독교에서 신의 전능함과 선함에도 불구하고 악이 존재하는 이유를 설명하는 이론]은 창조론과 인격신의 교설만큼 범신론에 대해서도 반대논거의 가치를 지닌다. 왜냐하면 두 경우에 사실과 규범의 공통적 기초는 법칙, 숭고한 개체의 내적 조직화의 법칙이므로, 사실은 규범이 되기 때문이다. [양자에서] 세계와 관련한 이 개체의 초월성이나 내재성은 각각의 결정에 가치를 부여하는 그 구성의 근본적인 도식을 바꾸지 않는다.

게다가 사람들은 개체초월성의 연구에서 심리학자들이 "인격의 분열"이라고 부르는 것이 어느 정도로 개입하는지를 자문할 수 있다. 사실상 인격의 분열은 자아의식과 행동에서 아주 명백하게 병리학적인 양상이다. 그런데 분열에 대해 생각하지 않을 수 없는 정신성의 탐구 양상도 존재한다. 그것은 자아 내부의 선과 악의 분리, 천사와 짐승의 분리인데, 이러한 분리는 인간의 이중적 본성이라는 의식을 동반하며 밖으로는 세계 속의 선과 악의 원리를 정의하는 마니교의 형태로 신화에 투사된다. 악마의 관념 자체와 그가 영혼을 유혹하기 위해 사용하는 수단들에 대한 기술은, 단지 사람들이 내부에 가지고 있는 악의 퇴치에 함축된 기술을 동반하는, 이러한 이원성을 겹쳐 놓은 것이다. 왜냐하면 악마는 단지 악의 원리가 아니라 또한 사람들이 자기 탓으로 돌리고 싶지 않고 자기에게 책임을 전가하고 싶지도 않은 모든 잘못과 나약함을 위해 대가를 치러야 하는 속죄양이기도 하기 때문이다. 그래서 자기기만은 악마를 향한 증오로 전환된다. 유혹, 그것은 존재자가 자신의 노력을 저버리고 긴장을 늦추어 사유와 행동의 가장 낮은 수준으로 추락하는 것을 느끼는 순간에 일어날 준비를 갖추는 인격의 분열이다. 이와 같은 자아의 자아로의 추락은 소외의 인상을 준다. 그것은 외재성의 관점에 다시 위치하게 된다. 아마도 인간이 언제나 같은 수준에서 살고 사고한다면 분열은 존재하지 않을지도 모른다. 그러나 높은 수준에서 더 낮은 수준으로 추락하는 것이 소외의 인상을 준다는 것은 어떻게 설명할 수 있을까? 아마도 개체초월적인 것의 현존이 부재하고, 또 주체가 자신의 실존이 엄밀히 말해 과거의 가치보다 더 보잘 것 없거나 절대적으로 대립하는 것은 아니지만 그것에 낯선 것이 되는 그러한 새로운 가치들의 주위에서 자신을 마주하게 된다는 사실을 깨닫게 되기 때문일지도 모른다. 이 새로운 가치들은 과거의 것들과 모순인 것은 아니다. 왜냐하면 모순이라는 것은 여전히 인식하고 있다는 것이지만, 그것들은 동일한 언어로 말하는 것이 아니기 때문이다. 지표들의 체계의 탈중심화가 없었다면 더 낮은 단계로 추락하는 것은 그것만으로는 분열을 야기할 수 없을지도 모른다. 더 낮은 가치들이 높은 가치들과 관련하여 유비적 연관 속에 있다면, 한 수준에서 다른 수준으로 단 하나의 수직적 추락만이 있다면, 유혹 속에서 출현하는 깊은 **방향상실**은 나타나지 않을지도 모른다. 사람들이 방향상실에 대해 악의 침입을 만들어 내는 것은, 그리고 악으로부터 가치들의 중립성에 비견하여 선의 대칭물을 만들어 내는 것은 표현의 용이함에 호소하는 것이다. 악이 선의 대칭물이라면 자아는 결코 자기 자신에게 낯설지 않을지도 모른다. 여기에는 본질적으로 비대칭적인 관계가 있고, 두 본성에 대한 실체론적 관념은 이러한 관계를 이해하기에는 여전히 대칭의 도식에 너무 가까이 있다.

278

## 6. 정신적 개체발생의 필요성

이러한 관점에 따르면 개체발생은 철학적 사유의 출발점이 될지도 모른다. 그것은 인식론과 이를 따르는 존재론을 선행하는, 진정한 제1의 철학일지도 모른다. 개체발생은 객관적 인식을 선행하는, 존재자의 상들의 이론일 것이다. 상들의 이론은 개체화 이후의 개체화된 존재자와 환경의 관계이다. 주체로서의 개체화된 존재자는 인식에 선행한다. 개체화된 존재자에 대한 최초의 연구는 인식론을 선행해야 한다. 모든 인식비판에 앞서서 개체발생의 지식이 나타난다. 개체발생은 [인식]비판과 존재론을 선행한다.

불행히도 인간 주체가 자신의 고유한 발생을 목격하는 것은 불가능하다. 왜냐하면 주체가 사유할 수 있기 위해서는 존재해야 하기 때문이다. 주체 안에서 사유의 타당성의 조건들의 발생은 개체화된 주체의 발생으로 고려될 수 없다. 코기토Cogito는 그것을 선행하는 방법적 의심에 이어 이를 전개시킬 때(그러나 나는 무엇인가, 이 존재하는 나는?) 개체화된 주체의 진정한 발생을 구성하지는 않는다. 즉 의심의 주체는 틀림없이 의심을 선행한다. 코기토에 대해서 말할 수 있는 것은 단지 주체가 자기 자신으로 회귀하는 것을 의심을 정지시키는 조건으로 삼음으로써 개체화의 조건들에 접근한다는 것뿐이다. 주체는 자신을 의심하는 존재자인 동시에 의심의 대상으로 파악한다. 의심하는 것과 의심은 두 측면에서 파악된 단 하나의 실재이다. 그것은 자기 자신으로 회귀하면서 두 측면에서 자신을 파악하는 작용opération이다. 그것은 주체를 자기 자신 앞에서 객관화하는 특권화된 작용이다. 왜냐하면 그것은 의심하는 작용 속에서 의심하는 주체를 객관화하기 때문이다. 일인칭적 개인에게 의심

은 주체로서의 의심doute sujet인 동시에 **작용**으로서의 의심doute opération이
다. 또한 그것은 의심된 의심doute douté으로서 의심하는 현실적인 작용으
로부터 분리되는 의심이다. 이렇게 완수된 작용은 이미 객관화된 작용
이고, 이미 그것을 즉각 잇따르는 다른 의심하는 작용의 질료가 된 작용
이다. 의심하는 의심과 의심된 의심 사이에서 일종의 거리두기éloignement
의 관계가 구성되는데, 그러나 이를 통해 작용의 연속성이 유지된다. 주
체는 자신을 방금 발신한 의심의 주체로서 식별한다. 그러나 이 완수된
실재로서의 의심은 객관화되고 분리되어 새로운 의심의 대상이 된다.
반응이 존재하기 위해서는 기억이 있어야 한다. 즉 기억은, 공통의 실재
나 작용으로부터, 거리두기인 동시에 그것들의 결합이다. 이 순간에 주
체에 부착되는 의심하는 작용은 활동의 중심, 의식의 중심과 관련하여
거리를 두어야 하며, 독립적이고 자율적인 존재자의 통일성으로 자신
을 형성해야 한다. 그러면서도 이러한 거리를 통해 주체의 사물로, 주체
를 표현하는 사물로 남아 있어야 한다. 기억은 거리두기이며 소외 없는
객관성의 획득이다. 그것은 주관적 체계의 경계들의 확장이며 내적 이
원성을 단절과 분리 없이 획득한다. 그것은 타자성이자 동일성으로서
함께 나아가며 동일한 운동으로부터 형성되면서도 그로부터 서로 구분
된다. 기억의 내용은 현행적actuel 자아의 상징이 된다. 그것은 다른 부분
이다. 기억의 과정은 주체 존재자의 비대칭적 분열이며 주체 존재자의
개별화이다. 기억이 된 정신적 재료, 또는 차라리 기억의 내용은 현행적
자아에 연합된 환경이다. 기억은 총체성으로서의 존재자의 단일성이
다. 즉 이 분열을 존재자가 다시 취하여 떠맡을 수 있도록 그것을 병합
하고 그것에 저항하는 체계이다. 상기하는 것은 자신을 재발견하는 것
이다. 그러나 재발견하는 것은 재발견된 것과 동질적인 것이 아니다. 재

발견하는 것은 개체와 같고 재발견된 것은 환경과 같다. 상기하는 존재자의 통일성은 상징들의 만남의 통일성이다. 상기하는 존재자는 자아 이상의 것이다. 그는 개체 이상의 것이다. 그것은 개체에 다른 어떤 것을 더한 것이다. 게다가 상상력도 마찬가지다. 기억과 상상력의 차이는 자아와 자아의 상징 사이의 만남의 원리가 기억 속에서는 자아의 상징 속에 있는 반면 상상력 속에서는 자아의 역동적 경향 위에 배열된다는 사실 속에 있다. 두 경우에 상징화가 존재하지만 기억의 작용 속에서 상징화는 개체에 대해서는 자아를 보충하는 상징을 취하고 환경에 대해서는 자아를 취한다. 상징 속에서 개체에 해당하는 것은 자아이고 환경에 해당하는 것은 자아의 상징이다. 마지막으로 자신과의 대화 속에서 두 개의 역할이 교차함으로 해서 자아와 자아의 상징 사이에 유사상호성quasi-réciprocité이 세워진다. 그러나 이러한 상호성은 환상적인 것이다. 그것은 분열의 경우에서만 진정한 상호성과 동등할 수 있다. 다시 말하면 자아의 두 상징들, 즉 자아를 개체와 관련시키는 상징과 환경에 관련시키는 상징들 사이에서 어떤 부분적 유착이 일어날 때 그러하다. 그래서 전자를 희생하고서 하나의 반反-인격이 구성된다. 그것은 자신의 현실성이라는 힘, 즉 자유라는 힘을 조금씩 잃어간다. 사실상 자유는 자아를 본질적으로 이 두 개의 상징들, 즉 기억의 상징과 상상력의 상징에 이중으로 끼워맞추는 것으로 구성된다. 정신분석학이 무의식으로 간주하는 것은 사실 반-자아로서 간주되어야 한다. 그것은 결코 현실성을 부여받은 적이 없기 때문에 진정한 자아가 아니라 그것의 복사이다. 그것은 잠과 자동적 행동을 통해서만 표현될 수 있고 통합된 활동성의 상태에서는 나타날 수 없다. 자네Pierre Janet, 1859~1947의 인격 분열의 관념은 아마도 프로이트 이래 수용된 무의식의 관념보다 더 실재에 가까운 듯하다.[47] 그러나 인격의 분열dédoublement보다는 인격의 이중화doublement 즉 유령-인격에 대해 말하는 것이 더 나을지도 모른다. 현실의 인격이 분열되는 것이 아니라, 다른 인격, 인격의 등가물이 자아의 영역 밖에서 구성되는 것이다. 마치 거울 밖에서 실제로는 거기 없음에도 불구하고 잠재적 이미지가 관찰자에게 구성되는 것과 같다. 진정한 인격의 분열이 있다면 최초의 상태나 2차적 상태에 대해서 말할 수는 없을 것이다. 2차적 상태가 1차 상태보다 더 긴 시간을 차지한다고 해도 그것은 동일한 구조를 가진 것은 아니며 2차적 상태로서 식별될 수 있다.

그런데 데카르트는 막 생겨나는naissante 기억을 주체의 실존을 읽을 수 있는 특권적인 경우로 선택했다. 방금 **존재하기 시작한** 의심의 상호성은 [현재] 의심으로 구성되고 있는 의심과 관련하여 조건적이고 인과적인 순환성 속에서 주체의 실체적 단일성을 확립한다. 그러나 이러한 순환성은 극한의 경우이다. 이미 거리는 존재한다. 그리고 순환성이 존재하기 위해서는 거리가 존재해야 한다. 그러나 순환성은 거리를 뒤덮고 감춘다. 그렇기 때문에 데카르트는 엄밀하게 말해서 하나의 실체가 아닌 것을, 즉 작용을 실체화할 수 있었다. 영혼은 **사물**res로 그리고 **생각하는 것**cogitans으로 정의되는데, 이것들은 작용의 지반support 즉 현재 완수되고 있는 작용의 지반이다. 그런데 지반과 작용으로 이루어진 이 존재자의 단일성과 동질성은 존재-작용être-opération의 쌍이 동일한 양태mode를 따라 영속되는 만큼만 긍정될 수 있다. 만약 활동성이 멈추거나 멈추는 듯 보인다면 그렇게 정의된 실체의 영속성과 동일성은 위협받게

280

---

47) [옮긴이] 피에르 자네는 몽유병이나 최면상태 등을 연구하면서 잠재의식에 해당하는 이런 상태가 정상적인 인격과 다른 또 하나의 인격을 보여 준다고 주장했다.

된다. 그로부터 데카르트에서 영혼의 본성의 견해와 관련한 잠의 문제, 의식의 상실이라는 문제가 나타난다.

데카르트는 의심하는 자아로의 회귀가 개체화된 존재자의 일관성과 통일성을 암시하는 것으로 간주하였는데 이는 정당하다. 순환성은 개체화된 존재자의 일관성을 지시하는 것으로 보아야 한다. 그러나 현행적 의심의 대상의 형태로 현실화된 회귀를 진정한 순환성이라고 간주하는 사실 속에는 아마도 어떤 남용이 있는 것 같다. 데카르트는 이 회귀를 순환성과 동일시하는 코기토의 시험에서 기억의 대상이 되는 현실화된 의심과 현실화하는 의심 사이에서 막 생겨나는 거리를 고려하지 않는다. 이 현실화하는 의심과 관련하여 이전의 의심은 그것이 이미 더 이상 현행적이지 않은 한에서 대상이 된다. 개체화는 완성된 것이 아니며 그것은 이루어지고 있는 중이다. 그러나 의심이 자아의 대상이 될 수 있기 위해 의심과 자아 사이에 충분한 거리가 있는 한에서 이미 현행적 주체로서의 자아 이상의 것이 있다. 대상이 되는 의심은 지나가는 의심이며 현실화하는 의심이 아니다. 이러한 최초의 동화에 의해, 잠식으로 인정되지 않은 이러한 최초의 잠식에 의해 자아의 가까운 상징은 자아에 연결되고 동화된다. 점차로 그와 같이 진행하면서 데카르트는 모든 상징적 내용을 현행적 자아에 연관시킨다. 현실화된 의심을 현행적 의심의 주체에 연관시키는 것은 그것을 의지하고 느끼고 사랑하고 증오하고 상상하는 사유실체에 연관시키는 것을 허용해 준다. 고통받는다는 사실은 사유 행위와 관련하여 동질적이다. 그래서 반성하는 사유에서 가장 멀어진 양상들이 **사유하는 것**res cogitans의 본질을 정의하는 데 소용된 반성하는 사유에 연관된다. [그것들 사이의] 극단적 동질성에 대한 긍정은 **사유하는 것과 연장된 것**res extensa 사이의 경계를 후퇴시킴으로써 수행될 수 있다. 또한 신체에 가장 많이 연관된 사유의 양상들과 신체 자체 사이에서 단절이 매우 급격하기 때문에 실체들 사이의 격차는 넘을 수 없는 것이 된다. 데카르트는 단지 영혼과 신체를 분리한 것만이 아니다. 그는 또한 영혼의 내부에서 동질성과 통일성을 창조함으로써, 기억과 상상력의 경계에서 자신의 가장 탈중심화된 영역에서 신체적 실재와 결합하는 현행적 자아와 관련하여 거리두기의 연속적 구배gradient의 개념을 세울 수 없게 만들었다.

정신적으로 볼 때 개체는 기억과 상상력의 수단으로 자신의 개체화를 계속한다. 기억과 상상력은 일상적 정의에 의하면 [각각] 과거의 작용이자 미래의 작용이다. 사실 사람들이 기억과 상상력에 대해 과거와 미래를 말할 수 있는 것은 나중에서야 가능하다. 존재자를 위해 과거를 창조하는 것은 기억이고 마찬가지로 미래를 창조하는 것은 상상력이다. 이러한 정신적 개체화의 산물은 사실 중심에서만 정신적이다. 순수한 정신성은 현행적인 것이다. 먼 과거가 된 과거와 먼 미래는 신체적인 것을 향해 가는 실재들이다. 과거는 미래가 그러한 것과 마찬가지로 기대의 형태로 통합된다. 과거는 현재로부터 멀어지면서 자아에 반대되는 상태가 된다. 즉 자아에 대해서 이용은 가능하지만 직접적으로 동류도 아니고 자아에 부착된 것도 아닌 상태가 된다. 투사된 미래는 그것이 미래로 멀리 물러날수록 그만큼 더욱 더 현실화로부터 멀어진다. 그러나 점진적인 생성은 미래를 야기하고 그것을 임박한 것으로 만들며 거기에 현재의 위상에 더 가까운 위상을, 현행적 현재와 관련하여 더 직접적으로 상징적인 위상을 조금씩 부여한다.

개체화된 존재자의 실재성을 고찰하는 이러한 방식에 따르면 신체는 의식과 관련하여 이중의 역할을 한다고 말하는 것이 가능할지도 모르겠다. 상상하는 의식과 관련하여 신체는 환경이지 개체화된 실재가 아니다. 그것은 실재적 잠재성le virtuel réel에 속한다. 즉 현재와 관련하여 상징적이 될 수 있는 실재의 한 근원이다. 이러한 실재는, 개체와 환경으로 양분되듯이 현재와 미래로 양분된다. 반대로 신체는, 개체화의 환경으로서의 의식과 관련하여 기억을 개체화된 존재자로 창조하는 어떤 분리로부터 유래한다. 그래서 기억의 의식은 언제나 그것이 상기하는 것의 아래에 있는 듯하다. 반면 상상하는 의식은 그것이 상상하는 것의 위에 있다. 기억 속에서 정돈하는disposer 것은 신체이고 상상력 속에서는 의식이 정돈한다.

의식은 기억과 상상력에 의해서, 최소한 일반적으로 정신신체적인 것으로 고려된 기능들에 의해서 신체에 연관된다. 기억과 상상력의 상보적 대립은 심리생리적 관계를 암시한다. 그러나 이 관계는 이중실체론적 관계에 동화될 수는 없다. 영혼의 양상과 신체의 양상은 극단적인 경우들에 지나지 않는다. 순수한 영혼, 그것은 현재이다. 순수한 신체, 그것은 무한히 지나쳐 간 또는 무한히 미래로 멀어져 간 영혼이다. 그렇기 때문에 영혼은 일가價적인univalente [화학에서 원소값을 평가하는 용어] 반면 신체는 이가적bivalente이다. 신체는 과거이자 순수한 미래이다. 영혼은 근접과거와 근접미래를 일치시킨다. 그것은 현재적이다. 영혼은 존재자의 현재이다. 신체는 자신의 미래이자 자신의 과거이다. 영혼은 신체 속에 있다. 마치 현재가 자신으로부터 빛나는 미래와 과거 사이에 있는 것처럼. 신체는 과거이자 미래이지만 영혼은 그렇지 않다. 이런 의미에서 영혼은 순수한 영혼처럼 무시간적이다. 그러나 이러한 무시간성은 두 개의 시간적 실재 사이에 기거한다. 이러한 무시간성은 신체가 되면서 과거를 향해 시간화된다. 그리고 그것은 현재 상태에 근접하는 신체적 실재로부터 일어선다. 존재자의 실재는 영혼이 되면서 미래로부터 나와 현재를 향한다. 그리고 지나치면서 다시 통합된다. 영혼은 두 개의 신체성 사이에서 나타나고 확립된다. 그것은 생기화animation의 극단이고 통합incorporation의 근원이다.

그래서 의식은 현재를 향하는 운동과 현재로부터 내려가는 운동이라는 두 개의 신체적 생성들 사이의 매개이다. 이렇게 단계별로 진행하는 생성의 운동을 변환적이라고 말할 수 있을지도 모른다. 실제적 변환의 진정한 도식은 시간이며, 시간은 상태에서 상태로의 이행인바, 그것은 상태들의 순차성succession의 외적 도식에 의해서가 아니라 상태들의 본성 자체, 그것들의 내용에 의해 이루어진다. 그렇게 고려된 시간은 존재자의 운동이며 실제적 변화이자 변화하는 실재, 변화한 실재이다. 이러한 실재는 자신이 떠나는 것인 동시에 자신이 취하는 것이며 두 상태들의 중간에서 관계적인relationnelle 것인 한에서 실재적이다. 이행passage의 존재, 이행하는 실재, 이행하는 한에서의 실재, 그러한 것이 변환적 실재이다. 개체화된 존재자에서 중심적 현재와 관련하여 생성의 이러한 상승과 하강이 존재한다. 개체화된 존재자는 그러한 존재자이다. 생명적이고 정신적인 개체화된 존재자는 그가 시간을 떠맡는 한에서만 존재한다. 개체화된 존재자로서 살아가는 것은 기억과 기대를 작동시키는 것이다. 현재는 그 극한에서 정신신체적이지만 그것은 본질적으로 정신적이다. 이러한 정신적 현재와 관련하여 미래는 막대한 가능적possible 영역이고, 상징적 관계에 의해 현재에 연합된 잠재성virtualité들의 환경인 듯하다. 반대로 이 동일한 현재와 관련하여 과거는 개별화되고, 국지화되고localisé, 한정된 점들의 집합ensemble이다. 현재는 과거의 망 속의 점들과 미래의 장 사이에서 [일어나는] 변환이다. 현재를 통하여 그리고 현재에 의하여 미래의 장은 망상구조로 된다. 그것은 자신과 동외연적인 긴장들, 퍼텐셜들, 모든 범위로 퍼진 내재적 에너지를 잃어버린다. 그것은 중립적 진공에서 개체화된 점들로 결정화cristalliser된다. 미래의 경향은 점들로 국지화되지 않는 장의 에너지처럼 모든 장소로 퍼져 나가는 반면 과거는 자신의 모든 실체를 흡수하는 점들의 망으로 숨어 버린다. 과거는 장소를 잃고, 고유한 연장성l'étendue을 잃고, 긴장으로부터 긴장된 실재에 이르기까지 편재하는 내재성을 잃는다. 기억의 우주에는 망들로 구조화된 실재의 점들 사이의 작용과 반작용들밖에는 아무것도 없다. 이 점들 사이에 허공이 있다. 이런 이유로 과거는 압축될 수 있다. 실재의 이러한 점들 사이의 간격들 안에는 아무것도 없기 때문이다. 과거는 자기 자신과 관련하여 고립되어 있다. 그것이 자신을 다시 현실화하고 다시 떠맡으며 자신에게 경향과 살아 있는 신체성을 부여하는 체계가 되는 것은 단지 부분적으로만 가능하다. 이러한 분자적 고립의 구조에 과거는 자신의 가용성disponibilité을 빚지고 있다. 그것은 자신에서 기인하지 않기 때문에 인위적으로 조작가능하다. 그것은 조각조각 흩어지기 때문에 자신을 이용하도록 내버려 둔다. 미래는 자신을 압축되도록 내버려 두지 않으며, 낱낱이 분해되도록, 심지어 사유되도록 내버려 두지도 않는다. 그것은 단지 실제적 행위에 의해서만 자신을 예상할 수 있다. 왜냐하면 그것의 실재성은 일정수의 점들로 압축되지 않기 때문이다. 모든 에너지는 가능적인 점들 사이에 존재한다. 미래의 고유한 분위기가 있다. 그것은 모든 실현 이전의 관계적 힘이자 암묵적 활동성이다. **존재자는 자신의 현재를 통해서 자신에 선재한다.** 존재자의 현재는 개체인 동시에 환경이다. 그것은 미래와 관련하여 개체이고 과거와 관련하여 환경이다. 영혼은 현재의 능동적 본질이며 개체인 동시에 환경이다. 그러나 그것은 이러한 총체적 존재자의 실존, 즉 정신신체적인 존재자가 없이는 개체일 수도 환경일 수도 없다. 이 정신신체적 존재자는 또한 신체적이고 사회적이며 외부성에 연관되어 있다. 과거와 미래에 대한 현재의 관계는 신체정신적 관계와 유비적이고, 또 완전히 개체화된 존재자와 세계 및 다른 개체화된 존재자들의 이러한 더 광대한 관계와 유비적이다. 이런 이유로 영혼을 실체화하는 것은 거부해야 한다. 왜냐하면 영혼은 자신 안에 자신의 모든 실재성을 소유하고 있지 않기 때문이다. 현재는 현전하기 위해서 미래와 과거를 필요로 한다. 그리고 과거와 미래의 이러한 두 종의 거리두기에 의해서 영혼은 신체와 접촉한다. 신체는 비非-현재le non-présent이다. 그것은 형상으로서의 영혼의 질료가 아니다. 현재는 신체로부터 솟아나며 신체로 되돌아간다. 영혼은 신체를 결정화한다. 현재는 개체화의 작용이다. 현재는 영구적인 형상이 아니다. 그것은 작용 속에서 형상으로서 있다. 그것은 개체화 속에서 형상을 발견한다. 미래와 과거와 관련된 현재의 상징화라는 이러한 이중의 연관으로 인해 현재 또는 차라리 현존présence은 과거와 미래와 관련한 의미작용이라고 말할 수 있다. 이는 변환적 작용을 통한 과거와 미래의 상호적인 의미작용이다. 존재자에 있어서 현존은 개체로서 환경으로서 단일하게 존재하는 것으로 구성된다. 그런데 이는 그 자체로 신체정신적인 존재자를 긴장되고 극성화된 체계적 군 안에서 구성되게 하는 최초의 개체화와 유사한 항구적인 개체화 작용에 의해서만 가능하다. 개체는 자신을 낳은 역동성을 자신 안에 집중시킨다. 그는 최초의 작용을 연속된 개체화의 형태로 영속시킨다. **산다는 것은 항구적인 상대적 탄생을 영속시키는 것이다**. 생명체를 유기체로 정의하는 것으로는 충분치 않다. 생명체는 최초의 개체화에 따르면 유기체이지만 그것은 시간을 통해 유기화하고 유기화되는 유기체로서만 살아갈 수 있다. 유기체의 유기조직은 절대적이라고도 말할 수 있는 최초의 개체화의 결과이다. 그러나 그것은 생명이라기보다는 생명의 조건이다. 그것은 생명 자체인 항구적인 탄생의 조건이다. 산다는 것은 현존을 소유하는 것이다. 그것은 자기 자신 및 자기 밖에 있는 것과 관련하여 현존하는 것이다. 영혼이 신체와 구분되고 유기체에 속하지 않는다는 것은 이런 의미에서 사실이다. 영혼은 유기체의 현존이다. 골드슈타인처럼 의식을 유기체의 국면으로 만드는 것은 의식을 유기체의 단일성 속에 포괄하는 것이다. 그런데 골드슈타인에 영감을 준 파르메니데스의 일원론은 존재자 속에서 구성하는 역할을 시간성에 부여하지 않기 때문에 존재자 안에 다양화를 도입할 때, 저자의 구상화된 표현을 따르면, 존재자의 주름잡기plissement 라는 개념에 의해서 그렇게 할 수밖에 없다. 그때 영혼은 전체성의 내부에서 불완전하게 분리된 존재자에 지나지 않을 수도 있고, 이 전체성은 그렇게 해서 순환적인 충만성의 상호적 단일성을 잃을지도 모른다. 반대로 존재자가 개체화 작용을 표현하고 통합하는 것은 그것이 이 개체화로부터 나왔지만 그것을 내포하고 연장하는 것이기 때문이며, 그래서 그 존재자를 있게 한 발생이 진정으로 그 존재자의 발생이라면, 그리고 영혼이 이와 같은 개체화의 최초의 작용을 영속시키는 것으로 생각된다면, 영혼은 이러한 통일성의 연장으로서 개입하는 것이다. 영혼은 개체 안에서 개체화에 의해 통합되지 않았던 것을 참조한다. 영혼은 개체의 중심 자체에 위치한다. 하지만 그것은 또한 개체가 개체 아닌 것에 밀착되어 남아 있게끔 하는 것이기도 하다.

## 285

# 3장 _ 개체초월적인 것의 기초들과 집단적 개체화

## I. 개체적인 것과 사회적인 것, 집단의 개체화

### 1. 사회적 시간과 개체의 시간

개체적 실재에 대한 위와 같은 관점으로부터 심리학이 해결해야 할 과제로 제시하는 문제들을 조명하려 해도 개체와 사회의 연관에 관한 명확한 표상에 이르기는 어려울지 모른다. 현재 속에서 사회는 개체 존재자들을 만나고 또 이들은 사회를 만난다. 그러나 이 현재는, 극단에서 개체적 현재라고 혹은 신체정신적인 현재라고 부를 수 있는 것과 동일한 것이 아니다. 사회적 연관은 각 개체의 관점에서 볼 때 현재에 있다. 그러나 이러한 연관 속에서 마주치게 된 사회 자체는 실체성에 대한 자신의 등가물인 자신의 현존을 미래와 과거 사이의 상관관계의 형태로 소유한다. 사회는 되어 가는 것이다. 항구성permanence에 대한 긍정도 여전히 생성의 한 양태이다. 왜냐하면 항구성은 시간적 차원을 갖는 생성의 안정성이기 때문이다. 개체는 사회 속에서 미래의 정해진 요구와 보존된 과거를 만난다. 사회 속에서 개체의 미래는 망상구조로 된réticulé 미래, 접촉점들에 따라서 조건지어진 미래이다. 그것은 개체적 과거의 구조와 매우 유사한 구조를 가진다. 개체가 사회에 참여할 때 그는 이것 또는 저것이라는 사실을 향하게 된다. 생성은, 가설에서나 생각될 수 있는 비-사회적 개체가 그러한 것처럼, 더 이상 미래로부터 현재를 향해 이루어지지 않는다. 그것은 반대 방향으로 즉 **현재로부터** 이루어진다. 개체는 선택해야 할 목표들과 역할들을 제시하게 된다. 그는 이 역할들, 유형들, 이미지들을 향해야 하고, 동시에 자신이 실현하고자 노력하는 구조들에 의해 인도되면서 그것들에 자신을 일치시키고 그것들을 수행해야 한다. 개체 존재자 앞에서 사회는 개체적 행동이 통과해야 하는 일정한 상태들과 역할들의 조직망réseau을 제시한다.

사회에서 특히 중요한 것은 개체의 과거이다. 개체적인 것과 사회적인 것이 일치하는 것은 두 가지 조직망이 일치할 때이다. 개체는 자신의 미래를 이미 존재하는 사회적 조직망을 통해 투사하지 않을 수 없다. 사회화되기 위해서 개체는 [이를] 통과해야 한다. 통합된다는 것은 신체-정신적인 존재자의 미래에 내재하는 힘을 따라서가 아니라 조직망을 따라서 그것과 일치하는 것이다. 사회적 과거로부터 개체는 진정한 기억보다는 이러저러한 행동을 향한 경향과 추진력을 이끌어 낸다. 사회적 과거로부터 개체는 자신의 개체적 과거의 조직망과 연합할 수 있는 것을 이끌어 내는 것이 아니라 자신 안에서 자신의 미래의 역동성과 연합할 수 있는 것을 이끌어 낸다. 사회적인 것과의 관계에서는 개체적 영혼과 사회적 접촉 사이에 일종의 전도, 일종의 치환이 요구된다. 사회성은 현존을 요구하지만 그것은 뒤집어진 현존이다. 사회적 영혼과 개체적 영혼은 반대 방향으로 작동하며 서로에 대해서 거꾸로 개체화된다. 그렇기 때문에 개체는 사회적인 것 속으로 도망치는 것처럼, 사회적인 것과 대립한다고 확신하는 것처럼 스스로에게 나타난다. 그래서 사

286

회적인 것은 개체와 관련된 환경과는 아주 다른 실재처럼 나타난다. 사회적 환경에 대해서는 의미의 확장에 의해서만, 상당히 부정확한 방식으로만 말할 수 있다. 사회적인 것이 환경이 되는 것은 개체화된 존재자가 한 번에 완전히 수행된 개체화의 단순한 결과일 때, 즉 더 이상 스스로를 계속적으로 변형하면서 살아가지 않을 때일지도 모른다. 사회적 환경은 그것이 상호적 사회성으로 파악되지 않는 한에서만 환경으로 존재한다. 그러한 상황은 단지 어린아이나 환자의 상황에 상응한다. 그것은 통합된 성인의 상황은 아니다. 통합된 성인이 사회적인 것과 관련해서도 마찬가지로 사회적 존재인 것은, 그가 스스로를 탄생시킨 개체화의 운동으로부터 단순히 유래한 것만이 아니라 그 스스로 그것을 연장하고 영속시키는 한에서이다. 사회는 실제로 여러 개체들의 상호적 현존으로부터 나오는 것이 아니다. 그것은 또 개체 존재자들에 겹쳐 있으면서도 틀림없이 그것들과 무관하다고 간주될 수 있는 실체적 실재도 아니다. 그것은 오로지 개체화된 존재자의 현존보다 더 복잡한 현존의 양태를 창출하는 작용이자 그 작용의 조건이다.

## 2. 내재성의 집단들과 외재성의 집단들

개체화된 존재자와 다른 개체화된 존재자들의 관계는 그들의 과거와 미래가 일치함으로써 유비적인 방식으로 이루어질 수 있다. 아니면 그것들은 비-유비적인 방식으로 이루어질 수도 있는데, 각 개체화된 존재자의 미래가 다른 존재자들의 집단 속에서 주체들을 발견하는 것이 아니라 그가 통과해야 하는 망상구조를 발견할 때 그러하다. 첫번째 경우는 미국의 연구자들이 **내집단**in-group이라고 부르는 것이고, 두번째 경우는

**외집단**_out-group_이라고 부르는 것이다.[1] 그런데 **외집단**을 가정하지 않는 **내집단**은 없다. 사회적인 것은 개체 존재자와 **외집단** 사이에서 **내집단**의 매개로 이루어진다. 베르그손의 방식으로 열린 집단과 닫힌 집단을 대립시킴으로써 작업을 하는 것은 헛된 일이다.[2] 사회적인 것은 짧은 거리에서는 열려 있고 먼 거리에서는 닫혀 있다. 사회적 작업은 개체와 집단 사이의 경계에 있기보다는 **내집단**과 **외집단**의 경계에 위치해 있다. 개체의 고유한 신체는 **내집단**의 경계들에까지 확장된다. 신체의 도식이 존재하는 것처럼 사회적 도식도 존재한다. 이는 자아의 경계들을 **내집단**과 **외집단**의 경계에까지 확장한다. 어떤 의미에서는 열린 집단(**내집단**)을 주체의 사회체로 간주할 수 있다. 사회적 인격은 이 집단의 경계들로까지 확장된다. 한 집단에의 귀속성의 양태로서의 신념은 인격을 **내집단**의 경계들로까지 확장되는 것으로 규정한다. 그러한 집단은 사실상 집단의 모든 구성원들에게서 [나타나는] 암묵적이거나 명시적인 신념들의 공통성에 의해 특징지어진다.

물론 어떤 경우에는 열린 집단이 비정형의_atypique_ 주체 주변으로 너무 작아져서 인격의 사회적 확장이 무가 되고 따라서 모든 집단이 **외집단**이 될 수도 있다. 그러한 일이 바로 일정한 집단 내에서 경범죄나 정신 이상의 경우들 또는 "이탈자들"_déviants_에서 나타나는 일이다. 또한 모든 집단이, 심지어 보통은 **외집단**들로 보이는 집단들이 인격 확장의 엄청난 노력에 의해 **내집단**의 주체에게 받아들여지는 일도 일어날 수 있다. 자선은 내집단에서 어떤 경계도 보려 하지 않고 그것을 인류 전체와, 심

---

1) [옮긴이] 내집단→용어설명* 참조.
2) 『도덕과 종교의 두 원천』을 참고할 것.

지어 모든 창조물과 공외연적인 것으로 간주하는, 인격의 확장의 힘이다. 아시시의 성 프란체스코에게는 인간들만이 아니라 동물들도 내집단의 일부를 즉 내재성의 집단을 이루고 있었다. 마찬가지로 그리스도는 자신에게 적을 만들지 않았고 자신을 학대하는 사람들에 대해서까지 내재성의 태도를 간직하였다.

내재성의 집단의 경계들을 절대적으로 감소시키거나 무한히 확장하는 이 양극단 사이에 일상적 삶의 위상이 있다. 그것은 내재성의 집단과 외재성의 집단 사이의 경계를 개인으로부터 일정한 거리에 위치시키는 일상적인 사회적 삶이다. 이러한 경계는 개체의 현존에 연관되는 현존의 이차적 영역에 의해 규정된다. 개체를 사회적인 것에 통합하는 것은 개체적 현존을 규정하는 작용과 사회적 현존을 규정하는 작용 사이에 기능의 유비를 창조함으로써 이루어진다. 개체는 자신의 개인적 personnelle 개체화를 뒤덮는 사회적 개체화를 발견함에 틀림없다. 그의 **내집단**과의 연관과 **외집단**과의 연관은 서로서로 미래이자 과거와 같다. **내집단**은 개체적 미래로서의 잠재성과 긴장의 근원이다. 그것은 외재성의 집단과의 만남 속에서 개체를 선행하기 때문에 현존의 저장고이다. 그것은 외재성의 집단을 밀어낸다. 신념의 형태 아래서 내재성의 집단에의 귀속성은 개체에서의 미래에 비교되는 구조화되지 않은 경향으로 규정된다. 그것은 개체적 미래와 뒤섞이지만 또한 개체의 과거를 떠맡는다. 왜냐하면 개체는 실재적이건, 신화적이건 간에 이 내재성의 집단 안에서 자신의 기원을 갖기 때문이다. 그것은 이 집단에 속해 있으며 이 집단을 위해서 있다. 미래와 과거는 요소적인 순수함의 상태로 단순화되고 그리로 인도된다.

## 3. 관계들의 체계로서의 사회적 실재

그래서 사회적인 것과 개체적인 것을 개체와 사회의 관계 안에서 직접 맞서는 것으로 간주하기는 어렵다. 이러한 대립은 단지 이론적 극단의 경우에 상응하며 일정한 체험된 병리적 상황들이 거기에 근접한다. 사회적인 것은 경범죄자나 정신병자 또는 아마도 어린아이에 있어서는 사회로 실체화될 것이다. 그러나 진정으로 사회적인 것은 실체적인 것에 속하지 않는다. 왜냐하면 사회적인 것은 관계의 항이 아니고 관계들의 체계, 관계를 내포하고 그것을 부양하는 체계이기 때문이다. 개체는 사회적인 것을 통해서만 사회적인 것과 연관을 맺는다. 내재성의 집단은 개체화된 것과 사회적인 것 사이의 관계를 매개한다. 집단의 내재성은 개체적 인격의 어떤 차원이며 개체와 구분된 항의 관계가 아니다. 그것은 개체 주변에 있는 참여의 영역이다. 사회적 삶은 참여의 환경과 비-참여의 환경 사이의 관계이다.

심리학주의는 사회적 삶을 표현하기에는 불충분하다. 왜냐하면 그것의 가정에 의하면 집단 상호 간의 관계들은 내재성의 집단에 대한 개체의 관계들의 확장으로 간주할 수 있기 때문이다. 내재성의 집단에 대한 개체의 관계들을 부분적으로 외재화함으로써 그리고 나서 내재성의 집단에 대한 외재성의 집단의 관계들을 부분적으로 내재화함으로써 사람들은 허구적인 방식으로 관계의 두 유형을 동일시하게 될 수 있다. 그러나 이러한 동일시는 내재성의 집단과 외재성의 집단 사이의 관계적 활동의 경계를 무시하기 때문에 사회적 관계의 고유한 본성을 무시하고 있다. 사회학주의도 역시 사회적 활동의 관계적 특징을 식별하는 대신에 사회적인 것을 내재성으로부터 실체화하면서 마찬가지로 사회적 삶의 특징적인 관계를 무시한다. 그런데 심리학적인 것도, 사회학적인 것도 없으며 단지 인간적인 것만이 있다. 인간적인 것은 극단에서 그리고 드문 상황에서 심리학적인 것과 사회학적인 것으로 양분될 수 있다. 심리학과 사회학은 내재성과 외재성으로부터 자신들의 고유한 대상을 제조해 내는 두 가지 관점이다. 사회적인 것에 대한 심리적 접근은 작은 집단들을 매개로 이루어진다. 그런데 사회적인 것을 심리적인 것으로부터 접근하는 이러한 방식은 심리적인 것을 사회적인 내용으로 채우게끔 강제한다. 미국의 심리사회학자들의 **정념적 안정성**stabilité affective이 그러하다. 이는 이미 사회적인 것 또는 전사회적인présocial 것에 속하는 개체 존재자의 특징이다. 마찬가지로 적응성과 문화변용acculturation의 능력은 존재자의 전사회적 국면들이다. 개체 존재자는 자신의 개체적 실존을 넘치는 심급들을 따라서 이해된다.

　　마찬가지로 사회학적 태도는 전개체적인 것에 속하는 내용들을 사회적인 것 안에 포함하고, 또 개체적 실재성을 재구성함으로써 이를 재발견하도록 해주는 내용들을 사회적인 것 안에 포함한다. 이러한 척도에서 사람들은 왜 노동의 연구와 같은 문제들이 심리학주의와 사회학주의 사이의 대립에 의해 왜곡되어 왔는지를 이해하게 된다. 노동을 특징짓는 인간관계들 또는 적어도 노동에 의해 작동되는 인간관계들은 사회학적 실체론의 작용으로 환원될 수도 없고 상호심리학적 도식으로 환원될 수도 없다. 그것들은 내재성의 집단과 외재성의 집단의 경계에 위치한다. 그런데 상호심리학적 관계들로 고찰되었을 때 노동에 대한 인간관계들은 일정수의 필요에 대한 충족과 동일시된다. 필요의 목록은 사회적 통합 이전에 고려된 개체 존재자들에 대한 조사로부터 시작될 수 있을지도 모른다. 마치 모든 가능적 통합 이전에 순수하고 완전한 개체가 있기라도 한 것처럼 말이다. 그때 노동은 개체적 필요의 충족으로, 인간의 본질과 관련된 것으로 고려된다. 본질은 인간을 집단적이면서도 개체인 한에서, 영혼과 신체로 이루어진 존재자인 한에서(이것은 육체노동과 지적 노동의 개념에서, 이러한 노동의 두 수준 사이에서 위계적 구분과 더불어 나타난다) 규정한다. 반대로 사회학주의에서 노동은 **사회 안에서 자연에 대한 인간의 착취**exploitation라는 국면으로 고찰된다. 노동은 경제적이고 정치학적인 관계를 통해 파악된다. 그때 노동은 개체가 사라진 사회적 체계 속에서 교환가치로 실체화된다. 계급의 개념은 집단이 언제나 외재성의 집단으로 고려된다는 사실에 기초한다. 계급의 내재성은 더 이상 인격성의 경계들과 공외연적인 사회체의 내재성이 아니다. 왜냐하면 계급은 개체와 관련하여 더 이상 탈중심적인excentrique 것이 아니기 때문이다. 고유한 계급classe propre은 대립하는 계급에 대한 충돌로부터 고유한 계급으로 생각된다. 고유한 계급이 고유하다고 파악되는 것은 의식의 자각의 귀환에 의해서이다. 자각은 이러한 최초의 대립에 비하면 이차적인 것이다. 더 이상 잇따르는 [포함하는] 원들의 구조는 존재하지 않고 전선과 더불어 갈등의 구조만이 있다.

## 4. 인간의 본질 개념과 인간학 개념의 불충분성

그런데 이러한 사회관계의 연구에 원리로 소용될 수 있는 인간에 대한 단일한 시각을 인간학anthropologie이 줄 수 있을지 자문할 수 있다.[3] 하지

---

3) [옮긴이] Anthropologie는 여기서 좁은 의미의 인류학이 아니라 인간에 관한 연구 일반을 지시하기 때문에 인간학으로 옮긴다.

만 인간학은 연관을 특징짓는 단일성에 포함된 이러한 관계적 이원성을 내포하지 않는다. 인간이 무엇인지는 본질로부터 암시될 수 없다. 모든 인간학은 인간의 본질을 제공하기 위해 개체적인 것이든 사회적인 것이든 실체화하지 않을 수 없을 것이다. 인간학의 개념은 그 자체로서 이미 생명성le vital과 분리된 **인간**Homme의 특유성에 대한 암묵적 긍정을 내포한다. 그런데 생명성으로부터 **인간**을 [아예] 삭제한다면 인간homme을 생명성으로부터 도출할 수 없다는 것은 자명하다. 그러나 생명성은 인간을 포함하는 생명성이지 **인간** 없는 생명성이 아니다. 그것은 **인간**에 이르는 생명성이며 **인간**을 포함하는 것이다. **인간**을 포함하는 생명성 전체가 있다.

그렇게 해서 인간학적 시선은 개체적인 것과 사회적인 것을 세분할 때 만날 수 있는 차후적 추상의 원리와 같은 유형의 선결적 추상 abstraction préalable을 가정하고 있는지도 모른다. 인간학은 **인간**에 대한 연구의 원리일 수 없다. 이와 반대로 인간학의 원리로 세울 수 있는 것은 인간의 관계적 활동들이다. 노동을 이루는 활동이 그러하다. 관계로서의 인간이야말로 최초의 것이자 원리로서 간주되어야 한다. 인간은 사회적이고, 심리-사회적이고, 정신적이며 신체적이다. 이 국면들 중 어느 것은 근본적인 것으로 간주되고 다른 것들은 부차적인 것으로 간주되어서는 안 된다. 특히 노동은 단지 인간과 자연의 어떤 연관으로서만 정의될 수는 없다. **자연**에 조회하지 않는 노동도 있다. 예를 들면 인간 자신에 대하여 수행된 노동이 그러하다. 정형외과 의사도 노동한다. **인간들**의 연합에 의한 자연의 착취는 노동을 구성하는 관계적 활동의 특수한 경우이다. 노동이 하나의 특수한 경우에 따라 그 본질 속에서 파악되는 것은 이 본질이 자신의 특수성을 가능한 노동활동의 모든 스펙트럼 위에서 재단할 때뿐이다. 하나의 특수한 경우는 그것이 자주 빈발한다고 해도 기초로서 간주될 수 없다. 노동은 전쟁, 선전propagande, 상업이 그러한 것처럼 내재성의 집단과 외재성의 집단 사이의 일정한 연관이다. 각각의 집단은 다른 집단들과 관련하여 어느 정도로는 개체로 간주될 수 있다. 그러나 전통적인 심리사회학적 견해들은 집단을 개체들의 집합agglomérat으로 간주하는데 이는 과학에서 ── 생물과학의 영역에서 ──개체들의 집합이 존재하는 것과 같은 방식으로 그러하다. 사실상 내재성의 집단(그리고 모든 집단이 자기 자신과 관련하여 존재할 때는 그것이 내재성의 집단인 한에서 그러하다)은 개체적 인격들의 포개짐으로 이루어지는 것이지 그것들의 집합으로 이루어지는 것이 아니다. 집합은 유기적인 것이든 무기적인 것이든 신체-정신적인 집단들의 수준이 아니라 신체적 실재성의 수준에서 고려된 시각을 가정할지도 모른다.

내재성의 집단은 유일한 개인보다 더 복잡한 구조를 갖지 않는다. 각각의 개체적 인격은 집단의 인격이라 부를 수 있는 것과, 즉 집단을 이루는 개체적 인격들의 공통 환경과 공외연적이다. 그런데 집단을 보는 이런 방식은 두 가지 이유로 심리학주의가 아니다. 첫째는 인격이라는 말이 순수한 정신적 의미로 사용되지 않고 실제적으로 그리고 단일하게 정신신체적인 의미로 쓰였다는 것이다. 그것은 경향들, 본능들, 신념들, 신체적 태도들, 의미작용들, 표현을 포함한다. 두번째가 더 중요하며 첫번째의 기초를 구성하는데 그것은 내재성의 집단 안에서 이 개체적 인격들의 회복recouvrement이 자가구성적인 구조와 기능의 역할을 한다는 것이다. 이 회복은 개체화이고 갈등의 해결이며 갈등하는 긴장들을 유기적, 구조적, 기능적인 안정성 안에서 인수하는 것이다. 그것들은 내재성의 집단이 구성되는 순간 이전에 이미 규정되고 구성되고 만들어진 인격들의 구조들이 서로 마주치게 되고 스스로를 회복하게 된 것이 아니다. 정신사회적인 인격은 집단의 발생과 동시대적이며, 집단의 발생은 곧 하나의 개체화이다.

집단이 개체 존재자에게 미리 재단된 외투처럼 이미 만들어진 인격을 부여하는 것이 아니다. 또 개체가 이미 구성된 [자신의] 인격을 가지고 그와 동일한 인격을 가진 다른 개체들에 접근하여 집단을 구성하는 것도 아니다. 집단의 개체화 작용으로부터 출발해야 한다. 그 안에서 개체 존재자들은 동시결정화 작용-syncristallisation의 환경이자 행위자이다. 집단은 여러 개체 존재자들의 동시결정화 작용이다. 집단의 인격은 이러한 동시결정화 작용의 결과이다. 그것은 집단에 의해 개체들 안에 도입된 것이 아니다. 왜냐하면 이러한 작용이 일어나기 위해서는 개체가 현존해야 하기 때문이다. 게다가 집단은 현존하는 것만으로는 충분하지 않으며 개체화 이전의 전개체적 존재자처럼 긴장되고 부분적으로 미결정적이어야 한다. 절대적으로 완전하고 완벽한 개체는 집단 안에 들어올 수가 없을지도 모른다. 개체는 여전히 긴장들과 경향들, 퍼텐셜들, 그리고 내재성의 집단이 가능하기 위해서 구조화할 수는 있으나 아직 구조화되지는 않은 실재성을 포함해야 한다. 내재성의 집단은 여러 생명적 개체들이 내포한 미래의 힘들이 집단적 구조화에 도달할 때 탄생한다. 참여와 회복은 이러한 집단의 개체화의 순간, 결집된groupé 개체들의 개체화의 순간에 실현된다. 집단을 탄생시키는 개체화는 집결된 개체들의 개체화이기도 하다. 감정 없이, 퍼텐셜 없이, 선행적 긴장 없이는 집단의 개체화는 있을 수 없다. 모나드들의 사회는 존재할 수 없다. 계약은 이미 존재하는 집단의 조각 같은statuaire [굳어 있는] 실재성 이외에는 집단을 기초하지 못한다. 이미 구성된 집단이 새로운 개체를 받아들여 그를 통합하는 극단적인 경우에도 이 개체에 있어서 새로움의 통합은 새로운 탄생(개체화)이며 집단에 있어서도 그것은 역시 하나의 재탄생이다. 새로운 성원들을 병합시킴으로써 스스로 재탄생하지 않는 집단은 내재성의 집단의 측면에서는 와해된다.

한 집단의 성원은 집단 안에서 새로운 존재자들을 충원하고 그들을 집단에 유입시킴으로써 집단적 인격을 부양한다. 심리집단psychogroupe들과 사회집단sociogroupe들의 구분은 집단들 내부에서 어떤 극성을 정의하는 방식으로서만 타당하다. 실재적인 모든 집단은 심리집단인 동시에 사회집단이다. 순수한 사회집단은 어떤 내재성도 갖지 않는 사회적 실체에 지나지 않을 것이다. 집단은 그것이 형성되는 순간에 심리집단이다. 그러나 이러한 심리집단의 엘랑élan은 스스로 통합되어 사회구조를 탄생시킬 때만 영속될 수 있다. 순수한 심리집단과 순수한 사회집단을 구분할 수 있는 것은 단지 추상에 의해서이다.


## 5. 집단이라는 개체의 개념

그러므로 개체에 대한 집단의 영향에 대해 말하는 것은 정당하지 않다. 사실상 집단은 일정한 끈으로 통합된 개체들로 이루어진 것이 아니라 집결된groupé 개체들로 즉 집단의 개체들로 이루어져 있다. 집단이 개체들의 집단인 것처럼 개체들은 집단의 개체들이다. 사람들은 집단이 개체들에 영향을 행사한다고 말할 수 없다. 왜냐하면 이러한 작용은 개체들의 삶과 동시대적이며 그것과 독립되어 있지 않기 때문이다. 집단은 개체 상호 간의 실재성도 아니고 다수의 개체들을 통일하는 더 넓은 층

위에서의 개체화의 보충이다.

## 291

이런 유형의 실재는, 구조를 작용으로 작용을 구조로 상호전환할 수 있다는 것을 수용하지 않으면, 그리고 관계적 작용이 존재의 가치를 갖는 것으로 고려되지 않으면 생각될 수 없다. 실체론은 집단을 개체에 선행하는 것으로, 또는 개체를 집단에 선행하는 것으로 사유하도록 강제한다. 여기서 심리학주의와 사회학주의가 유래한다. 이는 분자적이고 몰적인 두 가지 다른 수준에서의 실체론이다. 미시적이든 거시적이든 매개적 차원의 선택은 문제를 해결할 수 없다. 왜냐하면 그것은 사회적인 것과 심리적인 것 사이를 매개하는 특수한 현상에 꼭 맞는 차원을 선택하는 것에 근거하고 있지 않기 때문이다. 제한된 집단들의 영역에 해당할지도 모르는 심리사회학적 영역은 없다. 어떤 한정된 집단의 특권적인 국면은 단지 개체화의 순차적 위기들, 이것들이 관통하는 기능적인 구조화들에 대한 접근이 더 두드러지고 더 쉽게 연구될 수 있다는 사실에서 유래한다. 그러나 이러한 현상들은 더 커다란 집단들에서도 마찬가지이고 동일한 역동적, 구조적 연관을 작동시킨다. 단지 개체들 간의 중개의 유형들만이, 지연을 내포하고 실제적 현존을 면제해 주는 전송과 활동의 양태들을 사용하기 때문에 더 복잡하다. 그러나 이러한 소통과 영향력의 망들의 발전은 사회적인 한에서 그리고 개체 존재자라고 불릴 만한 것과의 연관 속에서 거시적인 현상들에 별도로 하나의 본질을 부여하지는 않는다. 개체와 집단의 연관은 그 기초에 있어서 언제나 동일하다. 그것은 개체 존재자들과 집단의 동시적인 개체화 위에 기초한다. 그것은 현존이다.

## 6. 집단이라는 개체 안에서 신념의 역할

개체 안에서 신념은 어떤 준거référence들의 숨은 집합이며 의미작용은 그
것들과 관련하여 발견될 수 있다. 신념은 개체 속에 내재하는 집단이 아
니다. 개체는 집단을 표현하는 것에 불과한 데도 그러한 집단의 내재성
을 알지 못하면서 자신을 자율적 개체로 잘못 생각하고 있는지도 모른
다. 신념은 현재 존재하고 있는 [바로] 이 집단적 개체화이다. 그것은 집
단의 다른 개체들 앞에 현존하는 것이며 인격들의 회복이다. 인격들이
회복되는 것은 신념의 형태 아래서이다. 더 정확히 말해 집단적 신념이
라 불리는 것은 개체 속에서 신념이라 할 만한 것의 등가물이 인격 속에
있는 것이다. 그러나 이러한 신념은 신념의 자격으로 존재하는 것이 아
니다. 신념은 어떤 힘이나 장애물이 개체로 하여금 자신의 집단에의 귀
속성을 집단의 성원들이 아닌 개체들에게 알 수 있는 용어들로 표현할
수 있는 형태로 정의하고 구조화하게끔 강제할 때 존재한다. 신념은 신
념의 기초를 가정하는데 이는 집단의 개체화 속에서 이뤄진 인격이다.
신념이 개체 안에서 진정한 신념의 형태로 발전하는 것은 집단에의 귀
속성이 문제시될 때이다. 신념은 진정으로 개체 상호적이다. 그것은 단
지 개체 상호적인 것만이 아니라 진정으로 집단적인 기초를 가정한다.

　　그렇기 때문에 신념들에 대한 연구는 집단의 성원으로서의 인간을
알기에는 상당히 나쁜 방법이다. 신념을 가진 인간은 자신을 방어하거
나 집단을 변화시키려고 하거나, 다른 개체들과 혹은 자기 자신과도 불
일치 상태에 있다. 사람들은 집단에의 귀속성 속에서 신념에 원인이라
는 특권을 부여한다. 왜냐하면 신념은 가장 드러내기 쉽고, 투사하기 쉬
운 것이어서, 결과적으로 심리사회적 실재의 인식에 대한 일상적 절차

의 수단으로 이루어지는 조사에서 가장 파악하기 쉬운 것이기 때문이

다. 그러나 신념은 집단들의 와해나 변질의 한 현상이지 그것들의 실존의 기초가 아니다. 신념은 집단의 발생 그리고 집단 내에서의 개체들의 실존 양태와 관련한 근본적인 의미작용이라기보다는 차라리 보상과 공고화, 잠정적인 교정의 가치를 갖는다. 아마도 이런 의미에서 사람들은 집단적 신념인 신화를 개체적 신념이라 할 수 있을 의견과 구분한다. 그러나 신화나 의견들은 상징적 짝들로서 서로 대응한다. 집단이 신화들을 만들어 낼 때 집단의 개체들은 그에 상응하는 의견들을 표현한다. 신화들은 의견들의 기하학적 장소들이다. 신화와 의견 사이에는 내속성 inhérence의 양태와 관련해서만 차이가 있다. 의견은 정확한 외적 사례와 관련해서 표현될 수 있다. 그것은 정확한 자료에 근거하는 한정되고 국지화된 판단의 규범이다. 신화는 가능적 판단들의 한정되지 않은 저장고이다. 신화는 범례의 가치를 지니며, 집단의 규범들과 관련하여 판단해야 할 외적 존재자들을 향하기보다는 집단의 내재성을 향한다. 신화는 자신의 내적 일관성 속에서 집단과 인격을 대표한다. 반면 의견들은 한정되고 객관화된 그리고 서로 분리된 상황들 속에서 이미 다양화되어 있다.

　신화들과 의견들은 집단의 개체화 작용들을, 이러한 개체화가 더이상 현실적이지도 가능적이지도 않고 더 이상 재활성화되지도 않는 상황들 속에서 역동적이고 구조적으로 연장하는 것이다. 의견은 개체에 의해 전달되며 개체가 더 이상 집단 안에 있지 않은 상황들에서 나타난다. 비록 그가 집단에 속해 있고 집단에 속한 것처럼 행동하는 경향이 있다 하더라도 말이다. 의견은 개체가 내재성의 집단과 자신의 관계를 유지하면서도 외재성의 집단과의 대면이라는 형태로 외재성의 집단에 속

하는 다른 개체들을 대면하게 해준다. 반대로 신화는 집단의 내재성의 체계를 따르는 의견들의 공통 장소이다. 이런 이유로 신화는 내재성의 집단 속에서만 순수한 형태로 통용될 수 있다. 신화는 참여의 논리를 가정하고 집단의 개체화의 일부를 이루는 일정수의 기본적 명증성들을 가정한다.

## 7. 집단의 개체화와 생명적 개체화

생명적 개체와 관련하여 사회적 실재의 의미는 무엇인지를 물을 수 있다. 사회 안에서 살아가는 개체들에 대해 [특별히] 말할 수가 있을까? 즉 개체들이 사회 안에서 살아가고 있지 않다면 그것들을 개체들 자체라고 가정할 수 있을까? 동물종들의 사례는 고립된 개체의 삶이 가능한 경우들이 존재한다는 것을 보여 준다. 다른 생명체들에서는 고립된 삶과 집단적 삶이 교체하는 기간들이 있다. 마지막으로 많은 경우들에서 생명은 아주 드문 몇몇 순간들을(교미, 짝짓기)을 제외하고는 거의 언제나 사회적이다.

그러면 사회성이 종 안에 있으며 종적 특징들의 일부를 이룬다는 말인가? 이 제안을 받아들이면 일상적으로 사회적인 종 내부에서 사회적 집단에 통합되지 않은 개체는 미완성이고 불완전한 개체라고, 집단에 해당하는 개체화의 이 체계에 참여하지 않는 개체라고 생각해야 할 것이다. 반대로 집단이 그 자체로 완전한 개체들일지도 모르는 존재자들로 이루어진다면 고립된 개체가 반드시 불완전한 것은 아니다.

그런데 이 질문에 대한 대답은 종들의 형태학과 생리학 내부에 포함되어 있다. 형태학적이고 기능적인 전문화가 개입하여 개체들을 고립

293

되어 살기 어려울 정도로 만든다면 사회성이 종의 특징들 중 하나라고 정의해야 한다. 벌이나 개미는 반드시 사회적이다. 왜냐하면 그것들은 아주 전문화된 개체의 자격으로서만 존재하고 혼자서는 살 수 없기 때문이다. 반대로 개체들 사이에서 그것들을 그 자체로는 불완전한 것으로 만드는 극히 명백한 분화가 존재하지 않는 종들에서는 사회적 삶의 필요성은 종적 특징들에 덜 직접적으로 속하게 된다. 생태학이나 또는 다른 조건들에 따라 일시적으로 고립된 삶이 탄생하기도 하고 멈추기도 한다. 집단은 간헐적intermittent일 수 있다. 그 경우 집단은 개체 존재자의 불완전하고 미완성인 특징의 표현이라기보다는 환경이나 다른 종들과 관계하는 종의 행동 양태이다. 그것은 포유류 사회의 일반적인 생존 유형이다.

인간에게서 문제는 더 복잡하다. [거기서는] 다른 포유동물들에서처럼 개체의 신체적이고 기능적인 독립이 존재한다. 이러한 개체의 신체적이고 기능적인 완성의 결과로, 한편으로는 모여 사는 삶의 가능성과, 또 한편으로는 혼자 사는 삶의 가능성도 역시 존재한다. 이런 조건들에서는 환경과 관련한 행동 양태에 상응하는 결집이 있을 수 있다. 맑스는 노동에 특징적인 연합을 이런 의미로 해석한다. 그러나 종적spécifique 행동의 수준에서 독립이나 연합을 가능케 하는 이러한 신체정신적인 개체화에 더하여 인간은 개체로서는 여전히 미완성이고 불완전하며 진화하는 존재로 남아 있다. 어떤 종적인 행동도 이러한 생성에 응답하기에는 불충분하다. 이 생성은 너무도 강렬해서 적어도 동물만큼 완전한 신체정신적 완성에 도달했다 해도 인간은 아주 불완전한 존재자에 가깝다. 마치 최초의 종적 개체화 위에서 인간은 또 다른 개체화를 추구하고 있는 것처럼 그리고 두 가지 개체화를 잇달아 필요로 하고 있는 것처럼 모든 일이 진행된다. 인간은 세계 속에서 생명체로서 수용되어 세계를 이용exploitation하기 위해 연합할 수 있다. 그러나 여전히 무언가가 부족하다. 하나의 구멍, 미완성이 남아 있다. **자연**을 이용하는 것은 [인간을] 끝까지 만족시키지는 않는다. 세계 앞의 종은 내재성의 집단이 아니다. 게다가 각각의 인간을 사회적 개인으로 존재하게 하는 다른 관계가 존재해야 한다. 이를 위해서는 두번째의 발생이 필요하다. 그것은 집단의 개체화이다.

완성된 존재자로 구성된 다음에 인간은 다시금 미완성의 행로 속으로 들어온다. 거기서 그는 두번째 개체화를 추구한다. **자연** 그리고 자연 앞에 선 인간으로는 충분치 않다. 자연 앞의 집단보다 더 멀리 가는 힘들과 긴장들이 여전히 남아 있다. 그렇기 때문에 인간은 자신을 정신적 존재자로 생각하며 여기에는 그럴 만한 이유가 있다. 비록 정신의 개념이 정신에 대한 실체화 그리고 심신이원론으로 인도하는 한에서는 신비적인 것일 수 있다고 해도 말이다. 동물들의 집단과 같은 기능적 집단들 또는 집단들의 기능적 보유자 외에도 집단들 속에는 무언가 초기능적인 것이 있다. 그것이 바로 내재성이다. 이러한 내재성은 두번째로 인간 개체를 창조하고 이미 생물학적으로 개체화된 실존을 통해 그를 재창조한다. 이러한 두번째 개체화가 집단의 개체화이다. 그러나 이는 결코 연합된 인간들에 의한 자연의 이용에 해당하는 유적 집단으로 환원할 수 없다. 행동action의 집단이라고 명명할 수 있는 이 집단은 내재성의 집단과는 다르다.

게다가 우리가 여기서 정의하는 특징들을 단지 인간 집단만이 소유하고 있다는 것은 전혀 증명되지 않았다. 동물의 집단들도 우리가 인간 집단 안에서 정신성의 기초로 추구하는 것에 상응하는 어떤 요인을 비록 더 순간적이고 덜 안정적이며 덜 항구적인 방식으로나마 포함할 수 있다. 우리는 여기서 즉 이 인간 집단과 동물의 집단의 대립 속에서 동물을 그것의 진정한 상태로 취하지 않고, 아마도 허구적일지 모르지만 인간에 있어서 동물의 개념이 의미하는 바에 상응하는 것을 취하겠다. 즉 종의 특징들에 의해 지배되는 자연과의 관계를 가지는 존재자의 개념이다. 그러면 인간의 사회적 집단을 자연에 대한 종적인 적응반응을 기초와 기능으로 하는 집단이라고 명명하는 것이 가능하다. 이것이 순수하고 안정적인 방식으로 실현될 수 있다면 그것은 오로지 노동 집단에 지나지 않는 노동 집단의 사례일 것이다. 그렇게 정의된 사회적 실재는 생명적 수준에 머물러 있을지도 모른다. 그것은 경제사회적인 하부구조가 상부구조를 조건짓는다는 맑스주의적 도식을 받아들이지 않는 한 집단의 내재성의 관계를 창조하지는 않을 것이다.

그러나 우리가 알아야 할 문제는 다른 유형의 집단들 그리고 다른 내용의 집단의 삶을 이러한 유일한 하부구조와 관련된 상부구조들로 취급할 수 있는가 하는 것이다. 아마 사회 속에는 인간에 의한 자연의 착취와 다른 하부구조들도 있을 것이고, 환경과의 관계 양태들 중에는 제작의 관계 및 노동을 관통하는 것과는 다른 것들도 있을 것이다. 하부구조라는 말 자체가 비판의 대상이 될 수 있다. 노동은 구조인가, 아니면 긴장이고 퍼텐셜인가? 아니면 그것은 자체로는 구조가 아니면서도 구조화를 요구하는 활동을 통해 세계에 연관되는 어떤 방식인가? 사회적이고 자연적인 조건을 이루는 방식이 종적 수준에서 다양하다면 그로부터 한 가지를 추출해서 그것이 구조의 가치를 갖는다고 주장하기는 어렵다. 아마도 맑스는 실제적인 역사적 사실을 일반화한 듯하다. 즉 19세기 인간관계에서는 노동을 통해 자연과 관계하는 양태가 지배적이었던 것이다. 그러나 이 관계를 인간학에 통합하게 해주는 기준을 발견하기는 어렵다. 노동하는 인간은 이미 생물학적으로 개체화되어 있다. 노동은 자연의 이용과 마찬가지로 생물학의 수준에서 일어난다. 그것은 종으로서의 인간의 반응, 종적 반응이다. 그렇기 때문에 노동은 개체 상호 간의 관계에 그렇게 잘 침투할 수 있는 것이다. 그것은 자신의 고유한 저항을 갖지 않는다. 그것은 고유하게 인간적인 두번째 개체화를 산출하지 않는다. 그것은 무방비적이다. 개체는 노동 안에서 생물학적 개체로, 단순한 개체로, 이미 주어지고 규정된 개체로 남아 있다. 그러나 이러한 생물학적, 생물-사회학적, 개체 상호 간의 관계들 위에는 개체초월적인 것의 수준이라고 명명할 수 있을 만한 다른 수준이 존재한다. 그것은 내재성의 집단에, 진정한 집단의 개체화에 상응하는 수준이다.

개체 상호 간의 관계는 개체에서 개체로 간다. 그것은 개체들에 침투하지 않는다. 개체초월적인 작용은 개체들이 함께 존재하게끔 하는 것이다. 개체들은 마치 퍼텐셜들과 준안정성, 기대와 긴장을 포함하는 체계의 요소들과 같다. 개체초월적 작용은 또 병합된 내재성의 이러한 문제를 통합하고 해결하는 구조와 기능적 조직화의 발견이다. 개체초월적인 것은 마치 개체에서 개체로 가듯 개체 안을 관통한다. 개체적 인격들은 서로 겹쳐짐에 의해 함께 구성되며 집적에 의해서 구성되는 것도 아니고 노동분업과 연대의 생물학적 결집 속에서처럼 전문화하는 유기조직에 의해 구성되는 것도 아니다. 노동분업은 실용적 기능들 속의 개체들에 해당하는 생물학적 단위들을 내포하고 있다. 개체초월적인 것은 개체들을 국지화하지 않고 그것들을 서로 일치하게 한다. 그것은 개체들을 의미작용들에 의해 서로 소통하게 한다. 우선적인 것은 정보의 관계들이지 연대 관계나 기능적 분화 관계가 아니다. 이러한 인격들의 일치는 환원적이지 않다. 왜냐하면 그것은 개체적 차이들의 삭제 위에 기초하는 것이 아니며 기능적 분화를 목적으로 하는 이용(이것이 개체를 자신의 특성들 안에 가두어 놓는 것인지도 모른다)에 기초하는 것도 아니고, 생명적 개체들을 만들어 내는 생물학적 구조화가 여전히 해결하지 못하고 남겨 둔 것으로부터 이루어지는 2차적 구조화에 기초하기 때문이다.

생물학적 개체화는 자신을 구성하는 데 소용된 긴장들을 끝까지 고갈시키지는 않는다고 말할 수 있을지 모른다. 이 긴장들은 개체 안을 관통한다. 환경인 동시에 개체에 해당하는 전개체적인 것이 개체 안을 관통한다. 바로 그것으로부터, 이 미해결된 것으로부터, 아직 개체화되지 않은 이러한 실재의 하중으로부터, 인간은 두번째 개체화에 의해 [자신의] 현존을 발견할 집단을 만들기 위해서 자신과 유사한 사람을 찾는다. 동물에 있어서도 마찬가지이겠지만 인간에 있어서 생물학적 개체화는 긴장들을 완전히 해결하지는 않는다. 그것은 문제를 여전히 숨은 채로 존속하게 한다. 정신을 실어나르는 것이 생명이라고 말하는 것은 올바른 표현이 아니다. 왜냐하면 생명은 최초의 개체화이지만 이 최초의 개체화는 모든 힘들을 고갈시켜 흡수할 수 있었던 것이 아니기 때문이다. 그것은 모든 것을 해결할 수는 없었던 것이다. 우리는 언제나 더 멀리 가기 위한 운동을 가지고 있다고 말브랑슈는 말한다. 사실 우리는 타자로 되기 위한, 개체화를 다시 시작하기 위한 긴장과 퍼텐셜들을 가지고 있다. 물론 이 개체화는 최초의 개체화의 파괴는 아니다.

이러한 힘은 생명적인 것이 아니다. 그것은 전생명적인 것이다. 생명은 분화spécification이다. 이는 최초의 해결이며 그 자체로 완벽하지만 자신의 체계 밖에 어떤 잔재를 남겨 놓는다. 인간이 자신과 더불어 정신적으로 개체화될 무언가를 소유하고 있는 것은 생명체로서가 아니라 자신 안에 전개체적인 것과 전생명적인 것을 내포하는 존재자로서이다. 이러한 실재는 개체초월적인 것이라고 부를 수 있다. 그것은 사회적 기원에 속하는 것도 개체적 기원에 속하는 것도 아니다. 그것은 개체 안에 침전되어 개체에 의해 실려 가지만 개체에 속하는 것이 아니며 개체로서의 존재 체계의 일부를 이루는 것도 아니다. 개체를 집단으로 향하게 하는 개체의 경향들에 대해서 말할 수는 없다. 왜냐하면 이 경향들은 엄밀히 말해 개체로서의 개체의 경향들이 아니기 때문이다. 그것들은 개체의 발생을 선행한 퍼텐셜들의 미해결상태이다. 개체를 선행하는 존재자는 찌꺼기 없이 개체화된 것이 아니다. 그것은 개체와 환경으로 완전히 해소된 것이 아니었다. 개체는 자신과 더불어 전개체적인 것을 보존한다. 그리고 모든 개체들 전체는 일종의 구조화되지 않은 기저를 지닌다. 이로부터 새로운 개체화가 일어날 수 있다.

정신-사회적인 것은 개체초월적인 것에 속한다. 개체화된 존재자가 자신과 더불어 실어나르는 것은 바로 이러한 실재, 미래의 개체화들을 위한 이러한 존재의 하중이다. 그것을 엘랑 비탈[베르그손의 『창조적 진화』에서 질적 비약을 통해 생명의 과정을 추진하는 동력]이라고 불러서는 안 된다. 왜냐하면 그것은 비록 최초의 개체화인 생명을 연장한다고 해도 정확하게 생명적 개체화와 연속선상에 있지는 않기 때문이다. 전개체적인 것의 담지자로서 인간은 타인 속에서 이러한 실재성의 또 다른 하중을 만난다. 이 순간에 나타날 수 있는 구조들과 기능들의 출현은 개체 상호적인 것이 아니다. 왜냐하면 그것은 과거의 개체화에 중복되면서 그것을 넘치는 새로운 개체화를 가져오기 때문이다. 그것은 형성되기 시작하는 집단에 여러 개체들을 연관시킨다. 이런 의미에서 정신성은 중심적이기보다는 개체와 관련하여 주변적인 것이라고 말할 수 있을지도 모른다. 또 그것은 의식들의 소통을 확립하는 것이 아니라 존재자들의 공조작용synergie이자 공통의 구조화라고 말할 수 있을지 모른다. 개체는 단지 개체가 아니라 또한 아직 극성화되지 않고impolarisé 가용적이며disponible 대기 중인 **존재의 저장고**이기도 하다. 개체초월적인 것은 개체와 함께 있지만, 개체화된 개체가 아니다. 그것이 개체와 함께 있는 것은 귀속성appartenance과 내속성inhérence보다 더 원초적인 관계에 따른 것이다. 또는 외재성의 관계보다 더욱 원초적인 관계에 따른 것이다. 그렇기 때문에 그것은 개체의 경계들을 넘어서 있는 가능적 접촉이다. 영혼에 대해 말하는 것은 개체초월적인 것을 너무 개별화하는 것이고 너무 특수화하는 것이다. 개체적 경계를 넘어서는 인상과, 외재성에 대립하는 인상이 정신적인 것을 특징짓는데, 그것은 이러한 전개체적인 실재 속에서 의미를 가지며, 자신의 불일치의 통일성의 기초를 발견한다. 정신성에서 초월성과 내재성의 불일치는 개체초월적인 것 자체 안의 불일치가 아니라 단지 개체화된 개체와 관련한 불일치이다.

## 8. 전개체적 실재와 정신적(spirituelle)[4] 실재 : 존재의 상(相, phase)들

심신통일성의 개념 자체는 완전히 만족스러운 것은 아니다. 이러한 유기체적 이론에는 무언가 정확히 말할 수 없는 불충분함이 있다. 그런데 이러한 불충분함은 전개체적 실재가 개체의 실재와 관련하여 넘쳐난다

---

4) [옮긴이] 정신적 개체화를 이루는 정신현상은 psychisme을 번역한 것인데 이 용어는 심리학에서 그렇듯이 의식과 무의식의 현상 일반을 광의로 지칭하는 것이다. 그러나 이 문맥에서 '정신적'(spirituel)이란 표현은 원어를 보면 알 수 있듯이 의식과 무의식을 넘어서는 내용을 포함한다. 우리말의 정신은 두 가지를 다 의미하기 때문에 필요할 경우에는 원어를 병기하였다.

는 사실로 인한 것 같다. 개체는 그 자신에 불과하지만 그 자신보다 우월한 것으로서 **존재한다**. 왜냐하면 그는 개체화가 완전히 고갈시키지 않은 더 완전한 실재를 자신과 함께 실어나르기 때문이다. 이러한 실재는 여전히 새롭고 퍼텐셜로 차 있으며 퍼텐셜들에 의해 생기를 얻고 있다. 개체는 자신이 개체화된 존재자로서 자신보다 위에 있는 실재에 연결되어 있다는 사실을 의식하고 있다. 사람들은 이러한 실재로부터 일종의 신화적 환원에 의해 다이모니온, 정령, 영혼을 만들어 낸다. 그때 사람들은 거기서 최초의 개체를 복사한 두번째 개체를 본다. 후자는 전자를 감시하고 강제하며 그것이 죽은 후에도 개체로서 살아남는다. 사람들은 또한 이 동일한 실재 속에서 그 초월성의 국면을 강조하면서 개체에 외적인 정신적 개체의 실존의 증거를 발견하기도 한다.

이는 개체가 단지 자신 속에서 혼자라고 느끼는 것이 아니라는 사실, 개체로서 자기 자신에 불과한 실재에 제한되는 것으로 느끼는 것이 아니라는 사실을 의식과 행동에게 표현하는 여러 가지 방식들이다. 개체는 연합association에 의해 먼저 자기 자신의 내부에 참여하는데 이는 다른 개체화된 관계로부터 드러난 모든 현존 이전에 그러하다. 이러한 가능적 현존의 최초의 감정으로부터 시작하여 존재자는 자신에게 개체초월적인 것을 드러내는 두번째 완성을 향해 나아간다. 이는 개체 그리고 다른 유사한 개체들과 함께 그들을 수단으로 하여 실려 간 개체초월적 실재를 구조화한다. 개체와 관련해 볼 때 정신성의 내재성도 초월성도 말할 수 없다. 왜냐하면 진정한 관계는 개체적인 것과 개체초월적인 것의 관계이기 때문이다. 개체초월적인 것은 개체의 내부와 마찬가지로 그것의 외부에도 있는 것이다. 사실상 개체초월적인 것은 구조화되지 않았기 때문에 개체를 관통하는 것이다. 그것은 개체와 위상학적 관계를 맺지 않는다. 내재성이나 초월성은 개체화된 실재와 관련해서만 말할 수 있다. 개체적인 것과 관련하여 개체초월성이 우선한다. 개체적인 것으로부터 초월성이나 내재성의 관계를 정의할 수 없다. 개체초월적인 것과 개체화된 것은 존재의 동일한 상phase에 속하지 않는다. 거기에는 결정 속에 있는 무정형의 액체처럼 존재자의 두 상들의 공존이 있다. 그렇기 때문에 집단은 환경으로서 나타날 수 있다. 즉 집단의 인격은 전개체적인 실재의 기저 위에서 구성되는데, 전개체적 실재는 구조화 이후에 개체적 국면과 이 개체를 보완하는 국면을 포함한다. 집단은 개체 존재자의 영혼 및 신체와 유사한 것을 소유한다. 그러나 이러한 집단의 영혼과 신체는 개체화된 존재자들이 행하는 모든 분리 이전에 주어진 실재로 이루어진다.

집단적 의식은 개체적 의식들의 결합으로 이루어진 것이 아니다. 사회체가 개별적 신체들로부터 유래하지 않는 것과 마찬가지다. 개체들은, 집단적인 것이 될 수 있으면서도 개체 안에서 아직 개체화되지는 않은 무언가를 자신들과 함께 포함하고 있다. 개체화되지 않은 실재로 채워진 개체들은 이러한 실재의 담지자이며 그것들의 결합은 집단의 개체화가 이루어지기 위해 필요하다. 이러한 개체화되지 않은 실재는 순수하게 정신적인spirituel 것이라고 말할 수는 없다. 그것은 개체들을 고정하는 구조들과 경계들의 형태 아래서 집단적 의식과 집단적 신체성으로 양분된다. 개체들은 집단에 의해 생기를 얻는 동시에 고정된다. 신체 없이, 경계들 없이, 유대관계도 없이 순수하게 정신적인 집단을 만들어 낼 수는 없다. 집단적인 것은 개체적인 것과 마찬가지로 정신-신체적이다. 순차적인 개체화들이 드물게 그리고 간격을 두고 이루어진다면 집단적 신체와 집단적 영혼은 그것들을 상대적으로 결합시킨 채로 유지하는 신화들과 의견들을 산출함에도 불구하고 서로 간에 점점 더 분리된다. 그로부터 집단들의 노화와 쇠퇴가 유래한다. 이는 집단의 영혼과 집단의 신체가 분리되는 것이다. 사회적 현재는 더 이상 통합된 현재가 아니라 불안정한 현재이다. 노인의 의식이 신체에 직접적으로 연결되지 않고 거기에 삽입되지 않은 채 한계 없는 여정 속에서 스스로로부터 자양분을 공급받는 것처럼 집단의 현재 의식은 섬처럼 고립되고 분리되어 있다. 집단적인 것과 정신적인 것의 관계가 존재한다고 주장할 수도 있다. 하지만 이 관계는 개체 상호 간의 수준에서 나타나는 것이 아니며, 자연적인 사회성le social naturel의 수준에서 나타나는 것도 아니다. 자연적인 사회성을 생명의 자연적 조건들에 대한 인간종의 집단적 반응, 예를 들면 노동을 통한 반응으로 이해할 경우 그러하다.

신체적이건, 정신적이건, 이미 개체화된 실재를 이용하는 사람은 정신성을 정의할 수 없다. 정신적 의미작용들이 발견되는 것은 개체초월적인 것의 수준에서이지 개체 상호 간이나 사회적인 것의 수준에서가 아니다. 개체화된 존재자는 발견해야 할 관계적 의미작용들의 가능한 미래를 자신과 더불어 실어 나른다. 집단적인 것 안에서 정신적인 것을 기초하는 것은 전개체적인 것이다. 개체가 자신과 더불어 실어 나르는 전개체적 실재를 **자연**Nature이라고 명명할 수 있을지도 모른다. 자연이라는 말 속에서 소크라테스 이전 철학자들이 사용한 의미를 재발견하고자 한다면 말이다. 이오니아의 생리학자들은 개체화 이전의 모든 종류의 존재의 기원을 거기서 발견하였다. 아낙시만드로스Anaximandros가 고안한, 개체화된 모든 형태의 근원인 아페이론ἄπειρον 같은 존재 아래서 자연은 **가능적인 것**le possible**의 실재**이다. 자연은 인간과 대립하는 것이 아니라 존재자의 최초의 상이다. 두번째 상은 개체와 환경의 대립이고, 환경은 전체와 관련한 개체의 보충이다. 우리가 여기서 제시하는 가설에 의하면 개체 안에는 모액eau-mère으로부터 무언가를 취하는 결정처럼 아페이론에서 유래하는 무언가가 남아 있다. 이러한 아페이론의 하중이 두번째 개체화를 향해 갈 수 있도록 허용해 줄지도 모른다. 다만 집단적인 것을 개체들의 결합으로 파악하고, 집단을 질료에 해당하는 개체들의 형식으로 생각하는 모든 체계와 달리 이 가설은 개체들을 집단의 질료로 보지는 않을 것이다. 아페이론의 담지자인 개체들은 집단적인 것 안에서 사람들이, 예를 들면, 운명이라는 통념의 형태로 표현하는 의미작용을 발견한다. 아페이론의 하중은 다른 존재자들에 포함된 동일한 본성의 다른 하중들과 관련하여 불균등화disparation의 원리이다.

집단적인 것은 여러 개체들이 운반한 본성들natures을 결합하는 개체화이다.[5] 이것들은 이 개체들의 이미 구성된 개체성들 안에는 포함되어 있지 않다. 그렇기 때문에 집단적인 것의 의미작용의 발견은 선행하는 개체와 관련하여 초월적인 동시에 내재적이다. 그것은 집단의 새로운 인격에 동시대적이다. 개체는 자신이 발견하는 의미작용들을 통해 즉 자신의 본성을 통해 이 새로운 인격에 참여한다. 그러나 이 본성은 진정으로 자신의 개체성의 본성은 아니다. 그것은 자신의 개체화된 존재에 연합된 본성이다. 그것은 존재자의 최초의 근원적인 상이 2차적 상 안에 잔류하는 것이다. 이러한 잔류는 세번째 상을 향한 경향을 암시하는데 이는 집단적인 것의 상이다. 집단적인 것은 개체화된 존재자들에 결합한 본성들의 개체화이다. 집단적인 것이 자신과 함께 실어 나르

---

5) [옮긴이] 우리말에서 자연은 복수로 쓰지 않기 때문에 natures는 '본성들'로 옮긴다. 그러나 '자연'이라는 의미를 염두에 두고 읽어야 한다. 이 문맥에서 '본성'으로 표현된 것은 모두 nature이다.

는 이러한 아페이론으로 인해서 존재자는 단지 개체화된 존재자에 머무르지 않게 된다. 그것은 개체화된 존재자와 본성의 쌍이다. 이러한 잔류하는 본성에 의해 존재자는 세계와 소통하고 개체화된 다른 존재자들과 소통하며, **선험적**인지 **후험적**인지는 모르지만 그 의미작용을 발견하게 된다. 이러한 의미작용의 발견은 [우선] 후험적이다. 왜냐하면 그것이 나타나기 위해서는 개체화 작용이 있어야 하며 개체화된 존재자가 이러한 개체화 작용을 혼자서 수행할 수는 없기 때문이다. 의미작용의 원리이자 환경인 개체화가 나타날 수 있기 위해서는 존재자가 자신과 다른 어떤 존재자와 함께 현존을 창조해야 한다. 그러나 이러한 의미작용의 출현은 또한 실재적 선험성을 가정하기도 한다. 즉 주체와 **자연**Nature의 이러한 하중의 관계, 원본적이고 전개체적인 상 속에서의 존재자의 잔류가 그것이다. 개체화된 존재자는 절대적 기원의 담지자이다. 의미작용은 최초의 개체화 이후에 오는 개체화, 즉 **후험적** 개체화 안에 있는 **선험성**des a priori들의 일치이다.

## II. 의미작용의 조건으로서의 집단적인 것[6]

### 1. 주관성과 의미작용, 의미작용의 개체초월적 특징

집단적인 것의 실존은 정보가 유의미하기 위해서 필요하다. 개체 존재자들이 실어 나르는 원본적 본성의 하중이 구조화되지 않고 조직화되지

---

6) [옮긴이] Signification은 명사적, 동사적으로 사용될 수 있어 문맥에 따라 '의미'나 '의미작용'으로 다르게 옮긴다.

_개체초월적인 것의 기초들과 집단적 개체화 · **579**

않는 한 집단적인 것은 형태의 존재로 실존하지 않으므로 신호들이 운반하는 형태를 받아들이지 않는다. 하나의 정보를 받아들이는 것은 사실 주체에 있어서는 신호를 내보내는 존재자와 함께 집단적인 연관을 창출하는 개체화를 자신 안에서 작동시키는 것이다. 한 존재자 혹은 여러 존재자에서 나오는 전언내용message의 의미를 발견하는 것은 그것들과 함께 집단적인 것을 형성하는 것이고 그것들과 함께 집단의 개체화로부터 개체화되는 것이다. 의미를 발견하는 것과 그 의미의 발견에 관련된 존재자와 더불어 집합적으로 존재하는 것 사이에는 차이가 없다. 왜냐하면 의미는 존재자에 속하는 것이 아니라 존재자들 사이에, 또는 차라리 존재자들을 관통해서 있는 것이기 때문이다. 그것은 개체초월적이다. 주체는 개체화된 개체와 그가 자신과 함께 실어 나르는 아페이론에 의해 형성된 쌍이다. 주체는 개체 이상의 것이다. 그는 개체이며 본성[자연]이다. 그는 존재자의 동시적인 두 상들이다. 그는 존재자의 이 두 상들을 집단적인 것의 개체초월적 의미작용 속에 용해시키면서 그것들의 의미작용을 발견하는 경향이 있다. 개체초월적인 것은 존재자의 최초의 두 상들의 종합이 아니다. 왜냐하면 이 종합은 그것이 엄밀한 의미에서 종합임에 틀림없다면 주체 안에서만 일어날 수 있을 것이기 때문이다. 그러나 그것의 의미작용은 있다. 왜냐하면 주체 안에 내포된 존재자의 두 상들 사이에 존재하는 불균등성은 개체초월적인 것의 구성에 의해 의미로 뒤덮이기 때문이다.

　이런 이유로 인간에게 의미작용에 접근하게 해주는 것은 언어라고 말하는 것은 절대로 불충분하다. 언어를 지탱하기 위한 의미작용이 없었다면 언어도 없었을 것이다. 의미를 창출하는 것은 언어가 아니다. 그것은 단지 주체들 사이에서 정보를 실어 나르는 것이다. 의미를 갖기 위해 정보는 주체 안에 한정된 개체성에 연합된 아페이론을 만날 필요가 있다. 언어는 표현의 도구이며 정보의 운반체이지 의미의 창조자가 아니다. 의미는 존재자들의 연관이지 순수한 표현이 아니다. 의미는 관계적이고 집단적이며 개체초월적이다. 그것은 표현과 주체의 만남으로부터 제공될 수 없다. 우리는 정보가 무엇인지를 의미작용으로부터 말할수 있지만, 정보로부터 의미작용을 말할 수는 없다.

자연적인 것(전개체적인 상)과 개체화된 것 사이의 중개를 구성하는 본유적인 심신의 구조들과 역동성들이 존재한다. 그것이 바로 성적 특징sexualité이다. 어떤 의미에서는 개체가 성을 가지고 있다는 사실은 개체화의 일부를 이룬다고 말할 수 있을지도 모른다. 그리고 사실상 성적 특징은 개체들의 심신의 구분이 존재하지 않는다면 존재할 수 없을지도 모른다. 그러나 성적 특징은 개체에 속하는 것이 아니며 개체의 속성이 아니다. 그것은 의미를 갖기 위해 짝을 필요로 한다. 그것은 여전히 개체에 연결된 전개체적인 것이며 개체가 암묵적으로 정신-신체적인 방식으로 운반될 수 있기 위해 세분화되고 양분된dichotomisé 것이다. 전개체적인 것의 양분은 이러한 전개체적인 하중이 개체에 더 많이 통합되도록 해준다. 성적 특징은 진정으로 아페이론으로 남아 있는 전개체적인 것보다 개체에 더 내재적이다. 성적 특징은 개체화된 존재자의 신체와 영혼을 빚어내고modeler 개체인 한에서 개체화된 존재자들 사이에서 비대칭을 창출한다. 성적 특징은 전개체적 본성의 아페이론과 제한되고 규정된 개체성 사이에서 동등한 거리에 있다. 그것은 제한되고 개체화된 개체성에 무제한적인 것과의 관계를 내속inhérence하게 한다. 그렇기 때문에 그것은 개체성과 본성[자연]이라는 두 방향에서 접근될 수 있다. 그것은 개체성과 본성[자연]을 소통하게 한다. 그것이 단지 개체의 기능이라는 것은 맞지 않는다. 왜냐하면 그것은 또한 자신으로부터 개체를 나오게 하는 기능이기도 하기 때문이다. 그것은 또한 단지 종이 외적 원리로서 개체 안에 놓은 종적 특징만도 아니다. 개체는 성적으로 분화되어 있으며sexué, 단지 성적 징후를 띠고 있는 것이 아니다. 그래서 개체화는 개체화인 한에서 이중양태bimodalité를 갖는다. 무엇보다도 그 것은 구체적으로 이중양태로 남아 있기 때문에 개체화로서 완전한 개 체화가 아니다. 개체화의 도정에는 이러한 이중양태 안에서 아페이론 의 하중의 내속성을 보존하게 해주는 어떤 정지가 있다. 무제한적인 것 을 제한된 것 안에서 이와 같이 표현하는 것은 자기성aséité의 존재자를 보존하고, 따라서 그로부터 완전한 개체화를 박탈한다.[7] 그렇게 해서 우 리는 이러한 개체적 이중양태가 어떻게 변증법적 상승의 원리로 간주될 수 있었는지를 이해할 수 있다.[8] 그러나 자웅동체의 신화는 여전히 신화 로만 남아 있을 뿐이다.[9] 왜냐하면 자웅동체는 완전한 개체이기보다는 양성적bisexual이기 때문이다. 사람들은 엄밀히 단일양태인 개체가 분리 된 자격으로서 존재할 수 있는지 자문할 수 있다. 성적 특징이 존재하지 않는 종들 아니면 그것이 개체의 단지 부차적 특징에 지나지 않는 종들 에서는 이따금 군체적인 생존 형태들이 존재하는데 이는 개체화에 있어 서 하나의 정지를 나타낸다. 고등한 종들에서는 개체 존재자에게 성적 특징이 부착됨으로 해서 개체 내부에서 개체화의 경계의 내속성이 생

---

7) [옮긴이] 자기성(aséité) → 용어설명* 참조.
8) [옮긴이] 플라톤의 『향연』에서 남녀의 사랑은 변증법적(dialectique)인 상승에 의해 신적인 단계에 이를 수 있는 것으로 그려지고 있다. 이때 변증법적이라는 말은 대화를 통한다는 뜻 이다.
9) [옮긴이] 자웅동체(androgyne)는 역시 플라톤의 같은 책에서 사랑의 기원을 설명할 때 제시 된다.

겨난다. 성적 특징은 전개체적인 본성으로부터 개체화된 존재자에 이르는 정신신체적인 내재성immanence으로 간주될 수 있다. 성적 특징은 자연[본성]과 개체화의 혼합이다. 그것은 요소집단인 짝의 통합된 이원성이라는 비대칭적 규정 속에서 멈춘 미결상태의 개체화이다.

이런 이유로 성적 특징은 집단적인 것으로의 안내 또는 집단적인 것으로부터의 은둔이며, 집단적인 것을 향한 영감이고 자극이다. 그러나 그것은 집단적인 것이 아니고 정신성도 아니며 정신성을 향한 자극이다. 성적 특징은 존재자를 운동하게 하면서 주체에게 그가 닫힌 개체가 아니고 그가 자기성을 소유하지 않는다는 것을 납득시킨다. 그것은 있지만 중간에μεταξύ 있으며, 개체화의 양태 안에 놓여 있으므로 개체화된 존재자로부터 분리될 수 없다. 프로이트가 한 것처럼 성적 특징을 개체화된 존재자 안에 있는 경향들의 원리와 동일시하면 안 된다. 또한 프로이트가 1914년에서 1918년까지 일어난 전쟁 이후에 자신의 교설을 손질하여 변형했을 때 하고자 했던 것처럼 존재자를 쾌락원리와 죽음본능의 원리라는 두 원리 사이에서 나누어서도 안 된다. 프로이트는 존재자의 단일성과 그것 안의 이원성이 동시에 존재한다고 느꼈다. 그러나 존재자는 단일성에 의해서도 순수한 복수성에 의해서도 해석될 수 없다. 프로이트의 교설 전체의 난점은 주체가 개체와 동일시된다는 사실, 성적 특징이 개체 안에서 그가 포함하고 가두어 두는 어떤 것으로 간주된다는 사실로부터 유래한다. 그런데 성적 특징은 현실적 개체의 내용이기보다는 최초의 개체화의 양태이다. 그것은 우리가 **자연**Nature이라고 명명한 것과 더불어 개체발생적 전개 안에서 조직되거나 조직되지 않음으로써 개체화되거나 또는 반대로 세계와 집단에 연결된다. 병인론pathogénèse은 분명 성적 특징의 형태를 띠는 개체화의 양태와 개체 안에 갇히지 않고 주체 안에 있는 전개체적 실재의 하중 사이의 갈등에 관련되지 않을까. 그러나 성적으로 분화된 존재자의 욕망의 실현, 경향들의 충족, 모든 경향들의 이완은 개체를 자기 자신과 일치하지 못하게 하며, 개체 내부에서 개체화의 양태와 자연 사이에서 병인적pathogène[병을 야기하는] 갈등을 멈추게 하지 못한다. 개체의 연구도, 사회적 통합의 연구도 단독으로는 병인론을 이해할 수 없다. 아픈 것은 개체만이 아니라 바로 주체이다. 왜냐하면 주체 안에는 개체와 자연[본성] 사이의 갈등이 있기 때문이다.

해결의 유일한 길은 주체가 의미작용을 발견하는 것이다. 의미작용 덕분에 집단적인 것과 개체적인 것은 일치할 수 있으며 공조적인 방식으로 전개될 수 있다. 골드슈타인은 경향들의 정상적 상태는 이완, 단조로운 안정이 아니라 그것들을 세계에 적용하고 대상에 부착시키는 어떤 평균적인 긴장이라는 것을 지적한 바 있는데 이는 옳다. 주체가 자신의 완성과 균형을 발견하는 것은 자기 자신과 자신의 주어진 실재성을 마주한 순수한 개체 속에서도 아니고 경험적 사회성 속에 삽입되는 가운데 있는 것도 아니다. 프로이트와 카렌 호니Karen Horney, 1885~1952는 두 가지 극단적인 사례들을 일반화한 것이다.[10] 정신병리학은 개체초월적인 것의 수준에 있다. 그것은 개체초월적인 것을 발견하지 못할 때 나타난다. 개체와 더불어 주체 안에 있는 본성[자연]의 하중은 다른 주체들 안에 있는 본성[자연]의 다른 하중들을 만나 의미작용이라는 개체초월적 세계를 구성할 수 있으나 그것이 불가능할 때 정신병리학이 나타난

---

10) [옮긴이] 카렌 호니는 프로이트가 주장한 여성의 페니스 선망이라는 개념을 거부하면서 정신분석학에 대한 문화주의적 해석으로 기울어진다.

다. 타인과의 병리적 관계는 의미작용이 부재하는 관계이다. [그때] 관계는 사물의 중립성 속으로 용해되어 삶을 극성polarité 없는 상태로 놓아둔다. 그때 개체는 섬 같은 실재가 됨을 느낀다. 과도하게 풀이 죽거나 거짓으로 의기양양해하고 거만해지면서 주체는 개체 존재자를 의미작용을 잃은 세계에 연결시키려고 한다. 의미작용이라는 개체초월적 관계는 주체와 중립적 대상들의 무력한 관계로 대치된다. 이 대상들 중 일부는 주체의 동포일 수도 있다. 손디Leopold szondi, 1893~1986는 그의 운명분석Schicksalsanalyse과 더불어 주체 안에 있는 본성의 이러한 국면을 제대로 발견하였다.[11] 그러나 이러한 국면은 정해진 병인적 힘들이 나타나지 않는 경우들에서도 역시 발견됨에 틀림없다. 주체를 그의 적극적인 선택으로 인도한 것은 여전히 어떤 전개체적인 실재이다. 사실 선택은 단지 주체 안에서 완전히 개체화된 것의 사실만은 아니다. 선택은 개체화되지 않은 본성의 일부가 개체화된다고 가정한다. 왜냐하면 선택은 주체가 집단적 통일성 안에서 구성되게 하는, 존재자의 관계의 발견이기 때문이다. 선택은 지배적인 주체가 중립적 대상을 배치하는 것이 아니다. 그것은 둘 혹은 여럿의 주체들로 형성된 긴장된 전개체적 통일체ensemble 속에 개입하는 개체화이다. 선택은 집단적인 것의 발견이자 확립이다. 그것은 자가구성적인 가치를 갖는다. 선택이 이루어지기 위해서는 전개체적 본성의 덩어리masse가 여럿 있어야 한다. 선택은 단지 주체의 행위가 아니다. 그것은 주체 안에서 [일어나는] 다른 주체들과의 구조화이다. 주체는 선택의 환경인 동시에 선택의 행위자이다. 존재론적으로 볼 때

---

11) [옮긴이] 운명분석이란 인간의 자유와 유전적인 성향의 강제로부터 인간의 운명이 정해진다는 내용이다. 특히 인생사에서 나타나는 여러 가지 선택에서 그러하다.

## 301

모든 진정한 선택은 상호적이며 의식들의 소통이나 상호주체적 관계보다 더 심오한 개체화 작용을 가정한다. 선택은 집단적 작용이며 집단을 기초하는 것이며 개체초월적인 활동이다.

그러므로 선택에 관련된 것은 개체이기보다는 주체이다. 선택은 주체들의 수준에서 이루어지며 집단적인 것 속에서 구성된 개체들을 야기한다. 그래서 선택은 존재의 도래이다. 그것은 단순한 관계가 아니다. 그러므로 그것이 전개체적인 것의 양태들로부터 존재하는 것이 아닌지, 주체들이 포함하는 본성[자연]의 서로 다른 국면들로부터 존재하는 것이 아닌지를 살펴보는 것이 나을지도 모른다. 아페이론은 아마도 개체화된 존재자와 관련해서만 무규정적일 것이다. 무규정자에는 다양한 양태들이 있을 것이다. 이로부터 집단적인 것이 임의의 경우에, 모든 경우에 동일한 안정성의 기회를 가진 임의의 긴장들과 더불어 생겨날 수는 없다는 사실을 설명할 수 있을지도 모른다. 그렇게 해서 아마도 가능적 의미작용들과 퍼텐셜들의 범주들, 안정적인 전前관계적 기초들 안에 있는 선험성의 종류들을 정의할 수 있을지도 모른다. 그러한 연구를 수행하기 위해서는 개념들이 부족하다.


## 2. 주체와 개체

이러한 부분적이고 가설적인 연구로부터 다음과 같은 사실을 알 수 있을 듯하다. 즉 개체라는 이름이 더 복잡한 실재인 완전한 주체라는 실재에 무분별하게 주어져 있다는 것이다. 주체는 자신 안에 개체화된 실재 이외에도 개체화되지 않은, 전개체적 또는 자연적인 국면을 포함하고 있다. 이러한 미개체화된 실재의 하중은 개체화의 힘을 내포하고 있는

데, 이 힘은 단지 주체 안에서는 존재의 빈곤함과 고립 그리고 전체의 체계성의 부재로 인해 결실을 맺을 수 없다. 주체는 다른 것들과 결합하여 그것들과 상관적으로 개체초월적인 집단적인 것을 탄생시키고 주체를 다른 주체들에 연결시키는 두번째 개체화의 무대이자 행위자가 될 수 있다. 집단적인 것은 자연[본성]이 아니다. 그것은 주체들에 부착된 자연[본성]의 선행적 실존을 가정한다. 이 주체들 사이에서 집단적 특징이 확립되고 주체들은 그 안에서 회복된다. 존재자들이 집단적인 것 속에서 서로 연결되는 것은 진정 개체들인 한에서가 아니라 주체들인 한에서, 즉 전개체적인 것을 포함하는 존재자들인 한에서이다.

이러한 이론은 개체화를 존재자의 상으로 간주할 것을 목표로 하지 않을까. 게다가 이 상은 전개체적인 존재자의 가능성들을 고갈시키지 않을 수 있다. 그렇게 해서 최초의 개체화는 자신들과 더불어 잠재성과 퍼텐셜들을 실어 나르는 존재자들을 탄생시킨다. 이러한 퍼텐셜들은 각 존재자에서는 매우 약하지만 통합된 후에는 개체화된 존재자들을 그들이 보존하고 포함하는 전개체적인 것에 의해 서로 연결함으로써 집단적인 것에 해당하는 두번째 개체화를 작동시킬 수 있다. 그러므로 특수존재자는 개체 이상의 것이 된다. 그것은 처음에는 최초의 개체화의 결과로서 혼자만으로 개체가 되지만, 다음에는 집단적인 것의 성원이 되는데, 이로 인해 그는 두번째 개체화에 참여하게 된다. 집단적인 것은 개체를 위한 환경이 아니라 그가 이러한 두번째 개체화에 의해 시동하는 참여들의 총체이다. 두번째 개체화는 선택에 해당하며 개체초월적인 실재의 형태로 표현된다. 주체 존재자는 존재자의 순차적인 세 가지 상들의 다소간 완벽하게 정합적인 체계로 간주될 수 있다. 즉 전개체적 상, 개체화된 상, 개체초월적 상은 완벽하게는 아니지만 부분적으로 자연, 개체,

정신성의 개념들이 지시하는 것에 상응한다. 주체는 대상의 상에 대립된 존재자의 상이 아니라 존재자의 세 가지 상들의 밀집되고 체계화된 통일성이다.

## 302

## 3. 경험적인 것과 초월적인 것. 전비판적인 존재론과 개체발생. 불균등화를 극복하는 의미작용으로서의 집단적인 것

주체를 보는 이런 방식은 초월적인 것과 경험적인 것의 어려운 구분을 피하게 해준다. 그것은 또한 본질에서 시작하는 인간 인식의 절대적 출발점으로서의 인간학을 자기 자신 위에 가두지 않게 해준다. 인간에 있어서 개체가 전부가 아니다. 왜냐하면 개체는 선행적인 개체화의 결과이기 때문이다. 존재자에 대한 전개체적인 인식이 필요하다. 개체화된 한에서의 존재자를 절대적으로 주어진 것으로 고려해서는 안 된다. 개체화된 존재자를 절대적으로 최초인 것으로 고려하는 대신에 철학적 탐구의 영역에 개체발생을 통합시켜야 한다. 이러한 통합은 비판의 어떤 존재론적 요청, 본질적으로 개체화에 연관된 요청을 넘어서게 해줄지도 모른다. 그것은 또한 존재자들을 유들로 분류하는 것을 거부할 수 있게 해줄지도 모른다. 이러한 분류는 존재자들의 발생이 아니라 발생 이후에 고려된 인식에 상응하며, 그것이 모든 스콜라 철학자들의 기초였다는 것을 우리는 주장한 바 있다. 그러므로 문제는 개체화된 존재자들의 발생을 전개체적인 실재로부터 목격하는 것이다. 전개체적인 실재는 개체화의 체계들로 스스로 해소되고 스스로 고정되는 퍼텐셜들을 포함한다.

개체발생에 해당하는 전비판적인 존재론의 확립에 도달하기 위해서 우리는 존재자의 상이라는 개념을 창안하고자 했다. 우리에게 이 개념은 불충분한 형상질료설의 도식 속에 함축된 것과 같은 형상의 개념을 대치할 것을 목적으로 하는 정보의 개념으로부터 확립될 수 있을 것처럼 보였다. 정보는 형식과 재료의 체계가 아니라 형식과 형식의 체계이다. 형식과 형식의 체계는 두 용어의 등가성parité과 동질성을 가정하는데, 게다가 (시각적 불균등화처럼) 일종의 괴리를 가지고 있어서 이것이 의미작용과 집단적 실재를 기초한다. 집단적인 것은 하나씩 볼 때는 불균등한 존재자들이 유일한 체계로 겹침에 의해 얻어진 의미이다. 그것은 체계화된 역동적 형식들의 만남이자 실현되고 소비된 의미작용이며, 더 높은 수준으로의 이행을 요구하고, 상호적 존재자들이 결합된 체계로서의 집단적인 것의 도래를 요구한다. 개체의 집단적 인격은 다른 집단적 인격들과 관련하여 동일한 순간에 상호적 인과성의 작동에 의해 의미를 가질 수 있는 어떤 것이다. 상호성과 내적 공명은 집단적인 것의 도래의 조건이다. 집단적인 것은 생명적 개체화와 관련하여 이차적인 개체화에서 유래하는 어떤 것이다. 그것은 최초의 개체화가 생명체 속에서 사용되지 않은 날 것 그대로의 자연으로부터 남겨 놓은 것을 다시 취한다. 이러한 이차적 개체화는 최초의 개체화를 전부 회복하는 것은 아니다. 집단적인 것에도 불구하고 개체인 한에서의 개체는 죽는다. 그리고 집단적인 것에의 참여는 개체를 최초의 개체화의 결과인 이 죽음으로부터 구하지 못한다. 2차적 개체화, 즉 집단적인 것과 정신적인 것의 개체화는 개체초월적인 의미작용을 탄생시킨다. 이러한 의미작용은 개체들을 통해 구성되지만 개체들과 함께 죽지 않는다. 주체 존재자 안에 있는 전개체적인 본성에 속하는 것은 전에 살아 있던 개체 옆에서 의미작용의 형태로 살아남을 수 있다. "모두가 죽는 것은 아니다"non omnis moriar라는 말은 어떤 의미에서 사실이다. 그러나 이 판단에서 일인칭의 인격을 제거한다는 단서를 붙여야 한다. 왜냐하면 자기 자신에서 살아남는 것은 더 이상 개체가 아니고 기껏해야 주체이기 때문이다. 집단적인 것에 통합된 의미가 되어 주체 존재자 안에 포함된 개체의 **지금, 여기** *hic et nunc*에서 살아남는 것은 주체에 연합된 자연[본성]의 하중이다. 개체에 있어 또는 차라리 주체에 있어서 어떤 방식으로 살아남는 유일한 기회는 의미가 되는 것, 자신의 무언가가 의미가 되게끔 하는 것이다. 그렇다고 해도 거기에는 여전히 주체에 대해 별로 만족스럽지 않은 시각이 있다. 왜냐하면 의미들과 집단적인 것을 발견하는 임무는 우연에 종속되어 있기 때문이다. 그렇지만 주체 존재자가 일반화된 집단적인 것 속에서 살아남을 수 있는 것은 단지 정보로서 이외에는 가능하지 않다. 집단적 개체화에 참여함으로써 주체는 (개체성에 해당하지 않는) 자신의 무언가를 자신보다 더 안정적인 실재에 불어넣는다. 존재와의 접촉이 있는 것은 연합된 자연[본성]에 의해서이다. 이 접촉은 정보이다.

### 4. 개체초월적인 것의 중심적 작용지대, 감정의 이론

이 연구의 의미는 다음과 같다. 개체화를 사유하기 위해서는 형상질료적 도식을 포기해야 한다. 진정한 개체화는 형태를 취하는 것으로 환원되지 않는다. 개체화의 작용은 단순한 형태화보다 훨씬 더 일반적이고 훨씬 더 광대한 현상이다. 형태갖추기는 개체화로부터 사유할 수 있지만 개체화를 형태갖추기의 범례로부터 사유할 수는 없다. 형상질료적 도식은 하나의 모호한 지대를 내포하며 이를 수용하는데, 그것은 바로 중심적인 작용지대zone opérationnelle이다. 형상질료적 도식은 모든 논리적 과정들의 범례이자 표본modèle으로서 이 과정들은 사람들에게 계열로 조직된 실재의 극단적인 경우들과 극단적인 항들에 근본적인 역할을 부여하게 한다. 마치 계열이 그 끝점들로부터 나올 수 있기라도 한 것처럼 말이다. 형상질료적 도식을 대체하기 위해 제안된 방법에 따르면 존재자는 그 전체로서 파악되어야 하고 정돈된 실재의 중간지대는 그 극단에 있는 항들만큼이나 실체적이다. 형상질료적 도식과 함께 운반된 모호한 지대는 이 도식을 통해 알려진 모든 실재 위에 자신의 그림자를 드리운다. 형상질료적 도식은 남용되어 실재의 발생에 대한 인식이 그것으로 대체된다. 그것은 **개체발생**에 대한 인식을 가로막는다.

심리학에서 불합리하고 불가지한 것으로 거부되는 것이 있는데 그것은 존재의 중간지대이다. 이는 알 수는 없고 단지 느낄 수밖에 없는 것이다. 심신의 관계는 해결할 수 없는 문제들을 제기한다. 그런데 사람들은 아마도 심리-생리적인 관계의 개념이 허구적인 것은 아닌지, 그것은 단지 사람들이 존재자를 형태갖추기의 결과로 생각하려 하고 이미 구성된 후의 형상질료적 도식을 통해 파악하려 한 사실을 나타내는 것 아닐까. 영혼과 신체의 명확한 관계에 도달하기가 불가능한 것은 존재자가 형상질료적 도식의 강제에 저항한다는 것을 나타내는 것일 뿐이다. 영혼과 신체라는 실체화된 용어들은 단지 존재자를 이 도식을 통해 인식하기 위한 노력으로부터 나오는 가공물에 불과할 수 있다. 이러한 노력은 우선 존재자를 구성하는 실재의 모든 스펙트럼을 형상과 질료로 간주된 극단적인 항들로 환원할 것을 요구한다. 집단의 연구도 마찬가지로 모호한 지대의 실존을 보여 준다. 집단의 신체는 사회형태학morphologie sociale에 의해 알려진다. 집단적 표상들은 상호심리학과 미시사회학의 대상이다. 그러나 이러한 두 극단적인 항들 사이에 모호한 관

계의 지대가 펼쳐져 있다. 그것은 집단적 실재의 영역인데 그것의 개체
발생은 알 수 없는 것으로 거부되는 듯하다. 집단의 실재성을 사회학적
객관성의 태도에 따라 사실로서 고려하는 것은 집단적인 것을 기초하는
개체화 이후에 일어나는 일이다.[12] 상호심리학적 전제들로부터 출발하
는 것은 집단의 개체화 이전에 위치하는 것이고, 이 집단을 개체들에 내
적인 정신적 역동성들로부터, 사회적인 경향들과 욕구들을 개체로부터
도출하고자 하는 것이다. 그런데 진정으로 집단적인 것은 개체화 작용
과 동시적이며 순수하게 사회적인 것과 순수하게 정신적인 것이라는 극
단적인 항들 사이의 관계로서 알려질 수 있는 것이 아니다. 집단적인 것
은 사회적 외재성으로부터 정신적 내재성으로 나아가는 스펙트럼으로
전개되는 존재 자체이다. 사회적인 것과 정신적인 것은 단지 극한의 경
우들에 불과하다. 그것들은 실재의 기초들이 아니며 관계의 진정한 항
들이 아니다. 극단적인 항들은 단지 인식의 시선에 대해서만 존재한다.
왜냐하면 인식은 모호한 관계를 축소시키는 명확한 개념들의 쌍인 형상
질료적 도식을 적용할 필요를 느끼기 때문이다.

형상질료적 도식과는 반대로 존재자를 그 활동의 중심에서 파악
하는 개체화의 표상을 세울 수 있다. 그러나 개체화의 개념이 형상질료
적 도식에서 완전히 벗어나기 위해서는 분류에 호소해서는 안 되고 속
성들을 포함하거나 배제함으로써 본질을 정의하는 과정도 없이 진행할
수 있는 사유의 과정을 작동시켜야 한다. 왜냐하면 공통의 유와 종차에
의해 존재자의 인식을 가능하게 하는 분류는 형상질료적 도식의 사용

---

12) [옮긴이] 집단의 실재성을 사회적 사실로 고려하는 것이 에밀 뒤르켐의 출발점이다.

을 가정하기 때문이다. 유에게 그것의 질료에 해당하는 종들과 관련하여 그 의미를 주는 것은 형상이다. **변환적**transductive이라고 명명할 수 있는 사유는 존재자의 통일성이 질료에 형태를 부여하는informant 형상에 의해 부여된다고 보지 않고 존재자를 절대적인 방식으로 기초하는 개체화 작용의 일정한 체제régime에 의해 그것이 부여된다고 본다. 존재자의 통일성을 만드는 것은 존재자의 응집cohésion이지 형상과 질료의 연관이 결코 아니다. 존재자의 통일성은 부분에서 부분으로 가면서 존재자를 관통하고 구조를 기능으로 기능을 구조로 전환시키는 활동성의 체제이다. 존재자l'être는 관계이다. 왜냐하면 관계는 존재자의 자기 자신과 관련한 내적 공명이며, 그것이 분열되고 통일되면서 자기 자신의 내부에서 스스로를 상호적으로 조건짓는 방식이기 때문이다. 존재자의 통일성은 단지 개체화 즉 절대적인 개체발생으로부터만 이해할 수 있다. 존재자는 하나이다. 왜냐하면 그는 자신과 일치하고 자신 안에 반사되는 자신의 상징이기 때문이다. 관계는 결코 선재하는 두 항들의 관계로 간주되어서는 안 되고 개체화되는 체계 속에서 정보와 인과성의 교환의 상호적 체제로 간주되어야 한다. 관계는 개체화된 존재자의 내적 공명으로서 물리적으로, 생물학적으로, 심리적으로, 집단적으로 존재한다. 관계는 개체화를 표현하고 존재자의 중심에 있다.

존재자의 존재자에 대한 관계가 가능하기 위해서는 서로 관계가 있는 존재자들을 포괄하는 개체화가 있어야 한다. 이는 개체화된 존재자들 안에 어떤 무규정자의 하중이, 즉 실제적으로 개체화되지는 않았으면서도 개체화 작용을 관통하는 전개체적 실재의 하중이 있다는 것을 전제한다. 이러한 무규정자의 하중을 자연[본성]이라고 부를 수 있다. 이러한 무규정자를 순수한 잠재성virtualité으로 간주해서는 안 되고(잠재성은 어느 정도 형상질료적 도식에 속하는 추상적 개념일지도 모른다), 현재 존재하는 퍼텐셜들로 채워진 진정한 실재로 즉 준안정적인 체계의 에너지로 간주해야 한다. 잠재성의 개념은 체계의 **준안정성**의 개념으로 대체되어야 한다. 집단적인 것은 개체화된 존재자들 안에 포함된 전개체적 실재의 하중으로부터 탄생하며 미리 존재하는 형상과 질료의 만남에 의해 탄생하는 것이 아니다. 개체화된 존재자들 사이의 관계에 해당하는 것이 집단적인 것의 개체화이다. 이는 개체화된 존재자들에서 출발하는 관계, 그것들의 개체성에 근거하는 관계가 아니다. 비록 개체성이 관계를 기초하고 집단적인 것을 구성하는 용어로 사용된다고 해도 그러하다. 개체화가 없다면 존재자도 없고 존재자가 없으면 관계도 없다. 이미 개체화된 존재자들 사이에 존재할 수 있는 관계, 집단적인 것의 개체화로부터 고려된 개체성들 사이에서 세워질 수 있을지도 모르는 관계는 단지 정신 상호적인 관계처럼 개체 상호적인 관계에 지나지 않을 것이다. 집단적인 것은 이미 개체화된 존재자들 속에 포함된 전개체적인 실재가 실어 나르는 퍼텐셜들을 사용하는, 자신의 고유한 개체발생, 자신의 고유한 개체화 작용을 소유한다. 집단적인 것은 집단적인 것의 내부에서 내적 공명에 의해 나타난다. 그것은 안정적인 관계적 작용인 한에서 실재적이다. 그것은 자연(본성)φυσιχῶς에 의해 존재하는 것이지 이성λογιχῶς에 의해 존재하는 것이 아니다. 주체 상호 간의 관계의 탄생을 조건짓는 것은 주체들 안의 이러한 자연[본성]의 하중의 실존이다. 이는 개체화된 존재자들 안에 잔존하는 전개체성이다.

개체 존재자 안에서 감정과 같은 현시manifestation들은 단지 개체 존재자의 내용과 구조만 가지고는 설명이 불가능할 것 같다. 물론 개체발생에 영향을 주는 어떤 계통발생적 조건화에 호소하여 감정 속에서 위기상황에 대한 적응이라는 특징을 보여 주는 것도 가능하다. 사실 다윈이 강조한 적응의 국면들은 물론 존재한다. 하지만 그것들은 감정이라는 실재 전체를 설명하지는 않는다. 존재자는 감정에 의해 적응하지만 그만큼 그것에 의해 적응성을 잃기도 한다. 적응이라는 것을 개체인 한에서의 개체의 안전을 보장하는 행동들로 본다면 말이다. 사실 감정이 심리학에 해결하기 아주 어려운 문제들을 제기한다면 그것은 감정이 완전히 개체화된 것으로 고려된 존재자의 기능으로 설명될 수 없기 때문이다. 감정은 개체화된 존재자 안에 전개체적인 것의 잔류를 나타낸다. 그것은 실재적 퍼텐셜로서 자연적 무규정자의 한가운데서 주체 속에 집단적인 것 한가운데서 확립되는 관계를 야기한다. 집단적인 것이 존재하는 것은 감정이 구조화되는 한에서이다. 고립된 상황에서 감정은 단지 집단적인 것의 개체화를 따라서만 체계화될 수 있는 불완전한 존재자와 같다. 감정은 주체의 한가운데 현시된 전개체적인 것에 속하며, 내재성이나 외재성으로 해석될 수 있다. 감정이 내재성이나 외재성에 모두 연관되는 것은 그것이 개체화된 것에 속하지 않기 때문이다. 감정은 주체 한가운데서 일어나는, 자연[본성]의 하중 그리고 개체화된 존재자의 안정된 구조들 사이의 교환이다. 그것은 집단적인 것의 밑그림을 그리고 있다. 그것은 개별적인 한에서의 존재자를 문제화한다. 왜냐하면 그것은 개체화된 존재자를 뒤덮고 고정시키는 집단적인 것의 개체화를 야기하는 힘이기 때문이다.

개체를 따를 경우 감정은 불가해한 것이다. 왜냐하면 감정은 자신의 뿌리를 개체인 한에서의 개체의 구조와 기능들에서 발견할 수 없기 때문이다. 일정한 행위나 행동에 대한 감정의 적응은 단지 일면적인 것에 불과하다. 감정은 부적응을 창출하여 그것을 일정수의 부수적인 현시들을 수단으로 하여 교정할 수 있도록 하는 것 같다. 사실 적응-부적응의 기준은 감정을 이해하는 데는 불충분하다. 왜냐하면 그 기준은 감정을 차후에 그 결과들 속에서, 또는 감정에 대한 개체의 적응반응 속에서 주변적인 방식으로 고려하기 때문이다. 개체는 감정과 소통하고 감정과 관련하여 적응하는데, 이는 사람들이 일반적으로 말하는 것처럼 감정과 투쟁하기 위해서가 아니라 그것과 더불어 존재하기 위해서이다. 감정 안에는 개체와 전개체적 자연적 하중의 상관관계가 있다. 그러나 감정을 개체화된 존재자의 구조들 안에 포함시키는 연구에서는 그 자체로는 고유하게 설명되지 않는 행동들을 포착할 수 있을 뿐이다. 그래서 감정을 개체의 현상으로 환원하기 위해서는 사르트르의 기만mauvaise foi 이라는 전제처럼 일군의 복잡한 환원적 전제들에 호소해야 한다. 또한 감정을 사회적인 것으로 간주하려 함으로써 그것을 올바른 방식으로 해석할 수 있는 것도 아니다. 사회적인 것이 실체적이고 감정의 탄생 이전에 있는 것으로 간주되어 외부에 기원을 갖는 행위가 유입되어 개체 안에 감정을 야기할 수 있는 것이라면 말이다. 감정은 개체적인 것에 대한 사회적인 것의 작용이 아니다. 그것은 유일한 항으로부터 [사회적] 관계를 구성할지도 모르는, 구성된 개체의 엘랑도 아니다. 감정은 집단적인 것의 개체화 속에서 스스로 구조화되면서 의미로서 발견되는 퍼텐셜이다. 그것은 집단적인 것의 개체화 속에서 발현되지 않는 한 불완전하고 미완성이다. 집단적인 것 밖에서는 감정은 진정한 감정으로서 존재하는 것이 아니라 주체 안의 전개체적 실재와 개체화된 실재 사이의 갈등과 같다. 이 갈등은 감정의 잠복성latence이고 때로는 감정 자체와 혼동되기도 한다. 이러한 감정은 사실상 주체의 해체가 아니라 집단적인 것의 발견 안에서만 안정화될 수 있는 새로운 구조화의 시작이다. 감정의 본질적인 순간은 집단적인 것의 개체화이다. 이 순간 후에 또는 이 순간 이전에는 사람들은 진정하고 완전한 감정을 발견할 수 없다. 감정적 잠복성은 주체의 자기 자신에 대한 부적합성이며 그의 본성의 하중과 개체화된 실재 간의 양립불가능성이며, 주체에게 그가 개체화된 존재자 이상의 것이라는 사실, 그가 자신 안에 차후의 개체화를 위한 에너지를 지니고 있다는 사실을 알려준다. 그러나 이러한 차후의 개체화는 주체 존재자 속에서만 이루어질 수 있다. 그것은 개체초월적인 집단성처럼 이 주체 존재자를 통해서만 그리고 다른 존재자들을 통해서만 이루어질 수 있다. 그러므로 감정은 암묵적 사회성이나 조정되지 않은 개체성이 아니다. 그것은 전개체적 실재로부터 주체 속에 남아 있는 것을 합병하는 차후의 개체화들에 대한 참여를 가능적으로 개체화된 존재자 안에 보유하고 있는 어떤 것이다.

감정이 심신관계의 모호한 지대에 위치하고 있다는 것은 놀라운 일이 아니다. 그것은 결코 형상질료적 도식을 수단으로 하여 생각되어서는 안 된다. 감정은 전개체적인 것으로부터 탄생하여 개체화 이전에는 개체 안에 유입되는 곤란의 형태로, 개체화 이후에는 집단적인 것의 수준에서 기능적으로 규정된 의미의 형태로 파악될 수 있을 것 같다. 그러나 개별적인 것도 사회적인 것도 순수한 상태에서는 감정을 설명할 수 없다. 감정은 전개체적인 실재들의 개체화이며 그것도 이 개체화가 확립하는 집단적인 것의 수준에서 그러하다. 감정은 자신이 전개됨에 따라 나타나는 극단적인 항들에 의해서만 파악될 수 있다. 그것은 자신의 고유한 응집에 의해 이 극단적인 항들, 즉 순수하게 개체적인 것과 순수하게 사회적인 것을 통합한다. 이 항들은 감정이 그것들을 국지화하고 자신이 세우는 관계적 활동의 극단적인 항들로서 그것들을 정의하기 때문에 감정적 개체화의 극단이 되는 것이다. 순수하게 사회적인 것과 순수하게 개체적인 것이 존재하는 것은 개체초월적 실재와 관련해서, 모든 범위에 있는 그 실재의 극단적인 항들로서이다. 개체적인 것과 사회적인 것이 반대되는 항들의 자격으로 존재하는 것은 서로와 관련해서가 아니다. 개체초월적인 것은 단지 그것이 형상질료적 도식의 모호한 지대에 상응하기 때문에 철학적 반성에서 잊혀진 것이다.

# 결론

개체화를 **작용**으로, 소통의 작용으로, 따라서 최초의 작용으로 생각하는 것은 일정수의 존재론적 전제들을 받아들이는 것이다. 그것은 또한 하나의 규범성의 기초를 발견하는 것이기도 하다. 왜냐하면 개체는 유일한 실재, 존재자의 유일한 모범이 아니라 단지 하나의 상phase이기 때문이다. 그러나 그것은 한 전체의 부분 이상의 것이다. 왜냐하면 그것은 전체성의 싹이기 때문이다.

집단적인 것의 개시entrée는 생명체들이 운반하는 전개체적 자연의 하중에 호소하는 보충적 개체화로 생각되어야 한다. 실제로 생명체들의 실재성 전체가 구성된 개체성에 통합되어 있다고 단언할 수 있는 근거는 전혀 없다. 존재자는 개체화된 실재성과 전개체적 실재성으로 형성된 군ensemble으로 간주될 수 있다.[1] 개체초월성을 기초하는 실재로 간주될 수 있는 것은 전개체적 실재이다. 그러한 실재는 개체를 질료로 가질지도 모르는 형상이 아니라 개체를 양쪽에서 연장하는 실재이다. 이 실

---

[1) 이런 척도에서 ── 생명체에 있어서 ── 전개체적 실재는 또한 개체 이후의 실재이기도 하다. 개별화된(individualisé) 상은 군체적 유형의 두 상들 사이의 전이이다.

재는 개체가 처음에 속해 있던 세계이며 거기서 개체는 이 세계를 구성하는 다른 모든 존재자들과 동일한 수준에 있었다. 집단적인 것의 개시는, 개체를 개체적 실재와 동시에 전개체적 실재를 내포하고 있던 존재의 집단적인 형태로 증폭시키는 것이다. 이것은 존재자들의 개체화가 조직화의 퍼텐셜을 완전히 고갈시키지는 않는다는 것 그리고 존재자들의 완성에는 유일한 상태만 가능한 것은 아니라는 것을 가정한다. 그러므로 이러한 견해는 불연속의 전제에 입각해 있다. 개체화는 연속체를 따라 이루어지지 않는다. 이런 생각은 개체화가 단지 총체적일totale 뿐이거나 아무것도 아니거나nulle 둘 중 하나일 수밖에 없다는 결과를 낳는다. 단일성인 한에서의 존재자의 이러한 출현 양상은 단일성의 분할에 의해서 작동할 수는 없겠기 때문이다(반면 복수성은 복수성에 결합한다). 일상적으로 불연속체는 단지 물리학이나 화학의 요소입자들의 교환이나 운동 속에서만 나타나는 공간적이거나 에너지적인 불연속체로 생각된다. 여기서[우리 입장에서] 불연속체의 관념은 존재자의 순차적 상들이 양립가능하다는 가설에 결합된, 상들의 불연속성의 관념이 된다. 즉 개체화된 것으로 고려된 존재자는 사실상 함께 현전하는 여러 상들을 따라 존재할 수 있고 또 자신 안에서 존재의 상을 바꿀 수 있다. 그 존재자 안에 있는 복수성은 부분들의 복수성이 아니라(부분들의 복수성은 존재자의 단일성의 수준 아래 있을지도 모른다) 이 단일성의 위에 있는 복수성이다. 왜냐하면 그것은 존재의 하나의 상과 존재의 다른 상과의 관계 속에 있는, 상으로서의 존재자의 복수성이기 때문이다. 존재자로서의 존재자는 그것의 상들 각각에서 전체로서 주어진다. 그러나 그것은 생성의 저장고와 더불어 주어진다. 존재자는 여러 개의 형상을 갖는다고, 그래서 여러 개의 현실태entéléchie를 갖는다고 말할 수 있을지도 모른다. 생물학적 추상으로부터 이끌어 낸 학설이 가정하듯이 단 하나의 현실태만을 갖는 것은 아니다.[2] 존재자와 존재자 자신의 고유한 부분들과의 관계, 또는 생성이 존재자를 변질시키는 한에서 존재자의 생성에 대한 고찰은 존재자의 단일성과 복수성 사이의 관계의 열쇠를 줄 수 없다. 개체화된 존재자와 다른 존재자들 사이에서도 마찬가지로 말할 수 있다. 존재자는 개체화되었건 아니건 간에 시공적 차원성을 가진다. 왜냐하면 그것은 한 순간과 한 장소에서 존재자의 여러 상들을 간직하고 있기 때문이다. 존재자는 단지 현시된 모습인 것만이 아니다. 이 현시는 단지 유일한 상에 대해서만 현실태이기 때문이다. 이 상이 현실화되는 동안, 잠복해 있는latent 실재적인 그리고 에너지적으로 현전하는 퍼텐셜인 한에서 현실적이기도 한 다른 상들이 존재한다. 그리고 존재자는 자신을 현실태에 도달하게 해준 상 안에서와 마찬가지로 이 다른 상들 안에서도 존재한다. 형상질료적 도식의 오류는 무엇보다도 그것이 개체화된 존재자에 대해 단 하나의 현실태만을 허용한다는 데 있다. 반면 존재자는 여러 개의 상들을 갖는 것으로 생각되어야 한다. 존재자는 여러 개의 순차적 현실태들을 가질 수 있는데 이것들은 동일한 상들의 현실태들이 아니고 따라서 반복되는 것들이 아니다. 개체화된 존재자를 실체화하는 이론에서는 개체화된 존재자와 다른 존재자들의 관계를 이해할 수가 없다. 왜냐하면 그 이론은 개체화를 절대적 존재자의 출현, 창조로 간주하거나, 또는 개체화된 존재자를 예고하는 어떤 것이나 그것을 에너지적으로 준비하는 어떤 것을 자기 자신 속에 포함하고 있지 않은 요소들로

---

2) 심지어 개체의 상과 군체의 상에는 상보성이 있다고 말할 수도 있을지 모른다. 생명적 유기 조직의 복잡한 형태들과 더불어 그리고 유형성숙과 더불어 이 상들은 집단적인 것 속에서 서로 가까워진다.

부터 [무언가가] 연속적으로 형성되는 것으로 간주하기 때문이다. 존재론적 일원론은 상들의 다원론으로 대체되어야 한다. 존재자는 미리 주어진 유일한 형상이 아니라 순차적 정보들을 통합하는데, 이것들은 그만큼의 구조들이자 상호적 기능들이다. **형태의 개념은 형상질료적 도식으로부터 분리되어 다상적**polyphasé **존재자에 적용될 수 있어야 한다.** 그렇게 되면 이 존재자는 형상질료적 도식의 타당성을 전제하는 공통의 유와 종차라는 일반적 도식의 내부에서 고려될 수 없다. 형상질료적 도식을 벗어나면 형태의 개념은 형태[심리학] 이론가들의 탐구 방향을 따라 합리적인 방식으로 구조화되어 존재자의 다상적 특징에 적합하게 될 수 있다. 즉 형태의 이러한 관계적 의미작용은 정보 개념의 내부에서 더 충만하게 이해될 수 있다. 단, 정보를 불균등화의 관계적 의미작용으로 이해한다면, 즉 증폭에 의해서만 해결될 수 있는 문제로 여전히 이해한다면 말이다. 그러한 학설이 가정하는 것은 개체화된 실재의 내부에만 소통이 있다는 것과 정보는 개체화된 존재자의 자기 자신에 대한 상호관계의 여러 측면들 중 하나라는 것이다. 존재자의 자기 자신에 대한 관계는 자기동일성보다 훨씬 더 풍부하다. 빈곤한 관계인 자기동일성은 자기 자신에 대해 존재자가 가질 수 있는 유일한 관계이다. 이 관계는 존재자를 유일한 상만 가진 것으로 간주하는 이론을 따라 상상할 수 있다. 반면 다상적 존재자의 이론에서 자기동일성은 내적 공명에 의해 대치되고 내적 공명은 특정한 경우에 의미작용이 되어 증폭 활동을 허용한다. 이러한 이론은 실재들의 등급이 **분류적**classificatoire**이 아니라 변환적으로** 파악된다고 가정한다. 형상질료설에서 유들에 의해 표시되는 실재의 커다란 분류는 상들이 되고 이 상들은 결코 완전히 동시적으로 현실화되지 않으며 오히려 기능적이고 **구조적인 현행성**actualité의 형태로 혹은 퍼텐셜의 형태로 존재한다. 퍼텐셜은 순수한 잠재성virtualité이 아니라 현재 존재하는 실재의 상이 된다. 반대로 개체화된 존재자의 형상질료설에서 질료의 순수한 비결정성으로 간주되던 것은 정돈된 변환적 계열이 되거나 여러 변환적 계열들의 양립불가능성이 된다. 변환적 질서는 그것을 따라 **질적 배열 혹은 강도적 배열**이 중심으로부터 양쪽으로 펼쳐지는 그러한 질서이다. 이 중심의 정점에 강도적 혹은 질적 존재자가 있다. 색깔의 계열이 그러하다. 색의 계열을 양 끝에 펼쳐 있는 적색과 자색의 부정확한 경계들에 의해 구별하려고 해서는 안 된다. 오히려 그 **중심 안에서, 즉 유기적 감수성이 그 정점을 찍는** 녹색-노란색 안에서 구별하려고 해야 한다. 인간종에 있어 중심을 이루는 것은 녹색-노란색이며 이로부터 색의 성질이 적색과 자색을 향해 분리된다. 색의 계열에는 두 종류의 경향이 있다. **중심**으로부터의 **양극단**을 향하는 경향들과 **계열의 중심인 한에서 중심 안에 이미 포함된** 경향들이 그것들이다. 색의 계열은 우선 각 종에 따라 가변적인 그 실재적 환경 안에서 파악되어야 한다.[3] 소리나 열의 성질도 그러하다. 개체화된 존재자에서는 순수한 비결정성에 해당하는 질료도 없고 감성적인 것의 무규정적 다양성도 없으며, 단지 한 축을 따라 정돈된 변환적 계열들의 최초의 양극성bipolarité이 있을 뿐이다. 변환적 계열은 두 항들 사이의 관계이기보다는 유일한 중심항으로 구성되는데 이 중심항은 자기 자신으로부터 나와서 서로 대립된 두 방향으로 분리되면서 자기 자신으로부터 멀어져 보충적 성질들이 된다. 존재자에 대한 그러한 표상은 개념적 쇄신을 요구하는데 이는 기

---

3) 표준단위들을 세울 수 있는 것은 단지 이러한 환경 ——그것은 또한 최적의 상태이기도 하다——에서부터이다. 예를 들면 빛의 특유한 최선의 효율성을 위해 측정된, 빛의 최소한의 역학적 등가물과 관련한 스펙트럼의 광도(lucivité)의 계수들의 단위가 그러하다.

초적 도식들을 수정함으로써만 얻어질 수 있다. 문화에 의해 직접 부과된 형상질료적 도식을 대체하기 위해서는 일정수의 범례의 사용이 필요하다. 그러나 최초의 개념적 범례를 제공할 수 있는 영역의 선택은 자의적이어서는 안 된다. 하나의 도식이 실제로 범례로서 사용될 수 있기 위해서는 본래의 영역과 범례의 적용 영역 사이에서 조작적이고 기능적인 유비가 가능해야 한다. 형상질료적 도식은 형태갖추기의 기술적 조작으로부터 도출되어 개체발생을 통해 파악된 생명적 개체를 사유하기 위해 사용된 범례다. 이와 반대로 우리는 물리과학으로부터 하나의 범례를 이끌어 내려고 시도했다. 우리는 그것이 생명적 개체의 영역에 겹쳐질 수 있으리라 생각한다. 이러한 물리적 영역의 연구는 단지 기초개념들을 형성하기 위한 목적뿐만 아니라, 또한 그 연구가 개체화 작용이 존재할 수 있는 최초의 영역의 연구이기 때문에 기초의 구실을 할 목적을 가진다. 우리는 개체화의 다양한 등급이 있다고 가정하기 때문에 물리적 범례를 사용하면서도 생명적인 것을 물리적인 것으로 환원하지 않았다. 도식의 전환은 도식의 구성을 동반하기 때문이다. 우리는 결코 물리적 개체화가 생명적 개체화를 산출한다고 말하고자 하지 않는다. 우리는 단지 실재는 개체화의 물리적 체계 안에서 가능한 조작들의 모든 단계들을 다 밝히고 전개시킨 것은 아니라는 것, 그리고 물리적으로 개체화된 실재 안에는 여전히 생명적 개체화의 여지가 남아 있다는 것을 말하고자 할 뿐이다.[4] 개체화된 물리적 존재자는 그 물리적 개체화가 해소되지 않은 채 차후의 생명적 개체화 안에 투입될 수 있다. 물리적 개체

310

---

4) 물리적 개체화는 여기서 단계들을 뛰어넘는 개체화, 그 기원에서 충분히 주저하고 있지 않은 개체화로 간주되고 있다. 생명적 개체화는, 맨 처음 단계의 유기화를 가능하게 하고 그것을 심화시켜 주는 기동적(inchoatif) 단계의 확장 같은 것인지도 모른다.

화는 생명적 개체화의 원인은 결코 아니지만 아마도 그것의 조건이기는 할 것이다. 왜냐하면 생명적인 것은 물리적 개체화를 증폭시키는 지연 ralentissement으로 개입하기 때문이다. 물리적 개체화는 제기된 **최초의 문제에 대한 해결**이고 생명적 개체화는 새로운 문제상황의 출현에 이어서 물리적 개체화 안에 삽입된다. 전물리적인préphysique 문제상황과 전생명적인prévitale 문제상황이 있다. 물리적 개체화와 생명적 개체화는 해결의 양태들이다. 그것들은 절대적 출발점들이 아니다. 이 학설에 따르면 개체화는 존재자의 어떤 순간의 도래avènement이지만, 이 도래는 최초의 것이 아니다. 그것은 최초의 것이 아닐 뿐만 아니라 자기 자신과 더불어 **전개체적인 상의** 어떤 **잔재**rémanence를 실어 간다. 전개체적 상만이 진정으로 단일한 상이라고 말할 수 있다. 개체화된 존재자의 수준에서 존재자는 필연적으로 이미 **다상적**이다. 왜냐하면 전개체적 과거가 개체화된 존재자의 실존과 병행하여 살아남아 있고 새로운 증폭 작용들의 싹이 남아 있기 때문이다. 개체화는 존재자 안에 **구분되는 상들의 상호관련된 탄생**처럼 개입하는데, 그것은 그 상들을 [자신 안에] 포함하고 있지 않던 것으로부터 즉 편재하는 순수한 퍼텐셜로부터 나타난다. 개체는 **개체화의 결과**이지만 또한 **환경**이기도 하기 때문에 하나로 간주되어서는 안 된다. 그것은 다른 개체들과 관련해서만, 아주 피상적인 **지금, 여기**에 따라서만 하나이다. 사실상 개체는 다상적인 한에서 복수적multiple이다. 그것이 복수적인 것은 그것이 자신 안에 더욱 국지화되고 더욱 순간적인 이차적 개체들의 복수성을 내포하고 있기라도 한 것처럼 [생각되기 때문에] 그러한 것이 아니다. 오히려 그것이 잠정적인 해결이고 새로운 작용들에 이르게 될 생성의 하나의 상이기 때문에 그러하다. 개체의 단일성은 **존재자의 중심적이고 중간적인 상**이다. 이것으로부터 다른 상들이 생겨나고 1차원적인 양극성으로 분리된다. 개체화 이후의 존재자는 단지 개체화된 존재자인 것만이 아니다. 그것은 개체화와 개체화의 결과를 포함하는 존재자이자, 최초의 전개체적 상태의 잔류로부터 다른 작용들을 향해 나아가는 운동을 포함하는 존재자이다. 개체화 이후에 존재자는 **하나의 과거를 가지며** 전개체적인 것은 하나의 상이 된다. 그리고 전개체적인 것은 모든 상 이전에 있다. 그것은, 존재자를 둘로 분리시키고 그 자신과 관련하여 상전이시키는 개체화로부터만 최초의 상이 된다. 상들을 창조하는 것은 개체화이다. 왜냐하면 상들은 존재자가 자신의 양쪽에서 이처럼 전개된 것에 지나지 않기 때문이다. 즉 상들은 이중적 탈배치décadrage에 불과한데, 이는 자기 자신을 스스로와 양립불가능하게 만든 **긴장들과 퍼텐셜들을** 통과한 최초의 일관성으로부터 유래한다. 전개체적 존재는 **상이 없는 존재인** 반면 **개체화 이후의 존재자는 상으로 된 존재자**l'être phasé**이다.** 이러한 견해는 **개체화와 존재자의 생성을** 동일시하거나 또는 적어도 연관시킨다. [거기서] 개체는 존재자와 동일한 것으로 고려되고 있지 않다. 존재자는 개체보다 더 풍부하고 더 지속적이며 더 범위가 넓다. 개체는 **존재자의 개체이며 존재자 위에서 취해진 개체이지 존재자의 최초이고 기본적인 구성소는 아니다.** 그것은 하나의 존재방식 또는 차라리 존재의 한 계기moment이다.

개체화의 개념을 **존재자의 최초의 요소가 아닌,** 개체화된 한 존재자의 발생으로 제안하는 경우 그러한 견해가 철학적 사유 전체에 대해 틀림없이 갖게 될 결과의 의미를 보여 주어야 할 것이다. 왜냐하면 개체화에 대한 일정한 개념규정이 적어도 암묵적인 자격으로 그 용어의 개념 안에 이미 포함되어 있는 것으로 보이기 때문이다. 반성이 모든 존재론 이전에 개입하여 타당한 판단의 조건들을 정의하고자 할 때 그것은 판단에 대한 일정한 견해에 호소하고 이와 관련하여 [판단의] 항들로서 인식 내용과 대상 및 주체에 대한 견해에 호소한다. 그런데 판단의 조건들과 인식의 조건들에 기초하는 모든 비판적 사유의 행사 이전에 다음 질문에 대답해야 한다. 그것은 바로 관계란 무엇인가 하는 것이다. 그러한 인식론이 함축하고 있는 것은 관계에 대한 일정한 견해, 특히 관계에 선행하는 것으로서의 항들의 개체성에 대한 견해이다. 그런데 인식이 관계라는 것, 특히 그 안에서 항들이 개체화된 실재들로서 미리 존재하는 그러한 관계라는 사실은 전혀 입증되지 않고 있다. 인식의 조건이 주체와 대상을 구조기능적인 단일성 안에 포괄하는 공통의 개체화라면 판단의 조건들에 대해 말해진 것은 인식의 실재성에 근거하기는커녕 따로따로 개체화된 항들 사이의 관계적 도식의 형태로 인식을 **사후적으로 번역**하는 데 근거할지도 모른다. 개체화의 이론은 감각의 이론, 지각의 이론, 정념의 이론, 감정의 이론으로 전개되어야 한다. 그것은 **심리학과 논리학**을 일치시켜야 한다. 이것들이 서로 분리된 것은 관점의 분리를 말하기보다는 연구 대상에 이중으로 부적합하다는 것을 말해 준다. **여타의 비판적 연구들 및 연역적 존재론의 연구들과 관련하여 최초의 것이 되어야 하는 것은 바로 개체화의 이론**이다. 왜냐하면 존재자를 명제적 관계 속으로 들어오게끔 재단하는 것이 왜 정당한가를 보여 주는 것이 바로 그것이기 때문이다. 모든 특수한 범주 이전에 존재자의 범주가 있고 그것은 개체화의 문제에 대한 대답이다. 즉 **존재자가 어떻게 사유될 수 있는가**를 알기 위해서는 그것이 어떻게 개체화되는가를 알아야 한다. 왜냐하면 존재자에 적합함에 틀림없는 모든 논리적 조작의 타당성을 받쳐주는 것은 바로 이 개체화이기 때문이다. 사유는 **주체를 구성하는 근본적인 개체화** 이후에 개입하는 **이차적 개체화의 어떤 양태**이다. 사유는 존재자를 그 전체성 속에서 사유할 수 있는 역량을 반드시 가지고 있는 것은 아니다. 그것은 주체의 실존 조건과 관련하여 이차적이다. 그러나 이 주체의 실존 조건은 고립된 것도 유일한 것도 아니다. 주체는 고립된 항이 아니기 때문이다. 고립된 항은 자기 자신으로 구성될 수 있다. 주체를 [고립된] 항으로 실체화하는 것은 사유가 자기 자신의 발생과 자기정당화를 목격할 수 있도록 자신에게 부여하는 편리한 수단이다. 사유는 자신을 주체와 동일시하려고 한다. 즉 자신을 자신의 실존 조건과 동일시하여 그것에 뒤처지지 않으려고 한다. 그런데 개체 그 자체가 존재자의 상으로서 상대적인 것이라면, 그리고 자신이 증폭하는 활동 속에서 전달하는 전개체적 상황의 저장고로서 단일성보다 더 풍부한 것이라면 그것은 관계의 순수한 항으로서 파악될 수는 없다. 주체는 사유가 **주체와 일치할 수** 있기 위해 **사유에 의해 실체화**된다. 그런데 주체의 실체화는 주체가 관계의 항으로 간주될 수 있다고 가정함으로써 주체에게 절대적인 항의 지위를 부여한다. 실체는 자신 안에서 관계의 존재였던 모든 것을 흡수한 후 **절대적인 것으로 된 관계항**과 같다.[5] 그러한 **논리적 환원**은 개체를 사유하는 모든 경우에 현저하게 나타난다. 왜냐하면 개체는 언제나 어느 정도는 **주체**인 것으로서 **사유**되기 때문이다. 인간은 자신이 개체라고 생각하는 것의 자리에 스스로 위치한다. 개체는 내부, 행동, 의지, 책임을 가질 수 있을지도 모르는 존재자, 또는 적어도 책임과 동일한 질서에 속하는 어떤 정합적 자기동일성을 가질 수 있을지도 모르는 존재자이다. 일반적인 학설들에서는 물리적 개체나 생물학적 개체에 관한

---

5) [옮긴이] 여기서 관계의 존재(l'être de la relation)라는 말은 '관계적 존재'라는 말로 이해하면 된다. existence가 아닌 être는 이 경우 다른 단어와 함께 그것이 존재한다는 사실보다는 그것의 핵심, 본질이라는 의미에 가깝다.

모든 견해에 내재된 주관성이 있다. 그런데 이에 더하여 그리고 주관적 개체성의 지위를 이처럼 세계로 투사하기 이전에, 주체의 내부에서 주체를 하나의 실체로 되게 하는, 즉 주체를 자신 안에서 관계를 흡수한 항이 되게끔 하는 환원이 수행된다. 실체는 관계의 극단적인 경우이다. 즉 관계의 비응집성inconsistence이 극단적이 된 경우이다.[6] 이러한 조건에서 개체의 개념을 모든 판단 및 비판과 관련하여 최초의 것임에 틀림없다고 간주하기는 어려울 것으로 보인다. 실체 개념의 원리가 되는 개체적 존재자는 자신을 기초짓고 존재하게 하는 작용인 개체화를 통해 고찰 <sup>312</sup>되어야 한다. 개체발생의 연구는 논리학과 존재론을 선행해야 한다. 개체화의 이론은 **존재자의 상들**의 이론으로 간주되어야 하고, **본질적인** 한에서 그것[존재자]의 **생성**devenir의 이론으로 간주되어야 한다. 사실상 실체의 개념에 따르면 생성은 존재자의 본질로 잘 이어지지 않는다. 우연accident의 개념은 별로 만족스럽지 않다. 그것은 라이프니츠의 이론처럼 섬세하고 체계적이지만 생성으로서의 생성을 거의 이해하지 못하는 구조물들을 만들 것을 강요한다. 왜냐하면 모나드적 실체에는 모든 우연이 완전한 개체적 개념으로 상정된 본질 안에서 이해되고 있으므로 미래의 힘을 내포하는 진정한 생성은 더 이상 없기 때문이다. 스피노자의 구조물도 생성과 관련하여 더욱 더 만족스러운 것은 아니다. 거기서는 개체가 분리된 존재자인 한에서 부정되고 있기 때문에 생성은 통합되어 있기보다는 배제되어 있다. 존재자의 상들의 이론에서는 생성은 계열적 전개와 비교할 수 있는 상태들의 변질이나 순차적 과정과는 다른 것이

---

6) [옮긴이] consistance는 논리적 일관성이라는 뜻도 있지만 물질의 농도, 점도 등이 강해 끈끈하게 뭉쳐 있음을 의미하기도 한다. 여기서 inconsistance는 관계의 응축된 모습이 흩어져 있는 것을 묘사하고 있어서 '비응집성'이라고 옮긴다.

다. 왜냐하면 생성은 끝없이 갱신되는 해결이고, 통합하고 증폭하는 해결 그리고 위기들에 의해 진행하는 해결이기 때문이다. 이 해결의 의미는 [존재자의] **상들의 각각에 들어 있으며**, 단지 그 기원이나 그 **끝점[목적]**에만 있는 것이 아니다. 생성을 변환으로 가정하는 대신 계열로 설명하는 것은 그것을 가장 빈약하고 가장 덜 안정적인, 극단의 항들로부터 빠져나오게 하려는 것이다. [그러나] 개체적 삶은 기원에서 있던 모습을 결정된 방식으로 전개하는 것도 아니고, 대비하는 것이 중요한, 끝점을 향한 여정도 아니다. 그렇다고 해서 그것은 진정한 항들일지도 모르는, 탄생과 죽음 사이, **알파와 오메가** 사이의 긴장도 아니다. 시간적으로도 역시 존재자는 그것의 중심에서, 그것의 현재에 그것이 있는 그 순간에 파악되어야 하는 것이지 두 부분의 추상으로부터 재구성되어서는 안 된다. 시간적 계열의 극단들을 실체화하는 것은 존재자의 핵심적 일관성을 깨뜨린다. 생성은 **현재**로서의 존재자이다. 즉 자신의 의미를 양극적인 상전이 속에서 발견하면서 현재에 과거와 미래로 상전이하는 한에서의 존재자이다. 그것은 노란색에서 녹색으로 넘어갈 때처럼 한 순간에서 다른 순간으로 이행하는 것이 아니다. 생성은 현재로부터 출발하는 변환이다. 시간의 근원은 하나밖에 없는데, 그것은 현재라는 중심적 근원이다. 마치 **색의 성질들**의 유일한 근원이 그것들의 **양극성** 속에 [가운데] 있는 것과 같다. 이 근원이 강도적이고 질적인 모든 계열들의 유일한 근원이다. 존재자의 현재는 **해결 도중에 있는 문제상황**인데, 그런 식으로 **시간을 따라 양극성을 띠며, 문제적이기 때문에 상으로 나타난다.** 개체화된 존재자는 실체가 아니라 **문제로 제기된 존재자**이며 하나의 문제상황을 관통하는 존재자이고, 이 문제상황 속에서 분할되고 통합되고 운반된 존재자이다. 이 문제상황은 존재자를 통해 제기되고 존재자가 생성을 만들듯이 존재자를 생성으로 만들어 준다. **생성은 개체화된 존재자의 생성이 아니라 존재자의 개체화라는 생성이다.** 발생하는 것은 존재자의 문제제기의 형태로 즉 **열린 문제상황의 요소**라는 형태로 생겨나는데 이것이 바로 존재자의 개체화가 해결하는 문제이다. 개체는 **자신의 생성과 동시대적**이다. 왜냐하면 이 생성은 존재자의 **개체화**라는 생성이기 때문이다.[7] 시간 자체가 본질인 것은 기원으로부터의 전개나 목적을 향한 경향으로서가 아니라, **존재자의 [문제]해결적 구성**으로서 그러하다. 그러한 이해방식은 존재자의 상들의 개념을 받아들일 때만 가능하다. 이 개념은 변증법이 내포하고 사용하는 개념들과는 다르다. 변증법은 사실 유의미한 생성의 실존, 그리고 **본질**을 구성할 능력을 가진 생성을 암시한다. 그러나 변증법적 생성은 존재자를 변화시키고 대립시키고 그것을 다시 취한다. 거기에는 **변형된** 것과 관련하여 **변형들**의 상대적 외재성이 있다. 반대로 상들은 존재자의 상들이다. 존재자가 스스로 변형되면서 상들을 관통하는 것이 아니다. 오히려 **상들의 존재가 되는 것이 바로 존재자**이고, 자기 자신으로부터 유래하여 자신의 실재성의 중심과 관련하여 상전이하는 것이 바로 존재자이다. 상들의 차원성이 존재자의 생성이다. 존재자는 상들을 따라서 존재한다. 이 상들은 [존재자] 자신의 상들이고 중심과 관련된 상들이며 이 중심이 바로 존재자 자신이다. 존재자가 자기 자신과 관련하여 두 방향으로 상전이할 때 그것은 탈중심화하는 것이 아니다. 생성의 시간은 양극성의 방향이며 그 방향을 따라 존재자는 상전이한다. 존재자는 그것이 **생성하는** 만큼 **개체화된**

313

---

7) [옮긴이] '개체화의 생성'이라고 문자 그대로 해석할 수도 있지만, 앞에 동시대적이라는 표현이 있어서 '개체화라는 생성'이라고 번역했다. 동시성을 강조하는 시몽동의 의도를 전달하고자 했다.

다. 개체화되는 것과 생성하는 것은 존재함의 유일한 양태이다. 존재자의 상들은 함께 주어진다. 그것들은 한 존재방식의 일부를 이룬다. 즉 생성은 하나의 존재방식이다. 그것은 존재자의 생성이다. 존재자는 자신의 본질에 가해진 어떤 폭력에 의해 이 생성에 종속되는 것이 아니다. 존재자는 자기 자신의 모습으로 있으면서 생성 없이도 있을 수 있는 그러한 것이 아니다. 변증법의 개념규정에서는 존재자는 생성을 필요로 하지만, 생성은 부분적인 것으로 간주된다. 마치 생성이 존재자와 독립적이고 그것에 낯선 것으로 그것의 **본질에 적대적인** 것으로 간주되었을 때 그러했던 것처럼 말이다. 변증법의 생성은 **생성하는 존재자에 충분히 통합되어 있지 않다.** 변증법의 시간은, **본질에 있어서는** 비시간적이지만 **자신의 실존에** 의해 생성으로 내던져진 존재자의 시간으로 남아 있다.[8] 생성이 진정으로 존재자의 생성이라면, 그래서 존재자가 생성 속에 있다고 말하는 것이 아니라 존재자가 생성하는 것이라고 말할 수 있다면, 변증법적 단계들의 순차성은 존재자의 상들의 평행성으로 응축될 수 있다. 생성은 개체발생, 퓌지스physis이다. 변증법은 생성을 실존으로부터 너무나 분리시켜 놓는데 존재자는 바로 이 실존에 의해 생성하는 것이다. 존재자를 변형하는 것이 생성이 아니라 생성하는 것이 존재자이다. 존재자의 변형들은 생성의 결과들이 아니라 존재자의 상들의 양상들이다. 존재자의 상들의 실존은 단순히 잇따르는 힘으로 간주되어서는 안 된다. 즉 순차성은, 상들의 차원으로서 상들의 평행성의 기초 위에서만 존재한다. 영속성과 순차성은, 유일한 상으로 환원된, 즉 상이 없는 존재

---

8) 이것은 실재의 크기의 등급들이 본래 복수적이라고 가정하지 않는다면 증폭으로서의 생성에 대한 어떤 정의도 가능하지 않다는 말이 된다.

를 가정하기 때문에 생성을 이해할 수 없는 개념들이다.

생명의 특징을 말하기 위해 물리적 범례, 즉 환원의 범례를 사용하는 데는 위험이 존재한다. 그러나 이 위험은 피할 수 있다. 왜냐하면 우리는 물리적 영역을 비생명적 특징들 위에 기초하는 구조들과 기능들의 지반으로 취하여 이 범례를 사용할 수 있기 때문이다. 이 구조들과 기능들은 비생명적 특징들을 최초의 단계로 확대시키고 증폭하지만 그것들로 환원되지는 않는다. 물론 물리적인 것의 인식 영역과 생명적인 것의 인식 영역이 있다. 그러나 물리적인 것의 실제 영역과 생명적인 것의 실제 영역이 동일한 방식으로 있는 것은 아니며, 마찬가지로 실제적인 어떤 경계에 의해 분리되어 있는 것도 아니다. 물리적인 것과 생명적인 것이 실체적 현실을 따라 분리되지 않았으면서도 서로 구분되는 것은 구조들과 기능들에 의해서이다. 물리적인 것의 어떤 존재 양태가 있는데 이는 생명적인 것이 출현한 이후의 물리적인 것과 혼동되어서는 안 된다. 생명적인 것이 출현한 후의 물리적인 것은 빈곤한 실재, 이완된 실재이며, 생명이 그로부터 분리되어 나온 완전한 과정의 찌꺼기이다. 그러나 또한 우리가 자연적인 것이라고 명명할 수 있는 물리적인 것도 있는데, 이는 전물리적인 동시에 전생명적인 것이다. 생명과 비생명적 물질은 어떤 의미에서 실재의 진화의 두 개의 속도로 다루어질 수 있다. 물론 여기서도 역시 극단의 항들을 실체적 기초들로 삼고 그것들로부터 전체의 재구성을 시도해서는 안 될 것이다. 즉 이 실체적 기초들이 자신들 사이에 놓인 모든 관계적 실재를 자신들의 조합에 의해 설명할 수 있는 것처럼 말이다. 이 중간적[관계적] 실재는, 나중에는 관계에 의해 산출된 혼합물로 간주되지만, [오히려] 아마도 그 극단들을 내포하고 산출하며 그것들을 자신의 실존의 극단적 한계들로서 자신 밖으로 밀어붙이는 어떤 것인지도 모른다. 관계적 외양은 아마도 전前관계적인 존재자를 가정할 것이다. 타성적인 것과 생명적인 것의 대립은 형상질료적 근원으로부터 이원화하는 도식을 적용한 데서 나온 것일지도 모른다. 그 교설에 특징적인 중심의 어두운 영역은, 사실상 존재자의 일관된 중심이 있는 곳에서 관계의 실존을 믿게 만든다.[9] 생명과 타성적 물질은 형상질료적 도식에서 보면 아마도 전생명적이고 전물리적인 동일한 실재의 개체화의 두 속도의 결과인지도 모른다. 그러므로 이러한 분화를 가능하게 하는 개체화의 연구는 단지 범례화paradigmatisme일 수만은 없다. 논리적으로 그 연구는 범례들의 한 근원이다. 그러나 그것이 논리적으로 범례들의 근원이 되는 것은, 단지 그것이 근본적으로, 적어도 가설적인 자격으로서라도 실재적 생성의 포착인 한에서이다. 이 생성으로부터 그것이 이끌어 내는 도식들의 적용영역들이 구성된다. 여기서 범례는 플라톤의 그것과 같은 유비적인 범례가 아니라, 영역들의 절대적 생성을 그것들을 특징짓는 구조들 및 작용들과 함께 동반하는 개념적이고 직관적인 노선이다. 그 범례는 존재자의 연구에 동시대적인 지적 공리계의 발견이며, 더 잘 알려지고 더 탐색하기 쉬운 영역으로부터 어렵게 알 수 있는 영역을 창설(이것은 두 영역들 간의 유비적 관계를 가정하게 될 것이다)하는 것이 아니다.

이런 의미에서 생명체는 물리적 실재가 나타난 후에, 그것을 통합하면서, 그것 위에서 나타난다고 말해서는 안 될지도 모른다. 그와 반대

---

9) 존재자의 이러한 일관된 중심은 크기의 등급들 사이의 소통의 중심이다. 그 등급들은 몰적이고 분자적이고, 요소상호적이며 요소내적인 것들이다. 이 중심으로부터 신속하고 반복적인 개체화가 물리적 실재를 낳는다. 지연된 개체화, 점차적으로 유기화된 개체화는 생명체들을 낳는다.

로 생명체의 출현은 물리적 실재를 그 구성의 최초의 상을 확장함으로써 지연시키고 늦추는 효과를 가져오는 것인지도 모른다. 그것은 물리적 개체화를 '유형성숙화'할 수 있는 최초의 긴장과 준안정성에 대해 더 정확하고 더 복잡한 조건들을 요구할지도 모른다. 개체 존재자가 그 자체로 발생하기 이전에라도, 생성의 연구와 생성이 포함하는 교환들에 대한 연구는 물리적 개체 존재자, 또는 식물이든 동물이든, 생명적 개체 존재자의 이러한 가능적 발생을 존재자의 변형의 지반 위에서 파악하게 해주지 않을까. 문제가 되는 것이 모든 개체화 이전의 존재이든, 개체화 이후에 둘로 분리된 존재자이든, [존재자의] 극단의 양상들과 그 양상들이 구성되는 차원을 이해하기 위한 방법은 언제나 존재자를 그 중심에서 파악하려고 시도하는 데 있지 않을까. 극단의 양상들은 바로 이 중심으로부터 이해될 수 있기 때문이다. 그렇게 해서 존재는 긴장된 단일성 또는 구조화된 기능적 체계로서 파악될지도 모른다. 그러나 결코 서로 간에 관계를 맺고 있는 항들의 전체로서 파악되지는 않을 것이다. 그러면 생성과 그것이 포함하는 관계들의 외양들은 존재의 차원들로 알려질 것이고, 결코 무언가가 어떤 질서에 따라 존재에게 일어나는 틀로서 알려지지는 않을 것이다. 생성은 스스로와 관련하여 상전이하는 존재, 상이 없는 존재 상태에서 상들로 이루어진 존재 상태로 이행하는 존재이다. 이 상들은 바로 [존재] **자신의** 상들이다.

그러한 존재의 개념규정은 배중률을 사용하지 않을 것을 또는 적어도 그것을 상대화할 것을 전제한다. 왜냐하면 존재는 우선 긴장된 단일성의 상태에서 존재하면서 생성을 구성하는 구조화와 기능화를 향해 존재자를 밀어붙이는 양립불가능성을 감추고 있는 것으로 나타날 것이기 때문이다. 생성 자체는 존재의 이 최초의 상태의 해결을 상전이에 의해

가능하게 하는 차원으로 생각될 수 있다. 그러므로 최초의 운동자moteur
는 단순하고 하나인 존재가 아니라 상들이 출현하기 이전의 모습으로서
의 존재이다. 이 존재는 상들을 **에너지적으로** 내포하는 것이지, [언젠가]
생겨날 수 있는 형상들과 구조들로서 내포하고 있는 것이 아니다. 마치
문제의 제기가, 해결의 실제적인 노선들을 미리 그려보는 것은 아니지
만, 문제의 소여들을 통합하는 의미작용을 향한 긴장의 형태로, 어떤 의
미에서는 가능한 해결들을 내포하고 있는 것과 같다. 해결의 실제적 노
선들은 단지 해결하는 발명의 실제적 생성에 의해서만 나타나며 **이 생
성**이 바로 그 실제적 노선들이다. 모든 생성 이전의 존재 안에 포함되어
있는 것은 양립불가능성을 양립시킴에 의해 해결하는 생성의 힘이며 이
생성의 실존의 노선이 아니다. 문제상황은 상들을 갖지 않기 때문에[10]
생성의 실존의 노선은 미리 주어져 있지 않고 미리 형체화되어 있을 수
도 없다. 생성에 있어서 해결하는 발견은, 한편으로 구조와 기능들을 출
현시키고, 다른 한편으로는 생성의 긴장들의 빈약해진 질료를, 즉 개체
와 환경, 정보와 재료를 출현시킨다. 해결은 극단의 항들인 두 상보적 양
상들 그리고 중개를 이루는 실재를 출현시킨다. 개체와 환경은 존재의
두 개의 상이다. 그것은 해결하는 발명으로 개입하는 이항분리의 양극
단의 항들이다. 해결하는 발명은 선행적 긴장과 양립불가능성을 전제하
는데 두 극단적 항들은 이것들을 비대칭적 구조화로 변형시킨다. 존재
는 개체와 환경으로 상전이한다고 말할 수 있다. 존재는 이 상전이가 총
체적이거나 부분적이라는 사실, 등급을 가질 수 있거나 그렇지 않다는

315

---

10) 게다가 그것은 여러 개의 크기의 등급들 사이에 소통이 부재함을 전제한다. 개체화는 생성
을 통해 증폭시키는 중개로서 개입한다.

사실에 의해 많은 수의 양상들을 가능하게 하면서 연속적 진보를 받아들이거나 또는 도약에 의해 진행한다.

이러한 이론은 단지 개체화된 존재자들의 발생을 설명하고 개체화에 대한 하나의 견해를 제안하는 것만을 목표로 하는 것이 아니다. 그것은 개체화로부터 증폭하는 생성의 기초를 만들어 낼 것을 시도하고, 그렇게 해서 개체화를 해결되지 않은 존재의 원초적 상태와 생성의 해결 궤도로의 입성 사이에 위치시킨다. 개체화는 생성의 결과도 아니고, 생성 속에서 생겨나는 어떤 것도 아니며, 생성이 존재자의 생성인 한에서 생성 그 자체이다. 개체화는 그 결과에 비추어 볼 때, 즉 구성된 개체에 비추어 볼 때, 적절하게 인식될 수 없다. 사람들이 개체화로부터 단지 개체 자체의 특징들을 파악할 목적을 가진 정의를 제공하려 할 때도 그러하다. 개체는 개체화로 거슬러 올라갈 것을 허용하지 않는다. 개체는 개체화의 여러 측면들 중 하나에 불과하기 때문이다. 개체화 과정에 의해 개체와 동시에 구성된, 개체의 상관항이 있다. 그것은 개체가 된 [어떤] 것[11]을 박탈당한 존재인 환경이다. 단지 개체-환경의 짝만이 개체화로 거슬러 올라가도록 해줄 수 있을 것이다. 개체화는 개체와 환경 안에서, 개체와 환경이 될 역량이 있는 선행적 존재로부터 존재자의 상전이를 나타나게 하는 [어떤] 것이다. 개체와 환경은 자신 안에서 개체화 작용이 일어나는 존재로부터 개념화될 수 있는, 그러나 실체화될 수는 없는 극단의 항들로만 간주되어야 한다. 개체화의 중심은 구성된 개체가 아니다. 개체는 개체화와 관련하여 부수적이다. 개체화의 수준에서 볼 때

---

11) 그리고 개체의 기원, 전개체적 상황[을 박탈당한 존재인 환경이다].

자신의 중심에서 취해진 존재자는 개체와 환경으로 분리되는 존재자로서 파악됨에 틀림없다. 이렇게 분리되는 존재자는 스스로 해결하는 존재자이다. 개체화된 존재자는 나중에 다시금 개체화의 무대가 될 수 있다. 왜냐하면 개체화는 처음 한 번의 개체화 작용으로 단번에 존재의 퍼텐셜 자원들을 고갈시키지는 않기 때문이다. 즉 존재자의 최초의 전개체적 상태는 최초의 개체화의 결과에 연합하여 계속해서 존재할 수 있다. 사실상 개체화는 양자적 방식으로 갑작스런 도약들에 의해 작동한다고 가정할 수 있다. 각 개체화의 단계는 다음 단계와 관련하여 다시금 존재자의 전개체적 상태처럼 될 수 있다. 그때 개체화의 잇따르는 상태들 간의 연관rapport이 생겨난다. 개체화된 존재자들 사이의 관계relation를 설명할 수 있는 것은 특별히 이런 방식에 의해서이다. 이 관계는 단지 외형적으로만 존재자들 사이에 있다. 그것은 개체화의 최초의 지위를 얻은 존재자들 안에 포함된 전개체적 실재의 하중의 집단적 개체화이다. 사람들이 개체 상호 간의 연관이라고 규정하는 것은 사실상 이미 구성된 개체들을 더 넓은 단위에 통합하는 개체화의 계통의 정합성이다. 관계를 기초하는 것은 개체화이며, 이는 개체화의 잇따르는 상태들 간의 연관이 존재의 에너지적이고 계통적인 단일성에 의해 [서로] 연결된 채로 남아 있는 덕분이다.

316

 스피노자의 철학과 같은 실체론적 일원론은 개체 존재자를 파악하는 문제에서 커다란 어려움에 봉착한다. 이 어려움은 실체의 영원성에서 나오는 것이 아닌 것과 마찬가지로, 실체의 단일성에서 나오는 것도 아니다. 게다가 이 어려움은 모든 실체론적 학설들에 공통적인 것이다. 무한수의 실체를 인정하는 라이프니츠가 그렇게 하듯이 실체를 개체와 동일시하여 모든 것을 개체들로 구성할 정도로 실체를 파편화하는 학설들에서조차도 그러하다. 다만 이러한 어려움은 스피노자에서 더욱 분명하다. 왜냐하면 스피노자는 실체론의 결과들을 끝까지 받아들이고 실체의 발생을 생성의 초기에 완전한 개체적 개념들의 구성의 형태로, 즉 실체적 본질들의 구성의 형태로 놓는 것을 거부하기 때문이다. 실체적 존재자가 생성되기는 어렵다. 그것은 사전에 해소되기 때문이다. 그것은 자기 자신으로 구성되기 때문에 언제나 절대적 단일상을 가진 존재이다. 그 자체로 자신에 의해 존재한다는 사실은 또한 자기 자신과 정합적이라는 사실, 자기 자신과 대립하지 않을 수 있다는 사실이기도 하다. 실체는 **하나**이다. 왜냐하면 그것은 **안정적**이기 때문이다. 그것은 현재적이고, 퍼텐셜들로 긴장된 상태가 아니다. 스피노자의 용어법에도 불구하고 실체에 결핍된 것은 [그것이] 자연이라는 사실이다. 또는 [그것이] 동시에 그리고 불가분적인 방식으로 능산적이고 소산적이지는 않다는 사실이다. 우리가 제시하는 학설에 따르면 존재는 결코 하나가 아니다. 그것이 단일상을 가지며 전개체적일 때는 그것은 **하나 이상**의 것이다. 그것이 하나인 이유는 분해되지 않았기 때문이다. 그러나 그것은 자신의 현재적 구조 안에 있는 모습 이상의 것을 자신 안에 가지고 있다. 배중률은 생성의 역량이 없는 잔류résiduel 존재자에만 적용될 수 있을지 모른다. 존재는 실현된 복수성이라는 의미에서 여럿인 것이 아니다. 그것은 **자신과의 정합성보다 더 풍부하다.**[12] 하나인 존재는 자기 자신에 한정된 존재, 정합적 존재이다. 그런데 우리는 존재의 원본적 상태는 자기 자신

---

12) 존재가 문제를 옮긴다고도 말할 수 있을지 모른다. 즉 그것이 증폭하는 활동의 가능성을 운반한다고 말이다. 그것은 자신의 개성적(personnelle) 실재성에 한정되지 않는 현실태(entéléchie)를 향한다. 왜냐하면 그것은 실재의 응축된 양태이고 증폭의 상을 향해 가기 때문이다.

과의 정합성을 넘어서는 상태, 자신의 고유한 경계들을 초과하는 상태라고 말하고자 한다. 원본적 존재는 안정적이지 않다. 그것은 준안정적이다. 그것은 하나가 아니다. 그것은 자기 자신으로부터 확장의 역량이 있다. 존재는 자기 자신과 관련하여 존속하는 것이 아니다. 그것은 억제되어 있고 긴장되어 있으며, 자기 자신에 포개져 있고 하나가 아니다. 존재는 그것의 현상태로 환원되지 않는다. 그것은 자기 자신 안에 축적되어 있으며 퍼텐셜을 갖추고 있다. 그것은 존재자로서 그리고 또한 에너지로서 존재한다. 존재는 구조인 동시에 에너지이다. 구조 자체도 단지 구조만인 것이 아니다. 왜냐하면 여러 차원의 등급들이 서로 포개져 있기 때문이다. 각 구조에는 어떤 에너지적 상태가 상응한다. 이 에너지 상태는 차후의 변형들에서 나타날 수 있으며 존재자의 준안정성의 일부를 이룬다. 실체의 이론들, 정지와 운동의 이론들, 생성과 영원성의 이론들, 그리고 본질과 우연에 관한 모든 이론들은, 교환들과 변형들에 대해 준안정성이 아니라 변질과 안정적 평형만을 인식하는 견해 위에 기초하고 있는 듯하다. 하나의 구조를 갖는 안정적 존재자는 단순한 것으로 간주된다. 그러나 안정적 평형은 아마 단지 극한의 경우에 지나지 않을 것이다. 상태들의 일반적 경우는 아마도 준안정적일 것이다. 실현된 한 구조의 평형은 단지 다른 것들과의 상호작용이 없이 일정한 경계들의 내부에서만 그리고 유일한 크기의 등급 안에서만 안정적이다. 그것은 퍼텐셜들을 감추고 있다. 퍼텐셜들은 해방되면 갑작스런 변질을 낳을 수 있고 이것은 마찬가지로 준안정적인 새로운 구조화에 이른다. 그래서 상태들이 준안정적 존재방식이고 구조에서 구조로 건너뛰는 안정성의 단계들이라고 본다면 존재와 생성은 더 이상 대립된 개념들이 아니다. 즉 **생성은 더 이상 변질의 연속이 아니라, 퍼텐셜에너지의 해방을 통한 준안**

317

정적 상태들의 연쇄이다. 이 퍼텐셜에너지의 작동과 실존은 이 상태들을 구성하는 인과성의 체계의 일부를 이룬다. 준안정적 체계 안에 포함된 에너지는 한 상태에서 다른 상태로 이행하는 형태로 현실화되는 에너지와 동일하다. 우리가 존재라고 명명할 수 있는 것은 바로 이러한 구조-에너지의 집합체이다. 이런 의미에서 존재는 **하나**라고 말할 수 없는 것이다. 그것은 단일성을 넘어서는 체계, **하나 이상**의 것인 체계 안에서 자기 자신에 동시적이며 자기 자신과 짝을 이루고 있다. 단일성은, 특히 개체의 단일성은 개체와 [이것의] 상관적 환경을 낳는, 분리시키는 단순화에 의해 존재 한가운데서 나타날 수 있다. 이 분리시키는 단순화는 단일성은 없지만 동질적이다.

그러한 견해는 사람들이 일상적으로 창조론적 가설에 대해 그렇게 하듯이 근거 없는 것이라고 생각될 수도 있고 또 그렇게 취급될 수도 있을지 모른다. 개체발생을 이해하기 위한 힘들을 전개체적 존재의 불가지한 상태로 되던져 버리는 것이 무슨 소용이 있단 말인가? 우리가 이 [전개체적] 상태를 그것에 잇따르는 [개체발생] 상태에 의해서만 알 수 있다면 말이다. 만약 그렇다면 사실상 우리는 마치 창조주의 선행적 실존을 가정할 때 그렇게 하듯이 단지 문제를 후퇴시킨 것에 지나지 않는다고 말할 수도 있을지 모른다. 즉 이 존재자[창조주]는 창조라는 개념이 단지 피조물을 이해하는 데 소용이 되는 한에서만 창조주라고 가정된 것이다. 그래서 창조주로 제시된 존재자의 본질이 완전히 알려지는 것은 사실상 우리가 그리로 되돌아와야 하는 결과 즉 피조물로부터이다. 그러나 전개체적 존재의 상태가 존재할지도 모른다는 가설은 일상적인 창조론적 가설과는 다른 역할을 하는 것으로 보인다. 왜냐하면 후자는 생성 전체를 그 기원에 집중하기 때문에 모든 창조론은 더 일반적인 문제의 윤리적 측면인 변신론의 문제를 야기한다.[13] 즉 [거기서는] 생성은 더 이상 진정한 생성이 아니다. 그것은 창조 행위 속에서 이미 그 전체로 생겨난 것이다. 이로 인해 생성에 다시 의미를 부여하기 위해서 사람들은 사후에 창조론에 상당수의 국부적인 교정장치를 제시해야 한다. 그러나 이 교정장치는 일반적으로 인간이 생성으로부터 갖게 되는 감정에 가장 많이 충격을 주는 지점들 위에만 주어진다. 예를 들면 도덕적 책임의 문제가 그러하다. 그러나 창조론이 교정되어야 한다면 그것은 모든 지점에서 그러하다. 왜냐하면 물리적 생성의 실재성을 무화시키는 것은, 윤리적 주체로서 인간 존재자의 생성의 실재성을 감소시키는 것만큼이나 만족스럽지 못하기 때문이다. 이러한 [두 영역에 대한] 고려방식의 차이는 의심스러운 이원론 자체에 의해서만 정당화될 수 있다. 윤리적 변신론에 진정한 물리적 변신론을 덧붙여야 할지도 모른다. 반대로 존재자의 전개체적 상태의 가설은 완전히 근거 없는 것은 아니다. 그 가설 안에는 그것이 설명하려는 것보다 더 많은 것이 있다. 그것은 단지 개체들의 실존의 탐구로부터 형성되는 것이 아니다. 그것은 물리학과 생물학 그리고 기술공학의 영역들에서 빌려온 일정수의 사유의 도식들로부터 도출된다. 물리학은 전개체적 실재성의 실존을 보여 주는 것이 아니라, 상태의 조건들로부터 개별화된 실재들의 발생이 존재한다는 것을 보여 준다. 광자 하나는 어떤 의미에서 물리적 개체이다. 그러나 그것은 변형에 의해 나타날 수 있는 에너지의 양이기도 하다. 전자와 같318 은 개체는 장들과 상호작용한다. 분자적이고 원자적인 구조물, 또는 원

---

13) [옮긴이] 변신론(théodicée)은 라이프니츠에 의해 유명해진 개념으로 세상에 존재하는 악에도 불구하고 신의 선함을 변호하는 이론이다. 하지만 철학에서는 유신론(有神論)과 같은 의미로 확장해서 쓰기도 한다.

자핵의 구조물의 구조 변화는 에너지를 출현시키고 물리적 개체들을 낳는다. 물리학은 개체를 한 체계의 구조적 변형에 대항하여, 즉 일정하게 결정된 체계의 상태에 대항하여 교환가능한 것으로 사유할 것을 촉구한다. 물리적 개체들의 발생의 근저에는 **변환역학적**_allagmatique_이라고 부를 수 있을 상태들의 교환과 변화의 일반 이론이 있다. 이러한 개념들의 군은 개체가 절대적 시원이 아니라는 것, 그리고 개체의 발생을 일정수의 에너지적이고 구조적인 조건들로부터 탐구할 수 있다는 것을 가정한다. 즉 개체발생은 체계들의 생성 안에 기입된다. 한 개체의 출현은, 일정한 체계의 상태에 상응하며 이 체계와 관련한 의미를 제시한다. 게다가 물리적 개체는 관계적이며 실체적인 것이 아니다. 그것이 관계적인 이유는 그것이 관계 속에 있기 때문이다. 특히 그것은 장들과 에너지적인 관계 속에 있다. 그리고 이 관계는 개체 존재의 일부를 이룬다. 파동역학에서 하나의 전자는 연합된 파장을 갖는다. 사람들은 거머L. Germer와 데이비스C. J. Davis의 실험 안에서 전자들을 간섭하게 할 수 있다.[14] 그러나 전자들은 전기알갱이로, 분할할 수 없는 전하들로 간주되고 있다. 이러한 간섭 현상의 존재 그리고 일반적으로 연합된 파장을 정의함으로써 설명할 수 있는 모든 현상들의 존재가 보여 주는 바는 일종의 물리적 집합체le collectif가 존재하고 그 속에서 개체의 역할은 단지 단편적인 역할에 그치는 것이 아니라는 것이며, 우리는 실체의 개념을 수단으로 하여 이의 설명을 시도할 수 있으리라는 것이다. 미시적 개체는 실체적 존재자인 것과 마찬가지로 에너지적 실재이기도 하다. 그것은 자신의 발생에

---

14) [옮긴이] 거머(Germer)-데이비슨(Davisson)의 실험을 가리킨다(데이비슨의 이름에 오류가 있다). 이들은 1927년 실험을 통해 전자와 같은 입자들이 파동과 같은 방식으로 운동한다는 드브로이의 가설을 입증하여 후에 노벨상을 받는다.

결부되어 있으며 그 생성에 현전하고 있다. 왜냐하면 그것은 장들과 영속적인 관계 속에 있기 때문이다. 개체는 존재의 전체가 아니다. 그것은 단지 존재의 한 양상이다. 중요한 것은 존재가 그 안에서 개체로서 나타나는 조건들에 대한 탐구이다. 마치 거기서 문제되는 것은 존재가 아니라 존재방식 혹은 존재의 계기moment이기라도 한 것처럼 말이다. 물리적인 것 안에는 전개체적인 것과 후개체적인postindividuel 존재자가 있다. 하나의 광자는 사라지고 원자적 구조물의 구조 변화로 된다. 또는 그것은 마치 다른 것이 되기라도 한 것처럼 파장을 변화시킨다. 개체성은 말하자면 기능적이다. 그것은 실재의 유일한 양상이 아니라 그것의 어떤 기능이다.

이렇게 개체의 상대화를 일반화하면서 그리고 그것을 반성적 영역에 겹쳐 놓으면서 사람들은 개체화 연구로부터 존재의 이론을 만들어낼 수 있다. 그러면 개체화는 존재와 관련하여 위치하게 된다. 그것은 존재의 변형으로 나타나며 이것으로부터 문제상황은 풍부하게 된다. 그것은 존재의 체계 내부에서 일어나는 정보의 출현이다. 정보를 절대적인 크기로 취급하는 대신, 즉 한정된 수의 기술적 상황 안에서 셈하고 양화할 수 있는 크기로 취급하는 대신, 그것을 개체화 작용에 연관시켜야 한다. 정보는 개체화를 포함하는 체계의 부분들 사이의 교환으로서만 존재한다. 왜냐하면 정보가 존재하기 위해서는 그것이 하나의 의미를 가져야 하고 수용되어야 하기 때문이다. 즉 그것은 일정한 작용을 수행하는 데 소용될 수 있어야 한다. 정보는 한 개체화된 체계가 스스로의 조건을 만들면서 스스로에게 영향을 주는 방식에 의해 정의된다. 그것은 존재가 스스로를 조건짓는 일정한 양태를 존재하게끔 하는 어떤 것이다. 이 양상은 **내적 공명**이라 부를 수 있다. 정보는 개체화하는 것이며 수용될 수 있기 위해 일정한 등급의 개체화를 요구한다. 그것은 개체화 과정을 전진하게 해주는 것이며, 이 개체화 과정이 스스로의 조건을 만들게끔 해주는 것이다. 일반적으로 개체화를 나타내는 형태갖추기는 정보를 가정하고 그것에 기초의 구실을 한다. 교환된 정보는 이미 개체화된 존재자들 사이에서만 그리고 새로운 개체화에 해당하는 존재자의 계통학의 내부에만 있다. 즉 정보는 언제나 내적이라고 말할 수 있을지도 모른 319 다. 정보를 신호들과, 그리고 정보를 중개하는 신호 매체들과 혼동해서는 안 된다. 정보는 자신의 발생의 진정한 조건들 안에서 이해되어야 한다. 정보의 발생의 조건들은 개체화 과정의 조건들 자체이며 정보는 그 안에서 일정한 역할을 한다. 정보는 개체화의 어떤 측면이다. 그것은 의미를(이 의미가 없이는 정보는 정보가 아니라 단지 미약한 에너지일 뿐이다) 갖는 것으로 이해되기 위해, 자신 이전에, 어떤 퍼텐셜이 존재할 것을 요구한다. 하나의 정보가 진정으로 정보라는 사실은 무언가가 개체화되고 있다는 사실과 동일하다. 그리고 정보는 이 개체화를 실현하게 해주는 교환이자 양상이다. 모든 정보는 정보를 부여하는informant 동시에 정보를 부여받는 것이다.[15] 그것은 개체화되는 존재자의 이러한 능동적 변화 속에서 파악되어야 한다.[16] 그것은 존재자를 상전이하고 생성하게 해주는 것이다. 정보는 자신의 분리된 측면들, 기록된 측면들, 간접적으로 전달된 측면들 속에서도 여전히 완성된 개체화를 표현하고,

---

15) [옮긴이] 이 경우 정보를 부여한다는 것은 서론에서 이야기한 것처럼 "형태를 부여한다"는 의미로 이해하는 것이 좋다.

16) 동일한 척도에서, 개체는 원초적으로 고립되어 있던 크기의 등급들 사이의 소통으로부터 나와서 이것들의 이원성의 전언내용을 전달하고 다음에는 증폭에 의해 전체를 재생산한다. 정보는 개체 안에 있는 전개체적인 것을 보존한다.

또 다른 증폭의 단계들로 연장될 수 있는 이러한 완성의 재출현을 표현한다. 정보는 단지 개체화 이후에 있는 것이 결코 아니다. 왜냐하면 그것이 완성된 개체화를 나타낸다 해도 그것은 완성될 역량이 있는 또 다른 개체화와 관련해서 그러하기 때문이다. 완성된 정보[형태부여]라는 표현은 새로운 개체화가 완성될 수 있는 싹이다. 그것은 순차적인 개체화들을 계열로 정돈하면서 그것들의 변환성을 세운다. 왜냐하면 그것은 이 개체화들을 관통하면서 [그것들 중에서] 다시 취할 수 있는 것을 서로서로에게 전달하기 때문이다. 정보는 한 개체화에서 다른 개체화 위로 그리고 전개체적인 것에서 개체화된 것 위로 넘쳐흐르는 어떤 것이다. 왜냐하면 개체화를 완성하는 도식은 다른 개체화들을 유인할 수 있기 때문이다. 정보는 내적인 해결이기 때문에 외적인 힘을 갖는다. 그것은 한 문제에서 다른 문제로 건너가는 어떤 것이다. 그것은 한 개체화의 영역에서 다른 개체화의 영역으로 뻗어나갈 수 있다. 정보가 의미 있는 정보인 것은 그것이 우선 한 체계가 개체화에 성공할 수 있도록 해주는 도식이기 때문이다. 그 덕분에 정보는 다른 체계에 대해서도 그러한 도식이 될 수 있다. 이것은 첫번째와 두번째의 두 체계 사이에 유비가 있다는 것을 가정한다. 그런데 창조론적 전제에 대한 호소를 피하려는 학설에서는 두 체계 사이에 유비가 있으려면 이 두 체계가 더 넓은 체계의 일부가 되어야 한다. 이것이 의미하는 바는 이러하다. 즉 어떤 정보가 한 아군sous-ensemble 속에서 이 아군의 해결 도식으로 나타날 때 그것은 이미 이 아군을 해결하는 것만이 아니라 또한 이 아군 안에서 그 정보가 군 전체에 속함을 표시해 주는 어떤 것을 해결하는 것이기도 하다. 정보는 단번에 다른 부분들로 이전될 수 있고, 단번에 최초의 아군의 내부에 있게 되며 또 이미 군 전체의 내부에 있다. [왜냐하면] 정보는 각각의 아군 속에서 이 아군이 군 전체에 속한다는 표시에 해당하는 것을 나타내기 때문이다. 즉 이 아군이 자신과 더불어 군 전체를 구성하는 다른 아군들에 의해 변형되는 방식을 나타내는 것이기 때문이다. 정보는 내적인 동시에 외적인 것이라고 말할 수 있을지도 모른다. 그것은 한 아군의 경계들을 표현한다. 그것은 각각의 아군과 군 전체 사이를 매개하는 것이다. 그것은 **아군들을 포함하는 한에서 군 전체의 내적 공명**이다. 그것은 군 전체의 개체화를 실현하는 것이고 이는 군 전체를 구성하는 아군들 사이에서 해결을 모색하는 것과 같다. 그것은 군 전체의 내부에 있는 아군들의 구조들의 내적 공명이다. 이러한 교환은 군 전체와 관련해서는 내부이며 각각의 아군들과 관련해서는 외적이다. 정보는 각각의 아군들 안에 군 전체가 내재함을 나타내고 또 아군들의 집단groupe으로서 진정으로 각 아군의 핵심quiddité을 통합하는 군 전체의 실존을 나타낸다. 후자는 각 아군들 안에 전체가 내재하는 현상의 역la réciproque에 해당한다. 실제로 군 전체에 대한 각 아군들의 의존성이 있다면 아군들에 대한 군 전체의 의존성도 있다.[17] 두 수준들 사이의 상호성이 군 전체의 내적 공명이라 부를 수 있는 것을 지칭하며, 개체화의 도상에 있는 실재로서의 군 전체를 정의하는 것이다.

320

개체화 이론은 정보 개념을 매개로 하여 윤리학을 제공할 수 있을까? 그것은 비록 윤리학의 세부적 설명을 할 수 없기 때문에 그것을 완성할 수는 없다 해도, 적어도 윤리학의 기초를 놓는 데 소용될 수는 있다. 철학의 체계들 안에서 윤리학은 일반적으로 결코 합류하지 않는 두

---

17) 이것이 바로 소통의 조건이고 이는 개체화의 순간에 처음으로 존재하고 개체가 집단적인 것으로 증폭될 때 두번째로 존재한다.

가지 분기하는 길들로 나누어진다. 순수윤리학과 응용윤리학이 그것들이다. 이러한 이원성은 실체가 생성과 분리되어 있다는 사실에서, 그리고 존재자가 개체화된 실체 안에 하나로서 완전히 주어진 것으로 정의되어 완성되어 있다는 사실에서 유래한다. 그로부터 본질의 수준에서 그리고 생성의 밖에서 개체화된 존재자의 이론적 실체성을 보존하는 데만 소용되는 순수윤리학이 유래한다. 이 윤리학은 개체화된 존재자를 사실상 실체성의 환상으로 에워싸고 있다. 윤리학의 이러한 첫번째 길은 실체화하는 윤리학 또는 현자의 윤리학이나 관조의 윤리학이라고 부를 수 있을 텐데, 그것은 예외적인 상태에만 타당하다. 이 예외적 상태도 정념[18]과 노예성, 악덕 그리고 지금 여기 속의 실존에 대립하지 않고 그 자체로서 안정적일 수는 없을 것이다. 그것의 실체성은 반contre-실존, 반anti-생성에 지나지 않는다. 그것은 자신의 주위에서 생명의 생성을 필요로 하는데 이는 바로 [그것과의] 대비에 의해 실체성의 인상을 주위모으기 위해서이다. 관조적 덕은 무엇보다도 상인들과 광인들을 필요로 한다. 마치 절제 있는 사람이 자신이 절제 있다는 의식을 갖기 위해 술취한 사람을 필요로 하고, 어른이 자신이 어른임을 알기 위해 어린아이를 필요로 하듯이 말이다. 이러한 윤리학이 존재의 부동성을 목표로 하는 지혜의 윤리학으로 나타날 수 있는 것은 단지 지각과 정념의affective 상대적 효과에 의해서이다. 실천을 위해 제공된 윤리학의 다른 길도 마찬가지다. 그것은 첫번째의 윤리학과 대립됨으로써만 실천적이 된다. 그리고 안정적인 방식으로 구성될 수 있기 위해서는 첫번째 윤리학이 정의

---

18) [옮긴이] 여기서 시몽동은 수동적 상태를 가리키는 근대적 의미의 정념(passion)이라는 용어를 그대로 사용하고 있다. 우리가 쾌, 불쾌의 감정으로 번역한 정념(affection)보다는 좀 더 넓은 의미로 이해하는 것이 좋다.

한 가치들을 사용해야 한다. 사실상 의미작용을 갖는 것은 두 윤리학의 쌍이지 각각의 윤리학 자체에 의해서가 아니다. 그러나 그것들은 양립 불가능한 방향을 제시하는 규범들을 정의한다. 그것들은 분기divergence 를 만들어 낸다. 그것들의 쌍도 역시 불충분하다. 왜냐하면 그것들은 서로 정합적인 규범적 방향들이 아니라 공통의 논리적 공리계만을 소유하기 때문이다. 현재 속에서 생성과 행동의 윤리학은 행동의 윤리학으로서 자신을 의식하기 위해 영원성을 따르는 지혜의 윤리학을 필요로 한다. 그것은 지혜의 윤리학이 그러한 것과 똑같이 자신이 구성하는 것보다 더 많이 거부하는 점에서 자기 자신과 일치한다. 이 윤리학들 각각의 내적 정합성은 다른 윤리학의 길들을 거부하는 것과 같은 부정적인 특징에 의해 이루어진다.

이와 반대로 개체화의 도상에 있는 체계의 내적 공명과 동일한 것으로서의 소통의 개념은 존재자를 그 생성 속에서 파악하고자 노력할 수 있다. 그것은 존재자의 부동적 본질이나 생성인 한에서의 생성에 특권을 부여하지 않는다. 하나의 완전한 윤리학은 존재자의 생성이 존재자에 속하는 것으로 파악되는 한에서만, 즉 생성이 존재자의 생성으로 알려지는 한에서만 가능하다. 이론윤리학과 실천윤리학이라는 대립된 $^{321}$ 두 윤리학은 개체화된 존재자와 관련하여 내재성과 외재성을 분리한다. 왜냐하면 그것들은 개체화를, 관조의 윤리학의 경우에는 의식의 자각이 이루어지는 순간보다 이른 것으로, 실천윤리학의 경우에는 언제나 이 순간보다 늦은 것으로 간주하기 때문이다. 이론윤리학은 그 순수성 속에서 개체화된 존재자의 영원한 노스탤지어이다. 실천윤리학이 계속 연기되는 개체발생을 계속 재시작하는 준비인 것과 마찬가지다. 그것들 중 어느 것도 존재자를 그것의 개체화 안에서 파악하지도, 동행하지도 않는다. 그런데 개체화가 체계의 내적 공명의 조건에 의존하고, 준안 정적 평형들의 순차적 구성들에 의해 파편화된 방식으로 수행될 수 있다고 간주한다면, 우리는 **존재자의 영원성의 윤리학도, 언제나 운동 속에 있는 존재자의 영속적 진화**[의 윤리학]도 받아들일 수 없다.[19] 영원성의 윤리학은 일단 결정적이고 영원한, 따라서 무엇보다도 존중할 만한 것으로 발견된 구조를 신성시할 것을 목표로 한다. 이는 참조해야 할 최초이자 마지막의 목적이고, 그것만큼이나 절대적인 규범들로 나타나는 구조이다. 존재자의 영속적 진화는 활동을 조건짓고 규범들을 끝없이 변형하는 모든 유동적 상황들을 통해 연속적인 방식으로 생성하고 변형된다. 이 규범들을 따라 윤리학은 영속적으로 전개되면서 이 영원한 진화와 동행한다. 이러한 무조건적으로 절대적인 것의 안정성에 그리고 이러한 흘러가는 상대적인 것의 영원한 진화에 준안정적 평형들의 순차적 계열의 개념을 대치해야 한다.[20] 규범들은 이러한 평형들 각각의 내적 일관성의 노선들이며, 가치들은 한 체계의 구조들이 그 체계를 대치하는 체계의 구조들로 표출되게끔 하는 노선들이다. 가치들은 구조들의 변화에 의해 한 체계의 규범들이 다른 체계의 규범들이 될 수 있게끔 하는 것이다. 가치들은 규범들의 변환성을 확립하고 가능하게 하지만, 이는 다른 것보다 더 고귀한 영속적 규범의 형태 아래서가 아니다. 왜냐하면 실제적인 방식으로 주어져 있으면서도 한 준안정성의 상태로부터 다

---

19) [옮긴이] 이 경우에 진화는 특정한 생물학적 의미와 무관하게 전개되면서 변화한다는 말 그대로 이해하기를 바란다.

20) 군체와 구분되고 집단적인 것과도 구분되는, 개체인 한에서의 개체는 특이성에서 유래하여 불연속성의 의미를 갖는다. 그러나 이 불연속성은 증폭되는 것이고, 크기의 등급의 변화에 의해 연속성을 향해 간다.

른 준안정성의 상태로 [가면서] 보존되는 생성의 공리계의 방향과 같은, 그러한 규범을 발견하기는 어려울 것이기 때문이다. 가치들은 규범 체계 안에 포함된, 증폭시키는 전이의 능력이다. 그것들은 정보의 상태로 인도된 규범들이다. 그것들은 한 상태에서 다른 상태로 [가면서] 보존되는 것들이다. 모든 것이 상대적이다. 이 상대성의 공식 자체를 제외한다면 말이다. 이 공식에 의하면 하나의 규범 체계는 다른 규범 체계로 전환이 가능하다.[21] 규범성 자체가 자신의 형식 아래 주어진 체계를 넘어서면서 가치로서 고려될 수 있다. 즉 한 상태에서 다른 상태로 넘어가는 것으로서 고려될 수 있다. 한 체계의 규범들은 하나하나 고려해 볼 때는 기능적이며, 그것들의 의미를 이 기능성에서 남김 없이 퍼내는 듯하다. 그러나 그것들의 체계는 기능적인 것 이상이며 바로 그 점에서 그것은 가치가 된다. 가치는 규범들의 체계 자체 안에서 인지되고 정의된, 규범 체계의 상대성이라고 말할 수 있을지도 모른다. 규범 체계의 규범성이 완전하기 위해서는 이 체계의 내부 자체에서, 체계로서의 자신의 고유한 붕괴와 변환적 질서에 따라 다른 체계로 표현될 가능성이 예시되어야 한다.[22] 체계가 자신의 내부에서 자신의 고유한 상대성을 아는 것, 그것이 이 상대성을 따라 만들어지는 것, 자신의 고유한 준안정성이 자신의 평형의 조건들 안에 통합되는 것, 두 윤리학은 바로 그러한 길을 따라 일치되어야 한다. 그때 영원을 향한 경향은 상대적인 것의 의식이 된다. 이 의식은 더 이상 생성을 멈추려는 의지나 기원을 절대화하고 한 구조에

322

---

21) 한 규범들의 체계는 불균등화 상태에 있는 두 이미지들처럼 문제적이다. 그것은 구성적 증폭에 의해 집단적인 것으로 용해되는 경향이 있다.

22) [옮긴이] 여기서 시몽동은 규범성이란 규범들을 창조하고 붕괴시키는 변화의 능력으로 보는 캉길렘의 개념을 참조하고 있다.

규범적 특권을 부여하려는 의지가 아니라, 규범들의 준안정성에 대한 인식이며 개체로서의 개체가 가지는 전이의 의미에 대한 의식이다. 절대적이고 부동적인 규범들을 발견하려는 의지는, 소멸하지 않음에 틀림없는 무언가가 있다고, 생성에 대한 적응을 넘어서서 생성을 주도하는 힘을 소유함에 틀림없는 무언가가 있다고 진정으로 믿는 감정에 상응한다. 그러나 소멸하지 않는 이 주도적 힘은 규범일 수가 없다. 그러한 절대적 규범에 대한 추구는, 분리, 은둔, 여가와 같은 지혜의 윤리학에 이를 뿐이다. 이것은 생명의 생성의 내부에서 영원성과 무시간성을 모방하는 한 방식이다. 그 동안 생명적 생성, 사회적 생성은 계속되고 현자는 현자의 모습을 한 인물이 된다. 그는 생명이 지나가고 정념이 흘러가는 것을 바라보는 인간으로서 자신의 시대에 현자의 역할을 한다. 그 자신이 그 시대에 있지 않다면 적어도 그 시대에 있지 않은 인간으로서의 자신의 역할이 생성 속에 있게 된다. 지혜는 보편화할 수 있는 것이 아니다. 왜냐하면 그것은 생성 전체를 인수하는 것이 아니라 그것의 신비한 표상을 형성할 뿐이기 때문이다. 성스러움 또는 [그와 같은] 개인적 삶의 다른 양식들은 지혜와 마찬가지로 도덕적 삶의 극을 예시하는 양극단의 항들일 뿐 도덕적 삶의 요소들이 아니다. 지혜와 성스러움 또는 이런 종류의 다른 모든 도덕적 태도로부터 사람들은 조합에 의해 도덕적 삶을 다시 만들어 낼 수 없다. 왜냐하면 자신을 절대적인 것으로 생각하지만 그럼에도 불구하고 보편화될 수 없는 이런 양식들의 삶 속에는 보편성에 대한 관심이 없기 때문이다. 이런 양식들의 삶은 모두 자기 자신의 모습으로 있기 위해 자신 앞에서 일상적 삶을 필요로 한다. 그것들은 자신이 부정할 수 있는 일상적 삶의 기초를 필요로 한다. 진정한 윤리학은 일상적 삶의 흐름에 빠지지 않으면서도 그것을 고려하는 윤리학, 규범들을 통해 그것들을 넘어서는 의미를 정의할 수 있는 윤리학이 아닐까. 게다가 아주 일반적으로 말해서 도덕은 하나의 도덕을 가치 있게 하는 것과 다시 떨어지려는 경향 사이에 존재하는 이 간극을 일상적 삶 속에서 발견된 규범들 위에서 가치의 원리들에 의해 메우려고 시도한다. 그러나 원리들과 규범들은 종종 자의적으로 연결되고 또 잘못 연결된다. 결함이 발견되는 것은 윤리학 자체의 중심에서이다. 이 영역에서도 역시 형상과 질료 사이, 원리와 결과들 사이에 중심의 그늘의 영역이 존재한다. 가치들은 규범들의 위에 있어서는 안 될 것이고 규범들을 통해서, 규범들이 형성하는 망의 내적 공명으로서 그리고 그것들의 증폭하는 힘으로서 있어야 할 것이다. 규범들은 일정한 개체화를 표현하는 것으로 생각될 수 있지 않을까. 따라서 개체화된 존재자들의 수준에서 구조기능적인 의미를 갖는 것으로 생각될 수 있지 않을까. 반대로 규범들은 규범들의 탄생 자체에 연관된 것으로[23] 생각될 수 있다. 이는 규범들이 개체화와 함께 나타나 이 개체화가 현상태로 존재하는 한에서만 지속한다는 사실을 표현한다. 그러면 규범 체계의 복수성은 **모순**이 아닌 것으로 생각될 수 있다. **규범들의 복수성**으로부터 모순이 나오는 것은 단지 사람들이 개체를 **개체화의 표현**이 아니라 절대적인 것으로 만들 때 뿐이다. 개체화는 전이의 불연속적 단계로서 단지 준안정적이고 일시적인 상태를 산출한다.

323

자신 안에 개체화되지 않은 실재를 내포하는 것으로 간주될 경우,

---

23) 가치들은 규범들의 전개체성이다. 그것들은 서로 다른 크기의 등급들과의 연관을 표현한다. 가치들은 전개체적인 것으로부터 나와서 군체의 단계 형태이든, 개체초월적인 것의 형태이든, 더 우월한 종들을 위해 후-개체적인 것을 향하도록 만든다. 가치들은 연속성으로부터 나와서 개체를 통한 연속성 즉 불연속적 전이를 재발견한다.

존재자는 개체화된 실재인 한에서 그리고 연합되지 않은 개체화된 실재인 한에서 도덕의 주체가 된다. 개체화된 것인 한에서든, 또는 개체화되지 않은 것인 한에서든 존재자에게 우선성을 부여하고자 하는 것은 한 체계 안에서 개체화된 존재자에 관련된 규범들을 개체화된 존재자에 연합된 비개체화된 실재와 관련된 가치들에 대립시키는 것이다. 도덕은 규범들 속에 있는 것도 아니고 가치들 속에 있는 것도 아니고, 그 **실재적 중심 안에서** 파악된 그것들의 소통 안에 있다. 규범들과 가치들은 존재자의 역동성의 극단적 항들이며 이 항들은 그 자체로 구성되는 것이 아니고 존재자 안에서 그 자체에 의해 유지되는 것도 아니다. 가치들과 규범들의 관계의 문제, 열린 도덕과 닫힌 도덕의 대립의 문제는 존재하지 않고 윤리학의 상전이라는 문제가 존재할 뿐이다. 역사적 진보가 점차로 윤리학을 개방하여 닫힌 도덕들을 열린 도덕들로 대체할 것이라고 믿게 하는 것은 회고적 착각이다. 한 문명의 각각의 새로운 상태는 유일한 중심으로부터 열림과 닫힘을 제시한다. 열림과 닫힘은 미결정적이고 1차원적이며 양극적인 이원성의 차원이다. 모든 행위, 모든 기능적 구조화는 상관적인 짝을 따라 규범들과 가치들로 배열되는 경향이 있다. 규범들과 가치들은 그것들이 나타나는 존재의 체계에 선행하지 않는다. 그것들은 바로 생성이며, 생성의 일부를 이루지 않은 채 생성 속에서 나타나는 것이 아니다. 규범들의 구성의 역사성이 있는 것과 마찬가지로 가치들의 출현의 역사성이 있다. 추상적 분석으로부터 개체발생의 조건들을 형상과 질료로 환원하여 존재자를 이로부터 재구성할 수 없는 것과 마찬가지로 윤리학도 규범들이나 가치들로부터 재구성할 수 없다. 윤리학은 규범들과 가치들의 유의미한 상관관계에 대한 요구이다. 윤리학을 그 단일성 안에서 파악하는 것은 개체발생과 동행할 것을 요구한다. 윤리학은 개체화의 의미sens이며 순차적 개체화들의 공조synergie의 의미이다. 그것은 생성의 변환성의 의미이다. 이 의미를 따라서 각 행위 안에는 더 멀리 가기 위한 운동과, 다른 도식들에 통합될 도식이 동시에 존재한다. 바로 그 의미를 따라서 한 행위의 내재성은 외재성 속에서 하나의 의미를 가진다. 내적 의미가 또한 외적 의미라고 전제하는 것, 생성 속에서 길 잃은 섬들은 없으며 자기 자신 위에서 영원히 닫혀 있는 지역들도 없고 순간의 절대적 독재도 없다고 전제하는 것은 각각의 동작이 정보의 의미를 가지며 이 정보가 전체 생명 그리고 생명들 전체와 관련하여 상징적이라고 단언하는 것이다.[24] 윤리학이 있는 것은 정보가 있는 한에서, 즉 존재자의 요소들의 불균등화를 극복하고 그렇게 해서 내부에 있는 것이 또한 외부가 되게 하는 의미작용이 있는 한에서이다. 한 행위의 가치는 그것이 함축하는 규범을 따라 보편화될 수 있는 특징이 아니라 생성에 해당하는 행위들의 네트워크réseau[25] 속에 그것이 통합되는 유효한 실재성이다.[26] 문제는 행위들의 연쇄가 아니라 바로 네트워크이다. 행위들의 연쇄는 네트워크의 추상적 단순화이다. 윤리적 실재성은 바로 네트워크로 구조화된다. 즉 서로와 관련한 행위들의 공명이 있는데 이는 그것들의 명시적이거나 함축적인 규범들을 통하는 것이 아니라 그것들이 형성하는 체계, 즉 존재자의 생성에 해당하는 체계 속에

---

24) [옮긴이] 직역하면 거의 같은 말이 되지만 의미가 다르기 때문에 전체 생명(la vie entière), 생명들 전체(l'ensemble des vies)라고 번역했음을 밝혀 둔다. 전자는 전체로서 본 생명, 후자는 개별적 생명들 각각의 총체를 말한다.

25) [옮긴이] 외국어 표기를 지양하지만 이 경우 오늘날 흔히 사용하는 네트워크와 의미가 거의 동일하고 더 이해를 도울 수 있어 이 맥락에서만 그렇게 번역한다.

26) 즉 행위가 그것에 의해 연속성의 차원을 발견하게 되는 증폭이다. 이는 군체의 생성이나 집단적인 것의 실재성 속에 통합됨으로써 가능하다. 그것이 ─규범을 따르는─ 개체의 행위라 할지라도 그것은 가치들을 따르는 집단적인 것을 향한 행위이다.

## 324

서 직접적으로 그러하다. 규범들로의 환원은 형상들로의 환원과 동일하다. 그것은 실재의 양극단 중의 하나만을 내포한다. 행위는 질료도 형상도 아니다. 그것은 생성 도중의 생성이다. 그것은 생성 도중의 존재자인 한에서 존재자이다. 행위들 간의 관계는 규범들의 추상적 수준들을 관통하지 않고 한 행위에서 다른 행위들로 나아간다. 마치 사람들이 노랑-녹색으로부터 진동수의 폭과 영역을 증가시킴으로써 노랑과 녹색으로 나아가는 것과 같다. 도덕적 행위는 부수적lateral 행위들로 배열될수 있고 상전이될 수 있는 행위이다. 그것은 자신의 유일한 행위의 중심으로부터 [간격을 두고] 배열됨으로써 다른 행위들과 연결될 수 있다. 그것은 질료와 형상의 만남, 충동과 규범의 만남, 욕망과 규칙의 만남, 경험적 실재와 초월론적 실재의 만남이기는커녕 단일성 이상의 실재성이며 자신의 양쪽에서 배열되면서 동일한 종류의 다른 실재들에 연결되는 그러한 실재성이다. 자유에 관한 말브랑슈의 공식, 즉 인간은 언제나 더멀리 가기 위한 운동을 갖고 있다고 말해진다는 공식을 다시 살펴보면자유 행위 또는 도덕적 행위는 자신을 넘어서 가기 위해 그리고 다른 행위들을 만나기 위해 충분한 실재성을 가진 행위라고 주장할 수 있을지도 모른다.[27] 행위의 중심만 있으며 행위의 **경계들**은 없다. 각각의 행위는 중심이 잡혀 있지만 무한하지는 않다. 한 행위의 가치는 그것의 폭이자 그것의 변환적 배열étalement 능력이다. 행위는 연쇄를 암시하는, 목적을 향한 경주의 단위가 아니다. 자기 자신에 불과한 행위는 도덕적 행위가 아니다. 하나의 단일성이자 자기 자신으로 구성되며 넘쳐흐르지 않고 부수적 영역을 갖지 않는 행위는 실제로 하나이지만, 생성의 일부가

---

27) 즉 자신 안에 증폭의 힘을 내포하는[행위라고 주장할 수 있을지도 모른다].

되지 않고 생성 자체인 이 존재의 상전이를 수행하지 않은 채로 생성 안에 삽입된다. 단일성 이상의 것인 행위, 단지 자기 자신으로만 구성될 수 없고 또한 무한수의 다른 행위들 안에서 기거하고 수행되는 행위는 다른 행위들과의 관계로부터 의미작용을 만들어 내는 행위이며 정보의 가치를 소유한다. 데카르트는 관대함을 도덕의 기초로 간주하면서 스스로를 자기 자신을 넘어서까지 연장하는 행위의 힘을 잘 드러냈다. 그러나 그는 일시적인 도덕 즉 단지 앞만 바라보는 도덕을 기초하고자 함으로써 행위의 전진적proactive 힘만큼이나 중요한 후진적rétroactive 힘을 보여주지 않았다. 각 행위는 과거를 다시 취하고 그것과 새롭게 마주한다. 각각의 도덕적 행위는 생성에 저항하고 스스로를 과거로서 매몰되도록 내버려 두지 않는다. 그것의 전진적 힘은 행위가 영원히 현재의 체계의 일부를 이루게끔 하는 것이다. 행위는 날짜로는 후대이지만 존재자의 생성의 역동적 실재성에 따르면 최초의 행위와 동시대인 행위에 의해 그 실재성 속에서 다시 상기될 수 있고, 연장되고, 다시 취해질 수 있다. 행위들은 상호적인 동시성을 구성하며 순차적인 것의 1차원성에 의해 환원되도록 내버려 두지 않는 네트워크를 구성한다. 한 행위는 그것이 자신의 중심적 실재성 덕분에 다른 행위와 관련하여 사후적으로 동시적인 생성의 힘을 가지는 한에서 도덕적이다. 도덕적이지 않은non moral 행위는 자신 안에서 길 잃은 행위, 스스로에 매몰되고 주체의 생성의 일부를 매몰시키는 행위이다. 그것은 생성을 따라 존재의 상실을 수행하는 행위이다. 그것은 존재자가 자신과 관련하여 동시적이 되는 것을 막는 균열을 존재자 안에 도입한다. 비도덕적immoral 행위가 존재한다면, 그것은 존재했던 행위들, 또는 존재하도록 요청되었을 수도 있을 행위들의 의미작용들을 파괴하는 행위이며, 도덕적이지 않은 행위처럼 자신 안에 국지화되는 대신에, 다른 행위들이 네트워크로 구조화되는 것을 막는 혼돈의 도식을 도입하는 행위이다. 이런 의미에서 그것은 엄밀히 말해 행위가 아니라 행위의 반대이며 다른 행위들의 관계적 의미작용들을 흡수하고 파괴하는 생성이자 그것들을 변환성의 잘못된 무대들로 이끄는 생성, 주체를 자기 자신과 관련하여 길 잃게 만드는 생성이다. 그것은 기생적 행위이며 우발적 만남으로부터 자신의 의미작용의 외양을 이끌어 내는 거짓 행위이다. 반도덕적인 탐미주의esthétisme가 그러하고 행위들을 변환성의 힘이 아니라 어떤 공통의 양식에 따라 통일하는 것이 그러하다.[28] 탐미주의는 도덕적 생성의 기생자이다. 그것은 주체의 실존 안에서 추상적 형상들을 창조하고 추상적 형상들을 따라 통일의 환상을 준다. 언제나 새로운 행위들을 원하는 탐미주의는 어떤 의미에서 스스로에게 거짓말을 하고 있으며 새로움의 외적 규범을 따라 [스스로] 새로움의 여정이 된다. 이와 마찬가지로 사회적 규범들에 대한 동조나 반대도 행위들의 현행성actualité의 성격 앞에서 스스로를 포기하고, 주어진 것과 관련하여 일치라는 긍정적positive 형식이나 반대라는 부정적 형식을 따르는 반복의 양식 속에 스스로 도피한다. 반복은 다른 행위들로 연결되지 않고 생성 전체를 지배하려는 행위의 경향을 나타낸다. 도덕적이지 않은 행위 혹은 비도덕적 행위는, 자신에 대한 상대적인 부적합함inadéquation을 자신 안에 포함하지 않기에 자신의 고유한 경계들의 내부에서 완벽하게 되고자 하면서 새로 시작될 수밖에 없고 불연속적이 될수밖에 없는 행위이다. 이 행위는 다른 행위들과 관련하여 그 자체로 이

---

28) 탐미주의는 추상적 인식과 동일한, 정보의 상실을 야기한다. 이것들은 종적 인식을 형성하기 위해 개체가 서로 간에 공통적으로 갖는 것만을 보존한다.

기적이다. 그것은 자신의 존재 안에서 영속되고자 하는 경향을 갖는다. 이는 그 행위를 다른 행위들로부터 단절되어 그것들로부터 침투되지 않게 하고 그것들을 침투할 수도 없게 하며 단지 그것들을 지배할 수밖에 없게 만든다. 모든 도덕적 행위는 그것을 행위로서 설정하고 제한하는 일정한 내적 조직organisation을 내포한다. 즉, 그것은 행위로서의 자신의 실존을 행위들의 네트워크 속에 개입시키는, 부분적으로 억압적인 어떤 통제를 따라서 전개된다. 총체성의 표시와 다른 행위들의 가능성의 표시가 더 이상 없는 행위, 생성의 상으로서 출현하는 발생적 특징에도 불구하고 자신에게 어떤 금욕성을 부여하는 행위, 다른 행위들의 네트워크로부터 유래하는, 촉진적인 동시에 억압적인 이러한 조치를 수용하지 않는 행위는 미친 행위이며, 이는 어떤 의미에서는 완벽한 행위와 동일하다. 그러한 행위는 더 이상 개체화된 존재자에 연합되어 있는 전개체적 실재성의 현존이 없는 행위이다. 미친 행위는 총체적 개체화를 향하는 행위이며 완전히 개체화된 것 이외에는 실재적인 것으로 받아들이지 않는다. 행위들은 그것들이 연속적 개체화에 의해 생성의 원천이 되는 자연의 지반 위에서 채택되는 한에서 네트워크 속에 있다. 이 미친 행위는 하나의 내적 규범성 이외에는 갖고 있지 않다. 그것은 자기 자신으로 구성되며 자신의 반복적 실존의 현기증 속에서 스스로를 유지한다. 그것은 모든 감동과 모든 행동을 자신 안에 흡수하고 집중시킨다. 그것은 주체의 여러 표상들을 자신으로 수렴시켜 유일한 관점이 된다. 주체의 모든 유혹sollicitation은 이러한 행위의 반복을 부른다. 주체는 유일한 개체화의 결과인 한에서의 개체로 환원되고 개체는 영원히 새로 시작하고 도처에서 스스로 자신을 운반하는 지금, 여기의 독특성으로 환원된다. 마치 자신의 전이하는 역할을 저버리고 세계와 다른 주체들로부터 분리된 존재자처럼 말이다.

윤리학은 주체가 절대적 개체로 되기를 거부하면서 주체로 남아 있게 해주는 것이다. 절대적 개체는 실재성의 닫힌 영역이고 분리된 독특성이다. 윤리학은 주체로 하여금 내적이고 외적인, 언제나 긴장된 문제 상황 안에 남아 있도록 해주는 것이다. 즉 형상도 질료도 되고자 하지 않는, 존재자의 중심적 지대 위에서 살아 있는 실재적 현재 속에 남아 있게 해주는 것이다. 윤리학은 영속화된 개체화의 의미를 즉 생성의 안정성을 표현한다. 이러한 생성은 선개체화된préindividué 것으로서의 존재자의 생성이다. 이러한 존재자는 개체화되면서, 조직화된 소통의 형태로 전개체적 체계만큼이나 광대한 실재성을 재구성하는 연속체를 향한다. **자연**으로부터 나온 증폭하는 전이인 개체를 통해 사회들은 하나의 **세계**가 된다.

# 참고문헌

* 이 목록은 박사논문 발표 당시 판본의 일부를 이루지만 1964년 판본에는 추가되지 않았다. (이 목록은 기술과 과학 문헌의 제목만을 포함하며 고대이든, 현대이든, 사유의 역사 속에 이미 들어온 철학 텍스트의 제목은 포함하지 않는다.)

Louis de Broglie, *Communication faite à la Société Française de Philosophie*, séance du 25 avril 1953 (Bulletin de la société Française de Philosophie, octobre 1953).

Louis de Broglie, *Ondes, Corpuscules, mécanique ondulatoire*, Albin Michel, Paris, 1945.

Louis de Broglie, *Physique et microphysique*, Albin Michel, Paris, 1947.

Réunions Louis de Broglie, *La Cybernétique, théorie du signal et de l'information* (Loeb, Fortet, Indjoudjian, Blanc-Lapierre, Aigrain, Oswald, Gabor, Ville, Chavasse, Colombo, Delbord, Icole, Marcou, Picault), éditions de la Revue d'optique théorique et instrumentale, Paris, 1951.

Dalcq (A.-M.), *Nouvelles données structurales et cytochimiques sur l'oeuf des Mammiferes*, Revue générale des Sciences, Tome LXI, N° 1-2, Société d'édition d'enseignement supérieur, Paris, 1954.

Doucet, *Les aspects modernes de la cryométrie*, dans le Mémorial des Sciences Physiques, fascicule LIX, Gauthier-Villars, Paris, 1954.

Gesell, *l'Ontogénèse du comportement de l'Enfant*, dans Carmichaël, *Manuel de Psychologie de l'Enfant* (VI), traduction française P.U.F., Paris, 1952.

Goldstein (K.), *La structure de l'Organisme*, traduction Burckhardt et Kuntz, Gallimard, Paris, 1951.

Haas, *La mécanique ondulatoire et les nouvelles Théories quantiques*, traduction Bogros et Esclangon.

Heisenberg (W.), *La physique du noyau atomique*, Albin Michel, Paris, 1954 (cet ouvrage est la traduction, par Peyrou, de *Die Physik der Atomkerne*, chez Vieweg, à Brunswick, 1943).

Kahan (Th.) et Kwal (B.), *La mécanique ondulatoire*, Colin, Paris, 1953.

Kubie (Lawrence S.), *The neurotic potential and human Adaptation, dans Conference on cybernetics*, transactions of the Sixth Conference, March 24-25, 1949, New York, N.Y., publication de Josiah Macy, Jr. Foundation, par Heinz von Foerster, New York, N. Y., 1950.

Lewin (K.), *Le comportement et le développement comme fonction de la Situation totale*, dans Carmichaël, *Manuel de Psychologie de l'Enfant*.

Portmann (A.), *Animal forms and Patterns*, traduction de Hella Czech, Faber and Faber limited, Londres, 1952. Le titre original de cet ouvrage, publié en langue allemande, est *Die Tiergestalt*.

Rabaud (E.), *Sociétés humaines et sociétés animales*, Anneé psychologique, 1951, 50, 263.

Rabaud (E.), *Zoologie biologique* (Quatrième partie).

Wiener (N.), *Cybernetics or Control and Communication in the Animal and the Machine*, Hermann et Cie, Paris ; The technology press, Cambridge, Mass. ; John Wiley and Sons, Inc., New York, 1948.

Wiener (N.), *Cybernetics and Society*, traduction française *Cybernétique et Société*, Deux-Rives, Paris, 1952.

*Conference on Cybernetics*, Heinz von Foerster, Josiah Macy, Jr. Foundation.

Transactions of the sixth Conference, 1949, New York, 1950.

Transactions of the seventh Conference, 1950, New York, 1951.

Transactions of the eighth Conference, 1951, New York, 1952.

*Colloque International du Centre National de la Recherche Scientifique sur la polarisation de la matière* (Paris, du 4 au 9 avril 1949), compte-rendu édité par le Centre National de la Recherche Scientifique, Paris, 1949.

# 찾아보기

성장 396, 415

성적 특징(sexualité) 581, 582, 583

성질(qualité) 100

세계 640

세노비(cénobies) 357, 358

소라게 378, 379

소산적 자연 510

소크라테스(Socrates) 170, 171, 183, 235

소통 629

속성 167

손디, 레오폴드(Leopold szondi) 585

솔라주(Solage) 신부 202

쉬놀론(σύνολον) 13, 16, 40, 117

슈뢰딩거, 에르빈(Erwin Schrodinger) 258, 262

슈만, 빈프리드 오토(Winfried Otto Schumann) 204

슈벤데너, 시몬(Simon Schwendener) 380

슈테판, 요제프(Joseph Stefan) 247

~의 법칙 247, 250

스턴, 오토(Otto Stern) 274

스토니, 조지(George Johnstone Stoney) 225

스토아 학파 185, 186, 187

스페우시포스(Speusippos) 170

스피노자, 바루흐 드(Baruch de Spinoza) 120, 153, 172, 173, 323, 538, 609, 618, 619

코나투스 323

습관 440

시간 610, 611

~의 변환성 307

신경계 367, 369, 387

신경증(névrose) 520, 522

신념 565, 566

신앙 481, 482

신체 511, 547, 551

신호 428, 429, 496, 498

신화 472, 473, 566

실용주의 240, 241

실재론 155

실존(existence) 60

실체 172

실체론 181, 564, 619

실체주의 153

심리사회학 523

심리적 세계 529, 530

심리적 장(champ) 443

심리학주의 557, 558, 564

심신통일성 574

## 【ㅇ】

아낙사고라스(Anaxagoras) 170

아낙시만드로스(Anaximandros) 577

아라고, 프랑수아(François Arago) 213

아르키메데스(Archimedes) 107

아리스토텔레스(Aristoteles) 9, 13, 16, 69, 169, 321, 322, 323

『형이상학』 9, 169

아리스토파네스(Aristophanes) 235

『군중들』 235

아벨라르, 피에르(Pierre Abelard) 155

아우구스티누스, 아우렐리우스(Aurelius Augustinus) 508

아위, 르네 쥐스트(René Just Haüy) 175, 187, 212